佛足石記佛足跡歌碑歌研究

廣岡義隆 著

和泉書院

佛足跡歌碑

薬師寺境内の佛足堂が撤去され、金堂の西の壁際に仮安置されていた時の撮影である。今は、同寺大講堂北側に、安置されている。

佛足石と佛足跡歌碑の調査風景（一九八五年九月二六日）

手前の棒状に見えるものが佛足跡歌碑で、その側面。黒色に光る台に嵌め込まれている。その奥に見える石塊が佛足石で、擬宝珠のある欄干で囲まれている。廣岡の撮影による。

はじめに

薬師寺（奈良市西ノ京町）が蔵する佛足石及び佛足跡歌碑は国宝に指定されている当時の逸品である。佛足跡歌碑歌についての発言であるが、「万葉集などによっては知りがたい奈良時代の人々の仏教讃仰の姿をしのぶことができ、その意味でも貴重な遺品である」（〔長谷川誠・一九六三・一一・随想〕「薬師寺の美術」）とある。これは佛足石及び佛足石記文をも含めて言い得ることである。

佛足石記文と佛足跡歌碑歌の研究をまとめることは、懸案の事項であった。

研究の発端は、上代文献を読む会における『古京遺文』の注釈研究からスタートした。当時、上代文献を読む会の事務局を担当しており、分担の割り振り係でもあった。会員はそれぞれ希望の金石文を担当して行ったが、分量上大きなまとまりとしてある佛足石記や佛足跡歌碑は誰一人として手を付けようとはしなかった。そのことが、担当することになった契機ではあったが、だからと言って嫌々担当したわけでは決してなく、むしろ積極的に没頭して行くこととなった。この本は、上代文献を読む会編『古京遺文注釈』（桜楓社、一九八九年二月）として刊行されている。

研究を進める内に、原碑調査は必須の関門として念頭を占めることになっていた。

赴任当初は三重大学教育学部に所属していたが、人文学部創設（一九八三年四月）と共に、自ら希望して人文学部へ移った（当初は移籍メンバーでは無かった）。教育学部勤務時代にあっては親しく教えを受けることは無かったが、人文学部へ移籍後、しばしば教育学部美術科の松山鐵夫教授（日本美術史学）に教えを乞うことになった。資料を貸して戴いたり、御教示を賜わったりと幾度となく足を運んでいた。松山先生は小学館の名宝日本の美術シリーズの6『薬師寺』（一九八三年三月）や『日本古代金銅仏の研究　薬師寺篇』（中央公論美術出版、一九九〇年二月）の著者である。前書はその後、版を改めて、小学館ギャラリー新編名宝日本の美術2として刊行されている（一九九〇年一〇月）。そうした中で、美術科松山研究室による薬師寺佛足石調査のことを耳にし、藁にすがる思いで便乗させて戴いた。一九八四年八月二七日（月）から二八日（火）、及び一九八五年九月二六日（木）から二七日（金）にかけての二年間四日間、拝観者が退けた夕刻から夜の時間の調査であった。この時の原碑調査とフィルム撮影が無かったなら、今、この本を形あるものにすることは出来なかった。

松山先生は恐らくテーマをもって調査に臨んでいらっしゃったに違いないが、その後、佛足石及び佛足跡歌碑に関する研究を公けになさったということは無いと思う。横から入りこんだ廣岡に譲って下さったに違いないが、そのことを今までに一言もおっしゃらない。私は松山先生に頭が上がらない。

その後、『古京遺文注釈』における注釈作業や「初出一覧」に示している論考を出して来た。これを一書にという思いは、この間、抱き続けて来たが、今、一書にまとめて見て、「やはり難物であった」という思いが少なからずしている。勤務の合間に纏め上げるような芸当は私には出来なかった。

退職後、注釈を進める中で、佛足石記文と佛足跡歌碑歌に関する考えが徐々に変わって来た。かつて藏中しのぶ先生に、「頭の中には既に一本が出来上がっております」などと大きな口を叩いていたが、とんでもない思い上がりであった。その具体的な内容については、ここで要約して示すと誤解のもとになる。具には一々繙いていただくほかは無いが、この間、私の佛足石及び佛足跡歌碑に関する見解は変わって来ているのである。

本書は、佛足石・佛足石記文及び佛足跡歌碑歌という研究対象から、日本文学の範囲に収まるものではなく、語学・史学・佛教学・美術史学などの諸分野と広く深く関わる内容である。しかるに著者は狭い分野しか身につけてはいない。いずれからしても未だしということになるに違いない。本書は今後の佛足石・佛足石記文及び佛足跡歌碑歌についての研究の捨て石になることが出来れば本望であると思うものである。

第一章は注釈篇とし、第二・第三章は論考篇からなる。第二章は佛足石記文及び佛足跡歌碑歌に直接に関わる論考であり、第三章は間接的に関係を有している論考を収めた。先行研究は、辞書類を別として、巻末の「関係論文論著資料等目録」に示しており、その表示方法は「凡例」で明示している。

目次

第三章　論考篇二

索引

凡　例

＊佛足石記及び佛足跡歌碑歌及び引用文献のその本文表示は、原字になるべく近い明朝体（標出字すなわち見出し字においてはゴシック体）で示している。即ち、ＪＩＳ第二基準・ユニコード及び花園明朝の用字で示し得る文字はそれで示し、それ以外の異体字は現行の文字になるべく近い用字形で示している。「注解」の中で必要がある時には特に異体字形を作字して示した場合があるが、それは例外的措置としてあるものである。

＊佛足石記及び佛足跡歌碑歌の【本文】における□は、原碑に欠損等があり、本文が明らかでない箇所を示すものである。この□箇所の内、碑面の残画から原字が復元できるものについては、盡（佛足石記文Ｂ10）、与岐（佛足跡歌碑歌８③）のように、復元字を示している。

＊佛足石記及び佛足跡歌碑歌の【訓読】【よみ】において推定復元が可能な箇所については、石のように本文を□の中に入れて示した。

＊【注解】における標出（見出し）の原文表示は【本文】によるが、推定復元が可能な□の箇所については、石のように示した。

＊佛足跡歌碑歌の第六句は、その【本文】（二二一～二二二頁）においては、歌碑実態の小書で示したが、それ以外の箇所においては大書で示した。これは、四人の詠作者による詠作時には大書概念で詠まれた歌であり（本書第二章第六節「佛足跡歌体について」四九六頁、参照）、その筆録時に書記者によって小書化されたもの（本書第二章第三節「佛足跡歌碑歌について」四一五頁、同第四節「佛足跡歌碑歌の用字」四四六頁）という理解によるものである。

＊佛足石記文における所在表示は、（Ａ８～９）といった形で示す。即ち佛足石の正面をＡ面、左側面をＢ面、裏面をＣ面、右側面をＤ面と称することにし、各面の行数は算用数字で示す。よって、（Ａ８～９）は正面の八行目から九行目にかけての位置表示ということになる。

＊佛足跡歌碑歌の句数表示において、①②③④⑤⑥の形で示すことが多い。例えば、（３④）という場合、３番歌の第四句を示すということになる。

＊古事記歌謡、日本書紀歌謡等については、その歌謡ナンバーについて、日本古典文学大系『古代歌謡集』の番号に依拠した。ただし、その本文は廣岡自身によるものである。

＊割注は、その引用に際して、原則として〔キッコー〕で括ることによって大書して示した。
＊本書における拙文中において、引用した原文については、特に断ったもの以外は原則として廣岡による訓読を付した。この訓読については、当時の訓みに近付けてはいるが、当時そのように訓読したという意味よりも、むしろ引用原文の意味理解を示すものであると位置付けている。この点、諒とされたい。
＊先行研究の表示は、［氏名・刊行年・刊行月・種別］の形式で示した。例えば「はじめに」の中で、［長谷川誠・一九六三・一一・随想］「薬師寺の美術」と示したような形になるが、論題・書名の類は出さない場合も多い。この形式で示し得ないものについては、『薬師寺志』といった形で示した。刊行年月不明のものについては、同条を——で示したものがある。
＊辞典類については、必要な時は文中で一々言及した。右の先行研究表示形式の［氏名・刊行年・刊行月・種別］とは異なっている。
＊『大正新脩大藏經』は、活字本によりつつも、東京大学大学院人文社会系研究科次世代人文学開発センターの大蔵經テキストデータベース研究会がサイト上で提供しているテキスト・データーベース http://21dzk.l.u-tokyo.ac.jp/SAT/ を参照活用した。記して謝意を表する。その表示は、第十二巻四九九頁上段二八行目の場合、（大正蔵12四九九上28）と略記した。
＊東京大学史料編纂所編『大日本古文書』（編年文書）全二十五冊（一～六、追加一～十七、補遺一～二）は、活字本によりつつも、東京大学史料編纂所がサイト上で提供している「奈良時代古文書フルテキストデータベース」http://wwwap.hi.u-tokyo.ac.jp/ships/shipscontroller を参照活用した。記して謝意を表する。その表示は、第三冊三八頁の場合、（3三八）などと略記した。

第一章　注釈篇

第一節　佛足石記文注釈

【本文】

本文・A面

1 釋迦牟尼佛跡圖
2 案西域傳云今摩揭陁國昔阿育王古精舍中有一大□
3 有佛跡各長一尺八寸廣六寸輪相花文十指各異是佛
4 欲涅槃北趣拘尸南望王城足所蹈處近為金耳國商迦□
5 不信正法毀壞佛跡鑿已還生文相如故又捐□□
6 中尋復本處今現圖寫所在流布観佛三昧□□
7 若人見佛足跡内心敬重无量衆罪由此而滅今□値□
8 非有幸之所致乎又北印度烏仗那国東北二百六十里
9 入大山有龍泉河源春□□□晨夕飛雪有暴悪
10 龍常雨水災如来往化令金剛神以杵擊崖龍聞出
11 怖歸依於佛恐悪心起留跡示之於泉南大石上現其□

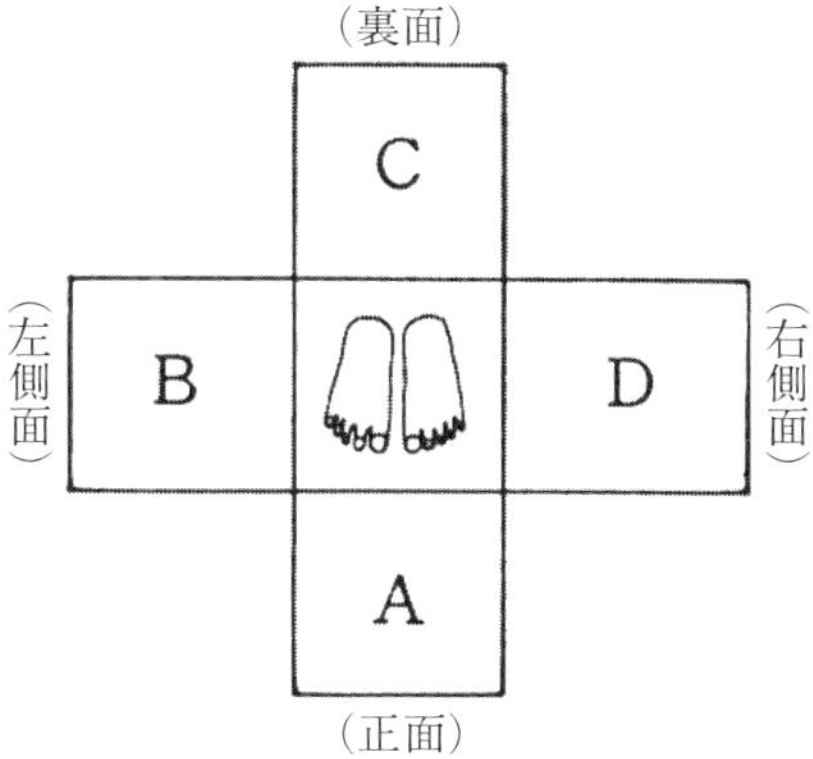

（中央は上平面）

12 跡随心淺深量有長短今丘慈國城北四十里寺佛堂
13 中玉石之上亦有佛跡齋日放光道俗至時同往□慶
14 依観佛三昧經佛在世時若有衆生見佛行者及
15 見千輻輪相即除千劫極重悪罪佛去世後想
16 佛行者亦除千劫極重悪業雖不想行見佛迹者見
17 像行者歩歩之中亦除千劫極重悪業観如來
18 足下平滿不容一毛足下千輻輪相轂輞具足魚鱗相次
19 金剛杵相足跟亦有梵王頂相衆蠡之相不遇諸悪
20 是為□祥

本文・B面界外

1 知識家口男女大小（界外A・B間、B右端斜下）
2 三國眞人浄足（界外、B右傍＝B1の右横）
3 三國□人浄足（界外、B下方凹部＝本文B10・B11間の下部）

本文・B面

1 大唐使人王玄策向中天竺鹿
2 □□中轉法輪□因見
3 跡得轉寫搭是第一本

4 日本使人黄書本實向
5 大唐国於普光寺得轉
6 冩搭是第二本此本在
7 右京四條一坊禪院向禪
8 院壇披見神跡敬□冩
9 搭是第三本従天平勝
10 寶五年歳次□巳七月十五日盡
11 廿七日并一十三箇日作了檀
12 主従三位智努王以天平勝
13 寶四年歳次壬辰九月七日
14 改王字成文室真人智努
15 畫師越田安万書冩
16 神石手□□□以足
17 近□□□□

本文・C面

1 至心發願為
2 亡夫人従四位下
3 茨田郡主法

4名良式敬寫
5釋迦如来神
6跡伏願夫人
7之霊駕遊
8无勝之妙邦
9受□□□之
10聖□永脱有
11漏高證无為同
12霑三界共契一真

本文・D面

1諸行无常
2諸法无我
3涅槃寂静

本文・D面界外

1観（界外、D左端上部＝「涅」字の傍）

【訓読】

A面

釋迦牟尼の佛の跡《みあと》の圖《かた》。

『西域傳《さいいきでん》』を案《み》るに云《い》はく、「今の摩揭陀國《まかだのくに》、昔の阿育《あいく》王の古き精舎の中に、一つの大き石有り。佛の跡《みあと》 有《あ》り。各《おのもおのも》長さ一尺八寸、廣さ六寸なり。輪相・花文、十指 各《おのもおのも》 異れり。是は佛の、涅槃に北のかた拘尸《くし》に趣《ゆ》か欲《む》として、南のかた王城を望み、足所蹈《ふめ》る處《ところ》なり。近く金耳國商迦国、正法を信《う》け不《ぬ》が為に、佛の跡《みあと》を毀壊《こぼ》ちき。鑿《うか》ち已《をは》るに還生《またあ》れて、文《あや》と相《かたち》と故《もと》の如《ごと》し。又殑河の中に捐《す》つれば、尋《たちまち》に本《もと》つ處《ところ》に復《かへ》りき。今、現《うつつ》に圖寫《うつ》して所在《あらゆる》ところに流《つた》はり布《ひろ》まる。」といふ。

『観佛三昧經』に云はく、「若《も》し人、佛の足跡《みあと》を見《まも》りて、内心《こころ》に敬《ゐやま》ひ重《おも》みすれば、无量の衆罪すら此《これ》に由《よ》り而滅《てき》ゆ。」といふ。今、値遇《うぢ》を得《う》。有幸之所《さきはひの》致《いた》せるに非《あら》ず乎《や》。

又、「北印度なる烏仗那国《うぢやなのくに》の東北《うしとら》のかた二百六十里にして、大き山に入るに、龍の泉有り。河の源にして、春も夏も凍《こほり》を含み、晨《あした》に夕《ゆふべ》に雪を飛ばす。暴悪《あ》しき龍有りて、常に雨水の災《わざはひ》あり。如来、往《ゆ》きて化《おもぶ》けるに、金剛神を令《し》て杵を以《も》ちて崖《きし》を撃《う》た令《し》めき。龍、聞き出《い》で怖《おそ》りて佛於《に》歸依《よ》りき。悪しき心の起《おこ》らむことを恐《おそ》りて、跡《あと》を留《とど》めて示之《しめ》すに、泉の南なる大き石の上於《に》、其の雙跡を現はせり。心の淺き深きに随《したが》ひて、量《はか》るに長短有り。」といひ、「今の丘慈國《くちのくに》の城の北のかた四十里、寺の佛堂の中なる玉石之《の》上に、亦《また》佛の跡《みあと》 有り。齋《いはひ》の日には光を放つ。道《ほふし》も 俗《みなひと》も時至れば、同《とも》に往《ゆ》き□慶《よろこ》ぶ。」といふ。

『観佛三昧經』に依《よ》るに、「佛、世に在《あ》りし時に、若《も》し衆生有りて、佛の行《あゆみ》を見る者《ひと》、千輻輪相を見るに及べば、即ち千劫の極重悪罪除《のぞ》かゆ。佛、世を去《さ》りて後に、佛の行《あゆみ》を想ふ者《ひと》、亦《また》千劫の極重悪業除かゆ。行《あゆみ》を想《おも》は不《ず》と雖《いへど》も、佛の迹《みあと》を見る者《ひと》も、像《みかた》の行《あゆみ》を見る者《ひと》も、歩歩之中《あゆみのうち》に、亦《また》千劫の極重悪業除《のぞ》かゆ。」といひ、「如來の足下《あうら》は平《たひ》らかに満《み》ち、一毛をも容《い》れ不《ず》、足下《あうら》の千輻輪相は、轂《こしき》・輞《おほわ》具《そだ》足り、魚鱗相、次に金剛杵相、足跟《くびす》に亦梵王頂相・衆蠡之《の》相有るを観《み》れば、諸《もろもろ》の悪に遇《あ》は不《ず》。」といふ。

是《これ》を休祥《よろこび》と為《な》す。

（以上、A面）

B面界外

知識。家口《いへびと》、男《むすこ》・女《むすめ》、大《としたけたる》も小《をさなき》も。

三國眞《みくにのま》人浄足《ひときよたり》。

三國圓人浄足。

（以上、B面界外）

B面

大唐《もろこし》の使人《つかひ》、王玄策《わうげんさく》、中天竺鹿野薗の中なる法輪を轉《まろば》せし處《ところ》に向《ゆ》き、因《よ》りて跡《みあと》を見、轉寫《うつすこと》を得し搭《すりもの》、是《これ》第一の本なり。

日本《やまと》の使人、黄書本實《きぶみのほんじち》、大唐国に向《ゆ》き、普光寺於《に》して、轉寫を得し搭、是第二の本なり。此《こ》の本は、右京四條一坊なる禪院に在《あ》り。

禪院の壇に向《む》きて、神《くす》しき跡《みあと》を抜《ひら》き見て、敬《つつし》みて轉寫《うつ》せる搭、是第三の本なり。天平勝寶五年歳 癸巳《ほしみづのとのみ》に次《やど》るとしの七月十五日従《よ》り、廿七日に盡《いた》るまで、并《あは》せて一十三箇日にて作り了《をは》りき。

檀主は従三位智努王《ちぬのおほきみ》なり。天平勝寶四年歳 壬辰《ほしみづのえたつ》に次《やど》るとしの九月七日を以《も》ちて、王の字《みな》を改めて、文室真《ふみやのま》人智《ひとち》努《ぬ》と成《な》りき。畫師《ゑし》は越田安万《こしだのやすまろ》なり。書寫《かきて》は神 石手《みわのいしで》なり。□□は□以足《いそく》なり。近□□□□。

（以上、B面）

C面

至心もて願《ぐわん》を發《おこ》し、亡《な》き夫人《ぶにん》従四位下 茨田《うまらだの》郡主、法名 良式《りやうしき》の為に、釋迦如来の神《くす》しき跡《みあと》を敬《ゐや》まひ写しまつる。伏《ふ》して願《ねがは》くは、夫人之《の》霊《みたま》、无勝之《の》妙邦に駕遊《あまかけ》り、□□之《の》聖諦を受《う》□け、永く有漏《うろ》を脱《ぬ》け、高く无為を證《あか》し、同じく三界を霑《うる》ほし、共に一真に契《あ》はむことをねがひまつる。

（以上、C面）

D面

諸行は无常なり。諸法は无我なり。涅槃は寂静なり。

（以上、D面）

D面界外

観

（以上、D面界外）

【現代語訳】

釈迦牟尼佛の足跡の図。

『西域伝』を繙くと次のように書かれている、「今の摩掲陀国、昔、阿育王（建立の）古い精舎の中に、一個の大きな石がある。その石の上に佛の足跡が刻まれている。左右の佛足の長さは各々一尺八寸（約五六センチ《メートル》）、幅は各々六寸（一八・五センチ《メートル》）である。輪相・花文が描かれてあり、足指は十指全て一様ではない。これは、佛が涅槃を前に北方拘戸那掲羅国《くしながらのくに》に行こうとして、南方摩掲陀国《まかだのくに》の王城を望み見て、お踏みになった足跡である。最近、金耳国の商迦王が佛法を信仰せず、よってこの佛跡を破壊した。しかし、壊《こわ》してもすぐに出現し、花文や輪相が元通りに復元した。又ガンジス河の中に捨てても、すぐ元の位置に復した。こうして今、そっくりそのまま佛足跡は転写され、各所に広まり知られている。」とある。

『観佛三昧海経』には次のように書かれている、「人がもし佛の足跡を見て、心に尊崇の思いを抱けば、数限りない程多くの罪も消滅する。」とある。今（その佛跡を）拝する機会に恵まれている。これは誠に幸せなことではないか。

また次のようにも書かれている、「北印度にある烏仗那国の東北方二百六十里（約一四五・六キロメートル）の所で、大きな山に入ると、龍がいる泉がある。この泉が河の水源であり、春となく夏となく凍結し、朝に夕に雪が舞う地である。ここに、悪い龍神がいて、暴れてよく水害をもたらしている。そこで如来がお行きになり、徳化なさるに、金剛神に杵で崖を打たせた。その一撃を聞いて龍神は恐れ出てきて、佛に帰依した。龍神が再び悪心を抱くことを懸念して、如来の足跡を留めて悪龍にお示しになるのに、泉の南の大石の上にその両足の跡を現ぜられたのである。拝する者の信仰心の深浅によって、佛足は長くも短くもなるという。」とあり、また「今の丘慈国の城の北方四十里（約二二・四キロメートル）の所、寺院の佛堂の中に置かれている玉石の上にも、佛の足跡がある。斎日には光明を放つ。出家者も俗人もその斎日になれば、一堂に会し放光を拝み喜ぶ。」とある。

『観佛三昧海経』に依るとその功徳について次のように書かれている、「佛の在世中に、衆生で、佛の歩みを拝する人で、佛足の千輻輪相を拝することができる人は、過去世からの積年の極めて重い悪罪を消滅させることができる。佛が世を去った後、佛の歩みを心に思い描く人は、同様に過去世からの積年の極めて重い悪業を消滅させることができる。佛の歩みを心に思い描かなくても、佛足の跡を拝する人や佛像の歩みを拝する人は、その歩みの内に、同様に過去世からの積年の極めて重い悪業を消滅させることができる。」といい、また「如来の足裏は平らかで充ち足りており、一毛を入れる隙もなく、足裏の千輻輪相は、轂《こしき》も車の輪も完備し、魚鱗相そして金剛杵相、跟《かかと》に梵王頂相・衆蠡の相があるのを拝すると、数々の悪に遇うことがない。」とある。

以上を佛足の跡を拝するこの上ないよろこびとする。
（以上、A面）

佛足石寄進の者。家族一同、息子・娘、老人も幼い者も含めて。

三国真人浄足。

三国真人浄足。
（以上、B面界外）

唐の使者王玄策が、中天竺鹿野薗の如来が佛法をお説きになった所に行き、佛足石を拝して写し取った拓本が第一本である。

日本の使者黄書本実が、唐に行き普光寺で写し取った写本が第二本である。この第二本は今、右京四条一坊の禅院にある。

禅院の壇に向かって、佛足跡図を披見し、拝みつつ臨模した写本が第三本である。（この第三本により）天平勝宝五年（七五三）七月十五日から二十七日に至るまで、計十三日間で（佛の足跡〈上平面〉を）石に刻み終った。

施主は従三位の智努王である。（因みに、智努王は前年の）天平勝宝四年九月七日に王の名を改めて、文室真人智努と成った。画師は越田安万である。佛足石碑文の撰文者は神石手である。□□は□以足である。近□□□□。
（以上、B面）

心をこめて発願し、今はなき夫人、従四位下茨田女王、法名良式のために、佛のありがたい足跡を拝み、彫り申し上げる。夫人の霊は極楽の良き国に飛翔し、□□の聖諦という真理を悟り、この煩悩世界を永遠に解脱し、無為の世界のよさを高く示し、この世に慈悲を等しく垂れ、その良式の霊と共に一同は悟りの法界で出会うことを願い

申し上げる。（以上、C面）

この世に常住はなくすべて移り変っている。この世に永遠不変の実体というものはない。この煩悩世界を解脱すれば永く心静かである。（以上、D面）

觀。（以上、D面界外）

【注解】

〇釋迦牟尼佛（A1）

釈尊。佛陀。『佛教大辭彙』（龍谷大學編）に「釋迦は種族の名にして能の義、牟尼は尊稱にして、寂黙、又は賢人の義、即ち釋迦族の賢人の意なり。」とある。『萬葉集』には「釋迦能仁」（「能仁」は釈尊の別訳による異称）とある。この「釋迦能仁」の語は、『萬葉集』の5・七九四～七九九の「日本挽歌」に先立つ詩序や、5・八九七～九〇三の「老身重病経年辛苦及思兒等歌七首」に先立つ詩序「悲歎俗道假合即離易去難留詩一首并序」に見え、いずれも山上憶良による用語としてある。

〇佛跡（A1）

「佛足石記文」の中では「佛跡（迹）」「佛足跡」と記されている。「佛石」「佛足石」の語は見られない。「佛跡（迹）」とあるのはこのA1の例の他に、A3・A5・A13・A16（佛迹）に見え、「佛足跡」はA7に見える。また単に「跡」（B3）「神跡」（B8・C5～6）ともある。

「石」の表現が出るのは、「一大囮」（A2）「大石」（A11）「玉石」（A13）であり、これらは、佛跡を含めての大きな物体としての石の総称、或いは佛足が彫られる前の物体としての「石」を示している。

なお、佛足石が佛教史上偶像の原初的な形態であることについては、本書第二章論考篇一第一節「佛足石記文について」を参照されたい。

○佛跡圖（A1）

奈良県奈良市西ノ京町の薬師寺に現蔵する佛足石の、その佛足図の伝来については、当「佛足石記文」左側面（B面）に第一本・第二本・第三本として記されている。その足裏の図様（相）の一々については、この（A3）や（A15）以下に出て来るので、その条を参照されたい。また［亀田孜・一九六二・一二・論考］「薬師寺仏足石と仏跡図本の論考」、［亀田孜・一九六四・八・論考］「仏跡の伝来と観智院の仏足図」がある。

インド（天竺）における佛足の図様については、「特集　仏足石」（季刊『古美術』二四号、三彩社、一九六八年一二月）や、［森貞雄・一九八三・一・論著］『佛足跡をたずねる』等が参考になる。日本における図様の様式上の展開については、［加藤諄・一九六二・一二・論考］「近世仏足石の一派生図様について」が詳しく記している。

○案西域傳（A2）

「案」の箇所、その本文を「尋」や「考」にするものがあるが、原碑には明確に「案」（異体字形）とある（「**碑面01**」、参照）。

【「案」の本文異同】（本文を「案」としないもの）

尋――［野呂元丈・一七五二・秋・金石記］『佛足石碑銘』・［松平定信・一八〇〇・一・史料図録］『集古十種』・［山川正宣・一八二六・八・注釈］『佛足石和歌集解』（附趺石記文）・［小山田靖齋（葛西孔彰）・一八三八年前

碑面01

後・金石］『證古金石集』。

考——［秋里籬島・一七九一・四・名所］『大和名所図会』。

［小山田與清・一八二八・一〇・金石記］『南都藥師寺金石記』は、「按舊版作尋者非也。今据搨本改正。」（案《かんが》ふるに、旧版、尋に作るは非なり。今、搨本に据《よ》りて改め正したり。）と割注で言及し「案」としている。

○西域傳（A２）

この「西域傳」について、『大唐西域記』のことであるとしてまずはよいのであるが（巻第八「摩掲陀國上」条、大正蔵51九一二下10～22）、一々の句が対応するものではない。本書第二章論考篇一第二節「佛足石記文の撰述態度について——『佚西域傳』考——」で示しているが、「佛足石記文」の撰文に際してあれこれの書を案じつつ成ったものではなくて、「依拠した一書」があったものと想定でき、今は散逸して残っていない『西域傳』の存在を考え、これを私は『佚西域傳』と呼んでいる。この『佚西域傳』を座右にして、撰文されたものと考えられる。ただし、『佚西域傳』からの丸写しではなくて、引用には字数整斉など、撰文者の手が考えられる。このことについても、本書第二章論考篇一第二節中で言及している。この『佚西域傳』と本文上関係がある『大唐西域記』『釋迦方志』『法苑珠林』を以下で適宜参照する。

○西域傳云（A２）

「云」の字、本文に無いもの（［亀田孜・一九六二・一二・論考］）があるが、原碑には一部に欠画はあるものの（石の凹部による）、明確に「云」字が存在する。

○今（A２）

○摩掲陁國（A２）

『佚西域傳』の編纂時点における記述と考えられる。同様の表現は「今丘慈國」（A12）にも存在する。

『大唐西域記』は、「摩掲陁國」に全十二巻中の二巻を割いて記述している、即ち、「摩掲陁國上」（巻第八、大正蔵51九一〇下～九一八下）と「摩掲陁國下」（巻第九、大正蔵51九一九上～九二五下）がそれになる。

古代インド十六大国の一つで、中天竺に属する。阿育王の政治文化の中心地。［水谷真成・一九七一・一一・校注］『大唐西域記』によると、大体今のビハール州のガヤー・パトナ両県を中心とするガンジス河南方地域に当るとある。『日本國見在書目録』には『波羅門摩伽陀等國圖記　一』（土地家）が記されていて、そういう図面が日本に伝来していたことがわかる。法隆寺には、貞治三年（一三六四）の日本人の手になる「五天竺図」（一幅、絹本着色）が存している（［河原由雄・一九九四・三・「図録解説」番号一四三］「五天竺図」）。また［海野一隆・一九九五・二・論考］「世界地図の中のアジア」や［高橋正・一九九五・二・論考］「中国人的世界観と地図」も参考になる。この法隆寺蔵「五天竺図」は、『國史大辭典』８（吉川弘文館、一九八七年一〇月）の「世界図」（二八四頁の次の挟み込みのカラー別刷図版）で見ることができる。

「摩掲陀」の読みは「まがだ」となる。「摩掲陀國」については、［水谷真成・一九七一・一一・校注］『大唐西域記』に詳しい注記があり、原音が「まがだ」（サンスクリット語及びパーリー語 magādha）であることが示されているが、第二音節については「訶」（「伽」も）などと記されることがあり、本邦においては「まかだ」と読まれた可能性があり、「訓読」では「まかだ」とした。

○昔（Ａ２）

「昔阿育王……」（Ａ２）、「近為金耳國……」（Ａ４）、「今現圖寫……」（Ａ６）という時観念の対比表現が見られる。『法苑珠林』には、

又従南行百五十里度殑伽河至摩掲陀國。屬中印度。…中略…。昔無憂王作地獄處。…中略…。近爲悪王金耳毀壞佛迹。…中略…。貞観二十三年有使。圖寫迹來。（巻第二十九、大正蔵53五〇二上07～20）

と「昔無憂王……」（無憂王は阿育王の漢訳）「近爲悪王金耳……」「貞觀二十三年有使圖寫……」の表現があり、「貞觀二十三年」を「今」と見ることが出来るなら、当「佛足石記文」に対応することになる。「今現圖寫」（A６）の語釈項目、参照。「近……」の表現句は『大唐西域記』『釋迦方志』にもあるが、「昔……」「今……」に該当する表現句は『大唐西域記』『釋迦方志』にはなく、この前半部A面2～6行目は『法苑珠林』に近い表現である。この「貞觀二十三年有使。圖寫迹來。」の一文と「佛足石記文」の「今現圖寫所在流布」とが対応するという指摘を、［三宅米吉・一八九七・七・論考］や［加藤諄・一九六八・一二・論考］がしている。［加藤諄・一九六八・一二・論考］は、「貞觀二十二年」の誤りであるとの指摘もしている。

○阿育王（A２）

［水谷真成・一九七一・一一・校注］『大唐西域記』には、摩掲陀国孔雀王朝第三世で、その在位は恐らく前二六八～前二三二年ごろとされるとある。『大唐西域記』に、

昔者如來將取寂滅。北趣拘戸那城。南顧摩掲陀國。蹈此石上告阿難曰。吾今最後留此足迹。將入寂滅顧摩掲陀也。百歳之後有無憂王。命世君臨建都此地。匡護三寶役使百神。…下略…（巻第八、大正蔵51九一一下13～17）

と出る、その「無憂王」に当る。『大唐西域記』に出る「阿輸迦王」の「阿輸迦」の割注には「唐言無憂舊曰阿育訛也」（大正蔵51九一一上）（唐言の無憂なり。旧《もと》阿育と曰《い》へる訛なり）とあり、また『大唐大慈恩寺三藏法師傳』の「阿輸迦王」の割注にも同様に「唐言無憂王舊曰阿育王訛也」（大正蔵50二三六上）とある。下の「商迦王」と対比的に描かれている。

「阿育王」の読みはどう読めばよいのだろうか。一般には「あしょうか王」としている。右には『大唐西域記』に「阿輸迦王」とあるとした。［水谷真成・一九七一・一一・校注］は、サンスクリット・パーリー語・漢字音をローマナイズの形で、それぞれ「あしゅうか」「あそか」「あそか」と示し、「旧訳の阿育はすでに唐代までに大き

く音変している」としている。本邦における「阿育王」の読みは、「あいく王」として受容されていたものと考え、訓読では「あいく」のよみで示した。

○古（A２）

この箇所、「方」字説が通説である。「方」であれば、「はじめる」の意となる。原本系『玉篇』と見られる『玉篇巻十八之後分』の「方」字条には、『廣雅』を引いて「方、所也始也、方正也、方義也、方類也」（藤田家蔵本二五〇行、方部第二百八十四）とあり、『篆隷萬象名義』（高山寺本）の「方」字条には、「所也、正也、…中略…始也、亡也、義也、類也…下略…」（五帖、八〇丁オ４）とある。

この「方」字の箇所については、異説が無いと言ってもよいほどであり、わずかに［釋潮音・一八一九・三・考証］『佛足跡紀文考證』が「方」の右傍に「方字恐是立字鐫誤」と朱で注記し、その考証では「方字當作立。恐是碑匠所誤。」と「立」字であるとするが、［小山田與清・一八二八・一〇・金石記］『南都薬師寺金石記』が「一説、為立字者、難従。」と批正している。

最近、［東野治之・二〇〇九・四・論考］「薬師寺仏足石記再調査覚書」は、

「古」と読める。第二画の縦画が斜め左下に引かれる字形である。

とした。その「古」字は、「古」といった字形をいうものである。この東野治之説が出るまで疑うことなく「方」と認定していた。原碑状況について、リバーサルフィルムと白黒ネガフィルムを専用ルーペで覗き見て改めて確認した。リバーサルフィルムでは、碑面の荒れた状況など細部まで実見するがごとく確認できるのである。また白黒ネガフィルムにおいては光線の当り具合によって線が沈んだり逆に明瞭に浮き出て来たりするのである。「方」字と「古」字との違いは、「方」であれば左斜めの長い斜めの線の確認ということになるが、その箇所には小さいながらも凹穴があり、確認できない。結局は「古」字における下部の「口」の確認になる。これも半分は穴に隠れる

碑面02

碑面03

が、「口」であれば右方の縦線が短く、「方」であれば右方の縦線が長くなる。これによって、両字を区別するしか無い。白黒ネガフィルム画面（「**碑面03**」）では判然としないが、リバーサルフィルム画面（「**碑面02**」）により、右方の縦線は跳ねに見える点のヘコミまでは達していなくて、碑面上において一旦切れているのが確認でき、ここに私は「古」字と確認するに至った。

○精舎（A２）

『大唐西域記』に「精舎中有大石」（大正蔵51九一一下10）とある。

精神修養の堂であり、仏徒が精練する堂舎の意味から来ている語で、僧院・仏堂の意である。『釋氏要覧』には

釋迦譜云。息心所棲曰精舎○藝文類集云。非由其舍精妙。良由精練行者所居也。（上巻・一九丁裏）

（『釋迦譜』に云はく、「息《いこ》ふ心の棲《す》む所を精舎と曰ふ」といふ。○『藝文類集』に云はく、「其の舎《いへ》の精妙なるに由《よ》るに非《あら》ず。良《まこと》に精練行なる者《ひと》の居《を》る所なるに由《よ》る也」といふ。）

とある。

なお参考として付言すると、本邦例で、『僧尼令』に「寺院」とあるところに、『続日本紀』で「精舎」と表現されているケースがある。

凡僧尼。非在寺院。別立道場。聚衆教化。幷妄説罪福。及殴撃長宿者。皆還俗。

（「僧尼令」第七・5、日本思想大系本『律令』）

僧綱宜廻静鑒、能叶清議。其居非精舎、行乖練邪、……。

（『続日本紀』養老二年十月庚午条、新日本古典文学大系本『続日本紀　二』）

また『続日本紀』の次の例も寺院に近い意で使用されている。「今追議定営造修理塔寺精舎分一千戸」（天平宝字四年七月庚戌条）。「法藏湮（堙）廢。無復住持之徒。精舎荒涼。空餘坐禪之跡。」（宝亀四年十一月辛卯条）。ここ（A2）では、これらとは異なる原初的な用法としてある。

○有一大〔石〕（A2）

□の箇所は原石剝落していて、文字が残っていない。しかし、『釋迦方志』（大正蔵51九六一中28）、『法苑珠林』（大正蔵53五〇二上15）、『大唐西域記』（大正蔵51九一一下10）共にこの該当箇所には、「有大石」とあって、剝落部分は「石」の字であったことが判明する。右の三本には「有大石」とあり、「佛足石記文」には「有一大〔石〕」となっているのは、四字句にそろえるための措置と考えられる。この四字句整斉が、『佚西域傳』の本文で既にそうなっていたのか、この「佛足石記文」撰文時のものかについて、本書第二章論考篇一第二節「佛足石記文の撰述態度について—『佚西域傳』考—」において示した。即ち、四字句としての整斉は「佛足石記文」撰文時のものであるとした。本書三九五頁を参照されたい。

○有佛跡（A3）

「佛跡」は「釋迦牟尼佛跡」の意の略称である。

碑面04

「跡」の字、「蹟」に作るものがあるが（［菊地良一・一九三九・五・論考］「佛足石歌の研究」）、原碑は明確に「跡」の字である（前頁、「**碑面04**」、丸印参照）。

○各長一尺八寸（A3）

「各」とは左右の佛足跡を言い、「長」とはの跟《かかと》から指先までの長さをいう。

次に「一尺八寸」について。『大唐西域記』は「尺有八寸」（大正蔵51九一一下11）、『法苑珠林』は「尺八寸」（大正蔵53五〇二上16～17）、『釋迦方志』は「尺八」（大正蔵51九六一下01）とある。『大唐西域記』が四字句の「尺有八寸」であるのに、「佛足石記文」が「一尺八寸」になっているということは、「佛足石記文」が『大唐西域記』そのものに依拠してはいないことを意味している。『佚西域傳』には「尺八寸」或いは「尺八」とあったのであろう。それを「佛足石記文」の撰文時に「一尺八寸」と整えたものと考えられる。

○一尺八寸・六寸（A3）

唐尺の一尺はどれほどであろうか。［廣岡義隆・一九八九・二a・注釈］『古京遺文注釈』では、北京歴史博物館蔵「鏤花銅尺」や白鶴美術館蔵「鏤牙尺」及び［藪田嘉一郎・一九六九・三・論著］『中国古尺集説』により、三一・一センチ《メートル》とした（現代語訳では、これにより概算で示した）。［小泉袈裟勝・一九七七・一〇・論著］『ものさし』は唐大尺を「曲尺九寸七分」としており（同氏著七五頁）、これによると一尺は二九・三九一センチ《メートル》即ち二九・四センチ《メートル》になる。この唐尺二九・四センチ《メートル》はよく見られる通説的見解である。一方、唐尺と天平尺は同じとする見方もある。天平尺は正倉院に蔵する尺から二九・七センチ《メートル》となる。これを一覧すると上の表のようになる。

	長	廣
一尺	一尺八寸	六寸
三一・一	五五・九八	一八・六六
二九・七（天平尺）	五三・四六	一七・八二
二九・四	五二・九二	一七・六四

（単位：センチ《メートル》）

これは摩掲陀国の佛足石の大きさを言っているものである。

薬師寺佛足石の大きさを参照のために出すと以下の通りである。長さは四八・〇センチ《メートル》、最大幅は二三・五センチ《メートル》（千輻輪相の中心部で一七・五センチ《メートル》）。これを［狩谷棭斎・一八三二頃・金石記］『古京遺文』は「長一尺六寸廣於其中計之六寸」としている。これを江戸期の尺三〇・三センチ《メートル》で換算すると、「足の長さ四八・四八センチ《メートル》、足幅中央部一八・一八センチ《メートル》」になる。

［狩谷棭斎・一八三二頃・金石記］は『西域傳』の記述と薬師寺現蔵佛足石の足幅は「正合」するのに、足長は二寸異なるのは何故かわからないと不審に思っているが、それは佛足石の足長はどれも一致するはずという前提からの発言であろう。

○廣（A3）

足の幅をいう。

○廣六寸（A3）

この三文字を［木崎愛吉・一九二一・一〇・金石記］『大日本金石史・一』は脱している。

○輪相花文（A3）

「輪相」とは三十二相中の「足下二輪相」（千輻輪相）をいう。［菊地良一・一九三九・五・論考］「佛足石歌の研究」の本文では「轉相」にしているが誤植であろう。

「花文」を『薬師寺志』では「華文」とするが原碑の文字は「花文」である（「**碑面05**」、参照）。「花文」の語は『大唐西域

碑面05

記』に次のように出る。

其長尺有八寸。廣餘六寸矣。兩迹倶有輪相。十指念帯花文。魚形映起。光明時照。（巻第八、大正蔵51九一一下11〜13）

ただし、ここの『大正蔵』の本文「念」には不審がある（脚注の校異に記述は無い）。

其長尺有八寸。廣餘六寸矣。兩迹倶有輪相。十指皆帯花文。魚形映起。光明時照。（［羽田亨・一九一一・一〇・校本］『大唐西域記』）

右のように、「十指皆帯花文。」でないと意が合わない。［王雲五・一九七一・一〇・人人文庫］『大唐西域記』でも「十指皆帯花文」としている。［水谷真成・一九七一・一一・校注］の訳においても「十本の指にはみな花の文様を帯びている。」としている。

なお［田中重久・一九四二・一〇b・論考］「佛足跡文様の研究」が引用する『大慈恩寺三蔵法師傳』には当該引用に関わる

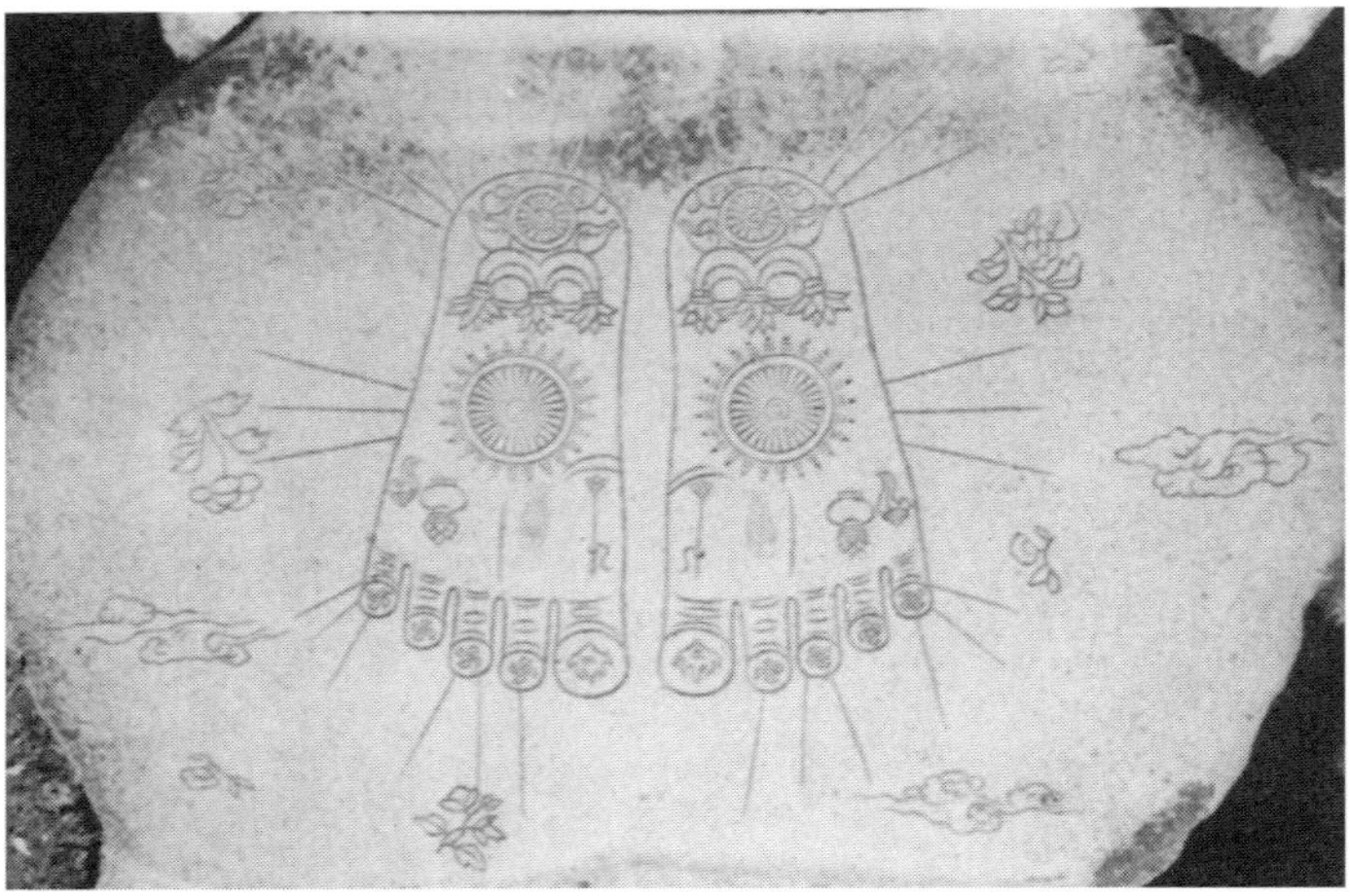

薬師寺佛足図を模写した建福寺（長野県伊那市高遠町西高遠）**の佛足跡写真。**［加藤諄・一九八〇・一二・佛足石要覧］『佛足石のために』（築地書館）、114頁。

この高遠の建福寺に存する佛足石は碑陰記が発見され、天保6年（1835）に、薬師寺佛足石の模写である伊勢の金剛証寺の佛足図により刻したことなどが判明している（［加藤諄・一九六二・三・論考］「高遠建福寺仏足跡歌碑」）。金剛証寺の佛足石写真が手許にあるが、写真映りが良くなくて上記によった。薬師寺佛足石の細部が不分明な現在、これにより古姿を知ることが出来る。

表現中に「兩足下有千輻輪相。十指端有萬字花文及瓶魚等。」（大正蔵50二三六上）とある。「十指端有萬字花文」は理解できるが、「及瓶魚等」は理解しかねるところである。これが『大唐西域記』の「魚形映起」であると映発し合っているということで理解できる。

この「花文」は、第一義的には指端の文様をさしての称である。この「花文」文様は薬師寺佛足石の佛足指を見るとまさに「花」と解すことができ、所謂萬字文様とは全く異なっている。しかし、萬字とは太陽の火炎を形象したものであるとの考えがあり［村尾力太郎・一九六〇・一・論考］「仏陀のシンボル1（仏足跡の研究）」、それによるとこの箇所の「花文」も一種の萬字文様と解することが可能となってくる。

さて、ここの箇所を［加藤諄・一九六八・一二・論考］「仏足石―日本における―」は、「花文十指各異」と解しているが、ここはその文脈ではなく、先に見たように四字句による「輪相花文。十指各異。」という文であると見るのがよい。薬師寺佛足石には、足裏に金剛杵・双魚・華瓶・螺王・千輻輪・梵王頂の各相、足指に花文が刻まれている（二一八頁には薬師寺佛足跡写真を示している。右頁の写真と併せて参照されたい）。この「輪相花文」はそれら各相の総称と解すべきものである。右で「花文」について、第一義的にはと断って言及したのはその意味であり、ここは第二義としてある。即ち「有輪相花文」の意であって、「十指各異」（次項）に続いて行かない語勢と見るべきところである。「佛足石記文」撰文に際して変容しており、素直な文とは言えないところがある。

○十指各異（A3）

十指の長さが一様でないということを意味している。但し、本来の句意（第一義）は、その足指に刻される「花文」の相が十指共に一様ではない意であったと考えられる。この「佛足石記文」では「十指各異」となり、独立した意味を背負うことになっている。前項、参照。

なお、この箇所の本文について、次頁に示すように、本文表示において、種々の本文認定がある。これには、

「十」の字の第二画（縦画）の下部が剝落していることも多少は関わっていよう（「碑面06」）。また「指」の字の上端もやや欠けはするが文字は確認できる。「各異」の二字は明確に読み取ることができる。

また［釋潮音・一八一九・三・考証］『佛足跡紀文考證』の自筆本（国立国会図書館本）は「十指各異」と正しいが、静嘉堂文庫本写本の30オでは「十指各具」と誤っている。ただし、38ウにおける本文では「十指各異」と正しくなっている。

碑面06

【本文異同】（本文を「十指各異」としないもの）

帯相各異――［野呂元丈・一七五二・秋・金石記］『佛足石碑銘』・［松平定信・一八〇〇・一・史料図録］『集古十種』・［山川正宣・一八二六・八・注釈］『佛足石和歌集解』（附趺石記文）・［小山田靖齋（葛西孔彰）・一八三八年前後・金石］『證古金石集』・『藥師寺志』。

帯相名異――［秋里籬島・一七九一・四・名所］『大和名所図会』。

□相各異――［小山田與清・一八二八・一〇・金石記］『南都藥師寺金石記』。

□相各々異―［大井重二郎・一九三四・六・論著］『佛足石歌と佛足石』。

○是佛（A3）

「是佛」とは「佛足石記文」の表現文脈では「釋迦牟尼佛」となる。これを出典論から見ると、『大唐西域記』には「如來」（大正蔵51九一一下10）とある。「是佛」の表現は、『法苑珠林』（大正蔵53五〇二上15）、『釋迦方志』（大正蔵51九六一中28）と一致し、そうした系統の表現を引いていることが判明する。即ちそれが、『佚西域傳』の本文ということになる。

「是佛」を［松平定信・一八〇〇・一・史料図録］『集古十種』は「佛佛」に、また［大井重二郎・一九三四・六・論著］『佛足石歌と佛足石』は「佛」を脱して「是」だけにしてしまっている。［東野治之・二〇〇九・四・論考］「薬師寺仏足石記再調査覚書」は「佛」字の下は「剝離」としている。「剝離」と事実を認定しているだけであり、欠字とも何とも発言していない。この箇所について検討すると、『釋迦方志』及び『法苑珠林』の該当箇所には、共に「是佛欲涅槃」とあって、「佛」字の下に何らかの文字が想定出来るものではないので、この「佛」字で改行していると認定する（本書第一章論考篇一第二節「佛足石記文の撰述態度について―『佚西域傳』考―」、三八一頁、参照）。

〇涅槃（Ａ４）

三法印中に「涅槃寂静」（Ｄ３）の表現がある。龍谷大學編『佛教大辭彙』には、

元來の意義は物の消滅する事にして…中略…なり。又大般涅槃經巻一（序品）に釋尊「二月十五日に涅槃に臨む」とある如きは入滅することを涅槃と名づけしなり。…中略…、吹き消すこと、或は静寂なること、又は死滅することとなり。…中略…。舊譯には泥洹《ないをん》・泥曰《ないわつ》とも云ひ、…下略…。

とあり、以下詳説されている。『望月佛教大辭典』には、「一切の煩悩災患の永盡せる境地を云ふ。」とあり、中村元著『佛教語大辞典』には、「おそらく俗語の nibbān の音写。迷いの火を吹き消した状態。ニルヴァーナ（梵語：nirvāṇa）。」とある。

〇欲涅槃（Ａ４）

『大唐西域記』には「將取寂滅」（大正蔵51九一一下13）とあり、「欲涅槃」は『法苑珠林』（大正蔵53五〇二上15）、『釋迦方志』（大正蔵51九六一中28）と一致する。ただし、「欲」は「涅槃」に直接かかるのではなく「涅槃北趣」に

かかり、「欲趣」に主意がある。「拘尸」（拘尸那揭羅）へ趣《おもむ》こうとして、摩揭陀の王城を望んで石上に足跡をスタンプしたというのである。ここは摩揭陀国の精舎中の佛足石について言及している箇所である。

○北趣拘尸（Ａ４）

「拘尸」は「拘尸那揭羅城」の略称。即ち拘尸那揭羅國（サンスクリット語 kuśinagara）の拘尸那揭羅城であり、仏陀涅槃の聖地である。クシナガラについて、『岩波仏教辞典』には、

> 古址については異説があったが、現在ではインドのビハール州、ガンガー河（ガンジス河）の支流ガンダク河の西方、ゴーラクプルの東五六キロのカシアーに比定されている。五世紀の銘のある涅槃像と大涅槃寺の銘のある古泥印、および涅槃塔から銅板が出土したことがその論拠となっている。クシナガラは仏陀時代の十六大国の一であるマッラ族の都で、仏陀は北郊のサーラ林（娑羅双樹の下）で入滅したという。…下略…。

とある。摩揭陀国の中心地から約三百キロ《メートル》の北方になる。

「拘尸那揭羅城」の略称は「拘尸那」が一般的であり、『大唐西域記』にも「北趣拘尸那城」（大正蔵51九一一下13）とある。ここは四字句にするためにこのような略し方をしたものと理解できる。『法苑珠林』（大正蔵53五〇二上15～16）、『釋迦方志』（大正蔵51九六一中29）ともに「北趣拘尸」の表現であり、『佚西域傳』も「北趣拘尸」であったに違いない。

○南望王城（Ａ４）

『大唐西域記』（巻八、摩揭陀國）には「南顧摩揭陀國」（大正蔵51九一一下13～14）とあり、『法苑珠林』（大正蔵53五〇二上16）、『釋迦方志』（大正蔵51九六一中29）は四字句に省略整斉した「南顧摩揭」とある。ところがここには「南望王城」とある。これに近い表現を探すと『大唐西域記』（巻七、吠舍釐國）の条に、「伽藍北三四里有窣堵波。是如來將往拘尸那國入般涅槃。人與非人隨從世尊。至此佇立。次西北不遠有窣堵波。是佛於此最後觀吠舍釐城。」

（大正蔵51九〇八下01〜04）がある。ただしこれは吠舍釐国の王城であって、摩掲陀国のものではない。『大唐西域記』の巻八（摩掲陀國・上）と巻七（吠舍釐國）とに類似の伝承が記録されているのである。なお、この吠舍釐國条の『法苑珠林』における該当記述は「是佛最後観城邑處。」（大正蔵53五〇一下15〜16）であり、『釋迦方志』の該当記述は「是佛南趣摩掲陀。北顧吠舍釐城中息迹處。」（大正蔵51九六一上04〜05）である。「佛足石記文」には「望王城」とあって吠舍釐国条の語をとっているのであるが、ここは摩掲陀国に関する記述である。摩掲陀国の王城は頻毘娑羅王の王舍城である。『佚西域傳』に「南望王城」とあった可能性がある。

○足所蹈處（Ａ４）

「所」を助辞と見、「所蹈」の二字で「ふむ」と訓み、完了の「り」を訓み添えた。ここの箇所、一見、「所蹈」の二字で「ふめる」と訓むことが出来そうであるが、「所」字の訓「る」は自発・可能等の意でありしかもその場合未然形接続の「ふま・る」としなければならない。この場合は完了の意であるから、「所蹈」の二字で「ふむ」と訓み、完了の「り」を訓み添えたのである。以上の次第で、「足〔ニテ〕所蹈《ふめ》ル處《ところ》」の意となり、「足、所蹈《ふめ》ル處《ところ》」の訓となる。

この箇所、『大唐西域記』には「蹈此石上……吾今最後留此足迹」（大正蔵51九一一下14〜15）とあり、『法苑珠林』は「故蹈石上之雙足迹」（大正蔵53五〇二上16）、『釋迦方志』は「故蹈石上之雙跡也」（大正蔵51九六一中29）とある。ただし、『大唐西域記』の巻三の条に、類似の「足所履迹」の例（大正蔵51八八二下15）があり、そうした表現が影を落としている可能性がある。

○近為（Ａ４）

「近……」の表現については「昔」（Ａ２）の項、参照。「為」の字、『薬師寺志』には落ちている。

○金耳國（Ａ４）

『大唐西域記』に「東印度羯羅拏蘇伐剌那〔唐言金耳〕國設賞迦王〔唐言月〕」（大正蔵51八九四上23～24）とある。〔NUNDO LAL DEY・一九二七・古代印度地理辞典〕では、“Karna-Suvarṇa” の項（P.94）で、その史蹟の所在について、ガンジス河右岸（西岸）に位置するラーンガーマーティーであるとみてよいとし、これは〔BIMALA CHURN LAW・一九五四・古代印度歴史地理学〕や〔水谷真成・一九七一・一一・校注〕の注も同様である（巻十の八・一の条）。マガダ国の東方約三百キロ《メートル》になる。

○商迦[王]（A４）

この三文字目□は、剝落によって文字が残っていない。「迦」字は視認できる。〔松平定信・一八〇〇・一・史料図録〕『集古十種』は「商」一字にしている。この箇所、『大唐西域記』には「設賞迦王」、『釋迦方志』には「設償迦王」とあり、『法苑珠林』には「悪王金耳」とある。剝落しているが□一文字の存在は推測できるので、意補によって「王」とする。標出見出し字は「国」字ではなく、枠囲みした「王」字である。〔野呂元丈・一七五二・秋・金石記〕『佛足石碑銘』及び〔小山田靖齋・一八三八年前後・金石〕『證古金石集』、『藥師寺志』は、「商迦王」（「商」は口部八画で、「適」字の旁）とする。また〔橋健二・一九五九・六・論考〕は「迦」字を「加」字としている。「商迦王」は「設賞（償）迦王」の省略形。梵語 Śaśāṅka で、śaśaka は兎の意味であり、その複合語（śaśa-）も兎に関する語である（荻原雲来氏編『漢訳対照梵和大辞典』鈴木学術財団）。古代印度でも月と兎の関係は濃密である。Śaśāṅka の項には「(兎のしるしを持った)、月。〔ある王の名〕。〔漢訳〕月。」とある（昭和六一年、新装版、一三一八頁）。「月王」の意である（前項参照）。〔水谷真成・一九七一・一一・校注〕には、「六〇六年以前に王位に即き、西方はマガダ地方、南方はオリッサ地方まで力を伸ばした。…中略…。かれの出した金貨の裏面には自分の名と月の図と湿婆《シヴァ》神の像があることより見て、湿婆教を奉じたことを知る。かれの仏法破壊の状は、本書巻六の四「拘尸那揭羅《クシナガラ》国」、巻八の二・四、六・三、六・四等の諸所に見えている。」（注、巻五の一・三の条）とある。

〇不信正法（Ａ５）

この句は『大唐西域記』『釋迦方志』『法苑珠林』のいずれの該当箇所にも存在しない。『佚西域傳』に依拠した句の可能性もあるが、撰文者による表現も考えられる。「正法」とは佛教を言う。

〇毀壊佛跡（Ａ５）

『大唐西域記』には「毀壊佛法」（大正蔵51九一一下20）とあるが前後に合わない（脚注校異にも言及が無い）。『釋迦方志』は「毀壊佛跡」（大正蔵51九六一下02〜03）と一致し、『法苑珠林』は異体字形の「迹」になっている（「毀壊佛迹」大正蔵53五〇二上18）。「佛跡」とは具体的には摩掲陀国の精舎中の佛足石に刻まれている佛跡を言う。なお、［土井実・一九五六・一二・銘文集成］は「壊」字を「壌」字としている。誤植であろう。

〇鑿已（Ａ５）

「鑿」は、下に「已」字があり、動詞として使用されている。ものを穿つことによって穴を開けたり掘ったりすること。『説文解字』に「穿木也」（第十四上）とあり、『篆隷萬象名義』（高山寺本）にも「穿木器」（五帖五一ウ６）とあって、本来は金属器で木の面に穴を開けることをいう。ここは大石上の佛跡破壊をいう。

倭訓「うかつ」は、「穴があく」意の「うく」（下二段活用、自動詞）の他動詞形（四段活用）であり、『時代別国語大辞典　上代編』は「うかつ」の清音形で示している。

〇還生文相如故（Ａ５）

この箇所、「佛足石記文」としては「鑿已還生、文相如故。」という「四字句、四字句」の文としてあるが、説明の都合上、「還生文相如故」の六字で標示した。

「還」は、副詞「また」の用法としてある。［瀬間正之・二〇〇一・六・論考］「古事記の漢語助辞―「還」の副詞用法を中心に」は、

「還」は上代文献に於いて多く実辞（動詞）として用いられ、助辞（副詞）として用いられることは少ない。として、上代文献における用例の一覧表を示し、「金石文」においては「還」字の動詞例は無くて「佛足石記文」における副詞例一例のみであるということを示す。ついで「金石文中の唯一例は、佛足石記に存するが、典拠に基づく用法と見て良いだろう」とし、同氏におけるB用法（動作、行為の重複発生或いは情況の再次出現を表示）として、この箇所の原文を提示し、

この『西域傳』については、諸説あるが（注13―上代文献を読む会編『古京遺文注釈』桜楓社、一九八九年）、法苑珠林巻二九所引『西域傳』にも、この部分「毀壊佛跡。釁已還《また》平。文采如故。」（502ａ）とあり、「還」は典拠からの用字であることが認められる。「壊してもまた元の通り」の意に解される。

（引用文中の注13は［瀬間正之・二〇〇一・六・論考］における注記）

と言及している。

さて、「還生文相」の句は、他本には「還平文彩」（『大唐西域記』、大正蔵51九一一下21）、「還平文采」（『釋迦方志』、大正蔵51九六一03・『法苑珠林』、大正蔵53五〇二上18）とある。「還平」の「平」は「平復」の「平」の意と考えられるが、「佛足石記文」の「還生」の方が意義がよりわかりやすい直接的な表現になっている。「文彩」「文采」（「采は「彩」の省文）は、同義であり難解ではないが、ここは「輪相花文」（Ａ3）と照応させて「文相」としたとする長谷川純子（当時、三重大学大学院生〈近代文学〉、一九九五年度大学院「日本文学論演習」発表による）の見解に従う。となると「文の相」ではなく「文《あや》および相《かたち》」の意となる。これにより「文《あや》と相《かたち》と故《もと》の如《ごと》し」と訓読した。「相文」ではなく「文相」としたのは「文彩（采）」の語順に倣ったものであろう。この箇所も「佛足石記文」撰文時に、『佚西域傳』の表現を変えて記した可能性が出てくるものである。本文異同は次の次第である。

【本文異同】（本文を「還生文相」としないもの）

還平文彩――『大唐西域記』・［釋潮音・一八一九・三・考証］『佛足跡紀文考證』。
還平文采――『釋迦方志』・『法苑珠林』。
還生文彩――［野呂元丈・一七五二・秋・金石記］『佛足石碑銘』・［松平定信・一八〇〇・一・史料図録］『集古十種』・［山川正宣・一八二六・八・注釈］『佛足石和歌集解』（附趺石記文）・［小山田與清・一八二八・一〇・金石記］『南都薬師寺金石記』・［小山田靖齋（葛西孔彰）・一八三八年前後・金石］『證古金石集』・［大井重二郎・一九七〇・一二・論考］。
…欠文…――［秋里籬島・一七九一・四・名所］『大和名所図会』。
還生采彩――『薬師寺志』・［大井重二郎・一九三四・六・論著］『佛足石歌と佛足石』。
『大和名所図会』の欠文は、次行の「尋」字までその状態である。「還生文相」の正しい本文は［狩谷棭斎・一八三二頃・金石記］『古京遺文』からである。
ここは、本文の典拠上のことから「還生文相」で確認検討したが、句としては、「鑿已還生、文相如故。」の句ということ、当項の冒頭で断った通りである。

○又（A5）

『大唐西域記』は「於是」に、『釋迦方志』『法苑珠林』は「乃」になっている。
「於是捐棄殑伽河流」――『大唐西域記』
「乃捐殑河中」――――『釋迦方志』
「乃捐殑伽河中」―――『法苑珠林』
しかし、「佛足石記文」では「於是」でも「乃」でもない「又」になっている。この「又」の字は『法苑珠林』で多用されている。「又」は、「復」や「更」の意で使用される字である（「又、復也。」毛詩鄭箋など、『經籍纂詁』巻八十五・去聲。／「又、猶更也。」『廣韻』去聲四九。／「復也」『篆隷萬象名義』（高山寺本）二帖五一オ5）。「又」の字は「佛足石記文」の「又北印度……」（A8）の所で使用されていて、そこも引用文ではない撰文者の用字の箇所である。

ここの本文、［釋潮音・一八一九・三・考証］『佛足跡紀文考證』は「乃」にしている。

○捐殑河中（A5〜6）

原碑に当ると、「捐」は視認できるが、「捐」の下は文字が剝落して不明である。［東野治之・二〇〇九・四・論考］「薬師寺仏足石記再調査覚書」は「「捐」は、字画が不明瞭であるが推定できる」とする。剝落箇所は、左右行から推考すると明らかに二字分の剝落であり、またそれが四字句とも合致するので、□□とした。ここの箇所についてその本文を従来どのようにしているかを見ると次のようになっている。

【本文異同】

捐河中――――［野呂元丈・一七五二・秋・金石記］『佛足石碑銘』・［松平定信・一八〇〇・一・史料図録］『集古十種』。

…欠文…――――［秋里籬島・一七九一・四・名所］『大和名所図会』。

捐於河中――――［釋潮音・一八一九・三・考証］『佛足跡紀文考證』・［山川正宣・一八二六・八・注釈］『佛足石和歌集解』（附趺石記文）・［小山田與清・一八二八・一〇・金石記］『南都薬師寺金石記』・［狩谷棭斎・一八三二頃・金石記］『古京遺文』・［小山田靖齋（葛西孔彰）・一八三八年前後・金石］『證古金石集』・［蔵春園主人・――・金石記］『皇朝金石編』・［三宅米吉・一八九七・七・論考］・［木崎愛吉・一九二一・一〇・金石記］『大日本金石史・二』・［信道會館・一九三二・一二・金石記］『佛足石』・［大井重二郎・一九三四・六・論著］『佛足石歌と佛足石』・［菊地良

一・一九三九・五・論考〕・〔田中重久・一九四二・一〇a・論考〕・〔藪田嘉一郎・一九四九・一〇・論著〕『日本上代金石叢考』・〔宮嶋弘・一九五三・一〇・論考〕・〔保坂三郎・一九五五・二・論考〕・〔文化財協会・一九五五・三・図録〕・〔土井実・一九五六・一二・銘文集成〕・〔橘健二・一九五九・六・論考〕・〔竹内理三・一九六二・一一・史料〕『寧楽遺文（下）』・〔亀田孜・一九六二・一二・論考〕・〔浅田芳朗・一九六三・七・論著〕『薬師寺仏足石覚書』・〔浅田芳朗・一九六五・三・論著〕『南都薬師寺仏足石の研究史的覚書』・〔保坂三郎・西宮強三の内・一九六八・二・図録〕『原色版　国宝Ⅰ』・〔加藤諄・一九六八・一二・論考〕「仏足石―日本における―」・〔今城甚造・一九七〇・八・図録〕奈良六大寺大観・〔大井重二郎・一九七〇・一二・論考〕・〔金井嘉佐太郎・一九七一・一・論著〕『仏足石の研究』・〔吉村怜・一九七一・三・論考〕・〔岡崎敬・一九七一・一〇・史料〕・〔河内昭圓・一九七二・一一・図録〕『日本金石圖録』・〔藤田經世・一九七五・三・史料〕「薬師寺史料集」・〔齋藤忠・一九八三・七・金石文〕『古代朝鮮・日本金石文資料集成』・〔町田甲一・一九八四・五・図録〕『薬師寺』・〔今城甚造・二〇〇〇・七・図録〕奈良六大寺大観補訂版。

損於河中――『薬師寺志』。
捐殑河中――〔廣岡義隆・一九八九・二a・注釈〕『古京遺文注釈』・〔齋藤理恵子・一九九〇・一一・論考〕『薬師寺』。
捐□□中――〔東野治之・一九九九・一・論考〕「薬師寺仏足石記と龍福寺石塔銘」。
□（捐カ）（剝離）中―〔東野治之・二〇〇九・四・論考〕「薬師寺仏足石記再調査覚書」。
釋潮音から「捐於河中」になり、以降これを踏襲して現在に至っている。〔廣岡義隆・一九八九・二a・注釈〕

『古京遺文注釈』の中で次のように記した。

…上略…『釋迦方志』には「捐殑河中」（大正蔵51九六一下、本文）とある。宋・元・明の三本の大蔵経（同上、校異）や『法苑珠林』には「捐殑伽河中」（大正蔵53五〇二上）とあり、［宮嶋弘・一九五三・一〇・論考］もこの校異の方の本文で『釋迦方志』を引用している（ただし、佛足石記文は「捐於河中」を本文としている）。先に見た「拘尸」（Ａ４）同様に、「殑河」は「殑伽河《がんじす》」の略称とみてよく、ここは四字句の『釋迦方志』（『大正蔵』本文）により、「捐殑河中」と復元すべきものと思われる。

（本書の引用方式に合わせ、一部注記を加えて引用した。）

これをうけて、［齋藤理恵子・一九九〇・一一・論考］は以下のように、これを支持した。

この行の末尾は従来、「掮於河」あるいは「掮河」とされてきた。いずれの場合も、つぎの第六行目第一字目の「中」へつづけて「河中に掮《す》てる」と読むので意味は同じだが、「掮」の下に一字あるか二字あるかで見解がわかれていた。これに対し最近、廣岡義隆氏は「掮」の下に「殑河」の二字を推定し、「殑河中に掮てる」と読む新説を唱えた。廣岡氏は『釈迦方志』に「掮殑河中」とあることを指摘し、「殑河」は「殑伽河」すなわちガンジス河を指すものと解した。ちなみに『法苑珠林』には「掮殑伽河中」（殑伽河中に掮てる）、『大唐西域記』には「掮棄殑伽河流」（殑伽河の流に掮棄す）とあるので『釈迦方志』の殑河は殑伽河のこととして間違いあるまい。／銘文をみると「掮」の下は剝落して判読できないのが実情であるが、二字はいるだけのスペースはある。二字説の中では「掮於河」よりは「掮殑河」の方が内容的にはふさわしく、また「於」は「殑」を読み誤まったものとも充分に考えられる。したがって「掮殑河」とする廣岡氏の新見解は説得力のあるものといえよう。

心強い支持説である。なお現在でも、ガンジス河の略称として、「ガンガー」（殑河）の呼称が用いられている。

○尋（A６）

「尋、俄也」（『正字通』）とあり、『類聚名義抄』にも「尋　スナハチ　タチマチ」（観智院本・法下一四三1）とある。また『大唐西域記』石山寺本長寛元年点にも「尋タチマチ」（第四巻八四行）がある（［中田祝夫・一九五四・五・論著］『古點本の國語學的研究　譯文篇』）。

○復夲處（A６）

「處」の字、『藥師寺志』では「所」になっているが、原碑は「處」の異体字形で確認できる。

○今現圖寫（A６）

「佛足石記文」の表現を辿ると、「昔阿育王……」（A２）、「近為金耳國……」（A４）、「今現圖寫……」（A６）と展開されていること、「昔」（A２）条で言及した。『法苑珠林』に、

又從南行百五十里度殑伽河至摩揭陀國。屬中印度。…中略…。昔無憂王作地獄處。…中略…。近爲惡王金耳毀壞佛迹。…中略…。貞觀二十三年有使。圖寫迹來。（大正蔵53五〇二上07～20）

とあり、その「貞觀二十三年有使。圖寫迹來。」の一文と佛足石記文の「今現圖寫所在流布」とが対応するという指摘を、［三宅米吉・一八九七・七・論考］や［加藤諄・一九六八・一二・論考］がし、［加藤諄・一九六八・一二・論考］は貞觀二十二年の誤りであると指摘していることも同条で言及した。この「今」字についても、「佛足石記文」撰文者の手が想定できる箇所として留意してよい。

○所在（A６）

「どこでも。いたるところ。」の意。『続日本紀』寶亀八年（七七七）九月丙寅（十八）条の藤原良継薨伝中に「歴職内外、所在無績。」の例があり、「内外の職を歴任したけれども、所在（どこでも）功績は無かった。」の意であり、同様の用法である（同文が、藤原濱成の薨伝にも見られる。延暦九年〈七九〇〉二月乙酉〈十八〉条）。その訓は

「ありとあるところ」「あらゆるところ」などが想定できる。『大乗大集地藏十論經』巻第一の五七一行「所在ル」に「アラユ」の元慶点があり（『古語大鑑』「あらゆる」の項）、訓はそれによった。

○所在流布（A6）

「所在流布」の句は『大唐西域記』『釋迦方志』『法苑珠林』に無く、『法苑珠林』に「迹來」（大正蔵53五〇二上19～20）の句の存在が指摘できる。ここまでが『西域傳』からの引用である。その引用本文は『法苑珠林』や『釋迦方志』が近いものの合致しないところがあり、より近い『佚西域傳』からの引用であろうと推定した（A2「西域傳」条）。ただ、『佚西域傳』からの丸写しではなくて、「佛足石記文」の撰文者が種々勘案しながら手を入れているであろうことについても各条で見てきた。

○觀佛三昧經云（A6）

□□は剝落による。□□内の「經云」は意補によったものである（「觀佛三昧經」の語は、このA面14行目に出る）。疑本条について、「山川正宣・一八二六・八・注釈」『佛足石和歌集解』（附趺石記文）は「今案此文經中に見えず。疑ふらくは注疏などを暗記して。本文と思ひたがへしならむ」と注し、「橘健二・一九五九・六・論考」は「銘文作者の典拠を有しない独自の文章であろう」とまで言い、「加藤諄・一九六八・一二・論考」は「出所不詳、恐らく觀仏三昧経要約文か。」とし、その他の諸書は典拠について発言していないが、早くに「釋潮音・一八一九・三・考証」『佛足跡紀文考證』はその典拠『觀佛三昧海經』を挙げていて注目できる。その『佛説觀佛三昧海經』（巻第六）を次に掲出する。

若有衆生。佛在世時見佛行者。歩歩之中見千輻輪相。除却千劫極重悪罪。佛去世後。三昧正受想佛行者。亦除千劫極重悪業。雖不想行。見佛跡者見像行者。歩歩亦除千劫極重悪業。佛告阿難。汝從今日持如來語遍告弟子。佛滅度後。造好形像令身相足。亦作無量化佛色像。及通身光及畫佛跡。以微妙彩及頗梨珠安白毫處。令諸衆生得見是相。但見此相心生歡喜。此人除却百億那由他恒河沙劫生死之罪。説此語已如來還坐。
（大正蔵15六七五下04～14）

右の箇所は、A面末尾（A14～17行）で引用されているところであり、関わりの深い条である。その続きの箇所（右傍線部分）を「佛足石記文」のようにまとめたものと推測される。即ちその対応関係は次の通りである。

観佛三昧海經	**佛足石記文**（A7）
若有衆生	若人
令諸衆生得見是相	見佛足跡
但見此相心生歡喜	内心敬重
此人除却	由此而滅
百億那由他恒河沙劫生死之罪	无量衆罪

右の次第であり、上の『観佛三昧海經』と下の「佛足石記文」とは対応し、「佛足石記文」は『観佛三昧海經』本文の翻案による引用であることが理解されるのである。ただ、経文では「此人除却百億那由他恒河沙劫生死之罪」とあるが、「佛足石記文」では「无量衆罪由此而滅」と句の順序が逆転して倭文脈の語順で展開していることが注意される。「第二本」中に記されていた経典本文（即ち、「第一本」にも存在した経典本文）を薬師寺佛足石A面スペースに納めるために、恐らく縮約したものであろうと考えられる。『観佛三昧海經』からの引用は、佛足石記の「由此而滅」（A7）までがその翻案引用の経文であり、「今得値遇」以下は説明文と解釈できる。

なお、「无量」と「衆」とは語の重複ではない。「衆」には多数の意味があるが、ここの「衆」は衆生の意味であり（「衆」の本義は多くの人の意）、「无量衆罪」とは過去世からの輪廻を繰り返しての積年の衆生の罪という意味であり、上下対照して示した『観佛三昧海經』の「百億那由他恒河沙劫生死之罪」にまさに対応する語としてある。

『佛説観佛三昧海經』は、『観佛三昧海經』『観佛三昧經』『観佛經』などと呼称する経典である。この「佛足石記文」に「観佛三昧經」とあるのは、この『佛説観佛三昧海經』（十巻、佛陀跋陀羅譯。No.0643大正蔵15所収）と見てよい。別に鳩摩羅什譯の一巻本『観佛三昧經』が存したようであるが（『仏書解説大辞典』による。『開元録』第十四、『貞元録』第二十四に所見）、散逸し今は存しない。『観佛三昧海經』は、観想の中心的な経典であり、当「佛足石記文」の引用経典としては誠に的を射た引用であると言ってよい。

「観」の語は、当「佛足石記文」中、「観如來足下」（A17～18）の事例と共に、「観」（D界外）の例もある。D面界外の刻字の意味は理解しにくいが、佛教教義上、「観」のもつ意味は重い。『岩波仏教辞典』（「観行」の［2］の項）では次のように記している。

観察・観想の行法。〈観〉（vipaśyanā）は、真理（dharma 法）を観察することで、〈止〉（śamatha 心の静止）の行に対する（→止観）。観察の対象によって、〈観因縁行〉〈観無常行〉〈観苦行〉〈観空行〉〈観無我行〉などともいう〔大集経28〕。この〈観行〉の概念は、天台教学において、円教の修行の階位を表す六即（理即・名字即・観行即・相似即・分真即・究竟即）の第三位に位置づけられ、真理を概念（名字）としてのみ知り、それを心で観察して智慧を増長してゆく段階とされた〔法華玄義1上、摩訶止観1下〕。

次に、この箇所の本文異同を示しておく（觀・観、佛・仏、經・経といった字体の違いは無視し、初出文献によることとする。□囲みによる本文も初出文献によった結果、それらの用字中に吸収されている。「經」や「曰」「云」は本来□囲みで示される用字としてある）。

【本文異同】

観佛三昧經云――［秋里籬島・一七九一・四・名所］『大和名所図会』・［山川正宣・一八二六・八・注釈］『佛足石和歌集解』（附趺石記文）・［小山田與清・一八二八・一〇・金石記］『南都薬師寺金石

記』・［小山田靖齋（葛西孔彰）・一八三八年前後・金石］『證古金石集』・『薬師寺志』・［三宅米吉・一八九七・七・論考］・［亀田孜・一九六二・一二・論考］・［浅田芳朗・一九六五・三・論著］『南都薬師寺仏足石の研究史的覚書』・［今城甚造・二〇〇〇・七・図録］奈良六大寺大観補訂版。

観佛三昧經――［野呂元丈・一七五二・秋・金石記］『佛足石碑銘』・［狩谷棭斎・一八三一頃・金石記］『古京遺文』・［蔵春園主人・――・金石記］『皇朝金石編』・［木崎愛吉・一九二一・一〇・金石記］『大日本金石史・一』・［信道會館・一九三二・一二・金石記］『佛足石』・［菊地良一・一九三九・五・論考］・［田中重久・一九四二・一〇a・論考］・［宮嶋弘・一九五三・一〇・論考］・［保坂三郎・一九五五・二・論考］・［文化財協会・一九五五・三・図録］・［土井実・一九五六・一二・銘文集成］・［橘健二・一九五九・六・論考］・［竹内理三・一九六二・一一・史料］『寧楽遺文（下）』・［浅田芳朗・一九六三・七・論著］『薬師寺仏足石覚書』・［保坂三郎・西宮強三の内・一九六八・二・図録］『原色版　国宝Ⅰ』・［今城甚造・一九七〇・八・図録］奈良六大寺大観・［大井重二郎・一九七〇・一二・論考］・［金井嘉佐太郎・一九七一・一・論著］『仏足石の研究』・［岡崎敬・一九七一・一〇・史料］・［河内昭圓・一九七二・一一・図録］『日本金石圖録』・［藤田經世・一九七五・三・史料］『校刊美術史料』・［齋藤忠・一九八三・七・金石文］『古代朝鮮・日本金石文資料集成』・［町田甲一・一九八四・五・図録］『薬師寺』。

観佛三□□――［松平定信・一八〇〇・一・史料図録］『集古十種』。

観佛三昧經曰――［釋潮音・一八一九・三・考証］『佛足跡紀文考證』・［大井重二郎・一九三四・六・論著］

『佛足石歌と佛足石』。

観仏三昧経□――〔吉村怜・一九七一・三・論考〕・〔齋藤理恵子・一九九〇・一一・論考〕『藥師寺』。

觀佛三昧□――〔東野治之・一九九九・一・論考〕「薬師寺仏足石記と龍福寺石塔銘」。

觀佛三昧（剝離）―〔東野治之・二〇〇九・四・論考〕「薬師寺仏足石記再調査覚書」。

○若人見佛足跡（Ａ７）

「佛足跡」は、Ａ１の表現では「釋迦牟尼佛跡」であり、Ａ３の表現では「佛跡」である。典拠の『觀佛三昧海經』の表現も「佛跡」で「佛足跡」とはなっていない。ここは六字句の「若人見佛足跡」（四字の「見佛足跡」）にするために「佛足跡」としたものと考えられる。

「見」は、仏教教義上、「観」に当る意味である（前項参照）。

○内心敬重（Ａ７）

「内心」を「こころのうち」と訓んだ。「こころのうち」の訓は『萬葉集』に少なくない。「情内」（4・七〇五）、「心中」（7・一三九五など）、「情中」（11・二五六六）、「情裏」（12・二九四四）の例がある。語順が「心内」ではなくて「内心」になっているがこれは漢文の語序によるものであり、同様の例に「中心　コ、ロノウチ」（図書寮本『類聚名義抄』二三六の2）の例がある。

ここの箇所の本文異同は次のとおりである。

【本文異同】（本文を「内心敬重」としないもの）

恩敬重――〔野呂元丈・一七五二・秋・金石記〕『佛足石碑銘』・〔秋里籬島・一七九一・四・名所〕『大和名所図会』・〔松平定信・一八〇〇・一・史料図録〕『集古十種』・〔山川正宣・一八二六・八・注釈〕『佛足石和歌集解』（附趺石記文）・〔小山田與清・一八二八・一〇・金石記〕『南都藥師寺金

石記』・〔小山田靖齋（葛西孔彰）・一八三八年前後・金石〕『證古金石集』・〔大井重二郎・一九三四・六・論著〕『佛足石歌と佛足石』。

囚心敬重――〔蔵春園主人・――・金石記〕『皇朝金石編』（「囚心」に「二字」の割注を入れる）。

恩敬――『薬師寺志』。

内心敬重――〔保坂三郎・一九五五・二・論考〕・〔文化財協会・一九五五・三・図録〕・〔今城甚造・二〇〇〇・七・図録〕奈良六大寺大観。

この箇所の碑面は明らかに「内心敬重」であり、それがまた四字句にも合致する。ここの碑面は〔廣岡義隆・一九八六・三・論考〕「佛足石記・同歌碑調査報」が写真で示したところである（「碑面07」・「碑面08」の写真、参照）。

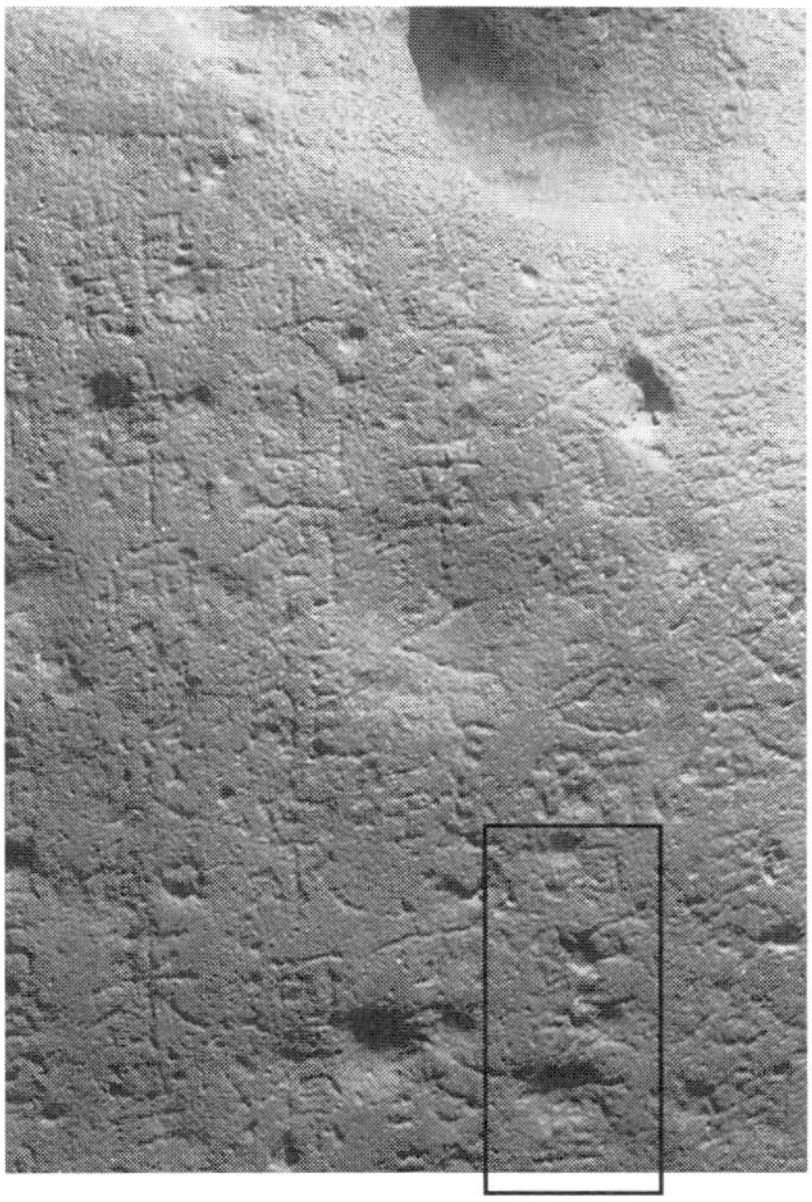
碑面07

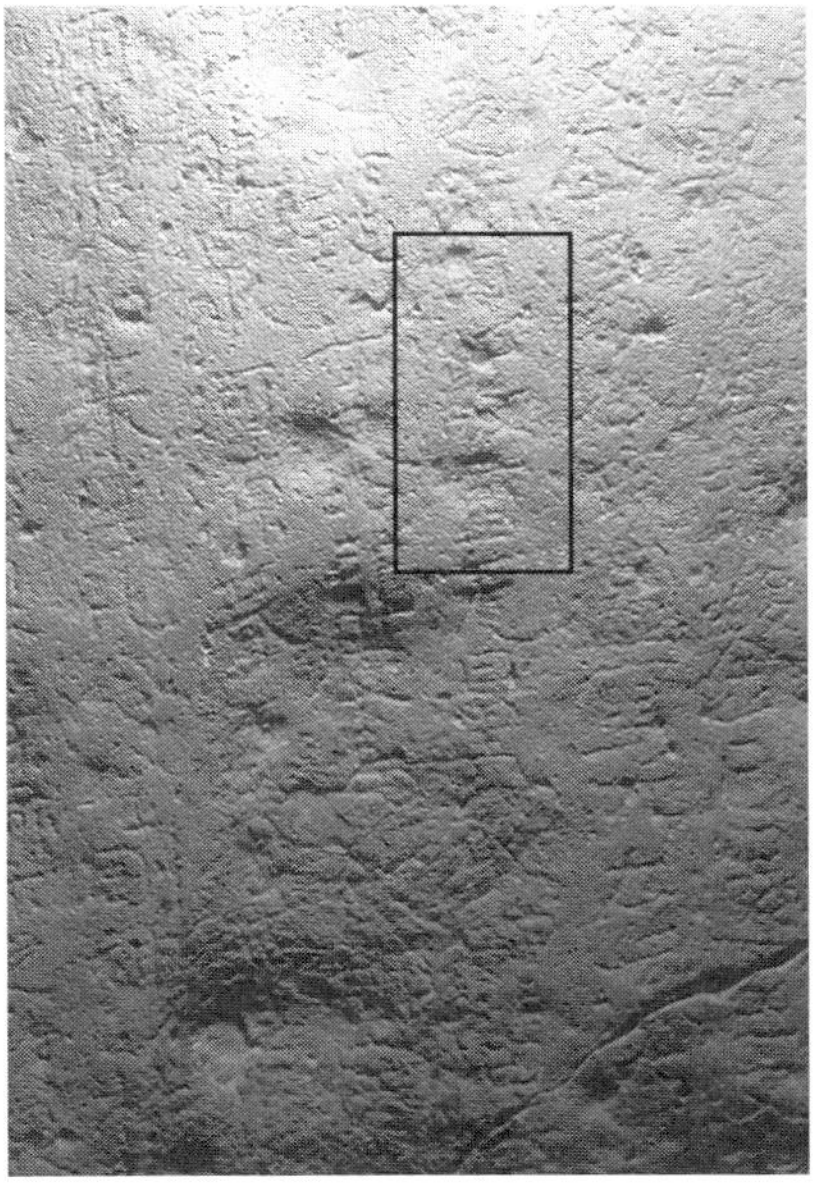
碑面08

その後、［齋藤理恵子・一九九〇・一一・『藥師寺』所載論考］も、「冂心」の上の文字は「因」ではなく明らかに「内」であるから「恩」とは読めない」と言い、「内心敬重」としている。

○无量（A7）

数えることの不可能なほど数が極めて多いことを意味する語。『望月佛教大辭典』は、『倶舎論』が挙げる「六十数」は第五十二の「阿僧企耶」に至って終り、残りの八数を挙げていないが、『翻譯名義大集』は第五十三を「無量」としていると指摘する（「阿僧祇」の項）。また「十大数」の第二に位置し、十大数とは、「一阿僧祇を單位とし、漸次轉倍して不可説不可説に至る十種の大數」であることを挙げる（『望月佛教大辭典』の「十大数」の項）。こうした位置付けは、後補性を帯びており、元来は単独で多量を意味する語として「無量」の語はあると考えられる。「価なき宝（價無寳）」（『萬葉集』3・三四五）とか、「無價寳珠」（『法華經』・『大般若經』、等）と言った表現法による語であり、「無」は空ではなくて、カウント概念を超越した多量を意味する語としてある。「无勝之妙邦」（C8）の項、参照。

○衆罪（A7）

「衆罪」の「衆」は、一般に数の多いことを示す。古くより数の多い意にも用いられていて、「眾　多也」（『説文解字』巻八上）とある。しかし、「衆」の原字は「眾」であり、字義は村落に集う多くの人を示し、『周禮』地官の「族師各掌其族之戒令政事」条の疏には、「七口已上爲衆、五口已下爲寡。」（巻十二の一三オ。一三經注疏本一五四八頁）とある。原字「眾」の小篆は「眾」であり、白川静氏の『字統』には、「会意」として、

目と三人の形に従う。目は古くは囗《い》に作り、囗は邑の外郭、邑《ゆう》はその中に人のいる形。衆は囗の下に三人の形を加えたもので、衆とは邑中の人である。…下略…

とある。「観佛三昧經云」条（A6）で言及したように、ここの「无量衆罪」は、『観佛三昧海經』の「百億那由他

恒河沙劫生死之罪」（大正蔵15六七五下13～14）に対応する語（翻案の語）としてあり、過去世からの輪廻を繰り返しての積年の衆生の罪という意味としてある。即ち、「衆罪」の「衆」は単なる「数多くの」という意味ではなく、「衆罪」は「多くの人の罪」の意味であり（この「多くの人」とは輪廻転生によるものであり、即ち「我が身」ともなり）、過去世からの輪廻を繰り返した果として一身に集積している罪という意味としてある。

「罪」について、以下『岩波仏教辞典』から引用する。

　漢訳仏典において〈罪〉という語が宛てられるインド語（以下、パーリ語を掲げる）には種々のものがある。まず戒律を破ることによって生ずる客観的な罪（āpatti）があり、これを自らの行為として主体的に反省し認識する場合にも、その悪は罪（accaya）といわれる。これらはいわば、前者が倫理的・法律的な罪であり、他律的な罪であるのに対し、後者は宗教的な自律的に自覚された罪ということができる。そしてこれらはともに悪なる行為であるから、罪悪・罪業（pāpa, akusala, asaddhamma）と呼ばれ、その根本要因は煩悩であるから、煩悩もまた罪（罪垢。vajja, sāvajja, kibbisa）として把握され、これらは苦しみをもたらすから、その点を重視して罪（福に対する罪。罪禍。agha, adhamma）と呼ばれる。…下略…。

右のように、罪には種々あるが、佛足石記の場合は、右の全てを含み持った包括的観念的な理解としてあったと考えられる。

○由此而滅（A7）

「滅」の字の三水偏等は、原碑では読めない。判読した。

「此」とは「見佛足跡、内心敬重。」を言い、まさに「観佛」の功徳を説いている。「滅」とは文字通り消滅の意である。『岩波仏教辞典』には、「漢字仏教文献には〈滅〉が頻出するが、いずれも基本義は〈消え失せる（こと）〉〈ほろびる（こと）〉である。」とある。ここでは罪の消滅（滅罪）を言っている。この「滅罪」については、次のように説かれている。

罪を滅するの意。一に除罪とも稱す。即ち觀佛、稱名又は誦呪等の法に由りて重罪業障を除滅するを云ふ。觀佛三昧海經第四に「佛の胸相の光を見る者は十二萬億劫の生死の罪を除却す」と云ひ、觀無量壽經に「佛名を稱するが故に、念念の中に於て八十億劫の生死の罪を除く」と云ひ、觀普賢菩薩行法經に「一切業障の海は皆妄想より生ず。若し懺悔せんと欲する者は、端坐して實相を念ぜよ。衆罪は霜露の如く、慧日能く消除せん」と云ひ、佛頂尊勝陀羅尼經に「此の呪は淨除一切惡道佛頂尊勝陀羅尼と名づく。能く一切の罪業等の障を除き、能く一切の穢惡道の苦を破す」と云へる其の例なり。是れ佛の相好等を念觀し、其の名號を唱へ、乃至陀羅尼等を誦すれば能く多劫の重罪を除滅することを得るを説けるものなり。…下略…。（『望月佛教大辭典』）

己れの犯した罪を除滅すること。そのための方法として、称名・念仏・陀羅尼・懺悔などが説かれ、経典の中では、特に法華経が滅罪の功徳に富むものとされた。ちなみに聖武天皇の国分寺設置時にも、大和の国分尼寺（法華寺）を「法華滅罪之寺」と名づけている。〈滅罪生善〉は、罪が固定したものではないという罪空思想にもとづき、一切の罪の除滅が可能であることを説く。…下略…。（『岩波仏教辞典』）

ここの箇所の本文認定も揺れている。

【本文異同】（本文を「由此而滅」としないもの）

由共滅――――〔野呂元丈・一七五二・秋・金石記〕『佛足石碑銘』。

由共亡滅――――〔秋里籬島・一七九一・四・名所〕『大和名所図会』。

異□滅――――〔松平定信・一八〇〇・一・史料図録〕『集古十種』。

由皆滅除――――〔釋潮音・一八一九・三・考証〕『佛足跡紀文考證』（「除」は下文の「今」の異文）。

由其而滅――――〔狩谷棭斎・一八三二頃・金石記〕『古京遺文』・〔蔵春園主人・――・金石記〕『皇朝金石

編』・〔木崎愛吉・一九二一・一〇・金石記〕『大日本金石史・一』・〔菊地良一・一九三九・五・論考〕・〔土井実・一九五六・一二・銘文集成〕・〔竹内理三・一九六二・一一・史料〕『寧楽遺文（下）』・〔浅田芳朗・一九六三・七・論著〕『薬師寺仏足石覚書』・〔大井重二郎・一九七〇・一二・論考〕・〔金井嘉佐太郎・一九七一・一・論著〕『仏足石の研究』・〔河内昭圓・一九七二・一一・図録〕『日本金石圖録』・〔藤田經世・一九七五・三・史料〕『校刊美術史料』・〔齋藤忠・一九八三・七・金石文〕『古代朝鮮・日本金石文資料集成』。

由其滅――〔信道會館・一九三二・一二・金石記〕『佛足石』・〔田中重久・一九四二・一〇a・論考〕・〔宮嶋弘・一九五三・一〇・論考〕。

碑面09

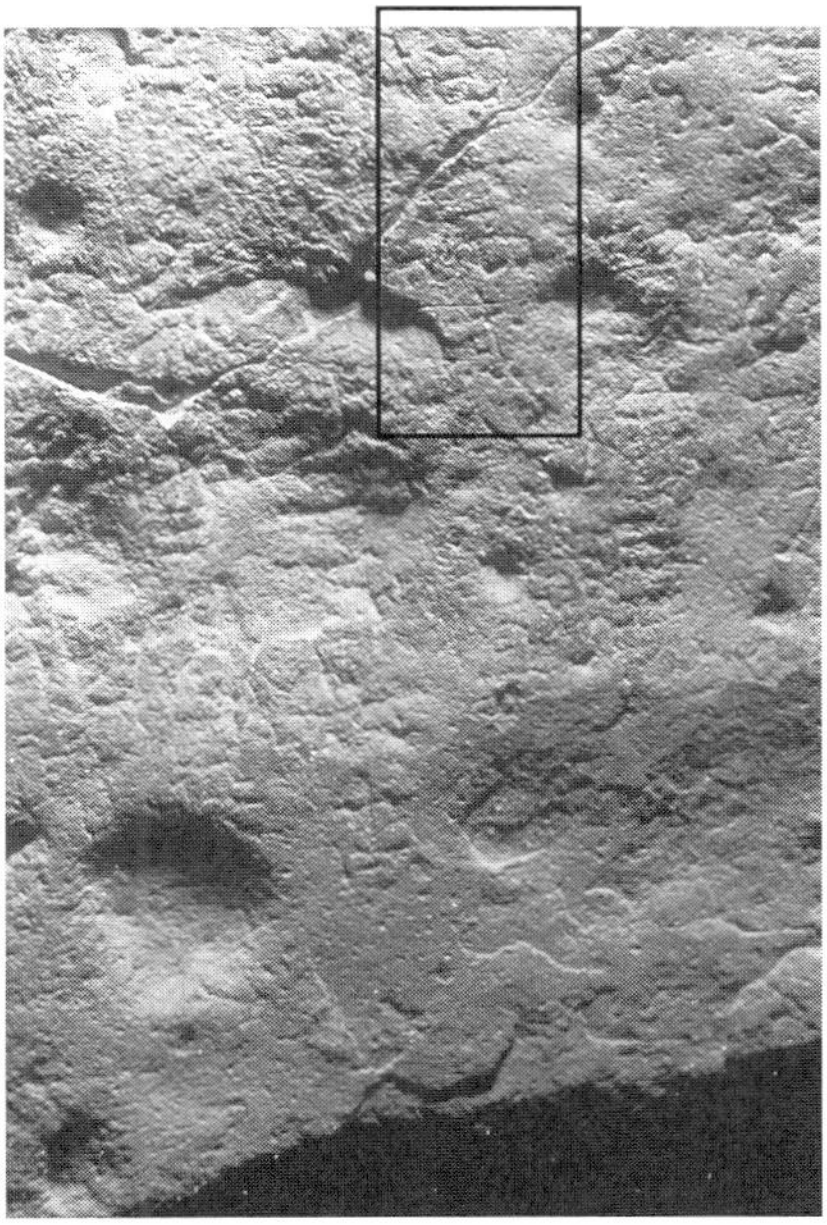

碑面10

由囙而滅――――［保坂三郎・一九五五・二・論考］・［文化財協会・一九五五・三・図録］。

由此(其)而滅――［岡崎敬・一九七一・一〇・史料］。

「滅」字の判読について当項の冒頭で断ったが、この「滅」字についての揺れは見られない。前頁の写真（「**碑面09**」・「**碑面10**」の四角囲み箇所）に拠れば、「此」も「而」も問題はない。［小山田與清・一八二八・一〇・金石記］『南都薬師寺金石記』は、「按以上三字（＝由此而）諸本共誤。今据搨本訂正。」と割注して「由此而滅」に正しているが、［山川正宣・一八二六・八・注釈］『佛足石和歌集解』（附趺石記文）の認定の方が早い。

なお、「神石手の執筆について」の「无量衆罪由此而滅」条（一七五〜一七六頁）、参照。

○今得値遇（Ａ7）

「今」の下の□は不明で全く読むことができない。［東野治之・一九九九・一・論考］「薬師寺仏足石記と龍福寺石塔銘」及び［東野治之・二〇〇九・四・論考］「薬師寺仏足石記再調査覚書」は□で示しつつも、右傍に「又カ」と付記している。また「値」の下の□は剥落によるが、字の上部に「田」らしい筆画を読みとることができる。下部は剥落して全くわからない。「値」の下に来る語は「遇」ではなかろうか。「値遇」は佛教語で、「佛縁あるものに出会う」ことを意味する語であり、「六難値遇」などという（佛足跡歌碑歌、12番歌①②・18番歌①②の語注条、参照）。本文を「値遇」と推定するものに、

［釋潮音・一八一九・三・考証］『佛足跡紀文考證』・［亀田孜・一九六二・一二・論考］・［浅田芳朗・一九六五・三・論著］『南都薬師寺仏足石の研究史的覚書』・［今城甚造・一九七〇・八・図録］奈良六大寺大観・［藤田經世・一九七五・三・史料］『校刊美術史料』・［町田甲一・一九八四・五・図録］『薬師寺』・［齋藤理恵子・一九九〇・一一・論考］『薬師寺』・［今城甚造・二〇〇〇・七・図録］奈良六大寺大観補訂版。

がある。また、「今□値遇」の「今」と「値」の間の「□」は不明字ではあるが、本書第二章論考篇一第二節の三

九一頁で言及しているように、「値遇」は上に「得」の字を伴うことが少なくないので、「得」と推定する。「今値《ち》遇《ぐ》を得《う》」となる。この四文字と次の七文字は、「佛足石記文」撰文者の文であり、『観佛三昧經』からの翻案引用は、その前までとなる。「値」の下が「遇」字の場合、「又値遇」というのは、以前にも「値遇」が存したことになり、ここに合致しないことになる。

【本文異同】

今倶――――〔野呂元丈・一七五二・秋・金石記〕『佛足石碑銘』・〔小山田與清・一八二八・一〇・金石記〕『南都藥師寺金石記』・『藥師寺志』・〔信道會館・一九三二・一二・金石記〕『佛足石』・〔大井重二郎・一九三四・六・論著〕『佛足石歌と佛足石』。

今倶□□――〔秋里籬島・一七九一・四・名所〕『大和名所図会』。

今□倶□――〔松平定信・一八〇〇・一・史料図録〕『集古十種』・〔木崎愛吉・一九二一・一〇・金石記〕『大日本金石史・一』。

値遇字闕――〔釋潮音・一八一九・三・考証〕『佛足跡紀文考證』。

今倶□――〔山川正宣・一八二六・八・注釈〕『佛足石和歌集解』(附趺石記文)・〔狩谷棭斎・一八三二頃・金石記〕『古京遺文』・〔小山田靖齋(葛西孔彰)・一八三八年前後・金石〕『證古金石集』・〔蔵春園主人・――・金石記〕『皇朝金石編』・〔田中重久・一九四二・一〇a・論考〕・〔保坂三郎・一九五五・二・論考〕・〔文化財協会・一九五五・三・図録〕・〔土井実・一九五六・一二・銘文集成〕・〔橋健二・一九五九・六・論考〕・〔竹内理三・一九六二・一一・史料〕『寧楽遺文(下)』・〔浅田芳朗・一九六三・七・論著〕『薬師寺仏足石覚書』・〔保坂三郎・西宮強三の内・一九六八・二・図録〕『原色版　国宝Ⅰ』・〔大井重二郎・一九七〇・一二・論考〕・〔金

井嘉佐太郎・一九七一・一・論著〕『仏足石の研究』・〔岡崎敬・一九七一・一〇・史料〕・〔河内昭圓・一九七二・一一・図録〕『日本金石圖録』・〔齋藤忠・一九八三・七・金石文〕『古代朝鮮・日本金石文資料集成』。

今□値是□又─〔三宅米吉・一八九七・七・論考〕。

今□値是□──〔菊地良一・一九三九・五・論考〕。

今猶存──〔宮嶋弘・一九五三・一〇・論考〕。

今又値遇□──〔亀田孜・一九六二・一二・論考〕・〔浅田芳朗・一九六五・三・論著〕『南都薬師寺仏足石の研究史的覚書』・〔今城甚造・一九七〇・八・図録〕奈良六大寺大観・〔町田甲一・一九八四・五・図録〕『藥師寺』・〔今城甚造・二〇〇〇・七・図録〕奈良六大寺大観補訂版。

今又値遇──〔藤田經世・一九七五・三・史料〕『校刊美術史料』。

今□倶□□──〔加藤諄・一九六八・一二・論考〕「仏足石─日本における─」。

今□値□──〔吉村怜・一九七一・三・論考〕。

今□値遇──〔齋藤理恵子・一九九〇・一一・論考〕『藥師寺』。

今□（又カ）値⎾──〔東野治之・一九九九・一・論考〕「薬師寺仏足石記と龍福寺石塔銘」。

今□（又カ）値（剝離）─〔東野治之・二〇〇九・四・論考〕「薬師寺仏足石記再調査覚書」。

○非有幸之所致乎（A8）

このA面本文は、「西域傳」からの引用（A2〜6）に続いて、「観佛三昧經」からの引用（翻案引用、A6〜7）があり、ついで、この「今得値遇、非有幸之所致乎」（A7〜8）という撰文者の文で結ばれている。続いて「又」の語によって、「西域傳」からの引用（A8〜14）となり、ついで「観佛三昧經」からの引用（A14〜19）となり、最後に撰文者の「是為休祥」（A20）の句で結ばれるという形になっている。即ち、「西域傳／観佛三昧經／撰文者の文」という様式を二回繰り返していることになり、そのつなぎの箇所に次項の「又」の語が位置している。

○又北印度（A８）

「又」の語については（A５）の「又」の条で記した。右の「非有幸之所致乎」（A８）条でも書いている。

この「北印度」から「量有長短」（A12）までは『佚西域傳』からの龍帰順に関する引用である。『大唐西域記』の「烏仗那國」（巻三、大正蔵51八八二中27〜下16）の箇所に該当し『釋迦方志』の烏仗那國の条（大正蔵51九五五中03〜08）にも出るが、『法苑珠林』の烏仗那國の条（大正蔵53四九八中19〜）には見えない。各本の本文対照につては、本書第二章論考篇一第二節（三八五〜三八九、四〇一〜四〇三頁）を参照されたい。

「印度」は「天竺」とも言う。その語源については『大唐西域記』巻第二の巻頭で所説を展開しているが、現在では「印度」はインダス河の古称Sindhu（信度・身毒）に由来し、「天竺」もSindhuの男性・単数・主格のSindhuḥの音訳語といわれている（『岩波仏教辞典』の「印度」「天竺」の項）。

「北印度」とは、五印度（五天竺）中の一地域であり、中印度・東印度・南印度・西印度と並ぶ呼称である。法隆寺に「五天竺図」が蔵されていることについては「摩揭陁國」（A２）の条で述べた。

○烏仗那国（A８）

「烏」字の原字形は「鳥」の字になっている。「烏」「鳥」はよく混淆する文字であり、ここは国名から「烏」の字形であると判断できる。［東野治之・一九九九・一・論考］「薬師寺仏足石記と龍福寺石塔銘」及び［東野治之・二〇〇九・四・論考］「薬師寺仏足石記再調査覚書」は本文を「鳥」とし、本文の右に〔烏〕を傍書する形で校訂しているが、字形処理（即ち「鳥」を「烏」とみなす措置）で良いと考える。これは［廣岡義隆・一九八九・二ａ・注釈］『古京遺文注釈』においても同じ文字対応をした。

「国」の字は、A面の他の三箇所（A2・A4・A12）においては「國」とある。上代における用字の一般はこの「國」の字形であるが、褻的簡便な用字としては「国」も時に使用される。ここは原稿に「國」とあったものを彫る際に「国」としてしまったものであろうか。もう一箇所B面に「国」字が使用されている（B5）。そのB面の字形は国構の中は「王」の字であり「玉」ではない。ここのA8の用字は「玉」か「王」かは碑面が荒れていて明瞭でない。

「烏仗那國」の読みについては、［水谷真成・一九七一・一一・校注］『大唐西域記』は、「ウツディヤーナ」とサンスクリット語（uḍḍiyāna）に基づいて示している。「仗」の漢字音は、［高本漢《カールグレン》・一九四〇・九・論著］『中國音韻學研究』によると、ḍ'iang であり（『韻鏡』内転三十一開、舌音濁上声三等「丈」字）、「うぢやな國」とした。「烏仗那國」について、［水谷真成・一九七一・一一・校注］の注に、「今のスワート河の流域地方。ガンダーラ地方とは一条の山脈で距てられ、Malakand, Karakar の二つの峠で通じているのみであり、隣国との隷属関係も余りなく閉鎖的であった」（九九頁注一）とあり、同国の仏教について「四世紀東晋の『法顕伝』烏萇国の条には「仏法甚だ盛んにして……凡《すべ》て五百の僧伽藍あり、皆小乗の学なり」とある。八世紀の『慧超伝』には「専ら大乗の法を行なう」とある。なお烏仗那の僧が禁呪即ち陀羅尼《だらに》Dhārani をよくすると述べているのは注目すべきことで、玄奘の遊歴した国で陀羅尼を誦すと記してあるのは当国だけである」（一〇〇頁注五）と記されている。この陀羅尼云々という箇所の『大唐西域記』の本文は「好レ學而不レ功。禁呪為二藝業一」「特閑二禁呪一」である。

○東北二百六十里（A8）

『釋迦方志』には「城東北二百六十里」（大正蔵51九五五中03）、『大唐西域記』には「瞢揭釐城東北行二百五六十里」（大正蔵51八八二中27）とあり、『大唐大慈恩寺三藏法師傳』では「城東北二百五十里」（大正蔵50二三〇中21）とある。唐里で一里は五五九・八《メートル》、二百六十里は一四五・六キロ《メートル》となる。

○入大山（A9）

『釋迦方志』『大唐西域記』『大唐大慈恩寺三藏法師傳』のいずれにも「入大山」とあるだけで、具体的な記述はない。次の「有龍泉」と共に六字句を形成している。

○有龍泉（A9）

『釋迦方志』に「至阿波邏龍泉」（大正蔵51九五五中03～04）、『大唐西域記』に「至阿波邏羅龍泉」（大正蔵51八八二中28）、『大唐大慈恩寺三藏法師傳』に「至阿波邏羅龍泉」（大正蔵50二三〇中21～22）とある。サンスクリット語及びパーリー語でapalālaとなる。なお、『孔雀經音義』においても以下の龍帰順譚を同様に収めている。

[亀田孜・一九六二・一二・論考]「薬師寺仏足石と仏跡図本の論考」は、ガンダァラ地方に広く流布している龍伝説の中にアパラァラ龍帰順譚があり、それを主題とした浮彫についてフウシェが図版六点をかかげて詳説し、マーシャルはそうしたものの一つに次のような例があるという と指摘している。

杵を持ち、僧衣をつけた金剛神と一僧とが、中央の釈尊に従い、釈尊に対して、竜王と竜后とが合掌している浮彫である。男、女身の竜の背部からそれぞれ蛇身が長く伸びて頭上に偏平な頭部をもたげている。両竜の腰から下は井戸形にあらわした泉のなかにかくれ、泉側には波文の刻画がある。後は山崖で、裸身の金剛神が杵を振りあげて岩を打つ。

これと薬師寺佛足石A面の線刻画（三六四頁の挿画「図4」参照）とがみごとに対応し、「阿波邏羅竜の聞法帰依を画題にしたのは確かである。」と亀田孜氏はいう。このA面の線刻画と阿波邏羅龍の聞法帰順図との対応の指摘は本文を考える上で重要であるばかりではなく、こうした絵のネガの図柄も佛足跡図と共に印度より将来されたものであることを明らかにするものであると言えよう（画師の越田安万による日本風なアレンジは亀田孜氏が指摘する通りであろう）。

なお、龍帰順譚は『大唐西域記』に依拠する話と見られるものであるが、『今昔物語集』の中にも見られる。一つの龍帰順譚は大雪山の池に住む悪龍であり（巻第三「新龍伏本龍語」第七）、また一つの龍帰順譚は瞿婆羅龍の話である（巻第三「瞿婆羅龍語」第八）。巻第三第七語は『大唐西域記』巻第一「迦畢試國」条に、巻第三第八語は『大唐西域記』巻第二「那掲羅曷國」条に依拠するものである。

○河源（Ａ９）

「……夾蘇婆窣堵河……入大山至阿波邏龍泉。即前河源也。」（『釋迦方志』、大正蔵51九五五上25～中04）、「即蘇婆伐窣堵河之源也。」（『大唐西域記』、大正蔵51八八二中28～29）、「即蘇婆河之上源也。」（『大唐大慈恩寺三藏法師傳』、大正蔵50二三〇中22）とある。上記三本に見られる「蘇婆伐窣堵河」等とある河は、現在のスワート河のことである。『望月佛教大辞典』は「阿波邏羅龍泉」の項で「廣く經論に掲ぐる所なるが、龍泉の位置に關しては異説あり。」としている。しかし［水谷真成・一九七一・一一・校注］『大唐西域記』の注はスワート河の「河源」について「遥か上流の Swāt Kohistan の Kalam 地方であることが判っている」とする。法隆寺蔵「五天竺図」（「摩掲陁國」（Ａ２）条、参照）には「大雪山」の北に位置する聖湖「無熱（阿耨達）池」（図では雪山の右隣〈東〉に描く）があり、そこには四獣（牛・象・馬・獅子）の口から吐き出される四本の水流が湖を一周した後に四方に流下する様が描かれていて、参考になる。［海野一隆・一九九五・二・

法隆寺蔵「五天竺図」の禅成模写本（部分）
［海野一隆・一九九五・二・論考］（『しにか』六巻二号）より

論考」「世界地図の中のアジア」はこの四河川をシンドゥ（インダス）、ガンガ（ガンジス）、ヴァクス（オクソス、現アム）、シーター（タリム?）としている。「河源」の二字は、次の「春夏含凍」と共に六字句を形成している。

○春夏含凍（A9）

「春夏含凍。」（『大唐西域記』、大正蔵51八八二中29）、「春夏合凍。」（『釋迦方志』、大正蔵51九五五中04）、「其地寒冷。春夏恒凍。」（『大慈恩寺三藏法師傳』、大正蔵50二三〇中22～23）とある。『大唐西域記』の別本には「春夏冷凍」「春夏合凍」などとあるように（『大正蔵』校異）、『釋迦方志』の「合」は「含」の誤字と見てよく、「佛足石記文」本文の「春」以下の欠字部分は「夏含凍」と復元した。「含」には「含雨」「含霜」「含雪」「含霧」「含露」などの熟語があり、「含凍」の例は『文選』に「涸陰沍寒。日北至而含凍。此焉清暑。」（巻二、張平子「西京賦」）「其北則盛夏含凍裂地。渉冰掲河。」（巻八、司馬相如「上林賦」）などの例がある。なお「春夏合（含）凍。」の表現は、『大唐西域記』巻一「跋祿迦國」の「凌山」条（大正蔵51八七〇下21）にも見られる。

「春」の下は文字が全く確認出来ないのであるが、次に挙げる【本文異同】によると、江戸期にはこの箇所を読むことが出来たものかと推測される。しかしながら、板刷りによる「拓本」に拠っている場合があり、江戸期とて充分に信が置けるものではないが、釋潮音や狩谷棭斎は原碑によっている。また秋里籬島の『大和名所図会』が「春夏含凍」としているのも原碑視認に拠ってのことであろう。原字形が「凍」で間違いないというのではなく、原碑のヘコミ（傷）を一画と見る場合があったりするが、こうした案が出て来るのは実際に当って見てのことであろう。このように考えると、江戸期にはこの箇所を判読することが出来たものと見られるのである。活字文化の世になると、『古京遺文』に依拠したりということになり、本文を掲出しているということで全面的に信を置くことが出来るものではなく、誰の本文かということを考慮しなければならないことになる。今城甚造氏の奈良六大寺大観は初版では「春夏含凍」としていたが、補訂版では「春夏含凍」にしているという事例があったりする。

【本文異同】

春夏含湏──［野呂元丈・一七五二・秋・金石記］『佛足石碑銘』・［釋潮音・一八一九・三・考証］『佛足跡紀文考證』・［小山田與清・一八二八・一〇・金石記］『南都藥師寺金石記』・［狩谷棭斎・一八三二頃・金石記］『古京遺文』・［小山田靖齋（葛西孔彰）・一八三八年前後・金石］『證古金石集』・［蔵春園主人・───・金石記］『皇朝金石編』・『藥師寺志』・［三宅米吉・一八九七・七・論考］・［木崎愛吉・一九二一・一〇・金石記］『大日本金石史・一』・［信道會館・一九三二・一二・金石記］『佛足石』・［大井重二郎・一九三四・六・論著］『佛足石歌と佛足石』・［菊地良一・一九三九・五・論考］・［田中重久・一九四二・一〇a・論考］・［宮嶋弘・一九五三・一〇・論考］・［土井実・一九五六・一二・銘文集成］・［橘健二・一九五九・六・論考］・［竹内理三・一九六二・一一・史料］『寧楽遺文（下）』・［亀田孜・一九六二・一二・論考］・［浅田芳朗・一九六三・七・論著］『薬師寺仏足石覚書』・［浅田芳朗・一九六五・三・論著］『南都薬師寺仏足石の研究史的覚書』・［保坂三郎・西宮強三の内・一九六八・二・図録］『原色版　国宝Ⅰ』・［加藤諄・一九六八・一二・論考］「仏足石―日本における―」・［大井重二郎・一九七〇・一二・論考］・［金井嘉佐太郎・一九七一・一・論著］『仏足石の研究』・［吉村怜・一九七一・三・論考］・［岡崎敬・一九七一・一〇・史料］・［河内昭圓・一九七二・一一・図録］『日本金石圖録』・［齋藤忠・一九八三・七・金石文］『古代朝鮮・日本金石文資料集成』・［今城甚造・二〇〇〇・七・図録］奈良六大寺大観補訂版。

春夏含湏──［秋里籬島・一七九一・四・名所］『大和名所図会』・［山川正宣・一八二六・八・注釈］『佛足石和歌集解』（附跌石記文）。

春夏合涷――［松平定信・一八〇〇・一・史料図録］『集古十種』。
春夏含涷――［保坂三郎・一九五五・二・論考］・［文化財協会・一九五五・三・図録］・［今城甚造・一九七〇・八・図録］奈良六大寺大観・［町田甲一・一九八四・五・図録］『薬師寺』・［齋藤理恵子・一九九〇・一一・論考］『薬師寺』。
春夏含涷――［藤田經世・一九七五・三・史料］『校刊美術史料』。
春□□□――［廣岡義隆・一九八九・二a・注釈］『古京遺文注釈』。
春□《（夏カ）》含□――［東野治之・一九九九・一・論考］「薬師寺仏足石記と龍福寺石塔銘」。
春□《（夏カ）》含――［東野治之・二〇〇九・四・論考］「薬師寺仏足石記再調査覚書」。

［廣岡義隆・一九八九・二a・注釈］は「春」の下三字は全く読めないでいた。［齋藤理恵子・一九九〇・一一・論考］は「現状の銘文では「春」のみが明瞭で、その下には「夏」かと思われる文字がかろうじて認められるが、「含涷」にあたる部分は剝落して全く読めない」とする。［東野治之・一九九九・一・論考］「薬師寺仏足石記と龍福寺石塔銘」は「春□《（夏カ）》含□」とし、［東野治之・二〇〇九・四・論考］「薬師寺仏足石記再調査覚書」では「春□《（夏カ）》含□」とし、「「含」と「晨」との間に一字存在するとするのが通説であるが、該当箇所は石のくぼみのみで、現在文字は認められない」とする。リバーサルフィルムで碑面を確認すると、三字目は「含」の第一画第二画の通称「ヤマ」の部分はあるように見られる。また四字目は多少斜めに傾く形でヘコミの箇所に「東」があるようにも見られる。しかし判然としない。「佛足石記文」にあっては、時に凹部を避けて飛ばしている場合もあるが、文字を彫り込んでいる場合が少

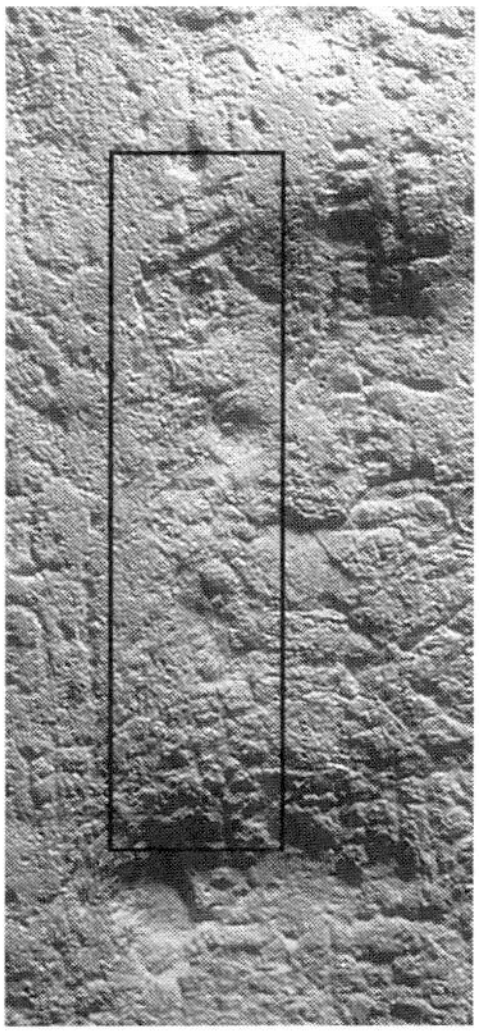
碑面11

なくはない。撰文者において、碑面の大きな凹部は避けたであろうが、碑面の小さな凸凹は無関係に執筆し、版下稿のように碑面に貼りこみ、その上から彫り師が彫り込んで行ったので、凹部にも文字を彫り込むということになったものと推測される（「**碑面11**」、参照）。

○晨夕飛雪（A9）

ここの箇所は、他本では「晨夕飛雪。」（『釋迦方志』、大正蔵51九五五中04～05）、「昏夕飛雪。雪霏五彩。光流四照。」（『大唐西域記』、大正蔵51八八二中29）、「暮即雪飛。仍含五色。霏霏舞亂。如雜華焉。」（『大唐大慈恩寺三藏法師傳』、大正蔵50二三〇中23～24）とあり、『大唐西域記』や『大唐大慈恩寺三藏法師傳』の描写が詳細であるが、表現自体は『釋迦方志』に一致するのである。

○有暴悪龍常雨水災（A9～10）

最初の三字「有暴悪」について、［東野治之・二〇〇九・四・論考］「薬師寺仏足石記再調査覚書」は、「□（有カ）暴□（悪カ）」とし、「「有」は、第一画と第二画らしい字画がたどれるが、それ以外は不明瞭である」「「悪」は、「心」が辛うじて見えるのみである」とする。その箇所の写真が「**碑面12**」（リバーサルフィルム）であり「**碑面13**」（白黒フィル

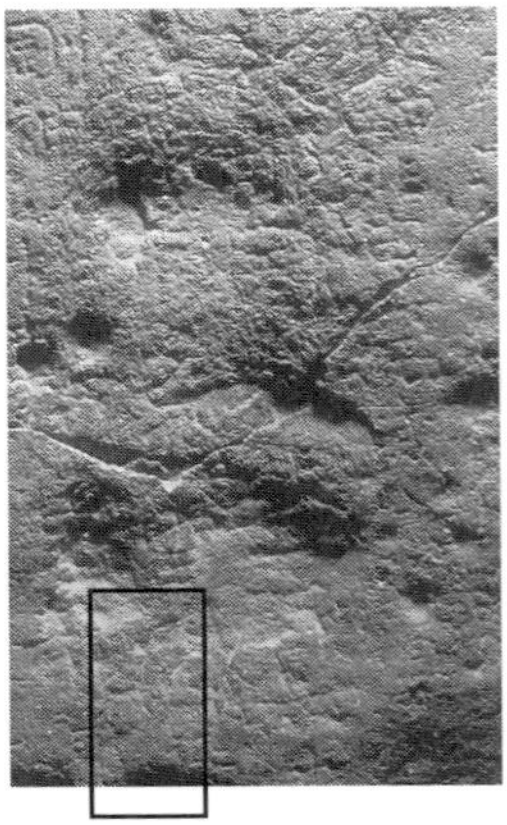

碑面12

碑面13

ム）である。原碑では視認出来た「暴」の字が画像では見づらい。

この箇所、『釋迦方志』には単に「暴龍」とあるが、『大唐西域記』には次のようにある。

此龍者迦葉波佛時。生在人趣。名曰殑祇。深閑呪術。禁禦惡龍。不令暴雨。…中略…殑祇含怒願爲毒龍。暴行風雨損傷苗稼。命終之後爲此池龍。泉流白水損傷地利。……暴龍。

この『大唐西域記』の内容を要約した形になっている。当項で、アパラァラ龍帰順譚に関わる『大唐西域記』の箇所の全文を引き、水谷真成氏の訳を掲げておく（本書第二章論考篇一第二節の三八七頁には、左の傍線箇所について、廣岡の訓読を示している）。水谷真成氏訳は、氏校定の本文によるものであるが、その原文は示されていない。

瞢揭釐城東北行二百五六十里入大山。至阿波邏羅龍泉。即蘇婆伐窣堵河之源也。派流西南。春夏含凍昏夕飛雪。雪霏五彩光流四照。此龍者迦葉波佛時。生在人趣。名曰殑祇。深閑呪術。禁禦惡龍。不令暴雨。國人賴之以稸餘糧。居人衆庶感恩懷德。家税斗穀以饋遺焉。既積歳時或有逋課。殑祇含怒願爲毒龍。暴行風雨損傷苗稼。命終之後爲此池龍。泉流白水損傷地利。釋迦如來大悲御世。愍此國人獨遭斯難降神至此欲化暴龍。執金剛神杵擊山崖。龍王震懼乃出歸依。聞佛説法心淨信悟。如來遂制勿損農稼。龍曰。凡有所食賴收人田。今蒙聖教恐難濟給。願十二歳一收糧儲。如來含覆愍而許焉。故今十二年一遭白水之災。阿波邏羅龍泉西南三十餘里。水北岸大磐石上有如來足所履迹。隨人福力量有短長。是如來伏此龍已。留迹而去。後人於上積石爲室。遐邇相趨。花香供養。　（巻第三、大正蔵51八八二中27～下17）

瞢揭釐城より東北へ行くこと二百五、六十里で大きな山に入り、阿波邏羅《アパラーラ》竜泉に至る。これが蘇婆伐窣堵《シュバヴァストゥ》河の源である。別に西南に流れる河があり、春も夏も凍結している。朝夕雪を飛ばしており、雪は五彩に飛び散り、光は四方を照らして流れている。この竜は迦葉波仏《カーシャパ》（過去七仏の一）の時、人間界に生まれていて名を殑祇《ガンギ》といった。甚だ呪術《まじない》をよくし、悪竜を制御して豪雨が降らないようにしたので、国民はこのお蔭により余分の食糧を蓄えることができた。住民たちはこぞって恩に感じ徳を懐かしみ、家ごとに一斗の穀物を税として出しあって贈り物とした。幾歳月を経ると滞納するものも出てきた。殑祇は怒りをいだき、毒竜となって暴風雨をおこし農作物を損傷することを願いとした。命が果てた後にこの池の竜となり、泉は白い水を流し地味を損傷した。釈迦如来は大慈悲をもって世に臨まれ、この国民だけがこういう災難に遭うことを愍《あわ》れみ、ここへ降神して暴竜を教化しようと思われた。執金剛神《しゅうこんごう》は杵《きね》で山の崖《がけ》を撃ったところ、竜王は恐れ戦《おのの》き出てきて仏に帰依《きえ》した。仏の説法を聞いて心は清浄に疑いもなく悟りを得た。如来はそこで竜を制して農作物を損傷することのないようにとされた。竜は、

「私が食糧を得ますのは人々の田の収獲物に頼っております。今ありがたいお教えをいただきましたが、「そのようにしますと」生きて行けないのではないかと心配いたします。どうか十二年に一度だけ糧食を収納させてください」

といった。如来は意を呑《の》み込まれ、哀れに思われてお許しになった。それで今十二年に一度は白水の災に遭うのである。

阿波邏羅《アパラーラ》竜泉から西南へ三十余里、白水北岸の大きな岩の上に如来の足が履《ふ》まれた跡がある。見る人のもっている福徳の力に応じて足跡の大きさは短くも見え長くも見える。これは如来がこの竜を降伏されてから、跡を残して去られたものである。後に人々はその石の上に石を積み上げて部屋を作った。遠近の人はみな出かけて花や香を供養している。

（〔水谷真成・一九七一・一一・校注〕『大唐西域記』〈初版〉）

このアパラァラ龍帰順譚自体については、先の〔亀田孜・一九六二・一二・論考〕よりも早くに、〔菊地良一・一九三九・五・論考〕が指摘し、『大唐西域記』の右の条を引き、「碑文のみでは全く意味を明瞭に知ることは不可能である」とし、「この西域記より更に碑文に近い文章を私は慈恩傳第二に認めることが出來る」とする。『大慈恩

寺三藏法師傳』を挙げるのは認められるが、それ以上に本文が近いのは『釋迦方誌』である。

○如来往化（A10）

「如来」は「釋迦牟尼佛」（A1）のことであり、単に「佛」（A3・A5）ともあった。『岩波仏教辞典』には「修行を完成した者の称」とあり、「サンスクリット原語 tathāgata の語源・原義に関しては諸論があり、確定していない」とある。

この箇所、同一の文言はないが、「釋迦如來。大悲御世。……。降神至此。欲化暴龍。」（『大唐西域記』、大正蔵51八八二下07～08）、「佛昔化暴龍。」（『釋迦方志』、大正蔵51九五五中05）、「是佛昔伏阿波邏羅龍時。」（『大唐大慈恩寺三藏法師傳』、大正蔵50二三〇中25～26）とある。意義的には「如来往化之」即ち「如来往化龍」であるが、四字句にするために「之（龍）」を略したと理解できる。「佛往化之」や「佛往化龍」でもよかったのであるが、撰文者は「如来」の表現を採ったのである。

「化」は「教化」の「化」であり、教え導く意。「化」はオモブク・オモムクの両訓（B音M音の音交替形）が可能であるが、続紀宣命に仮名書の確例のあるオモブクによった（「……教賜於毛夫氣賜答賜宣賜……」第六詔。「……於母夫氣教部牟事……」第一三詔）。

○令金剛神（A10）

『大唐西域記』に「執金剛神杵擊山崖。」（大正蔵51八八二下08～09）、『釋迦方志』に「金剛以杵擊崕。」（大正蔵51九五五中05）とある。ここの「金剛神」は「執金剛神」の略。「金剛杵を執って仏法を守る神。金剛力士と同じことであるが、二人の裸形の力士ではなく、一人の武将が一般的。」（『岩波仏教辞典』）とある。A面左端の線刻像も「一人の武将」形で描かれている（三六四頁、**図4**参照）。

○以杵擊崖（A10）

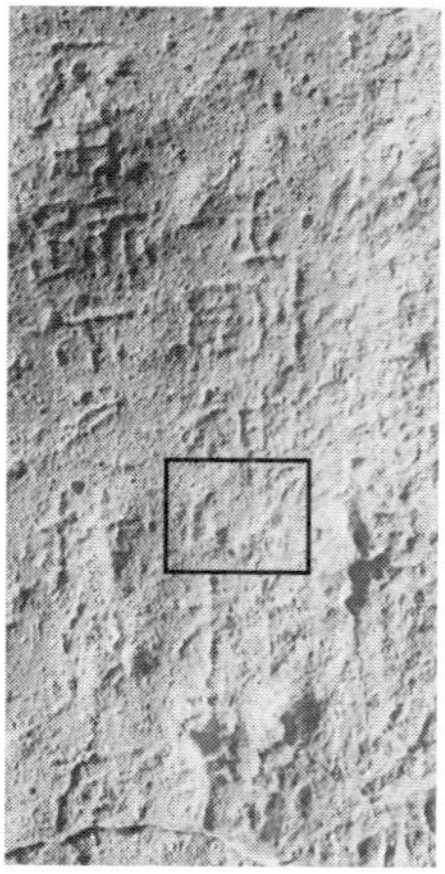

碑面14

碑面15

この四字句は『釋迦方志』に一致する（前項参照）。「以」字の字形については、「以天平勝寶四年」条（B12～13）及び「□□□以足」条（B16）で言及するが、ここでは通常の「以」の字形に近い。光線の加減では小さい三角形の右に大きい三角形が並ぶ形にも見えるが、第一画の縦画が明瞭に確認出来る点で「以天平勝寶四年」条（B12～13）及び「□□□以足」条（B16）とは異なるものである（「**碑面14**」及び「**碑面15**」、参照。「**碑面14**」は白黒フィルムによるものであり、「**碑面15**」はリバーサルフィルムによる画像である）。

「崖」の字、［野呂元丈・一七五二・秋・金石記］『佛足石碑銘』と［秋里籬島・一七九一・四・名所］『大和名所図会』に「山崖」とするが、原碑で明確に「崖」と確認することができる（五七頁「**碑面09**」の写真丸印、参照）。［東野治之・一九九九・一・論考］「薬師寺仏足石記と龍福寺石塔銘」は「□」として右傍書に（岸カ）としていたが、［東野治之・二〇〇九・四・論考］「薬師寺仏足石記再調査覚書」では「□」の右傍書に（崖カ）とし「以前「岸」かと考えたが、「崖」であろう」としている。またその「崖」の上の字について、「「撃」は、字の中央にやや右下がりのヒビがあるが、「撃」と読んでよいであろう」と注記している。

「杵」は「金剛杵」である。『岩波仏教辞典』の「金剛杵」の項には、次のようにある。

原語は、（インドラの下す）雷電の意。それを一般化した意味では、堅固なもの、力の強いものを表すが、特

「持国天立像」（奈良・當麻寺蔵、図録番号四四、部分）。奈良国立博物館開館百年記念特別展図録『日本仏教美術名宝展』（1995年４月）による。三鈷の杵を左手に持っている。

「密教法具」（広島・厳島神社蔵、図録番号一八五）。図録、同左。金剛盤の上に、独鈷杵（左）、三鈷杵（右）、五鈷杵（手前）が安置され、中央に五鈷鈴を奉安している。

にインドラ神（帝釈天）などが持つ古代インドの武器をさす。鉄・銅などの金属製が主で、中央に把手があり、両端が尖ったきっさき（鈷・峰）となっている。この金剛杵の威力が密教では特に重視され、大日経・胎蔵曼荼羅、金剛頂経・金剛界曼荼羅に説く金剛部の思想に発展し、…中略…。仏の智慧を表わし、また煩悩を打ち砕く菩提心の象徴として諸尊の持物となるほか、法具として用いられる。鈷の数により種別するが、通例は独鈷・三鈷・五鈷を用いることが多い。執金剛神・金剛童子・蔵王権現などが持物とする。

○龍聞出怖歸依於佛（A10〜11）

『大唐西域記』と『釋迦方志』の本文は次のようになっている。

・龍王震懼乃出歸依。聞佛説法心淨信悟。（『大唐西域記』、大正蔵51八八二下09〜10）

・龍怖歸依。請佛放雨乃許之。（『釋迦方志』、大正蔵51九五五中05〜06）

「龍」の上に「暴」字を認めるものとして、［野呂元丈・一七五二・秋・金石記］『佛足石碑銘』、［松平定信・一八〇〇・一・史料図録〕『集古十種』、〔菊地良一・一九三九・五・論考〕がある。この内、『集古十種』と〔菊地良一・一九三九・五・論考〕は上の「崖」の字を「暴」と認定したものであるが、ここは「以杵撃崖／龍聞出怖／歸依於佛」と四字句で見るべき箇所である。

次に、「聞出」の箇所、諸本、本文認定に違いがあるが、原碑に拠ると、不鮮明ながらも、「聞出」と確認することができる（「**碑面13**」・「**碑面16**」の写真では判然としない）。「聞」とは直接的には金剛神が杵で以って崖を撃つ音を聞くということを意味しているが、かつは佛教語「聞法」の「聞（聴法）（聴聞）」をも響かせている。右に引用したように、『大唐西域記』には「聞佛説法心淨信悟」とある。

【「聞出」の本文異同】

出――〔野呂元丈・一七五二・秋・金石記〕『佛足石碑銘』。

□□――〔秋里籬島・一七九一・四・名所〕『大和名所図会』・〔狩谷棭斎・一八三二頃・金石記〕『古京遺文』・〔蔵春園主人・――・金石記〕『皇朝金石編』・〔木崎愛吉・一九二一・一〇・金石記〕『大日本金石史・一』・〔信道會館・一九三二・一二・金石記〕『佛足石』・〔田中重久・一九四二・一〇a・論考〕・〔保坂三郎・一九五五・二・論考〕・〔文化財協会・一九五五・三・図録〕・〔浅田芳朗・一九六三・七・論著〕『薬師寺仏足石覚書』・〔保坂三郎・西宮強三の内・一九六八・二・図録〕『原色版国宝Ⅰ』。

碑面16

出□——〔松平定信・一八〇〇・一・史料図録〕『集古十種』・〔土井実・一九五六・一二・銘文集成〕・〔竹内理三・一九六二・一一・史料〕『寧楽遺文（下）』・〔金井嘉佐太郎・一九七一・一・論著〕・『仏足石の研究』・〔岡崎敬・一九七一・一〇・史料〕・〔河内昭圓・一九七二・一一・図録〕『日本金石圖録』・〔齋藤忠・一九八三・七・金石文〕『古代朝鮮・日本金石文資料集成』。

聞心——〔釋潮音・一八一九・三・考証〕『佛足跡紀文考證』（「四字今考如是」と朱記。「四字」とは「龍聞心怖」）・〔宮嶋弘・一九五三・一〇・論考〕・〔宮嶋弘・一九五三・一〇・論考〕・〔加藤諄・一九六八・一二・論考〕「仏足石―日本における―」。

聞□——〔山川正宣・一八二六・八・注釈〕『佛足石和歌集解』（附趺石記文）・〔小山田與清・一八二八・一〇・金石記〕『南都藥師寺金石記』・〔小山田靖齋（葛西孔彰）・一八三八年前後・金石〕『證古金石集』・〔三宅米吉・一八九七・七・論考〕・〔木崎愛吉・一九二一・一〇・金石記〕『大日本金石史・一』・〔大井重二郎・一九三四・六・論著〕『佛足石歌と佛足石』・〔菊地良一・一九三九・五・論考〕・〔齋藤理恵子・一九九〇・一一・論考〕『藥師寺』・〔東野治之・一九九九・一・論考〕「藥師寺仏足石記と龍福寺石塔銘」・〔東野治之・二〇〇九・四・論考〕「藥師寺仏足石記再調査覚書」。

王震——〔橋健二・一九五九・六・論考〕。

聞驚——〔亀田孜・一九六二・一二・論考〕・〔浅田芳朗・一九六五・三・論著〕『南都薬師寺仏足石の研究史的覚書』・〔今城甚造・一九七〇・八・図録〕奈良六大寺大観・〔町田甲一・一九八四・五・図録〕『藥師寺』。

□（出）——〔大井重二郎・一九七〇・一二・論考〕。

聞震——〔吉村怜・一九七一・三・論考〕・〔藤田經世・一九七五・三・史料〕『校刊美術史料』・〔今城甚造・一二

〇〇〇・七・図録］奈良六大寺大観。

聞出――［廣岡義隆・一九八九・二a・注釈］『古京遺文注釈』。

この箇所について、［齋藤理恵子・一九九〇・一一・論考］は、「聞」の下には一文字あった痕跡が認められるが、残念ながら磨滅が著しく判読し難い。従来の説は、「心」「驚」「震」「出」と多様だが、いずれの場合も内容的には矛盾はなく、どの説が適切とも言いかねる。

とする。ただし、碑面の情況からは、「驚」「震」といった画数の多い字は困難と見られる。「聞出」としたのは『古京遺文注釈』における［廣岡義隆・一九八九・二a・注釈］「仏足石記」であり、「出」字説を提出しているはその前に［大井重二郎・一九七〇・一二・論考］がある（括弧付きで示している）。［野呂元丈・一七五二・秋・金石記］『佛足石碑銘』の「出」について、［齋藤理恵子・一九九〇・一一・論考］は、「聞」を「出」としているとするが、そうであるのか「聞」字を落したのかの判別は困難である。［東野治之・二〇〇九・四・論考］「薬師寺仏足石記再調査覚書」は「聞□」としつつも「□」の右に（驚カ）と傍書し、「聞」の下に石のくぼみがあり、末尾の字は若干間隔を開けて刻まれている。その字については、小さな「口」や「馬」などの字画がたどれるので、「驚」と推定される」としている。

一九八四年八月二七〜二八日及び一九八五年九月二六〜二七日における薬師寺調査においては、手持ちのライトを横から下からと当てて窪みを明示することで文字を確認したと記憶する。しかしながら碑面は風化で荒れており、「出」字を強く主張できる状況にはない。［廣岡義隆・一九八六・三・論考］「佛足石記・同歌碑調査報」では「その下の「出」は明らかでないが、原碑の視認でそれと確認できるものである」とした。

本文「怖」については、［秋里籬島・一七九一・四・名所］『大和名所図会』、［釋潮音・一八一九・三・考証］『佛足跡紀文考證』が早い例であるが、「怖」以外の本文例を挙げると次のようになる。

【「怖」の本文異同】（本文を「怖」としないもの）

伏――［野呂元丈・一七五二・秋・金石記］『佛足石碑銘』・［松平定信・一八〇〇・一・史料図録］『集古十種』・［狩谷棭斎・一八三二頃・金石記］『古京遺文』・［蔵春園主人・――・金石記］『皇朝金石編』・［信道會館・一九三二・一二・金石記］『佛足石』・［田中重久・一九四二・一〇a・論考］・［宮嶋弘・一九五三・一〇・論考］・［保坂三郎・一九五五・二・論考］・［文化財協会・一九五五・三・図録］・［土井実・一九五六・一二・銘文集成］・［竹内理三・一九六二・一一・史料］『寧楽遺文（下）』・［浅田芳朗・一九六三・七・論著］『薬師寺仏足石覚書』・［大井重二郎・一九七〇・一二・論考］・［金井嘉佐太郎・一九七一・一・論著］『仏足石の研究』・［河内昭圓・一九七二・一一・図録］『日本金石圖録』・［齋藤忠・一九八三・七・金石文］『古代朝鮮・日本金石文資料集成』。

怖――［山川正宣・一八二六・八・注釈］『佛足石和歌集解』（附趺石記文）・［小山田與清・一八二八・一〇・金石記］『南都薬師寺金石記』・［小山田靖齋（葛西孔彰）・一八三八年前後・金石］『證古金石集』・［大井重二郎・一九三四・六・論著］『佛足石歌と佛足石』。

〇恐悪心起（A11）

『大唐西域記』『釋迦方志』等にこの句は見えない。恐らく『佚西域傳』にも存在しない句ということになり、「佛足石記文」撰文者による文言である可能性がある。加うるに、「悪心起」とすると「起」は自動詞となり、個人を主にしての用法となる。ここは他動詞として、「恐㆑起㆓悪心㆒」とすべき箇所であり、そういうところからも本邦における撰文という可能性がある。

〇留跡示之（A11）

なお、「神石手の執筆について」の「恐悪心起」条（一七六頁）、参照。

「留」の原字形は「死」と「田」を合字した異体字形「畱」（畱）である。その異体字形に慣れないためか（もちろん、碑面状況が不鮮明なためと、拓本による本文推定を第一の因として示すべきではあるが）、これを「齊（斉）」とするものが左の如くである。

［野呂元丈・一七五二・秋・金石記］『佛足石碑銘』・［松平定信・一八〇〇・一・史料図録］『集古十種』・［山川正宣・一八二六・八・注釈］『佛足石和歌集解』（附趺石記文）・［小山田與清・一八二八・一〇・金石記］『南都藥師寺金石記』・［狩谷棭斎・一八三二頃・金石記］『古京遺文』・［小山田靖齋（葛西孔彰）・一八三八年前後・金石］『證古金石集』・［蔵春園主人・――・金石記］『皇朝金石編』・『藥師寺志』・［木崎愛吉・一九二一・一〇・金石記］『大日本金石史・一』・［信道會館・一九三二・一二・金石記］『佛足石』・［田中重久・一九四二・一〇a・論考］・［宮嶋弘・一九五三・一〇・論考］・［保坂三郎・一九五五・二・論考］・［文化財協会・一九五五・三・図録］［橘健二・一九五九・六・論考］・［竹内理三・一九六二・一一・史料］『寧楽遺文（下）』・［浅田芳朗・一九六三・七・論著］『薬師寺仏足石覚書』・［加藤諄・一九六八・一二・論考］「仏足石―日本における―」・［大井重二郎・一九七〇・一二・論考］・［河内昭圓・一九七二・一一・図録］『日本金石圖録』。

［釋潮音・一八一九・三・考証］『佛足跡紀文考證』は異体字形の「畱」で示している。字体「留」で示す最初は［三宅米吉・一八九七・七・論考］である。以下、原碑に当っての本文認定と推測される文献は「留」字にしている。

［秋里籬島・一七九一・四・名所］『大和名所図会』は「兹」字にし、［大井重二郎・一九三四・六・論著］『佛足石歌と佛足石』は「齎」に、［土井実・一九五六・一二・銘文集成］と［齋藤忠・一九八三・七・金石文］『古代朝鮮・日本金石文資料集成』は「斎」にしている。

『大唐西域記』には「隨人福力量有短長。是如來伏此龍已。留迹而去。」（大正藏51八八二下15～16）とあり、『大唐大慈恩寺三藏法師傳』にも「隨人福願量有脩短。是佛昔伏阿波邏羅龍時。至此留跡而去。」（大正藏50二三〇中25～26）とある。一方、『釋迦方志』には「佛伏龍已。留迹示之隨心長短。」（大正藏51九五五中07～08）とあって、ここは『釋迦方志』の文言となっている。『佚西域傳』にも同様の文言があったものであろう。この「示之」の「之」とは「暴悪龍」を言う。龍のために跡（佛足跡）を石にスタンプし留め示したのである。龍の「悪心の（再び）起らむことを恐りて」（前句）、之（龍）に佛跡のスタンプを示したのであり、文展開上、前句の「恐悪心起」（A11）は必要な句である。

○於泉南大石上（A11）

この泉は「龍泉」（A9）であり、即ち阿波邏羅龍泉である。『大唐西域記』には「阿波邏羅龍泉西南三十餘里。水北岸大磐石上有如來足所履迹。」（大正藏51八八二下14～16）とあり、『釋迦方志』には単に「泉西南三十餘里。水北岸大石上佛伏龍已。留迹示之」（大正藏51九五五中07～08）とある。ここも『釋迦方志』に近い表現である。『大唐大慈恩寺三藏法師傳』にも「龍泉西南三十餘里。水北岸磐石上有佛脚跡。」（大正藏50二三〇中24～25）とある。三書に共通する「水北岸」の「水」は「川」の意である。

○現其雙跡（A11～12）

この箇所、『釋迦方志』『大唐大慈恩寺三藏法師傳』に対応する句はなく、『大唐西域記』の「有如來足所履迹」（大正藏51八八二下15）が対応はしないが相当する表現句ということになる。

「現」はあらわすの意。A面11行目最下端は、原碑によると判読不明の一字の存在が明らかであり（八一頁の「**碑面17**」、参照）、それは四字句とも合う。

【不明の一字「□」の本文推定】（「×」は文字の存在しないことを意味する）

×――［野呂元丈・一七五二・秋・金石記］『佛足石碑銘』・［秋里籬島・一七九一・四・名所］『大和名所図会』・［松平定信・一八〇〇・一・史料図録］『集古十種』・［釋潮音・一八一九・三・考証］『佛足跡紀文考證』・［山川正宣・一八二六・八・注釈］『佛足石和歌集解』（附跌石記文）・［小山田與清・一八二八・一〇・金石記］『南都藥師寺金石記』・［小山田靖齋（葛西孔彰）・一八三八年前後・金石］『證古金石集』・『藥師寺志』・［大井重二郎・一九三四・六・論著］『佛足石歌と佛足石』・［宮嶋弘・一九五三・一〇・論考］・［保坂三郎・西宮強三の内・一九六八・二・図録］『原色版　国宝Ⅰ』・［大井重二郎・一九七〇・一二・論考］。

□――［狩谷棭斎・一八三三頃・金石記］『古京遺文』・［蔵春園主人・――・金石記］『皇朝金石編』・［三宅米吉・一八九七・七・論考］・［木崎愛吉・一九二一・一〇・金石記］『大日本金石史・一』・［信道會館・一九三二・一二・金石記］『佛足石』・［菊地良一・一九三九・五・論考］・［保坂三郎・一九五五・二・論考］・［文化財協会・一九五五・三・図録］・［橋健二・一九五九・六・論考］・［竹内理三・一九六二・一一・史料］『寧楽遺文（下）』・［浅田芳朗・一九六三・七・論著］『薬師寺仏足石覚書』・［金井嘉佐太郎・一九七一・一・論著］『仏足石の研究』・［吉村怜・一九七一・三・論考］・［齋藤理恵子・一九九〇・一一・論考］『薬師寺』・［東野治之・一九九九・一・論考］「薬師寺仏足石記と龍福寺石塔銘」。

足――［田中重久・一九四二・一〇a・論考］・［土井実・一九五六・一二・銘文集成］。

［雙］――［亀田孜・一九六二・一二・論考］・［浅田芳朗・一九六五・三・論著］『南都薬師寺仏足石の研究史的覚書』・［今城甚造・一九七〇・八・図録］奈良六大寺大観・［吉村怜・一九七一・三・論考］・［藤田經世・一九七五・三・史料］『校刊美術史料』・［町田甲一・一九八四・五・図録］『薬師寺』・［今城甚造・二〇〇〇・七・図録］奈良六大寺大観補訂版。

佛——［河内昭圓・一九七二・一一・図録］『日本金石圖録』・［齋藤忠・一九八三・七・金石文］『古代朝鮮・日本金石文資料集成』。

□（雙カ）——［東野治之・二〇〇九・四・論考］「薬師寺仏足石記再調査覚書」。

［廣岡義隆・一九八九・一一a・注釈］は『古京遺文注釈』において、「現其□跡」としつつも、不明箇所について、「前後の文意から、「足」の字を補う」とした。［東野治之・二〇〇九・四・論考］「薬師寺仏足石記再調査覚書」は、「不明としたが、文字の下半部に「又」があり、上半部の左側は「隹」のようである。従って「雙」と推定しておきたい」としている。この詳細な報告に基づき、本文は□のままにしつつも、訓読において今回「雙」とした。

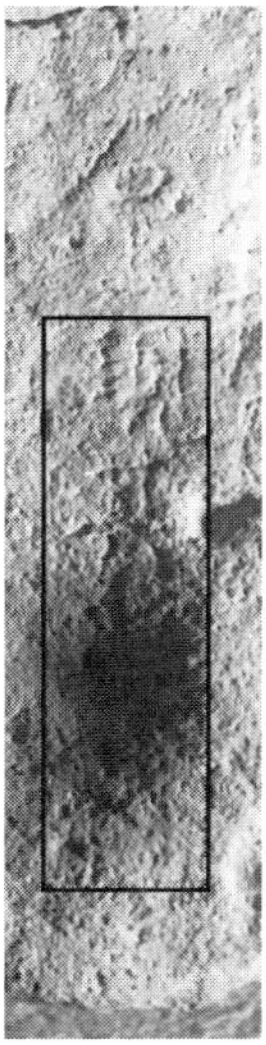

碑面17

○随心浅深量有長短（A12）

佛足石を拝する者の信仰心の浅深の差によって、佛足は長くも短くもなる（と見える）の意。『大唐西域記』（巻三）には先に引いたように「隨人福力量有短長」とあり、『大唐大慈恩寺三藏法師傳』には「隨人福願量有脩短」、『釋迦方志』には「隨心長短」とある。「隨心」は『釋迦方志』に近いが『釋迦方志』の表現は縮約形と見られる。一方、『大唐西域記』や『大唐大慈恩寺三藏法師傳』には「福力」「福願」とあって、「随心浅深」は独自の表現になっている。『釋迦方志』の「隨心長短。」は「隨心淺深。量有長短。」の縮約形と考えられ、恐らく『佚西域傳』には、「隨心淺深。量有長短。」とあったものであろう。信仰心その他によって験が左右するという表現は慣用されるものであり、例えば『大唐西域記』には、「上起精舍。……。傍有石柱。高七十餘尺。無憂王所建。……。隨人罪福影現柱中。」（巻四、大正蔵51八九三中05～10）、「至誠所感或放光明。」（巻一、大正蔵51八七二下22）、「願見菩薩者。即從像中出妙色身。」（巻三、大正蔵51八八七下04～05）、「此聖迹基表人命之脩短也。先發誠願後乃度量。隨壽脩短數有増減。」（巻八、大正蔵51九一六中28〜下02）などの表現がみられる。

○今（A12）

「今摩掲陁國」（A2）と同様で、『佚西域傳』編纂の時点を示すものである。

○今丘慈國（A12）

以下、「道俗至時同往□慶」（A13）までが龍帰順譚に引き続いての『佚西域傳』からの引用である。『大唐西域記』では「屈支國」（巻一、大正蔵51八七〇上17〜）の箇所に当り、『釋迦方志』（大正蔵51九五二中27〜28）には「屈支國（即丘慈也）」の注記がある。同じ「西域傳」からの引用でも、前半部（「烏仗那國」阿波邏羅龍泉条）と後半部（「丘慈國」佛跡条）の二条の引用から成る。

「丘慈國」は『大唐西域記』に「東西千餘里。南北六百餘里。國大都城周十七八里。……」とある。今のクチャ（Kuchā）地方に当る。

○城北四十里（A12）

『大唐西域記』には「荒城北四十餘里」（大正蔵51八七〇中08）、『釋迦方志』には「城北四十餘里」（大正蔵51九五二下06〜07）とある。

四十里は、二二・四キロメートル。唐里については、「二百六十里」条（A8）で記した。

○寺佛堂中（A12〜13）

『大唐西域記』には「東照怙釐佛堂中」（大正蔵51八七〇中10〜11）、『釋迦方志』には「東昭怙釐寺。佛堂中」（大正蔵51九五二下07）とある。「照（昭）怙釐」とは現地語における「寺・寺院」を表現する語であり（［水谷真成・一九七一・一一・校注］一五頁注二）、『釋迦方志』の「昭怙釐寺」は重複した言い方であること、本書第二章論考篇一第二節においても言及している（三八八頁）。ここは四字句に整斉して示している。［齋藤忠・二〇〇六・一〇・論著〕『求法僧の仏跡の研究』に廃寺の現地カラー写真が載る（図版73、関連本文、同書三三八頁）。

若干の本文異同があるので示しておく。

【本文異同】（本文を「寺佛堂中」としないもの）（佛・仏の違いは問わない）

在佛堂中――〔野呂元丈・一七五二・秋・金石記〕『佛足石碑銘』。

寺佛堂□中―〔秋里籬島・一七九一・四・名所〕『大和名所図会』。

有佛中――〔松平定信・一八〇〇・一・史料図録〕『集古十種』。

寺仏藍中――〔亀田孜・一九六二・一二・論考〕・〔浅田芳朗・一九六三・七・論著〕『薬師寺仏足石覚書』。

有仏堂中――〔大井重二郎・一九七〇・一二・論考〕。

〇玉石之上（A13）

『大唐西域記』には「有玉石。面廣二尺餘。色帶黄白狀如海蛤。」（大正蔵51八七〇中11～12）とあり、『釋迦方志』は簡略化されて「有玉石方二尺」（大正蔵51九五二下07）とある。佛足跡歌碑の三番歌に「石に彫りつく玉に彫りつく」（第五・六句）の表現がある。これは「玉石（石玉）」の語句を分離した表現であり、「佛足石記文」のこの箇所と関連するものと推考される。本書第三章論考篇二第一節「語句分離方式の成立」を参照されたい。この小論の中では「玉石」を「石」「玉」の順で表現に取り込む「逆転技巧」にも言及している。薬師寺佛足石と薬師寺佛足跡歌碑とが、当初から一対のものである可能性の極めて低いことについては、本書第二章論考篇一第一節「佛足石記文について」で言及している。別の言い方をすると、薬師寺佛足跡歌碑は別の佛足石に関わる詠作歌と考えられる。しかしながら、内容上は、この薬師寺の「佛足石記文」と強い緊密性を有しているのは、別の佛足石は兄弟関係にある佛足石であり、A面の記文は共通ないしは類同の記文であったと考えられるからである。

〇亦有佛跡（A13）

『大唐西域記』に「其上有佛足履之迹。長尺有八寸。廣餘六寸矣。」（大正蔵51八七〇中12〜13）、『釋迦方志』に「上有佛足迹。長尺八寸廣六寸。」（大正蔵51九五二下07〜08）とあって、摩掲陀國条の「佛跡」（A3）と同じ大きさになっている。

○齋日（A13）

パーリー語でのウポーサタ uposatha（斎）の日。斎戒・懺悔して身を清め、善行を修める日。六斎日が一般によく知られている。六斎日とは、毎月の八・一四・一五・二三・二九・三〇の各日を言う。ここは『佚西域傳』に依拠して記述している箇所であるが、当時我が国においてこの六斎日の制があったことは、「養老令」中に「凡月六齋日。公私皆斷殺生。」（「雑令第卅」5）と規定されており、『続日本紀』にも「月六齋日。禁斷殺生。」（天平九年八月二日条）、「毎月六齋日。公私不得漁獵殺生。」（天平十三年三月二十四日、国分寺建立の詔条）の記事が見られることで知られる。六斎日に一・一八・二四・二八の各日を加えたものを十斎日という。また別に、立春・春分・立夏・夏至・立秋・秋分・立冬・冬至の八日を八王日と言い、これも斎日である。当項、龍谷大學編『佛教大辭彙』、中村元著『佛教語大辞典』を参照した。

『大唐西域記』の引き続く箇所には「毎歳秋分數十日間。」とあるが、その表現の間に「高九十餘尺」の文章が介在することと、片や「數十日間」とあることとが、ここの斎日を秋分であると認定することを困難にしている。

○齋日放光（A13）

これは数々見られる慣用的表現であり、霊験譚を結ぶ時の決り文句である。該当箇所は、『大唐西域記』では「或有齋日。照燭光明。」（大正蔵51八七〇中13）となっており、『釋迦方志』はここと同一の「齋日放光」（大正蔵51九五二下08）になっている。

類似表現は、『大唐西域記』中においても、「窣堵波中有多舍利。或有齋日時放光明。」（巻四、大正蔵51八八九中

12～13）、「傍有窣堵波。高百餘尺。或至齋日時燭光明。」（巻一、大正蔵51八七四上19～21）、「改建大窣堵波。或至齋日時燭光明。」（巻七、大正蔵51九〇八上24～25）、「有窣堵波。無憂王之所建也。昔者如來三月在此。爲諸天人説法之處。或至齋日時燭光明。」（巻十、大正蔵51九二七上27～中01）、「其石窣堵波極多靈異。或至齋日時燭光明。」（巻十、大正蔵51九二八下01～02）、「有窣堵波。……。此中有如來舍利。或至齋日時燭靈光。」（巻十一、大正蔵51九三四下27～九三五上03）、「其傍精舍有青石立佛像。毎至齋日或放神光。」（巻十一、大正蔵51九三八中22～23）、「其窣堵波中有如來髮爪。毎至齋日多放光明。」（巻十一、大正蔵51九三八中27～28）など、多くの用例がある。『釋迦方志』には「齋日常放神光。」（巻上、大正蔵51九五五下24）などの例もあるが、この「齋日放光」と同一の表現が一一例検出できる。「齋日放光流出黒油。夜聞音樂。」（巻上、大正蔵51九五四上20～21）、「多有舍利。齋日放光。」（巻上、大正蔵51九五六中18）、「即分舍利瓶及餘舍利也。毎齋日放光。」（巻上、大正蔵51九六〇下06～07）、「大寺石塔多瑞齋日放光。」（巻下、大正蔵51九六六上15）、「塔高三丈有舍利齋日放光。」（巻下、大正蔵51九六七中11）、「又髮爪塔齋日放光。」（巻下、大正蔵51九六八下08～09）等々といった例になる。

「放光」は、佛跡の霊験があらたかなことを光明で示すものであり、「全身金色相」と同様のものである。佛像の後光もこれに基づく形象である（〔廣岡義隆・二〇〇一・六・寸考〕「高光る」）。薬師寺佛足石の佛足にも放光が刻まれている。ここは丘慈國の佛跡についての記述であり、「齋日」には「放光」するという霊験を記しているものである。

〇道俗至時同往□慶（A13）

この八文字は『釋迦方志』には無い。これは、『大唐西域記』の左記の箇所に対応する。

擧國僧徒皆來會集。上自君王下至士庶。捐廢俗務奉持齋戒。受經聽法渴日忘疲。

（巻一、大正蔵51八七〇中16～18）

右の内容を縮約して「道俗至時、同往□慶。」とまとめている。しかしながら、『大唐西域記』において右の文は、「佛堂中の玉石上の佛跡」に関わる文ではなく、それに続く以下の箇所に関してのものである（傍線部は既に引用している箇所であることを示す）。

或有齋日照燭光明。大城西門外路左右各有立佛像。高九十餘尺。於此像前建五年一大會處。毎歳秋分數十日間。擧國僧徒皆來會集。（巻一、大正蔵51八七〇中13〜16）

こういう次第で、「道俗至時同往□慶」は佛足石には関わらない「大城の西門の外なる路の左右に、各《おのもおのも》立てる佛像有り」とあり、「五年に一たびの大会《だいゑ》」が催されるのである。それが「佛足石記文」では佛足石に関する会集佛事にされてしまっている。これが『佚西域傳』ではどうであったのかは、今となってはわからないことになる。

「道俗至時」の「道俗」の語については、『大唐西域記』の少し後ろに、

毎至六齋法俗咸會陳設供養。至誠所感或放光明。（巻一、大正蔵51八七二下21〜22、縛喝國条）

と「法俗」の語がある。この「法」は、『日本霊異記』訓注に「道（法也）」（下巻二六縁）とあるものであり、「道俗」と同じ意味の語である。因みに、『大唐西域記』の中には「道俗歸依」（大正蔵51九〇六上13）など二例見られる（他の一例は、大正蔵51八八一下14）。『釋迦方志』には、「無貴賤男女道俗之別」（大正蔵51九六八上18〜19）など三例が見られる（他の二例は、大正蔵51九七一下06、九七一下27）。『日本霊異記』には「道俗」の語が一〇例見られる。

「道俗至時」の「至時」について、［齋藤理恵子・一九九〇・一一・論考］は「時に至らば」とする。しかし、「その斎日」の時期になればということであり、ここは「時至れば」と訓読した。

次に、この後半四句「同往□慶」の本文認定に関して、異同があるので、次行の「依」字までを含めて、その異同を示しておく。

【「同往□慶依」の本文異同】（「×」は文字が存在しないことを意味する）

同住慶修――［野呂元丈・一七五二・秋・金石記］『佛足石碑銘』・［小山田與清・一八二八・一〇・金石記］『南都薬師寺金石記』・［狩谷棭斎・一八三二頃・金石記］『古京遺文』・［蔵春園主人・――・金石記］『皇朝金石編』・［木崎愛吉・一九二一・一〇・金石記］『大日本金石史・二』・［信道會館・一九三一・一二・金石記］『佛足石』・［大井重二郎・一九三四・六・論著］『佛足石歌と佛足石』・［田中重久・一九四二・一〇a・論考］・［宮嶋弘・一九五三・一〇・論考］・［保坂三郎・一九五五・二・論考］・［文化財協会・一九五五・三・図録］・［土井実・一九五六・一二・銘文集成］・［橋健二・一九五九・六・論考］・［竹内理三・一九六二・一一・史料］『寧楽遺文（下）』・［浅田芳朗・一九六三・七・論著］『薬師寺仏足石覚書』・［保坂三郎・西宮強三の内・一九六八・二・図録］『原色版　国宝Ⅰ』・［大井重二郎・一九七〇・一二・論考］・［金井嘉佐太郎・一九七一・一一・論著］『仏足石の研究』・［岡崎敬・一九七一・一〇・史料］・［河内昭圓・一九七二・一一・図録］『日本金石圖録』・［齋藤忠・一九八三・七・金石文］『古代朝鮮・日本金石文資料集成』・［廣岡義隆・一九八九・二a・注釈］『古京遺文注釈』。

同住□修――［秋里籬島・一七九一・四・名所］『大和名所図会』。

同住×修――［松平定信・一八〇〇・一・史料図録］『集古十種』・『薬師寺志』。

同徃□修――［釋潮音・一八一九・三・考証］『佛足跡紀文考證』（□の箇所に「闕一字」と朱記）・［三宅米吉・一八九七・七・論考］・［菊地良一・一九三九・五・論考］。

同住□修――［山川正宣・一八二六・八・注釈］『佛足石和歌集解』（附趺石記文）・［小山田靖齋（葛西孔彰）・一八三八年前後・金石］『證古金石集』。

同住广依――［亀田孜・一九六二・一二・論考］（「广」は後入。「依」は次句に冠する。）・［浅田芳朗・一九六

五・三・論著〕『南都薬師寺仏足石の研究史的覚書』。

同往修――――〔加藤諄・一九六八・一二・論考〕「仏足石―日本における―」。

同住度修――――〔保坂三郎・西宮強三の内・一九六八・一二・図録〕『原色版　国宝Ⅰ』の一案。

同往慶修――――〔今城甚造・一九七〇・八・図録〕奈良六大寺大観・〔吉村怜・一九七一・三・論考〕・〔藤田經世・一九七五・三・史料〕『校刊美術史料』・〔町田甲一・一九八四・五・図録〕『薬師寺』・〔今城甚造・二〇〇〇・七・図録〕奈良六大寺大観補訂版。

同往慶依――――〔齋藤理恵子・一九九〇・一一・論考〕『薬師寺』（「依」は次句に冠する）。

同往□依――――〔東野治之・一九九九・一・論考〕「薬師寺仏足石記と龍福寺石塔銘」。

同往□（慶カ）依――――〔東野治之・二〇〇九・四・論考〕「薬師寺仏足石記再調査覚書」。

この「往」字について、右の〔齋藤理恵子・一九九〇・一一・論考〕は、次のように指摘する。

今回調査したところ、「彳」の一画目がやや不明瞭ではあるが、それでも「往」と読めた。意味の上からも「往」の方がふさわしいと思われる。

とする。執筆に際して改めてリバーサル・フィルムをルーペで覗いて精査した。リバーサル・フィルムで見る限り、齋藤氏が「彳」の一画目としている箇所は原碑に多く見られる浅いヘコミと観察された。よって私は一旦は「住」と認定した。しかしながら、白黒フィルムによると、「往」字と確認できる。それが左の「**碑面18**」の写真である。光線の加減によって文字が見えたり見えなかったりするから恐ろしい。ここに「住」字案を撤回し「往」字と認定する。読みも「同《とも》に往《ゆ》き」となる。

その下の「慶」の字について、〔保坂三郎・西宮強三の内・一九六八・一二・図録〕『原色版　国宝Ⅰ』は、本文を「慶」字としつつも、「或は度ヵ」

碑面18

としている。また［東野治之・一九九九・一・論考］「薬師寺仏足石記と龍福寺石塔銘」は「これまで出典との関わりで「慶」と読まれることが多い。しかし原石の残画からはさほど多画の字とは考えにくく、あるいは「云」ではあるまいか」としていた。しかし、［東野治之・二〇〇九・四・論考］「薬師寺仏足石記再調査覚書」では「□」としつつも右傍書で（慶カ）とし、「不明としたが、マダレと、末画の「又」のような字形が看取される。「慶」と推定してよいであろう」とした。

また「修」字について、［齋藤理恵子・一九九〇・一一・論考］は「依」とし、次のように指摘する。

「依」は野呂元丈以来現在に至るまで「修」と解されている。この場合、第十三行目末尾の「慶」とつづけて「慶修」（慶修す）と読み、ここで文が切れて「観佛三昧經」から、つぎの文がはじまると考える。これに対し亀田孜氏は第十四行目第一字を「依」と読み、第十三行目末で文が切れて「依」から新たな文がはじまると主張している。／銘文の文字をみると右半分がやや不鮮明であるが「依」と読める。亀田説のように「依観佛三昧經」から文がはじまると考えるべきであろう。

この「依」については、右の「往」とは逆に、リバーサル・フィルム面をルーペで確認すると、「依」字かと思い、念のためにと白黒フィルムによると、これは「修」字と確認できるのである。しかしながら、リバーサル・フィルムにより碑面状況を精査すると、「修」と見える「彡」の第一画は「依」字の旁の「衣」の撥《は》ねに当り、他は碑面の浅い凹部（傷）と見られ、やはりここは「依」字と認定するのが良いという結論に落ち着いた。「碑面19」の写真（リバーサル・フィルム）を参照されたい。

ここは四字句であるはずの箇所であり、今となっては確認出来ないが、「往」と「慶」の間の空白部にもう一文字を推定したい。一文字分のスペースは存在する。この空白部に不審を抱いていたが、恐らく何らかの文字があると見ると、

碑面19

空白スペースも合点が行くことになる。

「□慶」の□は全くわからない。「慶」は「よろこぶ」と訓読した。□については、わからないものの、訳では仮に「拝み喜ぶ」とした。

○依観佛三昧經（Ａ14）

冒頭に「案西域傳云」（Ａ2）とあった。ついで「観佛三昧□□」（Ａ6）とあり、ここの「依観佛三昧經」（Ａ14）から「観佛三昧經云」と復元した。『西域傳』と『観佛三昧經』とが交互に引用されていることについては、「非有幸之所致乎」条（Ａ8）で言及し、

前半―『西域傳』（Ａ2～6）／『観佛三昧經』（翻案引用、Ａ6～7）／撰文者の文（Ａ7～8）

後半―『西域傳』（Ａ8～14）／『観佛三昧經』（Ａ14～19）／撰文者の文（Ａ20）

というパラレルな展開になっていることを指摘した。ただ、前半部については、引用典籍名と共に、「云」の語が存したが（『観佛三昧經』の場合は推定復元）、後半部の『西域傳』については引用典籍名が省かれて「又」の語のみであるし、ここは「依観佛三昧經」とあり「云」の語が略されている。

また、後半部の『西域傳』からの引用は、同じ「西域傳」からの引用でも、「烏仗那国」阿波邏羅龍泉条（Ａ8～12）と「丘慈國」佛跡条（Ａ12～14）の二条の引用から成っていることについて、「今丘慈國」条（Ａ12）で言及したが、ここの『観佛三昧經』における引用においても、「佛在世時～亦除千劫極重悪業」（Ａ14～17）と「観如來足下～衆蠢之相」（Ａ17～19）という二条の引用から成っており、これまたパラレルな引用方式になっているのである。

○佛在世時（Ａ14）

『観佛三昧經』については、（Ａ6）で記した。

『佛説観佛三昧海經』（巻第六）の本文は次の通りである。

諸佛如來化無邊身。無邊身者是薩婆若。薩婆若者名無著三昧。無著三昧故如來現行。若現乞食若或經行。如是二法饒益衆生。若有衆生。佛在世時見佛行者。歩歩之中見千輻輪相。除却千劫極重惡罪。佛去世後。三昧正受想佛行者。亦除千劫極重惡業。雖不想行。見佛跡者見像行者。歩歩亦除千劫極重惡業。佛告阿難。汝從今日持如來語遍告弟子。佛滅度後。造好形像令身相足。亦作無量化佛色像。及通身光及畫佛跡。以微妙彩及頗梨珠安白毫處。令諸衆生得見是相。但見此相心生歡喜。此人除却百億那由他恒河沙劫生死之罪。説此語已如來還坐。（大正蔵15六七五下01～14）

これを当「佛足石記文」と対照すると次のようになる（×は、対応語が存在しないことを意味する）。

経典（観佛三昧經）――若有衆生。佛在世時。見佛行者。歩歩之中見千輻輪相。除却千劫極重惡罪。

記文（佛足石記文）――佛在世時。若有衆生。見佛行者。及×××見千輻輪相。即除千劫極重悪罪。

経典――佛去世後。三昧正受想佛行者。亦除千劫極重惡業。雖不想行。見佛跡者見像行者。

記文――佛去世後。××××想佛行者。亦除千劫極重悪業．雖不想行。見佛迹者見像行者。

経典――歩歩××亦除千劫極重惡業。（15六七五下04～08）

記文――歩歩之中亦除千劫極重悪業。（A14～17）

目下の「佛在世時」は、経典の「若有衆生」と順序の入れ替えこそあるが、語の変更は無い。対応の異なる箇所については傍線を引いたが、経典で「歩歩」とある箇所について「佛足石記文」で「歩歩之中」となっている箇所については、その句自体は経典の右での引用中に存する句である。即ち、細部を除いてはほぼ経典に即して引用しており、忠実な引用に近いものであると言ってよい。

見出しの「佛在世時」（A14）は、後出の「佛去世後」（A15）に対応する表現としてある。［信道會館・一九三二・一二・金石記］『佛足石』と［田中重久・一九四二・一〇a・論考］とは、この「世」の字を「生」としている。

○若有衆生（A14）

『観佛三昧海經』の句順と異ることについては右で言及した。『観佛三昧海經』ではこの句が「佛在世時」の上にあり、「佛去世後」までも包みこむ表現になっているが、「佛足石記文」では「佛在世時」の下にあり、「若有衆生」が「佛去世後」のフレーズにはかからない形となっている。ただし、続く文として「見佛行者」があり、「想佛行者」及び「見佛迹者」と対応するところから、文としての破綻には至っていない。

○見佛行者及見千輻輪相（A14〜15）

［松平定信・一八〇〇・一・史料図録］『集古十種』は「及」の字を落している。

この箇所は二通りの解釈が可能である。「及」を動詞「およぶ」とする解釈と「及」を副詞「また」とする解釈である。この「及」字は撰文者による文辞であり、この箇所の経典は「歩歩之中」とある。動詞によるのが素直な理解であろう。即ち「千輻輪相を見るに及べば」ということになり、経典の「歩歩之中」と意味上は大きく変わらない。副詞解では「また千輻輪相を見る（者《ひと》）」ということになり、その上にある「見佛行者」と並列の意味となる。しかしながら、これは「者《ひと》」を補って解釈しなければならない上に、意味上も「千輻輪相を見る者」とはその上にある「佛の行《あゆみ》を見る者」以外には無いのであるから、副詞解は無理であるということになる。

この「佛の行《あゆみ》を見る者、千輻輪相を見るに及べば」ということは、「見」にこだわった表現であり、まさに『観佛三昧經』における「観」に直結している表現である。

なお、正倉院文書中の「寫經収櫃目録」（續々修二裏）には「仏跡見千輻輪相經一巻」（『大日本古文書』十二の四五七頁）がある。この経典は例えば、道宣撰『大唐内典録』巻第三にも「佛跡見千輻輪相經」（大正蔵55二五三中02）

と確認出来るものであり、「佛跡見千輻輪相經」の語としての用例は、「大藏經テキストデータベース」(http://21dzk.l.u-tokyo.ac.jp/SAT/)において、「佛跡」の省文「弗迹」の例を含めて全一〇件確認できる。「佛跡現千輻輪相經」という例も二件確認できるが、これは「現」の省文として「見」と書くところから、逆に「現」とされてしまった形と考えられ、経典名としてはまさに「見る」という意味における「佛跡見千輻輪相經」が本来の経典名であろう。『大唐内典録』については、天平勝寶七歳(七五五)七月に平城で書写されていることがその識語から判明している(「廣岡義隆・二〇一一・八・論考」「上代写経識語注釈(その十五)大唐内典録巻第十」)。ただし、『大正蔵』に「佛跡見千輻輪相經」は収められていない。『大正蔵』には、後の承久二年(一二二〇)という年紀がある興然撰『千輻輪相顯密集』(一巻、No.2446)が七十七巻に収められ、その六九六頁には薬師寺系に近い佛足図が掲載されている。

また、『東大寺諷誦文稿』中には、

仏乃行給布時、足離地四寸、然千輻輪相現地上。衆生觸跡七日受樂。(50行目)

(仏の行《あゆ》みたまふ時に、足《みあし》の地を離るること四寸にして、然して千輻輪相は地の上に現はれてあり。衆生跡《みあと》に触《ふ》るれば七日《なぬか》のほど楽《たのしび》を受くといふ。)

ともある。

○千輻輪相(A15)

佛の三十二相中の一つである。『望月佛教大辞典』「三十二相」の項には、以下のように記されている。

第二足下二輪相とは、又足下輪相、千輻輪相、足下千輻輪相、足下生輪相、足下千輻網輪相、常現千輻輪相、足下千輻輪文輞轂衆相、足下具足千輻輪相、雙足下現千輻輪輞轂衆相等の名あり。足下に千輻輪寶の文様分明にして、輞轂等の一切の妙相を圓滿せるを云ふ。…中略…、輪寶の八方上下に頓に轉じて、山を開き水を分け石を砕き木を折り、天に飛び地に降りて、怨敵を伏し悪魔を摧破するが如く、常に一切の衆生を愍念して、瞋恚の山を開き、貪愛の水を分け、愚癡の無明を照破するの徳を表す。然るに此の相に關し、單に足下のみならず、両手にも亦輪相ありとなすの説あり。

如来の足裏に存する微妙な文様であるが、「千輻輪」は本来は法敵を降す武器であり、これは絵巻『信貴山縁起』の護法童子（剣鎧童子）の足下にあり、また疾駆する際の先立ちとしても描かれている。奈良西京薬師寺金堂本尊の薬師如来坐像には結跏趺坐の左足だけではなくその両手にもこの輪相が描かれている（足には武器としての千輻輪相が正確に彫られているが、手の方は文様化し様式化した図様となっている。当「佛足石記文注釈」の末尾に掲げた二一九頁写真、参照）。

『観佛三昧海經』には次のような記述もある。

入佛足下。入足下已。足下千輻輪相中出大光明。其光如華。華華相次遶佛億匝。従赤銅爪足趺毛孔乃至頂髻。佛身諸毛如蓮華敷。一毛孔中有八萬四千蓮華。一蓮華上八萬四千化佛一一化佛。八萬四千諸大菩薩以爲眷屬。一一菩薩眉間衆光。出妙音聲讃佛色身。

（『観佛三昧海經』巻第五、大正蔵15六六七下29～六六八上06）

「千輻」の「輻」については、「轂輞具足」（A18）の項を参照されたい。

なお、右の『望月佛教大辭典』中に出る「足下二輪相」の「二輪」とはよくわからないが、「千輻輪相」と「梵王頂相」中の輪相とを言うものと考えられる。両足で二輪をさすというものではないと考える。長野県飯田市座光寺の「元善光寺」（長野市長野元善町の善光寺とは別）の宝物殿に蔵する三〇センチ《メートル》程度の円盤形のインドの佛足石（某氏奉納という）は、古朴な趣きをもつものであるが、まさしく二輪のみが刻まれていて「二輪相」に合致するものである。下図はその佛足石のイメージ・トレースである。この元善光寺の佛

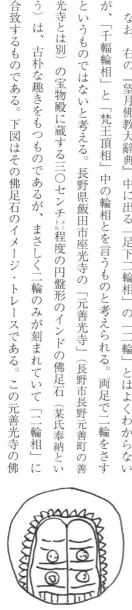

足石は、［加藤諄・一九八〇・一二・要覧］『佛足石のために』の「日本見在佛足石要覧」及び［森貞雄・一九八三・一・要覧］『佛足跡をたずねる』の前篇「仏教と仏足石」後篇「日本仏足石拝見記」に不載のものである。また、奈良県高市郡高取町の壺阪寺にはガンダーラの二世紀の佛足石のレプリカがある。図様は元善光寺の佛足石と異なるが、やはり二輪の存する足跡である。

○即除千劫極重悪罪（A15）

「劫」は、長い時間の単位をいう。『岩波仏教辞典』には次のように記されている。

古代インドにおける最長の時間の単位。…中略…雑阿含経三十四に〈芥子劫〉と〈盤石劫〉とがある。四方と高さが一由旬の鉄城があり、その中に芥子を充満し、一〇〇年に一度、一粒の芥子を持ち去って、すべての芥子がなくなったとしても、まだ劫は終わっていないという。これを〈芥子劫〉という。また、四方一由旬ある大きな岩山があって、男がカーシー産の劫貝（カルパーサ樹で織った白氎）で、一〇〇年に一度払う。その結果、大岩山が完全になくなっても、劫は終わっていない。これを〈盤石劫〉という。

ここに「千劫極重悪罪」とあるのは、人は「千」も「劫」も生きることは出来ないから、これは過去世から積み重なってある全ての罪をいうものであり、今生きている自分一個においては全く与り知らない極めて多くの重い罪ということを意味しているものである。

次に、「罪」については『望月佛教大辞典』を引く。

法性の理に違し、又は禁戒に觸れたる行爲にして、卽ち苦報を感ずべき悪行を云ふ。大乘義章第七に「罪とは所謂不善の業なり」と云ひ、百論疏巻上之上に「罪は摧拆を以て義となす。不善の業を作りて三塗を感じ、苦報を得て行人を摧拆するを罪と爲す」と云へる是なり。其の種別等に關しては多説あり。…下略…

とある。「除罪」については、『望月佛教大辞典』の「滅罪」の項を次に引く。

一に除罪とも稱す。即ち、観佛、稱名又は誦呪等の法に由りて重罪業障を除滅するを云ふ。観佛三昧海經第四に「佛の胸相の光を見る者は十二萬億劫の生死の罪を除却す」と云ひ、観無量壽經に「佛名を稱するが故に、念念の中に於て八十億劫の生死の罪を除く」と云ひ、…中略…。是れ佛の相好等を念觀し、其の名號を唱へ、乃至陀羅尼等を誦すれば能く多劫の重罪を除滅することを得るを説けるものなり。…下略…

とある。佛足跡歌碑歌の17番歌に、「於保美阿止乎　美尓久留比止乃　伊尓志加多　知与乃都美佐閇　保呂歩止曽伊布　乃曽久止叙伎久」とある。この歌の内容もこの「除罪・滅罪」を歌っている。

○佛去世後（A15）

佛の涅槃した後を意味している。

○想佛行者（A15～16）

「想」は「五蘊」（色・受・想・行・識）の一であり、脳裏に想い描く作用をいい、ここでは「観想」の「想」であると見てよい。「観佛三昧經云」（A6）の語釈中の「観」の項、参照。「雖不想行」（A16）と対応する表現である。

○亦除千劫極重悪業（A16）

「業」は経論によって種々に説かれている。今、簡明に解説されている中村元著『佛教語大辞典』に依ると次のように分類・説明されている（原語・出典の類を省略して引く）。

①なすはたらき。作用。②人間のなす行為。ふるまい。行為のはたらき。行ない。動作。普通、身・口・意の三業に分かつ。身と口と意とのなす一切のわざ。すなわち、身体の動作、口でいうことば、心に意思する考えのすべてを総称する。意思・動作・言語のはたらきの総称。意思にもとづく身心の活動。③行為の残す潜在的な余力（業力）。身・口・意によってなす善悪の行為が、後になんらかの報いをまねくことをいう。身・口・

意の行ない、およびその行ないの結果もたらす潜在的能力。特に前世の善悪の所業によって現世に受ける報い。ある結果を生ずる原因としての行為。業因。過去から未来へ存続してはたらく一種の力とみなされた。④悪業または惑業の意で、罪をいう。業《ごう》の和訓として「つみ」とよむ。⑤元素のはたらき。⑥ヴァイシェーシカ哲学で立てる十句義のうちの第三、運動のこと。⑦清浄な経験。⑧努力すること。精進。⑨人間的な活動。

〔解説〕業の本来の意味は、単に行為をいうが、因果関係と結合して、前々から存続してはたらく一種の力とみなされた。つまり一つの行為は、必ず善悪・苦楽の果報をもたらすということで、ここに業による輪廻思想が生まれ、業が前世から来世にまで引きのばされて説かれるにいたる。身・口・意の三業や、不共業（個人業）・共業（社会的広がりをもつ業）など、種々の別が立てられた。インド一般の社会通念として、インド諸思想に大きな影響を与え、仏教にも採用された。本来は、未来に向かっての人間の努力を強調したものであるが、宿業（前世につくった業）説になると、それとは逆に一種の宿命説に陥ったきらいがある。

ここの「業」は、右の④で言う「悪業」であり、当「佛足石記文」の（A15）に「悪罪」とあった、その「罪」に相当するものである。ここには「千劫極重」とあり、中村元氏が解説する「宿業」までをも含めた「業」を言っているものである。

○雖不想行（A16）

「想」と「見」とが次に示すように、対比的に把握され綴文されている。

・佛在世時…………見佛行者及見千輻輪相。即除千劫極重悪罪。

・佛去世後…………想佛行者。亦除千劫極重悪業。

…………雖不想行。見佛迹者見像行者。歩歩之中亦除千劫極重悪業。

「佛在世時」においては、「佛行」の「千輻輪相」を「見」る者は、罪障が消滅すると説き、「佛去世後」においては、「佛行」を「想」う者は悪業（罪障）が消滅するとし、また「想」わなくても「佛迹」「像行」を「見」る者は悪業（罪障）が消滅するとしているのである。佛が世を去った後であるから、佛を現実に「見」ることは出来ないのであり、基本的には観想によって佛の「行」を想い描くことが第一である。しかし、その観想という高度なレベルに至らない衆生をも救うために、この一文はあるのであり、このことが佛足石造立の意義となってくる。この佛足石を礼拝することによって「千劫極重悪業」も消滅するというこの経典の文句は、当佛足石にとって欠くべからざる重要な一文としてある。かくして「佛迹」を「見」る者と「像行」を「見」る者とがここに出されている。

〇見佛迹者（A16）

「佛迹」は佛足石に刻されている如来の足跡を言う。対句で出されている「見像行者」よりも、当佛足石にとってはこの方が意味ある大切な表現である。なお「迹」字は『干祿字書』に「跡迹　竝正下亦開拓字」とある。

〇見像行者（A16〜17）

「像行」は佛像の歩みを言う。偶像に佛迹と佛像とがあり、そのどちらを見てもという文脈である。ただし単に「見像者」とせずに「見像行者」と佛像の「行」を特に出している点に注目したい。これはその下の「歩歩之中」（元の『観佛三昧海經』では「歩歩」）の表現と対応するところであり、いずれも足裏の微妙崇高な千輻輪相などの相を拝むところに重点を置いている。直立不動の佛像（直立の立像）ではなくて片足を前に出して歩もうとしている佛像例（遊足の立像）が想起される。ただし、当「佛足石記文」にとっては前者の「見佛迹者」に重点がある。

【本文異同】（本文を「見像行者」としないもの）（「×」は文字が存在しないことを意味する）

見像行×――［松平定信・一八〇〇・一・史料図録］『集古十種』。

見像佛行者―『藥師寺志』。

見佛行者――［大井重二郎・一九三四・六・論著］『佛足石歌と佛足石』。

○歩歩之中（A17）

「佛迹」を「見」る「者」にとっても、静止した佛足の相を見るのではなく、そこに衆生救済のために前に動き出す如来の歩みの姿を想起することによって「千劫極重悪業」が「除」かれると説いているのがこの「歩歩之中」の句である。こういう次第で、文章は以下の「観如來足下……」に続いて行くこととなる。

【本文異同】（本文を「歩歩之中」としないもの）（「歩歩」を「歩々」とするものは挙げない）

歩歩之□中―［野呂元丈・一七五二・秋・金石記］『佛足石碑銘』・［釋潮音・一八一九・三・考証］『佛足跡紀文考證』・［亀田孜・一九六二・一二・論考］。

歩之□中―［秋里籬島・一七九一・四・名所］『大和名所図会』。

出歩之□中―［松平定信・一八〇〇・一・史料図録］『集古十種』。

出出之中―［小山田靖齋（葛西孔彰）・一八三八年前後・金石］『證古金石集』。

渉之中―［保坂三郎・一九五五・二・論考］・［浅田芳朗・一九六三・七・論著］『薬師寺仏足石覚書』。

「之」の下に「□」を置くものがあるが、原碑に何か文字があるわけではなく、深い凹穴があるものである。拓本ではその辺の情況がわからないのかも知れない。「歩歩之中」で何ら問題があるわけではないが、［齋藤理恵子・一九九〇・一一・論考］『藥師寺』がこの箇所の事情を次のように示していて、明解である。

経典からの引用部分の中では第十七行目の「㱐㱐之中」（歩歩の中）にまず着目したい。「㱐」は「歩」の異体字であるが、「㱐㱐」を『集古十種』では「出歩」としている。また、保坂三郎氏は当初「渉」の一字と解していたが後に「歩歩」と訂正した。銘文にあたってみると、明らかに「㱐㱐」である。なお経典中にも「歩歩之中」という一節があり、銘文と一致している。

○亦除千劫極重悪業（A17）

（Ａ16）にあった同文の繰り返しである。即ち、

即除千劫極重悪罪（Ａ15）

亦除千劫極重悪業（Ａ16）

亦除千劫極重悪業（Ａ17）

ということで文展開している。

○観如來足下（Ａ17〜18）

「依観佛三昧經」（Ａ14）の条で示したように、この「観如來足下」（Ａ17〜18）から「衆蠡之相」（Ａ19）までが、『観佛三昧海經』からの引用であり、同経からの三度目の引用となる。引用箇所の『観佛三昧海經』本文は次の通りである。

自有衆生樂観如來脚指端蠡文相。如毘紐羯磨天所畫之印。自有衆生樂観如來足下平滿不容一毛。足下千輻輪相。轂輞具足魚鱗相次。金剛杵相者。足跟亦有梵王頂相。衆蠡不異。如是名樂順観者。自有衆生樂逆観者。從足下千輻輪相。從下観至足指上。一一相一一好一一色。從下至上了了逆観。是名逆観法。

（『観佛三昧海經』巻第一、大正蔵15六四八下09〜16）

これを「佛足石記文」の文言と対比すると次のようになる（×は、対応語が存在しないことを意味する）。

経典――観如來足下平滿不容一毛足下千輻輪相轂輞具足魚鱗相次金剛杵相者足跟亦有梵王頂相衆蠡不異××
××××

記文――観如來足下平滿不容一毛足下千輻輪相轂輞具足魚鱗相次金剛杵相×足跟亦有梵王頂相衆蠡××之相
不遇諸悪

少異を除いて、忠実な引用となっている。

さて、ここの「観」は「見」の意であるが、実見だけではなく「観想」の意をも込めて「観」の字を使用しているものと考えてよい。

「如來」の語は（A10）にも出てきた。「佛」「釋迦牟尼佛」の意である。（A14）から（A17）は、依拠仏典（『観佛三昧海經』）通りに「佛」の語が五回使用され、ここはまた依拠仏典（『観佛三昧海經』）通りに「如來」の語が使用され、結果的に表現に変化が出てきている。

「足下」の表現は次項参照。

〇平滿不容一毛（A18）

如来の三十二相中の第一「足下安平立相」である。『大智度論』や『大般若波羅蜜多經』には次のようにある。

是名正慧入母胎。是菩薩滿十月正慧不失念。出胎行七歩。發口言。是我末後身。乃至將示相師。汝觀我子實有三十二大人相不。若有三十二相具足者。是應有二法。若在家當爲轉輪聖王。若出家當成佛。諸相師言。地天太子實有三十二大人相。若在家者當作轉輪王。若出家者當成佛。王言。何等三十二相。相師答言。一者足下安平立相。足下一切著地間無所受。不容一針。二者足下二輪相千輻輞轂三事具足。

（『大智度論』巻第四、大正蔵25・九〇上20〜下01）

云何如來應正等覺三十二大士相。善現。世尊足下有平滿相。妙善安住猶如奩底。地雖高下隨足所蹈皆悉坦然無不等觸。是爲第一。

（『大般若波羅蜜多經』巻第三百八十一、大正蔵6九六七中23〜26）

また八十種好中の第二十六「足下安平」でもある。『大般若波羅蜜多經』には次のようにある。

云何如來應正等覺八十隨好。善現。世尊指爪狹長薄潤。光潔鮮淨如花赤銅。是爲第一。…中略…。世尊手掌充滿柔軟足下安平。是二十六。

（『大般若波羅蜜多經』巻第三百八十一、大正蔵6九六八上09〜10／中07〜08）

以上の通りであり、『望月佛教大辭典』が「三十二相」の項で、「足下の平坦にして善く安住すること、香奩の底の平正にして高下なきが如く、たとひ地に高低あるも、其の高低に隨つて地上に密觸し、其の間一針一髪の容るべきものなきを云ふ。」と注するのもこれらによっている。ここの「平滿不容一毛」の表現も、以上のことを意味している。なお、「平滿」の「平」は、「安平」の「平」であり、「滿」は「手掌充滿柔軟」の「滿」である。よってここは「平らかに滿ち」と訓読しておく。「平滿不容一毛」は『観佛三昧海經』のままに引用している箇所であるが、同経には次のようにも出ている。

令諸衆生見佛色身具足莊嚴。三十二相八十種隨形好。無缺減相。心生歡喜。

（『観佛三昧海經』巻第一、大正蔵15六四七中20～21）

○足下千輻輪相（A18）

「足下」の表現が「如來足下」（A17～18）と重複する感を与えるが、相の名称としての「足下千輻輪相」であり、如来の三十二相中の第二の「足下二輪相」でもある。

世尊足下千輻輪文輞轂衆相無不圓滿。是爲第二。

（『大般若波羅蜜多經』三百八十一、大正蔵6九六七中26～27）

二者足下二輪相千輻輞轂三事具足。自然成就不待人工。諸天工師毘首羯磨不能化作如是妙相。……。是輪相從無量劫智慧生。以是故毘首羯磨不能化作。何況餘工師。

（『大智度論』巻第四、大正蔵25九〇上29～中07）

次項の「轂輞具足」は、この「足下千輻輪相」の様子を示したものである。

○轂輞具足（A18）

「轂輞」は「足下千輻輪相」（前項）の部分名称である。

「轂」（こしき）は車輪の中央部の称。筒形で、車軸が通り、輻（や）が集まっている所である。［岡田希雄・一九四一・三・論考］「新譯華嚴經音義私記倭訓攷」は、「轂輞」（一二三条）について「法輪だから車に關した語で譬へたのである。」とし、「轂」については「飯を蒸し炊ぐ器物のコシキ（字は甑）と形が似て居るから」と注している。『新譯華嚴經音義私記』に「轂〔己之岐〕」、『新撰字鏡』に「轂〔己志支〕」（天治本巻十一19オ2）、『和名類聚抄』に「説文云轂〔車乃古之岐、俗云筒〕輻所湊也」（那波道圓本巻十一7ウ）、『類聚名義抄』に「轂〔コシキ〕」（観智院本・僧中九一1）とある。

「輞」は、車の輪を言う語で、『類聚名義抄』に「輌〔オホワ、一云輪牙、クルマ。和マウ〕輞〔正歟〕」（観智院本・僧中九三7〜8）とあり（「牙」は車の大輪の意）、「輞」字は「輌」の正字、従って「輞」も車輪の意となる。『新撰字鏡』にも「轢〔車輪也〕輌〔上字〕」（天治本巻五11オ3）とある。〔岡田希雄・一九四一・三・論考〕（前記）は「石山寺藏大般若經音義」中巻の「輞」字に「倭言車乃大倭」（クルマノオホワ）の訓があることにも触れている。ただし岡田希雄氏は「新譯華嚴經音義私記」に「輞〔矢也〕」とあるのを根拠に「輞は輻とも云ひ、車輪を形成する放射線状の棒状の木にして、其れが湊《アツマ》る所がコシキである。我が國では弓矢の矢に喩へてヤと云」うとする。しかしながら、「輞」字の訓「ヤ」の確例が「新譯華嚴經音義私記」だけであるので（〔築島裕・二〇〇九・五・語彙〕『訓點語彙集成・八』）、「輞」の訓として「オホワ（クルマノオホワ）」を採る。字義から考えても車輪となる。「轂・輞」で「コシキ・オホワ」となる。

「具足」は具備していること、即ち完備していることを示す語である。佛足跡歌碑歌2番歌に「三十あまり二つの相八十種とそだれる人の……」とある、その「そだれる（曽太礼留）」の和語に相当する語であり、その2番歌では『涅槃經』中の「具足」の語の訳語として使用されている（同歌の項、参照）。よって「ソダル」と訓読する。「具足」とあるが車輪としては、轂（コシキ）と輻（ヤ）と輞（オホワ）の三つが揃って体をなすものである。ここは「足下千輻輪相。轂輞具足。」とあるから、「足下千輻輪相」中に「輻」（ヤ）があり、それでその下には「轂」と「輞」を出したのであろう。なお厳密には、轂の所に車軸がなければならないものではある。

「足下千輻輪相」は相の呼称なので音読でよいが、「輻」の訓が「ヤ」となる。参考に「輻」の和訓の資料を挙げておく。「輻〔車屋也〕」（新撰字鏡・天治本巻五11オ3）。「輻　老子経云古車有三十輻〔音福、和名夜〕以象月數也」（和名類聚抄・那波道圓本巻十一8オ）。「輻〔ヤ・…中略…・クルマノヤ・アツマル〕」（類聚名義抄・観智院本・僧中九○6）。

○魚鱗相・金剛杵相・梵王頂相・衆蠡之相（A18〜19）

「魚鱗相・金剛杵相・梵王頂相・衆蠡之相」の各相は、三十二相や更に詳細を極める八十種好の中には出てこない。無相文が原姿と考えられるが、足相としては、「足下千輻輪相（轂輞具足）」が如来の足相の古型であり、他の魚鱗相・金剛杵相・梵王頂相・衆蠡之相は後に付加された荘厳であると考えられるものである。

薬師寺佛足石には、足裏の第一指近くに金剛杵の文様、その横に魚鱗相に相当するものとしての双魚文様、その横（第四指近く）に華瓶文様、第五指近くに蠡の文様が横並びし、足裏中央部に千輻輪の文様、跟部に梵王頂の文様が刻されている（三四頁「輪相花文」条（A3）の佛足図、参照）。スリランカ共和国（セイロン島アヌーラダプラ）の佛足石の一つには、跟部に梵王頂文様だけではなく双魚や蠡文様も集まっている様式のものがある（［矢野憲一・一九八一・一・論著］『魚の民俗』三七頁。［森貞雄・一九八三・一・論著］『佛足跡をたずねる』三〇頁）。

「佛足石記文」には、千輻輪相以外の相として、魚鱗相・金剛杵相・梵王頂相・衆蠡之相が記されているが、右に記したように、華瓶文様（華瓶相）も描かれている。これらの諸相を見ると、奇妙なことに気付く。佛足石は佛の偶像としてあり、足指が向く方向から拝むものとしてある。しかし、そのようにすると、金剛杵文様・華瓶文様・蠡文様のいずれもが倒立してしまうのである。双魚文様の上下はわかりにくいが、これも当初は二匹が頭部を縄で結ばれていたと見ると（［矢野憲一・一九八一・一・論著］『魚の民俗』口絵写真「掛鯛」参照）、吊されたものであり、やはり倒立することになる。これらの図様は、足跟部の方から見た絵ということになる。梵王頂相の上下も足跟部の方が下部ということになるのであろう。これは足指にある万字文が火焔になっているものがあるが、その火焰についても同様である。全ては指先、即ち前部を向いているということになる。

拝み見る方からすると、本来足指の方から拝むべきものであるのに、上下逆にしての足跟部から見がちであるのは、この図様の向きに起因している。しかし、図として全てが足跟の方を向いてしまっては、佛の向きと逆転することになり、足指の前部に向かう形が原初形であると見てよい。

○魚鱗相（Ａ18）

魚鱗相とは、上平面の佛足足図の双魚文様が該当するものであろうが、双魚文がなぜ「魚鱗相」になるのか、よくわからない。本来、魚鱗相とは魚の鱗の輝く相で、その輝きに法の高貴な様を表象したものであろう。即ち魚は一匹でよく、しかも鱗が強調される文様であるべきはずである。二匹になっているのは、双魚宮（十二宮）に由来するものか、掛鯛に由来するものか明確でないが（［矢野憲一・一九八三・五・論著］『魚の文化史』）、典拠（観佛三昧海經）の「魚鱗相」と世の習俗の双魚（双魚文様）との混乱（コンタミネーション）の結果が今見るものとなっているものであろう。ただしこのコンタミネーションは、日本以前の彼土のものになる。

この「魚鱗相」の意味するところの解釈として、［袋中良定・一六一四成・論著］『当麻曼陀羅白記』巻十一では「行水」として自由なさまを説き、［小泉八雲・一八九九・論考］「佛足石」も『浄家諸回向寶鑑』によって「魚はあらゆる束縛からの自由を意味する。恰も水中に在つて魚の容易に如何なる方向にも動くが如く、佛の境涯にあつては圓滿解脱の者は何等の束縛障礙のあることを知らぬ。」とする。また、［村尾力太郎・一九六〇・一・論考］「仏陀のシンボル１（仏足跡の研究）」は佛陀の神性の化身の一つの相（すがた）であると説く。

○次金剛杵相（Ａ18〜19）

薬師寺佛足石には第一指近くに金剛杵相があり、その横に魚鱗相が位置するが、「佛足石記文」ではまず魚鱗相を示し、次に金剛杵相を掲げている。金剛杵相について、『当麻曼陀羅白記』には「破怨」とあり、［村尾力太郎・

一九六〇・一・論考〕は祈禱時に悪魔を払う意であると説く。

○足跟亦有梵王頂相（A19）

薬師寺佛足石にも足跟に梵王頂相が位置している。

「跟」字の訓については、「弟江沼臣族堅牛、年叁拾陸、正丁、左足久比須疵」（「越前國江沼郡山背郷計帳」正倉院文書・続々修四四の4、『大日本古文書』二・天平十二年・二八〇頁）、「唐韻云跟〔和名久比須俗云岐比須〕足踵也」（『和名類聚抄』那波道圓本・巻三14ウ）、「跟〔クヒス俗云キビス〕」（『類聚名義抄』観智院本・法上八二6）、「踵〔クビス・キビス〕」（『類聚名義抄』観智院本・法上七四4）等により「クビス」と訓読するが、クヒヒス（キヒヒス）の語形もあったようである。「跟〔久比々須〕」（〔岡田希雄・一九四一・三・論考〕「新譯華嚴經音義私記倭訓攷」一一五条）、「跟〔平踵也久比々須〕」（『新撰字鏡』天治本・巻二26オ2）、「踭〔支比々須乃須知又与保呂乃須知脚之後大筋〕」（『新撰字鏡』天治本・巻一13オ4～5）。

「梵王頂相」については、『当麻曼陀羅白記』に「表衆生至尊」とあり、〔小泉八雲・一八九九・論考〕はブラアマ（梵天王）の宝冠で諸神諸佛に優る表象であるとし、〔村尾力太郎・一九六〇・一・論考〕は三宝の象徴・原始仏教の標識とする。この「梵王頂相」は輪相の上に三鈷状の飾りが付く形になるが、この三鈷状装飾部について、〔釋潮音・一八一九・三・考証〕『佛蹟志』巻頭図は、『涅槃經』の「譬如虚空震雷起雲。一切象牙上皆生花若無雷震花則不生」（大正蔵12四一一下01～02、潮音の引用は傍線部）を引いて、「象牙生花文」（象牙に花文を生ずる〈姿〉）とし、「千田像。或謂此梵王頂相」と

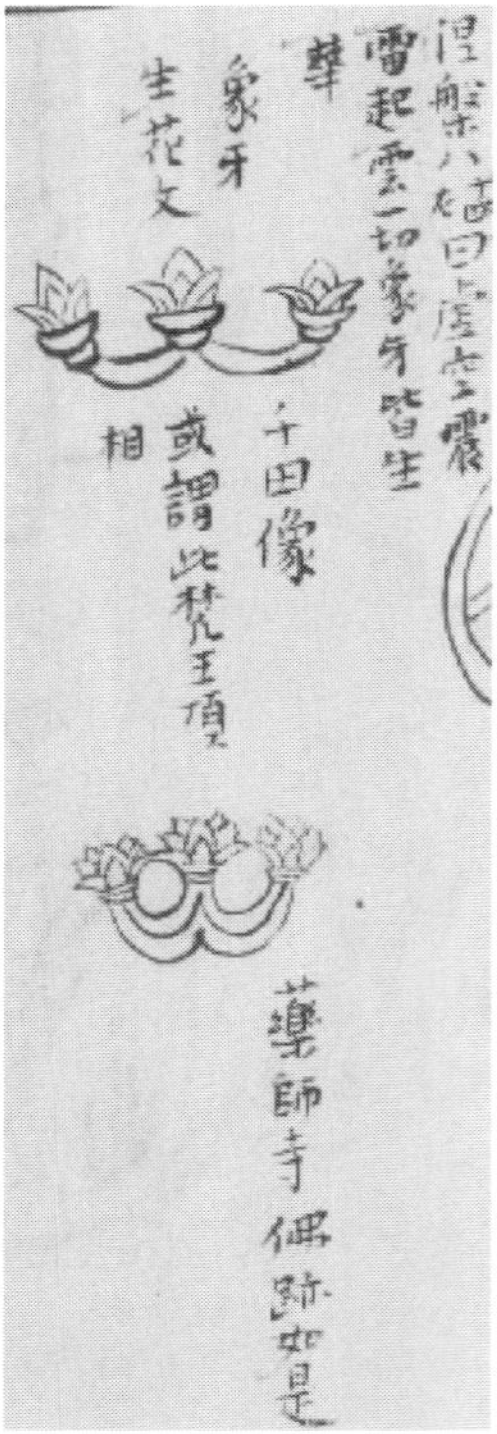

注している〈前頁図は国立国会図書館蔵自筆本による〈国立国会図書館デジタル化資料公開データベースより転載〉〉。

○衆蠡之相（A19）

典拠の『観佛三昧海經』には「衆蠡不異。如是名樂順観者。」〈大正蔵15六四八下13〜14〉とある。この「衆蠡」の表現がここの「衆蠡之相」になっているのであるが、『観佛三昧海經』には「相」の語はない。また「衆蠡不異」とある、この「不異」とは数多くの「蠡」が一様であることを意味している。薬師寺佛足跡を模した高遠の建福寺にある佛足図〈本書三四頁、「輪相花文」条（A3）に写真〉及び伊勢の朝熊山の金剛証寺にある佛足図には第五指近くに存し、その数は一個であって「衆蠡」ではない。しかし、［釋潮音・一八一九・三・考証］『佛蹟志』巻頭のスケッチ図には、単個ではない「蠡文」が写されている〈下図は国立国会図書館蔵自筆本による〈国立国会図書館デジタル化資料公開データベースより転載〉〉。現在の佛足石〈当記文注釈の末尾に掲げている佛足跡写真、参照〉では判然としないが、潮音の読み取りに脱帽するばかりである。

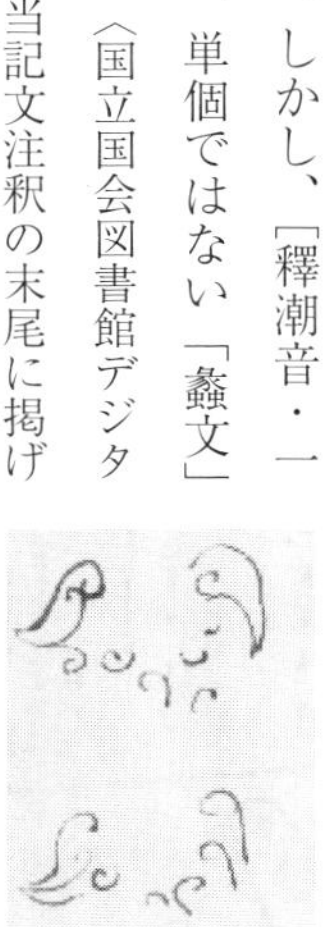

なお、如来の毛髪の様も「蠡文」〈蠡髪〉と言い、同経の巻第二には「圍遶蠡文數百千匝」〈大正蔵15六五四下18〉とあり、同巻第九には「頂上諸蠡文」〈大正蔵15六九〇下29〉ともある。

「衆蠡之相」について、『当麻曼陀羅白記』には「吹螺驚魔」とあり、［小泉八雲・一八九九・論考］は「法を説くことの表號」とした後に、

『眞俗佛事編』といふ書には佛陀の聲の徽號としてある。『大悲經』では大乗教理の説法と力との印としてある。『大日經』には斯う言つてある、——

螺を吹く音を聞きて諸天悉く歡喜の念に滿ち、法を聽かんとて集まり來る

としている。一方、［村尾力太郎・一九六〇・一・論考］は、初代キリスト教では巡礼のシンボルとされ、古代の

信心深い女性が護符として所持したし、礼拝にも戦場での法螺貝にも慶祝の楽器にも用いられた一種の荘厳具であるとしている。

○不遇諸悪（Ａ19）

「観如來足下……」（Ａ17～）の条件句の結びで、直前の「有梵王頂相衆蠡之相」（Ａ19）までの長い条件句を承けるものである。如来の足下の瑞相を「観」る功徳を説いたもので、抽象的に「不遇諸悪」と結んでいる。この「不遇諸悪」の四文字は「佛足石記文」撰文者の文である。

【本文異同】（本文を「不遇諸悪」としないもの）

不異諸悪――〔野呂元丈・一七五二・秋・金石記〕『佛足石碑銘』・〔秋里籬島・一七九一・四・名所〕『大和名所図会』・〔釋潮音・一八一九・三・考証〕『佛足跡紀文考證』・〔山川正宣・一八二六・八・注釈〕『佛足石和歌集解』（附趺石記文）・〔小山田與清・一八二八・一〇・金石記〕『南都藥師寺金石記』・〔小山田靖齋（葛西孔彰）・一八三八年前後・金石〕『證古金石集』・〔大井重二郎・一九三四・六・論著〕『佛足石歌と佛足石』・〔菊地良一・一九三九・五・論考〕・〔橋健二・一九五九・六・論考〕。

不異諸西――〔松平定信・一八〇〇・一・史料図録〕『集古十種』。

不異諸是――『藥師寺志』。

不禺諸悪――〔三宅米吉・一八九七・七・論考〕。

○是為[休]祥（Ａ20）

一般に□を「休」としている。「休」は『爾雅』に「暀暀皇皇藐藐穆穆休嘉珍褘懿鑠美也（自㆓穆穆㆒已上、皆美盛之貌。其餘、常語。）」（「釋詁第一」巻上4オ8～4ウ1）、「休、慶也」（「釋言第二」巻上15オ6）と注するように、

「さいわい・よろこび」の意。本来は「息止也」（説文解字）とあるように木の下での休息が原意であるが、『説文通訓定聲』が「休。叚借爲喜。休喜一聲之轉。」と指摘しているように、類音から「喜」の意で使用されるようになったもの。『萬葉集』巻第五に「晞幹九陽之休光」（「梧桐日本琴一面」5・八一〇〜八一一の序）の例がある。ここは、「厥維休祥」（『史記』孝武本紀）とある例と同じく、「休祥」の二字で「吉祥」の意としてある。こういう例は、『日本書紀』に、白雀や三足烏に対して「休祥。……。休祥。……。此謂休祥。」（孝徳天皇、巻第二十五、白雉元年二月戊寅条。日本古典文学大系本・下・三一三頁）とあり、また「皆是。天地所生。休祥嘉瑞也。……。並受休祥。令榮天下。」（孝徳天皇、巻第二十五、白雉元年二月甲申、白雉改元条。同大系・下・三一五頁）等と見える。

ただし、この「是為休祥」について、本文認定に揺れがあるので次に掲げる。

【本文異同】（為・爲、祥・祥の違いは問わない）

是為休祥――〔野呂元丈・一七五二・秋・金石記〕『佛足石碑銘』・〔秋里籬島・一七九一・四・名所〕『大和名所図会』・〔松平定信・一八〇〇・一・史料図録〕『集古十種』・〔山川正宣・一八二六・八・注釈〕『佛足石和歌集解』（附趺石記文）・〔小山田與清・一八二八・一〇・金石記〕『南都藥師寺金石記』・〔小山田靖齋（葛西孔彰）・一八三八年前後・金石〕『證古金石集』・『藥師寺志』・〔木崎愛吉・一九二一・一〇・金石記〕『大日本金石史・一』・〔信道會館・一九三二・一二・金石記〕『佛足石』・〔大井重二郎・一九三四・六・論著〕『佛足石歌と佛足石』・〔菊地良一・一九三九・五・論考〕・〔田中重久・一九四二・一〇a・論考〕・〔宮嶋弘・一九五三・一〇・論考〕・〔土井実・一九五六・一二・銘文集成〕・〔竹内理三・一九六二・一一・史料〕『寧楽遺文（下）』・〔浅田芳朗・一九六三・七・論著〕『薬師寺仏足石覚書』・〔金井嘉佐太郎・一九七一・一・論著〕『仏足石の研究』・〔河内昭圓・一九七二・一一・図録〕『日本金石圖録』・〔齋藤忠・一九八三・

七・金石文」『古代朝鮮・日本金石文資料集成』・［廣岡義隆・一九八九・二a・注釈」『古京遺文注釈』・［東野治之・一九九九・一・論考」「薬師寺仏足石記と龍福寺石塔銘」。

是為[休]祥——［狩谷棭斎・一八三二頃・金石記」『古京遺文』・［蔵春園主人・——・金石記」『皇朝金石編』・［三宅米吉・一八九七・七・論考」・［保坂三郎・一九五五・二・論考」・［文化財協会・一九五五・三・図録」・［保坂三郎・西宮強三の内・一九六八・二・図録」『原色版　国宝Ⅰ』・［大井重二郎・一九七〇・一二・論考」・［岡崎敬・一九七一・一〇・史料」・［齋藤理恵子・一九九〇・一一・論考」『藥師寺』。

是為休[祥]——［橘健二・一九五九・六・論考」。

是為□祥——［釋潮音・一八一九・三・考証」『佛足跡紀文考證』。

是為勝祥——［亀田孜・一九六二・一二・論考」・［浅田芳朗・一九六五・三・論著」『南都薬師寺仏足石の研究史的覚書』・［加藤諄・一九六八・一二・論考」「仏足石—日本における—」・［東野治之・二〇〇九・四・論考」「薬師寺仏足石記再調査覚書」。

是為[勝]祥——［今城甚造・一九七〇・八・図録」奈良六大寺大観・［吉村怜・一九七一・三・論考」・［藤田經世・一九七五・三・史料」『校刊美術史料』・［町田甲一・一九八四・五・図録」『藥師寺』・［今城甚造・二〇〇〇・七・図録」奈良六大寺大観補訂版。

［釋潮音・一八一九・三・考証」『佛足跡紀文考證』は本文を「是為□祥」としているが、その空字箇所の横に「或謂休祥」と朱記し、後漢書の用例を挙げている。「休祥」の用例は少なくない。［齋藤理恵子・一九九〇・一一・論考」『藥師寺』は、

亀田孜氏は「勝」と読み、その後は「休」と「勝」の二説に見解が分かれている。今回調査したところ、この

碑面20

碑面21

字は磨滅気味であり確実とは言えないが「休」とするのが妥当と思われる。「休祥」とは吉祥と同じ意味の熟語であり、「これ休祥たり」というのは仏足跡の功徳を説く第一銘の結びとしてふさわしいといえよう。

と言及する。〔東野治之・一九九九・一・論考〕「薬師寺仏足石記と龍福寺石塔銘」は「是為休祥」としていたが、〔東野治之・二〇〇九・四・論考〕「薬師寺仏足石記再調査覚書」で「是為勝祥」とし、「偏に当たる「月」の残画が見え、旁も異体字の「勝」の字画に似ているので、「勝」と推定するのが妥当である」とする。この箇所について、画像を示しておく。「**碑面20**」がリバーサルフィルム、「**碑面21**」が白黒フィルムによるものである。

しかしながら「勝祥」という語（連文）は確認できない。これは本邦の書籍及び中国の古典について、いちおう当ったつもりであるが、確認出来ないのである。『佩文韻府』『故訓匯纂』にも登載がなく、そうした面からも「勝」字説は弱いものとなってくる。

私は、本文を「是為□祥」としつつも、訓読で「是《これ》を休祥《よろこび》と為《な》す」とした。

○知識（B界外1）

僧尼の教化に応じて僧尼の知識（知己）となり財物を寄進する人を「知識（善知識）」とし、ひいては佛法帰依者（信徒）の意ともなる。また寄進物そのものをさす例もある。法隆寺蔵「釈迦佛造像記」（『古京遺文』③）の「信道知識」（道を信ずる知識）の「知識」は帰依者の意。「金井沢碑（高田里結知識碑）」（『古京遺文』⑱）の「知識所結人」（知識を結《ゆ》へる人）や「知識結而」（知識を結ひて）の「知識」は寄進による佛縁の意。「涅槃経碑」（『古京遺文』㉘）の「知識□□」の「知識」は寄進者の意である。『東大寺要録』巻第二に収められている「造寺材木知識記」には、「材木知識五萬一千五百九十人／役夫一百六十六萬五千七十一人／金知識人卅七萬二千七十五人……」とあり（国書刊行会本・三七頁）、これも寄進者の意味での事例である。『続日本紀』の「河内國人大初位下河俣連人麻呂銭一千貫。越中國人无位礪波臣志留志米三千碩。奉盧舎那佛知識。並授外従五位下。」（巻第十七、天平十九年九月乙亥条）は寄進物の意である。『日本霊異記』にも（「引率知識」中巻三十一縁、中巻三十九縁、下巻十三縁、「率引知識」下巻十七縁、「勧率知識」下巻三十五縁）と出、狩谷棭斎の『日本霊異記攷證』巻中（日本古典全集所収）は「引率知識」（中巻三十一縁）条で「按引率知識、似レ謂レ結レ社也。知識猶今俗講中。」としている。この棭斎が言う「講中」は後世の語ながらこれも信徒集団の意であり「知識結《ちしきゆひ》」を意味している（『古京遺文』の二例「結」字は動詞例であり、名詞例ではない）。今の場合は「佛足石を寄進した者」の意である。佛足石の寄進によって佛縁を結ぶというのであり、結として連帯することに意味があるのである。

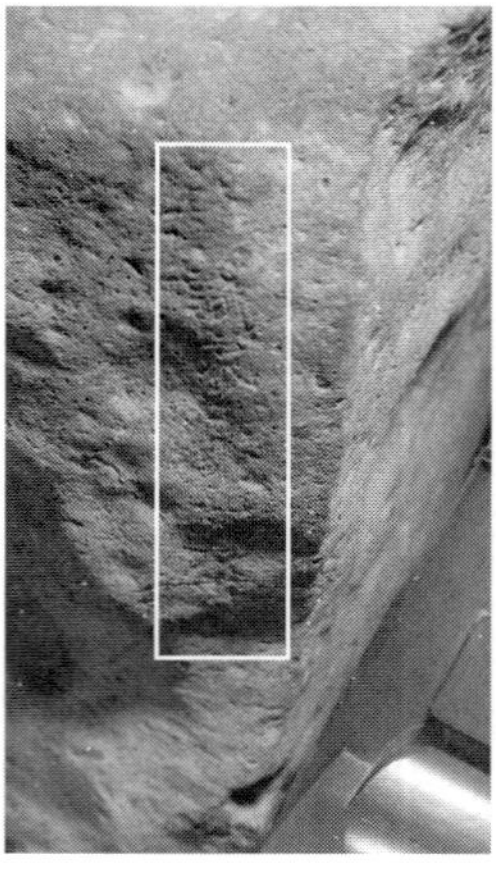

碑面22

「知識家口男女大小」（「**碑面22**」、参照）と一行で彫られている。佛足石の全体図におけるその位置は、A面とB面の間、ややB面寄りの長い二等辺三角形の面である。本書第二章論考篇一第一節「佛足石記文について」の（「**図3**」）のトレース展開図（三六二頁）のB面にその位置を明示している。

○家口（B界外1）

人には「口」が一つしかないところから、人の呼称として用いられ（「口分田」『続日本紀』巻九、養老七年十一月癸亥条など）、また人を示す助辞としても用いられた（「男女生口三十人。」『魏志』倭人伝条）。助数詞として使用される「口」もある（「美濃國多伎郡民七百十六口、遷于近江國蒲生郡。」『続日本紀』巻二、大寶二年三月庚寅条など）。この助数詞としての「口」は人に限らず、「狗」「鸚鵡」「鈴（驛鈴）」「香爐」「鍬」などに使用例があり（『続日本紀』）、本来は物を数える助数詞であった可能性がある。そういうところから、人については「生」をつけた「生口」の例があると考えられる。

「家口」は、用法としては「生口」「戸口」の類で、「家びと・家族」の意である。次に挙げる例はこの好例である。「凡私鑄銭者斬。従者没官。家口皆流。」（『続日本紀』巻五、和銅四年十月甲子条）、「首處遠流。從處徒三年。家口處徒二年半。」（『類聚三代格』巻十四、銭鑄事。寶亀十一年十一月二日「太政官符」）。「前學生阿倍朝臣仲麻呂在唐而亡。家口偏乏。葬礼有闕。」（『続日本紀』巻三十五、寶亀十年五月丙寅条）。養老律の中にも「家口」の語が見られる（「移郷人家口亦准此。」など。「名例律第一」『日本思想大系』本24）。これらの例を見ると罪人の例があり、罪人の例以外も行政用語として物件扱いに近い例が多い。

［三保忠夫・一九九七・九・論考］「平城宮長屋王邸宅跡出土木簡における助数詞について」があり、詳細な助数詞調査がある。この調査は、［奈良国立文化財研究所・一九九一・一・報告書］『平城京　長屋王邸宅と木簡』の「木簡」によっているものであり、奈良国立文化財研究所編『平城京木簡一―長屋王家木簡一―』（一九九五年三月、吉川弘文館）によったものではない。これによると、「瓫」「油坏」「奈閉」「袋」「櫃」「高坏」「壺」「瓶」など一六種類の器物への使用例が挙げられていて、器物への使用がその第一用法であることが確認できる。人物への使用例の中に「障子作画師一人……」（表）「障子作画師一口……」（裏）（木簡番号173）があり、この例について［三保忠夫・一九九七・九・論考］は、（「人」と）「口」との用法差が明瞭に見てとれない」とする。そういう例もあるが「給料（給米）のために、舎人、職員、雇用人を口で数えるもの」「医師、小（少）子、婢、また新羅人も「口」で

数える」（三保忠夫）のが一般例であり、「宿直資人　合二口〔□□□／春日佐美〕」（表）「右二人宿西瓦蓋坊……」（裏）（木簡番号331）の例については「内訳の実数を書く部分に「口」、これを文章にまとめる部分に「人」が用いられることがある」と［三保忠夫・一九九七・九・論考］はしている。このように、「口」を使用する場合は、やはり物品並にカウントする例が一般的である。

佛足石の「家口」の例は、謙遜の語として用いられたものか、或いは案文作成者が日頃使い慣れていた行政用語を不用意に使用し、それが案文の最終検討でも見過ごされてしまったものかと考えたが、［大阪市立美術館・一九九五・一〇・図録］『中国の石仏―荘厳なる祈り―』に載る唐の永徽四年（六五三）の仏像碑（京都国立博物館蔵、図録番号一四二）には、長文の碑文があり、「願成主」条に「見在家口」、「大齋主」条に「見存家口」とあり、続く願文中に「見存家口」があり、「大像主」として結縁する「邑長杜孝順、為七世父母及見存家口」と言う文の表の下段に二一条（二一文）中一九条（文）に「家口」があり、背面下段二三条（文）の本文を確認出来るその全例（一三例）に確認出来（「解説」本文による）、これは一つの碑文用語として存在していることが確認できるのである。その眼で見ると実名列挙が多いのであるが、「仏坐像（阿弥陀）」（永青文庫蔵、図録番号一五二、唐の神龍元年（七〇五））には、「為見存母弟先亡父及弟愕亡女二娘三娘四娘及見存合家口大小諸眷属」ともある。

○男女大小（B界外1）

「家口」「男女」「大小」は行政用語と考えられる。「男女」は「丁男」「丁女」という「男女」であり、「男性も女性も」程度の意味合いで使用されている。また「小」は「小子」「小女」という一六歳以下の者を指しての呼称であり、「大小」とは「長じた者もまだ成人していない者も」という意味と考えられる。老若男女という語があるが、これは全員を意味する語である。ここもその意味で「男も女も、大人も子供も」ということで、一同（家族一同）の意味を表現しているのである。「寄進者、家族一同」と示すことによって、家族一同が佛縁を結ぶという意図がここにあると考えられる。「淨三真人有子十三人。」（淨三真人に子十三人有り）という記事があり（『日本紀略』前篇十二、光仁天皇即位前紀）、家族は少なくなかった（本書第二章論考篇一第八節「文室真人智努の生涯」五三六頁参照）。資金面では文室真人智努一人で充分に調達できたであろうが、「小子」「小女」も知識結して家族一同で佛縁を結ぶことに意味があったのである。この下に一字乃至数文字（文字不明）あると解釈する文献もあるが、原碑に当って確認すると「男女大小」で終わっていてその下に文字はない（一一二頁の「**碑面22**」及び二一七頁の附図参照）。

○三國眞人浄足（B界外2）

写真画像は「鹿□□中」（B1～2）条に示している（一一四頁「**碑面24**」、参照）。その画線の界外（右傍）に「三國眞人浄足」とある。

他に見えない人名であり明らかではない。『日本古代人名辞典』に拠ると、「三國（眞人）」の氏（姓）の下に約二〇名の名が見られる。継体天皇の末裔を称した氏である。

次、三尾君堅楲女曰倭媛。生二男二女。其一曰大娘子皇女。其二曰椀子皇子。是三國公之先也。
（『日本書紀』巻第十七、継体天皇元年三月癸酉「八妃」条）

謚繼體皇子椀子王之後也。
（『新撰姓氏録』左京皇別・右京皇別・山城國皇別）

その本貫は越前國坂井郡三國の地と推定される。三國の地は、『日本書紀』継体天皇即位前紀に「三國坂中井」（三国の坂中井）が男大迹《をほど》天皇（繼體）の母振媛が男大迹を産んだ地として出、男大迹はその三國の地より大王として迎えられている。その「三國坂中井」は坂井郡三國の地と考えられている。『國造本紀』には「若狭國造、高志國造、三國造、角鹿國造」と出（寛永版本、續日本古典文全集本五二五頁）、「鎌田純一・一九六〇・三・校本」『先代舊事本紀の研究』は「三國國造」と校定している。『古事記』には「意富々杼王者〔三國君、……等之祖也。〕」（中巻、応神天皇条）との別伝がある。光仁天皇の宝亀九年には「送高麗使正六位上高麗朝臣殿嗣等」が「来着越前國坂井郡三國湊」（『続日本紀』同年九月癸亥条）が確認され、また『延喜式』神名帳には越前國坂井郡に「三國神社」が見える。

『日本書紀』に見える継体天皇の出自地や、『古事記』に見える「三國君」の系譜など、氏族の系譜にはもとより不明なところが多く、系譜の記述よりも、むしろその氏族がどういう伝承を唱え、またそれが承認されていたかという人文的意味合いを重んじることが重要である。もとは「三國公」（「三國麻呂公」『日本書紀』大化五年三月戊辰条など）であったが、天武天皇十三年十月朔の「八色之姓」の条に「……三國公……、十三氏、賜姓曰眞人。」とあり、その皇室の流れを受けることが公認されているという事実を見るべきである。［佐伯有清・一九八一・一二・論著］『新撰姓氏録の研究』考證篇第一は「八世紀には、三国真人氏の一族が、坂井郡の在地豪族として栄え、大領などの郡司職を世襲していたことが知られる。」と指摘している。『日本古代人名辞典』が載せる約二〇名の「三國（眞人）」の内、「外従五位下」より上の官位を受けた者が六名見られる（「従五位下」以上は五名）。『萬葉集』には「三國眞人人足」（8・一六五五題詞）、「三國眞人五百國」（17・四〇一六左注）の名が見える。

「佛足石記文」の二箇所に見られる「三國眞人浄足」が当佛足石とどういう関係にあるのかは明らかではない。［田中重久・一九四二・一〇a・論考］は、「佛足石記文」の撰文者（記者）という説を出しているが、撰文者は神直石手と考えられる（「神石手」〈B16〉の項、参照）。「知識家口男女大小」の文字がやや斜めにデルタ形の位置に彫られているのに対し、二箇所の「三國眞人浄足」はB面の縦方向に一致していて、その点乱れがない。後のさかしら彫りとも違って当初からB面と一体で彫られたものである。しかし、なぜ区画外なのか、なぜ二箇所に彫られているのか、謎は深まるばかりである。或いはこの三國眞人浄足は佛足石の財政上の援助者（知識）、もしくは素材としての石の提供者であろうか。二箇所の内の一箇所がB面本文10・11行目の間の下方に彫られているのは「従天平勝寳五年歳次癸巳七月十五日盡廿七日并一十三箇日作了」の記事と関係する人物であることを髣髴とさせる。しかし、詳しいことは何もわからない。

○三國圓人浄足（B界外3）

ここは、B面界外下方凹部中の、B10行目とB11行目との間の下に彫られている。写真画像は下の「**碑面23**」、参照。不明字「□」は前項により、「眞」字であると判明する。前項と同じ人名をなぜ二度に亙って刻したのかは、前項に記した通り不明である。

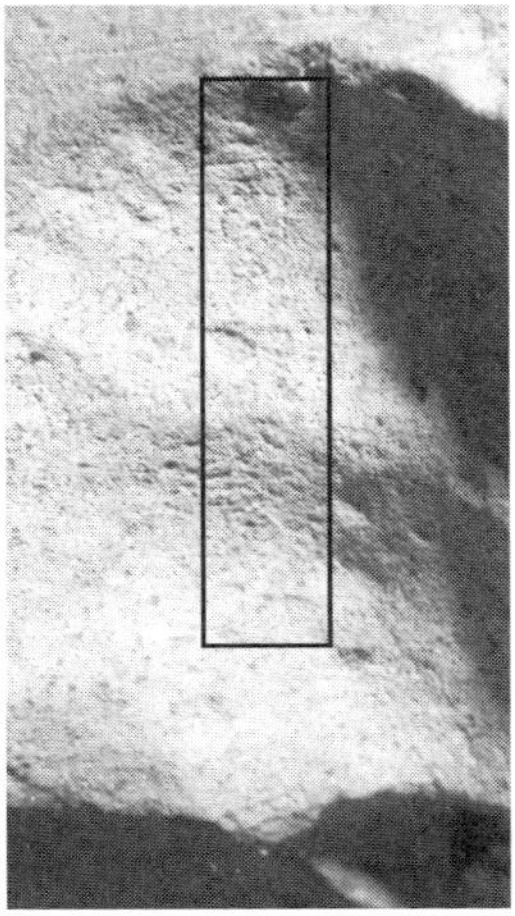

碑面23

○大唐使人（B1）

「大唐」は「もろこし」とも「から」とも読み得る。山上憶良の「好去好來歌」には「……勅旨〈反云大命〉戴き持ちて　唐能　遠境尓……」（『萬葉集』5・八九四）の例がある。この「唐能」は音数律から「からの」では句をなさず、「もろこしの」という訓例であると判断出来る。しかもこの歌では「勅旨」と「船舳尓」には割注形式で訓注が付いている（前者の注は〈反云大命〉、後者の訓注は〈反云布奈能閇尓〉）。この「勅旨」と「船舳尓」の二句には難訓を見越して訓注が付けられているものと考えられるが、「唐能」の句に訓注が付いてないということは、訓む上で迷うことがないと見られていた訳であり、素直で平凡な「もろこしの」の訓でよいと見てよい。この『萬葉集』の例は、遣唐使として渡唐経験のある山上憶良の用例であり、重視してよい。〔栗原薫・一九六三・三・論考〕「「もろこし」と「から」の名について」の論があり、中国の呼称としては「もろこし」がよいとする。ここも「もろこし」と訓む。

次に「使人」の訓であるが、岩崎本『日本書紀』に、「使人」に「ツカヒ」の訓がある。「大唐」（二〇〇行）「大唐の使人」（二〇一行）〔『築島裕・石塚晴通・一九七八・一一・本文索引』『東洋文庫蔵　岩崎本日本書紀』〕。よって「使人」は「ツカヒ」と訓む。

○王玄策（B1）

『法苑珠林』は、「王玄策西國行傳」として四回（大正蔵53二九六上16／四〇五上14／七六九上14／七七〇中14）、「王玄策行傳」として六回（大正蔵53三三二上13／五〇二下13／八五五上08／九六一中29／九六三上24／一〇一二下16）、都合一〇回にわたって引いているが、その『法苑珠林』巻五十五によると「大唐太宗文皇帝及今皇帝。命朝散大夫衛尉寺丞上護軍李義表・副使前融州黄水縣令王玄策等二十二人。使至西域。前後三度。」（大正蔵53七〇三下18～21）とあり、巻二十九条には「貞觀二十三年有使。圖寫迹來。」（大正蔵53五〇二上19～20）とある。この「貞觀二十三年」については、『舊唐書』（中華書局標点本。巻一百九十八。列傳第一百四十八）によると、その帰国は貞観二十二年（六四八）のことである（「二十二年至京師。太宗大悦。」五三〇八頁）。『法苑珠林』の二十三年は二十二年と訂すべきものであることについては、［加藤諄・一九六八・一二・論考］が指摘をしている。

王玄策の「前後三度」とある三回の西域行については、［霍巍・徐朝龍・一九九五・九・論考］「チベット高原に残る最古の漢文石碑」に詳しい。即ち、チベット高原における一九九〇年から一九九二年にかけての中国の考古学関係者による調査によって種々の発見があり、そうした発見の一つに岸壁に刻された「大唐天竺使出銘」（「吉隆唐碑」）がある。この「大唐天竺使出銘」によって、第三回の西域行が明確になってきたのである。少し長い引用になるが、以下に引く。

…上略…彼（注＝王玄策）の第一回と第二回の出使については、諸文献に明確に記されているため、ほぼ異議のないところである。即ち、一回目は貞観十七年（六四三）三月に長安を立ち、二年後の貞観十九年二月以降に帰国したのに対し、二回目は貞観二十年（六四六）に首都を出発して、貞観二十二年（六四八）に帰ったとされているわけである。ところが、三回目の出使はそれぞれの文献でも記載がはっきりしないので、「顕慶元年説」「顕慶二年説」「顕慶三年説」など、諸説紛々のところである。

今回発見された吉隆唐碑は、王玄策の三回目の天竺出使という、文献では不明瞭な問題を解決する決め手となった。碑文冒頭から「維顕慶三季六月大唐□天下之……大□□左驍衛長史王玄策宣……劉仁楷選關内良家之子六（人？）……」というような文言が始まり、つまり、王玄策を団長とした唐王朝天竺使節団一行が長安を後にした時期を明記しているのである。これを傍証するように、『法苑珠林』に引用される王玄策の『西域行伝』では「王使顕慶四年至婆栗闍国、王為漢人試五女戯」とあり、王玄策一行が顕慶四年にはすでにインド内に入って旅していたことを示している。長安を中心とする「關内」から吐蕃西南境までというインドへの道の中間地点に辿り着くのにほぼ一年近くの時間がかかったことは、「顕慶三季六月」の出発から翌年の夏五月に「小楊童」（小羊同国のことであり、筆者らの考察によれば、その位置は吉隆の東にあるシガツェからギャンツェにかけての一帯にあたると考えられる）の西、即ち、吉隆に到着したことからでも推定できる。このように、王玄策ら第三次唐王朝天竺使節団は、高宗顕慶三年六月に長安を出発し、吐蕃王国内を経由して吉隆から天竺に入り、翌年の後半まで天竺各地を旅していた、という事実が明らかになったのである。

この三回の西域行の内実について、同じく［霍巍・徐朝龍・一九九五・九・論考］は、一回目について「南アジアへの近道を開くという探検的な性格」とし、二回目について「結局出使の行動は吐蕃王国をも巻き込んだ大規模な軍事行動に発展」としており、その一〇年後の出使については、

王玄策西國行傳云。唐顯慶二年。勅使王玄策等往西國。送佛袈裟。至泥婆羅國西南。……

（『法苑珠林』巻十六、大正蔵53四〇五上14〜16）

とあるところから、「仏教がらみの外交訪問」としている。

［足立喜六・一九四二・五・注釈］『大唐西域求法高僧傳』巻上「沙門玄照法師」条には、この玄照法師との関わりで「唐使王玄策」を録しており、［足立喜六・一九四二・五・注釈］同条注一三で王玄策に関する注記がある

（二七頁）。

　佛足図の王玄策による天竺から中国への将来は、『法苑珠林』巻二十九条に「貞觀二十三年有使。圖寫迹來。」（大正蔵53五〇二上19〜20）とあり、この二十三年は二十二年であることは既に言及したが、これにより、この第二回の時にもたらされたものであることが判明する。当「佛足石記文」には「因見跡得、轉寫搭、是第一本。」（B２〜３）とあり、王玄策一行の内の誰かが現実に図写した可能性が勿論存するが、現地で既に図写されていた紙本を入手した可能性もあろうと考えられる。

○向中天竺（B１）

「印度」のことを「天竺」と言うことについては「北印度」条（A８）で記した。A面では「印度」の称を用い、B面で「天竺」の称を用いているのは、日本においては一般に「天竺」を常用するが、A面の場合「西域傳」からの引用であったので、「印度」の呼称となったのである。また、A面の記事の多くは、中国において記されていた可能性があることについても言及したところであり、そのことも影を落としていよう。「中天竺」は印度中央部の呼称である。

　次に、「向」字について。「向」字に「イタル」の訓も無いことはないが、「ユク」の訓が少なくはなくて、［築島裕・二〇〇九・五・語彙］『訓點語彙集成』第八巻の「向　ユク」条は、『日本書紀』古訓や『法華經單字』など一一件の代表例を挙げている。これにより、「ユク」と訓《よ》んだ。このB面において、「向」字は三回使用されている。

　向中天竺鹿野薗中轉法輪處（B１〜２）……………「第一本」について
　向大唐国於普光寺（B４〜５）…………………………「第二本」について
　向禪院壇披見神跡（B７〜８）…………………………「第三本」について

この三例の「向」字の内、最初の二例が「ユク」の事例であり、後の一例は対応・対峙するの意の「ムカフ」として使用されている。

○鹿野薗中（B1～2）

「鹿」字の「比」とある箇所が不鮮明であり、当初は「摩」字の可能性もあるとしていた。この箇所を「摩揭陀國」と解する本は多くある。まずは諸説を縦覧してみる。

【本文異同】（國・国の違いは問わない）

□國中――［野呂元丈・一七五二・秋・金石記］『佛足石碑銘』。

為□國中――［秋里籬島・一七九一・四・名所］『大和名所図会』・［釋潮音・一八一九・三・考証］『佛足跡紀文考證』・［山川正宣・一八二六・八・注釈］『佛足石和歌集解』（附趺石記文）・［小山田靖齋（葛西孔彰）・一八三八年前後・金石］『證古金石集』。

丘茲國中――［松平定信・一八〇〇・一・史料図録］『集古十種』・［竹内理三・一九六二・一一・史料］『寧楽遺文（下）』。

□□國中――［小山田與清・一八二八・一〇・金石記］『南都藥師寺金石記』。

磨□□國中――［狩谷棭斎・一八三二頃・金石記］『古京遺文』・［蔵春園主人・――・金石記］『皇朝金石編』。

摩揭陀國中――『藥師寺志』・［田中重久・一九四二・一〇a・論考］・［宮嶋弘・一九五三・一〇・論考］・［土井実・一九五六・一二・銘文集成］・［河内昭圓・一九七二・一一・図録］『日本金石圖録』。

鹿野薗中――［三宅米吉・一八九七・七・論考］・［菊地良一・一九三九・五・論考］・［保坂三郎・一九五五・二・論考］・［文化財協会・一九五五・三・図録］・［橘健二・一九五九・六・論考］・［浅田芳朗・一九六三・七・論著］『薬師寺仏足石覚書』・［浅田芳朗・一九六五・三・論著］『南都薬師寺仏足石の研究史的覚書』・［保坂三郎・西宮強三の内・一九六八・二・図録］『原色版　国宝

I』・［加藤諄・一九六八・一二・論考］「仏足石―日本における―」・［今城甚造・一九七〇・八・図録］奈良六大寺大観・［金井嘉佐太郎・一九七一・一・論著］『仏足石の研究』・［吉村怜・一九七一・三・論考］・［藤田經世・一九七五・三・史料］『校刊美術史料』・［町田甲一・一九八四・五・図録］『薬師寺』・［齋藤理恵子・一九九〇・一一・論考］『薬師寺』・［今城甚造・二〇〇〇・七・図録］奈良六大寺大観補訂版・［東野治之・一九九九・一一・論考］「薬師寺仏足石記と龍福寺石塔銘」。

磨掲陀國中――［木崎愛吉・一九二一・一〇・金石記］『大日本金石史・一』・［信道會館・一九三二・一二・金石記］『佛足石』・［藪田嘉一郎・一九四九・一〇・論著］『日本上代金石叢考』・［大井重二郎・一九七〇・一二・論考］。

丘慈國中――［大井重二郎・一九三四・六・論著］『佛足石歌と佛足石』。

鹿茲薗中――［岡崎敬・一九七一・一〇・史料］。

摩掲陁中――［齋藤忠・一九八三・七・金石文］『古代朝鮮・日本金石文資料集成』。

□□□中――［廣岡義隆・一九八九・二a・注釈］『古京遺文注釈』。

鹿□(野)薗中――［東野治之・二〇〇九・四・論考］「薬師寺仏足石記再調査覚書」。

この箇所について、［河内昭圓・一九七二・一一・図録］『日本金石圖録』は、「釋文餘滴」として次のように言及している。

佛足石記左側面一行目終りから二行目にかけての「摩掲陀國」の四字も、なお一定しないものの一つである。『古京遺文』は「磨□□國」と釋文したが、これを「丘茲國」の三字に作る書物がある。また別に「鹿野薗」に作る書物がある。本拓影でも明らかなように、「國」字がわずかにそれらしく見えるほかは磨滅がはなはだしく、判讀しにくいことから生ずる異説である。たしかに丘茲國には佛足石があったが、原碑を調査してみると、第一行目最後の字は「丘」とは讀めず、したがって「丘茲國」と判讀することは無理である。原碑に残存する字影は、「丘」字に比べればむしろ「鹿」字に近いが、かといって「鹿野薗」に讀むのも無理である。こう判讀した場合、以下の「法輪を轉ずる處」という記事とは符合するようであるけれども、鹿野苑に佛足石があったという話を聞かないからである。問題の箇所をさらに丹念に見てみると、比較的明瞭に「摩」と讀め、しかも二行目「國」字の上部には二文字鐫刻されていた形跡が歴然としている。ここはやはり椋斎が釋文したように、四文字で讀むのが妥當である。加えて、『法苑珠林』巻二十九の記載によれば、大唐の使人王玄策が轉寫して歸還した佛足石は、摩揭陀國華氏城内にあったものなのである。椋斎はむろんこの話を知っていたはずで、中二字を補塡しなかったのは、闕文を闕文としたまでであろう。

右に記されている『法苑珠林』巻二十九の摩揭陀國華氏城内云々の件は、「佛足石記文」A面の1～6行目に記されていたことであり、『法苑珠林』に記述があることは確かであるが、『大唐西域記』にも『釋迦方志』にも記述があり、『佚西域傳』に依拠したものであることは既に記したところである。椋斎ならずとも、一同が承知しているところであり、「今現圖寫、所在流布」（A6）とそこには記されていた。むしろ次に出る「轉法輪處」（B2）との対応を考慮すべきものであろう。同所の佛足石有無については、次項の「轉法輪處」条（B2）に記している。

［廣岡義隆・一九八九・二a・注釈］『古京遺文注釈』は「□□□中」としたが、その「校異・字体」で、一字目について「［鹿」字の「比」部分が見えない。「摩」字の可能性も残るが、やや「鹿」字に近い」とし、三字目について「草冠の下に国構が明確に読みとれるが、国構の中は不明。「薗」字か」としていた。

［齋藤理恵子・一九九〇・一一・論考］『藥師寺』はこの箇所について、

いま銘文をみると「鹿」の下部が磨滅しており、「野」の右側部分も不鮮明である。また「薗」は「艹」と

「□」の部分は明確だが、「□」の中は判然としない。しかし「鹿野薗」であることは間違いあるまい。とする。右の記述の前に、〔齋藤理恵子・一九九〇・一一・論考〕は本文を「鹿野薗」とする最初を保坂三郎氏とするが、右に示したように、〔三宅米吉・一八九七・七・論考〕が早く、〔菊地良一・一九三九・五・論考〕がこれに次ぐものである。〔齋藤理恵子・一九九〇・一一・論考〕は「「鹿」の下部が磨滅」とするが、〔廣岡義隆・一九九〇・六・論考〕「佛足石記・佛足石歌碑本文影復元」で、「今回の確認文字」としたように、「鹿」字と確認出来た箇所である。「鹿」というと、その下部は「比」だと思い込んでしまう。ここに落し穴がある。鹿の異体字形は下部が「ム」を二つ横に並べた形に近い字形になる。これは「ム」として独立しているのではなく、「ム」の縦画は上からの続きになる形であり、観智院本『類聚名義抄』の「鹿」（法下一一〇）の字形である。その異体字の「鹿」字が〔齋藤理恵子・一九九〇・一一・論考〕が示す一五二頁の碑面写真でも一部確認できる（「碑面24」の写真、一行目最下端、参照）。むしろ私には次の「野」の字が読めなかったが、〔齋藤理恵子・一九九〇・一一・論考〕が「「野」の右側部分も不鮮明」とするのに導かれて碑面フィルムをルーペで見つめると、なるほど「野」の左側部分は確認出来るのである。前述の通り三字目については草冠の下に国構が明確であり（「碑面25」、二行目、参照）、「鹿□□」という文字列からも、これを「鹿野薗」（『大唐西域記』中印度、巻第七「婆羅痆斯國」）と推定出来よう。「薗」

碑面24

碑面25

は「園」と同字である（「薗、同レ園」『字彙』）。本邦での編著にも『異體同字編』に「園、薗」（巻中九丁ウ）（『異体字研究資料集成』第十巻、六三頁）、『異体字辨』に「薗、同園」（歸正門六一丁ウ、［中根元圭・一六九二・異体字］）とある。

この箇所が「摩掲陁國」であるならばA面の冒頭箇所と対応することになる。摩掲陀國の佛足石が恐らく第一本の原拠なのであろうが、しかし第一本の「縁起」条には鹿野薗初転法輪處の佛足石云々という由来が記されていたのに違いない。それにより、第二本においても鹿野薗初転法輪處の佛足石搭本ということが記されていたものと考えられる。

私は本文を「鹿□□中」としているが、右の次第で「鹿野薗中」となる。この「鹿野薗」について、『大唐西域記』巻第七には次のように記されている。

婆羅痆河東北行十餘里至鹿野伽藍。區界八分連垣周堵。層軒重閣麗窮規矩。僧徒一千五百人。並學小乘正量部法。大垣中有精舍。高二百餘尺。上以黄金隱起作菴沒羅果。石爲基階甎作層龕。翕匝四周節級百數。皆有隱起黄金佛像。精舍之中有鍮石佛像。量等如來身。作轉法輪勢。

（大正蔵51九〇五中15〜21）

（婆羅痆河ゆ東北《うしとら》のかたへ行くこと十余里にして、鹿野伽藍に至る。区界八つに分れ、垣堵《かき》を連周《めぐ》らせり。層重《かさ》なれる軒閣は、麗しく規矩を窮《きは》めたり。僧徒は一千五百人あり。並びに小乗の正量部の法を学べり。大垣の中に精舎有り。高さは二百余尺なり。上に黄金《くがね》を以《も》ち隠起《きざ》みて庵没羅果《あんもらか》を作《あら》はせり。石もて基階《きだはし》を為《つく》り、甎もて層龕を作れり。翕は四周《めぐり》を匝《かこ》み、級《きだはし》百数《もも》に節《かぎ》りてあり。皆隠起《きざ》める黄金の佛像有り。精舎の中に鍮石の佛像有り。量《たか》さは如来の身に等しく、転法輪の勢《すがた》を作《な》せり。）

また、［水谷真成・一九七一・一一・注釈］中国古典文学大系『大唐西域記』は、「鹿野伽藍」について、次のように注を付している。

昔、尼拘律陀《ニグローダ》が鹿のために施与した所である故にこの名があると言う。今日はDhāmekh塔の外に見るべき大遺構はないが、玄奘の記す二百余尺の大精舎の遺址、仏殿・塔婆・僧院等の跡、優秀な彫刻が多数に発見された。グプタ期仏教美術の一大中心地。当地は玄奘当時最も盛況を呈し、十三世紀ごろ回教徒侵入以後廃墟となった。

〔齋藤忠・二〇〇六・一〇・論著〕『求法僧の仏跡の研究』には、ダメーク塔のカラー図版（82・83）及び石柱をはじめとする現状が活写されている（同著本文三六二～三七六頁）。

この「鹿野園」は聖地としてあり、『奈良朝写経』の52「大唐内典録識語」には「龍宮之秘冊」と対をなす語として「鹿苑之微言」の語が使用されている。「鹿苑之微言」「龍宮之秘冊」の語注については、〔廣岡義隆・二〇一二・八・論考〕「上代写経識語注釈（その十五）大唐内典録巻第十」を参照されたい（上代文献を読む会の名で『上代写経識語注釈』は出版予定）。

○轉法輪[處]（B2）

この「鹿野園」（鹿野伽藍）は如来の初転法輪処として知られている。『大唐西域記』巻第七の前記「鹿野伽藍」に続く文として、次のように記されている。

精舎西南有石窣堵波。無憂王建也。基雖傾陷尚餘百尺。前建石柱。高七十餘尺。石含玉潤鑒照映徹。慇懃祈請影見衆像。善惡之相時有見者。是如來成正覺已初轉法輪處也。（大正藏51九〇五中22～26）

（精舎の西南《たつみ》のかたに石の窣堵波有り。無憂王の建てしもの也。基《もとゐ》は傾き陥《おち》むとすれども尚《なほ》し百尺に余れり。前に石柱を建つ。高さ七十余尺なり。石は玉の潤ひを含み、鑒《かがみ》として照らし映《は》え徹《とほ》れり。慇懃《ねもころ》に祈請《のみねが》へば、影衆《すがたあまた》の像《かたち》を見せ、善悪の相《かたち》、時に見ること有り者《といへ》り。是は如来の正覚を成し已《をは》り、初めて法輪を転《まろば》せし処《ところ》なり。）

この『大唐西域記』の文から明らかなように、「轉法輪□」の不明文字□は「處」と考えられる。また、この

「轉法輪處」はやはり『大唐西域記』にある通り「初轉法輪處」の意味としてある。この「轉法輪□」の「□」について、諸本を見ると次のように「處」で落ち着いている。

【「□」の本文異同】（本文を「□」としないもの）（「×」は文字の存在しないことを意味する）

×――［小山田與清・一八二八・一〇・金石記］『南都藥師寺金石記』・『藥師寺志』・［大井重二郎・一九三四・六・論著］『佛足石歌と佛足石』。

處――［木崎愛吉・一九二一・一〇・金石記］『大日本金石史・一』・［信道會館・一九三二・一二・金石記］『佛足石』・［田中重久・一九四二・一〇a・論考］・［藪田嘉一郎・一九四九・一〇・論著］『日本上代金石叢考』・［宮嶋弘・一九五三・一〇・論考］・［保坂三郎・一九五五・一二・論考］・［文化財協会・一九五五・三・図録］・［浅田芳朗・一九六三・七・論著］『薬師寺仏足石覚書』・［浅田芳朗・一九六五・三・論著］『南都薬師寺仏足石の研究史的覚書』・［保坂三郎・西宮強三の内・一九六八・一二・図録］『原色版　国宝Ⅰ』・［加藤諄・一九六八・一二・論考］「仏足石―日本における―」・［今城甚造・一九七〇・八・図録］奈良六大寺大観・［大井重二郎・一九七〇・一二・論考］・［金井嘉佐太郎・一九七一・一・論著］『仏足石の研究』・［吉村怜・一九七一・三・論考］・［岡崎敬・一九七一・一〇・史料］・［河内昭圓・一九七二・一一・図録］『日本金石圖録』・［藤田經世・一九七五・三・史料］『校刊美術史料』・［齋藤忠・一九八三・七・金石文］『古代朝鮮・日本金石文資料集成』・［町田甲一・一九八四・五・図録］『藥師寺』・［齋藤理恵子・一九九〇・一一・論考］『藥師寺』・［今城甚造・二〇〇〇・七・図録］奈良六大寺大観補訂版。

□（處カ）――［東野治之・一九九九・一・論考］「薬師寺仏足石記と龍福寺石塔銘」・［東野治之・二〇〇九・四・論考］「薬師寺仏足石記再調査覚書」。

右の次第で「處」字で問題はないが、右に「處」とした中に「処」とするものが少なくないが、往時において「処」字形の使用は見られず、「處」になる。「處」字ではあるが、これも異体字が専ら使用される。〔齋藤理恵子・一九九〇・一一・論考〕は雨冠の「雰」で示すが、〔秋里籬島・一七九一・四・名所〕『大和名所図会』と〔山川正宣・一八二六・八・注釈〕『佛足石和歌集解』（附跌石記文）は伏字の○ながら、その上端部に十字を示している。そこで碑面フィルムをルーペで見ると、確かに十字が確認出来、その下は凹部となっている。刻字後に欠落して穴が出来たようである。上端の十字からすると、「雰」よりも「處」に近い異体字形かと考えられる。

さてこの「轉法輪處」であるが、『大唐西域記』に佛足石の記事はない。『大唐西域記』には、

於其垣内。聖迹寔多。諸精舍窣堵波數百餘所。略擧二三難用詳述。　（大正蔵51九〇五下23〜24）

（其の〈＝鹿野伽藍の〉垣の内に、聖迹寔《まこと》に多し。諸の精舎・窣堵波は数百余の所あり。略《ほぼ》二三を挙げしのみにして、用ゐて詳しく述ぶること難し。）

とあって、聖跡は挙げきれないという。こうした数多くの聖跡の中に佛足石が存した見るべきであろう。『大唐西域記』が佛足石を録してはいないが、『大唐西域記』は佛足石の記録簿ではないのである。『佚西域傳』に記載があったのかも知れないが、むしろ別の「佛足石搭本」に記録が存していたものであろう。右の『大唐西域記』の比較的近いところに、如来の袈裟の跡を示す大方石があるというが、これは佛足石ではない。

伽藍垣西有一清池。…中略…浣衣池側大方石上有如來袈裟之迹。其文明徹煥如彫鏤。諸淨信者毎來供養。
（大正蔵51九〇五下25…中略…九〇六上01〜03）

（〈鹿野〉伽藍の垣の西に、一《あ》る清《す》める池有り。……〈三つの池の記述がある〉……〈如来の〉衣を浣《あら》ひし池の側なる大方石の上に、如来の袈裟《けさ》の迹《あと》有り。其の文明《あやあきら》かにして徹《とほ》り、煥《あきらか》なること彫鏤《ゑ》れるが如し。諸《もろもろ》の浄《きよ》き信者の毎《つね》に来りて供養せり。）

○因見跡（B2～3）

右に記したように、「鹿野園」（鹿野伽藍）の佛足石は、搭本（第一本）に伴う記録であろう。「第一本」は拓本或いは臨模によって、紙に記されていたものであり、その余白に縁起が録されていたに違いない。

さて、ここの「因」字においても異体字「囙」で記されているため、誤認が見られる。

【「因」の本文異同】（「因」とあるものは示さない）

回――［野呂元丈・一七五二・秋・金石記］『佛足石碑銘』・［松平定信・一八〇〇・一・史料図録］『集古十種』・［山川正宣・一八二六・八・注釈］『佛足石和歌集解』（附趺石記文）・［小山田與清・一八二八・一〇・金石記］『南都薬師寺金石記』・［小山田靖齋（葛西孔彰）・一八三八年前後・金石］『證古金石集』・［菊地良一・一九三九・五・論考］。

同――［秋里籬島・一七九一・四・名所］『大和名所図会』。

向――［釋潮音・一八一九・三・考証］『佛足跡紀文考證』。

回――『薬師寺志』・［大井重二郎・一九三四・六・論著］『佛足石歌と佛足石』。

「回」は「回」の旧字であり、「回」と同じことながら、字形が異なるので敢えて分けて示した。「同」は字音「ケイ」の文字で、「回」とも「向」とも異なるものであり、『説文解字』に「象國邑」とある文字である。これは版刻時における「回」の誤刻であろう。いずれも「因」の異体字「囙」からの誤認によるものであり、「因」字で問題は無い。

○得轉寫搭（B3）

「轉寫」の語の意味は、後の「得轉寫搭、是第二本」条（B5～6）で模写（臨模）としているが、この第一本においては拓本の形で写し取られたものと考えられる。「搭」の字は、「搭、摸也。」（字彙）とあり「うつす」の意で、ここの場合は名詞形で「転写物」の意となる。「搨」に通じる字であり、「廣岡義隆・一九八九・二a・注釈」においても「拓本のこと」と解した。しかしながら「臨模」という解を阻むものではなく、その可能性も有り得ることとなる。

○是第一本（B3）

右で見た通り、この「第一本」は「轉寫」における第一次のものという意味である。「佛足石記文」の筆者レベルで間接確認出来た第一次の写本という意味である。恐らく「右京四條一坊禪院」（B7）に存する第二本には、その転写由来が書き込まれていたものと推測される。

○日本使人（B4）

山上憶良の「大唐」で作ったとある歌に、

　山上臣憶良在大唐時憶本郷作歌

去来子等　早日本邊　大伴乃　御津乃濱松　待戀奴良武　（『萬葉集』1・六三）

（いざ子等《こども》早く日本《やまと》へ大伴《おほとも》の御津《みつ》の浜松《はままつ》待ち恋《こ》ひぬらむ）

があり、この第二句の「日本」の例は「やまと」と訓むことで異訓がない。ここの「日本使人」の「日本」も「やまと」と訓む。唐国に対して「日本國」の国号を称したとされる初例は、慶雲元年（七〇四）秋七月の粟田朝臣真人の唐国からの帰任条に、

初至唐時、有人、來問曰、「何處使人」。答曰、「日本國使」。（『続日本紀』慶雲元年秋七月甲申条）

（初め唐に至りし時に、人有りて、来りて問ひて曰く、「何処《いづく》の使人《つかひ》ぞ」ととふ。答へて曰はく、「日本国の使なり」とこたふ。）

とあるのがそれであり、ここも「やまとのくに」とよむ。また『舊唐書』には次のようにある。

日本國者、倭國之別種也。以其國在日邊、故以日本爲名。或曰、倭國自惡其名不雅、改爲日本。

（『舊唐書』列傳一百四十九、東夷傳日本國条）

（日本国は、倭国の別種なり。其《そ》の国日辺《ひむがし》に在《あ》るを以《も》ちて、故以《かれも》ち日本を名と為《せ》り。或《あるひと》の曰《い》ふ、倭国は自《みづか》ら其の名雅《みやび》ならずあるを悪《にく》みて、改めて日本と為《な》すといふ。）

『日本紀』が養老四年（七二〇）五月に成立しており（『続日本紀』養老四年五月癸酉条）、その国生み条の「生大日本（日本、此云耶麻騰。下皆效此。）豊秋津洲」（『日本書紀』神代紀上、第四段本文）と訓注にある。その書名も「ヤマトフミ（ヤマトブミ）」が一般的な古訓である（『校本日本書紀』一）。

この「日本」の用字は、ヤマトに冠する枕詞「日の本の」に由来する。この枕詞の表現は、高橋虫麻呂作と推定される「詠不盡山歌」中に、

……日本之《ひのもとの》　山跡國乃《やまとのくにの》……（『萬葉集』3・三一九）

の例として見られる。これが枕詞の「被枕摂取」（〔廣岡義隆・二〇〇五・一一・論著〕）の機能によって、「日本」の表記で「ヤマト」と訓むこととなった。「春日《はるひ》をカスガ」「飛《と》ぶ鳥《とり》のアスカ」「長谷《ながたに》のハッセ」と同様の用法である。

『萬葉集』中の「日本・日本國」の表記例について、右の枕詞例を除いて示すと、次のように一九例を数えることが出来る。

Ⅰ今の奈良県を中心とした比較的狭い範囲をさす用法

……日本能不所見　國遠見可聞（1・四四、石上大臣）

……日本乃　青香具山者　日経乃　大御門尓　春山跡　之美佐備立有……（1・五二、作者未詳）

……間無比來　日本師所念（3・三五九、山部赤人）

……珠手次　懸而之努櫃　日本嶋根乎（3・三六六、笠金村）

……見者乏見　日本偲櫃（3・三六七、笠金村）
……日本戀久　鶴左波尓鳴（3・三八九、作者未詳）
八隅知之　吾大王乃　御食國者　日本毛此間毛　同登曽念（6・九五六、大伴旅人）
日本道乃　吉備乃兒嶋乎　過而行者……（6・九六七、大伴旅人）
八隅知之　吾大王乃　高敷為　日本國者……（6・一〇四七、田辺福麻呂歌集）
……乏見者　日本之所念（7・一一七五、作者未詳）
……大王之　御命恐弥　礒城嶋能　日本國乃　石上　振里尓……（9・一七八七、笠金村）
日本之　室原乃毛桃……（11・二八三四、作者未詳）
……日本之　黄楊乃小櫛乎　抑刺　卜細子　彼曽吾嬬（13・三二九五、作者未詳）
礒城嶋之　日本國尓　何方　御念食可……（13・三三二六、作者未詳）

Ⅱ右のⅠに準じる用法ではあるが、より広範囲をさし、次のⅢとの中間的な用法
……大日本　久迩乃京者……（3・四七五、大伴家持）

Ⅲ唐などの対外国家を意識しての統治国家としての「日本」という用法
去来子等　早日本邊　大伴乃　御津乃濱松　待戀奴良武（1・六三、山上憶良）

Ⅳ右のⅢに準じる用法ではあるが、物品や詞章に関する用法
日本挽歌（5・七九四題詞、山上憶良）
梧桐日本琴一面（5・八一〇題詞、大伴旅人）
寄日本琴（7・一一二九題詞、作者未詳）

さて、「佛足石記文」の当例の場合、「大唐使人」（B1）と対比する形でこの「日本使人」が使われていて、国

家意識が強く出ている例である。この「使人」は次項で明らかとなるが、遣唐使のことをさしている。「大日本」（『萬葉集』３・四七五）の称もあり、上に「大」の字を置くと「大唐」とうまく照応するが、ここは四字句にするために「大日本使人」とはしなかったものと考えられる。一方、「大唐」の方は四字句にするために「大」の字を加えたものと考えられる。

○黄書本實（Ｂ４）

氏「黄書」に「黄文」の表記例があり、その例から「きぶみ」と訓むことが判明する。『日本書紀』では七例中六例までが「黄書」であり、一例のみ「黄文」が見られるが、『続日本紀』では全例が「黄文」と表記されている。その用例は以下の通りである。

＊　＊　＊

01是月。始定黄書畫師山背畫師。（『日本書紀』推古天皇十二年秋九月是月条）
02黄書造本實獻水臬。（『日本書紀』天智天皇十年三月庚子条）
03即遣……黄書造大伴……。而令乞驛鈴。（『日本書紀』天武天皇元年壬申紀六月甲申条）
04……黄書造大伴。従吉野宮追至。（『日本書紀』天武天皇元年壬申紀六月甲申条）
05……黄文造……凡卅八氏。賜姓曰連。（『日本書紀』天武天皇十二年九月丁未条）
06天皇。使……直大肆黄書連大伴。請集三百龍象大德等於飛鳥寺。奉施袈裟。……（『日本書紀』持統天皇元年八月己未条）
07以……勤大貳黄書連本實等。拜鑄錢司。（『日本書紀』持統天皇八年三月乙酉条）

＊　＊　＊

01勅淨大參刑部親王……追大壹黄文連備……等。撰定律令。（『続日本紀』文武天皇四年六月甲午条）

02勅先朝論功行封時。賜村國小依百廿戸。……黄文造大伴……一十人各一百戸。
（『続日本紀』文武天皇大寶元年秋七月壬辰条）
03以……従五位下……黄文連本實。爲作殯宮司。
（『続日本紀』文武天皇大寶二年十二月乙卯、持統崩御条）
04正五位下黄文連大伴爲山背守。
（『続日本紀』文武天皇大寶三年秋七月甲午条）
05以……黄文連本實等。供奉殯宮事。……
（『続日本紀』文武天皇慶雲四年六月壬午、文武崩御条）
06以……従五位下黄文連本實……。爲御装司。
（『続日本紀』文武天皇慶雲四年冬十月丁卯条）
07授……正六位上……黄文連益。……並従五位下。
（『続日本紀』元明天皇和銅三年正月甲子条）
08正五位上黄文連大伴卒。詔贈正四位下。并弔賻之。以壬申年功也。
（『続日本紀』元明天皇和銅三年九月辛卯条）
09授……正六位上……黄文連備。……並従五位下。
（『続日本紀』元明天皇和銅四年夏四月壬午条）
10詔壬申年功臣……贈正四位下黄文連大伴息従七位上粳麻呂……等一十人。賜田各有差。
（『続日本紀』元正天皇靈龜元年夏四月癸丑条）
11授……従六位上黄文連許志。……並外従五位下。
（『続日本紀』聖武天皇天平九年二月戊午条）
12詔授……外従五位上……黄文連許志。……並外正五位下。
（『続日本紀』聖武天皇天平十七年正月乙丑条）
13授正四位上智努王従三位……正六位上黄文伊加麻呂。……並外従五位下。
（『続日本紀』聖武天皇天平十九年正月丙申条）
14詔授……正六位上……黄文連水分。……並外従五位下。
（『続日本紀』聖武天皇天平勝寶六年正月壬子条）
15外従五位下黄文連水分爲肥前守。
（『続日本紀』孝謙天皇天平勝寶六年夏四月庚午条）
16……今故比校昔今。議定其品。……贈正四位下黄文連大伴同年功田八町。……四人並歴渉戎場。輸忠供事。立功雖異。勞効是同。比校一同村國連小依等。依令中功。合傳二世。……

（『続日本紀』孝謙天皇天平寳字元年十二月壬子条）

17授……外大初位上黄文連眞白女。……並外從五位下。

（『続日本紀』淳仁天皇天平寳字二年八月庚子条）

18授正六位上黄文連牟祢外從五位下。

（『続日本紀』称徳天皇寳龜元年秋七月丙寅条）

19外從五位下黄文連牟祢爲佐渡守。

（『続日本紀』光仁天皇寳龜九年二月辛巳条）

＊　＊　＊

『日本書紀』の例01は推古天皇代に「黄書」が「畫師」として定められたとする例で、当条を考える上でも貴重な例である。『聖徳太子傳略・上』（大日本佛教全書・新版第七十一巻）の同年条には「冬十月。太子爲繪諸寺佛像莊嚴。定黄文畫師。山背畫師。簀秦畫師。河内畫師。楢畫師等。免其戸課。永爲名業。」と見え、その策定が諸寺の佛像を描き莊厳するためのものであり、職掌として長く伝えられることが示されている。［栗田寛・一九〇〇・一・論著］は「黄文は黄蘗《キワタ》もて經巻を染る由の名にして則佛經を云り、（戸籍を黄蘗にて染る事はあれど、なべての例にはあらず）、齋宮式の忌詞に、經稱㆓染紙《ソメガミト》㆒といへるを以て思ふに、佛經を作りものする職なる事著し、幾布美《キフミ》と訓べし、」（『新撰姓氏録考證』巻之二十、一二八五頁）と指摘する。なお、『太子傳略』に見える絵師たちについては［武者小路穣・一九八一・二・新書］に考察がある（「画師の制定」六二頁～）。『新撰姓氏録』には、「黄文連　出自高麗國人久祁王也。」（山城國諸蕃）とあり、渡来系氏族であることがわかる。『大日本古文書』には「山背國久世郡久世郷」に住する画工が見え（黄文連黒人〈十三・二一九頁〉・黄文川主〈四・二五九頁〉）、日本古典文学大系本『日本書紀』補注には「山城国久世郡（今、京都府久世郡・宇治市）を本拠としたらしい帰化系氏族」（下巻。「黄書造大伴」の項。五八七頁）とする。

「本實」は、「もとざね」とも「もとみ」とも訓むことが出来、［田中重久・一九四二・一〇a・論著］『日本に遺る印度系文物の研究』は「ほみ」と訓み、日本書紀古訓は「ほんじち」と訓んでいる。右の『日本書紀』02・07の例に見え、また『続日本紀』03・05・06の例に見える人物である。天智十年三月条の「水臬」は「水準器」（日本古典文学大系本『日本書紀』頭注）とされ、土木・建築の技工面に関わる記事であることが注意される。この古代水準器は『春日権現験記』にその実態が見られる（［渋澤敬三・神奈川大学日本常民文化研究所・一九八四・八四・絵引］『日本常民生活絵引』第四巻一七六頁、「水準器」の項）。同じく日本古典文学大系本『日本書紀』頭注には「あるいは八年の遣唐使に随行、この時帰国か。」と注記する。天智八年（六六九）の遣唐使の記事は簡略であり（「是歳。遣小錦中河内直鯨等。使於大唐。」）、その詳細は不明であるが、日本古典文学大系本『日本書紀』の頭注が『新唐書』（東夷伝、日本条）との対応を記しているように、派遣の事実はあったものと認定出来、この時「本實」もその一員として渡唐し、「水臬」や佛足石の第二本を天智十年（六七一）に帰国して日本へもたらしたと推測できる。また、持統八年三月条の鋳銭司となる記事も氏族の技工が尊ばれたことと関係していよう。『続日本紀』の持統崩御条（03の例）・文武崩御条（06の例）には「従五位下」とある。没年・享年等は不詳である。

高松塚古墳の壁画を描いたのはこの「本實」をリーダーとするその画工集団であるとする論者は多い。［今井啓一・一九七二・五・論考］「高松塚古墳と帰化人」、［松本清張・一九七二・六・論考］「高松塚古墳の年代推説」などはそのように主張した早い時期の論である。［井上薫・一九七二・一〇・論考］「白鳳・奈良朝の黄文画師」は「本實」個人説を積極的に主張していて注目される。一方、当時の画家は黄書本實に限らないとする慎重論もある。［直木孝次郎・一九七二・六・論考］「画師氏族と古代の絵画」は黄書本實論に肯定も否定もせず、当時の画師の実態を広く詳細に調査していて注目出来る。［上田正昭・一九七二・七・論考］「今来文化の面影」も黄書本實の可能性を探りつつも断定していない。［佐和隆研・一九七二・八・論考］「高松塚壁画筆者の問題」はむしろ黄書本實説に疑義を呈している。しかし、一般的には高松塚古墳壁画と黄書本實とを無関係と見ないのが通説と言えよう（［渡辺明義・一九八四・六・論考］「技法と表現」、［高倉洋彰・一九九七・八・論考］「墓室に描かれた鮮やかな絵画」）。

なお、一族の者と推定される黄書連大伴は、壬申の乱の功績者（『日本書紀』03・04の例）であり、その大功に関連する記事が見える（『続日本紀』02・08・10・16の例）。また大宝律令の撰定に加わった黄文連備（『続日本紀』01の例）もいる。彼の詩は『懐風藻』に一首（主税頭従五位下。「五言。春日侍宴。」57）が収められている。

○向大唐国（B4〜5）

「向中天竺」（B1）と対応する表現である。「大」字は四字句にするためのものであること、「日本使人」条（B4）で言及した。また、「向」字については、「向中天竺」条（B1）で言及した。ここの「向」字は、次の「於普光寺」（B5）まで冠する。「国」字についても、「烏仗那国」条（A8）で言及した。ここの用字は、国構の中が「玉」ではなく「王」になっている。

○於普光寺（B5）

［廣岡義隆・一九八九・二a・注釈］『古京遺文注釈』では、現在の中華人民共和国安徽省宿州市泗県の東南の地に存した普光王寺のこととしていた。これは失考であった。普光王寺は龍朔年中（六六一〜六六三）の初年に唐へ来た西域僧の創建になる寺であり、王玄策による唐への佛足図の将来は貞観二十二年（六四八）であること、「王玄策」条（B1）で見た。佛足図本が唐に将来された時には、まだ普光王寺が建立されていない。これは長安の普光寺と訂正しなければならない。寺名も普光寺と普光王寺（普照王寺とも）とは異なる。王玄策が将来した佛足図は皇帝に献上されたものであり、そうした経緯から見ても都長安と考えるのが良い。長安京の普光寺は貞観五年（六三一）に建立された皇室寺院であり、将来時からも長安の普光寺ということになる。［浅田芳朗・一九六五・三・論著］『南都薬師寺仏足石の研究史的覚書』が簡単ながら「大唐国で首都長安京の普光寺」（一四頁）とし、［塚本善隆・一九六五・六・論考］「仏足石について」がこの普光寺について詳しく解説している。「日本使人黄書本實」が転写するのも長安であるからこそ容易であったと言うべきである。この普光寺の位置は、次頁の「唐長安

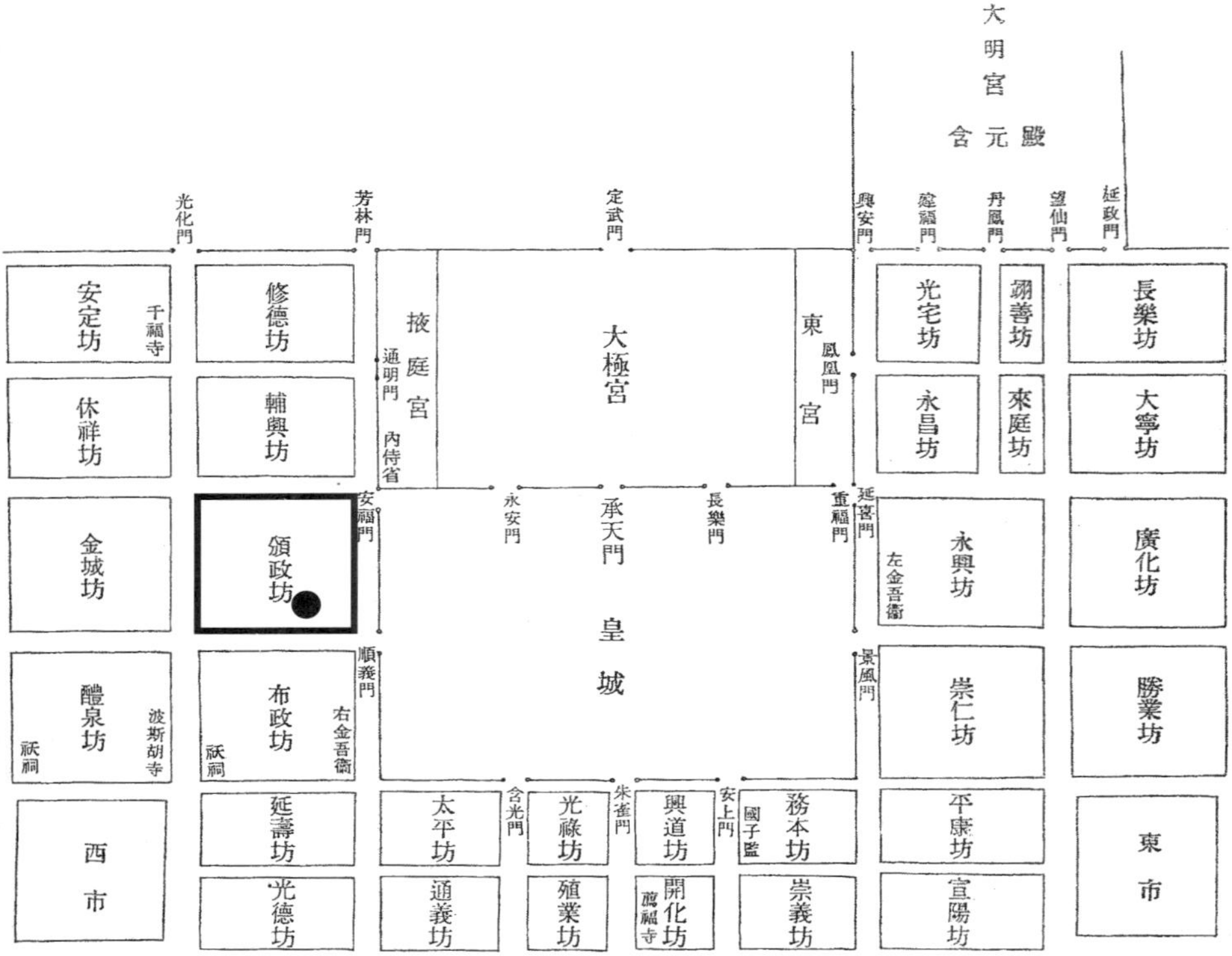

唐長安城坊圖（部分、一部改変）（東洋文庫論叢二十之一『長安史蹟の研究』より）

城坊圖」（〔足立喜六・一九三三・一二・東洋文庫論叢〕『長安史蹟の研究』一三六頁の後ろの付図）の「頒政坊」（図中に四角い囲みで示した地区）中に黒い点で示した地点である。

〔愛宕元訳注・徐松撰・一九九四・四・東洋文庫〕『唐両京城坊攷』（一四四頁）には、

　その南は頒政坊（C3）である。右軍巡院が置かれている。南の坊門の東に龍興寺がある。

と記されており、その「龍興寺」の注に、

　貞観五年（六三一）に太宗の廃太子李承乾が建立した普光寺。神龍元年（七〇五）に両京及び全国諸州の中心的な寺院が中興寺と改称された。武周政権が終り中宗が復辟して唐朝が再興されたことを記

念したものである。ついで神龍三年に龍興寺と改称された。（一四四頁）

と解説されていて、明らかである。〔塚本善隆・一九六五・六・論考〕が「頌政坊にあり」としている「頌」は「頒」の誤植と考えられる。その〔塚本善隆・一九六五・六・論考〕は、

…上略…全国の代表国寺であった。随って玄宗朝に長安に学ぶわが留学僧の参拝する寺であったに相違ない。

としている。この普光寺は、『大慈恩寺三藏法師傳』に、

京師普光寺沙門栖玄（『大唐大慈恩寺三藏法師傳』No.2053、大正蔵50二五三下27）

と出、『釋氏稽古略』に、

明解　長安普光寺僧明解者。姓姚氏。性聰敏。琴詩書畫爲時獨絶。毎欣俗網不樂道門。（『釋氏稽古略』No.2037、大正蔵49八一七中09～10）

とある、この僧「明解」条は『法苑珠林』に依拠しての記事（大正蔵49八一七下01「見法苑珠林并冥報録」）であり、その『法苑珠林』（「感應縁」条）には、

唐姚明解者。本是普光寺沙門也。性聰敏有文藻。工書翰善丹青。至於鼓琴亦當時獨絶。（『法苑珠林』No.2122、大正蔵53八七七中20～21）

と確認できる。また『法苑珠林』には、

注新翻能斷金剛般若一卷
注二帝三藏聖教序一卷
右此二卷　皇朝西京普光寺沙門釋玄範撰（『法苑珠林』No.2122、大正蔵53一〇二四上12～15）

と西京という呼称でも出る。その後の「中興寺」という呼称はわずか二年余であったので、『大正蔵』では確認出来ないが（「後秦」代の長安の中興寺は出るが全く別の寺になる）、次の「龍興寺」の称は、

大中九年九月五日。於長安城右街龍興寺淨土院雲居禪知房請左街青龍寺法全阿闍梨本。抄寫幷勘定。日本國求法沙門圓珍記

（『慈氏菩薩略修愈誐念誦法』No.1141、大正蔵20五九五上07～09）

と円珍の名と共に確認できる。ここには「右街」とある。右京の意味である。「大中九年」は八五五年である。「西京」の称でも確認できる。

法師楚金。廣平程氏。七歳出家。禮藏探經法華在手。九歳依西京龍興寺具戒。

（『佛祖統紀』No.2035、大正蔵49二四五下14～15）

右の次第で、都長安の普光寺で良いが、当初考えた普光王寺について、参考のために記しておく。この普光王寺は成尋（一〇一一～一〇八一。一〇七二年に入宋。当地で没）が親しく詣でた寺である。［塩入良道・一九八五・二・補注］東洋文庫『入唐求法巡礼行記2』の補注三〇では、「低湿地のため一六七九年の洪水で洪沢湖が出来て没するに至った」とある（2の二三一頁）。成尋著の『参天台五臺山記』巻三（延久四年〈一〇七二〉九月廿一日、普照王寺条）には、普光寺の有様が「塔内莊嚴。中心造銀寶殿。在黄金寶座向西。」「地敷黒石皆有光。」「階柱上有黄金獅子。」「内立石大鉀。」「次出北廊禮彫石法華經。」（［平林文雄・一九七八・六・校本］『参天台五臺山記 校本並に研究』・『大日本佛教全書』新版七十二巻、史伝部十二）などと佛像一体に至るまで克明に描写されている。

右の成尋よりも約二三〇年程前に、圓仁（慈覚大師、七九四～八六四）が普光寺ではなく、五臺山で佛足石の搭本を見ている。『入唐求法巡礼行記』巻第三の開成五年（八四〇）条に、五臺山の金閣（＝金閣寺）の経蔵閣で「大藏經六千餘巻」を見た時の記事に、

亦有畫脚迹千輻輪相並畫跡之根由云、貞観年中、太宗皇帝送袈裟使到天竺。見阿育王古寺、石上有佛跡。長一尺八寸濶六寸。打得佛迹來、今在京城。轉畫來此安置云々。

（巻第三、開成五年七月二日条）

（また脚迹の千輻輪相を画きならび画跡の根由あり。いうに、貞観年中、太宗皇帝の袈裟を送るの使、天竺に到りて、

阿育《あそか》王古寺を見るに、石上に仏跡あり、長さ一尺八寸、濶さ六寸なり。仏迹を打《うつ》しえて来り、今、京城にあり、転じ画きてここに来りて安置す云々と。）

（本文及び訳、［小野勝年・一九六七・四・注釈］『入唐求法巡礼行記の研究』第三巻による）

とあり、京城（長安の普光寺）より五臺山に伝写されていたこと、五臺山においても石に彫るのではなくて搭本の状態であったこと、その搭本には「貞観年中云々」という縁起（根由）が記されていたことがわかり、貴重である。

この五臺山は、山西省忻州市五台県にある霊山で、清涼山とも称される（金閣寺の写真が［小野勝年・一九六六・二］の『入唐求法巡礼行記の研究』第二巻、及び［齋藤忠・二〇〇六・一〇・論著］『求法僧の仏跡の研究』に載る）。北京市の西南西約二四〇キロメートルの地で、二〇〇九年に世界文化遺産に登録されている。

［亀田孜・一九六四・八・論考］「仏跡の伝来と観智院の仏足図」は、右の円仁の『入唐求法巡礼行記』を指摘した後に、次のように言及している。

円仁はこれを書写したのかどうかを明記していないが、これを訪れた開成五年（八四〇）七月二日にはただちに清涼寺に向っているので、写得なかったと思える。円仁の「入唐新求聖教目録」では、五台山大華厳寺で写得した聖教類のなかには見出せず、長安の興善、青竜等の諸寺で得た画幅類のなかに、「仏跡幷記一巻」があるのを見ると、開成五年か翌年の会昌元年のころに写図したものであって、五台山での所見が、その転写を志すもとになったのであろう。

としている。右の「入唐新求聖教目録」は『大正蔵』五五巻に収められている。

佛跡幷記一巻　（大正蔵55一〇八四下10）

とあり、やはり、縁起がともなっていることが「幷記」から確認出来るのである。

『大正蔵』圖像篇第十二巻には東寺観智院本蔵本の「佛足跡圖」一紙が収められ、これには別の縁起がともなっている。これも一つの流伝の姿として貴重である。これについて、前出の［亀田孜・一九六四・八・論考］「仏跡の伝来と観智院の仏足図」が詳述している。

○得轉寫搭（B5〜6）

「得轉寫搭、是第一本。」（B3）と全く同じ文の運びである。この「轉寫」は模写（複写）する意味である。複写には、「臨」（臨書）・「模」（敷き写し）・「響搨」（光にかざしての転写）・「硬黄」（黄蠟を紙にしみこませ透明化しての転写）・「双鈎塡墨」（輪郭を細線でなぞり、後に墨で埋める方式）の種類があるという［蓮見行廣・一九九五・九・論考］。これらのいずれに依ったものか明らかではないが、今は包括的に「模写」としておく。臨写かも知れない。

○是第二本（B6）

この第二本というのは、「於普光寺」（B5）の項で見たところにより、第一本の「轉寫」（模写）そのものであることが理解出来る。

この箇所の「本」の字及び次に示す「此本」（B6）の「本」の字は、「亠＋八＋十」の六画からなっている。通常は「亠」にならずに、左斜めと続いて「大」の字形になるか、或いは真っ直ぐ下まで降りる縦画になるが、この行（B6）の二文字は「亠八十」を合わせた字形になっている。

○此本（B6）

「第二本」を言う。この第二本については正倉院文書に記録があり、これについては一四九頁に記している。

【「此」の本文異同】（「此」とあるものは示さない）

日——［野呂元丈・一七五二・秋・金石記］『佛足石碑銘』・［松平定信・一八〇〇・一・史料図録］『集古十種』・［釋潮音・一八一九・三・考証］『佛足跡紀文考證』。

□——［秋里籬島・一七九一・四・名所］『大和名所図会』。

其――〔山川正宣・一八二六・八・注釈〕『佛足石和歌集解』（附跌石記文）・〔小山田與清・一八二八・一〇・金石記〕『南都薬師寺金石記』・〔小山田靖齋（葛西孔彰）・一八三八年前後・金石〕『證古金石集』・『薬師寺志』・〔大井重二郎・一九三四・六・論著〕『佛足石歌と佛足石』。

「日」の字に見えるのは、「此」の異体字の縦画と共に、原石に存する元からの凹みの線によるものであり、リバーサルフィルムをルーペで覗くとそうした碑面状態がたちどころに見えてくる。また下に「本」の字があって「日本」となり、B面4行目に「日本使人」とあったことも影を落としている。

○在右京四條一坊（B6〜7）

「右京」の「右」の字は、「艸冠」で文字を彫りかけており、それは「黄」字の最初の四画のようにも見える。「黄書」からの勘違いによる誤刻であろうか。何らかの錯誤が介在していると思われる。**【佛足石記文・用字形確認図】**（二一五頁〜）ではこの錯誤によるものと考えられる「傷」を除外して示している。

〔釋潮音・一八一九・三・考証〕『佛足跡紀文考證』は「音曰、此寺今廢。佛跡無知其處。」としている。その遺址が四条一坊のどこであるのかは明らかでない。〔福山敏男・一九四六・一〇・論考〕「禪院寺」は、「南新の部落の附近にあたることになるが、詳しい地點はわかつてゐないやうである。」とする。〔坪井清足監修・奈良国立文化財研究所・一九八五・三・トンボの本〕『平城京再現』は何に拠っているものか明らかではないが、右京四条一坊十六坪をその位置としている。即ち、阪奈道路が国道三〇八号線に合流する都橋の東約一〇〇《メートル》の尼ケ辻交差点東南角、横領天神社から約二〇〇《メートル》の地、垂仁天皇陵の東方六〜七〇〇《メートル》の地であり、薬師寺との間は約一・六キロ《メートル》の地である。

○禪院（B7）

〔釋潮音・一八一九・三・考証〕『佛足跡紀文考證』が『続日本紀』及び『三代実録』の記事の存在を指摘し、

［山川正宣・一八二六・八・注釈］『佛足石和歌集解・附考』もこの資料に拠る。以下、引用しつつ見て行く。

孝徳天皇白雉四年。随使入唐。…中略…。登時船進、還帰本朝。於元興寺東南隅、別建禪院而住焉。于時天下行業之徒、従和尚學禪焉。（『続日本紀』巻第一、道昭和尚物化伝、文武天皇四年〈七〇〇〉三月己未条）

右に出る「禪院」は、道昭が飛鳥の元興寺の境内隅に建てたものであり、平城京禅院の前史となるものである。この元興寺（本元興寺）は、法興寺・飛鳥寺・安居院等とも呼称される、四天王寺と並ぶ日本最古の寺である。飛鳥元興寺の禅院は右の『続日本紀』に「於元興寺東南隅」と記されていたことから、通称「東南禅院」と呼ばれている。この「東南禅院」は飛鳥池東方遺跡に接する地に存した。［市大樹・二〇一〇・一一・論著］『飛鳥藤原木簡の研究』に次のようにある。

飛鳥寺の寺域内から木簡は出土していないが、南東隅部に隣接する飛鳥池遺跡から関連木簡が多数出土している。国家的工房の置かれた南地区に対して、北地区は飛鳥寺および道昭の建立した禅院との直接的な関係が強く、木簡は寺院資財の管理に関わるものが多い。…中略…基本的に七世紀後半〜八世紀初頭の木簡群で、道昭の活動時期とほぼ重なる。（五九頁）

飛鳥池遺跡南地区——東岸の工房跡の北端では、瓦窯ＳＹ一二〇〇で道昭の創建した禅院（東南禅院）の所用瓦が焼かれた。（一二九頁）

また、［市大樹・二〇一二・六・新書］『飛鳥の木簡』には次のようにある。

飛鳥池遺跡北地区は、道昭の東南禅院と道路を隔てた南側に立地する。一九九二年、飛鳥寺の東南隅部で、礎石建ちの基壇をともなう東西棟建物がみつかり、東南禅院と推定された。そこに葺《ふ》かれていた瓦は、飛鳥池遺跡で焼かれたことが後日判明する。／北地区出土木簡には、東南禅院と関わるものが多い。削屑の「禅院」はその端的な例である。…中略…このように飛鳥池遺跡北地区出土の木簡には、道昭の居住した東南禅院との関

係を示す木簡が多く含まれている。（一四二〜一四三頁）

この飛鳥寺東南禅院の発掘速報は、［毛利光俊彦・一九九九・一〇・速報］「飛鳥池遺跡を掘るⅢ―片鱗を見せた飛鳥寺東南禅院―」（『明日香風』七二号）に、詳細な地図と礎石のカラー写真等が載せられていて、具体的な様相を具に見て取ることができる。

『続日本紀』の道昭和尚物化伝は、右に簡略に引用したが、単なる「物化伝」という以上の説話として詳しく展開している。ここにそれを引用する。

和尚、河内國丹比郡人也。俗姓舩連、父恵釋少錦下。和尚、戒行不缺、尤尚忍行。嘗弟子、欲究其性、竊穿便器。漏汚被褥。和尚、乃微笑曰、「放蕩小子、汚人之床」。竟無復一言焉。初孝徳天皇白雉四年、随使入唐。適遇玄弉三藏、師受業焉。三藏特愛、令住同房。謂曰、「吾昔往西域、在路飢乏、無村可乞。忽有一沙門、手持梨子、与吾食之。吾自啖後、氣力日健。今汝是持梨沙門也」。又謂曰、「経論深妙、不能究竟。不如學禪流傳東土」。和尚奉教、始習禪定。所悟稍多。於後随使歸朝。臨訣、三藏以所持舎利・経論、咸授和尚而曰、「人能弘道。今以斯文附属」。又授一鐺子曰、「吾従西域、自所将来。煎物養病、無不神験」。於是和尚拜謝、啼泣而辞。及至登州、使人多病。和尚出鐺子、暖水煮粥、遍与病徒、當日即差。既解纜順風而去。比至海中、舩漂蕩不進者、七日七夜。諸人恠曰、「風勢快好。計日應到本國、舩不肯行、計必有意」。卜人曰、「龍王欲得鐺子」。和上聞之曰、「鐺子此是三藏之所施者也。龍王何敢索之」。諸人皆曰、「今惜鐺子不与、恐合舩為魚食」。因取鐺子、抛入海中。登時舩進、還帰本朝。於元興寺東南隅、別建禪院而住焉。于時天下行業之徒、従和尚學禪焉。於後周遊天下、路傍穿井、諸津済處、儲舩造橋。乃山背國宇治橋、和尚之所創造者也。和尚周遊凡十有餘載。有勅請還、又住禪院。坐禪如故。或三日一起、或七日一起。倏忽香氣従房出。諸弟子驚恠、就而謁和尚。端坐縄床、無有氣息。時年七十有二。弟子等奉遺教、火葬於粟原。天下火葬従此而始也。世傳云、「火葬畢、親族与弟子

相争、欲取和上骨斂之、飄風忽起、吹颺灰骨、終不知
其處。時人異焉」。

（同右、道昭和尚物化伝、文武天皇四年三月己未条）

（和尚は、河内国丹比郡の人なり。俗姓は船連にして、父の恵釈は少錦下なり。和尚、戒も行も欠くることなく、尤も忍行を尚《たふと》びてあり。嘗《かつて》弟子、其《そ》の性《ひととなり》を究《み》むとして、竊《ひそ》かに便器《はこ》を穿《うか》てり。漏《も》りて被《ふすま》と褥《しとね》とを汚《けが》しき。和尚、乃《すなは》ち微笑《ほほゑ》みて曰《い》はく、「放蕩《しまりな》き小子《をのこ》、人の床《とこ》を汚《けが》せり」といふ。竟《つひ》に復《また》の一言《ひとこと》も無《な》し。初め孝徳天皇の白雉四年のとしに、使に随《したが》ひて唐に入れり。適《たまさか》に玄奘三蔵のほふしに遇《あ》ひて、師として業《わざ》を愛《う》けてあり。三蔵は特愛《いとめ》でて、同じき房に住ましむ。謂《かた》りて曰《い》はく、「吾昔《むか》し西域《さいゐき》に往《ゆ》きしときに、路《みち》に在《あ》りて飢乏《う》うれども、村に乞《こ》ふべきも無くありき。忽《たちま》ちに一《ひとり》の沙門《ほふし》有《あ》りて、手に梨子《なしのみ》を持ち、吾に与《あた》へ食はしむ。吾喫《くら》ひしより後《のち》、気も力も日《ひごと》に健《すくよか》にありき。今は汝《いまし》が是《こ》れ梨を持てる沙門《ほふし》なり」とかたる。又謂《かた》りて曰はく、「経も論も深く妙《たへ》にして、究竟《きは》むること能《あた》はず。学《まな》びと禅《さと》りとを東《ひむがし》の土《くに》に流伝《つた》へむには如《し》かじ」とかたる。和尚教《をしへ》を奉《う》けて、始めて禅定《さとり》を習ひき。悟《さと》れるところ稍《いよ》よ多くありき。後に使に随ひて朝《みやこ》に帰らむとしき。訣《わかれ》に臨みて、三蔵の持てる舎利・経論を以《も》ちて、咸《みな》和尚に授けて曰はく、「人能く道を弘《ひろ》む。今斯《こ》の文《あや》を以《も》ちて付《つ》属かしむ」といふ。又一《あ》る鐺子《なべ》を授けて曰はく、「吾西域より、自《みづか》ら将来《もちきた》りしものなり。物を煎《に》て病を養はむに、神験《みしるし》あらずといふこと無し」といふ。是に和尚拝《をろが》み謝《う》けて、啼泣《な》きて辞《わか》れき。登州に及至《いた》るに、使の人多《さは》に病みてあり。和尚鐺子《なべ》を出《いだ》して、水を暖め粥《かゆ》を煮て、遍《あまね》く病める徒《ともから》に与ふるに、当日《そのひのうち》に即ち差《い》えたり。既にして纜《ともづな》を解《と》きて順《よき》

玄奘三蔵の大慈恩寺大鴈塔
（2010年7月8日、撮影）

風《かぜ》にして去《たびだ》ちぬ。海中《わたなか》に至《いた》る比《ころ》に、船漂蕩《ただよ》ひて進まぬこと、七日七夜あり。諸人《もろひと》怪《あやし》みて曰はく、「風勢《かぜまも》り快好《いとよ》し。日を計れば本つ国に到るべきに、船の肯行《すす》まずあるは、計るに必ず意《こころあ》 有るらむ」といふ。卜人《うらみるひと》の曰《い》はく、「龍王鐺子《なべ》を得むとす」といふ。和上聞きて曰はく、「鐺子、此《こ》は是《こ》れ三蔵の施せるものなり。龍王何《いか》に敢《あへ》て索《もと》めむや」といふ。諸人皆曰はく、「今鐺子を惜しみて与へずは、恐るらくは合《こぞ》りて船魚《いを》が為に食はれなむ」といふ。因《よ》りて鐺子を取りて、海中《わたなか》に抛《な》げ入れにき。登時《すなは》ち船進みて、本つ朝《くに》に還《もど》り帰《かへ》りき。元興寺の東南《たつみ》の隅《かたはら》に、別に禅院を建てて住めり。時に天下《あめのした》の行業《おこなひ》の徒《ともから》、和尚より禅《さとり》を学びき。後に周《あまね》く天下を遊《めぐ》りて、路の傍《かたはら》に井《ゐ》を穿《うか》ち、諸《もろもろ》の津済《わたり》の処《ところ》に、船を儲《まう》け橋を造りき。乃ち山背国の宇治橋は、和尚の創造《つく》りしものなり。和尚の周く遊れること凡《すべ》て十有余載《ととせあまり》なり。勅 請《おほやけのことば》有《あ》り、還りて、又禅院に住めり。坐《すは》りて禅《こころしづ》むること故《もと》の如し。或《あるとき》は三日に一たび起き、或《あるとき》は七日に一たび起きき。倏忽《たちまち》に香気の房より出《い》づ。諸の弟子驚き怪しみて、就《つ》きて和尚に謁《まみ》ゆ。縄床《ゐしき》に端坐《ゐ》て、気息《いき》有ること無し。時に年七十有二なり。弟子等《たち》遺教《をしへ》を奉《う》けて、粟原《あははら》に火もて葬《はぶ》りぬ。天の下の火葬《ひのはぶり》は此《これ》より始れり。世《よのひと》の伝へて云はく、「火葬畢《をは》りて、親族《うから》と弟子と相《とも》に争ひて、和上の骨を取りて斂《をさ》めむとするに、飄風《つむじ》の忽《たちまち》に起《たちま》ひて、灰も骨も吹颺《まきあ》げて、終《つひ》に其《そ》の処《ところ》を知らずなりにき。時の人異《あや》しぶ」といふ。）

右には、唐における道昭の玄奘三蔵への師事というよりも私淑のさまが詳しく描かれている。その玄奘三蔵から「禅《さとり》」の重要さの伝授を受けたことが、帰朝後の「禅院」の建立となっており、「禅院」の名の由来は、まさに玄奘三蔵に由来していることが右の説話から明らかとなる。

この道昭の渡唐は、『日本書紀』の白雉四年（六五三）夏五月壬戌条に見え、内大臣鎌足の長子定恵らと共に、道昭の名も記され、第一船一二一人、第二船一二〇人と記され、第一船の帰朝は翌白雉五年七月丁酉条に見える。右の物化伝に道昭の享年が七二歳とあったところから逆算すると、道昭二五歳から二六歳にかけての渡唐ということになる。

いっぽう、先に見た黄書本實の渡唐は、天智八年（六六九）に入海、天智十年（六七一）に帰国と推定されている。天智十年の帰国であれば、時に道昭は四三歳である。黄書本實は帰国後遠からずして東南禅院の道昭に挨拶し報告すると共に、「佛跡図第二本」を托したものと推定出来る。受け取った道昭は、師の玄奘ゆかりの品でもあり、黄書本實の名と共に縁起を加筆して大切にしたものと考えられる。［吉村怜・一九七一・三・論考］「薬師寺仏足石記と書者「神直石手」について」では、その注6で「黄書本実は、おそらく道昭の委嘱をうけて、仏跡図を図写したのであろう」と言及している。或いはそういうことが介在していたかも知れない。

その後、平城遷都と共に、禅院はいち早く平城へ移る。

・後遷都平城也。和尚弟及弟子等奏聞、徙建禪院於新京。今平城右京禪院是也。此院多有經論。書迹楷好。並不錯誤。皆和上之所將來者也。（『続日本紀』、道昭和尚物化伝、文武天皇四年三月己未条）

・以禪院寺、爲元興寺別院。禪院寺者、遣唐留學僧道照、還此之後、壬戌年（天智天皇元年）三月、創建於本元興寺東南隅。和銅四年八月。移建平城京也。…下略…。（『三代実録』元慶元年十二月十六日条）

平城京では元興寺と切り離されて右京に遷都翌年の和銅四年（七一一）に建てられたことが右の記事からわかる。道昭自身は、右の『続日本紀』の物化記事で明らかなように、遷都以前に飛鳥の地で文武天皇四年（七〇〇）に亡くなっている。道昭とは無関係に禅院という組織が平城には必要であったのである。ここに組織としたが、［堀池春峰・一九五二・一・論考］「平城右京禅院寺と奈良時代仏教」は、「道昭将来経を収蔵した禅院（寺）の経典が甚だ重要視せられ尊重されていたかが窺えるのである」としている。肯ってよい。道昭和尚物化伝中には「三蔵以所持舎利・経論、咸授和尚」とあった。元興寺の方は禅院に遅れること七年後に、その位置も平城右京ではなく左京に移建された（七一八年）。

この右京禅院の「経論」の中に「佛跡図第二本」が存在していた。このことを［足立康・一九四一・二・論考］

は、正倉院文書の「仏跡圖一巻」によって指摘し、以後、人の引用する所となっている。「正倉院文書」（正集・第一巻裏）に、

・仏跡圖一巻〔一条紅袋　一条錦袋　一条白袋〕管一合〔着漆〕

従禪院寺奉請疏論等歴名如件

天平十九年十月九日知他田水主

（「寫疏所解……自禪院寺奉請疏論等歴名」）

（『大日本古文書』二・七一〇頁、及びそれを訂した二十四・四四七頁を参照しつつも、『正倉院古文書影印集成・三』〈正集・第一巻裏・四頁〉の写真版によった。二十四の方がかえって「圖」字を脱したりしている。）

約九〇の疏論と共に、その末尾に記録されている。

黄書本實将来の「佛跡図第二本」と理解してよい。［福山敏男・一九四六・一〇・論考］は、この正倉院文書の記述について、「紅袋、白袋、錦袋と三重に包まれ、更に漆ぬりの管に納めてあったらしい」と解しているが、袋の順序は紅袋、錦袋の上に白袋で包まれてあったものと理解できる。唐土への将来者は王玄策であり、日本への将来者は黄書本實であって、玄奘その人でも道昭でもないが、西域由来のものとして、道昭が紅袋で包み錦の袋で包み更に白袋で包んだ上に漆塗りの管に収められていたということは、道昭の玄奘への敬愛の念を示すものと見てよい（玄奘は『大唐西域記』の撰者であり、その伝記が『大唐大慈恩寺三藏法師傳』である）。そういう大切なものとして愛蔵されていたのである。その第二本そのものの行方は杳として知れない。しかしながら、第三本が石に刻まれることによって、佛足石を通して、第二本も髣髴とするのである。

［藤野道生・一九五七・九・論考］「禅院寺考」は、平城右京の「禅院」は「禅院寺」の略称と考証し、大安寺の禅院など他の禅院例がいくつか存すること等について、詳細に論じている。

○向禪院壇（B7〜8）

「向」（B1）・「向」（B4）は共に「行」の意で使用されていることそれぞれの条で指摘した。今の場合、仮に「向禪院」であれば「向」は「行」の意となるが、ここは四字句で「向禪院壇」が一つの句の単位となっているから、「禪院の壇に向《ゆ》きて」では意をなし難く、やはり「禪院の壇に向《むか》ひて」となる。ここの「向」は「對也」（『篆隷萬象名義』高山寺本、三帖六二オ5）の意である。

「向禪院壇」の主語が明示されていない。「第一本」の一文の主語は「大唐使人王玄策」と明示されていた。「第二本」の一文の主語は「日本使人黄書本實」と明示されている。ここに「第三本」に関する主語が明示されていないのは、自明であるからであろう。当時は自明であっても、今となっては判然としない。しかし、秘蔵に近い「第二本」を「披見」出来るのは文室真人智努その人に違いない。「轉寫」の実務を担当したのは「神石手」であったとしても、文室真人智努はその間横に居たはずであり、そういう意味において、主語は文室真人智努であると見てよい。

「壇」は佛を奉持する壇（佛壇）である。今の場合、三重の袋に包まれた上に、管に納められていた「佛跡圖」が、転写のために開（披）かれ、机上に広げられたものであろう。「佛跡圖」という尊像が広げられたためにその大机を「壇」（佛壇）と称したものと考えられる。それを拝みながら転写（模写）したのである。

○披見神跡（B8）

「披見」とは開き見ることである。前項で「仏跡圖一巻」（正倉院文書）を見た通り、「紅袋・錦袋・白袋」に包まれ、その上に漆塗りの管に納められていたわけであるから、それを開封して見たことを示すのがこの「披見」の語である。「神跡」は佛足跡のことであり、正倉院文書に言う「仏跡」である。A面1行目では「釋迦牟尼佛跡」としていた。「神」は奇しく霊妙であるとする讃美の語である。この「神跡」の語はC面5〜6行目にも出るが、そこでは「釋迦如来神跡」として使用している。

○敬轉冩搭（B8～9）

不明字は石の凹部に位置する。［東野治之・二〇〇九・四・論考］「薬師寺仏足石記再調査覚書」は「「轉」は石のくぼみに当たり、現状では字画が確認できない。その下の「冩」は、くぼみの中に残っている」（所収書による）としている。B面3行目及びB面5～6行目の「轉冩搭」の例により、□は「轉」字と推定できる。前の二例（B3／B5～6）の「轉冩」は名詞用法（轉冩を得し搭）であったが、ここには「得」の文字は無く、この「轉冩」は動詞用法（「敬みて轉冩《うつ》せる搭」）としてある。ここの「冩」字は、□としていた時もあるが（［廣岡義隆・一九八九・二a・注釈］『古京遺文注釈』）、薄い彫りながら「冩」と確認できる文字である。

なお、「冩」の字は、上代において「冩・寫」の双方が使用されるが、佛足石記の六例の全てが「冩」字である。正倉院文書においても「冩」字が圧倒的に多くて、上に点の無い「冩」字が常用字形であると言ってよい。

○是第三本（B9）

以上、この間の「第一本」から「第三本」への展開の文体を見ると以下のようになっている。

①大唐使人王玄策向中天竺鹿野薗中轉法輪處因見跡得轉冩搭是第一本（B1～3）

②日本使人黄書本實向大唐国於普光寺得轉冩搭是第二本（B4～6）

③（文室真人智努）向禪院壇披見神跡敬轉冩搭是第三本（B7～9）

右の②と③の間に「此本在右京四條一坊禪院」の一文があるが、今は略して示した。また③の文の主語は「向禪院壇」条（B7～8）で見たように、「文室真人智努」が略されており、今はそれを丸括弧で括って示した。

佛足石造立のために模写したものであり、それが第三本だというのである。この第三本に基づいて佛足石上平面の佛足は彫られたものであり、彫り上げられた佛足は第四本ということになる。なお、この第三本は彫られる石の上平面に貼り付けられ、用紙の上から鏨が当てられた可能性がある。その場合には、佛足跡の完成と共に第三本は消失したということになる。第一本及び第二本は紙に写されるのみで、石に彫られることは無かったが、ここに、印度の佛足石が第三本に至って日本において石に彫られる形で再現されることになったのである。

右に第三本が刻石と運命を共にした可能性を記しはしたが、第三本の原本は保存され、その副本が石に貼り付けられ刻された可能性もある。むしろその方が現実的な想定になるのであろう。佛足跡歌碑の存在のことを考えると、そちらの可能性が大きい。薬師寺現蔵の佛足跡歌碑は、薬師寺現蔵の佛足石と一対のものである可能性が、その伝来から見て、極めて低いことを本書第二章論考篇一第一節「佛足石記文について」で記している（三五六〜三六〇頁）。即ち、佛足跡歌碑は薬師寺現蔵の佛足石とは別の佛足石に関わって詠作造立されたと考えるのが良い。薬師寺現蔵佛足石とほぼ同じ頃に別の佛足石が造立されていたということは、その佛足石原図の出所は、可能性において、禅院第二本に依拠したか、文室真人智努の許に残存していた第三本に依拠したかのどちらかであろう。その二者の内であれば、転写し易いのは文室真人智努所持の第三本ということになろう。佛足跡歌碑歌の詠歌内容が薬師寺現蔵佛足石に近いのはその為に違いない。第二本に依拠したとしても、また第三本に依拠しても、「佛足石記文」のA面の本文は、それに近いものが原本に存在したはずである。ただし、石に彫りつけるのは上平面の佛足跡だけであり「記文」は略されるという場合も有り得よう。しかしながら、そうした兄弟石が造られたならば、文室真人智努も落慶の宴に出席し佛足跡歌を詠い挙げたであろうし、そうなると佛足跡歌碑歌の中に文室真人智努の作歌も存在することになる。また、その兄弟石の檀主が文室真人智努であるならば、第二歌群一二首の作者は文室真人智努になる。想像に筆を走らせ過ぎてしまった。第三本があれこれの思いを描かせてくれるのである。

さて本文に戻ると、「本」の字は、「本・本」の双方が使用されるが、当時の用字の一般からは「本」が圧倒的に多くて、「本」の字例は探すのに苦労するという程である。これは、次の平安時代になると「本」の字形から草仮名が創出されることからも理解できる。「佛足石記文」ではこの一箇所にのみ「本」が使用されている。一行に二例出る場合は上の例をａ、下の例をｂとして示すことにして一覧すると、次のようになる。

本――Ａ６・Ｂ３・Ｂ４ａ・Ｂ４ｂ・Ｂ６ａ・Ｂ６ｂ……６例

本――Ｂ９……………………１例

○従天平勝寳五年（Ｂ９～10）

ここの「五年」を「元年」と認定するものが若干ある。

【「五年」の本文異同】（「五年」とあるものは示さない）

元年――［野呂元丈・一七五二・秋・金石記］『佛足石碑銘』・［秋里籬島・一七九一・四・名所］『大和名所図会』・［松平定信・一八〇〇・一・史料図録］『集古十種』・［釋潮音・一八一九・三・考証］『佛足跡紀文考證』・［山川正宣・一八二六・八・論著］『佛足石和歌集解』（附趺石記文）・［小山田與清・一八二八・一〇・金石記］『南都藥師寺金石記』・［小山田靖齋（葛西孔彰）・一八三八年前後・金石］『證古金石集』・『藥師寺志』・［信道會館・一九三二・一二・金石記］『佛足石』・［大井重二郎・一九三四・六・論著］『佛足石歌と佛足石』。

古いものは「元年」にしてしまっており、これを「五年」と正したのは［狩谷棭斎・一八三二頃・金石記］『古京遺文』であったが、『古京遺文』が流布するのに時間を要し、これに次ぐのは［蔵春園主人・――・金石記］『皇朝金石編』・［三宅米吉・一八九

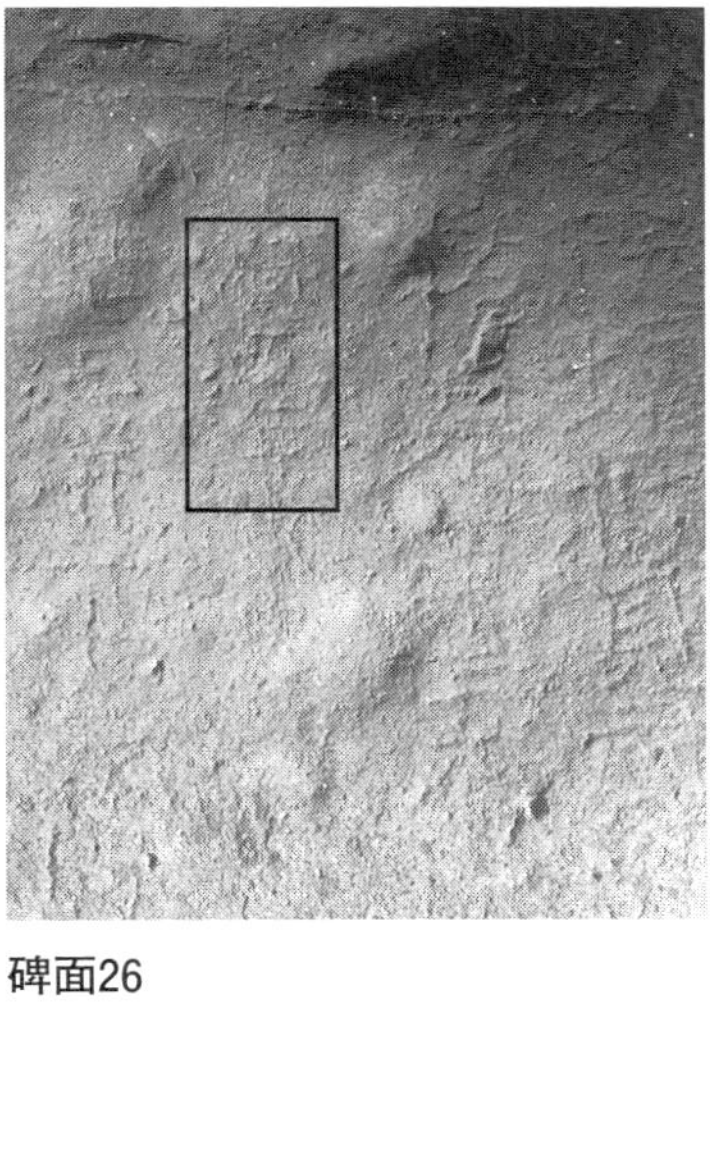

碑面26

七・七・論考〕ということになるが、なおその後も旧説を踏襲するものがある。

「元」字の崩しと「五」字の崩しが字形上多少近いところから、また碑面の「五」の字が不鮮明なところから、「元」年とするものが出て来るのである。しかしながら、原碑に当っての調査では「五」と読み取ることが出来る（「**碑面26**」、参照）。この年次はその下の歳次と連関し、天平勝寳五年は「癸巳」であり、次項の「歳次□巳」（B10）と合致する。西暦七五三年である。佛足石の造立年がこれによって明らかとなる。

○歳次癸巳（B10）

「歳次」は、「歳《ほし》……に次《やど》る」と訓読する。「次」は「舎」の意味で、星宿のやどりの意である。

是月也、日窮于次、月窮于紀、星回于天、數將幾終。〔次、舎也。〕

（『禮記』月令「季冬之月」条、『禮記疏』巻十七〔注〕）『十三經注疏』本、二九九四頁

歳星（木星）は十二年でもって天を一周すると考えられており、その十二宿が十二支で示される。その「次《やどり》」の意。「歳在」の語があるが、『古京遺文』中「歳次」の例は「佛足石記文」の例を含めて二二例あるのに対し、「歳在」の語は一例（威奈真人大村墓誌銘）のみ、『続古京遺文』中「歳次」の例は八例存在し、「歳在」の語例は無い。『奈良朝写経』における識語例では、「歳次」の四三例に対し、「歳在」は二例にすぎない（14七知経〈聖武天皇勅願一切経〉識語・71十誦律第三誦巻第十七識語）。

さて、前項の年次が「五年」であるか「元年」であるかということと、ここの歳次とは連動する事項である。天平勝寳五年の場合、不明箇所の十干は「癸」となってくる。私はその十干相当箇所を読むことが出来ないとして□としているが、読むことが可能とするものもある。

【「癸巳」系の本文異同】

癸巳――〔狩谷棭斎・一八三二頃・金石記〕『古京遺文』・〔大井重二郎・一九七〇・一二一・論考〕。

癸巳――［蔵春園主人・――・金石記］『皇朝金石編』・［三宅米吉・一八九七・七・論考］・［木崎愛吉・一九二一・一〇・論著］『大日本金石史・二』・［菊地良一・一九三九・五・論考］・［田中重久・一九四二・一〇a・論考］・［宮嶋弘・一九五三・一〇・論考］・［保坂三郎・一九五五・二・論考］・［文化財協会・一九五五・三・図録］・［土井実・一九五六・一二・銘文集成］・［竹内理三・一九六二・一一・史料］『寧楽遺文（下）』・［保坂三郎・西宮強三の内・一九六八・二・図録］『原色版　国宝Ⅰ』・［加藤諄・一九六八・一二・論考］「仏足石―日本における―」・［今城甚造・一九七〇・八・図録］奈良六大寺大観・［金井嘉佐太郎・一九七一・一・論著］『仏足石の研究』・［吉村怜・一九七一・三・論考］・［岡崎敬・一九七一・一〇・史料］・［河内昭圓・一九七二・一一・図録］『日本金石圖録』・［齋藤忠・一九八三・七・金石文］『古代朝鮮・日本金石文資料集成』・［町田甲一・一九八四・五・図録］『藥師寺』・［齋藤理恵子・一九九〇・一一・論考］『藥師寺』・［今城甚造・二〇〇〇・七・図録］奈良六大寺大観補訂版。

癸巳――［橋健二・一九五九・六・論考］。

発巳――［浅田芳朗・一九六三・七・論著］『薬師寺仏足石覚書』。

关巳――［藤田經世・一九七五・三・史料］『校刊美術史料』・［東野治之・一九九九・一・論考］「薬師寺仏足石記と龍福寺石塔銘」・［東野治之・二〇〇九・四・論考］「薬師寺仏足石記再調査覚書」。

□巳――［廣岡義隆・一九八九・二a・注釈］『古京遺文注釈』。

この箇所について、［齋藤理恵子・一九九〇・一一・論考］は、次のように調査結果を示す。

藤田經世氏は干支を「关巳」としている。今回調査したところ「五年」は明瞭であり「癸巳」の「巳」も問題なく読めた。ただ「癸」に関しては「天」の部分はみえるが「癶」は不明瞭である。天平勝宝五年は癸巳にあたるので、「癸」と推定できるが、「癸」の異体字の「关」であるとする藤田説も否定できない。しかし字の大きさからみると「癸」である可能性が大きいと思われる。

碑面27

碑面28

元年説をとるものは、「丑」の崩しが「巳」の草字形に近いところから「己丑」とする。しかし原碑の碑面では「□巳」の「巳」が崩されていない形で読み取ることが出来る。ただし、その字形は、「巳《み》」字は碑面では「己《キ》」字に近い「已《イ》」で彫られている（「**碑面27**」は白黒フィルム、「**碑面28**」はリバーサルフィルムによる）。当時は、正倉院文書においても、「巳己已」の三字は区別せずに実におおらかに使用されているのが実態であり、字形ではなく前後の意味から理解されていたようである。

【「己丑」とする本文】　A＝己《キ》（下付・干支本来形）　B＝巳《み》（上付）　C＝已《イ》（中）

己丑―A―〔野呂元丈・一七五二・秋・金石記〕『佛足石碑銘』・〔信道會館・一九三二・一二・金石記〕『佛足石』・〔浅田芳朗・一九六五・三・論著〕『南都薬師寺仏足石の研究史的覚書』。

巳丑―B―〔秋里籬島・一七九一・四・名所〕『大和名所図会』・〔松平定信・一八〇〇・一・史料図録〕『集古十種』・〔大井重二郎・一九三四・六・論著〕『佛足石歌と佛足石』。

已丑―C―〔釋潮音・一八一九・三・考証〕『佛足跡紀文考證』・〔山川正宣・一八二六・八・注釈〕『佛足石和歌集解』（附跌石記文）・〔小山田與清・一八二八・一〇・金石記〕『南都藥師寺金石記』・〔小山田靖齋（葛西孔彰）・一八三八年前後・金石〕『證古金石集』・『藥師寺志』。

○従……七月十五日盡廿七日（B9〜11）

まず本文状況を左に一覧する。

【「盡」の本文異同】（当例は「盡」例も掲げる）

至――［野呂元丈・一七五二・秋・金石記］『佛足石碑銘』・［秋里籬島・一七九一・四・名所］『大和名所図会』・［松平定信・一八〇〇・一・史料図録］『集古十種』・［山川正宣・一八二六・八・注釈］『佛足石和歌集解』（附趺石記文）・［小山田與清・一八二八・一〇・金石記］『南都薬師寺金石記』・［小山田靖齋（葛西孔彰）・一八三八年前後・金石］『證古金石集』・『薬師寺志』・［三宅米吉・一八九七・七・論考］・［信道會館・一九三二・一二・金石記］『佛足石』・［大井重二郎・一九三四・六・論著］『佛足石歌と佛足石』・［菊地良一・一九三九・五・論考］・［足立康・一九四一・二・論考］・［大井重二郎・一九七〇・一二・論考］。

盡――［釋潮音・一八一九・三・考証］『佛足跡紀文考證』・［狩谷棭斎・一八三二頃・金石記］『古京遺文』・［蔵春園主人・――・金石記］『皇朝金石編』・［木崎愛吉・一九二一・一〇・金石記］『大日本金石史・二』・［田中重久・一九四二・一〇a・論考］・［宮嶋弘・一九五三・一〇・論考］・［保坂三郎・一九五五・二・論考］・［文化財協会・一九五五・三・図録］・［土井実・一九五六・一二・銘文集成］・［橘健二・一九五九・六・論考］・［竹内理三・一九六二・一一・史料］『寧楽遺文（下）』・［浅田芳朗・一九六三・七・論著］『薬師寺仏足石覚書』・［浅田芳朗・一九六五・三・論著］『南都薬師寺仏足石の研究史的覚書』・［保坂三郎・西宮強三の内・一九六八・二・図録］『原色版　国宝Ⅰ』・［加藤諄・一九六八・一二・論考］「仏足石―日本における―」・［今城甚造・一九七〇・八・図録］奈良六大寺大観・［金井嘉佐太郎・一九七一・一・論著］『仏足石の研究』・［吉村怜・一九七一・三・論考］・［岡崎敬・一九七一・一〇・史料］・［河内昭圓・一九七二・一一・図録］『日本金石圖録』・［藤田經世・一九七五・

三・史料］『校刊美術史料』・［齋藤忠・一九八三・七・金石文］『古代朝鮮・日本金石文資料集成』・［町田甲一・一九八四・五・図録］『薬師寺』・［齋藤理恵子・一九九〇・一一・論考］『薬師寺』・［今城甚造・二〇〇〇・七・図録］奈良六大寺大観補訂版・［東野治之・一九九九・一・論考］「薬師寺仏足石記と龍福寺石塔銘」・［東野治之・二〇〇九・四・論考］「薬師寺仏足石記再調査覚書」。

ここは、碑面に当って見れば、字形下部の「皿」が原碑で明確に確認できる。ただし、最終画の横線は界線二本中の上部の一本と重なっている。その「皿」の上方には何本かの横線と一本の縦線らしいものを読み取ることが出来、「盡」字と認められる（写真は「**碑面27**」、参照）。こういう次第で、「至」ではないことが明らかであるが、古い文献ほど「至」にしている。

漢文における「AよりBまで」の「時の表現」として、「従A至B」「自A至B」「由A至B」の文型が一般的であるところから「至」としていると考えられる。この語法（時の表現）としての「従A至B」「自A至B」「由A至B」については、［大野透・一九六八・一〇・論著］『漢文法の溯源的研究1』に詳細な考察がある（第十章「時の表現」）。ここの「従A盡B」の例は［大野透・一九六八・一〇・論著］には見えないが、まず「起A盡B」の例について、『大日本古文書』（以下、DKと略称する）に次のように指摘することが出来る。

・起天平十五年十二月盡十八年春夏季（「装潢匠手實」DK二、五三一頁八行目）
・起天平十八年六月廿九日盡潤九月卅日（「寫後經所解」DK二、五三九頁四行目）
・起天平十九年七月一日盡九月廿九日（「寫後經所解」DK二、六八九頁一行目）

右は代表例に過ぎない。「盡」字の例として挙げた。

ここの「従A盡B」の例は、左に示す通り指摘することが出来、かくして「盡」字と確定する。

・従（天平二十年）十月十七日盡十一月十三日（「寫經所解」DK三、一三三頁三行目）

・従（天平二十年）十一月十三日盡十二月十五日（「寫經所解」DK三、一四二頁五行目）
・従（天平）卄年十二月十五日盡二月廿七日（「寫經所解」DK三、二〇七頁一行目）
・従（天平）卄一年二月廿七日盡三月卄九日（「寫書所解」DK三、二一三頁一〇行目）
・従天平卄一年三月卄十九日盡天平感寶元年七月五日（「寫書所解」DK三、二六三頁五行目）
・従十六年四月五日盡七月廿三日（「寫疏論集常校帳」DK八、三八〇頁七行目）
・従天平十六年潤正月十四日盡七月廿五日（「裝潢等送紙受納帳」DK八、四九〇頁八行目）
・従去（天平十六年）八月九日盡十二月廿日（「裝潢等送紙受納帳」DK八、四九二頁五行目）

ここは「従A盡B」のAに当る箇所が「天平勝寶五年歳次癸巳七月十五日」であり、Bに当る箇所が「廿七日」となる。「盡」字は、「をはる」「つく」の訓みもあり得ようが、「いたる」と訓んだ。

なお、鏤刻を開始したとする「七月十五日」は、盂蘭盆会（お盆）の中心的な日に当る。この七月十五日会の日本における最初の記事は推古天皇十四年（六〇六）である。

・自是年初毎寺。四月八日七月十五日設齋。（『日本書紀』推古天皇十四年夏四月壬辰〈八日〉条）

日本古典文学大系本『日本書紀』の同条頭注には「盂蘭盆会のはじめとされる。盂蘭盆会は、もと安居の終った日衆僧を供養する儀式。後に七月十五日祖先の霊に供え餓鬼に施す法会。」とある。『佛説盂蘭盆經』は餓鬼道に堕ちている亡母を救うための目連の供養に始まると説く。佛足石は文室眞人智努がその亡妻・茨田王《うまらだのおほきみ》の菩提を弔うために造立したものであり、『佛説盂蘭盆經』が説く内容に合致するわけではないが、広い意味での霊祭りの日であって、七月十五日の開始日が無縁の日というわけではない。

〇并一十三箇日（B11）

「并」は「併」字の省文であり、「合わせて」の意で使用され、「都《すべ》て」の意に近い。「一十三」は十三の正書法。

「七月十五日」から同月「廿七日」までは十三日間であり、合致する。

○作了（B11）

「作了」の「作」とは彫刻の意である。鏨で石に彫刻を開始して十三日間で完成したと理解できる。これは佛足石のどの箇所の彫刻について言っているものであろうか。即ち、上平面の佛足跡図のみの彫刻完成を意味するのか、石の四周の「佛足石記文」までも入れての発言であるのか、上平面と正面（A面）のみの彫刻について言うのか、明らかではない。しかしながら、四周の「佛足石記文」までも入れての発言であるとすると、その中にこのB面の十三日で完成したという文も含まれることになり、自家撞着を起こすことになる。このB面一行目からの第一本……第二本という運びは「佛足図」に関してのものであるから、この十三日で彫刻完成とするのは上平面の「佛足図」に関してのみの発言と理解するのが順当な文脈理解となる。四周の「佛足石記文」は発願者にとっては副次的な縁起文であり、第一目的は神跡としての佛足の彫刻にあるのである。

このように見て来ると、周囲の「佛足石記文」を含めての佛足石の最終完成にはなお多くの日を要したに違いない。撰文があらかじめ用意されていたかどうかによってもこの完成時日は大きく左右されるが、四周に文字と図像を含む絵を彫るだけでも一月余は有することであろう。

この「了」の文字については、写真画像（**碑面29**）で明らかなように、多少斜めを向いてはいるが、明確に「了」と彫られている。しかし、不読（□）にしたり、「畢」にしたりする本が左のようにある。「已訖」とするものもあるが、二字分のスペースはない。

【「了」の本文異同】（「了」とあるものは示さない）
（「×」は文字の存在しないことを意味する）

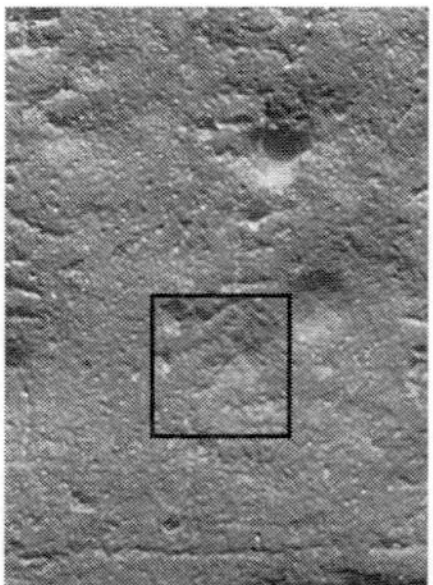

碑面29

×――[野呂元丈・一七五二・秋・金石記]『佛足石碑銘』。

□――[松平定信・一八〇〇・一・史料図録]『集古十種』・[狩谷棭斎・一八三二頃・金石記]『古京遺文』・[蔵春園主人・――・金石記]『皇朝金石編』・[木崎愛吉・一九二一・一〇・金石記]『大日本金石史・二』・[保坂三郎・一九五五・二・論考]・[文化財協会・一九五五・三・図録]・[竹内理三・一九六二・一一・史料]『寧楽遺文（下）』・[浅田芳朗・一九六三・七・論著]『薬師寺仏足石覚書』・[浅田芳朗・一九六五・三・論著]『南都薬師寺仏足石の研究史的覚書』・[金井嘉佐太郎・一九七一・一・論著]『仏足石の研究』。

畢――[田中重久・一九四二・一〇a・論考]・[土井実・一九五六・一二・銘文集成]・[齋藤忠・一九八三・七・金石文]『古代朝鮮・日本金石文資料集成』。

已訖――[宮嶋弘・一九五三・一〇・論考]。

〇檀主（B11～12）

サンスクリット語の dānapati（＝施主）による語。「檀」は dāna（＝施し）の音訳。「主」は pati の意訳。「檀越」（『萬葉集』16・三八四七）や「檀那」「檀家」も同義。ここでは佛足石発願施主をさしている。

〇従三位智努王（B12）

「智努王」その人については、本書第二章論考篇一第八節「文室真人智努の生涯」、同第九節「文室真人智努資料年譜」に詳しい。また本書第三章論考篇二第二節「文室真人智努の萬葉歌とその歌群―新嘗會応詔歌群考―」でも考究している。

「智努王」の読みについても第三章論考篇二第二節「文室真人智努の萬葉歌とその歌群」の五七九～五八〇頁において「ちぬのおほきみ」と訓むことを明らかにしている。参照されたい。

「知識家口」（B界外1）で見たように家族内の知識結をしているが、檀主としての中心人物は智努王であることをここで明らかにしている。

なお「従」字は不鮮明な箇所があるが、行人偏に「従」字の異体字形の最終三画を読み取ることが出来るので、「従」字と判読した。

○以天平勝寶四年（B12〜13）

この箇所の「以」字について、まず言及する。「以」としないものは以下の通りである。

【「以」の本文異同】（「以」以外）（「×」は文字の存在しないことを意味する）

×――［野呂元丈・一七五二・秋・金石記］『佛足石碑銘』・［山川正宣・一八二六・八・注釈］『佛足石和歌集解』（附趺石記文）・［小山田與清・一八二八・一〇・金石記］『南都薬師寺金石記』・［小山田靖齋（葛西孔彰）・一八三八年前後・金石］『證古金石集』・『薬師寺志』・［信道會館・一九三二・一二・金石記］『佛足石』・［大井重二郎・一九三四・六・論著］『佛足石歌と佛足石』。

□――［秋里籬島・一七九一・四・名所］『大和名所図会』・［松平定信・一八〇〇・一・史料図録］『集古十種』。

［釋潮音・一八一九・三・考証］『佛足跡紀文考證』及び［狩谷棭斎・一八三二頃・金石記］『古京遺文』が「以」字を認め、右に示す古い本文類以外は「以」字を確認しているので問題は存在しない（「**碑面30**」の画像写真、参照）。「以」字は、B面の16行目に特殊な字形で出る（一七九頁、「**碑面34**」、参照）。

さて、「以」は「九月七日」（B13）までに掛かるものである。「以二天平勝寶四年歳次壬辰九月七日一」となる。この「天平勝寶

碑面30

四年」は智努王の臣籍降下した年であり（『続日本紀』）、臣籍降下年次は史書に合致している。西暦七五二年である。

○歳次壬辰（B13）

文武天皇元年（六九七）の歳次が丁酉であり（『続日本紀』、巻一巻頭）、天平勝寳四年（七五二）の歳次は壬辰で合致している。

○九月七日（B13）

「九月七日」の「七」については原碑調査で明確に「七」と確認できた箇所であり、本文確認上は問題がない（**碑面31**」の写真、参照）。ところが次に示すように、本文認定上の異同がある。

【「七」の本文異同】（「七」とあるものは示さない）

十――［松平定信・一八〇〇・一・史料図録］『集古十種』。

廿――［釋潮音・一八一九・三・考証］『佛足跡紀文考證』。

松平定信の『集古十種』は、拓本に拠ったために、「十」字にしか見えなかったものとして容易に措置できる。「七」と「廿」とは字形が全く異なるようであるが、釋潮音『佛足跡紀文考證』に見える「廿」の行書形で「十」を横並びに二つ並べた字の最終画を右へはね上げるために「七」の字形と近くなっている（下の写真は釋潮音の『佛足跡紀文考證』静嘉堂文庫本の該当箇所である。但し、自筆本の国立国会図書館本には「廿」の字形で書かれている）。次の「改王字成」条（B14）で示すように、その臣籍降下は「九月廿二日」であり、この『佛蹟誌』が記す「九月廿日」はわずかに三日の違いとなり、無視できないこととなってくる。

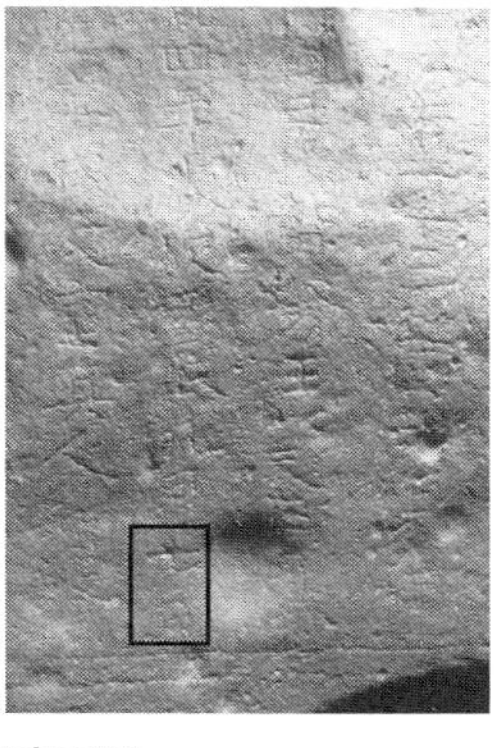

碑面31

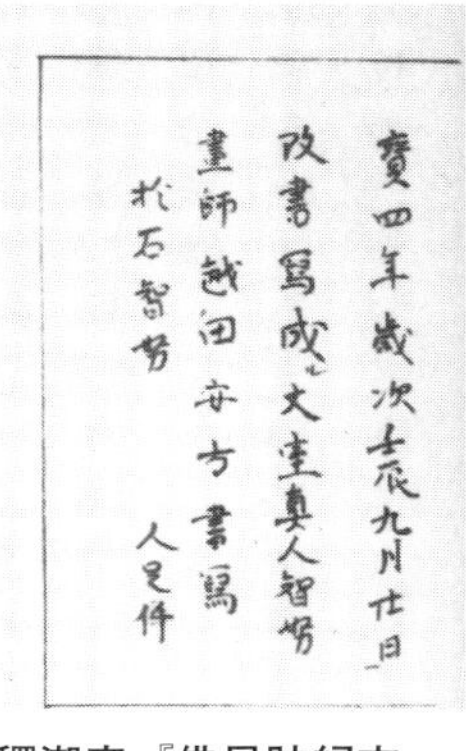

釋潮音『佛足跡紀文考證』静嘉堂文庫本

類似の事例に太安萬侶の卒時がある。

・癸亥年七月六日卒

（太朝臣安萬侶、出土墓誌）

・秋七月庚午、民部卿従四位下太朝臣安麻呂卒。

（『続日本紀』養老七年条）

墓誌の「癸亥年」は養老七年（七二三）に当り、七月の庚午の日は七日に該当して、墓誌と『続日本紀』とで一日の差が生じている。また志貴親王の薨時については、多少事情を異にしながらも、次のような事例がある。

・靈龜元年歳次乙卯秋九月志貴親王薨時作歌一首

（『萬葉集』2・二三〇～二三二題詞）

・甲寅。二品志貴親王薨。

（『続日本紀』靈龜二年八月条）……甲寅の日は十一日になる。

・始設田原天皇八月九日忌斎於川原寺。

（『続日本紀』寶亀二年五月二十八日条）

・先帝丙辰年八月九日崩〔施基皇子。天智天皇第三之皇子。〕

（『類聚三代格』巻十七・國諱追號并改姓名事、寶亀三年五月八日勅）

・八月九日田原天皇國忌

（『三代実録』元慶八年六月十七日条）

『萬葉集』の題詞の年次は『萬葉集注釈』が言うように、「二」を「一」に誤って元年とした可能性があり、九月は法要時・作歌時等であるという解釈上の問題が存するので今除外すると、志貴親王（志貴皇子）の薨時は、靈龜二年（七一六）八月九日か、八月十一日か、という三日の誤差の問題として残ってくることになる（「田原天皇」とは志貴親王の追尊の号である）。こうした記録時の問題について、新日本古典文学大系本『続日本紀・二』に「続日本紀の暦法」の注（補注1の八）があり、詳記されている（二四二～二四四頁）。

佛足石記の刻字は「七」であるが、「廿」字のやや崩れた形（はねた字形）を鏤刻時に「七」と読み誤って彫ってしまった可能性を残しておく（前出の静嘉堂文庫本の「廿」の字形、参照）。［足立康・一九四一・二・論考］はこの「九月七日」によって『続日本紀』の誤りを訂正すべきであるとし、［吉村怜・一九七一・三・論考］は九月七日とは臣籍降下の申出が行われた日であり、九月二十二日の詔によって賜姓が公表されたと見ている。

なお、『公卿補任』は「八月廿三日改王姓爲文室眞人」としている。月が一箇月異なると共に、日も『続日本紀』と一日異なっている。『公卿補任』は資料としての信頼度が一般に劣るものであるが、第二章論考篇一第八節「文室真人智努の生涯」で示しているように、文室真人智努については同人の『家傳』に依拠して記述しており、『公卿補任』の文室真人智努に関わる記述は信が置けるものとなっている。しかし臣籍降下については別資料に依拠したものであろうか。

○改王字成（B14）

原碑には明確に「改王字成」とある（「**碑面32**」、参照）。

ここの箇所について、本文認定に左の通り各種の異同がある。

【本文異同】（「寫」の字形上の異同は問わない）

改之寫成――［野呂元丈・一七五二・秋・金石記］『佛足石碑銘』・［小山田與清・一八二八・一〇・金石記］『南都薬師寺金石記』・［大井重二郎・一九三四・六・論著］『佛足石歌と佛足石』。

改書寫成――［秋里籬島・一七九一・四・名所］『大和名所図会』・［釋潮音・一八一九・三・考証］『佛足跡紀文考證』・［山川正宣・一八二六・八・注釈］『佛足石和歌集解』（附跌石記文）・［小山田靖齋（葛西孔彰）・一八三八年前後・金石］『證古金石集』・『薬師寺志』・［信道會館・一九三二・一二・金石記］『佛足石』。

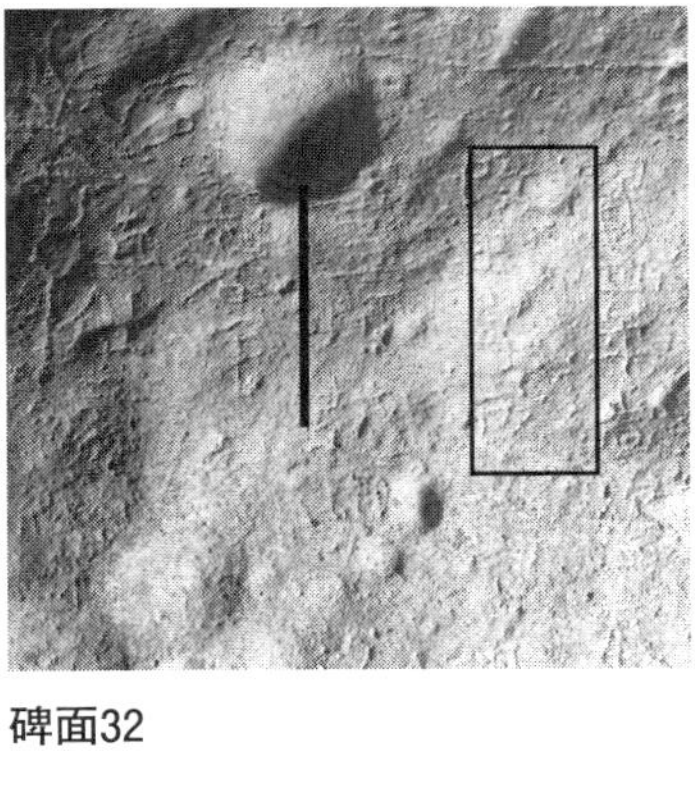

碑面32

改王寫成――［松平定信・一八〇〇・一・史料図録］『集古十種』・［狩谷棭斎・一八三一頃・金石記］『古京遺文』・［蔵春園主人・――・金石記］『皇朝金石編』・［木崎愛吉・一九二一・一〇・金石記］『大日本金石史・二』・［菊地良一・一九三九・五・論考］［文化財協会・一九五五・三・図録］・［土井実・一九五六・一二・銘文集成］・［竹内理三・一九六二・一一・史料］『寧楽遺文（下）』・［金井嘉佐太郎・一九七一・一・論著］『仏足石の研究』・［岡崎敬・一九七一・一〇・史料］・［河内昭圓・一九七二・一一・図録］『日本金石圖録』・［齋藤忠・一九八三・七・金石文］『古代朝鮮・日本金石文資料集成』。

改王□成――［三宅米吉・一八九七・七・論考］・［足立康・一九四一・二・論考］・［田中重久・一九四二・一〇a・論考］・［保坂三郎・一九五五・二・論考］・［橘健二・一九五九・六・論考］・［浅田芳朗・一九六三・七・論著］『薬師寺仏足石覚書』・［浅田芳朗・一九六五・三・論著］『南都薬師寺仏足石の研究史的覚書』・［保坂三郎・西宮強三の内・一九六八・二・図録］『原色版　国宝I』。

改王爰成――［宮嶋弘・一九五三・一〇・論考］。

改王家成――［加藤諄・一九六八・一二・論考］「仏足石―日本における―」・［吉村怜・一九七一・三・論考］・［今城甚造・二〇〇〇・七・図録］奈良六大寺大観補訂版。

改王字成――［今城甚造・一九七〇・八・図録］奈良六大寺大観・［藤田經世・一九七五・三・史料］『校刊美術史料』・［町田甲一・一九八四・五・図録］『薬師寺』・［廣岡義隆・一九八九・二a・注釈］『古京遺文注釈』・［齋藤理恵子・一九九〇・一一・論考］『薬師寺』・［東野治之・一九九九・一・論考］「薬師寺仏足石記と龍福寺石塔銘」・［東野治之・二〇〇九・四・論考］「薬師寺仏足

石記再調査覚書。

改王姓成――［大井重二郎・一九七〇・一二・論考］。

ここでは「改王字成」とする例も掲げた。四字句で示しているが、どの説も「改」と「成」との異同はなく、その両字に挟まれた二字の異同になり、しかも二字目に「書」「之」が古い説に見られるが、「書」はその下の「寫」に引かれたものとおぼしく、「王」が一般的であり、主としては三字目について認定に揺れがあることになる。「寫・爰・家・字・姓」がその揺れである。碑面写真のネガフィルムをルーペで見ると明確に原碑の文字を「王字」と読み取ることが出来て瞭然なのであるが、拓本等に拠るために説がこのように錯綜するものと考えられる。「王の字《みな》を改めて」と読む。先に元の「智努王」（B12）の名で掲出したので、このように追い書きしてことわったのである。智努王の臣籍降下は『続日本紀』によると、天平勝寶四年（七五二）九月二二日である。九月七日との齟齬については右に記した。『続日本紀』の九月二二日条に「従三位智努王等、賜文室眞人姓」とあり、以後『続日本紀』には臣籍降下した名で出る。この臣籍降下の翌年の天平勝寶五年（七五三）に、佛足石を造立しているのであり、正式には改名を記すべきところである。このことについて、［吉村怜・一九七一・三・論考］は「王家の誇りゆえ」とするが、［金井嘉佐太郎・一九七一・一・論著］『仏足石の研究』はこの撰文が王自身によるものではなく第三者の然るべき僧侶によるものゆえであるとする。王名が刻されるのは、撰文が第三者によることに起因していると考えられる。この撰文者について、［田中重久・一九四二・一〇ａ・論考］は「欄外に書かれている三国真人浄足」という説を出すが、これについては「神石手」（B16）の項を参照されたい。

○文室真人智努（B14）

智努王の臣籍降下名であり、臣籍降下した天平勝寶四年（七五二）九月二二日以降出家までの間は、この「文室真人智努」か「文屋真人智努」のどちらかで出る。「文室真人智努」が一般形である。この名についても、本書第二章論考篇一第八節「文室真人智努の生涯」、同第九節「文室真人智努資料年譜」に詳しい。また本書第三章論考篇二第二節「文室真人智努の萬葉歌とその歌群—新嘗會応詔歌群考—」でも言及している。その自署は五一八頁、参照のこと。

〇畫師越田安万（B15）

「畫」（画）の字が一見「盡」字に見える（「**碑面32**」、後ろより三行目の行頭）。これは、「盡」字ではなく、「畫」の異体字「畵」で、全く問題が無い。当時の一般的な用字として「畵」があり、「畫」の字と認定してよい。

このB面で示されている「畫師」の「畫」とは、上平面の絵、即ち第四本としての佛足図と放光の光束図及びその周囲に彫られた法相華文等を指すものとしてある。ところがこの上平面の法相華文と四周（A～D面）の法相華文は同筆であり、またその四周には瑞雲と共に阿波邏羅龍帰順図や菩薩像等が描かれており、これらをも広く指すものと理解できる。このことは、次項の「書寫」（B15）が四周（A～D面）の撰文書写を指している（上平面は絵のみであり、文字がなく、「書寫」としての該当事項が存しない）ことと連動し、このB面末句の「畫師」「書寫」「匠」は、上平面のみではなくて、広く佛足石全体についての事項について記していると理解できるものである。

ただ、画の大綱《アウトライン》は、上平面はもとよりのこと、A面の龍帰順及び金剛神といった図像まで天竺（印度）より中国を経て伝来したわけであり、画師はそれらの図の伝写過程における不都合な箇所を整えると共に、佛足石の現状に合致するように再構成するということに技量が注がれたものと考えられる。原石特有の凹穴を利用しての雲文構成については当条一七〇頁で言及している。

さてこの「越田安万」の「万」の字について、次のように「方」の字にしているものがある。また「萬」の字にするものもある。

【「万」の本文異同】（「万」とあるものは示さない）

方――［野呂元丈・一七五二・秋・金石記］『佛足石碑銘』・［秋里籬島・一七九一・四・名所］『大和名所図会』・［松平定信・一八〇〇・一・史料図録］『集古十種』・［釋潮音・一八一九・三・考証］『佛足跡紀文考證』・［山川正宣・一八二六・八・論著］『佛足石和歌集解』（附趺石記文）・［小山田與清・一八二八・一〇・金石記］『南都藥師寺金石記』・［蔵春園主人・――・金石記］『皇朝金石編』・『藥師寺志』・［信道會館・一九三二・一二・金石記］『佛足石』・［大井重二郎・一九三四・六・論著］『佛足石歌と佛足石』。

萬――［木崎愛吉・一九二一・一〇・金石記］『大日本金石史・一』・［菊地良一・一九三九・五・論考］・［河内昭圓・一九七二・一一・図録］『日本金石圖録』・［齋藤忠・一九八三・七・金石文］『古代朝鮮・日本金石文資料集成』・［町田甲一・一九八四・五・図録］『藥師寺』。

原碑は「万」の字になっている（「**碑面33**」、参照）。

よみは、「こしだのやすまろ」と訓んでおく。［田中重久・一九四二・一〇a・論考］が「万」字に「マロ」のルビ訓を付している。ただ、聖武天皇の法名についてショウムの類音から「勝満」としていることを考慮すると（「菩薩戒弟子皇帝沙弥勝満」『古京遺文』所収「勝宝感神聖武皇帝銅板詔書」㉓、裏面は補刻とされ、ここでは表の㉓のみを採る）、或いは漢名により音読して「こしだのアンマン」と訓む可能性も否定できない。漢名の場合にも、「安万」は「安麻呂」（夜須麻呂）に因む名である。漢名（中国式呼称）であれば音読が妥当し、漢風表記であれば訓読の「……マロ」が妥当ということになる。［田中重久・一九四二・一〇a・論考］

碑面33

が「万」字に「マロ」のルビ訓を付し、〔吉村怜・一九七一・三・論考〕は「こしのたやすまろ」（姓は「こし」、名は「たやすまろ」）とし、〔加藤諄・一九七五・五・論考〕もそれによるが、漢名（漢風表記）は「安万」という二字がその単位となり、「田安万」と三字で訓むのが正しいとは考えられない。この種の漢名（漢風表記）例に次のものが見られる。

・「野中川原史満」の「満」（『日本書紀』大化五年三月是月条）
・「山尻恵満」の「恵満」（「宇治橋断碑」『古京遺文』④。逸文による。『古京遺文注釈』参照）
・「美努岡萬連」の「岡萬」（「美努岡萬墓志」『続古京遺文』⑩）
・「安倍朝臣仲満」の「仲満」（『続日本後紀』承和三年五月戊申「詔詞」条）
・「朝臣仲滿」の「仲滿」（『舊唐書』巻一百九十九上、東夷傳。中華書局・標点本五三四一頁）

〔山川正宣・一八二六・八・注釈〕は「越田氏は姓氏録にも見えず。もとより画のみに預れば卑賤の人なるべし。」とするが、その漢名（漢風表記）からも知識層の人であることが髣髴とし、卑賤云々は当らず、相当の知識人と推測される。石の材質（火山性角礫岩）からくる特有の凹部凹穴を利用して、それを窟や谷間と見、そこから雲が湧き出ているかの如く描いたりするなど（A面）、非凡の才の持ち主と考えられる（本書第三章論考篇二第六節「『萬葉集』の「夕岫」寸考」参照）。

なお瑞雲文の描法について、正倉院に残る「浅縹布」（南倉）における雲文を描く手法と近いものがあると見、その「浅縹布」の雲文写真を本書第二章論考篇一第一節「佛足石記文について」に掲げた（三六四頁、「**図5**」）。参照されたい。

○書寫（B15）

この「書」の字に左の通り「畫」（画）とするものがある。

【「書」の本文異同】（「書」とあるものは示さない）

畫――［野呂元丈・一七五二・秋・金石記］『佛足石碑銘』・［松平定信・一八〇〇・一・史料図録］『集古十種』・［小山田與清・一八二八・一〇・金石記］『南都薬師寺金石記』・［大井重二郎・一九三四・六・論著］『佛足石歌と佛足石』。

これらは、文脈解釈として、「畫師越田安万畫寫。」とするものであるが、ここの「書寫」は続く「神石手」に冠するものとしてあり、「畫師、越田安万。書寫、神石手。」となる文脈である。即ち、「書寫」はこの場合「書」に主たる意があり、撰文を含んだ意と理解するのがよい。次行の「神石手」（B16）がこの「佛足石記文」の撰文者であると考えられる。この箇所について、［吉村怜・一九七一・三・論考］は「檀主は従三位智努王。……画師は越田安万。書写は神石手。」の文脈であると指摘している。従うべきである。

「畫師」以下の三行は、一見、一字下げ改行の書式のように見うけられるが、よく見るとそうではない。即ち一五行目「畫」及び一六行目「神」の上は凹部で刻字を避けたものであるし、一七行目「匠」の上部は右の行に揃える為か法相華文を刻している。末尾の三行共に上部は詰まっていると解釈できる。ついで下端も、一五行目「書寫」一六行目「以足」共に界線に接していて空白部が認められない。以上により、改行なしの一続きの文であると見てよく、「書寫」の語はその上に付くことなく次行の「神石手」にかかるという解は何ら不自然なものではない。

○神石手（B16）

まずこの箇所の本文状況を確認しておく。

【本文異同】（「×」は文字の存在しないことを意味する）

×××――［野呂元丈・一七五二・秋・金石記］『佛足石碑銘』・［小山田靖齋（葛西孔彰）・一八三八年前後・金石］『證古金石集』・［信道會館・一九三二・一二・金石記］『佛足石』。

□扣□――〔秋里籬島・一七九一・四・名所〕『大和名所図会』・〔山川正宣・一八二六・八・注釈〕『佛足石和歌集解』（附趺石記文）。

杉原甲――〔松平定信・一八〇〇・一・史料図録〕『集古十種』。

於石智努――〔釋潮音・一八一九・三・考証〕『佛足跡紀文考證』。（「於」の字、自筆本である国立国会図書館本では、木偏に旁が「𠂉+ソ+二」の形になっている。）

神石作主――〔小山田與清・一八二八・一〇・金石記〕『南都薬師寺金石記』・『薬師寺志』・〔大井重二郎・一九三四・六・論著〕『佛足石歌と佛足石』。

□石手――〔狩谷棭斎・一八三二頃・金石記〕『古京遺文』・〔木崎愛吉・一九二一・一〇・金石記〕『大日本金石史・二』・〔田中重久・一九四二・一〇a・論考〕・〔宮嶋弘・一九五三・一〇・論考〕・〔竹内理三・一九六二・一一・史料〕『寧楽遺文（下）』・〔大井重二郎・一九七〇・一二・論考〕・〔河内昭圓・一九七二・一一・図録〕『日本金石圖録』・〔齋藤忠・一九八三・七・金石文〕『古代朝鮮・日本金石文資料集成』。

□石午――〔蔵春園主人・――・金石記〕『皇朝金石編』。

□石□――〔三宅米吉・一八九七・七・論考〕・〔菊地良一・一九三九・五・論考〕。

神石手――〔保坂三郎・一九五五・二・論考〕・〔文化財協会・一九五五・三・図録〕〔土井実・一九五六・一二・銘文集成〕・〔浅田芳朗・一九六三・七・論著〕『薬師寺仏足石覚書』・〔浅田芳朗・一九六五・三・論著〕『南都薬師寺仏足石の研究史的覚書』・〔保坂三郎・西宮強三の内・一九六八・二・図録〕『原色版　国宝Ⅰ』・〔加藤諄・一九六八・一二・論考〕「仏足石―日本における―」・〔今城甚造・一九七〇・八・図録〕奈良六大寺大観・〔金井嘉佐太郎・一九七一・一・論著〕『仏足石の研

究』・［吉村怜・一九七一・三・論考］・［岡崎敬・一九七一・一〇・史料］・［藤田經世・一九七五・三・史料］『校刊美術史料』・［町田甲一・一九八四・五・図録］『薬師寺』・［廣岡義隆・一九八九・二a・注釈］『古京遺文注釈』・［齋藤理恵子・一九九〇・一一・論考］『薬師寺』・［今城甚造・二〇〇〇・七・図録］奈良六大寺大観補訂版・［東野治之・一九九九・一・論考］「薬師寺仏足石記と龍福寺石塔銘」・［東野治之・二〇〇九・四・論考］「薬師寺仏足石記再調査覚書」。

この箇所は、「**碑面32**」の画像写真（一六五頁、傍線部）により、「神石手」と確定すると共に、次に挙げる正倉院文書「故大鎮家解」中の「書吏正八位上神直石手」により確認できることになる。［田中重久・一九四二・一〇a・論考］は「石手」を「石大工のこと」と解するが、そうとは考えられない。次の正倉院文書を発掘・紹介したのは、［吉村怜・一九七一・三・論考］である。正倉院文書「故大鎮家解」（『大日本古文書』六・一〇九頁）に次のようにある。

故大鎮家解　　申請書手事

　中臣鷹取

　右、依有應行願、十箇日間、所請如件、以解。

　　　寳龜元年十一月廿日、書吏正八位上神直石手。

家令正六位下直豊丘

知家事文室真人真老

（『正倉院古文書影印集成』六、続修巻二一、八五～八六頁）

［吉村怜・一九七一・三・論考］は、

故大鎮とは故東大寺大鎮、文室真人智努のことで、彼は宝亀元年（七七〇）十月九日、七十八歳でこの世を去った。つまり智努の薨後、四十日ほどたって、東大寺写経所にあてて、書手中臣鷹取の借用を申し出たときの文書である。おそらく四十九日の法要に間にあわせるためであったろう。

とする。従ってよい。［吉村怜・一九七一・三・論考］は、この「神直石手」が「佛足石記文」の書家であり、撰文者は智努本人とするが、私は撰文者は智努自身ではなく第三者であり、その撰文者とは他ならぬこの「書吏神直石手」であると見るものである（「智努王」条〈B12〉「夫人」条〈C2・C6〉、参照）。即ち、前項の「書写」（B15）を撰文を主とする意であると解するものである。

「神直石手」の「直」は、朝廷に服属した地方豪族に与えられた姓である（『國史大辭典』「あたえ」の項）。正八位上とその官位が低いが、知識人・山上憶良が遣唐少録に任じられた時は無位であった（『続日本紀』大宝元年正月二十日条）。

右の「故大鎮家解」中に見える「神直石手」の肩書の「書吏」は、「家令」（家政執行のための官吏）の下に位置する書記官である。「家令職員令」によると、

二位　家令一人。従一人。大書吏一人。少書吏一人。（「家令職員令」6）

正三位　家令一人。書吏二人。（「家令職員令」7）

（日本思想大系『律令』所収）

となる。文室真人浄三は、天平寶字八年（七六四）正月まで正三位で、その後薨ずる寶龜元年（七七〇）十月九日までの二五年間は従二位であった。よって書吏は「大書吏」「少書吏」を称するはずであるが、薨後は当分の間、三位扱いで措置されたものであろうか（なお、従三位は「書吏一人」となる）。

［吉村怜・一九七一・三・論考］によれば、「書吏神直石手」は書家とするが、右の「故大鎮家解」は「書手」の「中臣鷹取」の借用申請であり、不審が残る。こうしたところからも、「書吏」とは書家ではなく文筆担当者であり、「神直石手」は「佛足石記文」の撰文者であったと見るのが良い。

神石手の執筆について

「佛足石記文」の撰文者「神直石手」は、A面の執筆について、どの程度関与しているのかということについて、ここで考えておきたい。見て来たように、上平面の佛足図は、「第一本」「第二本」と伝えられ、ここに佛足を彫ることが可能となった。その「第一本」に由来縁起が全く記されてなければ、「大唐使人王玄策」云々ということはわからないことになる。また「於普光寺」条（B5）で見たように、後に慈覚大師圓仁が五臺山金閣寺の経蔵閣で佛足石の搭本を見ている。その「畫跡之根由」即ち識語に「貞観年中云々」という縁起が記されていたこと等が『入唐求法巡礼行記』に記されていることを確認した。この五臺山金閣寺の佛足石搭本は、長安の普光寺より五臺山に伝写されていたことも確認した。即ち、ここでいう「第一本」には、そうした由来縁起が記されていたことが、以上により確実となって来る。問題は、搭本識語においてそうした伝来縁起が記されていただけなのかということであるが、阿波邏羅龍帰順譚とその図像が記されていたことが明らかとなっており（「有龍泉」条〈A9〉）、A面に近い内容が第一本に記されていたものと考えられるのである。

　このように考えると、極端な場合、「神直石手」は、A面については「第二本」のままに書き写したという可能性を考えておかなくてはならない。「神直石手」の執筆はB面とC面ということも有り得ることになる。

　留意してよい事項は、次の二条では無かろうか。

「无量衆罪由此而滅」条（A7）――ここのところ、依拠経典の『観佛三昧海經』では「此人除却百億那由他恒河沙劫生死之罪」とある。この『観佛三昧海經』の文を佛足石文のように単純化すると、「此人除却生死之罪」となる。意味上は、この経典の「此人除却生死之罪」と佛足石文の「无量衆罪由此而滅」とは大きく異なるものではない。経典の方は「除却罪」（罪を除却す）とあって、用言「除却」は他動詞としてある。一方、佛足石文の方は「罪滅」（罪滅《き》ゆ）とあって、用言「滅」は自動詞としてある。この自他の違いは何かと言うと、「无量衆罪由此而滅」の文体は、中に「由此」（此《これ》に由《よ》り）という反転表記（漢文脈）が存在するが、全体としては、「无量の衆罪すら由此而《て》滅《き》ゆ」という倭文の文脈で綴られていることになる。勿論、漢文としてこの語順は有り得ることではあるが、見たように、依拠経典の語順を変えてこのようにしているのは、本邦人の手になるものであろう。少なくとも玄奘の手とは思えず、第一本では無くて、第二本以降における手であろうし、また道昭和尚が経典を変改することであろうかという疑問がある。このように考えると、この「佛足石記文」の「无量衆罪由此而滅」は神石手の手ではないかという考えに帰着する。なぜ変改したのかというと、A面スペースに納めるための本文の縮約ということ（「観佛三昧經云」条〈A6〉、参照）と四字句四字句の八字句にするためであろう。本邦官人においては、四字句が基本文体になっていた。ここは僧ではない、まさに官人らしい本文縮約である。

「恐悪心起」条（A11）——ここはアパラーラ龍帰順譚の箇所で、暴悪龍が佛に帰依した後の描写である。この「恐悪心起」については、『大唐西域記』にも『釋迦方志』にもこの句は見えず、『佚西域傳』にも存在しないであろうと考えた句である。ということはA面執筆者の手になるものということになる。この箇所、他動詞により「恐レ起二悪心一」とするのが漢文的文脈と考えられるが、ここは「起」を自動詞として「恐二悪心起一」としている。漢文語序としておかしくはないが、発想としては倭文の発想であろう。そういう意味において、この箇所も神石手の手であろうという考えに落ち着く。

右の次第で、明確な決め手には欠けるのであるが、私は、A面にも、書吏神直石手の手が入っていると推考する。

なお、［菊地良一・一九三九・五・論考］には、「橋本師に依れば碑銘はその字形字體に於いて左側、背面の日本のことを記す部分が他の部分と著しく異つてゐるといふ」との記述がある。「橋本師」とは薬師寺第一二三代管主橋本凝胤師のことであり、「左側、背面」とは私が言うB面とC面のことである。この字形字体のことはむつかしい。C面については何となく異なるようにも見られるが、文字の大きさに由来することかも知れない。B面にはA

面で使用されていない文字形があるが（「本」や「以」など――これらはそれぞれの注解項目で言及）、通常の文字形と併用されており、やはり決め手に欠ける。むしろ筆記は、A・B・C・Dの各面について筆録担当者一人が通して担当したものと理解され、そうした面から考えると、筆遣いという面からの異なりというのは、ネガティブに働かざるを得ないのである。

「佛足石記文」として記される際に、整斉された箇所は以下のようになろう。

＊　　＊　　＊

釋迦牟尼佛跡圖（A1）――総題。

案西域傳云（A2）――引用辞。

今（A2）――「佛足石記文」撰文者の文。

有一大石（A2）――『釋迦方志』『法苑珠林』『大唐西域記』には「有大石」とあり、四字句は撰文者の手。

一尺八寸（A3）――『大唐西域記』は「尺有八寸」、『法苑珠林』は「尺八寸」、『釋迦方志』は「尺八」とあり、「一尺八寸」は撰文者の手。

輪相花文（A3）――佛足石には、金剛杵・双魚・華瓶・螺王・千輻輪・梵王頂の各相、足指に花文が刻まれており、「輪相花文」は各相の総称。「有輪相花文」の意。「十指各異」（次項）へは続いて行かない。撰文に際して変容した文。

十指各異（A3）――本来の句意は足指に刻される「花文」相が十指一様ではない意。「佛足石記文」では独立した意味となり、十指の長さが一様でない意になっている。

足所蹈處（A4）――「所蹈」は四字句に整斉する作業過程で出てきたもの。

還生文相（Ａ５）――『大唐西域記』は「還平文彩」、『法苑珠林』『釋迦方志』は「還平文采」とあり、「還生文相」は撰文者の手。

又（Ａ５）――「佛足石記文」撰文者の文。

今（Ａ６）――「佛足石記文」撰文者の文。

所在流布（Ａ６）――「佛足石記文」撰文者の文。

観佛三昧經云（Ａ６）――引用辞。

☆若人見佛足跡内心敬重（Ａ７）――経典の縮約（「観佛三昧經云」条〈Ａ６〉、参照）。

☆无量衆罪由此而滅（Ａ７）――一七五～一七六頁で記述したところである。

今得値遇（Ａ７）――「佛足石記文」撰文者の文。

非有幸之所致乎（Ａ８）――「佛足石記文」撰文者の文。

又（Ａ８）――「佛足石記文」撰文者の文。

☆恐悪心起（Ａ11）――一七六頁で記述したところである。

寺佛堂中（Ａ12～13）――四字句に整斉。

玉石之上（Ａ13）――四字句に整斉。

道俗至時同往□慶（Ａ13）――内容を縮約。

依観佛三昧經（Ａ14）――引用辞。

及（Ａ14）――「佛足石記文」撰文者の文。

不遇諸悪是為困祥（Ａ19～20）――「佛足石記文」撰文者の文。

＊　＊　＊

これ以外にも整斉の手は有り得るが、いちおうの列挙として右を掲げておく。これらの内、神直石手の手になるものではないかと推考したのは☆マークの経典縮約と☆マークに傍線を付した「无量衆罪由此而滅」（A7）・「恐悪心起」（A11）であるが、厳密にはどの段階での誰の手によるものであるのか、判然としないところが当然ながらある。

○□□□以足（B16）

□□□の箇所の二字目は今回之繞が確認できた。旁が明確でないが、「過」や「遇」にも見えはするが判然としない。「畫師」「書寫」と展開して来たところからすると、分担作業名が入る可能性がある。□の三字目についてはこれまで「呂」としていたが、「呂」は旁で偏が存在する可能性が極めて高く、その意味において、今回□とした。「□以足」は人名と解される。この□については、［東野治之・二〇〇九・四・論考］「薬師寺仏足石記再調査覚書」が次のように言及する（その本文は「□□□人足」）。

　「手」の下は三字分不明であるが、三字目は下半部に「口」を置く字のように見える。

「□」の下は、諸文献全てと言ってよいほどが「人足」とし、「以足」とするものは無いが、原碑では「入」を左に「人」を右に並べた「以」字の異体字形である（「**碑面34**」、参照――この写真画像に明確に出ている）。即ち「人」の左に「入」に近い字形が彫り込まれている。この異体字形は、次頁に示す「お札」に端的に現れ、これは半ば記号化してしまっている。①の例における「金」字の左右の飾りは、本来は「以」字であり、「以二金閣舎利殿御守護一、學業成就、交通安全。」となるものであるが、②になると、もうこれは完全な装飾そのものとなってしまっている。このような図形になる前の文字としての「以」字例が当例である。

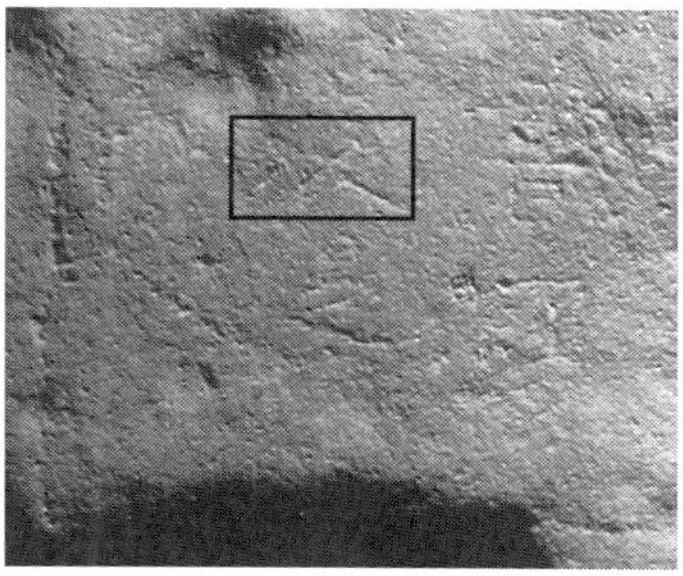

碑面34

①

②

ここの諸本の本文状況は左のように錯綜している。

【「□□呂以足」の本文異同】（「×」は文字の存在しないことを意味する）

×××口人——［野呂元丈・一七五二・秋・金石記］『佛足石碑銘』。

□智努——［秋里籬島・一七九一・四・名所］『大和名所図会』・［山川正宣・一八二六・八・注釈］『佛足石和歌集解』（附趺石記文）・［小山田靖齋（葛西孔彰）・一八三八年前後・金石］『證古金石集』。

（以下漫滅）——［松平定信・一八〇〇・一・史料図録］『集古十種』。

□人足仟——［釋潮音・一八一九・三・考証］『佛足跡紀文考證』。

□□□人足——［小山田與清・一八二八・一〇・金石記］『南都藥師寺金石記』・『藥師寺志』・［大井重二郎・一九三四・六・論著］『佛足石歌と佛足石』・［東野治之・二〇〇九・四・論考］「薬師寺仏足石記再調査覚書」。

□□□呂人足——［狩谷棭斎・一八三二頃・金石記］『古京遺文』・［蔵春園主人・——・金石記］『皇朝金石編』・［木崎愛吉・一九二一・一〇・金石記］『大日本金石史・二』・［保坂三郎・一九五五・二・論考］・［文化財協会・一九五五・三・図録］・［竹内理三・一九六二・一一・史料］『寧楽遺文（下）』・［浅田芳朗・一九六五・三・論著］『南都薬師寺仏足石の研究史的覚書』・［保坂三郎・西宮強三の内・一九六八・二・図録］『原色版　国宝Ⅰ』・［加藤諄・一九六八・一二・論考］

「仏足石―日本における―」・［今城甚造・一九七〇・八・図録］奈良六大寺大観・［大井重二郎・一九七〇・一一・一・論考］・［金井嘉佐太郎・一九七一・一・論著］『仏足石の研究』・［吉村怜・一九七一・三・論考］・［岡崎敬・一九七一・一〇・史料］・［藤田經世・一九七五・三・史料］『校刊美術史料』・［町田甲一・一九八四・五・図録］『藥師寺』・［齋藤理恵子・一九九〇・一一・論考］『藥師寺』・［今城甚造・二〇〇〇・七・図録］奈良六大寺大観補訂版。

□人足□―――［三宅米吉・一八九七・七・論考］。

□□万呂人足―［田中重久・一九四二・一〇a・論考］・［土井実・一九五六・一二・銘文集成］。

奴□万呂人足―［宮嶋弘・一九五三・一〇・論考］。

□□□名人足―［浅田芳朗・一九六三・七・論著］『薬師寺仏足石覚書』。

□□呂人足□―［河内昭圓・一九七二・一一・図録］『日本金石圖録』・［齋藤忠・一九八三・七・金石文］『古代朝鮮・日本金石文資料集成』。

□呂以足―――［廣岡義隆・一九八九・二a・注釈］『古京遺文注釈』。

□□□口人足―［東野治之・一九九九・一・論考］「薬師寺仏足石記と龍福寺石塔銘」。

○近□□□□□（B17）

この箇所は判然としない。左に諸説を掲げる。

【本文異同】（「×」は文字の存在しないことを意味する）

××××××―――［野呂元丈・一七五二・秋・金石記］『佛足石碑銘』・［秋里籬島・一七九一・四・名所］『大和名所図会』・［釋潮音・一八一九・三・考証］『佛足跡紀文考證』・［山川正宣・一八二六・八・注釈］『佛足石和歌集解』（附趺石記文）。

匠仕□（七字分）□――〔小山田與清・一八二八・一〇・金石記〕『南都藥師寺金石記』・〔大井重二郎・一九三四・六・論著〕『佛足石歌と佛足石』。

□仕奉□□□人――〔狩谷棭斎・一八三二頃・金石記〕『古京遺文』・〔蔵春園主人・――・金石記〕『皇朝金石編』・〔木崎愛吉・一九二一・一〇・金石記〕『大日本金石史・一』・〔田中重久・一九四二・一〇a・論考〕・〔宮嶋弘・一九五三・一〇・論考〕・〔保坂三郎・一九五五・二・論考〕・〔文化財協会・一九五五・三・図録〕・〔土井実・一九五六・一二・銘文集成〕・〔竹内理三・一九六二・一一・史料〕『寧楽遺文（下）』・〔浅田芳朗・一九六三・七・論著〕『薬師寺仏足石覚書』・〔浅田芳朗・一九六五・三・論著〕『南都薬師寺仏足石の研究史的覚書』・〔保坂三郎・西宮強三の内・一九六八・二・図録〕『原色版　国宝Ⅰ』・〔加藤諄・一九六八・一二・論考〕「仏足石―日本における―」・〔今城甚造・一九七〇・八・図録〕奈良六大寺大観・〔大井重二郎・一九七〇・一二・論考〕・〔金井嘉佐太郎・一九七一・一・論著〕『仏足石の研究』・〔岡崎敬・一九七一・一〇・史料〕・〔河内昭圓・一九七二・一一・図録〕『日本金石圖録』・〔齋藤忠・一九八三・七・金石文〕『古代朝鮮・日本金石文資料集成』・〔町田甲一・一九八四・五・図録〕『藥師寺』。

匠仕□□□□□――『藥師寺志』。

匠作□□□□□――〔三宅米吉・一八九七・七・論考〕。

巨作□□□□□――〔菊地良一・一九三九・五・論考〕。

匠仕奉□□□人――〔吉村怜・一九七一・三・論考〕・〔齋藤理恵子・一九九〇・一一・論考〕『藥師寺』・〔今城甚造・二〇〇〇・七・図録〕奈良六大寺大観補訂版。

□仕奉［ ―――［藤田經世・一九七五・三・史料］『校刊美術史料』。
匠仕□□―――［廣岡義隆・一九八九・二ａ・注釈］『古京遺文注釈』。
匠供□□―――［廣岡義隆・一九九〇・六・論考］「佛足石記・佛足石歌碑本文影復元」。
近仕□□□□人―――［東野治之・一九九九・一・論考］「薬師寺仏足石記と龍福寺石塔銘」・［東野治之・二〇〇九・四・論考］「薬師寺仏足石記再調査覚書」。

私はこの箇所を五文字と見ている。その下の碑面は表面が平滑になっている状態であり、文字は存在しないものと考えられる。末尾に「人」字を『古京遺文』が認めて以来、その「人」字を認定する本が少なくないが、これは碑面上に存する斜めの長い筋を誤認したものと考えられ、同様の斜めの筋は、二行前（B15）の「書」字近くにも二本存在する（写真・「**碑面34**」〈一七九頁〉、参照）。そうした碑面状況の認定は［藤田經世・一九七五・三・史料］『校刊美術史料』の文字認識と一致するところである。「仕」とされる字の下の文字は、何本かの横線（横画）がうかがえるが、ここに「仕奉」の語があっても意味解釈が困難である。「仕奉」の語は単に「仕へまつる」という意味だけではなく「造る」（造ることでお仕え申し上げる）という意味も存在するが、その意味は、「畫師」「書寫」などという全体に関わる語となり、この箇所のみに関して存在するこの位置というのはおかしいことになる。［吉村怜・一九七一・三・論考］は「匠として仕え奉るは、□□□人」と読み、ここで叙述の形式を改めているというが、改める理由がわからない。ここの文字が「匠」であれば彫刻師の意味となる。その下の文字不明部分はそのスペースから三字或いは四字と推定され、それは人名と考えられる。それが前の文脈から見て順当な結論である。［廣岡義隆・一九八九・二ａ・注釈］『古京遺文注釈』「仏足石記」では「仕□□」としていた。その後、［廣岡義隆・一九九〇・六・論考］「佛足石記・佛足石歌碑本文影復元」で「仕」字を疑問とし、「供」字と推定した。

本文を「仕□□」としていた時は、次のように記していた。

「仕」ではじまる人名は稀であるが、「仕己知豊国」「仕己知虫麻呂」（共に『日本古代人名辞典』による）などが見える。「仕己知虫麻呂」の例でいうと「仕虫萬」のような漢風呼称もあり得たであろう。

（［廣岡義隆・一九八九・二a・注釈］）

「仕己知虫麻呂」とか「仕虫萬」は具体例として挙げたまでであり、ここに刻されているのがその人名であるというわけで示しているのではない。ところが、「供」字の場合には、そうした氏を思い浮かべることすら困難である。『日本古代人名辞典』にも『新撰姓氏録』にも『大漢和辞典』にも見えない。

右の次第で「供」字について、一旦は確認した用字であったが、今回、撤回したい。

その後、［東野治之・一九九九・一・論考］「薬師寺仏足石記と龍福寺石塔銘」に、次のような指摘がある。

従来この行は、冒頭から「匠仕奉」と読んで、石匠として仕えた何某という人名が記されているとみる説が一般化している。しかし原石では「匠」の第一画が見当たらない。また「奉」かとされる第三字も、横画二〜三本は確かめられるものの、「奉」とは断じにくい。ここは冒頭二字を「近仕」と読み、以下は人名と解すべきように思う。近仕は、おそらく近事、近士に通じ、優婆塞の意であろう。近事の用例は後にふれる写経奥書の他にも多く、僧行信『仁王護国経疏』に「近事女」（巻上、『大日本仏教全集』四、一五頁上）、「近事男女」（巻下、同上四五頁下）、『唐大和上東征伝』に「近事」（天宝三載条）とあり、『延暦僧録』（上宮皇太子菩薩伝）の挿話には、崑崙人の「近事」も登場する。一般に「事」「士」「仕」は相互に通用するが、直接には「近事」を「近士」と書く例があり（『続日本紀』天平宝字二年八月朔条、岩波書店新日本古典文学大系本、『延暦僧録』真木尾居士藤原種嗣伝、同上芸亭居士石上宅嗣伝）、律令制下で国衙の下級職員として現れる散事については、「散仕」と記す場合が少なくない。これらを勘案すると、近事が近仕と表記されることは充分ありえよう。この近仕は仏足跡の制作に助力結縁した知識の一人として、銘文に名を記されたものと考えられる。…下略…

碑面35

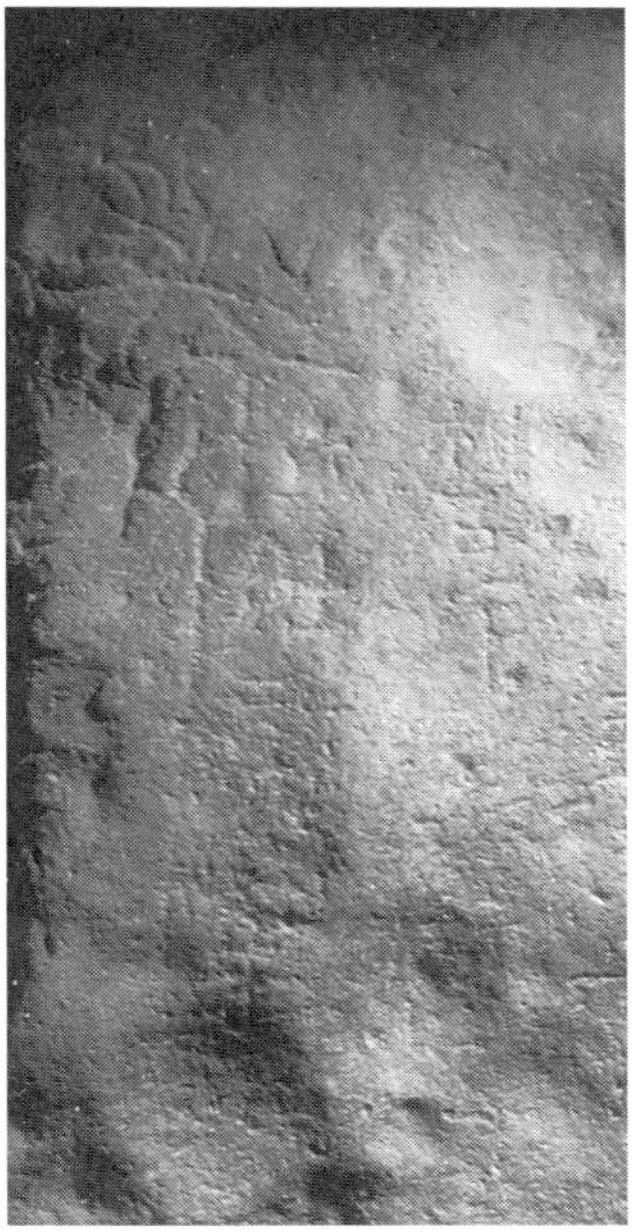

碑面36

面白い提言であり、改めてリバーサル・フィルムをルーペで覗く形で碑面を精査した（「碑面35」・「碑面36」、参照）。確かに「匠」の第一画に相当する横線が無い。それだけではなく、疑問が浮上した。「近」字の場合の之繞に当る最終の横線が直線ではなくて烈火の四点として確認出来る。しかしこれは碑面の他の箇所から石の材質の故か直線にはなりにくくて、往々このように線が起伏することが確かめられ、第一字については、最終的に「近」字と確認したい。その下の文字の旁は「廿」に近い。かつて「供」字案を提出したのはこういうところに由来するが、「供」字にしては最終画の「ハ」に相当する箇所が確認できない。行きつ戻りつしつつ、碑面状況をよく確認すると、実はこの箇所は人偏に「出」の字が書かれている。厳密には、「出」ではなくて、「山」を二つ重ねる字形で彫られている。「㑐」字は音「チュツ」、義「みじかい」という字であるが、その字ではこの碑面に対応せず、「㑐」ではなくて何らかの異体字としてある可能性を考えるべきであろうが、目下のところ名案は無い。字形「㑐」の下に三文字が想定され一文字目と三文字目の断片は【佛足石記文・用字形確認図】（二一七頁）に書き込んでおいた。一文字目は「離」とか「新」の字に近いが明確ではない。三文字目は「来」に近いが判然としない。

○至心發願（C1）

このC面は背面であり、壁面に密着して置かれている現状においては、実見が困難である。この箇所の用字確認は、薬師寺の故生駒昌胤師提供の原拓を生駒師生前に拝見したものによっている。鮮明でよい拓本ではあるが、原碑ではないために、二次資料となる。［齋藤理恵子・一九九〇・一一・論考］「仏足石記校訂」（『藥師寺』所収）は、薬師寺昭和伽藍復興記念出版によるものであり、佛足石をクレーンで移動しての写真撮影になっている。『藥師寺』の一五四～一五五頁に、その鮮明な写真が掲載されている。当稿はこの写真に助けられている。参照されたい。

この「至心發願」の箇所について本文上若干の異説があるが、右の『藥師寺』一五五頁の写真によって明らかであり、全く問題はない。

「至心」は「心至《いた》して」の意。「涅槃経碑」（『古京遺文』㉘）に「若有至心聴」の句があり、また時代が降るが「大雲寺鐘銘」（『続古京遺文』⑮）に「至心鑄甎」の句がある。［奈良国立博物館・一九八三・四・図録］『奈良朝写経』66の『大般若経』識語には「平生之日至心發願敬寫」の句がある。

「至心」は願文にふさわしい語であり、［渡辺秀夫・一九八八・三・語彙］「願文用語略稿」によると、三例の「至心」がある。その中の次の例は今の用法に近い。

「佛子奝然至心合掌而白佛言。」（慶滋保胤34「奝然上人入唐時爲母修善願文」）
（身延本『本朝文粋』34、勉誠社刊・下二四七頁）

右の「願文用語略稿」によると他に「至哀」「至孝」の熟語が見える。また［稲城正己・二〇〇八・一・索引］「稲城願文索引」によると、『本朝文粋』以外に『菅家文草』『続本朝文粋』『江都督納言願文集』『本朝文集』などに、少なくない用例のあることがわかる。

「發願」もまた願文ならではの語であり、このC面が「願文」であることを如実に示している語である。［奈良国立博物館・一九八三・四・図録」『奈良朝写経』中の写経識語には六例の「發願」の語が出、内一例はここと同じ「至心發願」が出ること、右に示したが、他に『奈良朝写経』05の『大般若経』（長屋王願経・神亀経）識語に「至誠發願」の類句が出る。前記「願文用語略稿」「稲城願文索引」共に用例が検出出来ることは当然である。

この「願」の語は佛教語として音読された。『竹取物語』の写本「山岸徳平博士蔵本」には「くわん」とあり（4オ）、「志香須賀文庫甲本」には「願」に「くはん」の付訓（4オ）があり（以上、古典研究会叢書『竹取物語』汲古書院）、天理図書館蔵「天正本」にも「願」に「くはん」の付訓（4オ）がある（天理図書館善本叢書『竹取物語大和物語』八木書店）。「發願」は「願《ぐわん》を発《おこ》し」と読んだ。

○為亡夫人（C1〜2）

この「為」は「法名良式」まで冠すると見るのがよい。即ち、「亡夫人従四位下茨田郡主法名良式の為に」となる。

この「為」も願文特有語であり、用例は少なくない。

「為分韓婦夫人名阿麻古願……」（観世音菩薩造像記）（『古京遺文』①）
「為安保万代之霊基……」（船首王後墓志）（『古京遺文』⑥）
「母為記定文也」（山名村碑）（『古京遺文』⑧）
「奉為大倭國浄美原宮治天下天皇時日並御宇東宮」（粟原寺鑪盤銘）（『古京遺文』⑰）
「為七世父母現在父母」（高田里結知識碑〈金井沢碑〉）（『古京遺文』⑱）
「奉為四恩先靈聖躬」（興福寺観禅堂鐘）（『古京遺文』⑲）
「朕發願稱廣為蒼生」（聖武銅板詔書）（『古京遺文』㉓）
「為報四恩濟六趣」（道澄寺鐘銘）（『古京遺文』㉜）

「為嗽加大臣誓願」（法隆寺蔵釈迦三尊造像記）（『続古京遺文』1）
「為現在父母」（法隆寺旧蔵釈迦仏造像記）（『続古京遺文』3）
「為命過名伊之沙古」（観心寺阿弥陀仏造像記）（『続古京遺文』4）
「奉為天皇陛下敬造千佛多寶佛塔」（長谷寺銅版法華説相図銘）（『続古京遺文』5）
「奉為飛鳥清御原大宮治天下天皇敬造」（長谷寺銅版法華説相図銘）（『続古京遺文』5）
「爲父母作奉菩薩」（鰐淵寺観音菩薩造像記）（『続古京遺文』6）

『奈良朝写経』識語中には「奉為」が一九例確認出来るなど、願文に頻出の語である。

「夫人」には、智努王の妻説と母説の二説がある。妻説には［鹿持雅澄・一八二一・三・注釈］『南京遺響』・［山川正宣・一八二六・八・注釈］『佛足石和歌集解・附跌石記文』・［金井嘉佐太郎・一九七一・一・論著］『仏足石の研究』などがあり、母説に［井上通泰・一九二三・一二・論考］「佛足石歌新考」・［宮嶋弘・一九五三・一〇・論考］「佛足石と佛足石歌」などがある。鹿持雅澄は「内室などにてありしならむ」とし、山川正宣は「年歴またく浄三卿の内子なるべし」とした。対して井上通泰は「人の妻をこそ夫人とはいへ我妻を敬して夫人といふ事は無し」とし、左伝漢書等の夫人の例を出し、佛足跡歌碑歌第一首の「チチハハガタメニ」の表現もあげて母説を提唱し、宮嶋弘もこれに従っている。これに異を唱えたのが金井嘉佐太郎であり、その説く要点は左の通りである。

（1）麻耶夫人・愛徳夫人等、仏典に用例多く、必ずしも位階身分等に即した呼称ではない。
（2）夫人は敬称であり、銘文筆者は第三者で、第三者が智努王の母か妻かを敬称して夫人といったもの。
（3）位階・年齢・王族関係などから、母よりも妻とするのがよい。
（4）C面末尾の「共に一眞を契らんことを」は夫妻にして初めて言い得る誓言というべきである。

この妻説がよいと考え、智努王の妻の敬称であると理解して以下進める。［吉村怜・一九七一・三・論考］「薬師寺仏足石記と書者「神直石手」について」は、その注1において「中国の碑碣や墓誌では、王侯貴族の妻を夫人と記すのが慣例である」としている。現代語訳では「夫人」のままとした。

〇従四位下（C2）

『続日本紀』天平十一年（七三九）春正月丙午（十三日）の条には、小長谷女王・坂合部女王・高橋女王・陽胡女王等と共に、茨田女王も无位から従四位下に昇叙しており、［狩谷棭斎・一八三二頃・金石記］『古京遺文』は、「亡夫人茨田郡王法名良式、未詳。按續紀云、天平十一年正月丙午、授無位茨田女王從四位下。位階適合、或其人也。」としている。当佛足石記の茨田女王と思しい人物が見られるのは右の記事だけであるが、狩谷棭斎が指摘する通りであると見てよく、本書第二章論考篇一第九節「文室真人智努資料年譜」の天平十一年条に妻茨田女王の位階として位置付け、本書第二章論考篇一第八節「文室真人智努の生涯」においても言及した（五一八頁、参照）。

〇茨田郡主（C3）

ここの「主」の字について「王」とする本があるが、これも『藥師寺』（［齋藤理恵子・一九九〇・一一・論考］）の一五四頁の写真及び一五五頁の写真によって「主」であることが明らかであり、全く問題はない。

「郡主」について、早く［山川正宣・一八二六・八・注釈］『佛足石和歌集解・附趺石記文』が『唐書』百官志を引いて「皇太子為親王、皇太子子為郡王、皇女為公主、皇太子女為郡主、親王女為縣主。採要。今按、此例にならひて當時皇太子はあらねど、諸王の女をなべて郡主と誤稱せしなるべし」としている。この百官志の条を、中華書局の標点本で引いておく（句読点については、変改表示した）。

皇兄弟・皇子、皆封國爲親王。皇太子子、爲郡王。親王之子、承嫡者爲嗣王、諸子爲郡公、以恩進者封郡王。襲郡王・嗣王者、封國公。皇姑爲大長公主、正一品。姉妹爲長公主、女爲公主、皆視一品。皇太子女爲郡主、從一品。親王女爲縣主、從二品。

（『新唐書』巻四十六、百官志第三十六「吏部」条）

また『舊唐書』職官志の条を、中華書局の標点本で引いておく。

凡外命婦之制。皇之姑、封大長公主。皇姉妹、封長公主。皇女、封公主。皆視正一品。皇太子之女、封郡主。視從一品。王之女、封縣主。視正二品。王母妻、爲妃。一品。及國公母妻、爲國夫人。三品。…下略…

（『舊唐書』巻二十三、職官志二「司封」条）

『大唐六典』は、『舊唐書』とほぼ同文であるが、次のようにある。

外命婦之制。皇姑封大長公主。皇姉妹〔姉當作姉〕封長公主。皇女封公主。皆視正一品。皇太子之女封郡主。從一品。王之女封縣主。視正二品。

（享保九年近衛家熙校訂本、巻之二、37ウ）

〔遠藤嘉基・一九三三・一〇・論考〕は「親王女曰郡主」（礼志）を引くが、これは『明志稿』礼志であり、明・清時代のことであって、本件に当てはまらない。右の『唐書』百官志に示されているように、「郡王」と「郡主」は異なり、共に皇太子の子息をさす語ながら、男子が「郡王」で女子が「郡主」となる。このような唐名は、後に藤原仲麻呂（恵美押勝）が百官の呼称を改めるが（天平寶字二年〈七五八〉）、本条はこれの早い例としてある。ここは漢文体ということで、「女王」ではなく、この「郡主」の語が選ばれたと考えられる。

〔宮嶋弘・一九五三・一〇・論考〕は、高市皇子の娘で長親王の妃、智努王の母と見、「高市皇子が生前に太子であつた事があれば言ふまでも無く、死後の追號であつても、其の女を郡主と稱するのはさしつかへない。」とする。茨田郡主を高市皇子尊の娘と仮定した場合も、茨田郡主が智努王の母・妻の双方の可能性はなお存する。高市皇子尊の享年は明らかでないが、『公卿補任』は四二或いは四三歳とし、『扶桑略記』は四三歳とするところから、一般に六五四年生れと推定している（没年は六九六年）。智努王の母と見る場合、高市皇子尊二二歳時の生誕と仮定して、その母・茨田郡主の一九歳時の子が智努王（六九三年生）となる。智努王の妻と見る場合、高市皇子尊四一歳時の生誕と見ると智努王よりも一歳年下の茨田郡主となる。いずれも仮定の考えであり全く不明ながら、高市皇子尊は皇太子であった可能性が高く（[廣岡義隆・一九九一・一〇・論考]「阿騎野歌成立考」）、ここの「郡主」とある呼称が積極的に認められることとなる。「為亡夫人」条（C1～2）で見た通り、私は「共契一真」（C12）の表現から、智努王の妻と推定するものである。

上代に「郡主」の例が今一例、当例より早い事例として、天平十二年（七四〇）の用例がある。『奈良朝写経』22の『摩訶般若波羅蜜道行経』（藤原夫人願経）識語に「奉為亡考贈左大臣府君及見在内親郡主發願敬寫」とあるのがそれである。

[村瀬憲夫・二〇一一・六・論考]「上代写経識語注釈（その八）」は、[東野治之・一九九一・六・論考]「藤原夫人願経の「内親郡主」」の次の言及を引用する。

……郡主については、唐と違う意味で使われていると考えざるをえない。おそらく郡主は、天皇の孫以下の世代に当たる女王のことだろう。日本で県主の称が使われなかったのは、アガタヌシとの混同を嫌ったものと思う。この奥書以外に日本の古代には、もう一つ郡主の出てくる史料がある。有名な薬師寺の仏足石の銘文である。この銘文は天平勝宝五年（七五三）に、文室真人智努が仏足石を造立したとき刻ませたものだが、その文中に文室智努の夫人として「茨田郡主」が登場する。この女性は、『続日本紀』に叙位記事のみえる茨田女王と同一人だというのが通説である。当時の諸史料にも、茨田と名乗る内親王は現れないから、その可能性は極めて高いといわなければならない。日本の古代では、「郡主」は女王を意味したとみてまず間違いないだろう。

房前と密接な関係にあった女王といえば、房前の夫人、牟漏女王が思いうかぶ。この女王は、美努王と県犬養三千代の間に生まれ、房前の亡くなった時、従四位下の地位にあった。藤原夫人はその娘であり、他に永手・真楯・御楯らの男子も生んでいる。この人なら未亡人として「見在」「郡主」という呼び方がぴったりである。

（一一三三頁）

［東野治之・一九九一・六・論考］は、続いて次のように言及している。

ただ問題はもう一つある。実はこれまでも、証明ぬきで「内親郡主」を牟漏女王とした説が全くないわけではなかった（京都国立博物館『古経図録』一九六四年）。しかしそれが一般化していないのは、「郡主」の意味もさることながら、「内親」の語にひっかかるところがあったからではないだろうか。「内親郡主」とくれば、内親王との関わりを考えたくなるのが人情である。「内親」について、私も確かな答を持ち合わせているわけではない。しかしこれはやはり母を表わす言葉と思う。もともと「内」という漢字には、「女性の」という意味がある。親王に対する内親王など、まさにその好例である。それを応用すれば「内親」は母親ということになり、「見在内親郡主」と「亡考贈左大臣府君」はみごとに対をなしてくる。奥書はそういう意図で書かれていると理解すべきなのだろう。（一三三〜一三四頁）

［村瀬憲夫・二〇一一・六・論考］は、［栄原永遠男・一九九五・七・論考］「北大家写経所と藤原北夫人発願一切経」の「「内親郡主」は牟漏女王のこと」という言及も引いて、「牟漏女王のことを指すと見るのがよい」と結論付けている。

この天平十二年（七四〇）の牟漏女王の「内親郡主」事例については、［川崎晃・二〇〇七・三・論考］「藤原夫人と内親郡主」も言及するところであり、「佛足石記文」についても、

智努が仏足石記の撰文にどう関わったかは不明であるが、智努の学識からすれば藤原夫人願経奥書の「内親郡主」の用例を知っていた可能性はある。（初出文献、三五五頁。所収書、二九七頁）

と言及する。

私は、高市皇子尊の皇太子の可能性から、「皇太子女為郡主」という唐の規定通りの可能性を考えたが、右の牟漏女王「内親郡主」事例は、「郡主」を広く「女王」として認める見解であり、この東野説が栄原氏・川崎氏・村

瀬氏の認めるところとしてあり、天平十二年（七四〇）の先例を考慮すると、「佛足石記文」の「郡主」例は無理をして新見解を出すまでもないことになる。

次に、「茨田」の訓みについて言及する。「茨田」の訓みは一般にマンダ（まむた）としている。著名な歴史地名に「茨田郡」があり、それに因む名であろう。その地名の「茨田」は、『倭名類聚鈔』河内国郡条に「萬牟多」の仮名書き例があるが、上代に適用するには撥音化等の疑問があり、『萬葉集』に出てくる茨田王（当例とは別人。男性。天平十一年正月の茨田女王従四位下叙位の折に従五位下に叙位された人）に、私は「うまらだのおおきみ」の訓を付した（［廣岡義隆・一九八二・三・辞典項目］『万葉集歌人事典』）。そのところで私は次のように記している。

茨田王の読み方について、最近は「まんだのおおきみ」と読むのが一般的である。倭名類聚鈔河内国郡名（巻五）では「萬牟多」と仮名書きしている。「まんだ」は「うまらだ」の語頭音「う」脱落および語中音「ら」の撥音化（「り」「る」音の転が一般であるが、他段音もまま撥音化する）としか考えようがない。上代においては撥音が存したか疑問とされている（有坂秀世「カムカゼ（神風）のムについて」『国語音韻史の研究』増補新版所収、「奈良朝以前の国語に於ける撥音の存否」）。ただし、蔵中進は古代日本語にも撥音は音韻として固有に存在していたとする（『上代日本語音韻の一研究』）。　（「茨田王」の〔参考〕条）

右の『万葉集歌人事典』とほぼ同時に出た日本思想大系本『古事記』（一九八二年二月）の訓読補注「茨田連」も参考になる。

マムダはウマラダの語頭母音ウが脱落し、ラが流音のために鼻音化して生じた撥音であると説かれる（岡田希雄「平安朝極初期の国語撥音「茨田」に就いて」『歴史と国文学』昭和七年三月）。しかし馬・梅のような字音出自の語をのぞき、固有国語が奈良時代に語頭母音ウを脱落した例が歌謡以外には少ないこと、ラの音が鼻音化する場合はn音であったはずであるのに、和名抄ではマムダとm音となっていることによって、ウマラダとマンダとの関係が理解しがたい。その上にウマラダの確例を文献の上に見出せない点にも不安がある。記伝に指摘する「茨田親王」が延暦二十三年正月二日に「萬多」と改称された（日本紀略にはあるが、日本後紀にはない）ことは、「茨田」の訓み方と、それが撥音化していたことを考えさせるものであるが、表記上、和名抄のマンダとの結びつきがもう一つはっきりせず、この撥音が溯って奈良時代初期に生じていたかどうかも未詳である。マムダという撥音の訓み方にも時代からみて問題が残るが、他によい訓が考えられないので、暫く古来の訓に従うことにする。　（訓読補注・五二二頁下段）

このようにして、日本思想大系本『古事記』では「まむだのむらじ」と訓んでいる（一三五頁四行目）。

なお、MB音の交替について、［山口佳紀・一九八三・一二・論考］『古代日本語文法の成立の研究』「子音交替〈下〉」は「m＞b」で起こり、「ウマラ＞ウバラ」と変化したことを示している。

参考までに記すと、現在の氏に「茨田」があり、「ばらだ」と読んでいることに、その後気付いた。

正倉院南倉の佐波理皿・第一七号の四（径一九センチメートル余の大皿）の裏底には、当項とは無関係と考えられるが、達意の筆で「茨田」の墨書がある（一九八三年の正倉院展で展示）。

○法名良式（C3〜4）

『続日本紀』巻十七に「私度沙弥小田郡人丸子連宮麻呂、授法名應寳。入師位。」（天平勝寳元年〈七四九〉閏五月甲辰条）の例がある。これは生前法名（出家法号）の例であるが、「法名良式」は没後法名であると推測される。「法名」の用例が少ないが（「法名勝滿」の事例は掲出を控える）、佛弟子として出家した法師名は全て法名であり、文室真人智努の出家名「淨三」も法名で、「生前法名」となるが、『公卿補任』に「改名知努爲淨三」（天平寳字五年〈七六一〉正月十四の叙位条）とあるのみで、法名の呼称は確認出来ない（『続日本紀』に改名の記事は出ない）。

○敬寫（C4）

「敬」は「うやまふ」と訓む。「つつしむ（つつしみて）」の訓も『日本書紀』の古訓等で確認出来るが、ここは佛足石歌碑歌に、

舎加乃美阿止伊波尓宇都志於伎宇夜麻比弖乃知乃保止氣尓由豆利麻都良牟　佐々義麻宇佐牟（9）
（舎加の御足跡石に轉寫し置きうやまひて後の佛に譲りまつらむ　捧げまうさむ）
舎加乃美阿止伊波尓宇都志於伎由伎米具利宇夜麻比麻都利和我与波乎閇牟　己乃与波乎閇牟（14）
（舎加の御足跡石に轉寫し置き行き繞りうやまひまつり我が世は終へむ　此の世は終へむ）

の例があり、「うやまふ」の語例による。「ゐやまふ」も『日本書紀』の古訓や『名義抄』等に確認できるが、右の佛足跡歌碑歌の例に従う。続紀宣命の「礼末比」（四一詔）を『時代別国語大辞典　上代編』は「ゐやまふ」の語例として出すが、この続紀宣命例は「ゐやまふ」か「うやまふ」か、確かではない。

「拝み写す」の意である。この場合の「写す」は単に転写の意ではなく、具体的には「写し（移し）彫る」の意となる。「釋迦如来神跡」（C5～6）を敬い写したというのであり、ここに「神跡」（佛足跡）を写す（写し彫る）ことが即ち亡夫人の菩提を弔い、功徳になるという思想が明確に現れている。写経の思想に通じるものとしてある。

○釋迦如来神跡（C5～6）

「神跡」の語はB面の8行目に出ていた。A面には、「釋迦牟尼佛跡」（1行目）「佛跡」（3・5・13行目）「佛足跡」（7行目）「佛迹」（16行目）の語で出ていたが、これは引用を主としているA面ゆえの表現と考えられ、B・C面は「神跡」の語で共通している。当然のことながら、B・C面の書記の均一性が見て取れる。

○伏願（C6）

「伏願」はC面の末尾まで掛かる文脈である。この「伏願」の語も願文特有語である。

伏願前日之志悉皆成就（「勝寶感神聖武皇帝銅板詔書」『古京遺文』㉓）

右の例以外に、「伏願」は『奈良朝写経』に一三例出る。ただし、この内「五月一日経」のような同一識語例の重複分を除いてカウントすると九例になるが、やはり少なくはない。この内、二例を掲げる。

伏願、契道能仁、昇遊正覺、…中略…並泛慈航、同離愛網。

（「弥勒上生経（石川年足願経）」『奈良朝写経』18、天平十年）

（伏して願はくは、「道を能仁に契り、昇りて正覚に遊び、…中略…並《とも》に慈《いつく》しみの航《いかだ》に泛《うか》ばむ、同《とも》に愛網を離れむ」とねがふ。）

伏願、憑斯勝因、奉資冥助、永庇菩提之樹、長遊般若之津。

（「十輪経巻第三（光明皇后五月一日経）」『奈良朝写経』23、天平十二年）

（伏して願はくは、「斯《こ》の勝《よ》き因に憑《よ》りて、冥助を資《たす》け奉《まつ》り、永《とは》に菩提の樹《き》に庇《おほ》はれむ、長《とは》に般若《さとり》の津《みなと》に遊ばなむ」とねがふ。）

○夫人之霊（C6～7）

「夫人之霊」の語はこの願文中の最重要語であり、核心をなす語である。「聖武銅板詔書」には、

皇后先妣従一位橘氏太夫人之霊識

（「勝寶感神聖武皇帝銅板詔書」表刻『古京遺文』㉓）

と出、文章化の上で四年前（天平勝寶元年〈七四九〉）の右の詞句が多少影を落としているかも知れない。「霊」の語は『奈良朝写経』に一三例出る（人名例を除く）。そうした中には「二尊神霊」という句が、「長屋王願経」（『奈良朝写経』05、神亀五年）や「光明皇后発願経五月十一日経」（『奈良朝写経』31、天平十五年）に見えることが留意される。

○駕遊（C7）

文の切り方としては「夫人之霊駕。遊无勝之妙邦。」ということも考えられる。［吉村怜・一九七一・三・論考］

はその注Tで「霊駕とは霊魂をのせて天空をかける車の意」としている。「駕」（乗り物）でもって天皇などの人をさす用法も一般的であり（「車駕」など）、「霊駕」の語も存するので（「靈駕霏煙」『隋書』巻十四、音樂志・中。中華書局の標点本）、「霊駕」として亡夫人のみ魂をさすという解も考慮することは可能である。しかし、ここは以下で示すように七字句の対句として展開しているので、まず「夫人之霊」の四字句で切り、「駕遊」の語は下に冠するのがよいと考える。

○駕遊无勝之妙邦（C7～8）

この箇所の本文について、まず確認しておく。

【「駕遊无勝之妙邦」の本文異同】（「×」は文字の存在しないことを意味する）

高遊入无勝之妙邦――［秋里籬島・一七九一・四・名所］『大和名所図会』・［大井重二郎・一九三四・六・論著］『佛足石歌と佛足石』。

高遊入无勝之妙拜――［松平定信・一八〇〇・一・史料図録］『集古十種』。

駕遊入无勝之妙邦――［釋潮音・一八一九・三・考証］『佛足跡紀文考證』・［山川正宣・一八二六・八・注釈］『佛足石和歌集解』（附趺石記文）・［小山田與清・一八二八・一〇・金石記］『南都薬師寺金石記』・［狩谷棭斎・一八三二頃・金石記］『古京遺文』・［小山田靖齋（葛西孔彰）・一八三八年前後・金石］『證古金石集』・［三宅米吉・一八九七・七・論考］・［木崎愛吉・一九二一・一〇・金石記］『大日本金石史・一』・［田中重久・一九四二・一〇a・論考］・［保坂三郎・一九五五・二・論考］・［文化財協会・一九五五・三・図録］・［土井実・一九五六・一二・銘文集成］・［竹内理三・一九六二・一一・史料］『寧楽遺文（下）』・［浅田芳朗・一九六五・三・論著］『南都薬師寺仏足石の研究史的覚書』・

〔保坂三郎・西宮強三の内・一九六八・二・図録〕『原色版　国宝Ⅰ』・〔大井重二郎・一九七〇・一二・論考〕・〔金井嘉佐太郎・一九七一・一・論著〕『仏足石の研究』・〔河内昭圓・一九七二・一一・図録〕『日本金石圖録』・〔藤田經世・一九七五・三・史料〕『校刊美術史料』・〔齋藤忠・一九八三・七・金石文〕『古代朝鮮・日本金石文資料集成』・〔廣岡義隆・一九八九・二a・注釈〕『古京遺文注釈』。

駕遊入⃞无滕之妙邦——〔蔵春園主人・——・金石記〕『皇朝金石編』。

高遊入無勝之妙邦——『藥師寺志』。

駕遊入无勝之妙法——〔菊地良一・一九三九・五・論考〕。

駕遊×无勝之妙邦——〔橋健二・一九五九・六・論考〕・〔今城甚造・一九七〇・八・図録〕奈良六大寺大観・〔吉村怜・一九七一・三・論考〕・〔町田甲一・一九八四・五・図録〕『藥師寺』・〔齋藤理恵子・一九九〇・一一・論考〕『藥師寺』・〔今城甚造・二〇〇〇・七・図録〕奈良六大寺大観補訂版・〔東野治之・一九九九・一・論考〕「薬師寺仏足石記と龍福寺石塔銘」。

駕遊入無勝之妙邦——〔浅田芳朗・一九六三・七・論著〕『薬師寺仏足石覚書』。

駕遊入无勝之妙那——〔岡崎敬・一九七一・一〇・史料〕。

拓本碑面37

本文の認定で種々あるように見られはするが、大きな箇所は「入」字の有無である。これについて、『藥師寺』（〔齋藤理恵子・一九九〇・一一・論考〕）の一五四頁の写真及び一五五頁の写真によって確認すると「入」字は存在しない。これまでは拓本に拠る以外には確認出来ず、拓本に拠っての本文認定であり、不明確なままの本文であったが、拓本によっても、その眼で見ると、「入」字は存在しない（写真、「**拓本碑面37**」、参照）。ここに「入」字が存在しないことを確認しなければならない。八字句か、七字句かということになるが、七字句であることが、以上の次第で確定する。

　さて、「无勝之妙邦」とはこの上なく勝れた妙なる世界の意であり、極楽世界をさす。「無勝」は、「無價寶珠」の「無價」と同じ用法であり、それ以上に勝れたものはないという意味である。「无量樂」（〔涅槃経碑〕『古京遺文』㉘所収）の「無量」も同様で、当「佛足石記文」にも「无量衆罪」（Ａ７）の例があった。

「无」の字は、「佛足石記文」中では全てこの「无」の字が使用されており（Ａ７・Ｃ８・Ｃ11・Ｄ１・Ｄ２）、「無」の字は使用されていない。「无」の字源の解には諸説あるが、本来「無」とは別字である。しかし、一般に「無」と同字のように使用されており、ここもその例としてある。

「无」の字について、字書類は次のように記している。参考までに記しておく。

・説文に、此の字の義は無、古文の奇字で、元の字に通じ、虚無の道であるとし、字形については解がない。段注には孝經緯の「上通㆓元莫㆒」を引き、元莫を顔師古の定本には无莫に作るから、説文はそれに依つて虚無の道と解したとし、蓋し、その義は上通㆓元始㆒の意であるから、字形は元の篆體を用ひて、上に一を貫いたものであらうといふ。今の六經ではただ易經だけが、此の字を無の意に用ひ、又、佛典に南無を南无と書く。

【无、解字の項】

（諸橋轍次著『大漢和辞典』修訂版、巻五、修訂版一九八四年一一月、初版一九五七年八月）

・象形　亡《ぼう》の異体の字。亡は屍骨の形。…下略…。【无の字の項】
（白川静『字統』一九八四年八月）

・象形　足なえのすねの曲がった形にかたどる。「天」の終画が曲がって書かれたもの。「ブ」の音は、あしなえの意（＝尪《ワウ》）と関係がある。曲がったすねの意。借りて、「ない」意に用いる。【无、解字の項】
（山田俊雄他四名編『角川大字源』一九九二年二月）

・無の奇字。舞・無の甲骨文は、舞う人の象形で、まうの意味を表すとともに、借りて、ないの意味にも用いられる。无は、この舞う人の象形の省略体で、ないの意味を表す。【无、解字の項】
（鎌田正・米山寅太郎著『大漢語林』一九九二年四月）

［釋潮音・一八一九・三・考証］『佛足跡紀文考證』は、「無勝之妙邦」の典拠が『涅槃經』巻二十二であることを指摘している。なお、潮音は『涅槃經』の南本に依っている。北本と南本に本文上の大きな違いは無いが、当時は『涅槃經』の北本の方が一般的であったので、ここでは北本の『涅槃經』を引用する。本書第二章論考篇一第五節「『涅槃經』寸考」、参照。

譬如有人説言此界獨有日月。他方世界無有日月。如是之言無有義理。若有菩薩發如是言。此佛世界穢惡不淨。他方佛土清淨嚴麗。亦復如是。善男子。西方去此娑婆世界度三十二恒河沙等諸佛國土。彼有世界名曰無勝。彼土何故名曰無勝。其土所有嚴麗之事。皆悉平等無有差別。猶如西方安樂世界。亦如東方滿月世界。我於彼土出現於世。爲化衆生故。於此界閻浮提中現轉法輪。非但我身獨於此中現轉法輪。
（大正蔵12五〇八下22～五〇九上02）

［亀田孜・一九六四・八・論考］「仏跡の伝来と観智院の仏足図」は、「無勝之妙邦とあるのは涅槃経に説く無勝世界を指すのである」とし、右に引いた北本の『涅槃經』の箇所を示して、次のように指摘している。

西方の無勝世界は、その荘厳は皆平等であって、釈迦はこの厳浄の国土に於て世に出るという（南本涅槃経巻第二十二でも同様の文である)。無勝の妙邦が涅槃経に関係があるのは、いま置かれている石の位置でいえば、北面にあたって、三法印、すなわち、諸行無常、諸法無我、涅槃寂静の三行がつらねて刻んであることであって、涅槃経の骨目が示されている。

この佛足石を造り奉る功徳によって、亡夫人の霊は涅槃の無勝世界に遊び、安からんことを願うというのである。

○受□□□之聖諦　(C9~10)

このC面は実見困難なために、故生駒昌胤師提供の原拓を生駒師生前に拝見したということは、C面冒頭の「至心發願」条(C1)に記した。下の画像「**拓本碑面38**」は、その拓本の写真である。

「受」の下の文字判読不明箇所については、一般に四字と見ているが、三字であろう。即ち、

受□□□之聖諦
駕遊无勝之妙邦

という、七字の対句を構成するものと考える。[東野治之・一九九九・一・論考]「薬師寺仏足石記と龍福寺石塔銘」も不明箇所を三文字分としており、続く[東野治之・二〇〇九・四・論考]「薬師寺仏足石記再調査覚書」は「不明の三字分については、この箇所の石が剝離していて字画を留めていない。字数は字配りからの推定である」としている。続く次行の「聖□」については、「不明の一字は、右に書いた9行目からの剝離が及んで字画が失われているが、言偏を残している」とする。

「聖」の下の文字については二〇三~二〇五頁に示すように「聖諦」であると考えられる。「受□」は「駕遊」と対応する動詞句に違いない。

拓本碑面38

「夫人之《の》霊《みたま》、无勝之《の》妙邦に駕遊《あまかけ》り、□□之《の》聖諦を受《う》□け、」という展開となるものであろう。碑面スペースからも欠字部が四字というのは苦しく、三文字であると収まりも良い。

諸説は次の通りである。

【「受□□□之聖□」の本文異同】（「×」は文字の存在しないことを意味する）

受□之聖□―〔秋里籬島・一七九一・四・名所〕『大和名所図会』・〔松平定信・一八〇〇・一・史料図録〕『集古十種』。

受久□道之聖□――〔釋潮音・一八一九・三・考証〕『佛足跡紀文考證』。（静嘉堂文庫本では「久」字を「人」にしている。）

受□□□□之聖□――〔山川正宣・一八二六・八・注釈〕『佛足石和歌集解』（附跌石記文）・〔小山田與清・一八二八・一〇・論著〕『南都薬師寺金石記』・〔三宅米吉・一八九七・七・論考〕・〔木崎愛吉・一九二一・一〇・金石記〕『大日本金石史・一』・〔田中重久・一九四二・一〇a・論考〕・〔土井実・一九五六・一二・銘文集成〕・〔竹内理三・一九六二・一一・史料〕『寧楽遺文（下）』・〔金井嘉佐太郎・一九七一・一・論著〕『仏足石の研究』・〔河内昭圓・一九七二・一一・図録〕『日本金石圖録』・〔齋藤忠・一九八三・七・金石文〕『古代朝鮮・日本金石文資料集成』。

受□□□□之聖訁――〔狩谷棭斎・一八三二頃・金石記〕『古京遺文』・〔蔵春園主人・――・金石記〕『皇朝金石編』・〔保坂三郎・一九五五・一二・論考〕・〔文化財協会・一九五五・三・図録〕・〔橘健二・一九五九・六・論考〕・〔浅田芳朗・一九六三・七・論著〕『薬師寺仏足石覚書』・〔浅田芳朗・一九六五・三・論著〕『南都薬師寺仏足石の研究史的覚書』・〔今城甚

造・一九七〇・八・図録］奈良六大寺大観・［藤田經世・一九七五・三・史料］『校刊美術史料』・［町田甲一・一九八四・五・図録］『藥師寺』・［今城甚造・二〇〇〇・七・図録］奈良六大寺大観補訂版。

受□□□之聖□――［小山田靖齋（葛西孔彰）・一八三八年前後・金石］『證古金石集』・［東野治之・一九九九・一・論考］「藥師寺仏足石記と龍福寺石塔銘」。

受□□□□之靈□――『藥師寺志』・［大井重二郎・一九三四・六・論著］『佛足石歌と佛足石』。

受□□□道之聖×――［菊地良一・一九三九・五・論考］・［岡崎敬・一九七一・一〇・史料］。

受□□□〔道〕之聖訨――［保坂三郎・西宮強三の内・一九六八・二・図録］『原色版　国宝Ⅰ』。

受□□□□之聖〔諦〕――［大井重二郎・一九七〇・一二・論考］。

受□□之聖訨――［吉村怜・一九七一・三・論考］。

受［　　　］之聖□――［廣岡義隆・一九八九・二a・注釈］『古京遺文注釈』。

受□□□之聖訨――［齋藤理恵子・一九九〇・一一・論考］『藥師寺』。

読むことが出来ないと種々の説が出て来るが、上の「受」の字と下の「聖」の字は動かない。『藥師寺志』は「靈」にしているが、明らかに「聖」の字と読むことができる（「**拓本碑面38**」の写真、参照）。「聖」の次の字については判読出来ず、多くの本が不明字（□）にしている。「聖諦」説は［大井重二郎・一九七〇・一二・論考］が前後の文意より『倶舎論』の「聖諦」を提出し、ほぼ同じ頃に［吉村怜・一九七一・三・論考］も「この字あるいは「諦」か」（注X）とした。「聖」の下の文字はその言偏を読み取ることが出来るので、ここは「聖諦」であろうと考えられる。

「聖諦」の語について、『涅槃經』北本（曇無讖譯、No.0374）に次のようにある。

復次迦葉。又有聖行所謂四聖諦。苦集滅道是名四聖諦。迦葉。苦者逼迫相。集者能生長相。滅者寂滅相。道者大乘相。復次善男子。苦者現相。集者轉相。滅者除相。道者能除相。復次善男子。苦者有三相。苦苦相行苦相壞苦相。集者二十五有。滅者滅二十五有。道者修戒定慧。復次善男子。有漏法者有二種。有因有果。無漏法者亦有二種。有因有果。有漏果者是則名苦。有漏因者則名爲集。無漏果者則名爲滅。無漏因者則名爲道。復次善男子。八相名苦。所謂生苦老苦病苦死苦愛別離苦怨憎會苦求不得苦五盛陰苦。能生如是八苦法者。是名爲因。無有如是八法之處。是名爲滅。十力四無所畏三念處大悲。是名爲道。善男子。生者出相。所謂五種。一者初出。二者至終。三者增長。四者出胎。五者種類生。何等爲老。老有二種。…下略…

（大正蔵12四三四下22～四三五上09）

「四聖諦」を示し、それは「苦・集・滅・道」の四種を言い、苦とは「逼迫相」を言い、集とは「能生長相」を言い、滅とは「寂滅相」を言い、道とは「大乘相」を言うと説明が展開しているが、この「四聖諦」については、釋法顯譯の『大般涅槃經』（三巻、0007）の方がわかりやすい。この法顯訳の『涅槃經』について、まず［小野玄妙・一九三三・一一・辞典］『佛書解説大辭典』によって記しておく。

佛陀の發病からその入滅と、及びその後の荼毗、舍利供養までを順次に寫した四部四阿含中最長の經であつて、八十歳入滅の時の世尊を知り奉る貴重な材料となるものである。この經典全體の結構に就ては、この大般涅槃經が他の諸本とは大に異なり、他諸本の佛陀が發病前、王舍城から毘舍離に來られるまでを描いてゐるに拘らず、この本はそれを全く省いて、その省いた部分の大切な事柄は發病後の記述の中に織り込んでゐる。しかしその他の部分〳〵ではこの本は巴利本に最も近い。…下略…

（小野玄妙『佛書解説大辭典』）

この法顯訳『大般涅槃經』（三巻、0007）によって、以下、「四聖諦」を見る。

於是世尊。告諸比丘。有四聖諦。當勤觀察。一者苦諦。二者集諦。三者滅諦。四者道諦。比丘。苦諦者。所謂八苦。一生苦。二老苦。三病苦。四死苦。五所求不得苦。六怨憎會苦。七愛別離苦。八五受陰苦。汝等當知。此八種苦。及有漏法。以逼迫故。諦實是苦。集諦者。無明及愛。能爲八苦而作因本。當知此集。諦是苦因。滅諦者。無明愛滅絶於苦因。當知此滅。諦實是滅。道諦者。八正道。一正見。二正念。三正思惟。四正業。五正精進。六正語。七正命。八正定。此八法者。諦是聖道。若人精勤。觀此四法。速離生死。到解脱處。汝等比丘。若於此法。已究竟者。亦當精勤爲他解説。我若滅後。汝等亦應勤思修習。當於如來説此法時。五百比丘。漏盡意解。成阿羅漢。虚空諸天。其數四萬。於諸法中。遠塵離垢。得法眼淨。…下略…

（大正蔵01一九五中16～一九五下04）

ここには「四聖諦」の「苦諦・集諦・滅諦・道諦」のそれぞれが具体的に示され、「觀此四法。速離生死。到解脱處（此の四法を観ずれば、速かに生死を離れ、解脱の処に到らむ）」と示されている。

この「聖諦」については南本『涅槃經』（三十六巻、No.0375）の巻第七の「四諦品第十」（大正蔵12六四七上～下）でも示されているが、右の法顕訳が簡明である。

［大井重二郎・一九七〇・一二・論考］は『倶舎論』の「何義経中説為聖諦」を示している。それは、世親造、唐玄奘譯の『阿毘達磨倶舎論』No.1558「大正蔵29一一四上25」であるが、例えば「如世尊言」としてある偈に、次のような例がある。

衆人怖所逼　多歸依諸山　園苑及叢林　孤樹制多等　此歸依非勝　此歸依非尊　不因此歸依　能解脱衆苦
諸有歸依佛　及歸依法僧　於四聖諦中　恒以慧觀察　知苦知苦集　知永超衆苦　知八支聖道　趣安隱涅槃
此歸依最勝　此歸依最尊　必因此歸依　能解脱衆苦

（大正蔵29七六下20～29）

「聖諦」については、他の経典においても頻出する。また［水野弘元・一九七二・五・論著］『仏教要語の基礎知識』においても第六章「四諦説」において解説しているが、右で要を尽しているので、以上で留めて置く。

○永脱有漏（C10〜11）

「有漏」とはこの世における迷いをいう。

無漏に対す。漏とは煩悩の異名。（龍谷大學『佛教大辭彙』）

四諦の中の苦集二諦の法（『望月佛教大辭典』）

漏は、流れ出ること、流れ出るもの、漏るもの、の意で、六根（五つの感覚機官と心）から漏れ出ると説明され、煩悩の異名である。また別の解釈によると、煩悩は日夜に六瘡門（眼・耳・鼻・口・大小便道）から漏れ出ると考えられるので、漏と称する。けがれを有する、煩悩のある、の意。けがれ（煩悩）のある存在。迷いを有する状態。一般に迷いの世界をいう。教理的には道諦を除いた有為のこと。（中村元『仏教語大辞典』）

とあり、それぞれ『俱舍論』巻一を引いている。右の「聖諦」条で引いた『涅槃經』中にも「有漏法」「有漏因」「有漏果」の語が出ており、「有漏法」に傍線を引いておいた。

この『俱舍論』については、早くに［釋潮音・一八一九・三・考証］が『仏足跡紀文考証』の「有漏」の条で、『俱舍論』巻一にあることを指摘している。ここに『阿毘達磨俱舍論』巻第一を引く。

論曰。說一切法略有二種。謂有漏無漏。有漏法云何。謂除道諦餘有爲法。所以者何。諸漏於中等隨增故。緣滅道諦諸漏雖生。而不隨增故非有漏。不隨增義隨眠品中自當顯說。已辯有漏。無漏云何。謂道聖諦及三無爲。何等爲三。虛空二滅。二滅者何。擇非擇滅。此虛空等三種無爲及道聖諦。名無漏法。（大正蔵29一下06〜13）

ここは、未来永劫に亙って、この世の「有漏」の世界から抜け出ることを祈る願文の文句としてある。

○高證无為（C11）

「无為」について、『佛教大辭彙』は「生滅変化なき心理、諸法の真実体を云ふ」として、『俱舍論』を引いている。

諸有漏法遠離繫縛證得解脱。名爲擇滅。

（諸の有漏法の繫縛を遠離する時解脱を証得するを、名づけて択滅となす。）

（『阿毘達磨俱舍論』巻第一、大正蔵29一下16）

中村元『仏教語大辞典』は、次のように解説している。

つくられたものでないもの。種々の原因・条件（因縁）によって生成されたものではない存在。因果関係を離れている存在。成立・破壊を超えた超時間的な存在。生滅変化を超えた常住絶対の真実。現象を離れた絶対的なもの。無限定なものをさす語。ニルヴァーナの異名。

［釋潮音・一八一九・三・考証］は、『涅槃經』南本巻五、

善男子。積聚有二種。一者有爲。二者無爲。有爲積聚者即聲聞行。無爲積聚者即如來行。

（大正蔵12六三一中25～27。北本では大正蔵12三九一中12～14となる）

を引いて、「音（＝潮音）曰、佛果無㆑有㆓爲作㆒故云㆓無爲㆒」と注している。

「高證无為」は「永脱有漏」の対句として置かれている。俗世を解脱することによって、佛教上の真理を人々に高らかに明示せよとの意である。

○同霑三界（C11～12）

「三界」は、欲界・色界・無色界の三つの世界をいう。生死流転する迷いの世界であり、衆生のいるこの世の世界である。「无勝之妙邦」（C8）「无為」（C11）や「無漏」に対するものとしてある。［釋潮音・一八一九・三・考証］や『佛教大辭彙』は、『俱舍論』巻八を引いている。

「同霑三界」は、この佛足石を造立し奉る功徳が、亡夫人の霊の供養だけではなく、広く三界の衆生にまで及ぶようにという願いを示すものとして表現されている。

○共契一真（C12）

「一真」は佛教が説く真理。中村元『仏教語大辞典』（「一眞法界」の項）には、「唯一絶対の究極の真理。」として『成唯識論』九巻（大正蔵31四八上21）を引く。次の通りである。

此性即是諸法勝義。是一切法勝義諦故。然勝義諦。略有四種。一世間勝義。謂蘊處界等。二道理勝義。謂苦等四諦。三證得勝義。謂二空眞如。四勝義勝義。謂一眞法界。（大正蔵31四八上17～21）

また［釋潮音・一八一九・三・考証］は『起信論』を引いている。『大乗起信論』には次のようにある。

唯一眞如。此義云何。…中略…（大正蔵32五七九上24）

唯一眞心無所不遍。此謂如來廣大性智究竟之義。（大正蔵32五八〇上07～08）

語句の意味は右のようになる。

さて、「共契一真」とある「共」は、このC面の冒頭から展開して来た次第では、「亡夫人従四位下茨田郡主法名良式」の「為に」ということで「釋迦如来神跡」を「敬寫」したわけであり、「伏願」として、「夫人之霊駕遊无勝之妙邦」と「亡夫人」の「霊」の「駕遊无勝之妙邦」を祈願し、「受□□□之聖諦永脱有漏高證无為同霑三界」と展開して来たのであるから、この「共」ということは、その「亡夫人従四位下茨田郡主法名良式」と共にということになり、檀主智努を主とし、「知識家口」も含め、より広くは衆生皆共にということになろう。

○諸行无常（D1）

以下三句の偈は「三法印」と称され、著名である。この「三法印」について、まず［水野弘元・一九七二・五・論著］『仏教要語の基礎知識』から引いておく。

原始仏教以来、大乗仏教へかけて、仏教の中でもっとも有名な偈の一つに無常偈がある。それは、「諸行無常　是生滅法　生滅滅已　寂滅為楽」というのであるが、この偈をインド語の原文から訳すれば、「諸行は実に無常であり、生と滅の法あるものであり、生じ已《おわ》っては滅する。それら〔諸行〕の寂滅は楽である。」

となる。これは「諸行無常」「涅槃寂静」の法印を説いたものとみられる…下略…　　（一四一頁）

四法印とは、⑴諸行無常、⑵諸法無我、⑶一切行苦、⑷涅槃寂静であり、この中から一切行苦を除いた三つが三法印である。　　（一四〇頁）

として、詳しい解説が展開されている。

［釋潮音・一八一九・三・考証］『佛足跡紀文考證』は、『一切有部』巻九をはじめ、『智度論』『成実論』を引いている。

義浄譯の『根本説一切有部毘奈耶』巻九には、

時摩竭魚聞是語已。於世尊所深生敬信。世尊即爲説三句法。告言賢首。

諸行皆無常　諸法悉無我　寂靜即涅槃　是名三法印。

是時大會各生希有。　（『説一切有部』、大正蔵23六七〇中29〜下04）

と「三法印」の称と共に、五字句で示されている。『大智度論』『成実論』には、次のようにある。

問曰。何等是佛法印。答曰。佛法印有三種。一者一切有爲法。念念生滅皆無常。二者一切法無我。三者寂滅涅槃。行者知三界皆是有爲生滅。作法先有今無今有後無。念念生滅相續相似生故。可得見知。如流水燈焔長風相似相續。故人以爲一衆生於無常法中常顚倒故。謂去者是常住。是名一切作法無常印。一切法無我。諸法内無主無作者。無知無見無生者無造業者。一切法皆屬因縁。屬因縁故不自在。不自在故無我我相不可得故。如破我品中説。是名無我印。　（『大智度論』、大正蔵25二二二上28〜中10）

又佛法中。有三法印。一切無我。有爲諸法念念無常。寂滅涅槃。是三法印。一切論者。所不能壞以眞實故名清淨調柔。　（『成實論』、大正蔵32二四三下16〜19）

ガンダァラのアパラァラ龍帰順譚について A面で言及した［亀田孜・一九六二・一二・論考］「薬師寺仏足石と仏跡図本の論考」は、次のように言う。

上面の仏跡と正面銘文両側の竜王帰順図と、この右側面の三法印礼敬図とは、むろん最初からの計画であると思うが、ガンダァラ地方遊歴は釈尊が涅槃に入る前という伝説であり、仏跡精舎のは涅槃直前の脚踏足跡である。これらの事情からみて、涅槃経と密接な関係で構想されたものであろう。それにつけて思い合わされるのは、烏仗国の醯羅山 Hi-lo（Mt. Ilam）にある谿谷は、昔如来が雪山の波羅門であった時に「諸行無常、是生滅法」と唱える羅刹の残りの半偈「生滅滅已、寂滅為楽」を聞く為に捨身した本生遺蹟と伝えるところである。烏仗国 Udyāna のブウネェル Bunēr 地方に多くある本生遺跡のうち、涅槃経所説のこの施身聞偈の旧蹟が、西域記等に記されており、それと同じ烏仗国のスワアト Swāt 地方の仏跡説話をならべて仏足石に刻んだ、この本願者の用意の周到さと、説話への造詣とがあらためて顧りみられるし、またそう考えて大過はないと思う。そして絵解きだけでなく、仏教の中心的な思想を文字で標示し、これを礼拝する菩薩や声聞を図示したのは、後世の経絵の手法に通じるもの。仏跡そのものを以て釈迦を再現し、仏法を端的に示して、究極は釈迦浄土をあらわす意図がよく汲みとられよう。

この『大般涅槃経』の説く施身聞偈本生譚は法隆寺金堂にある玉虫厨子に描かれており、その偈は「涅槃経碑」（『古京遺文』㉘）にも「諸行无常　是生滅法　生滅々已　寂滅為樂」と掲出されていて、当時から著名なものであった。［亀田孜・一九六二・一二・論考］が説くように『西域記』巻三（「烏仗那国醯羅山」条）に「如来在昔為聞半頌（割注、略）之法。於此捨身命焉。」（大正蔵51八八二下24〜八八三上01）として出る。また『釈迦方誌』上（「烏仗那国醯羅山」条）に「是佛昔聞半偈捨身處」（大正蔵51九五五中11）、『法苑珠林』巻十七に「涅槃經云……」（大正蔵53四一三上20〜中17）と出る。或いは前記『佚西域傳』には三法印の形で出ていたのではないかと考えられる。

〔亀田孜・一九六二・一二・論考〕による右の引用掲出中に、三法印がA面のアパラァラ龍帰順譚と無縁で無いことを説くと共に、三法印礼敬図に言及している。この「三法印礼敬図」とは、「礼拝する菩薩や声聞を図示」とある通りである。私も薬師寺原碑調査前に三法印を囲むようにしてある三体の僧形らしい像をメモしていたが、調査時にもう一体、少し離れて菩薩らしい像を認めていた。これら四体の像については、〔廣岡義隆・一九八九・一二a・注釈〕『古京遺文注釈』において、その一七一頁で示した展開図（本書第二章論考篇一第一節、三六二頁、参照）のD面図に示し、『古京遺文注釈』一七二頁で四体確認できるとしていた。

碑面39

この四体の図は、〔齋藤理恵子・一九九〇・一一・論考〕「仏足石記校訂」の一五九頁のトレース図に明確に記されている（〔齋藤理恵子・一九九〇・一一・論考〕のトレース挿図は、元興寺文化財研究所の杉本圭祐氏による描き起こしであると記されている）。三法印は右の写真「**碑面39**」で明らかであり、僧形一体も右端に見える。

その〔亀田孜・一九六二・一二・論考〕の引用中に、A面の図とD面の図及び「三法印」が緊密な関係を有していることを説いた後に、「この本願者の用意の周到さと、説話への造詣とがあらためて顧りみられるし、またそう考えて大過はないと思う」としている。「この本願者」とは文室真人智努のことになるが、〔亀田孜・一九六二・一二・論考〕はA面で引用した通り、アパラァラ龍帰順譚の図様はガンダァラ現地の浮彫であるとあった。そうなると、A面のアパラァラ龍帰順譚の図は第一本に記されていた可能性が極めて高く、この「三法印」と「三法印礼敬図」は中国における第一本において既に記されていたことを考慮しなければならない。

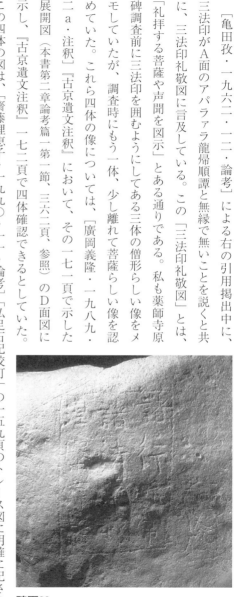

さて、「諸行无常」は『平家物語』巻第一「祇園精舎」の冒頭書出条で知られる句であり、当項目冒頭の「三法印」において引用した『大智度論』に「念念生滅皆無常」とあったことであり、常に移り変り常住ということはないという生命及び萬物に関わる根本義を説いたものである。

○諸法无我（D2）

「无我」は、万物には永遠不変の実体というものは存在しないということであり、「有情の五取蘊中に実我なく、又一切法は我性に非ざるを云ふ」（『望月仏教大辞典』）というものであって、「諸行无常」について観点を変えて捉えなおし表現した句である。「我」の語は掘り下げて考えると仏教的に種々の考説があるが、ここは存在体としての「我」（我存在）と考えてよく、現存在における無常の表現である。

○涅槃寂静（D3）

「涅槃」については、（A4）で言及した。「涅槃寂静」は、「涅槃寂滅」に同じ。「仏が涅槃寂静の教えを説き、迷える衆生をして生死を離れさせ、寂滅に至らしめるのをいう」（中村元『仏教語大辞典』「涅槃寂静印」の項）、「ニルヴァーナの境地は安らぎであるということ。後代にはむしろ「涅槃寂静」という表現のほうを多く用いた」（中村元『仏教語大辞典』「涅槃寂滅」の項）とある。また、『岩波仏教辞典』の「涅槃」の項には「古くは煩悩の火が吹き消された状態の安らぎ、さとりの境地をいう」とある。

○観（D界外1）（D3の「涅」字左）

「観」はA面六行目の「観佛三昧經図」の項で述べた。「観」とは、悟りの眼によって真理を見通すことであり、「不浄観」「日想観」などは、その中でもよく知られた観法である。例えば、『餓鬼草紙』（河本家本・東京国立博物館蔵）の冒頭（第一段）に描かれた宴の場面がある（次頁、部分）。この遊びに興ずる貴公子にとりすがる餓鬼の数々は、実際には不可視の領域に属するものである。偶々絵巻という手法によって、そこに異次元の餓鬼の世界を併せて描いたものとなっている。ここに言う「観」とは、これらの餓鬼をも見通すことを意味している。

さて佛足石のA面で述べている内容と「観想」とは関係が深く、『観佛三昧海經』が説く内容自体が「観佛」という「観想」そのものをさしている。このD面界外に見られる「観」の語も、佛足石と無縁とは言えない。ただ、この界外の刻字が当初からのものか、後世の刻字であるのかは判然としない。右の三法印と並ぶ形で一字（D界外1、上部左端）、及び、（D界外1）の他に横に倒した形（これを以下「横字」と呼ぶ）で三字が刻されている。横字の三文字も字形そのものは古形を残しているが、横字であるということは、佛足石が横倒しになっていた時の彫りである可能性が極めて高く、当時か後世かは別として、直接本文に強い結び付きを有する文字とは考えられない。よって、今この横字三文字を除外して考える。残る一文字（D界外1、D面3行の「涅槃寂静」の「涅」字の横に並ぶ字）は横字ではなく、その意味で他と区別されるが、この一字でどういう意味を有するのか理解に苦しむ。「観□□」としたり、「観仏迹」とするものが見うけられるが、私には「観」一字しか確認できない。〔齋藤理恵子・一九九〇・一一・論考〕「仏足石記校訂」及び〔東野治之・一九九九・一・論考〕「薬師寺仏足石記と龍福寺石塔銘」も「観」一字の本文認定となっている。本文として必要な文字であれば界線による囲みの中に記せばよく、界外であるということは、当初からの文字であったとしても、「知識家口男女大小」（B面界外）や「三國眞人浄足」（B面界外）同様に、副次的位置にあることは確かである。

『餓鬼草紙』（河本家本・東京国立博物館蔵、部分）
Image : TNM Image Archives

［亀田孜・一九六四・八・論考］「仏跡の伝来と観智院の仏足図」は「観仏迹の摩損による欠失」とするが、現状では一字しか確認できず、何とも言えない。私は右で「観佛跡」よりもより広い意味でこの語を理解した。

なお、当時から「観想」が存したであろうことについては、［東野治之・二〇〇五・四・論考］「橘夫人厨子と橘三千代の浄土信仰」に石山寺校倉に蔵される聖教中の「如意輪陀羅尼経」（［石山寺文化財綜合調査団・一九八一・三・史料］『石山寺の研究―校倉聖教・古文書篇―』）の天平十二年の識語中に、「大夫人観无量壽堂香函中禪誦經」とあり、［東野治之・二〇〇五・四・論考］は「この一行は、経の由来、性格を後人が記したもの」とするが（「後人」かどうか、判断はむつかしい。私は識語本文と同筆と見るが）、その東野治之氏に次のような指摘がある。

三千代が自己の邸宅に観无量寿堂という堂舎を営み、そこに多数の経典を蔵置していたとは疑いないであろう。…中略…観无量寿堂という堂名が、観無量寿経に基づくことは容易に判断できよう。三千代がこの堂において、観経に説く浄土の観想を行っていたであろうことも、これまたたやすく類推できる。…中略…三千代が生前、浄土観想の一助として、阿弥陀浄土の造形作品を営ませていた可能性は極めて大きいといえる。

（所収書、二二六〜二二七頁）

「観想」が広く普及するのは時代がくだるが、一部には佛教の教理と共に「観想」そのものも実践されていたと見てよく、この佛足石そのものが「観想」の手だてとなる信仰対象としてあったと言えるものである。この「観」一字が彫り込まれた経緯や由来は判然としないが、無縁の文字で無いことは確かである。

【佛足石記文・用字形確認図】

＊これは用字のおおよその位置とその用字の字形を示す概念図である。
＊原碑のトレースではない。原碑には、凹凸及び石に元から存する傷、風化の傷、損傷などがあり、そうしたものを除外しての用字に限定してのトレースである。そういう意味での選別が働いている。即ち、筆者の本文認定の根拠を示している図である。ただし、凹部や割れ目の線について、破線で示しているものがある。
＊トレース作業に慣れない素人による臨模の為に、縮尺は均一になっていない。
＊原碑の文字は一点一画も疎かにしないきびきびとした書体であり、惚れ惚れとする用字である。書道上の意義ある作品であると確信する。しかしこの「用字形確認図」は本文の文字としての字形確認を第一義とするものであり、書道の材には全く該当しないものである（稚拙なトレースであることを当人は認める）。言うなれば、この「用字形確認図」は、当人が原碑のこの箇所はこのように読み取っているという判断の提示材料としてある。
＊同様のものを［廣岡義隆・一九九〇・六・本文］「佛足石記・佛足石歌碑本文影復元」として『三重大学日本語学文学』第一号に掲載したことがあった。その時は、行間を上段の活字の行間に合わせてゆったりと取っていた。今回はその行間を縮め、原碑に近い姿にした。
＊右の［廣岡義隆・一九九〇・六・本文］で示した本文とは、認定上若干異なって来ており、今回新たに碑面フィルムをルーペで覗き見、確認しつつ描き起こしたものである。
＊B面界外の「三國眞人浄足」「三國□人浄足」については、原碑の該当位置に示しているが、「知識家口男女大小」は離れた位置にあるために区別して示している。その所在位置については、本書第二章論考篇一第一節「佛足石記文について」の展開図（「**図3**」、三六二頁）のB面を参照されたい。
＊C面は、薬師寺の故生駒昌胤師提供の原拓を生駒師生前に拝見したものによったということは前に断ったが、今回は、佛足石をクレーンで移動して撮影された［齋藤理恵子・一九九〇・一一・論考］「仏足石記校訂」（『薬師寺』所収）の写真を参照した。ただし、限られた写真では線や点画の不鮮明な箇所があり、原拓写真と併用した。
＊佛足跡歌碑の方は、こうした「用字形確認図」の用意はない。碑面の用字が明確であるからである。

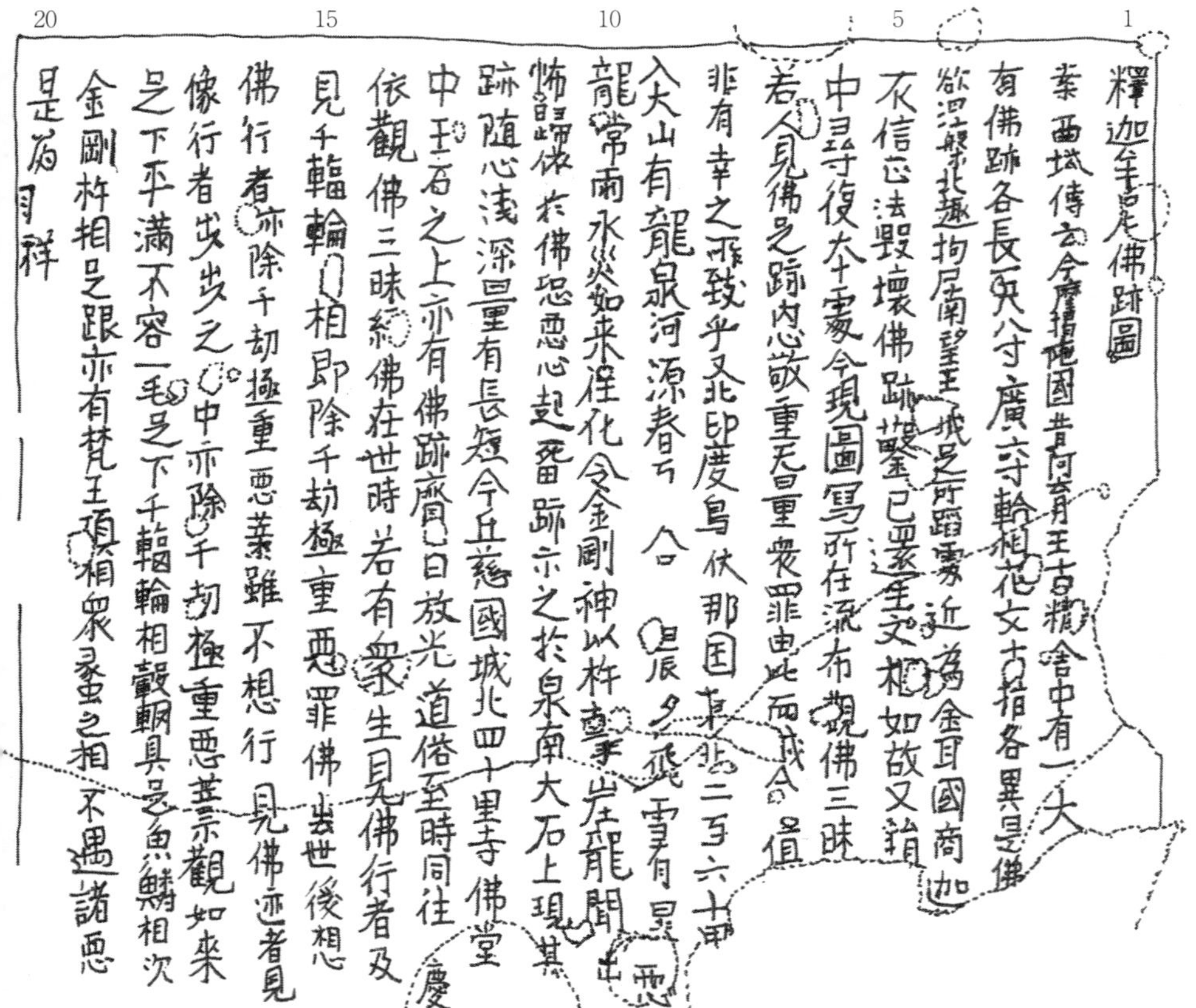
釋迦牟尼佛跡圖
案西域傳云今摩揭陁國昔阿育王古精舍中有一大
有佛跡各長一尺八寸廣六寸輪相花文十指各異是佛
欲涅槃北趣拘尸南望王城足所蹈處近為金耳國商迦
衣信正法毀壞佛跡鑿已還生文相如故又捐
中尋復本處今現圖寫所在流布觀佛三昧
若人見佛足跡內心敬重无量衆罪由此而滅合　値
非有幸之所致乎又北印度烏仗那国東北二百六十里
入大山有龍泉河源春夏含　晨夕飛雪有暴
龍常雨水災如来往化令金剛神以杵擊崖龍聞出　悪
怖歸依於佛恐悪心起留跡示之於泉南大石上現其
跡隨心淺深量有長短今丘慈國城北四十里寺佛堂
中玉石之上亦有佛跡齋日放光道俗至時同往　慶
依觀佛三昧經佛在世時若有衆生見佛行者及
見千輻輪相即除千劫極重悪罪佛去世後想
佛行者亦除千劫極重悪業雖不想行見佛迹者見
像行者步步之中亦除千劫極重悪業宗觀如来
足下平滿不容一毛足下千輻輪相轂輞具足魚鱗相次
金剛杵相足跟亦有梵王頂相衆蠡之相不遇諸悪
是爲吉祥

A面

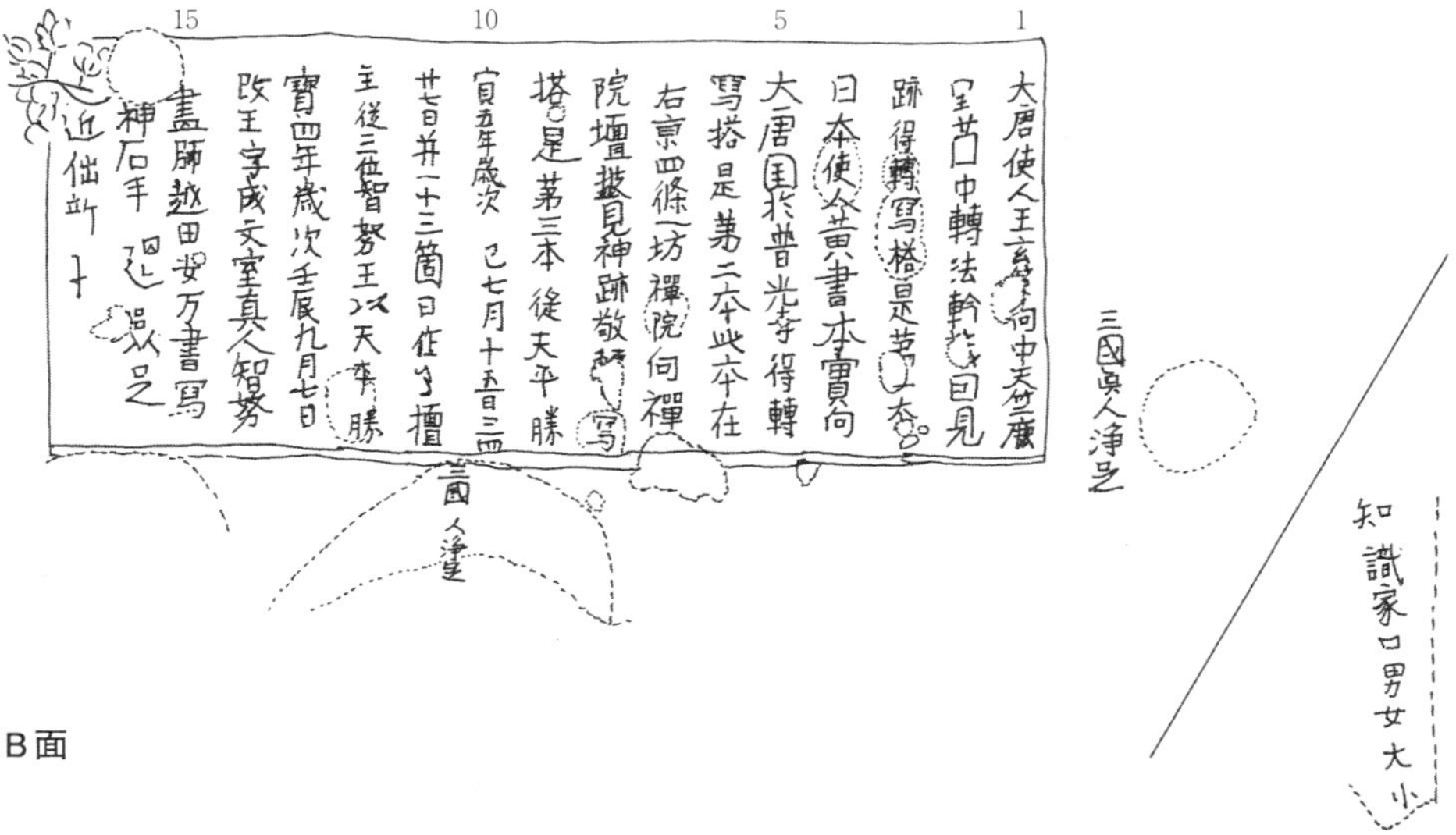

B面

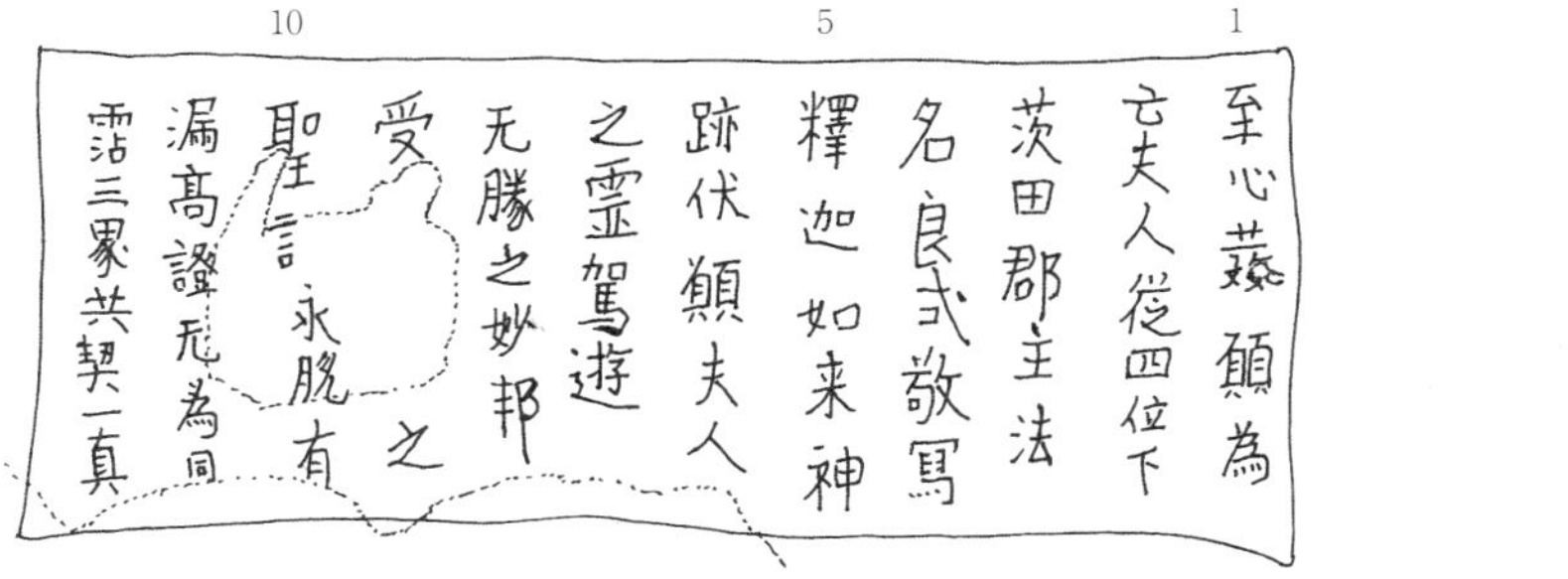

C面

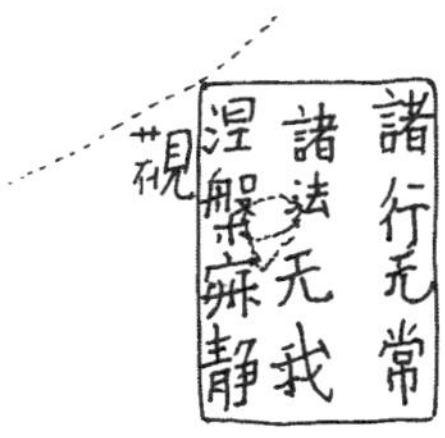

D面

このB面・C面・D面トレースは、ほぼ同一の縮尺にしている。A面はこれらの約1.5倍の大きさで示している。

佛足跡

佛足跡01—右足

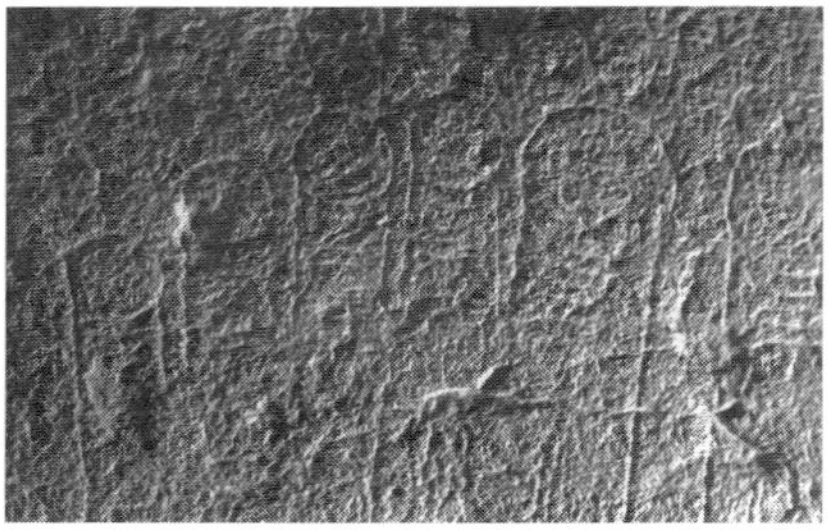

佛足跡02—左足前部

佛足跡03—右足中央

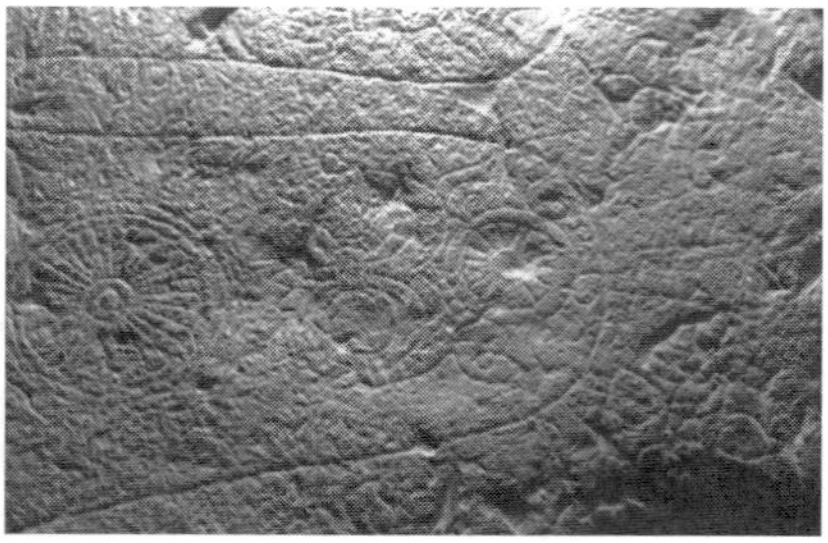

佛足跡04—左足跟

薬師寺金堂ご本尊

金堂ご本尊01—左み手

薬師寺金堂ご本尊

金堂ご本尊02—左み足

金堂ご本尊03—左み足

佛足石

佛足石01―A面・正面

佛足石02―B面・左側面

佛足石03―D面・右側面

第二節　佛足跡歌碑歌注釈

【本文】（1～11番歌は歌碑上段に、12～21番歌は歌碑下段に刻される。本文右横に句数表示を①～⑥の形で示す。）

□[墓]佛跡一十七首

1 ①美阿止都久留②伊志乃比鼻伎波③阿米尓伊多利④都知佐閇由須礼⑤知々波々賀多米尓⑥毛呂比止乃多米尓

2 ①弥蘓知阿麻利②布多都乃加多知③夜蘓久佐等④曽太礼留比止乃⑤布美志阿止々己呂⑥麻礼尓母阿留可毛

3 ①与伎□止乃②麻佐米尓美祁牟③美阿止須良乎④和礼波衣美須弖⑤伊波尓恵利都久⑥多麻尓恵利都久

4 ①己乃美阿止②夜与呂豆比賀利乎③波奈知伊太志④毛呂毛呂須久比⑤和多志多麻波奈⑥須久比多麻波奈

5 ①伊可奈留夜②比止尓伊麻世可③伊波乃宇閇乎④都知止布美奈志⑤阿止乃祁留良牟⑥多布刀久毛阿留可

6 ①麻須良乎乃②須々美佐岐多知③布賣留阿止乎④美都々志乃波牟⑤多太尓阿布麻弖尓⑥麻佐尓阿布麻弖尓

7 ①麻須良乎乃②布美於祁留阿止波③伊波乃宇閇尓④伊麻毛乃己礼利⑤美都々志乃覇止⑥奈賀久志乃覇止

8 ①己乃美阿止乎②多豆祢毛止米弖③[与][岐]比止乃④伊麻須久尓々波⑤和礼毛麻胃弖牟⑥毛呂毛呂乎為弖

9 ①舎加乃美阿止②伊波尓宇都志於伎③宇夜麻比弖④乃知乃保止氣尓⑤由豆利麻都良牟⑥佐々義麻宇佐牟

10 ①己礼乃与波②宇都利佐留止毛③止己止婆尓④佐乃己利伊麻世⑤乃知乃与乃多米⑥麻多乃与□□□

11 ①麻須良乎能②美阿[止]

12 佐①伎波比乃阿②都伎止毛加羅麻③為多利弖麻④佐□尔弥祁牟□⑤止乃止毛志□　宇⑥礼志久毛阿留可

13 乎①遅奈伎夜和②礼尔於止礼留比止③乎於保美和④多佐牟多米止宇⑤都志麻都礼利　都⑥加閇麻都礼利

14 舎①加乃美阿止伊②波尓宇都志於伎由③伎米具利宇④夜麻比麻都利和⑤我与波乎閇牟　己⑥乃与波乎閇牟

15 久①須理師波都②祢乃母阿礼等麻③良比止乃伊④麻乃久須理師多⑤布止可理家利　米⑥太志可利鶏利

16 己①乃美阿止乎麻②婆利麻都礼婆阿③止奴志乃多④麻乃与曽保比於⑤母保由留可母　美⑥留期止毛阿留可

17 於①保美阿止乎美②尔久留比止乃伊③尔志加多知④与乃都美佐閇保⑤呂歩止曽伊布　乃⑥曽久止叙伎久

呵嘖生死

18 比①止乃微波衣②賀多久阿礼婆③乃利乃多能④与須加止奈礼利都⑤止米毛呂毛呂　須⑥々賣毛呂母呂

19 与①都乃閇美伊②都々乃毛乃々③阿都麻礼流伎④多奈伎微乎婆⑤伊止比須都閇志　波⑥奈礼須都倍志

20 伊①加豆知乃比②加利乃期止岐③己礼乃微波志④尔乃於保岐美都⑤祢尔多具覇利　於⑥豆閇可良受夜

21 □①都

（比多留□□乃多尔久須理師毛止牟与伎比止毛止无　佐麻佐牟我多米尔）

【よみ】

佛《ほとけ》の跡《みあと》を敬《うやま》ひ慕《しの》へる一十《とをあまり》七《ななつ》首

1みあとつくるいしのひびきはあめにいたりつちさへゆすれちゝはゝがために　もろひとのために

（御足跡造る　石の響きは　天に至り　地さへ揺すれ　父母が為に　諸人の為に）

2みそちあまりふたつのかたちやそくさとそだれるひとのふみしあとゝころ　まれにもあるかも

（三十あまり　二つの相　八十種と　具足れる人の　踏みし足跡所　希にもあるかも）

3よきひとのまさめにみけむみあとすらをわれはえみずていはにゑりつく　たまにゑりつく
（善きひとの　正目に観けむ　御足跡すらを　我はえ見ずて　石に彫りつく　玉に彫りつく）
4このみあとやよろづひかりをはなちいだしもろもろすくひわたしたまはな　すくひたまはな
（此の御足跡や　萬光を　放ち出だし　諸諸救ひ　度したまはな　済ひたまはな）
5いかなるやひとにいませかいはのうへをつちとふみなしあとのけるらむ　たふとくもあるか
（如何なるや　人に坐せか　石の上を　地と踏みなし　足跡殘けるらむ　貴くもあるか）
6ますらをのすゝみさきたちふめるあとをみつゝしのはむただにあふまでに　まさにあふまでに
（丈夫の　進み先立ち　踏める足跡を　観つゝ慕はむ　直に遇ふまでに　當に遇ふまでに）
7ますらをのふみおけるあとはいはのうへにいまものこれりみつゝしのへと　ながくしのへと
（丈夫の　踏み置ける足跡は　石の上に　今も殘れり　観つゝ慕へと　長く慕へと）
8このみあとをたづねもとめてよきひとのいますくにゝはわれもまゐでむ　もろもろをゐて
（此の御足跡を　尋ね求めて　善き人の　坐す國には　我も参出む　諸諸を率て）
9舍加のみあといはにうつしおきうやまひてのちのほとけにゆづりまつらむ　さゝげまうさむ
（舍加の御足跡　石に轉寫し置き　敬ひて　後の佛に　譲りまつらむ　捧げまうさむ）
10これのよはうつりさるともとことばにさのこりいませのちのよのため　またのよのため
（此の世は　移り去るとも　永に　さ殘り坐せ　後の世のため　又の世のため）
11ますらをのみあと□
（丈夫の　御足と□）
12さきはひのあつきともからまゐたりてまさめにみけむあとのともしさ　うれしくもあるか

（幸の　篤き伴　参到りて　まさ目に観けむ　足跡の乏しさ　嬉しくもあるか）

13をぢなきやわれにおとれるひとをおほみわたさむためとうつしまつれり　つかへまつれり

（懦弱きや　我に劣れる　人を多み　済度さむためと　轉寫し奉れり　仕へ奉れり）

14舎加のみあといはにうつしおきゆきめぐりうやまひまつりわがよはをへむ　このよはをへむ

（舎加の御足跡　石に轉寫し置き　行き繞り　敬ひまつり　我が世は終へむ　此の世は終へむ）

15くすり師はつねのもあれどまらひとのいまのくすり師たふとかりけり　めだしかりけり

（藥師は　常のもあれど　客の　今の藥師　貴かりけり　愛だしかりけり）

16このみあとをまばりまつればあとぬしのたまのよそほひおもほゆるかも　みるごともあるか

（此の御足跡を　瞻りまつれば　足跡主の　玉の装儀　思ほゆるかも　見る如もあるか）

17おほみあとをみにくるひとのいにしかたちよのつみさへほろぶとぞいふ　のぞくとぞきく

（大御足跡を　見に来る人の　去にし方　千世の罪さへ　滅ぶとぞ云ふ　除くとぞ聞く）

生死《いきしに》を呵嘖《いさ》む

18ひとのみはえがたくあればのりのたのよすかとなれりつとめもろもろ　すゝめもろもろ

（人の身は　得難くあれば　法の為の　因となれり　勉め諸諸　勵め諸諸）

19よつのへみいつゝのものゝあつまれるきたなきみをばいとひすつべし　はなれすつべし

（四つの蛇　五つの鬼の　集まれる　穢き身をば　厭ひ棄つべし　離れ捨つべし）

20いかづちのひかりのごときこれのみはしにのおほきみつねにたぐへり　おづべからずや

（雷の　光の如き　此の身は　死の王　常に副へり　怖づべからずや）

21□つ

（□っ［　　　　　　　　　　　　　　］）

（□□□□ひたる　□□の為《た》に　薬師求む　善き人求む　さまさむが為《ため》に）（21補刻歌）

【現代語訳】

佛足跡を敬い慕う十七首の歌。

1父母のために諸人のためにと、佛足跡を造る、その刻石の響きは、天上の神の許まで届き、大地の神までも揺るがせよ。

2三十二相八十種好と全てが備わっている人（釈迦）が踏んだ足跡の場は、実に類《たぐ》い稀な様であるよ。

3釈迦の弟子たちが目のあたりに拝したという佛足跡（の石）さえこの目で見ることが出来なくて、玉石に彫りつけるのである。（佛足跡を拝することによって、釈迦の御姿を仰ごうというのである）。

4この佛足跡は、たくさんの光明を放ち出し佛法をひろめて、蒙《くら》い衆生を救い、彼岸へ導き渡してください。救ってください。

5一体どういう人でいらっしゃって、石の上を大地同様に踏みなし、その足跡を残されたのだろうか。誠に貴いものであるよ。

6釈迦が自《みずか》ら先頭に立ってお踏みになった足跡を私は拝しお慕い申し上げよう。（彼岸で釈迦に）直接にお会いする時まで。まさしくお会いする時まで。

7釈迦がお踏みになってしるし置かれた足跡は石の上に（釈迦滅後数多の年を経た）今もなお残っている。（多くの衆生が）拝して慕えとて。（これから先も）長く慕えとて。

8この（石に刻りつけられた）御足跡を便りとして尋ねて行って善き人たちのいらっしゃる安楽国に私も参上し

よう。多くの人々をひき連れて。

9舎加（釈迦）の足跡を石に写し刻して安置し拝み申し上げ、（後の仏の弥勒菩薩があらわれた際には崇佛を）後の仏にお譲りしましょう。差し上げましょう。

10私がこの世を過ぎ去ってしまっても、（佛足跡はこの世に）永久に残ってください。後の世の人々の為に。後々の世の人々の為に。

11釈迦の足跡

12幸せにめぐまれた人たちが参上して目の当りに拝したというその佛足跡の何と心ひかれることであるか。（それを今日に出来ることは）何と嬉しいことであるか。

13凡夫の私よりも悟道においてより至らない人が多いので、衆生を救うためにと釈迦の足跡を転写し申し上げたのである。お作り申し上げたのである。

14舎加（釈迦）の足跡を石に彫り置き、そのまわりを行道し、拝み申し上げ、我が世を終えよう。終世敬い申し上げよう。

15医王は常の医王もよいが、遠方より渡来のこの大医王（釈尊）は誠に貴いことである。実に心ひかれることである。

16この佛足跡を注視申し上げていると、足跡の主（釈尊）の華麗な装儀が浮かんでくることであるよ。そのお姿を見る気持であるよ。

17佛足跡を見に来る人の過去千世代《せだい》の罪までも除かれると言うことだ。除かれると聞くことだ。

生死にこだわる心を戒め解脱をすすめる（四首の歌）。

18人の身として生を得ることは稀なことであるので、（ありがたくも人として生を得たことは）帰依の機縁となっている。だから、佛道帰依に勉めなさい、人々よ。佛道帰依に励みなさい、人々よ。

19四匹の蛇、五匹の鬼が寄り集まって成り立っているこの穢い身は、厭い棄《す》てるのがよい。離れ捨てるのがよい。

20雷の一瞬の光のようなはかないこの身には、死神がいつも付き添っている。恐れないでいいことがあろうか（怖心の悟りを開くべきである）。

21□つ［　　　　　　　］

（□□□□ひたる）（□□のために医王を求める、善き人たちを求める。目ざめさせるために。）（21補刻歌）

【注解】

○敬慕佛跡（2番歌上部）

一十七首（9番歌上部）

1番歌より17番歌までの題目である。佛足跡は歴史的には佛像よりも早い偶像としてある。その信仰の象徴としての釈迦の足跡を「佛跡」と呼称しているものであり、ここの「佛跡」は「佛足跡」の略称である。即ち四字句にするために、「佛足跡」を「佛跡」としたものであり、この箇所の「佛跡」の上には二字の語が存することを明らかにしている。「一十七」は「十七」の正格表現であるが、これも四字句として整えるための措置としてなされたものである。

「佛跡」とある文字の上部（「慕」字の上半から）は歌碑が切断されて欠損している。「慕」と推定している文字の下半のみが残存している。「恭」と推定する説もある。この箇所の写真画像は、本書第二章論考篇一第三節「佛足跡歌碑歌について」の四〇九頁を参照されたい。この箇所の本文推定については、これまで次のように展開して来た。

【「□慕」の本文異同】（文字の下半部のみの提示本文については以下に示さない）

（「×」は文字の存在しないことを意味する）

×恭――［野呂元丈・一七五二・秋・金石記］『佛足石碑銘』・［秋里籬島・一七九一・四・名所］『大和名所図会』・［松平定信・一八〇〇・一・史料図録］『集古十種』・［釋潮音・一八一九・三・考証］『佛足蹟碑文和歌略註』・［鹿持雅澄・一八二一・三・注釈］『南京遺響』・［山川正宣・一八二六・八・論著］『佛足石和歌集解』・［小山田與清・一八二八・一〇・金石記］『南都藥師寺金石記』・『藥師寺志』・［三宅米吉・一八九七・七・論考］・［木崎愛吉・一九二一・一〇・金石記］『大日本金石史・一』・［太田水穂・一九二二・九・注釈］『紀記歌集講義』・［多屋頼俊・一九三一・六・論考］・［釋北山・一九三一・一〇・論考］・［林竹次郎・一九三二・七・論著］『萬葉集外來文學考』・［信道會館・一九三二・一二・金石記］『佛足石』・［大井重二郎・一九三四・六・論著］『佛足石歌と佛足石』・［鈴木暢幸・一九三五・三・論考］・［佐佐木信綱・一九三六・八・文学史］・［木本通房・一九四二・八・注釈］『上代歌謡詳解』・［文化財協会・一九五五・三・図録］・［土橋寛・一九五七・七・大系］『古代歌謡集』・［北島葭江・一九六五・六・論考］・［保坂三郎・西宮強三の内・一九六八・二・図録］『原色版　国宝Ⅰ』・［今城甚造・一九七〇・八・図録］奈良六大寺大観・［町田甲一・一九八四・五・図録］『藥師寺』・［若林繁・一九九〇・一一・論考］『藥師寺』・［今城甚造・二〇〇〇・七・図録］奈良六大寺大観補訂版。

敬慕――［橋本進吉・一九二一・一〇・解説］『南京遺文』。

×慕――［岡麓・一九二七・一・論考］・［武田祐吉・一九二九・一・校注］・［久曽神昇・一九五四・一二・解

説〕・〔竹内理三・一九六二・一一・史料〕『寧楽遺文（下）』・〔浅田芳朗・一九六三・七・論著〕『薬師寺仏足石覚書』・〔加藤諄・一九六八・一二・論考〕「仏足石—日本における—」・〔岡崎敬・一九七一・一〇・史料〕・〔飯島春敬・一九七二・四・解説〕・〔河内昭圓・一九七二・一一・図録〕『日本金石圖録』・〔廣岡義隆・一九八六・三・論考〕「佛足石記・同歌碑調査報」・〔廣岡義隆・一九八九・二b・注釈〕『古京遺文注釈』。

即ち、古く「恭」字であると考えられ、これに別案を提起したのは〔橋本進吉・一九二一・一〇・解説〕『南京遺文』である。即ち、次のような指摘としてある。

上段の「佛跡」の上の缺けた字は、從來「恭」と認められて居るが、自分は寧「慕」の字であつて、其の上に猶「敬」の字などがあつたのではあるまいかと考へて居る。

これは結論のみの提示であり、根拠は示されていない。この「敬」は無視し、「慕」のみが独り歩きして、右に示したように「慕」字説が存在している。私は当初は〔橋本進吉・一九二一・一〇・解説〕を見落して、欠損した文字に合致するのは「恭」か「慕」であると考え、佛足跡歌碑歌の内部徴証、即ち6番歌7番歌の「見つつ慕」ふの表現から「慕」字とした（〔廣岡義隆・一九八六・三・論考〕「佛足石記・同歌碑調査報」）。このことは、〔廣岡義隆・一九八六・一一・論考〕「佛足石記及び佛足石歌碑の用字」及び〔廣岡義隆・一九八九・二b・注釈〕『古京遺文注釈』でも同様の言及をしていた。

その後、〔廣岡義隆・一九九六・七・論考〕古代文学講座においては、「慕」字の上にもう一字存在した可能性を示し、そうした先蹤として〔林竹次郎・一九三二・七・論著〕『萬葉集外來文學考』による「何か一字位は有つたかも知れぬ」という言及を示し（同書は別に、「古溪曰」として「敬恭」「嚴恭」という案を示している）、私は「一十七首」「呵嘖生死」という四字句と共に、当時の官人が書く文章においては四字句や六字句でまとめるのが常であったということを示し、「仰慕」と「敬慕」という案を示したのであった。この論は本書第二章論考篇一第三節「佛足跡歌碑歌について」（四〇九～四一〇頁）を参照されたい。この執筆の際に新たに9番歌第三句「宇夜麻比弖」及び14番歌第四句「宇夜麻比麻都利」を示し「敬慕」を想定したのであったが、この案は、［橋本進吉・一九二一・一〇・解説］『南京遺文』が早くに示していたものであった。『佩文韻府』によると「敬慕」「仰慕」「欽慕」「見慕」などの語例があり、「見慕」は佛足石の場合「観慕」の方が良いのであろうが、そうした中で、適する例として「敬慕」「仰慕」が残り、佛足跡歌碑歌の内部語例から、「敬慕」に絞られることになる。

［橋本進吉・一九二一・一〇・解説］『南京遺文』は根拠を示すことなく提示していたが、「敬」も「慕」も歌詠内部にその徴証があるものであり、そうした内部徴証から、ここは「敬慕」という案を強く前面に押し出すことが可能と考える。ここにおける「慕ふ」とは「慕い崇める」意であり、帰依するという意味になるのである。

〇美阿止（1①）、（1番歌第一句の意、以下同じ）。

「みあと」は「御足跡」の意であり、佛足跡をさす。「あと」については、「阿止乃祁留良牟」条（5⑤）、参照。「美阿止」はここ以外に3③・4①・8①・9①・14①・16①・17①に出、「阿止」（足跡）まで入れると全一三例（他に、2⑤・5⑤・6③・7②・16③）になる（11②の「美阿[止]」、12⑤の「[ ]止」の二例は除外しての数である）。これら全て「阿止」の用字例である。「跡」は本来「アト甲」であるが、ここは「止」のト乙類仮名になっており、異例である。『時代別国語大辞典　上代編』の「あと」の項に言及があるように、「跡」のトの甲乙類区別は比較的早くになくなっていたと考えられる。これについては、本書第二章論考篇一第四節「佛足跡歌碑歌の用字」の「上代特殊仮名遣いにおける異例」（四三一～四三三頁）を参照されたい。

［屋名池誠・一九九二・三・論考］「母音脱落」は、「美阿止」の八例について「全部字余り」とする。

「己乃美阿止夜与呂豆比賀利乎」（4①②）の例における「夜」については、［廣岡義隆・一九八九・二b・注釈］

『古京遺文注釈』では「夜与呂豆比賀利乎」（4②）とし「八萬光」で理解していた。[釋潮音・一八一九・三・考証]『佛足蹟碑文和歌略註』が指摘する「八万光明」説に影響されていた。「夜与呂豆比賀利乎」においても字余り法則（[毛利正守・一九八三・五・論考]「短歌の字余りとモーラ」）に合致はする（第五則(2)）。しかしながら、4番歌においては「夜」を第一句に属するものと見るのがよい。字余り上から「美阿止」の事例に整合するだけではなくて、出典面からもその方が良いのである。それは『大正蔵』中に「八萬光」という表現が確認できないからである。即ち、4番歌は「萬光（よろづひかり）」として理解するのが良い歌としてある。「夜」は、第一句に属する間投助詞と見ることになる。

なお、「美阿止」ではない「阿止」の語形の五例についても内三例（2⑤・6③・7②）は字余り句になっているが、残り二例（5⑤・16③）は字余り現象が起きていない。ただしこの字余りになっていない「阿」を含む例（5⑤・16③）は、その「阿」がいずれも句頭に位置している。

「美阿止」の語について、[屋名池誠・一九九二・三・論考]「母音脱落」は、

このミ^{1}アトは仏足石造立、仏足跡讃嘆の際の詠歌にあたって臨時に結びつけられた語形であろう。これらは母音脱落機構の活動停止後の新造語であると考えられるが、ミ^{1}ヅタマ・ウキ（3.2.3.1.）やオホ・アナムチ（2.7.2.）のような例を考えると、佐佐木[1981-1]のいうように美称接頭辞は、独立性が高かったという意味的条件も働いていているかもしれない。（横書き稿）

注・「ミ^{1}」などの^{1}は甲類仮名を示し、乙類は^{2}で示されている。

・「ミ^{1}ヅタマ・ウキ（3.2.3.1.）」の（3.2.3.1.）は論文中の章節をしめしており、この「ミ^{1}ヅタマ・ウキ」は、「ミ^{1}ヅタマ・ウキ^{1}（瑞玉盞）　美豆多麻宇岐　紀下-99」の例をさしている。

・オホ・アナムチ（2.7.2.）は同様に、「オホアナムチ　於褒婀娜武智　紀1（神代上）「大己貴」訓注」の例をさ

している。

・佐佐木［1981-1］は、佐佐木隆「〈大穴牟遅〉〈大己貴〉の表記とその訓」『古事記年報』23」の略称である。

と指摘し、母音アが脱落することなく、句中字余りの形で存在していることを右のように分析している。

関連して発言すると、［井上通泰・一九二三・一二・注釈］「佛足石歌新考」は、佛足跡歌碑歌二一首の均質性について発言する中で、「所謂文字あまりの句の多き事」を挙げる。それは指摘の通りであるが、しかしそれらは「字余り法則」に合致する例ばかりである。このことを裏返すと、これらの歌は発音発声上、何の違和感もなく歌のスタイルとしておさまる歌としてあるということになる。

〇都久留（1①）

「つくる」と、連体形で第二句に冠する語形になっている。「作る」とは一般的な造作（彫造）を描写しての表現としてあり、「つくる」の語があるからということで佛足石発願者の詠句表現であると直結して見なくてよい。

〇伊志乃比鼻伎波（1②）

「いしのひびきは」の句、句頭にイ（伊）の音節があり、続く音節語シ（志）は尾母音·iを有するので（字余り法則第二則⑴）、字余りが許容される音配列になっているが七音節であり、字余りにはなっていない。

「いし」の語は、目前に存在する佛足石のことをいう。その佛足石のことを「イシ」と表現するのは当歌だけであり、他例（3⑤・5③・7③・9②・14②）の「イハ」表現とは異っている。これは歌詠作者の違いによるものである。詳しくは本書第二章論考篇一第四節「佛足跡歌碑歌の用字」（四四一頁～）を参照されたい。

「ひびき」は彫石の鑿鏨により響き渡る高い音をいう。第一句に「御足跡造る」とあり、「イハ」とも表現される大きい石の上平面に佛足を彫り刻んでいるのである。本書第二章論考篇一第一節「佛足石記文について」に、「佛足石と佛足跡歌碑とは、当初から一対のものであった可能性は極めて低い」と記したように（三六〇頁）、薬師寺現蔵の国宝佛足石ではない他の佛足石（兄弟佛足石）のことを詠んでいるものと考えられる。その造作作業の描写である。ここに、こうした作業工程の描写があることを尊びたい。［廣岡義隆・二〇一一・六・論考］「奈良における山居観の形成」は、「遷都時の倭歌暗黒情況」として、次のように言及したことがある。

　突然の遷都ではない平城宮及び平城京の建設は事前に準備はなされていたが、なお都城建設の槌音は高く響いていたし、周辺は荒涼たる原野に近い情況であったに違いない。かつての藤原宮建設時の情況は、無名の役民という立場で作られた貴族某氏の作品で活写されている。「藤原宮之役民作歌」（1・五〇、――歌の引用、省略）／この単独長歌に描かれている情景は建設途上の一スナップには違いないが、宮殿建設に関わる木材調達の様であり、槌音高く響く殿舎建設の様相は藤原宮においても描かれてはいないのである。／平城宮においては、木材調達情況はもとよりのこと、そうした建設に関わる一切が描かれていない。歌い上げた人物がいたかもしれないが、少なくとも『萬葉集』には登載されてはいない。まさに倭歌暗黒の時代相そのものとなっている。

とした。こうした作業工程詠歌は他に見ないのである。『東大寺要録』に東大寺大佛開眼会の時の漢詩三作品（「供養舎那佛歌辭」「五言并序。白鳥香珮」「七言。笠宮麿」、巻第二供養章第三、国書刊行会本、五〇～五二頁）と倭歌四首（「東大寺大會時。元興寺献歌二首」（三首）、「御作」、巻第二供養章第三、国書刊行会本、五七～五八頁）が載る。［藏中進・一九七六・三・論考］「大仏開眼会の漢詩」及び［藏中進・一九七六・六・論考］「大仏開眼会の短歌」がある。しかし東大寺大佛開眼会の作は、完成した大佛の讃美としてあり、建設途上の工程を垣間見せてくれるものではないのである。そういう意味において、ここに佛足石造作（彫造）工程を描写する作品が存在するのは、まことに貴重である。佛足石造立を間近に見て来た人の詠としてあり、時日経過後の回想詠ではない。

　参考までに、『東大寺要録』に載る倭歌四首を掲げ、［藏中進・一九七六・六・論考］「大仏開眼会の短歌」によるその訓みを歌の左に示しておく。

東大寺大會時、元興寺献歌二（ママ）首。

比美加之乃。夜万比遠岐與美。邇井々世流。盧佐那保度介邇。波那多天万都留。

（東の山傍を清み新居せる盧舎那仏に花奉る）

乃利乃裳度。波那佐岐邇多利。計布與利波。保度介乃美乃利。佐加江多万波舞。

（法《のり》の下《もと》花咲きにたり今日《けふ》よりは仏《ほとけ》の御《み》法《のり》栄《さか》えたまはむ）

美那毛度乃。々利乃於古利之。度布夜度利。阿須加乃天良乃。宇太々天万都留。

（元《みなもと》の法《のり》の興《おこ》りし飛《と》ぶや鳥《とり》飛鳥《あすか》の寺《てら》の歌《うた》奉《たてまつ》る）

天平勝寶四年四月十日

御作

宇留波之度。和加毛布岐美波。古禮度利天。美加度加與波世。與呂津與万天邇也。

（美《うるは》しと我《わ》が思《も》ふ君《きみ》はこれ取りて朝廷《みかど》通《かよ》はせ万代《よろづよ》までに（也））

此等和歌者。元興寺綱封倉。牙笏注之。

（国書刊行会本、五七～五八頁）

右の四首の歌は、［木本通房・一九四二・八・注釈］『上代歌謡詳解』にも掲載されている。本文理解が若干異なると共に、注記・歌解が記されている。

○阿米尓伊多利都知佐閇由須礼（1③④）

「閇」は当時における「へ乙」の通常の萬葉仮名である。「閉」の異体字ではあるが、「異体」というのは現在から見ての呼称であり、当時は「閇」が常用の仮名用字形であった。また「須」は、濁音ズとしての一例を含めて全例において「須」が用いられている。「須」は「爛れる」などの意の別字であるが、萬葉仮名としては「須」の常用字形として使用され、「須」字形は見ることが無い。これは『萬葉集』などをはじめとする上代文献における常のことであり、佛足跡歌碑歌に限るものではない。以下、この用字形には一々言及せず「須」で代表してゆく。なお「に」の音を示す萬葉仮名「尓」の字形は、第二画を跳ねるという変容形は存するものの（3②）、全て「尓」の字形で書かれており、上代において一般的な「尒」の字形は一例も無い。留意して良い筆癖と言えよう。

「あめにいたり」（天に至り）は連用中止で、次句の「つちさへゆすれ」（地さへ揺すれ）と対になっている。［鶴久・一九五九・四・論考］「対句における訓法」によれば、

対句における後句が終止してゐれば、それに対應した前句も終止してをり、連用及び中止の形であれば同様に連用及び中止の形であり、体言の場合は体言、連体形の場合は連体形……と対をなしてゐることが看取される。

とあり、これが対をなす場合の一般的な原則としてある。ただし、前句と後句とが対応しない例外も同論には示されている。今の場合、前句は「天に至り」と連用中止形であり、後句は「地さへ揺すれ」と命令形になっていて、前後対応しない形としてある。

さて、第三句の「天」及び第四句の「地」は、後の『古今和歌集』に「ちからをもいれずしてあめつちをうごかし」（仮名序）とあるのと同様に、「天の神」「地の神」の意である。

次に、「天に至り地さへ揺すれ」の句の意味であるが、その主語は「御足跡造る石の響き」（①②）であり、その響きは「天地に至り揺すれ」（天の神・地の神の所まで到達して感応させよ）という対句の意味かとまずは考えられる。［野呂元丈・一七五二・秋・金石記］『佛足石碑銘』は、「感天動地」の四字句で示している。しかし、そうした理解をはばむのが副助詞の「さへ」である。即ち「天」はまず第一義的にその音響の到達を願うものとしてある。ついで第二義的に、「地」についてもという添加の意味でこの「さへ」の語が使用されている。『時代別国語大辞典上代編』は、その「さへ」の項目の【考】において「サヘのすべての用法に共通して添加の意味がみられ」と指摘

している。

以上のことが、この第三句第四句の「天に至り地さへ揺すれ」について指摘できるのであるが、こうした筆遣いは、倭歌に親しんだ人の筆法ではなくて、全くの散文の筆法によって歌を詠んでいるということが指摘できる。即ち、対句における前句後句の対応は散文において見られる筆法であり、漢文に親しんだところから来るものと理解できるが、ここは十全に対応していないということのみならず、前句と後句の意味上の重みが異なり、まず前句を中心に示し、後句は添加として軽く示すというものであり、これは詩的修辞を考慮しない筆法であって、日常の倭語における口頭言語をそのままに展開しているものであると言うことができる。［井上通泰・一九二三・一二・注釈］「佛足石歌新考」が一連二十一首について、「巧拙の差」がほとんどないとし、「もし數人の合作ならば若干の傑作も交るべきを悉く凡作にて文藝上の價値あるものなし」（二七四四頁）とするが、これは歌の表層理解から来る見解である。

また第四句は、句中にヤ行の音節（由）があり、その上の音節へ（閇）は尾母音eを有するので、字余りが許容される音配列になっているが（字余り法則第三則(1)）、七音節であり字余りにはなっていない。

○知々波々賀多米尓毛呂比止乃多米尓（1⑤⑥）

「ち、は、がためにもろひとのために」は言い換え繰り返し表現である。単純な言い換え繰り返しではなくて、まず「父母」を提示し、ついで補足的に「諸人」を示している。佛足跡歌体という六句表現でなくて通常の短歌形式であるならば、第五句の「父母が為に」で歌は結ばれて、第六句の「諸人の為に」は打ち捨てられたものに違いない。

この第五句第六句の「父母が為に諸人の為に」は倒置表現である。音数律は合致しないが、意味上からの通常の句順で示すと、

父母が為に　諸人の為に　御足跡造る　石の響きは　天に至り　地さへ揺すれ

ということになる。

「知々波々賀多米尓」は字余り法則第五則(1)（「毛利正守・一九八三・五・論考」「短歌の字余りとモーラ」）により、「毛呂比止乃多米尓」は同法則第五則(2)により字余りが許容される音配列になっている。

○知々波々（1⑤）

［野呂元丈・一七五二・秋・金石記］『佛足石碑銘』は次句の「諸人」と共に「四恩之一」と指摘する。四恩については本によって説くところが異なるが、『心地観経』では「父母・衆生・国王・三宝」を四恩としている。

世出世恩有其四種。一父母恩。二衆生恩。三國王恩。四三寶恩。如是四恩。一切衆生平等荷負。

（『大乗本生心地觀經』大正蔵03二九七上12～14）

『釈氏要覧』には「父母・師長・国王・施主」を四恩としている。

恩有四焉。一父母恩。二師長恩。三國王恩。四施主恩。

（『釋氏要覽』大正蔵54二八九下01～02）

薬師寺佛足石との関連で、佛足石の願主智努王の母を茨田女王（茨田郡主）とし、ここの「父母がために」との関連に言及する文献がある。佛足石は薬師寺現蔵のものとは異なる佛足石であると考えられると共に、茨田女王（茨田郡主）は智努王の妻と見られ、又、1番歌作者は恐らく智努王ではない。

○多米尓（1⑤・1⑥）

佛足石造立の目的をこの「ために」で示し明らかにしている。この表現法に、「ために」「ため」「た」の三種があり、佛足跡歌碑歌ではこの三種の全てが使用されている。

ために——知々波々賀多米尓（1⑤）　毛呂比止乃多米尓（1⑥）

ため——乃知乃与乃多米（10⑤）　麻多乃与乃ため（10⑥）　和多佐牟多米止（13④）

たーーー乃利乃多能（18③）

右の三種の異なりは、その作者と連動していること、本書第二章論考篇一第四節「佛足跡歌碑歌の用字」で言及している。参照されたい（四四一頁〜）。

○毛呂比止（1⑥）

この「もろひと」（諸人）の表現に関して、他に「もろもろ」（諸々）という言い方がある。

もろひとーーー毛呂比止乃多米尓（1⑥）

もろもろーーー毛呂毛呂須久比（4④）　毛呂毛呂乎為弖（8⑥）　都止米毛呂毛呂（18⑤）

須々賣毛呂母呂（18⑥）

この違いについても、その作者と連動していること、右と同様であり、同様に言及している。参照されたい。

次に萬葉仮名「止」について。萬葉仮名「止」は当歌の第一句「美阿止」にも出ていた。佛足跡歌碑歌中には、四四例見られる（本書第二章論考篇一第四節「佛足跡歌碑歌の用字」の**表1**・**表2**、四二八〜四二九頁、参照）。この「止」について、［沖森卓也・一九八九・一一・論考］に次の言及がある。

…上略…記紀万葉などの文芸的著作では「止」の使用が徹底して回避されているのである。…中略…学芸的著作には「等」、文書には「止」というように截然と分かれることとなっている。

漢字万葉仮名交り文　仮名交り歌体　＝「等」の使用

公文書文体　＝「止」の使用

万葉仮名文　通用仮名文体　＝「止」の使用

仮名書き歌体　＝「等」の使用

仏足石歌ではほぼ「止」の専用（「止」四六例「等」一例）…中略…作品の性格を示しているのであろう。

（所収書、四八〜四九頁）

とする（「止」字の用例数は21番歌を入れての計数でなされている）。

右の指摘は、先に挙げた「阿米尓伊多利都知佐閇由須礼」条（1③④）の言及と連動しているようではあるが、「阿米尓伊多利都知佐閇由須礼」条（1③④）での指摘は歌詠内容に関することであり、詠作者に直結する事項である。一方、この萬葉仮名「止」の問題は筆記表記上の問題であり、筆録者に関わる事項であり、両者は直接には連動しない。［沖森卓也・一九八九・一一・論考］が「作品の性格を示」すとしたが、厳密には編集記録上の問題であり、作品の性格内容に直結するものではない。佛足跡歌碑歌は、拙案によると、

（1・2）（3〜14）（15〜17）（18〜20）後補の（21）

という歌の四グループと後補の一首に区分される（本書第二章論考篇一第四節「佛足跡歌碑歌の用字」）。これは一連の詠歌が四名から成るものであることを意味するものである。一方、萬葉仮名「止」字は全体に亙って使用されていて、筆録上の問題であることが確認できるのである。なお、萬葉仮名「等」の使用については、「夜蘊久佐等」条（2③）を参照されたい。

○弥蘊知阿麻利布多都乃加多知（2①②）

「みそちあまりふたつのかたち」は、「三十二相」の直訳語である。『萬葉集』中には、香・塔・力士・餓鬼・法師・檀越・波羅門（婆羅門）・無何有など（以上、巻第十六より）、佛教語が字音のままに歌いこまれている例があるが、佛足跡歌碑歌中には、「舎加」（9①・14①）の例は固有名詞として特例とすると、原則として漢語・佛教語がそのままの形で使用されることはなく、倭言葉に置き換えて用いられている。ただし次の「八十種好」の語例（夜蘊久佐）と共に、直訳の生硬さはある。『時代別国語大辞典　上代編』の「そだる」の【考】には、

「三十二ノ相遍ク荘厳シ、八十種ノ好皆円ニ備ヘタマヒ」（西大寺本最勝王経古点）の翻訳歌である。

という指摘がなされているが、［釋潮音・一八一九・三・考証］『佛足蹟碑文和歌略註』が「涅槃経南本卌五四左曰其身具足三十二相八十種好」の典拠を示しており、この方がこの歌に合致している（「曽太礼留比止乃」条（2④）、参照）。［釋潮音・一八一九・三・考証］は南本の『涅槃經』（No.0375）を引いている。［横超慧日・一九八一・七・サーラ叢書］『涅槃経』は、「中国・日本の学者に最も多く親しまれているのは、そのうち南本三十六巻の経である」とする。南本（三十六巻本）も北本（四十巻本、No.0374）も、また六巻本の『泥洹經』（No.0376）も、いずれも当時は将来されている。しかしながら、上代において広く流布したのは北本の『涅槃經』（No.0374）であったので（本書第二章論考篇一第五節「『涅槃經』寸考」参照）、ここではその北本『涅槃經』によって示す。

婆羅門言。罵時不瞋打時不報。當知即是大福徳相。其身具足三十二相八十種好無量神通。是故當知是福徳相。
（『涅槃經』No.0374、大正蔵12五九一下06～09）

右は［釋潮音・一八一九・三・考証］が引く南本に相当する箇所である。また『涅槃經』（北本）には次のようにも記されている。

復次善男子。言本有者。我本有父母和合之身。是故現在無有金剛微妙法身。言本無者。我身本無三十二相八十種好。以本無有三十二相八十種好故。現在具有四百四病。
（『涅槃經』、12四六四下25～29）

於無量劫常爲衆生而行布施。堅持禁戒修集忍辱。勤行精進禪定智慧。大慈大悲大喜大捨。是故今得三十二相八十種好金剛之身。
（『涅槃經』、12四六九下28～四七〇上02）

『金光明最勝王経』は国家仏教で重んじられた経典であり、国分寺には常置された重要な経典であるが、［井村哲夫・一九八二・二・論考］「人並に我もなれるを」が山上憶良の「金口正説」（5・八〇二序、その他）の出典として『涅槃経』依拠を説くように、『涅槃経』は人々の間に広く流布しており、この佛足跡歌碑歌の中でも『涅槃経』をベースにして詠歌されている。

「相」とは、悟りの結果、自《おの》ずからに身体に現れ出るよい形状をいうものであり、この「三十二相」は、足下安平相、千輻輪相、手足縵網相、身金色相、身如獅子相、梵音深遠相……などという釈迦が具足具有している三十二の吉相の呼称としてある。龍樹菩薩造、鳩摩羅什譯の『大智度論』（No.1509）によると、次に示す通りである。

王言。何等三十二相。相師答言。一者足下安平立相。足下一切著地間無所受。不容一針。二者足下二輪相。…中略…三者長指相。…中略…四者足跟廣平相。五者手足指縵網相。…中略…六者手足柔軟相。…中略…七者足趺高滿相。…中略…八者伊泥延腨相。…中略…九者正立手摩膝相。…中略…十者陰藏相。…中略…十一者身廣長等相。…中略…十二者毛上向相。…中略…十三者一一孔一毛生相。…中略…十四者金色相。…中略…十五者丈光相。…中略…十六者細薄皮相。…中略…十七者七處隆滿相。…中略…十八者兩腋下隆滿相。…中略…十九者上身如師子相。二十者大直身相。…中略…二十一者肩圓好相。…中略…二十二者四十齒相。…中略…二十三者齒齊相。…中略…二十四者牙白相。…中略…二十五者師子頬相。…中略…二十六者味中得上味相。…中略…二十七者大舌相。…中略…二十八者梵聲相。…中略…二十九者眞青眼相。…中略…三十者牛眼睫相。…中略…三十一者頂髻相。…中略…三十二者白毛相。…中略…相師言。地天太子三十二大人相如是。菩薩具有此相。

（大正蔵25九〇上27～九一上19）

この『大智度論』の「三十二相」については、［岡田行弘・一九八九・一二・論考］「三十二大人相の系統（Ⅰ）」及び［岡田行弘・一九九一・一二・論考］「同（Ⅱ）」に位置付けがある。

時代はくだるが、平安時代後期の『梁塵秘抄』に、

みたのみかをはあきの月、青蓮のまなこはなつのいけ、四十はぐきは冬の雪、三十二相はるのはな

（佛哥卅四首）（二八番歌）

の歌があり、関わって［小島裕子・一九九七・一〇・論考］［小島裕子・一九九七・一二・論考］がある。

○夜蘊久佐等（2③）

「やそくさ」は、「八十種好」の「好」を音数律の関係から略して訳出した表現である。

「好」とは、「相」をより細分化した吉相を言い、「相」と「好」とを総称して「相好」と言うが、［岡田行弘・一九九一・一〇・論考］「八十種好」及び［岡田行弘・一九九六・三・論考］「同、再考」によると、「三十二大人相の系統と八十種好の系統は必ずしも一致しない」という。しかしながら、右で『涅槃經』に「三十二相八十種好」と熟合して出、『佛説觀佛三昧海經』にも、

我今見佛三十二相八十種好。（大正蔵15六六〇下27）

と、同様に熟合して出ており、そうした熟合した形で理解されていたのである。

この「八十種好」は釈迦が具有している八十の良き姿を言い、『涅槃経』北本には、例えば次のように出る。

是五十心名初發心。具足決定成五十心是名滿足。如是百心名百福徳。具足百福成於一相。如是展轉具足成就三十二相。名清淨身。所以復修八十種好。（大正蔵12五〇八上25～28）

この「八十種好」については、龍樹造、鳩摩羅什譯『十住毘婆沙論』（No.1521）巻第九に詳しいが（大正蔵26六九下07～七一下03）、ここでは簡明な施護譯の『佛説法集名數經』（No.0764）で掲げておく。

云何八十種好。所謂指爪狭長光潤薄淨好。手指足指纖圓膞直骨節不現好。手足各等指間充密好。手足如意柔軟好。筋脈堅固深隱不現好。兩踝不現好。行歩直進如龍象王好。行歩齊肅如師子王好。行歩安平如牛王好。進止儀雅如鵝王好。凡所迴顧擧身隨轉好。肢節膞圓妙善具足好。骨節無隙如龍蟠好。膝輪堅固妙好。莊嚴好。隱處文約圓滿清淨好。身皮柔軟光淨離垢好。身容敦肅無諸怖畏好。肢節稠密安布妙善好。身肢安定不掉動好。身相光淨周匝端嚴好。周匝身光恒自照耀好。腹形方正柔軟不現好。臍深圓妙清淨殊異好。臍厚妙好無穴凸好。皮膚清淨無諸垢染好。手足充滿好。手文不斷好。脣如頻婆果好。面門如量端嚴好。舌相廣薄好。梵音深遠好。梵音

美妙具足好。鼻高脩直好諸齒方整好。諸牙圓白好。眼睛青白分明好。眼如青蓮華葉好。眼睫稠密不白好。雙眉長軟好。雙眉紺瑠璃色好。雙眉高顯光潤好。耳厚相稱輪埵圓滿好。兩耳齊平好。容儀廣大皆生敬愛好。額廣平正好。身分上半無比對好。首髮脩長稠密紺青好。首髮香潔好。首髮無交雜好。首髮無褫落好。首髮光滑塵垢不住好。身分充實喩那羅延好。身體廣大端直好。諸竅清淨好。身肢無等好。衆觀無厭足好。面如滿月好。唯向不背好。面貌熙怡好。身肢無垢好。面門常香好。毛孔常香好。首如末達那好。身毛光淨如孔雀項毛好。梵音稱量應理無差好。頂骨無人得見好。手足指約如赤銅好。行時去地四指能現印文好。自侍不待他衞好。惡心見喜恐怖見安好。音聲和悦隨衆生意好。隨有情類言音意樂好。一音説法隨類各悟好。次第説法必有應縁好。觀諸衆主無憎愛好。先觀後作軌範具足好。不可觀盡相好好。頂骨堅實好。容顏不老好。手足胸臆有喜旋徳好。

（大正蔵17六六一中25～六六二上03）

この中で、例えば「手足如意柔軟好」とは、御手や御足が思うがままに曲り伸びる「好《すがた》」という身体的特徴をいうことになる。こうした身体的特徴は衆生を済度するための方便としてある。

「やそくさと」の「と」は、体言を受けて次句「そだる」（具足《そだ》る）の修飾句となっている。即ち、具体的内容の提示（三十二相八十種好）を受けて、「そのように」の意で「そだる」を修飾している語である。

「と」の音節は萬葉仮名「止」が常用仮名であり四四例使用されている（前出の「毛呂比止」条〈1⑥〉、参照）。対して萬葉仮名「等」については、清音仮名「等」はここの一例のみである。これについて［犬飼隆・一九九二・二・論著］『上代文字言語の研究』（三六三頁）及び［犬飼隆・二〇〇八・九・論著］『漢字を飼い慣らす』は、マーキングの働きをしていると指摘する（「マーキング」の語は廣岡の呼称）。『漢字を飼い慣らす』から引用する。

「等」は仏足石歌のなかでは特異字体である。標準的には「止」が使われている。「止」でなく「等」を使ったことは、括弧や読点を施したのと等しいのである。（二〇六頁）

として、意図的な句末使用であることを指摘している。このことは15番歌の「久須理師波都祢乃母阿礼等」の濁音仮名「等」（濁音仮名「等」はこの一例）の第二句末の例についても該当するとして、

「等」は、素材としてはト乙類の万葉仮名であるが、ここでは濁音節のドにあてられている。先の第八章で、濁音専用の万葉仮名は発音の濁音を示すよりも句読法の手がかりとして使われたふしがあると述べたが、それはこのような例を根拠にした見解である。（二〇六頁）

としている。

○曽太礼留比止乃（2④）

「そだれ」の終止形は「そだる」。ここは存続（完了）の助動詞「り」に接続して、命令形になっている。命令形接続とは全くおかしなことであり、本来は四段活用「そだる」の連用形「そだり」にラ変動詞の「あり」が接続して、母音結合により i-a>e という音変化を起こした結果の形である。i-a が結合すると甲類の e になる。四段活用において、已然形はエ列乙類、命令形はエ列甲類なので、規範文法に当てはめると命令形接続というおかしなことになるのである（今の場合、レには甲類乙類の別は無い）。これは本来の形の「接続」ではなくて、音韻変化の結果を活用表に当てはめて説明しているものであり、便宜的な説明ということになる。今の場合の助動詞「り」は、語源の「あり」に近くて、存続の「ている」という意味を示している。「具わり足りている」という意味になる。『時代別国語大辞典　上代編』は、この「そだる」の語について、「十分な・全きなどの意味の語基ソの存在が推定され、ソダルのソはそれが接頭語的に用いられたものと考えられる」とするが（【考】の条）、ここは前引の『涅槃経』（当歌①②の項）にある「具足三十二相八十種好」（大正蔵12五九一下07～08）の「具足」の直訳語としてあり、「そ」は接頭語的用法ではなくて、実質的な「具わる」の意義を負っていると理解出来る。

［大野晋・一九五一・九・論考］は、この「そだる」の語について、『類聚名義抄』に載る「そなる」の語が音転

したものと見て「傑《すぐ》れた」の意であるとしているが、典拠に基づいた語であるということへの理解不足に起因する失解である。

「三十あまり二つの相八十種とそだれる人」（2①〜④）とは即ち釈尊のことをいう。

○布美志阿止々己呂（2⑤）

「ふみし」の主語は右に見た「三十あまり二つの相八十種とそだれる人」であり、その下に格助詞の「の」がある。「あとところ」は「足跡所」である。「あとところ」とは「足跡《あと》」とほぼ同意の語としてあるが、「あとところ」とあるのはここだけである。当事項も、歌の作者と連動している項目である。本書第二章論考篇一第四節「佛足跡歌碑歌の用字」で言及している。参照されたい（四四一頁〜）。

○麻礼尓母阿留可毛（2⑥）

形容動詞「まれなり」の上代における確例は確認できない。副詞「まれに」にラ変動詞「あり」が結合する形で形容動詞「まれなり」は成立する。辞書類において連用形「まれに」を挙げていても、それは形容動詞としての語例であるのか、祖型の副詞としての語例であるのかの判定は付け難いものがある。［築島裕・二〇〇七・二〜・語彙］『訓點語彙集成』における形容動詞「まれなり」の古い例は、興聖寺本『大唐西域記』巻第十二（文献番号09505020）の平安中期点（九五〇年頃）における「罕マレナリ」（469）の例になる。これに続くのが『源氏物語』の例になる（新大系本の巻頁行で——「まれなる」若紫①一七六9、「まれなれ」須磨②五6、「まれなり」明石②六二7、「まれなる」橋姫④三〇八1）。この形容動詞「まれなり」に係助詞「ぞ」や副助詞「も」などが付く場合、形容動詞形が成立していても、その祖型の中に割り込む形で「まれにもある」の語形になるのが通常の形式である。以上の次第で、ここの「まれにもあるかも」の「まれにもある」が形容動詞「まれなり」の語の一形態としてあるのか、副詞「まれに」＋副助詞「も」＋ラ変動詞「あり」

という祖形のままの姿であるのか、認定し難いところがある。ただし、その意味としては形容動詞としての「稀である」「稀だ」ということになる。

「かも」は感動用法としての終助詞である。「……も……か」は強い讃歎の表現であり、5⑥、12⑥、16⑥と、いずれも第六句（結句）に出る。詳しくは、「美留期止毛阿留可」条（16⑥）を参照されたい。

なお、「かも」の語は、「於母保由留可母」（16⑤）に出るが、「……も……かも」はこの2番歌だけであり、他の「……も……か」という句との異なりは、やはり作者と連動してある現象と見られる。

留意してよいのは、この第六句は第一句から第五句までの全体の陳述部（結び）としてあるということである。即ち、

「三十あまり二つの相八十種と具足れる人の踏みし足跡所」（は）↓「希にもあるかも」

となっており、「三十あまり二つの相八十種と具足れる人の踏みし足跡所」という主部は、この第六句の述部「希にもあるかも」が存在しないと一文にならないものとしてある。第六句は第五句の繰り返し《リフレイン》であると見られたり、また第六句は第五句の補足表現であると見られがちである。そういう歌もあるが、この歌においては、第六句が無いと成り立たない歌としてある。［佐佐木信綱・一九三六・八・文学史］も、「最後の七音句が、上句を受けて、一首を完成してをり、この句がなくては、一首の意は明かでない」としている。このことは、本書第二章論考篇一第六節「佛足跡歌体について」において、「非反復主述形式」として論述している。参照されたい。

○与伎比⃞止乃（3①）

「□」の箇所、剝落が厚いにも関わらずその彫りが深くて後刻の可能性があり、□としている。しかしながら、前後の歌意から、この欠字箇所は「比」が相当すると考えられる。即ち結果的には現在彫られている「比」ということになる。以上の次第で、「与伎比⃞止乃」とする。このことは本書第二章論考篇一第三節「佛足跡歌碑歌につい

て」で写真を掲げて言及している（写真四一一頁）。

さてこの第一句と第二句について、［野呂元丈・一七五二・秋・金石記］『佛足石碑銘』は、「善人正所二目見一」とし、その下に割注して「善人言二諸佛菩薩一也。阿彌陀經云諸上善人俱會一所」とする。その箇所は、

舍利弗。衆生聞者。應當發願願生彼國。所以者何。得與如是諸上善人俱會一處。
（鳩摩羅什譯『佛説阿彌陀經』No.0366大正蔵12三四七中07〜09）

である。

さて、この第一句の「よきひと」は、「善人」の訳語として問題が無いが、その「善き人」とは誰をさしてのことであるのかと考えると、いちおう三通りが考えられよう。

・釈尊の弟子たち
・転写第一本を見た人
・転写第二本を見た人

この佛足跡歌碑歌は薬師寺佛足石とは切り離して考察している。しかし、日本への佛足石搭本の伝来そのものは、中国の第一本及び右京禅院の第二本を除外しては考えられないから、「佛足石記文」がいう「轉写第一本」及び「轉写第二本」は、この佛足跡歌碑歌においても該当するものとなる。

ここに考察の手がかりは、当歌第二句（次句）の「正目に見けむ」という表現である。「正目」と表現出来るのは、転写の搭本ではなくて、実物の佛足石そのものを直接にさしての表現である。

このように考えると、「釈尊の弟子たち」という考えに自ずと落ち着くことになる。それも釈尊の生前に、目前で石にスタンプされる様を目の当りにした弟子たち（諸佛菩薩）ということになるのであり、［野呂元丈・一七五二・秋・金石記］が言う「善人言二諸佛菩薩一也」が該当することになる。

○麻佐米尓美祁牟（3②）

「まさめに」は、「まさしく目で実見すること」をさす語である。『萬葉集』に、

蜻嶋《あきづしま》　倭之《やまとの》國者《くには》　神柄跡《かむからと》　言擧不為《ことあげせぬ》國《くに》　雖然《しかれども》　吾者《われは》事上為《ことあげす》　天地之《あめつちの》　神文《かみも》　甚《はなはだ》　吾念《わがおもふ》　心不知哉《こころしらずや》　往影乃《ゆくかげの》
月文《つきも》経《へ》往者《ゆけば》　玉限《たまかぎる》　日文《ひも》　累《かさなりて》　念戸《おもへ》鴨《かも》　胸不安《むねのくるしき》　戀烈《こふれ》鴨《かも》　心痛《こころのいたき》　末遂尓《すゑつひに》　君丹《きみに》不會者《あはずは》　吾命乃《わがいのちの》　生極《いけらむきはみ》　戀《こひ》
乍文《つつも》　吾者《われは》将度《わたらむ》　犬馬鏡　正目君乎　相見天者社　吾戀八鬼目　（13・三二五〇、作者未詳。反歌二首、略）

とある、この「犬馬鏡　正目君乎　相見天者社　吾戀八鬼目」は「まそかがみ　正目に君を　相《あ》ひ見てばこそ　吾《わ》が戀《こひ》やまめ」と訓み、まさしく恋歌としてある箇所に「正目」が表現されている。よく似た表現に「直目《ただめ》」がある。

白玉之《しらたまの》　人乃《ひとの》其名矣《そのなを》　中々二《なかなかに》　辞緒《ことを》下延《したはへ》　不遇日之《あはぬひの》　數多過者《まねくすぐれば》　戀日之《こふるひの》　累行者《かさなりゆけば》　思遣《おもひやる》　田時乎《たどきを》白土《しらに》　肝向《きもむかふ》
心摧而《こころくだけて》　珠手次《たまだすき》　不懸時無《かけぬときなく》　口不息《くちやまず》　吾戀兒矣《あがこふるこを》　玉釧《たまくしろ》　手尓取持而《てにとりもちて》　真十鏡《まそかがみ》　直目尓不視者《にみねば》　下檜山《したひやま》　下逝《したゆく》
水乃《みづの》　上丹不出《うへにいでず》　吾念情《あがもふこころ》　安虚歟毛《やすきそらかも》　（9・一七九二「思娘子作歌一首」、田邊福麻呂之歌集。反歌二首、略）
語継《かたりつぐ》　可良仁文幾許《からにもここだ》　戀布矣《こほしきを》　直目尓見兼《にみけむ》　古丁子《いにしへをとこ》
（9・一八〇三「過葦屋處女墓時作歌一首并短歌」、田邊福麻呂之歌集。長歌と第一反歌は略）

真十鏡《まそかがみ》　直目尓君乎《にきみを》　見者許増《みてばこそ》　命對《いのちにむかふ》　吾戀止目《あがこひやまめ》　（12・二九七九、作者未詳）
音耳乎《おとのみを》　聞而哉戀《ききてやこひむ》　犬馬鏡《まそかがみ》　直目相而《にあひて》　戀巻裳太口《こひまくもいたく》　（11・二八一〇、作者未詳）

最後の一首の原文（古写本）は「目直」であり、「目《め》に直《ただ》に」と訓む本もあるが、『新校萬葉集』が校訂して「直目」として以来、「直目」がこの歌の本文として通説になっている。他歌が上に「まそかがみ」の枕詞を冠し、この歌にもこの枕詞があり、上下顚倒した可能性が高い。

「直目」は恋文（歌）を介してのみの交情ではなくて、直接に会って相手を見てという恋歌表現の語としてある。そういう意味で「正目」も萬葉歌にあっては、枕詞「まそかがみ」を冠しており、類似表現としてある。ただ、

「正《まさ》」の語は副詞「まさに」と語幹を同じくしており、「まさしく目で実見する」ということに力点のある表現と考えられる。もちろん佛足跡歌碑歌にあっては恋歌表現ではないが、恋歌表現の語をここで使用しているということになる。

続く「みけむ」は、「見たという」という意味であり、確認はしていないがそのように伝えられているという表現である。第一句からは、釈尊初転法輪の時、石上にその足跡を踏み残された奇跡を、その弟子たちはまさしく目の当りにしたであろう、ということで、第三句に接続することになる。

○美阿止須良乎和礼波衣美須弖（3③④）

この「みあとすらをわれはえみずて」という第三・第四句は、第一・第二句を「釈尊生存の初転法輪の時に、釈尊の弟子たちが、正目に実見したという」と理解して来ており、「釈尊の御足そのものを」と理解したいところではある。三十二相八十種好を具有し、「足下安平立相」「足下二輪相」「足跟廣平相」「手足柔軟相」「足趺高満相」であり、「手指足指纖圓傭直骨節不現好」「手足各等指間充密好」「手足如意柔軟好」「兩踝不現好」「行歩直進如龍象王好」「行歩齊肅如師子王好」「行歩安平如牛王好」「進止儀雅如鵝王好」「身肢安定不掉動好」「手足充滿好」「手足指約如赤銅好」「行時去地四指能現印文好」「手足胸臆有喜旋徳好」という相好は、まことにみごとな御姿であるに違いない。しかしながら、ここには「みあと」とあり「みあし」とは無い。歌の詠作者からすれば、佛足石上の諸の相好を具備した足跡そのものに関心がある。そうしたところから一首は詠まれている。「えみずて（え見ずて）」（3④）とあるが、それは釈尊の足そのものではなくて、その踏まれ刻された足跡そのものについて言っているのである。

次に「すら」の語は通常の用法からは外れた使用がなされている。『萬葉集』では、例えば次のように、例外的な事例を挙げることにより、自分の言いたいことを強調する用法としてある。「鴨尚尓《かもすらに》……獨宿《ひとりね》名久二《なくに》」（3・三九〇、紀皇女)、「木《き》尚《すら》妹《いもと》與兄《せ》有云《ありといふ》」(6・一〇〇七、市原王)、「旅《たびに》尚《すら》襟解物乎《ひもとくものを》」(10・二三〇五、作者未詳)、「己妻《おのづま》尚乎《すらを》鏡《かがみと》 登見《み》津《つ》藻《も》」(16・三八〇八、作者未詳)。これが一般的用法と言えよう。『角川古語大辞典』は、右に挙げた例を②とし、①として「事態の特異さを強調する」として、次の例を挙げる。「一《ひと》重耳妹之将《へのみいもが》結帯乎《むすばむおびを》尚《すらみ》三重《へ》可《むすぶべく》 結吾身者成《あがみはなりぬ》」(4・七四二、大伴家持)。そうして③として、「最小限度の希望事項であることを表す。「を」を伴って用いることが多い。せめて…だけでも」として、次の萬葉歌と共に、当歌が挙げられている。「人《ひとのぬ》所寐《る》味宿《うまいはね》不寐《ずては》早敷八四《しきやし》公《きみが》目《め》尚《すら》欲《をほりて》嘆《なげかふ》」(11・二三六九、柿本人麻呂歌集)。この萬葉歌は「人並みの共寝はせずにいとしいあの人を見るだけでもよいと願って嘆きつづけることです」と日本古典文学全集本(一九七三年一二月)が解釈する理解で了解できるが、佛足跡歌碑歌は理解し難い。むしろ「御足跡を我はえ見ずて」の単なる強調用法として「御足跡すらを我はえ見ずて」の表現があると理解すべきであろう。右の写真「**碑面01**」は、二行目が該当箇所である。

碑面01

ここの「御足跡」とは原初佛足石(第一本の基となった佛足石)のことであるということを「宇礼志久毛阿留可」(12⑥)条(二九二頁)で示している。参照されたい。

次に「われ」について。この語の出現については、本書第二章論考篇一第四節「佛足跡歌碑歌の用字」で、一連の佛足跡歌碑歌について、

(1・2)(3〜14)(15〜17)(18〜20)後補の(21)

という歌の区分を示し、「ワレ・ワガ」(我)の語は、この第二歌群(3〜14)中の3・8・13・14番歌にのみ見られ、その四首の歌意から、この「我」とは、佛足石造立発願者であると見られるということを指摘している(四四

一～四四四頁、参照）。

「えみず」は、副詞「え」に打消「ず」が呼応している事例であり、不可能の意味を示し、見ることが出来ずということになる。「えみずて」は「え見ずして」の意味。打消の接続助詞「で」は平安時代に入らないとその用例を見ることがなく、上代では確認できない。ただ意味上は「え見で」と同様のことになる。この箇所の「ず」の仮名は「須」である。濁音仮名「受」も一例あるが（20⑥）、「須」は清濁共用仮名としてあること、本書第二章論考篇一第四節「佛足跡歌碑歌の用字」（四三〇頁）に示している。

○伊波尓恵利都久（3⑤）

「いは」については、「伊志《いし》」条（1②）で言及した。「いし」は1番歌に出、「いは」は3・5・7・9・14に出る。右で示した（3～14）という第二歌群のみに「いは」の語は見える。「いし」も「いは」も同じ佛足石の「石」そのものをさしての表現である。本書第二章論考篇一第四節「佛足跡歌碑歌の用字」参照。

「ゑる」は鑿《のみ》・鏨《たがね》で彫ること。現実に彫るのは石工によるものであるが、ここは施主としての発言としてある。

「ゑりつく」の「つく」は四段活用の接尾語である。彫るという動作を行うことを「つく」としている。『学研国語大辞典』（一九七八年四月）は、現代語の例ではあるが、項目末尾に複合語を列挙している。それにより、動詞に下接する「つく」を挙げると以下のようになる（名詞や擬音語・擬態語の例は省き、動詞下接例のみに限った）。

「有り－」「凍《い》て－」「生まれ－」「追い－」「追っ－」「思い－」「齧《かじ》り－」「噛《かぶ》り－」「噛《か》み－」「絡み－」「考え－」「食い－」「くっ－」「組み－」「食らい－」「凍り－」「焦げ－」「凍え－」「錆《さび》－」「しがみ－」「凍《し》み－」「染み－」「湿め－」「しゃぶり－」「吸い－」「縋《すが》り－」「責《せ》－」「責《せ》っ－」「抱き－」「取っ－」「飛び－」「取り－」「泣き－」「似－」「寝－」「張り－」「引っ－」「震い－」「へばり－」「纏《まつわ》り－」「纏《まと》い－」「結び－」「燃え－」「焼き－」「焼け－」「病み－」「寄り－」「患い－」

（以上、現代語の事例）

『萬葉集』での用例を挙げると以下のようになる（「思ひ付く」「取り付く」など本動詞としての機能が大きく働いている見られる例は省いた）。

「天降付《あもりつく》」（3・二五七、カグ山の枕詞）、「天降就《あもりつく》」（3・二六〇、カグ山の枕詞）、「書付《かきつけ》」（7・一三四四）、「似付《につき》」（4・七七一、11・二五七二）、「意伊豆久《おいづく》」（＝「老づく」19・四二二〇）。

この内、最後の「老づく」の例は連濁しており、一語化していると見られる。

○多麻尓恵利都久（3⑥）

「たま」とは一般的に美しいものについて言う語であるが、ここは佛足石のその石を尊んで表現したものである。

信濃奈流　知具麻能河泊能　左射礼思母　伎弥之布美弖婆　多麻等比呂波牟　（『萬葉集』14・三四〇〇、東歌）

（信濃なるちぐまの河の小石《さざれし》も君し踏みてば多麻《たま》と拾はむ）

この萬葉歌に見られる小石を玉と表現する言い方に近い表現である。

○伊波尓……・多麻尓……（3⑤⑥）

「玉石」の語を対句に分かって「石に……玉に……」と表現したものであり、佛足石の「石」のことを言い換えて表現したものである。次歌の「与呂豆比賀利乎波奈知伊太志」条（4②③）で引用している『大唐西域記』にある「玉石」の語を踏まえて、ここに「石に玉に」と表現している。即ち、本書第三章論考篇二第一節「語句分離方式の成立」で示している「語句分離方式」に依拠するものであり、佛足跡歌碑歌の当歌以外に、4番歌、17番歌、18番歌、19番歌に見られる。この内、当歌と次の4番歌では、語順が逆転している。即ち当歌では典拠において「玉石」であるものが、佛足跡歌碑歌では「石・玉」の順序になっている。この方式を「逆転技巧」と呼び、解説しているので併せて読んで戴きたい（五六七頁）。即ち、ここで、「石〜玉〜」の順序になっているのも意図された表現としてある。

ここで典拠の「玉石」と佛足跡歌碑歌での「石玉」との違いについて言及しておく。『大唐西域記』での「照怙釐佛堂中有玉石」の「玉」の用法はその下の「石」の修飾形容語としてあり、「玉のように美しくすばらしい石」の意である。一方、佛足跡歌碑歌における「石」と「玉」とは対等概念として使用されており、「玉」は美称の形容語としてあるものではない。そこに「逆転技巧」を導く基が存している。これは語の理解の問題としてあり、典拠を否定するものではない。

○己乃美阿止夜（4①）

「この」とは、目前に存在する佛足石上の佛足跡を見ての臨場表現としての語である。「美阿止」は1①条を参照されたい。その「美阿止」条（1①）で、［屋名池誠・一九九二・三・論考］「母音脱落」の「美阿止」の八例に関わっての「全部字余り」とする指摘を紹介した。当歌においても字余り例としてある。「美阿止」の語例は、第二句（11②）や第三句（3③）にも出るが、第一句に頻出する。1・4（当歌）・8・9・14・16・17の歌がそれであり、三分の一の歌が第一句に「美阿止」の語を置いている。歌群のテーマに関する語であるから、当然の帰結である。

「や」は間投助詞。次歌に「伊可奈留夜比止」（5①②）と出、また「乎遅奈伎夜和礼」（13①②）と出る。これらの例は「いかなる人」、「をぢなき我」の意味で第一句は第二句の名詞を修飾しているのに対し、当歌においての「や」はポーズを取るために置かれているに過ぎず、「このみあと」は主語として第三句の述部「放ち出だし」に冠しているという違いがある。

○与呂豆比賀利乎波奈知伊太志（4②③）

「よろづひかりをはなちいだし」は、「萬光を放ち出し」の意。［釋潮音・一八一九・三・考証］『佛足蹟碑文和歌略註』は、

仏跡放出八万光明、未詳実拠。観无量壽経曰八万四千相各有八万四千隨形好、一一好復有八万四千光明、一一光明偏照十方世界念仏衆生、摂取不捨。音（＝潮音）謂、此経乃説、弥陀光明諸仏平等、故轉用以讃二釈尊足跡一乎。後分涅槃下十右曰、千輻輪中放千光、偏照十方普仏刹。又曰輪光普救諸悪趣。又曰足光平等度衆生。

と指摘し、「八万光明」で理解する。「八萬四千衆寶蓮華」といった例は存在するが、「八萬光」（八万光）の用例は『大正蔵』で検出出来ない。［廣岡義隆・一九八九・二b・注釈］『古京遺文注釈』では潮音の「八万光明」説に拠って理解していたが、字余り論（［屋名池誠・一九九二・三・論考］「母音脱落」）からも出典論からも「八萬光」という理解は困難であり、「夜」の字は間投助詞として第一句に所属させるのがよい。「萬光（よろづひかり）」の例は指摘できる。

　爾時世尊。説是語時佛心力故。十種白光從佛心出。其光遍照十方世界。一一光中無量化佛乘寶蓮華。時會大衆見佛光明。
（『佛説觀佛三昧海經』六「觀四無量心品第五」、大正蔵15六七四中06～08）

　爾時世尊於大衆中。即便起行足歩虚空。父王觀見心甚歡喜亦隨佛行。佛擧足時足下千輻相輪。一一輪相皆雨八萬四千衆寶蓮華。一一蓮華復化八萬四千億那由他華。一一蓮華化爲一臺。一一華臺一一華葉。遍覆十方無量世界。一一蓮華八萬四千葉。釋迦牟尼足歩虚空悉雨寶華。
（『佛説觀佛三昧海經』六「觀四威儀品第六之二」、大正蔵15六七五中17～23）

　我今所説及我所見眞實不虚。願令我等及諸天衆猶如佛身。作是語時。自見心中百萬光出。一一光明化成無量百千化佛。自見己身身眞金色。猶如難陀等無有異。
（『佛説觀佛三昧海經』七「觀四威儀品第六之餘」、大正蔵15六八二下13～17）

佛跡から光明を放つことについては、その例が少なくはなく、「佛足石記文注釈」の「齋日放光」条（A13）で『大唐西域記』の事例など少なくない例を挙げた。次は「佛足石記文注釈」の「齋日放光」条（A13）では引かなかった一例である。

照怙釐佛堂中有玉石。面廣二尺餘。色帶黄白狀如海蛤。其上有佛足履之迹。長尺有八寸。廣餘六寸矣。或有齋日照燭光明。

（『大唐西域記』巻一、大正蔵51八七〇中10〜13）

「萬光」とは、右の事例から明らかなように、明るさよりも、佛の教え（智恵）の広大無辺であることに重点がある語である。薬師寺現蔵の佛足石には光束の放光が刻されている。この光束の放光は薬師寺佛足石の造立の際に脚色されたものでは恐らくなくて、第二本及び第一本に存したものであろうから、当佛足跡歌碑歌に詠まれている目前の佛足石（兄弟佛足石）にも、光束の放光は刻されているに相違ないと考えることが出来る。

［武田祐吉・一九二六・五・注釈］『續萬葉集』が早くに「この御足跡や、萬光を」としている。

○毛呂毛呂須久比（4④）

「もろもろ」の語は、皆（集団としての人々）をさす語であり、佛教語「衆生」に相当する語である。

譬如大船。不依此岸不樂彼岸不著中流。於大海中濟度衆生。菩薩摩訶薩。亦復如是。以波羅蜜力船。於生死海濟度衆生。不依此岸不樂彼岸而度衆生。於一切劫修菩薩行。不起劫想。亦不見劫有脩短相。

（佛駄跋陀羅譯『大方廣佛華嚴經』〈六十華厳〉No.0278、大正蔵09七四八上15〜20）

この「もろもろ」の語、佛足跡歌碑歌中には、この歌以外に8番歌に出、また18番歌にも出る。この内、この4番歌と8番歌の例は、作者を含んだ集団をさしている。一方、『萬葉集』に見られる「もろもろ」の語は歌作の素材として眺められた集団をいう語であり、作者とは切り離された集団としての語である。この「もろもろ」の語については、本書第二章論考篇一第七節「「ますらを」と「もろもろ」―佛足跡歌碑歌の位相―」で論じているので、参照されたい。

「すくひ」の語は、「済度衆生」の「済」に当る語である。『類聚名義抄』に、「濟〔スクフ〕」（法上五1）の例がある。即ち、この第四句「毛呂毛呂須久比」は、まさに「濟度衆生」を倭語に置き換えた形でここに提示されている。なお、倭語としては、具体的な身体表現「掬《すく》ふ」が基底にあり、それが観念語「済《すく》ふ」と転化して用いられているものであり、「すくふ」は「わたす」の語と共に、元の身体的表現が生きる形で使用されているものであろう（この「掬ふ」条は三重大学大学院生上野貴之氏〈近世文学〉の二〇〇八年五月の指摘による）。一首としては、結句の「須久比多麻波奈」（4⑥）と重複し、第四句は不要のように見られかねないが、むしろこの「済度衆生」をいう第四句が重要であり、その重要句を結句で再度押さえていると理解するのが良い。

○和多志多麻波奈（4⑤）

「わたし」は「濟度衆生」の「度」に当る語である。第四句の「毛呂毛呂須久比」（4④）を「濟度衆生」の訳としたが、正確にはこの第五句を入れて「毛呂毛呂須久比和多志多麻波奈」（4④⑤）において「濟度衆生」が十全に倭語に置き換えられているということが出来る。

○須久比多麻波奈（4⑥）

第四句を再度押さえなおした表現であるが、形としては第五句の言い換え繰り返しの形で示している。「たまはな」の「な」は、未然形接続をし、他に対してあつらえ望む意の助詞である。希望表現の助詞に「な」と「ね」とがあるが、この両語については、［山口佳紀・一九八〇・九・論考］「上代希望表現形式の成立」に分析があり、

　希求のナは、いずれもタマフに下接した例ということになり、慣用的な言い回しとして、やや化石的に残ったものと言えるであろう。…中略…ナの方がもとであり、ネは、希求の用法を担うべくナより分化したものと解せられる。

としている。ここに出る「希求」の語は右で私が「あつらえ望む」とした所謂「あつらえ」に相当する語としてあ

る。その後の論考に［青野順也・二〇〇七・一〇・論考］がある。

当歌においては、釈尊への誂えではあるが、直接的には目前の佛足の放光（萬光）に対してのものであり、そのご利益を祈願しての「な」の語ということになる。

○和多志……・須久比……（4⑤⑥）

三番歌結句同様に、「済度」の詣を第五句第六句の対句として分かって「度し…済ひ…」と表現しており、前述の「語句分離方式」における「逆転技巧」である。本書第三章論考篇一第一節「語句分離方式の成立」（五六七頁、参照）。この「語句分離方式の成立」で示した『萬葉集』における対はいずれも名詞対であるが、ここに見られる「度し」と「済ひ」とは動詞の連用形としてある。この用言対は名詞対からの発展型としてあるのではないかという教示を蜂矢真郷氏から頂戴した。指摘の通りであると考えてよいが、今の場合典拠語においても「済度衆生」とあって「済度」は用言としてあり、そういうところから自ずと用言対が導き出されたものである。このことは17番歌（⑤⑥）・18番歌（⑤⑥）・19番歌（⑤⑥）にも該当する。

○伊可奈留夜比止（5①②）

「いかなる」は「いかに-ある」の縮約形。副詞「いかに」の「に」のi母音を脱落させ、そこへラ変動詞「あり」の「あ」のa母音が潜り込み、二語が結合して形容動詞「いかなり」が形成されたものであるが、連体形の「いかなる」と未然形（「いかならむ」）という接続語形が多い）とが一般的な語形である。『萬葉集』における代表的事例は次の通り。

安加胡麻乎　宇知弖左乎妣吉　己許呂妣吉　伊可奈流勢奈可　和我理許武等伊布　（14・三五三六）
（赤駒を打ちてさ緒引き心引きいかなる夫なか我がり来むといふ）

福《さきはひの》　何有人香《ひとか》　黒髪之《くろかみの》　白成左右《しろくなるまで》　妹之《いもが》音乎《こゑを》聞《きく》　（7・一四一一）

面忘《おもわすれ》｜何有人之《ひとの》　為物焉《するものぞ》　言者《われは》為《し》金津《かねつ》　継手《つぎて》志《し》念《おもへば》 者　（11・二五三三）

「いかなるやひと」の「や」は間投助詞であり、「いかなる人」の意。

石見乃也《いはみのや》｜　高角山之《たかつのやまの》　木際従《このまより》　我振袖乎《わがふるそでを》　妹見都良武香《いもみつらむか》　（2・一三二）

における「石見のや｜高角山」の類で、即ち「石見の高角山」の意であるように、「いかなる人」の「いかなる」の下にポーズ（一呼吸）を置き、かつは音数律を合致させている。この例では、「人」（釈尊）への「いかなる」という讃歎の呼吸があるものと見られる。なお、同様の語例に「如何有哉《いかなるや》｜人子《ひとのこ》」（『萬葉集』13・三二九五、作者未詳、三宅問答歌）がある。

〇比止尓伊麻世可（5②）

「ひとにいませか」は、釈尊への讃歎の表現としてある句である。通常ではなし得ない石上への足跡のスタンプという奇跡への驚きの表現としてある。ここには釈尊に対して「無上佛」と崇める観念的存在ではなくて、詠作者と同じ地表に立つ「人」として見ている作者が存在している。それがこの「比止尓伊麻世可」という表現である。スタンプという語を使用したが、これは適切な表現であるとは考えていない。次の「伊波乃宇閇乎都知止布美奈志」条（5③④）の言及を参照されたい。

「います」は四段活用の尊敬の自動詞。同じ「人」と表現しても、神に対するのと同様の敬語表現を用いている。「いませか」について、［池上禎造・一九五〇・一〇・史料］『日本文学言語史料・別記』には、「ばを伴はない已然形」とある。「いませば｜か」の意味であるという指摘でもある。

「か」は問いかけの係助詞であり、結びは第五句の「阿止乃祁留良牟」である。ここは問いかけの形を借りることによって讃歎しているのである。

〇伊波乃宇閇乎都知止布美奈志（5③④）

「いはのうへをつちとふみなし」である。

「いは」については、「伊志《いし》」条（1②）及び「伊波《いは》」条（3⑤）で言及した。

堅い「いは」に対応する形で、柔らかい「つち」を出している。「つち」の語は『萬葉集』において「あめ」と共に用いられる例が多く、六二例を数える（「天地」「乾坤」「玄黄」及び仮名書き例）。他に単独の「つち」の事例が二一例存在している（「地」「土」及び仮名書き例）。この「あめ」と「つち」とが対応する表現は、佛足跡歌碑歌においても第一歌群の1番歌に「阿米尓伊多利都知佐冏由須礼」（1③④）の形で出る。一方、「いは」と「つち」とが対応する形で出る歌は『萬葉集』中に存在しない。『萬葉集』において「いは」と共に「つち」の語が一首中に出る歌はある。

伊波紀欲利　奈利提志比等迦……阿米弊由迦婆　奈何麻尓麻尓　都智奈良婆　大王伊摩周

（5・八〇〇、山上憶良「令反或情歌一首」）

この「つち」（地）の語は「あめ」（天）と対応する形で使用されており、「いは」の語は「いはき」（石木）の語形であって、共起する語として用いられているものではない。

このように、「いは」と「つち」との照応は、詠歌表現において一般には無い。ここは釈尊における奇跡について、驚きを以って表現しているところであり、前述のように釈尊を作者と同じ地上の人間として見ているのである。そこにこの詠歌表現における驚嘆の源がある。

「とふみなし」の「と」は、「ふむ」の語の状態説明としてあり、まるで「土」のようにという「のように」の意で下を修飾している。

「ふみなし」の「なす」の語は、補助動詞としての用法である。『時代別国語大辞典　上代編』は、「なす」［成・為］（動四）」の項の【考】で補助動詞の例としてこの佛足跡歌碑歌の例を挙げるが、一方、補助動詞「なす」［如］」

の【考】では「成ス《ナ》（四段）にも密接な関係を求めることもできるかもしれない」としつつも連用形の用例については「確実性に乏しい」とし、「仮名書きはすべてナスである」とする。こういう理解であるならば、補助動詞と位置付けず接尾語とすべきである。むしろここは、「なす」の例も含めて当例と共に補助動詞として一元的に理解すべきものと考える。

「土と踏みなし」は堅い石をまるで柔らかい土であるかのごとく踏みこんでという意味としてある。

このことについて、以下、［塚本善隆・一九六五・六・論考］「仏足石について」から引用する。

　仏の足跡が特殊な表現をもって尊敬追慕せられるようになったもとを尋ねて行くと古代インドの修道者の生活が「はだし」であったということに由来するであろう。…中略…仏の足は、泥でけがしてはならぬという仏徒の敬虔な心持ちは、次第に理想化されて、仏ははだしで歩いて居られてもその大慈悲の足は空をふんで虫類を損傷しないし、けがれもせぬのみならず、その足跡は美しい輪相の跡をのこして人々を導かれる。仏の足の裏は普通の人のもたぬ美しい文相を具えているのだ。そこに仏の形姿上の特別なすぐれた相（三十二相）の一があると考えるようになった。

この引用の「空をふんで」の条は、例えば先に引用した『佛説観佛三昧海經』条に次のように出た。

爾時世尊於大衆中。即便起行足歩虚空。父王観見心甚歡喜亦隨佛行。　（大正蔵15六七五中17～18）

塚本善隆氏の引用を、途中を略して、続ける。

　東晋から宋の頃に訳された分別功徳論（増一阿含経の初め四品の注釈書）には、「仏の行く時には、足は地を離るること四寸、千輻輪の文跡地に現われ、足下の諸の虫蟻は七日安穏である」といい、大宝積経四〇には「仏足空を蹈み、千輻輪地際に現わる。有情ふれれば七日快楽なり。命終後は善趣に生る」と、仏足跡にふれることの功徳を高揚している。

とある。右に出た経典の原文を次に引いておく。

佛身金剛無有諸漏。若行時足離地四寸。千輻相文迹現於地。足下諸蟲蟻七日安隱。若其命終者。皆得生天上。
（『分別功徳論』No.1507、大正蔵25三五下16～19）

舎利子。如來若往城邑若旋返時。雙足蹈空。而千幅輪現於地際。悦意妙香鉢特摩花。自然踊出承如來足。若畜生趣一切有情爲如來足之所觸者。極滿七夜受諸快樂。命終之後往生善趣樂世界中。
（『大寶積經』No.0310巻三五～五四、玄奘譯『菩薩藏會』巻第四十、大正蔵11二一九中16～20）

先にスタンプという語を使用したが、「土と踏みなし」という、その教義上の理解は、右の如くなるものである。

○阿止乃祁留良牟（5⑤）

「あと」は「跡」であるが、その語構成「あ-と」は「足《あ》-処《と》」と考えられる。「足」の「あ」は、「安我枳《あがき》」（足掻、『萬葉集』17・四〇二二）、「阿具良《あぐら》」（足座・呉床、雄略記九六・九七）、「安那須恵《あなすゑ》」（足末、神代紀上私記乙本）、「安由比《あゆひ》」（足結、『萬葉集』17・四〇〇八）などから析出される「足《あ》」である。「処」の「と」は、本来、ト甲類音である。ただし、佛足跡歌碑歌においてはその全例がト乙類仮名（「止」）になっていること、「美阿止」条（1①）で指摘した。

「あと」の「と」（「処」）には、

「久麻刀《くまと》」（隈処、20・四三五七）、「左祢度《さねど》」（さ寝処、14・三四八九）、「多知度《たちど》」（立処、14・三五四五）、「寝屋《ねや》度《ど》」（寝屋処、5・八九二）、「夜度《やど》」（屋処・宿、5・八二六）など

といった例がある（以上は全てが『萬葉集』からの例である）。この「あと」の語については、「足・脚・跡・蹤」などの字が宛てられ、また平安時代には前後の「後」の意にも拡大している（『源氏物語』）。

佛足跡歌碑歌では「御」の敬称を付けて「みあと」とする場合が多いが（1・3・4・8・9・11・14・16・17）、

「あと」だけの例もあり（5・6・7・12）、「あとところ」（2）の例もある。第二歌群の14番歌までで、「あと」の語が歌中に詠みこまれていないのは、10・13・14番歌の三首になる。

次に「のける」の語は、自動詞「のく」の他動詞形「のけり」の連体形である。形の上からは「のく」の命令形に助動詞「り」が接続したものと見ることが出来るが、ここはそれとは違って熟合し一語化した他動詞「のけり」としてある。「のこす」の意。［nöki-ari〉nökeri］という変化は助動詞「り」の生成過程と同じであるが、ここはラ変型活用の語であると認定する（［阪倉篤義・一九六六・三・論著］『語構成の研究』一八七頁）。ノ乙ケ甲リの甲乙も合致している。

「らむ」は終止形承接であるがラ変型活用からは連体形承接になる。この「らむ」は第二句で記したが、「か」（②）の結びとして連体形になっている。

○多布刀久毛阿留可（5⑥）

「たふとし」は至高のさまを表現する形容詞で、この派生語に上二段活用の動詞「たふとぶ」がある。目前の佛足石に刻された佛足の足跡について、「たふとし」と讃歎している表現である。

……今示現賜流弊如来乃尊岐大御舎利波……（……今示《いま》現《あらは》れ賜《たま》へる如来の尊《たふと》き大御《おほみ》舎利《しやり》は……）

（『続日本紀』巻二十七、天平神護二年〈七六六〉十月壬寅条、称徳天皇四一詔）

右の例は「隅寺毗沙門像所現舎利」（隅寺《すみでら》の毗《び》沙門像《しやもんざう》より現《あらは》るる舎利）を「尊し」としており、類例として挙げた。「も……か」は強い讃歎の様を表現する言い方であり、「麻礼尓母阿留可毛」（2⑥）、「宇礼志久毛阿留可」（12⑥）、「美留期止毛阿留可」（16⑥）と、いずれも結びの第六句に使用されている。詳しくは「美留期止毛阿留可」条（16⑥）、参照。

○麻須良乎乃（6①）

「ますらを」の語は、『萬葉集』で大夫・丈夫以外に、益荒夫・益卜雄・益卜男・健男といった語を訓んでいる。佛足跡歌碑歌には、当歌以外に7①・11①と、いずれも初句にこの語が用いられている。この佛足跡歌碑歌におけるマスラヲの語については、本書第二章論考篇一第七節「「ますらを」と「もろもろ」―佛足跡歌碑歌の位相―」に記しているので、参照されたい。『萬葉集』の用法とは全く異なり、如来をさす言葉としてある。このことについては、［野呂元丈・一七五二・秋・金石記］『佛足石碑銘』が「調御丈夫如來十號之一」と言い、［鹿持雅澄・一八二一・三・注釈］『南京遺響』が「涅槃經に、如來は人中ノ丈夫也といへるによりて、釋迦佛をさして丈夫と云るなり」とし、［山川正宣・一八二六・八・論著］『佛足石和歌集解』が「涅槃經曰如来人中丈夫、菩薩地持經曰調御丈夫〔如来十号之一〕」と指摘している。

即ち「ますらを」とは、「調（御）丈夫」の意であり、単なる丈夫ではなく、四法（善知識・能聴法・思惟義・如説修行）」を身につけた（調御した）丈夫で、釈迦如来をさす語である。

『大般涅槃經』には、

如來至是娑羅樹間於大涅槃而般涅槃。佛告迦葉。所言大者其性廣博。猶如有人壽命無量名大丈夫。是人若能安住正法名人中勝。如我所説八大人覺。（大正蔵12三九一中28～下02）

とあり、また「有丈夫相。所謂佛性。」（大正蔵12四二二中01）ともある。

○須々美佐岐多知（6②）

「すゝみさきたち」とは、釈尊が悟りを開いた後、人々の先頭に立ってまず足跡を印したという、その行為を言うものであり象徴的な意味として描かれている。「佛足石記文」中に、「大唐使人王玄策向中天竺鹿野薗中轉法輪處因見跡得轉寫搭是第一本」（B1～3）とあった。そういう説話的理解における鹿野薗初転法輪の地における佛足跡という理解からの「進み先立ち」という表現になっている。なお、薬師寺現蔵の佛足石における「佛足石記文」

を示したが、この「大唐使人……是第一本」（B1～3）という縁起は、佛足搭本の伝来に関わることであり、右京禅院の第二本に記されていたと考えられる文であり（第一本にも記されていた可能性のある文であり）、本邦において佛足石を当時造立しようとする時には必ず目にしたに違いない文になる。なお、「先立ち」の「立ち」は「多」字で表記されており、連濁せずに清音であったと考えられる。

○布賣留（6③）

「ふめる」は四段活用動詞「踏む」の命令形に完了の「り」が接続した一般的用法である（「曽太礼留比止乃」条〈2④〉、参照）。前歌の「乃祁留」（5⑤）と同じではない（一語化していない）。

○阿止乎美都々志乃波牟（6③④）

「あとをみ」るとは、具体的には目前にある「佛足石に刻された佛の足跡《あと》」を拝むことである。単なる物体としての石を見るというのではなく、そこに佛を拝むのであり、「阿止」とは佛の開悟教導の精神行為をさしての表現である。よって「慕ふ」の語がその下にある。

「みつゝ」と表現されているのは、『観佛三昧海経』が基底にあっての表現である。薬師寺現蔵の佛足石には『観佛三昧海経』が引かれていたが、この佛足跡歌碑歌にも『観佛三昧海経』が影を落としていることは17番歌によって明らかである。

「しのふ」はハ行四段活用の動詞であり、上代にあってはバ行上二段活用の動詞「忍ぶ」とは別語であったことがよく知られている。『時代別国語大辞典　上代編』の「しのふ」[思]（動四）の【考】には、

> 仏足石歌の例（「志乃波」6番歌）はこのほかに三例あるが、いずれも仮名違い。宣命にも「之乃比賜」（五八詔）など見え、万葉にも防人歌に「之乃布」（四四二七）のような例がある。②の「之努波ずて」（万二九一）は堪忍の意に誤られることが多いが、シノ（甲類）フ・シノ（乙類）ブは活用も異なり、全然別語とみるべきで

ある。もっとも「うつせみの世は常無しと知るものを秋風寒み思努妣《しのび》つるかも」（万四六五）は濁音仮名と見なされる「妣」を用いてあり、上代でもシノフがバ行四段に一部移りつつあった例とみることができる。思フとシノフは意味が近いが、思フが思考一般を意味するのに対して、シノフはある対象に引きつけられる心を示す、という差があるようである。

と記されていて、参考になる。前歌（5番歌）の「貴」の観念が、当歌においては「慕」の観念へと展開し、次歌（7）に続いている。この「慕」の観念によって総題「敬慕佛跡一十七首」が付けられていて、一連の中心的な内容をもつ箇所となっている。当歌の「しのふ」は、見て単に偲ふというのではなく、この「しのふ」は敬慕し拝むという信仰上の意味としての「しのふ」としてある。

○多太尓阿布麻弖尓（6⑤）

「ただに」は直接にの意を示す副詞。

三《み》熊野《くまの》之《の》　浦乃《うらの》濱《はまゆ》木綿《ふ》　百重《ももへ》成《なす》　心者《こころは》雖念《おもへど》　直不相鴨《あはぬかも》　（4・四九六、柿本人麻呂）

右の歌の第五句の「直」を「ただに」と訓んでいる。

「ただにあふ」について、『鹿持雅澄・一八二一・三・注釈』『南京遺響』は、

未來極楽淨土に至りて。直に釋迦佛に相逢までにと云なるべし。此下に。善人之《ヨキヒトノ》座《イマ》す國《クニ》には吾《ワレ》も參出《マヰデ》む。とあるを照し考べし

としている。

「までに」は、「まで」と同じ副助詞と理解されている。『岩波古語辞典』には、「副助詞マデは、本来、両手《まで》という名詞であったから、それに格助詞ニの伴った形。これによって、副詞句を作って下を形容する」という解説がある。即ち、この第五句及び第六句は、倒置句として、第四句に冠するものとしてある。

直に値ふまでに・当に値ふまでに　↓　見つ、慕はむ

こういう倒置句が第五句・第六句である。

○麻佐尓阿布麻弖尓（6⑥）

「まさに」は正しく、確かにという意味を示す副詞である。

事霊《ことだまの》　八十《や》　衢《そのちまたに》　夕占問《ゆふけとふ》　占正謂《うら—のる》　妹《いも》　相依《はあひよらむ》　（11・二五〇六、柿本人麻呂歌集）

右の歌の第四句の「正」を「まさに」と訓んでいる。この第六句も第五句同様に、彼岸において釈尊にまさしくお会い申し上げるまでは、という意味で第四句を修飾することになる。

前出の「鹿持雅澄・一八二一・三・注釈」『南京遺響』は、一首全体の意味について、

歌ノ意は。未來極楽淨土に往生して。相見奉らむまでは。この現在にて如來のとゞめ置たまひし御足跡を。ねもごろに拜み見つゝしたひをらむとなり

と記している。

○麻須良乎乃（7①）

6番歌①の「麻須良乎乃」と全く同じ詠い出しになっている。「麻須良乎乃」条（6①）、参照。ほぼ同想の歌であるが、その異なりについては、当歌第五・第六句「美都々志乃覇止奈賀久志乃覇止」条（7⑤⑥）に記している。

○布美於祁留阿止波（7②）

「ふみおける」の「おく」は、本動詞「置く」の意味が全く残存していないというわけではないが、補助動詞としての用法と見てよい。「淡路嶋中尓《なかに》立置而」（『萬葉集』3・三八八）の「立て置きて」、「跡見《とみ》居置而」（同6・九二六）の「据《す》ゑ置きて」、「荒山中尓《あらやまなかに》送置而」（同3・三八八）の「送り置きて」などは補助用言としての用法である。

佛足跡歌碑歌の9番歌の「伊波尓宇都志於伎」（9②）の「おき」も同様の例である。

助動詞「る」は完了の意。6番歌にはほぼ同じ意味で「ふめるあと」（6③）とあった。6番歌は五音節句で「ふめるあとを」（母音「ア」によって字余り許容）とし、ここは第二句の七音節句により「ふみおけるあとは」としているのである（母音「ア」「オ」により字余り許容）。

〇伊波乃宇閇尓（7③）

この類似句が5番歌にあった。「伊波乃宇閇乎」（5③）。

〇伊麻毛乃己礼利（7④）

「いまも」という語は、説話でよく使用される。作り話としての説話展開の結びとして、その説話にリアリティを持たせるために「今も……」として、その話の痕跡説明がなされる。これがよく見られる「今も」という表現である。当歌では、5番歌及び6番歌で展開された内容を踏まえつつ、その佛足の奇瑞は「今も」目前に佛足跡として存続しているとして示しているのである。

「のこれり」の「り」は存続の意味である。完了の助動詞として知られる「り」は前述したように、本来、ラ変動詞「あり」に由来しており、語源上はこの存続の意味が「り」の原義としてある。

〇美都々志乃覇止奈賀久志乃覇止（7⑤⑥）

「みつゝしのふ」は前の6番歌第四句を承けている。前歌（6番歌）が「志乃波牟」と詠作者の主体的立場からの詠であったのに対し、この歌は同一主題の繰り返しながら、「志乃覇止」と客観的に叙している。それはこの歌が過・現・未の時間構成でまとめられているからである。即ち、

丈夫の踏み置ける足跡は（①②）――過去
石の上に今も残れり（③④）――現在
観つゝ慕へと長く慕へと（⑤⑥）――未来

と、過去・現在・未来という時の展開がなされている。

こうした過・現・未の表現は、［廣岡義隆・一九九五・二・論考］「万葉における時の表現について―特に過去・現在・未来の表現について―」で、『萬葉集』における柿本人麻呂、山部赤人、山上憶良、大伴家持の作品にその例が見られることを指摘した。よって、当佛足跡歌碑歌よりも古い例があるのであり、そうした事例の上にこの歌が展開していることを押さえることが出来るのである。ただ、過去及び未来が観念として確かな概念を形成するのは佛教の教理を学ぶ中でなされたものであるということが言えよう。

「ながくしのふ」は、右の過・現・未表現における「未来」表現を背負う形で、一首を結んでいるのであり、未来への展望期待で結ぶことにより、10番歌へとつないだのである。

「しのへと」という語は、前に位置する6番歌同様に、倒置句として、第四句に冠するものとしてある。即ち、第五句・第六句の「観つゝ、慕へと長く慕へと」は、倒置して第四句の「今も残れり」を修飾している。

○己乃美阿止乎（8①）

4番歌の歌い出しに「己乃美阿止夜」（4①）とあり、16番歌の歌い出しに「己乃美阿止乎」（16①）とある。ただし、私案によると、16番歌は第三歌群（15〜17）になり、第二歌群（3〜14）とは詠作者が別になる（本書第二章論考篇一第四節「佛足跡歌碑歌の用字」、参照）。

「この」という表現は佛足跡を目前にしての臨場表現になる。この句も字余りになっている。

○多豆祢毛止米弖（8②）

この「たづねもとめて」の一首における意味が明確ではない。［山川正宣・一八二六・八・論著］『佛足石和歌集解』は「この佛跡に縁をもとめて、衆生と共に、極樂往生を願ふなるべし」というが、やはり明確ではない。［山川正宣・一八二六・八・論著］よりも早くに、［釋潮音・一八一九・三・考証］『佛足蹟碑文和歌略註』が、『雑阿含経』の次の箇所を引いている。ここでは『大正蔵』の本文で引き、潮音が引用している範囲について、傍線を引いて示しておく。

如是我聞。一時佛在拘薩羅。人間遊行。有從迦帝聚落。墮鳩羅聚落。二村中間。一樹下坐。入盡正受。時有豆磨種姓婆羅門。隨彼道行。尋佛後來。見佛脚跡。千輻輪相印文顯現。齊輻圓輞。衆好滿足。見已作是念。我未曾見。人間有如是足跡。今當隨跡以求其人。即尋脚跡。至於佛所。來見世尊坐一樹下入盡正受。嚴容絶世。諸根澄靜。其心寂定。第一調伏。正觀成就。光相巍巍。猶若金山。見已白言。爲是天耶。佛告婆羅門我非天也。爲龍夜叉乾闥婆阿修羅迦樓羅緊那羅摩睺羅伽人非人等。佛告婆羅門。我非龍乃至人非人也。婆羅門白佛。若言非天非龍乃至非人非非人。爲是何等。爾時世尊。説偈答言…下略…

（求那跋陀羅譯『雜阿含經』、大正蔵02二八上20～中05）

（是の如《かく》く我聞《き》けり。一時《あるとき》佛の拘薩羅に在《あ》りて、人間《ひとのよ》に遊行したまひ、迦帝聚落従《よ》り、鳩羅聚落に墮《いた》る二村の中間《なかほど》に有る、一樹の下に坐《ま》しまして正受に入尽したまひき。時に豆磨種姓の婆羅門有りて、彼《そ》の道行に随《したが》ひて尋《つ》ぎて佛の後より来《きた》り、佛の脚跡を見るに、千輻輪相の印文顕現せり。輻・圓・輞の斉《ととの》ひ、衆好満ち足れり。見て已《すで》に、我曽《か》つて人間《ひとのよ》に是《かく》の如き足跡有るを見ず、今跡に随《したが》ひ以《も》ちて其の人を求むべしと、是の念《おも》ひを作《な》し、即ち脚《みあし》の跡を尋《たづ》ね、佛の所に至りぬ。来《きた》りて、世尊の一樹の下に坐《ま》しまし、正受に入尽したまふを見き。厳《いつく》しき容《みかほ》は世に絶《すぐ》れてあり。諸の根《こころ》は澄み静けくて、其の心は寂定としてあり。第一の調伏にて、正に成就せるを観《み》る。光《かかや》く相《すがた》は巍巍として、猶《なほ》し金《くがね》の山の若《ごと》し。見て已《すで》に白《まを》して言《い》はく、「是れ天《あまびと》為るや」といふ。佛、婆羅門に告ぐに、「我は天《あまびと》に非ず。龍・夜叉・乾闥婆・阿修羅・迦樓羅・緊那羅・摩睺羅伽・人非人等為《た》り」とつぐ。佛、婆羅門に告ぐに、「我は龍乃至は人非人に非ざるや」とつぐ。婆羅門、佛に白《まを》さく、「天《あまびと》に非《あら》ず、龍に非ず乃至は人に非ず、非人に非ずと言ふ若《ごと》くあらば、是を何《なに》等と為《な》したまふや」とまをす。時に世尊、偈を説きて答へて言《のりたま》はく、…下略…）

恐らくこの説話を踏まえて、この一首は詠作されているのであろう。即ち、佛足石上の佛足に刻まれている千輻輪相などの瑞相に導かれて、極楽浄土に往生しようというのがこの歌の眼目であると考えられる。「阿止乎美都々志乃波牟」条（6③④）で『観佛三昧海経』のことを記したが、同じことは「美都々志乃覇止」（7⑤）にも該当し、そうした6番歌7番歌を踏まえる形で、当8番歌はあると考えられる。「たづねもとめて」という句自体は、［釋潮音・一八一九・三・考証］が指摘する『雑阿含経』の「隨彼道行。尋佛後來。見佛脚跡。千輻輪相印文顯現。」によるものであろう。

○与岐比止乃（8③）

「与」の字は第三画の横画が剝落によって確認出来ないが、字形と前後の意味から「与」字と認定する。「与」字の古姿は、第二画と第三画とが交わらない字形である。その第三画が欠落している。その「与」字の下の「岐」字であるが、旁は「支」と確認出来、その偏が剝落によって欠けている（以上次頁の「**A碑面02**」の写真、参照）。「伎」字か「岐」字かのいずれかであるが、当初は□としていた。佛足跡歌碑歌の中では、「伎」が一一例あり常用仮名であり、「岐」は他に三例（6②・20②・20④）見られる。「**A碑面02**」の写真をよく見ると、偏の「山」の下部が確認できる。よって、「岐」字と認定した。

さて、ここの「よきひと」については、

釈迦と見る説　　〔鹿持雅澄・一八二一・三・注釈〕『南京遺響』など）

天竺の高僧たちと見る説　　〔井上通泰・一九二三・一二・注釈〕「佛足石歌新考」）

菩薩と見る説　　〔木本通房・一九四二・八・注釈〕『上代歌謡詳解』の一説）

などがある。「丈夫」（6①・7①）に対して「善き人」と使っているのだから釈迦ではなくて、菩薩を云うものと考えられる。

A 碑面02

B 拓本03

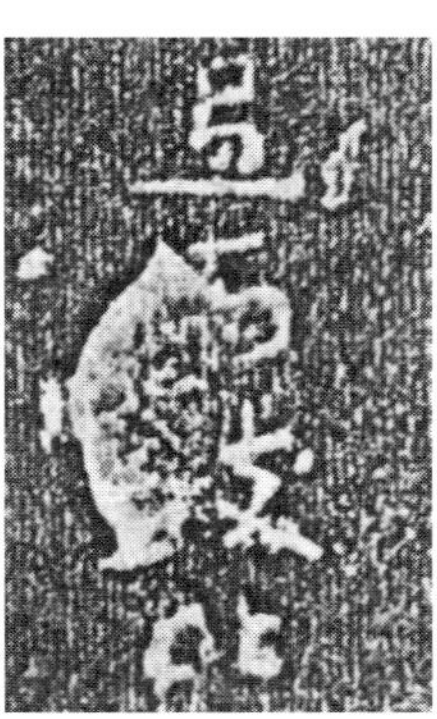
C 原拓04

　ここで、拓本の問題点を指摘しておく。以下は、かつて〔廣岡義隆・一九八六・三・論考〕「佛足石記・同歌碑調査報」で記したことの再録になる。右に写真をA・B・Cと示した。Aは、原碑を撮影したもので、リバーサルフィルムによるものである。Bは、藏中進氏旧蔵の歌碑拓本で、「昭和二十三乃至四年頃に現地で特別なはからいによって入手した原拓」というものであり、氏から直接に聞いた入手の委細によると、まさに「原拓そのもの」と信じるに足るものであった。Cは〔佐佐木信綱・橋本進吉・一九二一・一〇・図録〕『南京遺文』のもので、その「解説」によると「東京美術学校長正木直彦氏が手づから作られた拓本」というものである。複刻本があるが、Cは初版本のゼロックスコピーによるものである。A・B・Cを比較すると、AとCはほぼ一致するが（Aには大正〈或いは明治〉期のCの後に出来た欠損が若干認められる）、Bには明らかに一致しないところがある。即ち、「与」字の第三画は剝落していてその痕跡すら全く存在しないのに（A・C）、Bにはその第三画が存在するのである。それ以外にも、剝落した箇所の左端の形や左上の小凹穴の有無など、明らかに異なるのである。因みにBは、他の箇所においても、版木による拓本と明らかに一致するところがあるのである。

　このように、佛足跡歌碑歌における研究において、拓本を研究上の史料として用いることは過ちを犯す元になるということを指摘しておきたい。

○[与][岐]比止乃伊麻須久尓々波（8③④）

「よきひとのいますくに」とは、極楽浄土をいう。「佛足石記文」のC面の願文中には、この上なく勝れた妙なる世界の意味で「无勝之妙邦」（C8）とあった。『涅槃經』には、

爾時三千大千世界莊嚴微妙。猶如西方安樂國土。（曇無讖譯『大般涅槃經』No.0374、大正蔵12四二四上08～09）

とあり、［奈良国立博物館・一九八三・四・図録］『奈良朝写経』の識語にも、

存亡父母。六親神識。等生安樂國土。

（38「大般若経巻第五百九十一」識語10～11行、天平十六年六月卅日春日戸比良）

の例があり、『大日本古文書』にも、

相願。共諸衆生。往生安樂國。

（聖語蔵「維摩詰経巻第下」識語09行、天平勝寶二年四月十五日、『大日本古文書』三の三八八頁〈挟み込み写真〉）

といった例が見られる。

○和礼毛麻胃弖牟（8⑤）

「われ」の語については、「美阿止須良乎和礼波衣美須弖」条（3③④）における「われ」の条で言及している。参照されたい。

「まゐでむ」の語について、［土橋寛・一九五七・七・大系］『古代歌謡集』は「参《まゐ》てむ」とし、「テは完了の助動詞ツの未然形」とするが、『萬葉集』に「迎参出六」（6・九七一㉜）の表記例があり、「まゐ-いづ」の縮約形により成立した語（mawi-idzu>mawidzu）「まゐづ」の未然形に助動詞「む」が接続した形と考えられる。その「まゐ」については、連用形の語形でしか残っておらず（『萬葉集』20・四二九八④など）。「まゐる」（上一段活）か「まう」（上二段活用）かは説が分かれるところである（『時代別国語大辞典　上代編』「まう」の**【考】**の条、参照）。『時代別国

語大辞典　上代編』は、複合した「まゐづ」（参出、動詞下二）を立項している。「参上しよう」の意としてある。

この「麻胃弖牟」における萬葉仮名「胃」は孤例の仮名である。〔大塚毅・一九七八・四・論著〕『万葉仮名音韻字典』は「他に用例が見当たらない」としている。紀歌謡や『萬葉集』に出る仮名「謂」の省文としての用法に違いない。

○毛呂毛呂乎為弖（8⑥）

「もろもろ」の語については、「毛呂毛呂須久比」条（4④）で言及した。参照されたい。そこで引いた本書第二章論考篇一第七節「「ますらを」と「もろもろ」―佛足跡歌碑歌の位相―」においては、「ゐる」（率る）の語を含めて論じているので、参照されたい。

○舎加乃美阿止（9①）

まず「舎加」の語について。この「舎」字は、拗音「シャ」の音を表わしていると見られ、「拗音仮名」と命名し、「上代における拗音の仮名について」で論じた。この論考は佛足跡歌碑歌の当用例が始発点になっており、本来であれば本書に収めるべき論であるが、『上代言語動態論』に「拗音仮名」の論題で収めた。〔廣岡義隆・二〇〇五・一一・論著〕『上代言語動態論』の第一篇第三章、及び本書第二章論考篇一第四節「佛足跡歌碑の用字」を参照されたい。即ち、「釋迦牟尼」の略称としての「釋迦」の語を「舎加」と表記したものである。

この句も字余りになっている。

○伊波尓宇都志於伎（9②）

「いは」は、「伊波尓恵利都久」条（3⑤）、参照。

「うつしおき」の「おき」は、「布美於祁留阿止波」条（7②）で見た補助動詞「おく」と同様の用法である。

「うつす」は薬師寺「佛足石記文」の用語でいうと「転写」になる。「得轉寫搭是第一本」（B3）、「得轉寫搭是第二本」（B5〜6）、「敬轉寫搭是第三本」（B8〜9）とある。よって【よみ】において、この「轉寫」の文字をこの箇所に用いた。

○宇夜麻比弖（9③）

「うやまふ」の語は、「あがめる」「おがむ」の意。「ウヤマフ」とも「ヰヤマフ」とも言うが、その両語の新古については不明である。名詞ウヤ（ヰヤ）の動詞形がウヤブ（ヰヤブ）・ウヤム（ヰヤム）（mb音交替形）であり、その動詞が再活用して（助動詞「ふ」が添化し一語化して）ウヤマフ（ヰヤマフ）となったものである。『岩波古語辞典』が「うやまひ」の項で、「ウヤ（礼）マヒ（舞）の意か」とするのは失考である。形容詞に「うやうやし」「ゐやゐやし」「うやなし」「ゐやなし」がある。

○乃知乃保止氣尓（9④）

「ほとけ」（保止氣）の語の初出例としてある。佛足跡歌碑中に、釈尊については、「麻須良乎」（6①・7①・11①）「舎加」（9①・14①）として出、間接表現として「伊可奈留夜比止」（5①②）「伊麻乃久須理師」（15④）「阿止奴志」（16③）と出ていて、「ほとけ」の語では出ていない。弥勒佛について、ここに「のちのほとけ」の形で出ている。他に仮名書例ではないが、『萬葉集』に「佛《ほとけ》造《つくる》真《ま》朱《そほ》」（16・三八四一）とあり、この佛は釈尊そのものというよりも、仏像をさす語としてある。他に「伊志乃比鼻伎波」条（1②）で示した『東大寺要録』に出る元興寺献歌中に「保度介《ほとけ》」の語例がある。梵語Buddha（「覚者」悟りを開いた人）の漢訳語の「佛陀」の略称「佛」から来る語であり、『岩波古語辞典』は「ホトは「仏」の呉音以前の古い中国語音を日本語風に写したもの。ケは接尾語ゲの古形」とする。

「のちのほとけ」は、右に示したように、今佛《こんぶつ》（＝釈尊）の対の語であり、弥勒菩薩を言い、将来佛とも言う。例えば、

於中為三。初正明眷屬。次明受道不同。三眷屬義絶意同業生。皆言傳付後佛者。如彌勒云。

（唐、湛然述『法華玄義釋籤』No.1717、大正蔵33九一一中18〜20）

とある。

弥勒信仰には「上生信仰」と「下生信仰」があり（[速水侑・一九七一・九・論著]『弥勒信仰―もう一つの浄土信仰―』）、「上生信仰」は弥勒菩薩のいる兜率天《とそつてん》に今の世で（死後）、上生することにより弥勒の教化にあずかろうというものであり、「下生信仰」は兜率天における寿命が尽きると弥勒はこの世に当来佛として下生するという信仰であり、「後の佛」は、この「下生信仰」に依拠しての語であるということになる。「兜率天」については、[速水侑・一九七一・九・論著]『弥勒信仰』の一四頁に概念図の図示がある。下生信仰の形成については[鈴木中正・一九八二・二・論考]「イラン的信仰と仏教との出会い―弥勒下生信仰の形成―」に詳しい。この「下生」は、龍谷大學編『佛教大辭彙』によると、（釈迦在世時より）人寿八万歳後に弥勒如来は出現するという。また、弥勒如来が兜率天の寿四千歳（＝人寿五十六億七千万年に相当）を尽くした後にこの世に到来するともいう（こうした年数については経典によって種々ある）。『望月佛教大辭典』は蘇我馬子以来の弥勒信仰を説いていて詳しい。[速水侑・一九九五・一〇・論考]「弥勒の浄土」によると、

当時の朝鮮や中国の信仰の状況から考えても、日本人が最初に拝した外来の仏像が弥勒像であった可能性は高いと思われる。ただこのことは、当初から日本人の間で兜率上生の弥勒信仰が行なわれたという意味ではない。

…中略…奈良時代になると、弥勒浄土の信仰を明示する史料があいついで現われてくる。

として、石川年足願経中の「弥勒上生経」（佛説観弥勒菩薩上生兜率陁天經）識語を挙げる。ただし、識語そのものの引用は示されていない。ここに掲げておく。

謹以茲辰、敬造弥勒菩薩像一鋪、寫弥勒經十部。蓮臺寳相含璧月而披光、貝篆靈文貫珠星而流影。伏願、契道

能仁、昇遊正覺、菩提枝下聞妙法之圓音、兜率天中得上真之勝業、…下略…。
（『奈良朝写経』18「弥勒上生経」識語09～13行、天平十年六月廿九日）

（謹《つつし》みて茲《こ》の辰《とき》を以《も》ちて、弥勒菩薩像一鋪《ひとしき》を敬《つつし》み造り、弥勒経十部を写しき。蓮台なる宝相は璧月を含《ふふ》みて光を披《ひら》きてあり、貝篆なる霊文は珠星を貫きて影を流してあり。伏して願はくは、能仁に契道せむことを、正覚に昇遊せむことを、菩提枝下に妙法の円音を聞かむことを、兜率天中の上真の勝業を得むことを…下略…ねがふ。）

この識語により、［速水侑・一九九五・一〇・論考］は、

かれは父母の忌日にあたり、弥勒像を造り、『弥勒上生経』を書写し、兜率天において真の勝業を得ようと願っている。

としている。こうした史料については、［速水侑・一九六一・一一・論考］「律令社会における弥勒信仰の受容」が詳しい。奈良時代における普及についても、［速水侑・一九九五・一〇・論考］は、

少なくとも奈良時代の中ごろまでには、兜率天上生を願う信仰が、阿弥陀の極楽浄土の信仰を圧していたといえる。また民間でも、天平年間には、慈氏弟子と称して、弥勒が書いたと伝えられる『瑜伽師地論《ゆがしちろん》』を書写し、現当二世の安楽を願う信仰集団の活動が知られている。

と指摘している。

右に出ていた『瑜伽師地論』の写経は、『奈良朝写経』内だけでも、「15・16・18・35・36・39・42・48・62・63・74・76」（番号は『奈良朝写経』における経典番号）と少なくはない。『日本霊異記』下巻第八縁には「瑜伽論百巻」の繕写をなし遂げる話が展開されており、この「瑜伽師地論」奉写の普及の様を見ることができる。

［速水侑・一九六五・五・論考］「日本古代社会における弥勒信仰の展開」によると、「民間の弥勒信仰では、従来の上生信仰から下生信仰へという転換が、末法到来の院政期を中心に行なわれた」とし、「これに対し貴族社会

においては、その宗教的・思想的環境が早期に成熟した故か、一部ではあるが九世紀末から下生信仰が発生しつつあつた」としている。このように、弥勒下生信仰は時代がくだると見られているが、当歌には「後の佛」の呼称がある。これは単なる呼称にとどまらず、その歌意からも、次の第五句への展開は、まさに下生信仰を念頭にしてのものとしてある。当時から、少なくとも知識階層の一部においては、弥勒菩薩の下生信仰が理解されていたと見るのが良い。[鈴木暢幸・一九三五・五・論考]「佛足石歌の文化史的意義（下）」は、「奈良朝に於ては法相宗の内に頻りに彌勒上生經・同下生經が取扱はれた跡が見える。佛足石歌にこの信仰の歌はれたのも所以ある事と思ふ」としている。

○由豆利麻都良牟（9⑤）

「ゆづりまつらむ」とは、この世の衆生は弥勒菩薩の到来を待ち願うが、それは迂遠の先のことであるので、その時まで我々はこの佛足跡を拝み、弥勒菩薩のこの世への到来後には、この佛足跡を弥勒菩薩にお譲りしようという意味である。弥勒菩薩への敬意として尊敬の補助動詞「まつる」が使用されている。また、将来のことについてであるので、推量の助動詞「む」が使用されている。

○佐々義麻宇佐牟（9⑥）

「さゝげ」は「さし-あげ（あぐ）」の縮約形。即ち他動詞四段活用の連用形「さし」の「し」のi母音を脱落させ、そこへ他動詞下二段活用の「あぐ」の「あ」のa母音が潜り込むことで二語が結合して他動詞下二段活用の複合動詞「ささげ（ぐ）」が形成されたものである。

『萬葉集』の高市皇子尊挽歌中の「指擧有　幡《はたの》之靡《なびきは》　者」（2・一九九53 54）の「指擧有」を通常「ささげたる」と訓んでおり、また講師僧恵行の「吾勢《わがせ》故《こ》我《が》　捧而持流《もてる》　保《ほ》寶《ほ》我《が》之《し》婆《は》」（19・四二〇四①〜③、見攀折保寶葉歌）の「捧而」を通常「ささげて」と訓んでいる。『日本霊異記』には「擎」字に「左々介天」の訓注があり（上巻第一縁、興福寺本)、『日本書紀私記』乙本には「執取〔佐々介毛太之女氏〕」(神代上、国史大系本八巻七八頁)の訓注がある。「まうさむ」の「まうす」は「まをす」の音転形。ウ音便とは、「四段動詞では、接続助詞「て」、助動詞「たり」が下接する場合、ハ行四段(近世前期まで)とバ行四段・マ行四段(中世後期から近世前期まで)の連用形活用語尾ヒ・ビ・ミではウ音に変化した活用形をウ音便と言い」(一部省略して引用)(佐藤武義・二〇〇七・一「音便形」『日本語学研究事典』二一六頁、明治書院)と言うのが一番限定的で狭義の規定である。ただし、「ヒから生ずるのは、当時のハ行音の子音、両唇摩擦音の[Φ]に起因する。ヰから生じたマウデ(←マヰデ参出)もフの場合と同趣といえよう」(佐藤宣男・二〇〇七・一「音便」『日本語学研究事典』三五三頁、明治書院)とするのは音韻面から踏み込んだ発言であり留意してよい。ここの「まうす」は「まをす」から音転したものであり、広義の音便と位置付けられよう。『時代別国語大辞典　上代編』の「まうす」の項目の【考】においては、

上代においては、マヲスが普通の語形であったが、すでにマウスの形も現われていたといわれる。しかし、第一例(＝万四〇六一、麻宇勢)の「宇」が大矢本では「乎」に近い字形であり、「祈り麻乎之て」(万四四〇八)「親に麻乎佐ね」(万四四〇九)の「乎」を「宇」とする古写本が多く、原型をきめがたい。「宇」と「乎」とは誤られやすい字でもあるから、あるいは万葉ではすべての例がマヲスであったとも考えられよう。

という発言が見られる。佛足跡歌碑歌の当歌についての言及が無いのが残念である。

[池上禎造・一九五〇・一〇・史料]『日本文学言語史料・別記』は、早くに次の指摘をしている。

佛足石歌　古くはマヲスであつて、一般に古代には母音音節が語頭以外に來ることが無かつた(船のカイを例外とし)が、この頃からぼつぼつかかる例が見られる。

右に出る『萬葉集』18・四〇六一は廣瀬本でも「麻宇勢」で、平安補修部外の歌である。それを次に掲げる。

保里江欲里《ほりえより》　水乎妣吉之都追《みをびきしつつ》　美布祢左須《みふねさす》　之津乎能登母波《しづをのともは》　加波能瀬《かはのせ》麻宇勢《まうせ》　(18・四〇六一)

次に、萬葉仮名の「義」についての言及がある。［沖森卓也・一九九〇・七・論考］は、［宮嶋弘・一九四二・一二・論考］「萬葉假名「義《ゲ》」の使用時より上宮記・上宮聖徳法王帝説の著述年代を考ふ」によって、

「義」の万葉仮名の使用について、奈良時代の中期から末期にかけての用字法であると述べ、「義」をゲ乙類に用いる例が記紀万葉にはなく、仏足石歌などに見えることを根拠としている。

と紹介し、以下論じている。これは、『上宮聖徳法王帝説』に、聖徳太子の作とする、

伊我留我乃止美能井乃美豆伊加奈久尓多義弖麻之母乃止美乃井能美豆　（知恩院本71～73行）
（斑鳩《いかるが》の富《とみ》の井《ゐ》の水生《い》かなくに食《た》げてましもの富《とみ》の井《ゐ》の水）

という歌があり、この萬葉仮名「義」に関わってのことである。［沖森卓也・一九九〇・七・論考］は『続日本紀』養老元年（七一七）九月二十二日条や大宝二年（七〇二）戸籍帳に出る地名ムゲの「義」例を挙げると共に、

「義」は韻鏡では内転四開合疑母去声三等寘韻、「宜」も内転四開合疑母平声三等支韻であって、「宜」は『古事記』にゲ乙類の使用があり、「義」もゲ乙類に用いられる万葉仮名である。　（所収書、一二八頁）

として「むしろ推古朝での使用を推測させるものである」とする。このことについては、［大野透・一九六二・九・論著］『萬葉假名の研究』が、「義（ゲ乙ギ乙）」の項で、

義は宜と〔同〕音で、ゲ乙の古層の假名、及びギ乙の中間層の假名に用ゐられてゐる。好字の義はゲ乙の最古の常用假名（嚴密には準常用假名か）として奈良時代を通じて比較的多用されてゐて、ギ乙の假名には比較的用ゐられてゐない。（注＝「〔同〕音」とある〔同〕は韻母が共に〔支〕韻の同音であることをいう。）　（七一頁）

とあり、同書の一五七頁においても類似のより詳しい言及がある。また、［大塚毅・一九七八・七八・論考］『万葉仮名音韻字典』にも言及があるが（一〇七八～一〇七九頁）、同じ方向での言及であり、引用を略する。

○己礼乃与波（10①）

「これの」は「この」とほぼ等しく、音数律に合わすために「これの」が選ばれていると考えられる。上代において、連体詞を認めて良いかどうかはむつかしく、「この」「その」なども〈指示代名詞「こ」（そ）＋助詞「の」〉という形で見るのがよく、「こ」「そ」の独立性が強い。『時代別国語大辞典　上代編』の「上代語概説」は「この」「その」「かの」の三語に限って連体詞を認めているが（三六頁）、判断のむつかしいところである。ここの「これの」も意味としては「この」の意味ではあるが、代名詞「これ」に助詞「の」が接続したものと見るのが良い。

『萬葉集』に、

如聞《ききしごと》　真貴久《まことたふとく》　奇母《くすしくも》　神左備居賀《かむさびをるか》　許礼能水嶋《これのみづしま》　（3・二四五、長田王被遣筑紫渡水嶋之時歌）

久佐麻久良《くさまくら》　多妣乃麻流祢乃《たびのまるねの》　比毛多要婆《ひもたえば》　安我弖等都氣呂《あがてとつけろ》　許礼乃波流母志《これのはるもし》

（20・四四二〇、武蔵國防人妻、椋椅部弟女）

の例がある。

「これのよ」は、「私が生きている現世」の意であり「我が世」とするべきところを「これの世」としたものである。「よ」は、元来は竹の節と節との間をいう語であり、その具象表現を抽象語に転化した語の用法であり、己が人生の一区切りをいう語である。

「これのよは」の「は」は軽く使用されているものであり、「これの世をば」の意。

○宇都利佐留止毛（10②）

「うつりさる」とは、この現世を移り去り行くということで、往生到彼岸を意味している。［土橋寛・一九五七・七・大系］『古代歌謡集』はその頭注で「現世は有為転変しても」としているが、これは、「移り去る」の主語を第一句の「これの世」と見ての理解である。第一句条で示したように、「これの世をば」の意であり、主語は歌の詠作者になる。「去る」は一般に「春去る」のように天然自然の運行を言う場合が多いが、日本古典文学大系本『萬葉集』三の補注が次のように指摘する。

人がサルとは、共にいる人の意思にかかわりなく遠くへ行ってしまうことである。その点、ワカルと明瞭な相違がある。…中略…人間の場合、サルが相手の感情などにかかわりなく遠のいて行くのに対し、ワカルは、はっきりと挨拶をして別れるのである。…下略…

（四六〇頁）

この理解で良いと考える。結局は自分が死んだ後もという意味になるが、そうは表現せずに、移り去り行き、彼岸に到るということを念頭に置いて詠作している。佛足石造立者としての発言である。

○止己止婆尓（10③）

副詞「とことばに」について、［土橋寛・一九五七・七・大系］『古代歌謡集』は、

トコは常に。トハが単独で永久の意に用いられる例は奈良朝まではなく、トコトハという形でのみ用いられる。…中略…恐らく「常つ葉」のツがト（乙類）に転化したものであろう。

とし、補注まで付けている。しかし、以下のように一般には、この語の第四音節を濁音と認定している。

・トバのバは濁音。万葉仮名濁音の婆を用い、寂恵本古今集にも濁点がついている。

（日本古典文学大系本『萬葉集』2・一八三頭注）

・全註釋に注意されてゐるやうに原文「登婆」「止婆」と婆の字が用ゐられてをり、古今集のも地名の鳥羽とかけたものである事から考へて、もとトバと云つたものかと思はれ、現に寂恵本には「は」に濁點が加へられてゐる。

（澤瀉久孝『萬葉集注釋』2・一八三条）

・永久の意のトハは、奈良平安時代にトバと濁音。仏足石歌に呉音で濁音バを表わす婆を用いて「登婆爾」とあり、また鎌倉時代の宮内庁本古今和歌集に「トバ」と濁音がある。

（日本古典文学大系本『日本書紀』上・一五五頭注一一）

・古今集の声点を調べるに、『梅沢本』を除く『高松宮家貞応本』『古今問答』『寂恵本』『毘沙門堂注』『訓点抄』『延五記』『堯恵本古今集声句相伝聞書』のすべてが「とば」と濁音にしている。
（竹岡正夫『古今和歌集全評釈』下、巻十四・六九六番歌条）

・…上略…鎌倉時代ごろから清音のよみ方も一般には行なわれていたものだろう。…下略…
（秋永一枝『新明解古語辞典・補注版』第二版「とば」の補注条）

「ことばに」は末長くという意味である。『萬葉集』には「千代常登婆尓」（2・一八三）とあり、少し先程度ではない長い世を想定していたようである。ここは、前歌の9番歌を承けてのものであるから、「後の佛」到来までということになり、迂遠の長い世が考えられていることになる。

○佐乃己利伊麻世（10④）

「さ」は接頭辞で、軽く添えられている。『時代別国語大辞典　上代編』「上代語概説」中の「歌語と散文語」（五〇頁）において、

接頭語カ・サ・タ・マは、いずれも、何となくの意を添えて暗示的な情趣的な表現を形成するもので、このように各品詞についた例は散文には見られない。歌謡独特の用語である。

として歌語と位置付けている。

「のこりいませ」は佛足跡に対して言いかけている。石という物理的存在に対してではなく、言わば佛そのものとしての佛足跡に向かっての発言である。よって「います」という尊敬の補助動詞が使用されている。「われ」と対比的に描かれ、

我――――――これの世は移り去る
佛（佛足跡）――――さ残り座せ

という形で、佛足（佛）に向かって誂え申し上げている形である。

○乃知乃与乃多米（10⑤）

「のちのよ」とは、これからの世ということであり、今後の人々のためにという意味で使用されている。当歌第一句の「己礼乃与」（10①、此《これ》の世）と対比して置かれている。

「ため」の語については、「た」「ために」に関わって「多米尓」（1⑤・1⑥）で言及した。

○麻多乃与乃ため（10⑥）（平仮名書きの「ため」は音節推定であり原字は不明）

この箇所は石の剝落によって読み取ることが出来ない箇所がある。下の写真（「**碑面05**」）の通りで、「麻多乃」の「乃」字も判読になっている。その下の「与」は何とか読むことができる。また「与」の下も「乃」の一部がわずかに見える。他は剝落によって痕をとどめないが、前句（第五句）によって、「乃ため」であろうという推測を付けることが出来る。

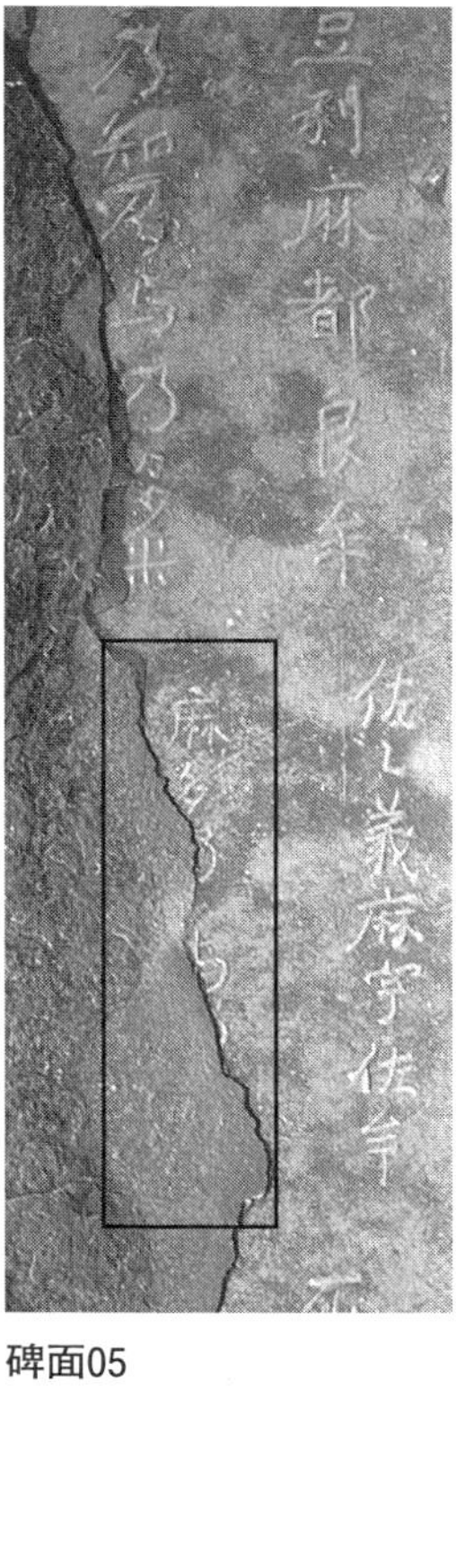
碑面05

「またの」は、「又の日」（＝翌日）、「又の月」（＝翌月）、「又の年」（＝翌年）などという「又の」と同じ用法の「又の」である。この「又の」という言い方は、話題に上っている事項の「ソノ次ノ」ということが原意であり、ここでは第五句の「後の世」のその次の世の意ということになる。即ち第五句の「後の世」の言い換え（単なる繰り返し）ではなくて、その強意としての「後の世よりももっと後の世」の意となる。即ち「後々の世」ということである。「此《これ》の世」（10①）、「後の世」（10⑤）、「又の世」（10⑥）という展開になっている。

碑面06

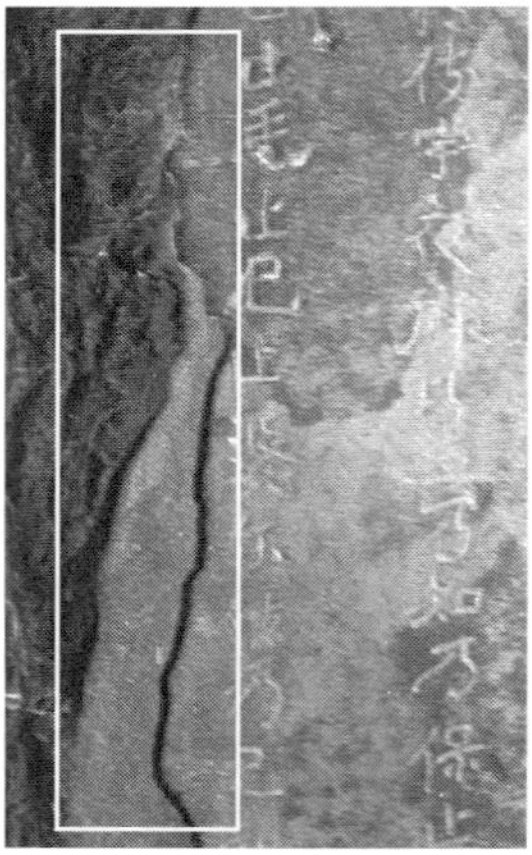
碑面07

碑面08

○麻須良平能（11①）

この11番歌の碑面剥落状況については、写真「**碑面06**」及び「**碑面07**」の通りである。「**碑面07**」は「**碑面06**」に続く位置にある。「**碑面08**」は、「**碑面06**」における文字残存箇所の拡大写真である。当歌第一句に関わる上部の剥落は当初からのものではあるが、その彫りがやや浅く刻字後に更に剥落したものと考えられる。

「ますらを」の語については、6番歌7番歌のそれぞれ第一句に出た。そうしたテーマの反復になる歌であろうと考えられる。語の意味・位相については、「麻須良乎乃」条（6①）を参照されたい。

「ますらを」の下にある助詞「の」は、「能」が使用されている。佛足跡歌碑歌においては、「乃」が常用され、四九例あり、「能」は二例に過ぎない（本書第二章論考篇一第四節「佛足跡歌碑歌の用字」の**表1**及び**表2**、参照）。そのもう一例の箇所（18③）の写真を右に示した（「**碑面09**」）。本文認定上全く問題は存しないと考えているが、念のための画像添付である。

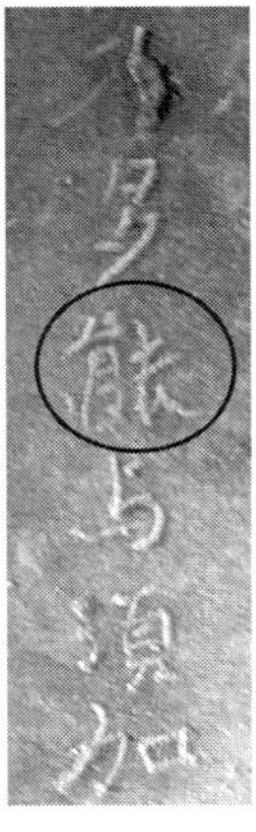
碑面09

○美阿止「　　」（11②）

この箇所の碑面状況も写真「**碑面08**」を参照されたい。「美」字は問題がない。「阿」も一部欠けてはいるが、確認することが出来、まずは問題がないと見てよい。三文字目は判然としないながらも、「止」字の第一画の縦画の一部と第二画の横画の一部がわずかに残存している。文字列からも「止」字が想定出来、「止」と推定した。その下は、「**碑面08**」及び「**碑面06**」・「**碑面07**」の通り、剥落により、全く残存していない。

○佐伎波比乃阿都伎止毛加羅（12①②）

「さきはひ」は「幸」。四段動詞「さきはふ」の連用形が名詞に転成した語形である。後に第二音節がイ音便（子音脱落現象）化して「さいはひ」の語になる。「さきはひ」の語は、「――有り」「――無し」「――に」「――にも」などの用法が確認できるが、ここのように、「あつし」に続く例は確認出来ない。「多幸」ということを表現したものであろうが、「あつし」と表現するのは臨時的な言い方であろうか。語根を同じくする副詞に「さき・さきく・さく」がある。『萬葉集』に見られる四段動詞「さきはふ」の例と名詞「さきはひ」の例は、次に挙げる各一例のみである。

神代欲理《かむよより》　云傳久良久《いひつてくらく》　虚見通《そらみつ》　倭國者《やまとのくには》　皇神能《すめかみの》　伊都久志吉國《いつくしきくに》　言霊能《ことだまの》　佐吉播布國等《くにと》　加多利継《かたりつぎ》　伊比《いひ》

都賀比計理《つがひけり》…下略…（5・八九四、山上憶良、好去好来歌）

福｜　何有人香《いかなるひとか》　黒髪之《くろかみの》　白成左右《しろくなるまで》　妹之《いもが》音乎《こゑを》聞《きく》（7・一四一一、作者未詳、挽歌）

第二例は「福」の一字で「さきはひの」と訓んでいる。

「ともから」は仲間一同をいう。「うから」「やから」「はらから」などに共通する「から」の語をもち、その「から」は、或るまとまった集団（グループ）をさす語とみられる。

「幸の篤き伴」とは「善き人」（3番歌）の語と同様に、諸の菩薩たちをさしての称と考えられる。

ますらを――――――――――釈尊

よきひと・さきはひのあつきともから――菩薩たち

右のような呼称関係と見られるが、ここにその「よきひと」を「さきはひのあつし」とするのは、『涅槃経』の「六難値遇」の発想から来るものであろう。即ち、

世有六處難可値遇我今已得。云何當令惡覺居心。何等爲六。一佛世難遇。二正法難聞。三怖心難生。四難生中國。五難得人身。六諸根難具。如是六事難得已得。是故不應起於惡覺。（曇無讖譯『大般涅槃經』No.0374、大正蔵12四九九上10～14）

とある。遇い難い佛を正目《まさめ》に拝することが出来た伴《ともから》（＝菩薩）だからこそ「さきはひのあつし」という表現になると考えられる。3番歌の主題を裏返して表現した一首である。

○麻為多利弖（12③）

「まゐたり」は「まゐたる」の連用形であり、「まゐたる」の語は、「まゐ-いたる」の縮約により成立した語である。卽ち語の成立状況は「麻胃弖牟」（8⑤）における「まゐづ」と同じことになる。同条、参照。即ち、「まゐたる」とは、「参到《まゐた》る」ということになる。この語についても『時代別国語大辞典　上代編』は、登録立項している。

「やって来る。到着する。尊貴の人のもとや尊貴の場所に至ることにいう。」（同辞典）とある。

○麻佐め尓弥祁牟（12④）（平仮名書きの「め」は音節推定であり原字は不明）

この箇所も剝落によって、読むことの出来ない文字がある（「**碑面10**」、参照）。二字目は人偏と旁の一部が確認出来るが、他は剝落している。「佐」字かと判読する。三字目は剝落で全くわからない。六字目は「阝」（邑）が確認出来ると共に、その左に位置する「示」（ネ）も薄くはあるが何とかたどることが出来る。「祁」字であろう。全く読むことの出来ない三字目は「め」であろう。3番歌に「麻佐米」（3②）とあった。「正目」の意である。即ちこの第四句は「まさめにみけむ」と復元できる。当歌第二句条で「3番歌の主題を裏返して表現した一首」としたが、この句はその3番歌の第二句「麻佐米尓美祁牟」（3②）の同一繰り返しであると言うことが出来る。

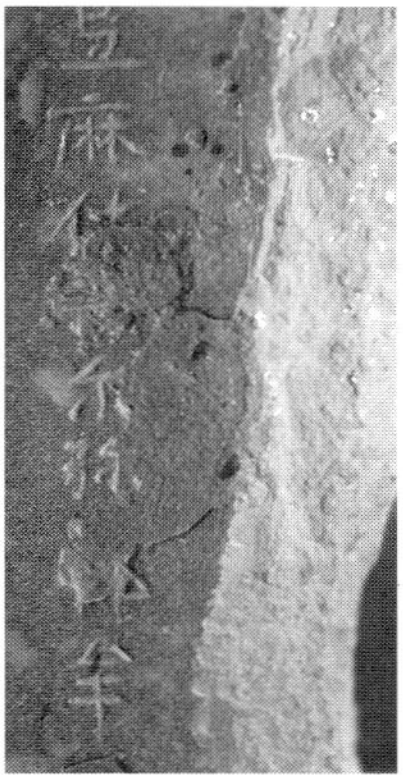

碑面10

碑面11

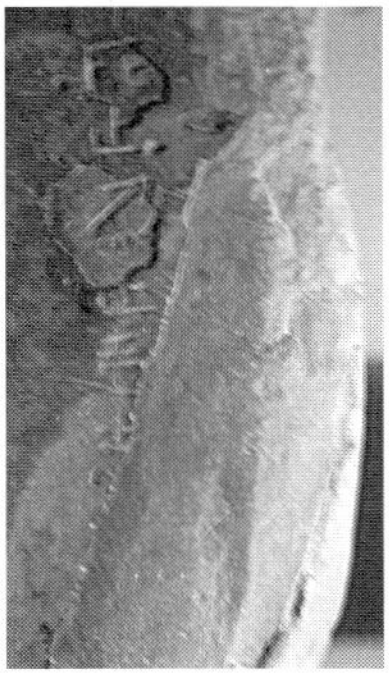

碑面12

○あ止乃止毛志さ（12⑤）（平仮名書きの「あ」「さ」は音節推定）

碑面状況については、写真（「**碑面11**」・「**碑面12**」）を参照されたい。一字目には「比」と彫られている。この「比」字は後補の可能性が極めて高い。その第一は剝落の凹部に深く彫られていること、その第二は「比」では一首の意をなさないことである。この第二の事項について、［井上通泰・一九二三・一二一・注釈］「佛足石歌新考」は「ヒトとはいふべからず」としながらも、拓本・原碑共に「比」字と明らかなところから「修辞のと、のはざるなり」と断じている。拓本だけでは合点が行かず原碑に当って確認しているところなど、不審の様が如実にあらわれている。［土橋寛・一九五七・七・大系］『古代歌謡集』はなぜか原碑に「阿」とあると誤認している（校異の項――「阿」の字、阝の上部が認められるのみ）。「敬慕佛跡」のテーマからして、一七首の全てが「佛足跡」を敬慕して歌いあげているのであり、当歌において「比止」では意をなさない。「あ止」とあるべきところであり、「比」は後世のさかしら彫りとみたい。［加藤諄・一九七一・一・論考］「跡のともしさ―仏足跡歌碑第十二歌考―」は、江戸期の偽刻を詳細に跡付けて、本文を「阿」としている。従うべきである。以上により、本文を「□止」と認定し、「あ止」と解するものである。なお、佛足跡歌碑で「あ」の音節には「阿」しか使用されておらず、そういうことから、ここも「阿」字と見て良いと考えられる。

［加藤諄・一九七一・一・論考］では論証上から、諸説を拾っているが、その後の動向ということもあり、以下に本文確認として、この第五句の【本文異同】を示しておく。

【本文異同】（「×」は文字の存在しないことを意味する）

阿止乃止毛志佐×――［今井似閑・一七一七・三・校注］『萬葉緯』……阿＝阿乎・志佐＝志佐乎。

あとのともしさを――［野呂元丈・一七五二・秋・金石記］『佛足石碑銘』・［橋川正・一九一七・四・論考］・［梅原眞隆・一九三二・一二・解説］『佛足石』。

阿土乃止毛×××――［松平定信・一八〇〇・一・史料図録］『集古十種』。

比止乃止毛志サヲ――［釋潮音・一八一九・三・考証］『佛足蹟碑文和歌略註』。

阿止乃止毛志佐×――［鹿持雅澄・一八二一・三・注釈］『南京遺響』・［太田水穂・一九二二・九・注釈］『紀記歌集講義』。

比止乃止毛×××――［山川正宣・一八二六・八・注釈］『佛足石和歌集解』。

比止乃止毛志××――〔小山田與清・一八二八・一〇・金石記〕『南都藥師寺金石記』・〔橋本進吉・一九二一・一〇・解説〕『南京遺文』。

阿止乃止毛志佐乎――〔狩谷棭斎・一八三二頃・金石記〕『古京遺文』・〔蔵春園主人・――・金石記〕『皇朝金石編』・〔文化財協会・一九五五・三・図録〕・〔藤田經世・一九七五・三・史料〕『校刊美術史料』。

阿止乃止毛志佐乎――『藥師寺志』。

阿止乃止毛志□×――〔三宅米吉・一八九七・七・論考〕。

比止乃止毛之□×――〔木崎愛吉・一九二一・一〇・金石記〕『大日本金石史・一』・〔釋北山・一九三一・一〇・論考〕。

比止乃止毛志□×――〔井上通泰・一九二三・一二・注釈〕『佛足石歌新考』・〔菊地良一・一九三九・五・論考〕・〔木本通房・一九四二・八・注釈〕『上代歌謡詳解』・〔久曽神昇・一九五四・一二・解説〕。

比止乃止毛之キ×――〔木崎愛吉・一九三〇・九b・解説〕。

比止乃止毛志佐乎――〔林竹次郎・一九三二・七・論著〕『萬葉集外來文學考』・〔浅田芳朗・一九六三・七・論著〕『薬師寺仏足石覚書』。

比止乃止毛志佐×――〔信道會館・一九三二・一二・金石記〕『佛足石』・〔町田甲一・一九八四・五・図録〕『藥師寺』・〔今城甚造・二〇〇〇・七・図録〕奈良六大寺大観補訂版。

比止乃止毛志佐乎――〔大井重二郎・一九三四・六・論著〕『佛足石歌と佛足石』・〔竹内理三・一九六二・一一・史料〕『寧楽遺文（下）』・〔岡崎敬・一九七一・一〇・史料〕・〔飯島春敬・一九七二・

四・解説］。

比止乃止毛志佐×――［田中重久・一九四二・一二・論考］。

阿止乃止毛志□×――［土橋寛・一九五七・七・大系］『古代歌謡集』。

比止乃止毛志毛×――［相磯貞三・一九六二・六・集成］。

阿止乃止毛志き×――［北島葭江・一九六五・六・論考］。

比止乃止毛志佐乎――［今城甚造・一九七〇・八・図録］奈良六大寺大観・［大井重二郎・一九七〇・一二・論考］。

比止乃止毛志□□――［河内昭圓・一九七二・一一・図録］『日本金石圖録』。

ア止乃止毛志□×――［廣岡義隆・一九八九・二b・注釈］『古京遺文注釈』。

次に、三字目の「乃」の字は他氏に言及が無いが、右斜めの上部の角が歌碑の基準面にあり、他は剥落箇所に深く彫られている。後補の彫りの可能性が極めて高い。凹部に当初から彫られている文字も確認できるのであるが、この凹部においては四字目に「止」の字があるが、その「止」字の上部は剥落して欠けているのである。ただ、前後の意味からと、一部残存との両面から、結果的に「乃」の字の箇所であると判断できる。この三字目の「乃」の字を「乃」とした次第である。六字目の「志」は右下が一部欠けているが、文字としては「志」と読み取ることができる〈「**碑面12**」〈二八七頁〉、参照〉。その下の七字目は剥落によって全く読み取ることが出来ない。「き」とか「も」となどと推考する説もあるが、多くが「佐」と推定しているように、この七文字目は「さ」であろう。「さ」の萬葉仮名は佛足跡歌碑歌中では「佐」しか使用されていないので「佐」字になると推定できる。

次に、八字目を認めるか、どうかという問題がある。右の【本文異同】で諸説を縦覧したように、八字目を認める考えは「乎」か「ヲ」であり、「を」という音節を認定するかどうかということにある。文字そのものは剥落箇所であり、全くの想定による説である。まず碑面上の文字スペースについて、「碑面13」で確認したい。漠然と見ると比較的大きなスペースがあるように見えるが、第五句の「志」字は一部欠けているのでわかりにくいが、上部の「土」と下部の「心」とは少し離れており、しかも「心」は大きく書かれている。その下に想定される「佐」字が来る。第六句は剝落により彫りが浅くて薄いが、「碑面13」・「碑面14」の写真を参照しつつ文字をなぞると、案外スペースは無いのである。第五句と第六句間は一字分の空白部が置かれていることを考慮しなければならない。

私の結論は、碑面スペース上もう一文字は無理であると考えるものである。今一件、問題にしたいことがある。それは、[今井似閑・一七一七・三・校注]『萬葉緯』のコメントである。『萬葉緯』はこの箇所に「〇〇」とし「志佐乎」としている。これを諸氏は誤認している。[今井似閑・一七一七・三・校注]は「志佐ヵ」の意味で書いているのである。それは、欠けている文字を二字と認定し、丸マークで「〇〇」としているのが第一である。次にその〇マークの横に「志佐」を書いているのが第二である。加うるに、その上の「比止乃」とある箇所について「阿乎」としており、「乎」は疑問箇所への推定の「カ」を示す文字として書かれているというのが第三である。『萬葉緯』には、この句の箇所について「牟阿乎　止乃止毛〇〇《志佐乎》」と記されているのである。即ち、この「乎」は『萬葉緯』全篇に亙る今井似閑常用の推定の助辞「カ」としてある語である。その「乎」を誤認して「止毛志佐乎」説

碑面13

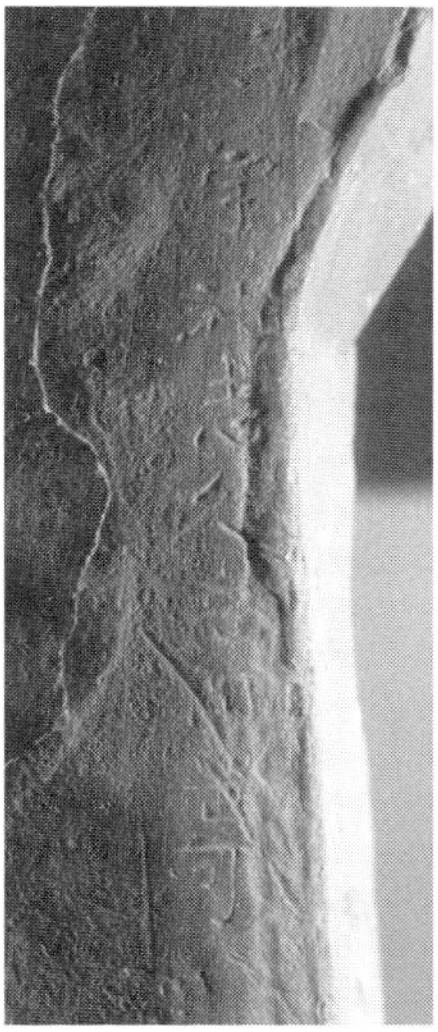
碑面14

が出て来ていると認められる。以上の次第で、この第五句は七文字七音節の箇所であると見るものである。

なお「ともし」は、心惹かれるという意味の形容詞である。感激の思いを「ともし」の語で表現している。

○宇礼志久毛阿留可（12⑥）

この箇所の碑面状況は、「**碑面14**」（前頁）の写真を参照されたい。剝落によって彫りが浅くなり、読みにくいが、当時の文字で「宇礼志久毛阿留可」と彫られている。疑うべき箇所はない。

この「うれしくもあるか」と同じ詠法として「多布刀久毛阿留可」（5⑥）があった。「も……か」という感動態（「美留期止毛阿留可」条〈16⑥〉、参照）だけではなく、上に形容詞があり、「も」と「か」の間にラ変の「あり」があるというのも同じ詠法である。

先に、当歌は3番歌の主題を裏返して表現した一首であるとしたが、ここに両歌を並べると、次のようになる。

3番歌――善きひとの正目に観けむ御足跡すらを我はえ見ずて石に彫りつく　玉に彫りつく

12番歌――幸の篤き伴参到りてまさ目に観けむ足跡の乏しさ　嬉しくもあるか

先に示したように、「善き人」と「幸の篤き伴」とが対応し、「正目に観けむ」の句も共通する。3番歌は「我はえ見ずて」というところから第五句・第六句へと展開している。一方12番歌は「幸の篤き伴参到りてまさ目に観けむ足跡」へと目を転じて、第五句の提示となり、第六句の讃歎へと展開している歌である。その「幸の篤き伴参到りてまさ目に観けむ足跡」とは、第一本以前の原初の佛足石そのものであり、その原初佛足石を「我はえ見ずて」ということで、「石に彫りつく玉に彫りつく」（3番歌）となり、作者の眼前に今ある第四本としての佛足石から、作者は原初佛足石を幻視していることになる。言うなれば、原初佛足石から第一本へ、そして第二本へという形でオーバーラップ（二重写し）し、佛足石を彫り上げて完成したという以上の深い感激の中に作者は身を置いている。その慶びの表現が第五句の「ともしさ」であり、第六句の「嬉しくもあるか」の表現であると押さえることが出来る。

○乎遅奈伎夜（13①）

「や」は間投助詞。第二句へ続いて「をぢなき我」の意となる。「をぢなし」の仮名書き例は記歌謡一〇六番や『続日本紀』宣命四五詔などに見える。

意富多久美《おほたくみ》　袁遅那美許曽《こそ》　須美加多夫祁礼《すみかたぶけれ》

（大匠　をぢなみこそ　隅傾けれ）（『古事記』下巻、清寧天皇条、一〇六番）

夫君乃位波願求乎以天得事方甚難止云言乎皮皆知天在止毛先乃人皮謀乎遅奈之。

（夫《それ》、君《きみ》の位《くらゐ》は願《ねがひもとむる》求　を以《もち》て得事《うること》は甚難《いとかたし》と云言《いふこと》をば皆知《みなしり》て在《あれ》ども先《さき》の人《ひと》は謀《はかりごとを》　乎遅《ぢ》奈《な》し。）

（『続日本紀』巻三十、称徳天皇神護景雲三年十月朔条、宣命四五詔）

『新撰字鏡』に「怯〔乎知奈之〕」（天治本、一〇3）とあり、［築島裕・二〇〇七・二一～・語彙］『訓點語彙集成』によると、劣・弱・微・怯・恇・恇怯・懦・癡・瘁・迂誕・鄙の字について「ヲチナシ」（含活用形）の訓の例がある。これらから「弱々しい、劣っている」という意味が導き出される。ここは、「凡夫たる我」という意味で使用している。

○乎遅奈伎夜和礼尓於止礼留比止（13①～③）

「をぢなきやわれにおとれるひと」（懦弱きや我に劣れる人）とは、「闡提《せんだい》」即ち「成佛する善根を自ら断ってしまった人」を言う。『涅槃経』に、

光明遍照高貴徳王菩薩摩訶薩白佛言。世尊。若犯重禁謗方等經作五逆罪一闡提等有佛性者。是等云何復墮地獄。世尊。若使是等有佛性者。云何復言無常樂我淨。世尊。若斷善根名一闡提者。斷善根時所有佛性云何不斷。佛性若斷云何復言常樂我淨。如其不斷何故名爲一闡提耶。…下略…

（曇無讖譯『大般涅槃經』No.0374光明遍照高貴徳王菩薩品、大正蔵12四九三中22～28）

とある。この「懦弱きや我」とは、「善き人」（3①、8③）の対応語としてある。

○比止乎於保美（13③）

「ひとをおほみ」は「人を多み」で、ミ語法。「を」を間投助詞ではないとする説もあるが、「を」は間投助詞に由来する語であり、無くて「人多み」で良いのであるが、「お」母音が存在するのでむしろ字余りになるのが自然な形となる。元来は「人が多くて」などという状態説明の中止法としてあったが、発達して原因理由を示すようになり、その用法が主たる意味となった。ここも「人が多いので」という一般的な理由説明としてある。

○和多佐牟多米止（13④）

「わたす」の語は、「和多志多麻波奈」（4⑤）と出ていた。

「と」は一般的な「として」の意味で使用されている。「わたさむためと」は、「済度しようということで」の意味であり、「闡提成佛」を言う。「闡提成佛」について、『岩波仏教辞典』の「一闡提」の項を引いておく。

一闡提《いっせんだい》　サンスクリット語 icchantika に相当する音写。略して〈闡提〉ともいう。〈断善根〉〈信不具足〉などと漢訳されているが、これは意訳である。字義どおりには、〈欲求する人〉という意味に解され、現世の欲望を追及する人びとをさすが、仏典の用例では、因果・業報・来世を信ぜず、仏の所説にしたがわず、正法を誹謗して成仏の縁を欠くものをいう。大乗の涅槃経に多く出るが、同経の所説においては、一闡提を不成仏者と規定しつつも、終局的には仏性を有するゆえに成仏するものとしている。…下略…

この「闡提成佛」は『涅槃経』に、

如是不定諸佛如來亦復不定。若佛不定。涅槃體性亦復不定。至一切法亦復不定。云何不定。若一闡提除一闡提則成佛道。諸佛如來亦應如是。入涅槃已。亦應還出不入涅槃。若如是者涅槃之性則爲不定。不決定故當知無有常樂我淨。云何説言一闡提等當得涅槃。爾時世尊告光明遍照高貴徳王菩薩摩訶薩言。…下略…

（『大般涅槃經』No.0374光明遍照高貴徳王菩薩品、大正蔵12四九三下04～13）

何等不聞而能得聞。所謂甚深微密之藏。一切衆生悉有佛性。佛法衆僧無有差別。三寶性相常樂我淨。一切諸佛無有畢竟入涅槃者常住無變。…下略…（『大般涅槃經』No.0374光明遍照高貴徳王菩薩品、大正蔵12四八七上15～18）

一切衆生未來之世。當有阿耨多羅三藐三菩提是名佛性。一切衆生現在悉有煩惱諸結。是故現在無有三十二相八十種好。一切衆生過去之世有斷煩惱。是故現在得見佛性。以是義故。我常宣説一切衆生悉有佛性。乃至一闡提等亦有佛性。一闡提等無有善法。佛性亦善以未來有故。一闡提等悉有佛性。何以故。一闡提等定當得成阿耨多羅三藐三菩提故。善男子。譬如有人家有乳酪。有人問言。汝有蘇耶。答言。我有酪實非蘇。以巧方便定當得故。故言有蘇。衆生亦爾。悉皆有心。凡有心者定當得成阿耨多羅三藐三菩提。以是義故。我常宣説一切衆生悉有佛性。

（『大般涅槃經』No.0374師子吼菩薩品、大正蔵12五二四中26～下10）

などと説かれている。

○宇都志麻都礼利（13⑤）

「うつす」の語は、9番歌に「伊波尓宇都志於伎」（9②）とあった。その条で、薬師寺「佛足石記文」の用語でいうと「轉寫」に当る語であることを示した。【よみ】でも「轉寫」の文字を用いた。

「まつる」は尊敬の補助動詞で、やはり9番歌に「由豆利麻都良牟」（9⑤）とあった。ここは佛性存在としての佛足跡への敬意として使用されている。「り」は完了の助動詞。

○都加閇麻都礼利（13⑥）

「つかへまつる」は主に「仕奉」の文字で記され、時に「奉仕」とも書かれる。『時代別国語大辞典　上代編』は、

①奉仕する。伺候する。　②職務を完了する。　③尊者のために作り営む。

という三つの語義を掲げている。今は、この③の「お作り申し上げる」の意として使用されている。

この③の意味での用例は、『萬葉集』に、

礒《し》城《き》嶋之《しまの》　日本國尓《やまとのくにに》　何方《いかさまに》　御念食可《おもほしめせか》　津《つ》礼《れ》毛《も》無《なき》　城上宮尓《きのへのみやに》　大殿乎　都可倍奉而　殿隠《とのごもり》　々座者《こもりいませば》　朝者《あしたには》

召而《めして》使《つかひ》　夕者《ゆふべには》　召而《めして》使《つかひ》　遣之《つかはしし》　舎人之《とねりの》子等者《こらは》…下略…　（13・三三二六、作者未詳、挽歌）

天地与《あめつちと》　久万《ひさしきま》弖《で》尓《に》　万代《よろづよ》尓《に》　都可倍麻都良牟　黒酒白酒乎《を》　（19・四二七五、文室智努）

の歌がある。第一例は挽歌であり、「大殿」とは殯宮のことをいう。「つかへ奉りて」とはその殯宮を造営申し上げての意になる。第二例は、薬師寺蔵佛足石造立願主である文室真人智努の一首であり、本書第三章論考篇二第二節「文室真人智努の萬葉歌とその歌群―新嘗會応詔歌群考―」の③歌として詳しく考察している。ここは新嘗会で使用する「黒酒白酒」の酒を「つかへまつらむ」ということで、これからも造り献上申し上げるという意味としてある。

また『古京遺文』中にも、

池邊大宮治天下天皇…中略…。薬師像作仕奉。…中略…歳次丁卯年仕奉。（②「薬師仏像造像記」）

上野國羣馬郡下賛郷高田里…中略…。如是知識結而、天地誓願、仕奉石文。（⑱「高田里結知識碑」）

の例がある。「薬師仏像造像記」は法隆寺薬師像光背裏の銘で、「藥師像作仕奉」には「作」の文字もあるが、その下の「丁卯年仕奉」は「仕奉」だけであり、金銅佛を造り申し上げたの意としてある。この「丁卯年」は推古天皇十五年（六〇七）とされている。「高田里結知識碑」は上野三碑の一とされ、その所在地から「金井沢碑」とも称されている。この例も「石文」を「仕奉」とあり、この碑文を造り申し上げたという意味としてある。末尾に「神龜三年丙寅二月廿九日」とあり、七二六年のものであることがわかる。

この「つかへまつる」の語意については、［野呂元丈・一七五二・秋・金石記］『佛足石碑銘』が「奉レ事也」とし、これを承けて［鹿持雅澄・一八二一・三・注釈］『南京遺響』は、奉《レリ》レ事《へ》なり。此佛足石を造れるをのたまふなり。何事を爲《ナス》にも。恭敬てするには。都加閇麻都流と云は古言な

り。今俗《ノ》に仕《マツ》ると云に全《ラ》同し

と指摘し、[井上通泰・一九二三・一二・注釈]「佛足石歌新考」も、「ツカヘマツレリは作リ奉レリなり」としている。待遇表現としては、詠作者（発願者）より作り上げた佛足跡への敬意としてある。単なる「仕える」の意と解している注もあるが一々の指摘は略する。

○舎加乃美阿止伊波尓宇都志於伎（14①②）

9番歌のテーマの復唱といってよい内容の一首であり、第一・二句は一字違うことなく全く同じである。9番歌条、参照。第四句も9番歌の第三句とほぼ同じものになっている。

○由伎米具利（14③）

「ゆきめぐり」は行道《ぎようどう》である。9番歌テーマの復唱としたが、この「ゆきめぐり」の句は9番歌には無く、従って、「舎加の御足跡石に轉寫し置き行き繞り」（14①〜③）は、この第三句によって、意味が異なった歌として立ち上がって来る。

「行道《ぎようどう》」は、遶佛《にようぶつ》とか旋遶《せんにょう》とも言い、佛の周りを右回りに巡ることなので、右遶とも言う。[水谷真成・一九七一・一一・訳注」は『大唐西域記』の注で次のように説明する。

経にいう「右遶三匝《うにようさんそう》」という行為である。インドにおける致敬の一方法で、通常は仏または塔などに向かいまず礼をしてから行なうものであるが、王または特に敬意をもっている人に対しても時に行なうことがある。…中略…受礼者の右辺、すなわち礼者の左方からはじめて受礼者の周囲を旋回する礼である。（六九頁注五）

これは、『大唐西域記』の「致敬之式其儀九等」における「多有旋繞」の箇所についての注である。

致敬之式。其儀九等。一發言慰問。二俯首示敬。三擧手高揖。四合掌平拱。五屈膝。六長踞。七手膝踞地。八五輪俱屈。九五體投地。凡斯九等極唯一拜。跪而讃徳謂之盡敬。遠則稽顙拜手。近則嗚足摩踵。凡其致辭受命褰裳長跪。尊賢受拜必有慰辭。或摩其頂。或拊其背。善言誨導以示親厚。出家沙門既受敬禮。唯加善願無止跪拜。隨所宗事多有旋繞。或唯一周。或復三匝。宿心別請數則從欲。

（玄奘撰『大唐西域記』No.2087、大正蔵51八七七下12～21）

この「右遶三匝」は「遶佛三匝」（『涅槃經』No.0374、大正蔵12三六九上28）とも言い、また「右遶七匝」の例もある（『大寶積經』No.0310、大正蔵11五七六下05）。

一連の佛足跡歌碑歌がこの行道の時に歌われたものであるとする見方が根強くあるが、そうした解に従うことは出来ない。この歌に出てくる遶佛足石行道の時には、読経されたに違いない。行道は佛教上の儀礼であり、行道における倭歌の誦詠行為は古くはありえない。佛会法要の後の直会の雅宴において詠作披露された倭歌が一連の佛足跡歌碑歌である。このことについては、本書第二章論考篇一第六節「佛足跡歌体について」（四九五頁）において詳述し、和讃等の「やはらげ」が出て来るのは平安時代以降のことであるとしている。参照されたい。

○宇夜麻比麻都利（14④）

この「うやまひまつり」は、また9番歌のテーマの復唱である。「宇夜麻比弖」（9③）とあった。ここは尊敬の補助動詞「まつり」を付け、その連用形で、次句・次々句へとつないだのである。

○和我与波乎閇牟（14⑤）

「わがよはをへむ」は、次句と共に、9番歌にはない辞世表現である。この辞世の発想から、詠作者（佛足石発願者）は、年齢を重ねた人であることがわかるが、それだけではなく、命というものにこだわらない、悟りというものに到達した人であることがわかる。『萬葉集』で見ると、

吾背《わがせ》子《こ》我《が》　其名《そのな》不謂《のら》跡《じと》　玉切　命者棄　忘賜《わすれたまふ》名《な》　（11・二五三一、作者未詳、女歌）

君尓《きみに》不相《あはず》　久成宿《ひさしくなりぬ》　玉緒之《たまのをの》　長命之　惜雲無　（12・三〇八二、作者未詳、女歌）

の「たまきはる　命は棄てつ」とか、「長き命の　惜しけくも無し」といった表現は恋歌に多い強調表現としてあるものであり、「死ぬ」という表現を通常は避けて使用しないのに恋歌においては「恋死」を連発するのと同想である。こういう恋歌表現を別とすると、

…上略…伊奴時母能《いぬじもの》　道尓布斯弖夜《みちにふしてや》　伊能知周疑南《いのちすぎなむ》（5・八八六、山上憶良、長歌「敬和為熊凝述其志歌」）

…上略…由奈由奈波《ゆなゆなは》　氣左倍絶而《いきさへたえて》　後遂《のちつひに》　壽　死祁流《いのちしにける》…下略…（9・一七四〇、高橋虫麻呂、長歌「詠水江浦嶋子一首」）

狛錦《こまにしき》　紐解開《ひもときあけて》　夕戸《ゆふとをも》　不知有命《しらざるいのち》　戀　有《こひつつかあらむ》（11・二四〇六、作者未詳、女歌）

における「命過ぎなむ」は行路死人詠、「後遂に寿死にける」は説話物語における描写詠、また二四〇六番歌における「ゆふと」は「あさと」の対語で夕刻の意であり、この歌における「知らざる命」は観念的理解としての言い方である。「命」に関しての一般的な表現は、以下も『萬葉集』の例であるが、「ま幸く有らば」（3・二八八）、「常に有らぬか」（3・三三二）、「惜し」（5・八〇四）、「永く欲りせむ」（11・二三五八）、「継がまし」（15・三七三三）、「残さむ」（15・三七七四）などいうものばかりであり、当歌のように「我が世は終へむ」という悟りの境地から来る表現は無いのである。

○己乃与波乎閇牟（14⑥）

「このよはをへむ」は前句の言い換え繰り返し表現である。「このよ」の「此の」は、自分が今、身を置いているということであり、「このよ」は現世をいう。「我が世」を言葉を換えて表現したものであり、前句と同様に、悟りの表現としてある。

本書第二章論考篇一第四節「佛足跡歌碑歌の用字」で示していることであるが、一連の佛足跡歌碑歌は、（1・2）（3～14）（15～17）（18～20）後補の（21）

という歌の四グループと後補の一首に区分され、21番歌は別として、これらは詠作者に基づく歌群グループになる。即ち、3番歌から14番歌までは、歌詠内容から、佛足石（注、薬師寺現蔵のものとは限らない）発願者の詠である。

今取り挙げているこの14番歌は、その第二歌群（発願者詠）の結びの歌ということになり、悟りの披瀝と見られるこの第五句第六句も、なるほどと、納得されるのである。

○久須理師波（15①）

「くすりし」は「くすし」とも言い、「薬師」以外に「醫」（医）の字も宛て用いる。［築島裕・二〇〇七・二〜・語彙］『訓點語彙集成』によると、「醫」の字をクスシと訓む例が六件、「毉」の字をクスシと訓む例が一件あるが、「医師」（醫師・毉師）をクスリシ・クスシと訓む例は無い。『時代別国語大辞典　上代編』には、「くすりし」の項に、「シはテシ・ハニシなどのシと同じく、その職業に従う人の意。クスシとも」とあり、その【考】の項には、

クスシの形は「医久須之、治レ病工也」（和名抄）とあり、古訓には「遣レ使求《マグ》ニ良医《クスシヲ》於新羅《ニ》一」（允恭紀三年）「副使大山下薬師《クスシ》恵日」（孝徳紀白雉五年）のようにかなり見出される。なお、令義解によると、宮内庁典薬寮に三〇人、衛府に各一人、諸国に各一人、大宰府に二人を置いた。

とある。

ここの「くすりし」は、［釋潮音・一八一九・三・考証］『佛足蹟碑文和歌略註』が指摘し、［狩谷棭斎・一八三二頃・金石記］『古京遺文』も潮音説を引いている通り、『涅槃経』の「旧医」「明医・客医」によった一首である。静嘉堂蔵本には、『佛蹟誌』『佛足跡紀文考證』『佛足蹟碑文和歌略註』と共に、筆者未詳の「舊醫新醫」（全四丁）が加えられ、それらを合わせて一冊として綴じられている（正確には冒頭に［野呂元丈・一七五二・秋・金石記］『佛足石碑銘』を加えて一冊としている）。この「舊醫新醫」は、『涅槃経』の該当本文が引用され、割注で注解が少なからず加えられているものである。［山田貞雄・小杉秋夫・一九八七・七・解題翻刻］によると、潮音の自筆本と目

される国会図書館本にはこの「舊醫新醫」が無い（早大本には所載）。山田貞雄氏は、

国会本（潮音自筆）、加藤本（岡正武による写本）、早大本（加藤本からの黒河春村による写本）、静嘉堂本（筆者未詳であるが、早大本からの写本）の順で、四本間の先後関係が想定できそうである。

と書写順を考定している。静嘉堂蔵本の『佛蹟誌』『佛足跡紀文考證』『佛足蹟碑文和歌略註』の三本合本の末尾には次のようにある。なお、「天保二年」は西暦一八三一年、同「十二年」は一八四一年である。

天保二年辛卯五月以江戸駒籠西教寺沙門潮音親墨稿本臨焉　　岡　正武

天保十二年辛丑十一月以岡正武所蔵本謄寫之以舊版本及松屋本加對校了　　黒河春村

右の写本書写次第が肯われると共に、「舊醫新醫」の集録者を山田貞雄氏は「黒河春村か」としている。これらの経緯を見ると、この割注による注解者は、黒河春村によるものであるということになる。

今その「舊醫新醫」条を静嘉堂蔵本のままに示すと、次のようになる（その割注は、例によって〔　〕で括って大書して示した）。なお、文字の頭に付したA～Zは『大正蔵』との校異であり、引用末尾に注記した。◎マークの箇所は「舊醫新醫」条には欠字であり、『大正蔵』に本文のあることを示すものである。その次に、〔常盤大定譯・横超慧日校訂・一九三五・二・訳文〕の北本『大般涅槃經』の訳を付しておく。

黒河春村集録及注「舊醫新醫」

舊醫新醫

大経第二〔南本哀歎品二九十二左　北本壽命品十三〕曰、譬如國王〔受化之者領徒衆以喩王〕暗A〔无明〕鈍〔著楽〕少智、〔唯有世智〕有一醫師、〔外道〕性復頑〔内无真解〕嚚〔外无巧説〕、而王不別厚賜俸禄、〔供養外道〕療治衆病、純以乳薬、〔常楽我浄四倒之説〕亦復不知病起根源B、雖知乳薬、〔佛假説我即謬計即離相在〕復不善解或有風C〔瞋〕冷〔癡〕熱〔愛〕病、一切諸D患悉教服乳、是王不別、是醫知乳好醜善悪、復有明醫、〔如来〕暁

八種術、〔无常等四、及常等四、〕善療衆病、〔對治諸迷〕知諸方薬、〔權実教法〕従遠方來、〔出世〕是時舊醫不知諮受、反生貢高軽慢之心、彼時明醫即便依附請以為師、〔諸阿羅邏仙鬱頭藍弗等〕諮受醫方秘奥之法、語舊医言、我今請仁以為師範、E惟願為我宣暢解説、〔請問世定之法〕舊医答言、卿今若能為我給使四十八年、〔中阿含曰、就外道学、必先給使四十八年、然後与法、治城云、八禅各有六行、故六八四十八〕然後乃當教汝医方F、時彼明医即受其教、我當如是我當如是、隨我所能當給走使、是時舊医即将客医、共入見王、〔同其化縁〕是時客医即為王説種々医方、〔提謂授五戒、文鱗授三皈〕及餘G技藝、〔瑞応経所説種々神通是〕大王當知、應善分別、此法如是可以治國、〔三皈翻邪、猶如治国、〕此法如是可以療病、〔五戒治五悪、喩薬病、〕尒時國王聞是語已、〔皈正〕方知舊医癡H闇無智、即便驅逐今出國界、〔捨邪〕然後倍◎I恭敬客医、〔託皈佛法〕是時客医作是念言、欲教王者今正是時、即語王言、大王於我實愛念者當求一願、〔観小教機〕王即答言、従此右臂〔右手動便、譬小教中无常苦便、〕及餘J分身〔譬後大教並皆隨順〕隨意所求一切相与、彼客医言、王雖許我一切身分、然我不敢多有所求、〔比量観機、唯稍小教〕今所求者、願王宣令一切國内、従今已往不得復服舊医乳薬、所以者何、是薬毒害多傷損、故若故服者、當斬其首、〔我見生惑妨害事多、若聞正教、猶故計我当断善根之首、〕斷乳薬已、終K无復有横死◎L人〔以解断惑、即是壽終以惑障解、即名横死〕常處安楽、故求是願、時王答言、汝之所求蓋不足言、尋為宣令一切國内、M凡諸病人皆悉不聽以乳為薬、若為薬者、当斬其首、〔衆生受化復傳未聞、即上中下皆得悟也、〕尒時客医◎N和合衆薬謂辛〔不浄〕苦〔無我〕鹹〔无常〕甜〔空〕酢O〔苦〕等味、以療衆病無不得差、其後不久王復得病、〔反執无常等教、即是小執、〕即命是医、我今病困P、当云何治、医占王病、應用乳薬、〔円常之薬喩乳〕尋白王言、如王所患、應當服乳、我於先時所断乳薬是非Q實語、〔開權〕今若服者、最能除病、〔顕実〕王今患熱、〔无常之観能焼世間故譬火熱〕正R当服乳、〔円常之薬能治无常〕時王語医汝今狂耶、為熱病乎、〔狂是失心之病、諸失无常之解、熱則驚病、謂更起邪常之病耶〕而言服乳能除此病、汝先言毒〔常、是邪見、〕今云何服、〔今教常住佛性〕欲欺我耶、〔時王下衆生不受〕先医所讃、〔外道常我等以為宗〕汝言是毒、令我驅遣、今復言好最能除病、如汝所言、我本舊医、定為勝汝、〔因常名同、迷執不决〕是時客医復語王言、王今不応作如是語、如蟲食木有成字者、此蟲不知是字非字、智人見之終不唱言是蟲解字、亦不驚怪、大王当知舊医亦尒、不別諸病、悉与乳薬、如彼蟲道偶得成字S、是先舊医、不解乳薬好醜善悪、時王問言、云何不解、客医答王、是乳薬者亦是毒害、〔邪常我等〕亦是甘露、〔円常真我等〕云何是乳復名甘露、若是乳牛、〔牛喩教主、即是法身常身舎那尊特〕不食酒糟〔酒清譬真諦三昧、糟濁喩俗諦三昧、仏不耽染此二、〕滑艸〔泥洹智、易得如滑、〕麦麩〔分別智、難生如麩〕其犢調善、〔所化菩薩、得中道理、柔和善順、〕放牧之處、不在高原、〔不以涅槃為證〕亦不下濕、〔不以生死為住〕飲以清水T、〔非五欲泥、非无明濁即仏性清水、〕不令馳走、〔不馳空真、不驟俗假、〕不与特牛同共一群、〔特牛无乳、譬无慈悲、明如来有不共慈悲、〕U飲食調適、〔入空為饑、出假為飽、中道不入不出、即不飢不飽〕行住得所、〔住秘密藏、雙行空假、〕如是乳者能除諸病、是則名為甘露妙薬、除其V乳已、〔乳譬常教、此乳亦名醍醐、経下文云、牛食忍艸即出醍醐、是其義也、〕其餘一切皆名毒薬W、尒時大王聞是語已、讃言、大醫善哉々々、我従今日始知乳薬善悪好醜、即便服之病得除愈、〔无常小執亡、得常住法身〕尋時宣令一切國内、従今已往当服乳薬、〔即上根人、自得解已、傳化中下、皆使得悟〕國人聞之皆生瞋恨、咸相謂言、大王今者為鬼所持、為是X狂耶、而誰Y我等復令服乳、一切人民皆懐瞋恨、皆集王所、王言汝等不應於我而生瞋恨、如Z此乳薬服与不服、悉是医教、非是我咎、尒時大王及諸人民踊躍歓喜、倍共恭敬供養是医、一切病者皆服乳薬病悉除愈、

校異注記

（「醫」を「医」とする字体の相異や、句点箇所の相異については言及しない。）

（断らない場合は北本（四十巻本）南本（三十六巻本）共通の事項であることを示す。）

（なお、◎マークは「舊醫新醫」条に欠字で、『大正蔵』には本文のあることを示す。）

A暗＝闇。 B源＝原。 C風冷＝風病冷病（北本）。 D患＝病。 E惟＝唯。 F方＝法。 G技＝伎。（『大正蔵』南本の校異には「技」がある）。 H闇＝騃（北本）。 I◎＝復。 J分身＝身分。 K无復＝更無（北本）。 L◎＝之。 M凡諸病＝有病之（北本）。 N◎＝以種種味（北本）。 O酢＝醋。（「酢」の右傍に朱で「醋南本」との注記がある。『大正蔵』に校異はなくて「醋」であり、黒河春村の手許の本が偶々「酢」であったことになる）。 P困＝重困苦欲死（北本）。 Q非實＝大妄（北本）。 R当＝應。 S得成＝成於（北本）。 T水＝流（北本）。 U食＝餧（北本）。 V其＝是。 W薬＝害。 X是狂＝狂顚（北本）。 Y誰＝誑。 Z如＝而（北本）。

『大正蔵』北本（四十巻本）南本（三十六巻本）該当頁行。

北本＝曇無讖譯『大般涅槃經』（No.0374巻第二、大正蔵12三七八上18～下18）

南本＝慧嚴譯『大般涅槃經』（No.0375巻第二、大正蔵12六一七下21～六一八中23）

北本『大般涅槃經』譯文（[常盤大定譯・横超慧日校訂・一九三五・二・訳文」による）

〔割注の注解箇所〕は、当然のことながら、ここには示していない。

譬《たと》へば國王《こくわう》の闇鈍少智《あんどんせうち》なるに、一《ひと》りの醫師《いし》有り、性《しやう》復《また》頑嚚《ぐわんごん》なり。而《しか》も王別《わうわか》たずして、厚く俸祿《ほうろく》を賜ふ。衆病《しゆびやう》を療治《れうぢ》するに、純《もつぱ》ら乳藥《にうやく》を以てす。亦復病起《またまたびやうき》の根原《こんげん》を知らず。乳藥《にうやく》を知ると雖も、復《また》善《よ》く解《げ》せず。或は風病《ふうびやう》・冷病・熱病あるに、一切《いつさつ》の諸病《しよびやう》に、悉《ことごと》く教へて乳《ちゝ》を服《ぶく》せしむ。是の王《わう》別たずして、是の醫《い》は乳《ちゝ》の好醜《こうしう》・善惡《ぜんあく》を知るとす。復明醫有り。八種《はつしゆ》の術《じゆつ》を曉《さと》り、善く衆病《しゆびやう》を療《れう》し、諸の方藥《はうやく》を知り、遠方《をんぱう》より來る。是の時に舊醫《くいし》諮受《じゆ》するを知らず。反《かへ》つて貢高輕慢《こうかうきやうまん》の心を生ず。彼の時、明醫即便依附《みやういすなはちえふ》し、請《しやう》じて以て師と爲し、醫方祕奧《いはうひあう》の法を諮受《しじゆ》す。舊醫に語りて言はく、「我今仁《きみ》を請《しやう》じて以て師範《しはん》と爲す。唯願はくは我が爲に宣暢《せんちやう》、解説《げせつ》せよ。」舊《く》醫《い》答へて言はく、「卿《きやう》、今若能く我が爲に給使《きふし》すること四十八年《しじふはちねん》ならば、然して後に乃ち當に汝に醫法《いほふ》を教ふべし。」時に彼の明醫《みやうい》即ち其の教を受け、「我、當に是の如くすべし。我、當に是の如くすべし。我が所能《しよのう》に隨ひて、當に走使《そうし》を給すべし。」是の時に舊醫《くい》、即ち客醫《きやくい》を將て共に入りて王《わう》に見ゆ。是の時に客醫《きやくい》、即ち王《わう》の爲に種種の醫方、及び餘の伎藝《ぎげい》を説く、「大王《だいわう》當に知るべし。應に善《よ》く分別《ふんべつ》すべし。此の法は是の如し、以て國を治すべし。此の法は是の如し、以て病《やまひ》を療ずべし。」爾の時に國王、是の語を聞き已りて、方に舊醫《くい》の癡《ち》騃無智《じむち》を知り、即便《すなはち》驅逐《くちく》して國界を出《い》でしめ、然して後に倍《ますま》す復客醫《またきやくい》を恭敬《くぎやう》す。是の時に客醫《きやくい》、是の念言を作さく、「王を教へんと欲せば、今正に是時なり。」即ち王に語りて言さく、「大王《だいわう》、我に於て實に愛念《あいねん》せば、當に一つの願を求むべし。」王即ち答へて言はく、「此の右臂より餘の身分に及ぶまで、意の求むる所に隨《したが》ひて、一切《いつさい》相與へん。」彼の客醫《きやくい》の言く、「王、我に一切《いつさい》の身分《しんぶん》を許すと雖も、然も我、敢て多く求むる所有らず。今求むる所は、王《わう》が一切《いつさい》國内に、今より已往《いわう》、復舊醫《くい》の乳藥《にうやく》を服することを得ずと宣令《せんりやう》せんことを願ふ。所以は何ん。是藥《くすり》の毒害傷損《どくがいしやうそん》多きが故なり。若故服《なほぶく》する者は、當に其の首《くび》を斬るべし。乳藥《にうやく》を斷《だん》じ已らば、終に更に横死《わうし》の人有ること無く、常に安樂《あんらく》に處せん。故に是願を求む。」時に王答へて言さく、「汝の求むる所は、蓋し言ふに足らず」尋で爲に一切國内に宣令《せんりやう》す。「病有る人の、皆悉く乳を以て藥と爲すを聽《ゆる》さず。若藥と爲す者は、當に其首を斬るべし。」爾の時に客醫《きやくい》、種種の味を以て衆藥《しゆやく》を和合《わがふ》す。辛《しん》・苦《く》・醎《かん》・甜《でん》・醋等《さくとう》の味《あぢはひ》を謂ふ。以て衆病《しゆびやう》を療《れう》するに差《い》ゆることを得ざる無し、其後久《ひさ》しからずして、王復病を得。即ち是の醫《い》に命ず、「我今病《やまひ》重く困苦《こんく》して死せんと欲す。當に云何《いかん》が治《ぢ》すべき。」醫《い》、王の病を占ふに、應《まさ》に乳藥《にうやく》を用ふべし。尋で王に白して言さく、「王《わう》の患《うれ》ふる所の如きは、應當《まさ》に乳《ちゝ》を服すべし。我先時《せんじ》に於て乳藥《にうやく》を斷ずる所は、是大妄語なり。今若服《もしぶく》すれば、最も能く病《やまひ》を除く。王今熱《わういまねつ》を患ふ。正應《まさ》に乳《ちゝ》を服すべし。」時に王、醫に語る、「汝今狂するか、熱病《ねつびやう》の爲なるか。而も乳を服すれば、能く此の病を除くと言ふ。汝先に毒と云ひ、今云何ぞ服せしむる。我を欺《あざむ》かんと欲するか。先醫《せんい》の讃ずる所を、汝《なんぢ》は是毒《これどく》と言ひ、我をして驅遣《くけん》せしめ、今復好《よ》くして、最も能く病を除くと言ふ。汝の言ふ所の如くんば、我が本の舊醫《くい》、定んで汝《なんぢ》に勝ると爲ん。」是の時に客醫《きやくい》、復王に語りて言さく、「王今、應《まさ》に是の如きの語を作すべからず。虫《むし》の木を食《は》んで字《じ》を成す者有り。此の蟲《むし》や、是れ字《じ》と非字《ひじ》とを知らず。智人之を見て、終に是の虫《むし》は字《じ》を解《げ》すと唱言《しやうごん》せず、亦驚怪《きやうけ》せざるが如し。大王《だいわう》、當に知るべし、舊醫《くい》も亦爾なり。諸病《しよびやう》を別たずして、悉く乳藥《にうやく》を與ふ。彼の虫道《ちうだう》の偶《たまたま》字《じ》を成すが如し。是の先の舊醫《くい》は、乳藥《にうやく》の好醜《かうしう》・善惡《ぜんあく》を解《げ》せず。」時に王、問うて言はく、「云何《いかん》が解《げ》せざる。」客醫《きやくい》、王《わう》に答ふ、「是の乳藥《にうやく》は亦是毒害《どくがい》なり、亦是甘露《かんろ》なり。」「云何《いかん》が是の乳《ち》を復甘露《かんろ》と名く。」「若是の牸牛《じご》は、酒糟《しゆさう》・滑草《かつさう》・麥麩《ばくよく》を食《じき》せず、其の犢《とく》は調善《でうぜん》せられ、放牧《はうぼく》の處《ところ》は高原《かうげん》に在らず、亦下《またげ》濕《しつ》ならず。飲ますに清流《しやうる》を以てし馳走せしめず、特牛《とくご》と同じく共《とも》に一群《いちぐん》ならず。飲餧《おんゐ》調適《でうぢやく》、行住《ぎやうぢゆう》所を得。是の如きの乳《ち》は、能く諸病《しよびやう》を除く。是則ち名けて甘《かん》露《ろ》の妙藥《めうやく》と爲す。是の乳《ち》を除き已りて、其の餘の一切は皆毒害《どくがい》と名く。」爾の時に大王《だいわう》、是の語を聞き已りて讃じて言はく、「大醫《だいい》、善い哉善い哉、我今日より始めて乳藥《にうやく》の善惡《ぜんあく》・好醜《かうしう》を知る。」即便《すなはち》之を服して、病除《やまひぢょ》愈《ゆ》するを得たり。尋時《じんじ》に一切國内に宣令《せんりやう》す、「今より已往《いわう》、當に乳藥《にうやく》を服すべし。」國人之を聞きて、皆瞋恨《みなしんこん》を生じ、咸《ことごと》く相謂《あひい》つて言はく、「大王《だいわう》、今者鬼《き》の爲に持《とら》へらる。狂顚《がうてん》と爲《せ》んや。我等《われら》を誑《たぶらか》して、復乳《またち》を服《ぶく》せしむ。」一切人民《いつさいにんみん》、皆瞋恨《みなしんこん》を懷《いだ》きて、悉く王《わう》の所に集る。王の言はく、「汝等《なんだち》應《まさ》に我《われ》に於て瞋恨《しんこん》を生ずべからず。此の乳藥《にうやく》を服《ぶく》すると服《ぶく》せざるとは、悉く是醫《い》の教《けう》なり、是我《これわ》が咎《とが》に非ず。」爾の時に大王《だいわう》及び諸の人民《にんみん》、踊躍《ゆやく》歡喜《くわんき》して、倍《ますま》す共に是の醫を恭敬《くぎやう》、供養す。一切病者《いつさいびやうしや》、皆乳藥《みなにうやく》を服して病悉く除愈するが如し。

[釋潮音・一八一九・三・考証]『佛足蹟碑文和歌略註』の当歌条は、右の本文箇所冒頭部が略記引用（四行余）されると共に、右に引用した箇所に続く次の箇所が引用されている。

佛世尊。亦復如是。爲大醫王出現於世。降伏一切外道邪醫。（北本『大般涅槃經』、大正藏12三七八下20～21）

佛・世尊も、亦復是の如し。大醫王《だいいわう》と爲りて世に出現し、一切外道《いつさいげだう》の邪醫《じやい》を降伏《がうぶく》せん……

（[常盤大定譯・横超慧日校訂・一九三五・一一・訳文]）

次に、[狩谷棭斎・一八三二頃・金石記]『古京遺文』の所説を引いておく。

『古京遺文』の所説

…上略…契沖律師曰山階寺即興福寺或云佛跡石及此碑古昔在興福寺後移置藥師寺然第十五首詠藥師佛則似從來在於此方外友西敎寺潮音駁之曰第十五首使用客醫舊醫之事見涅槃經亦喩釋迦之敎勝於餘敎非謂藥師佛契師之言非是愚按第九首第十四首並云舍加乃美阿止非謂藥師佛明矣雖是寺安藥師像又有釋迦佛跡石亦何害拾遺集在山階寺之説恐傳聞之誤或以爲移建者以碑見在藥師寺不與拾遺集合臆度爲説不足據也潮音近日考證記文注釋和歌並精審可據以有專書此不贅

（…上略…契沖律師曰はく、「山階寺は即ち興福寺なり。或は云はく、「佛跡石及《と》此碑とは、古昔に興福寺に在りて後に薬師寺に移し置きたり」といふ。然るに、第十五首は薬師佛を詠みてあり。則ち従来より此に在りしに似たり」といふ。方外の友西教寺の潮音、之を駁して曰はく、「第十五首に「客醫・舊醫」の事を使ひ用ゐたる、『涅槃經』に見ゆ。亦、釋迦の教へ、余教に勝ると喩へてあり。薬師佛を謂ふに非ず。契師の言は是とするに非らず」といふ。愚按ずるに、第九首・第十四首に並びに「舎加乃美阿止」と云へり。薬師佛を謂ふに非ざること、明かなり。是の寺、薬師像を安んずると雖も、又、釋迦佛跡石有りても、亦た何《いか》にぞ害あらむや。拾遺集の山階寺に在るの説、恐るらくは伝聞の誤ならむ。或いは以ちて移建と為す者は、碑の薬師寺に見在することと拾遺集と合はざるを以ちて、臆度して説を為すものなり。拠るに足らざるもの也。潮音、近日に、記文を考証し、和歌を注釈せり。並びに精審にして、拠る可きものなり。専書有るを以ちて、此に贅せず。）

注＝契沖所説は、［契沖・一六九二・三・名所］『勝地吐懐編』に次のように確認できる。

「…上略…又おなし中に、久須理師波…15番歌、中略…多布止可理家利。これによれば、昔より藥師寺におかせ給へるにやとおほし」（一巻本「山階寺」条、41オ〜ウ）とあり、右の内容と矛盾するものでない。

なお、『大和國地名類字』（『契沖全集』第十二巻「名所研究二」岩波書店、一九七四年二月）に、「仏跡之

石」条が「や」の条（33オ）に載り、佛足跡歌碑歌の2番歌が「山階寺にある仏跡に書つけらる、と見えたり。山階寺より當寺（＝薬師寺）にうつしぬる由来をしらす」という記述があるが、この『大和國地名類字』は契沖の著述というよりも、「契沖のノート」であり、『和州舊跡幽考』（大和名所記）の抄録であることが同『全集』第十二巻の「解説」の五七六頁（久松潜一氏）及び五九八頁（久保田淳氏）によって明らかにされており、今の箇所も［林宗甫・一六八一・四・名所］『和州舊跡幽考（大和名所記）』の巻五（23ウ～24オ）条にそっくり対応し、『古京遺文』にみえる契沖発言中の「或云」とは『和州舊跡幽考』の内容ということになる。

［野呂元丈・一七五二・秋・金石記］『佛足石碑銘』は、第四句の「今醫師」条で、「法華經佛為二醫王一遺教經我如二良醫一知レ病説レ藥」と引く。「法華經」とは法華三部経中の『無量義経』のことであり、また「遺教經」とは『佛遺教經』とも言い『佛垂般涅槃略説教誡經』のことである。今、それを左に引く。

船師大船師運載群生渡生死河。置涅槃岸。醫王大醫王。分別病相曉了藥性。隨病授藥令衆樂服。調御大調御。無諸放逸行。猶如象馬師。能調無不調。師子勇猛威伏衆獸。難可沮壞。遊戲菩薩諸波羅蜜。於如來地堅固不動。安住願力廣淨佛國。不久得成阿耨多羅三藐三菩提。是諸菩薩摩訶薩。皆有如是不思議功德。

（曇摩伽陀耶譯『無量義經』No.0276、大正蔵09三八四下04～12）

常當自勉精進修之。無爲空死後致憂悔。我如良醫知病説藥。服與不服非醫咎也。

（鳩摩羅什譯『佛垂般涅槃略説教誡經』No.0389、大正蔵12一一一二上17～19）

ただ、右に見たように、当歌の「久須理師」（15①）及び「伊麻乃久須理師」（15④）の典拠としては、『涅槃経』がよい。

当歌と奈良薬師寺本尊との関係云々は古くより指摘があり、右の『古京遺文』条でも見たところである。その『古京遺文』において明確に示されていたように、ここの「くすりし」は薬師佛をいうのではなく、『涅槃経』が説く「旧医」「客医」を詠出しているものであり、薬師寺本尊との関係は認められない。右の所説で充分であり、改

めて引くまでもないが、〔高瀬承嚴・一九三七・五・論考〕「佛足石歌碑は斷して藥師佛のために建てられず」において、

獨り藥師如來のみを以て、治病の能ある佛と斷定して終ふことは早計も甚だしといふべきである。佛教經典を精査すると、佛菩薩を云ひあらはすに、醫王の語を以てすることは枚擧に遑がない。

と指摘していることを記しておく。

○都祢乃（15②）

「つねの」は「常のもの」の意で、準体助詞と呼称されたりもするものであり、ここでは「常の薬師」の意である。こういう「の」の用法は、上代において、珍しいものである。

不聴《いな》跡《と》雖云《いへど》　強流《しふる》志斐《しひ》能我《が》　強語《しひかたり》　比者《このころ》不聞而《きかずて》　朕戀尓《われこひに》家里《けり》　（3・二三六、持統天皇）

この「の」（傍線部）は、一見すると似てはいるが、下には「強語」の語が明示されていて、用法が異なるものであり、

比能具礼尓　宇須比乃夜麻乎　古由流日波　勢奈能我素侶母　佐夜尓布良思都　（14・三四〇二、上野國・東歌）

（日の暮に碓氷の山を越ゆる日はせなのが袖も清に振らしつ）

と同じ用法であり、この東歌も「せなのが袖」と「袖」が明示されている。『時代別国語大辞典　上代編』は、こういう「の」を接尾語とし、「人名あるいは人をあらわす語について、親愛の情をあらわす」としている。準体助詞とも呼ぶことの出来る「の」の確実な例は、平安初期の『土左日記』（九三五年頃成）までくだる。

…上略…とかくいひてさきのかみいまのも、ろともにおりていまのあるじもさきのもてとりかはして…下略…

（……とかく言ひて、先の守今のも、諸共に降りて、今の主も先のも、手取り交して……）

（青谿書屋本、十二月廿六日条）

こうした「の」の用法は口頭言語としてのものであり、上代においても日常語においては使用されていたものであろう。第三・四句の「客の今の薬師」に対応する語としてある。

さて、ここの「常の」（常の薬師）とは、「世医」の訳としてある。『涅槃経』梵行品には「如来」（大医王）に対するものとして「世医」が出てくる。即ち、迦葉菩薩が佛を「讃歎」した偈頌の中に、

即以偈頌。而讃歎佛。「大慈愍衆生　故令我歸依　善拔衆毒箭　故稱大醫王　世醫所療治　雖差還復生　如來所治者　畢竟不復發　世尊甘露藥　以施諸衆生　衆生既服已　不死亦不生　如來今爲我　演説大涅槃　衆生聞祕藏　即得不生滅」

（曇無讖譯『大般涅槃經』No.0374　大正蔵12四六六中16～24）

とある。『涅槃経』における「世医」は外道として厳しく排斥されているが、この一首は、次に挙げる「……もあれど」の表現によって、いちおうは認められているのである。そういう意味において、この一首が言う「常の薬師」（「常の」）とは、恐らく各寺院における諸佛をさしての語であると考えられる。しかし、典拠の『涅槃経』の「世医」の語は、右に示した次第であり、両者の間に齟齬があるということになる。

○母阿礼等（15②）

「もあれど」の表現は、「……はあれど」に対するものとしてある。［佐伯梅友・一九三二・四・論考］「みちのくはいづくはあれど」によると、仮に「薬師は常のはあれど」という表現であった場合には、「常の（薬師）は（貴からず・愛《め》だしからず）あれど」の意味で叙述展開されることになるが、今の「常のもあれど」である場合には、「常の（薬師）も（貴く・愛《め》だしく）あれど」という意味として展開することになる。［土橋寛・一九五七・七・大系］『古代歌謡集』が「世の常の医師もいいが」とするのは妥当な解である。まずは「世医」（具体的には各寺院の諸佛）を肯定し、第三・四句の「客の今の薬師」をそれ以上に讃嘆敬仰するという文展開としてある。『涅槃経』においては、「客医」に対して「旧医」が厳しく排斥・糾弾されていたが、そういう厳しさではないのが、この「もあれ

ど」の表現である。

なお、仮名「等」の使用については、「夜蕪久佐等」条（2③）を参照されたい。

○麻良比止乃伊麻乃久須理師（15③④）

「まらひと」は「稀（まれ）に来る人」の意味で、遠方から来る人、客人の意。「まれ」（2⑥）の語形と「まら」（15③）の語形とは音交替形であり、［有坂秀世・一九三一・一二・論考］「國語にあらはれる一種の母音交替について」は「まれ」を露出形、「まら」を被覆形と名付けた（所収書、増訂新版四二頁・五〇頁）。「まらひと」の第三音節が後にウ音便化し連濁して「まらうど」となる。

「客の今の薬師」は先に「久須理師波」条（15①）で挙げた『涅槃経』の「客医」に当り、今の場合、新たに到来した（造立申し上げた）佛足跡が象徴する如来をさすものである。即ちこの歌は佛足跡讃歎の歌としてある。「今の」の語は第二句の「常の」の語と照応し、「今眼前に到来した」という意味としてあるが、その裏には「後の佛」（9④、弥勒佛）に対する「今佛」（＝釈迦如来）の意味をも響かせているものと考えられる。

なお、次に挙げる条は如来をさすのではなく、人としての医師の事例であるが、新羅に医師を求め、到来する話がある。この客としての医師の事例が史実を反映しているものか説話存在かは明らかでないが、『日本書紀』に登載されている。

三年春正月辛酉朔遣《ツカハシテ》使《ツカを》求良醫《クスシを》於新羅。

秋八月醫《クスシ》至《マウテタリ》自新羅。則令治天皇病《ミヤマヒを》。未経幾時《イクハて》病《ヤマヒ》已差《イエヌ》也。天皇歡《ヨロコヒタマヒテ(て)》之厚賞《タマモノシに》醫以歸《てカヘシタマフ》于國。

（『日本書紀』巻十三、允恭天皇三年条。宮内庁書陵部蔵本、ルビ等は永治二年〈一一四二〉頃の訓点）

（三年の春正月辛酉朔に、使《ツカヒ》を遣《ツカハ》して良き醫《クスシ》を新羅に求む。秋八月に、醫《クスシ》、新羅より至《マウ》でたり。則ち天皇の病《ミヤマヒ》を治めしむ。幾時《イクバク》も経ずして、病《ミヤマヒ》已に差《イ》えぬ。天皇、歡《ヨロコ》びたまひて、厚く醫に賞《タマモノ》して以て國に歸《カヘ》したまふ。）

○多布止可理家利（15⑤）

「たふとかり」は形容詞ク活用におけるカリ活用形である。カリ活用については『時代別国語大辞典　上代編』「上代語概説」の「形容詞」条に、簡明に次のように記されている。

…上略…形容動詞としての述定力だけを有するアリが介在した。この使用が頻繁になるにつれて、形容詞連用形とアリとの熟合の度が高まる。その場合、母音が二つ並ぶのが障害になって前の母音/u/が脱落し、～カリという形ができあがる。これがカリ活用である。この熟合は、語により人により遅速があったが、奈良時代末期にはかなり一般化していたとみられる。カリ活用は、その本来の使命からしても、助動詞に続く用法、条件法を構成する法に立つのが基本的用法である。

とある。ここも助動詞「けり」に接続して、詠嘆というよりも事実の気づきにおける感動という意味合いで使用されている。このカリ活用について、［山崎馨・一九七三・三・論考］「形容詞の発達」も、

もともと動作性を持たない形容詞本来の性格から考へれば、形容詞はカリ活用といふ補助活用を派生することによつて、用言としての表現上の多様性を身につけたのであつた。（所収書、八三頁）

と指摘している。今の場合、目前の佛足跡の、その継続的な有様を讃歎する語として、このカリ活用の形容詞「貴かり」が存在していると言うことが出来る。

○米太志可利鶏利（15⑥）

「めだし」は下二段活用の動詞「愛《め》づ」が形容詞化した語であると想定される。どういう形成過程を経て形容詞「めだし」が成立したのかは明確ではない。［山崎馨・一九六三・六・論考］「日本語の形容詞の起源について」は朝鮮語を参考に語尾「アシ」を想定している（所収書、九～三〇頁「形容詞の成立」、「めだし」は一八～一九頁）。［北条忠雄・一九六六・三・論著］『上代東国方言の研究』の「仏足石歌」条は、

「メダシは、その語意メヅラシと同じと思はれるが、恐らく、メヅラシといふ形態から涙グマシ・息ヅカシ等の「〔ア韻〕＋シ」へ類推して成立したもので、個人的又はそれに近いものであつて、未だ普遍的なものとはなつてゐなかつたと思はれる」としている。

「愛づ」とは心ひかれるという意味であり、「愛だし」は親しみの意を内にこめての「讃嘆」のさまを表現する語となる。その形容詞「めだし」が、第五句の「貴し」同様に、カリ活用化したものであり、同様に助動詞「けり」に接続して、事実の気づきにおける感動讃歎という意味合いで使用されている。佛足跡歌碑歌中、形容詞のカリ活用は当歌においてのみ使用されている。

この15番歌から17番歌までの三首は、作者が異なること、本書第二章論考篇一第四節「佛足跡歌碑歌の用字」で言及しており、「美阿止須良乎和礼波衣美須弖」条（3③④）で指摘した。即ち、

（1・2）（3〜14）（15〜17）（18〜20）後補の（21）

という歌の四グループと後補の一首とに区分し、この区分は詠歌作者に起因するものであるとした。

○己乃美阿止乎（16①）

全く同じ表現が8番歌の初句に出た。また助詞の一文字が異なるが、「己乃美阿止夜」という形が4番歌の初句に存在した。作者は異なるが、8番歌の表現を聞き、それを踏まえて、詠出したものと考えられる。「この」という臨場表現は、佛足石に彫られた佛足跡を目にしての詠歌表現であり、佛足石落慶の直会宴席での歌句表現と理解できるものである。

○麻婆利麻都礼婆（16②）

「麻婆利」の語について、古くより最近のものまで、諸注は「まはり」と清音にし、14番歌に出てきた行道（旋繞）の意ととっている。その代表的なものを次に挙げる。

奉旋繞者　（［野呂元丈・一七五二・秋・金石記］『佛足石碑銘』）

於此尊跡奉旋繞（傍書朱記）　（［釋潮音・一八一九・三・考証］『佛足蹟碑文和歌略註』）

奉《マツレ》レ回《マハリ》者なり。婆《ノ》字は書たれども清て唱《フ》べきにや。佛足石を周旋禮拜するよしなり。…中略…廻りて見る意にて瞻《ノ》字をよめるならむ。　（［鹿持雅澄・一八二一・三・注釈］『南京遺響』）

遶奉。行道の義はすでに註す。　（［山川正宣・一八二六・八・注釈］『佛足石和歌集解』）

マハリは行道にて上なるユキメグリにおなじ　（［井上通泰・一九二三・一二・注釈］『佛足石歌新考』）

この御足跡をきざんだ石を廻り奉ると　（［木本通房・一九四二・八・注釈］『上代歌謡詳解』）

廻《まは》りまつれば　（［土橋寛・一九五七・七・大系］『古代歌謡集』）

その周囲を行道する様子を詠じたものに「……廻《まは》りまつれば……」（一首全歌引用を略記）（第一六歌）の歌がある。　（［若林繁・一九九〇・一一・論考］『薬師寺』）

［廣岡義隆・一九八九・一二b・注釈］『古京遺文注釈』が「瞻《まば》る（＝みつめる）」であると指摘した後においても、と解説されている。第二音節は濁音仮名「婆」であり、「瞻《まば》る」（みつめる）と解釈すべきである。仮名「婆」は『日本書紀』歌謡の用字例（漢音系用字）は別として、濁音の専用仮名としてあり、

バの常用假名に適當な字は婆以外には無いに近く、又通俗的表記ではバには清音假名波が流用されるのが例であつたであらうから、婆以外にバの常用假名が生じなかつたのは不思議ではない。

と、［大野透・一九六二・九・論著］『萬葉假名の研究』（一七六頁）で言及されている通りであり、当佛足跡歌碑歌においても、「波」は清音仮名、「婆」は濁音仮名として使い分けられている。この「瞻る」の解を一番早く提出したのは『時代別国語大辞典　上代編』（一九六七年一二月）であり、以後辞書類は『新明解古語辞典』『岩波古語辞典』『日本国語大辞典』『古語大辞典』『角川古語大辭典』など、これに従っている。『国語学研究事典』（一九七

七年一一月）の「仏足石歌」の項（西宮一民氏担当）もこの語に言及している。

語源に「目張る」（辞書類）と「目守る」（西宮一民氏）の両説がある。［藏中進・一九七五・三・論著］『上代日本語音韻の一研究』第五章「母音交替」によると、乙類オとアの音交替の指摘があり（一二八〜一三七頁）、これによると「目守る」（まも甲る）からの音転は困難となる。母音交替が困難な上に、子音においてもｍｂ音の交替という二重の交替を考慮しなければならず、音交替の無い、「目張る――瞻る」説が穏当なところということになる。［築島裕・二〇〇九・一・語彙］『訓點語彙集成』第七巻の「マバル（瞻）」の条には、佛足跡歌碑歌より時代はくだるが、「瞻」字に一〇件の登録がある。

○阿止奴志乃（16③）

「あとぬし」とは佛足跡（あと）をスタンプされた、その主（ぬし）ということであり、即ち釈尊をいう。前歌（15番歌）において「伊麻乃久須理師」（15④）という形で釈尊を詠出していたが、目前の佛足石の佛足跡から釈尊そのものへと思いが展開している様が描かれている。

「ぬし」は、それを管掌している主体をさす語であり、「大国《おほくに》ヌシ」「大物《おほもの》ヌシ」「県《あがた》ヌシ」「田《た》ヌシ」などと使用され、ここは佛足跡のその足跡の張本人をさす語としてある。日本における佛足石造立者ではもとよりなくて、印度（天竺）における石上へのスタンプ者としての釈尊そのものをさしての語である。

○多麻乃与曽保比（16④）

華麗な装儀《よそほひ》ということであるが、衣服などの着飾りではなくて、身体に備わった、即ち悟道によって身体に体現される装儀を言い、三十二相八十種好を中心とした佛の相《すがた》そのものをいうものである。佛足石には、千輻輪・金剛杵・双魚・華瓶・螺王・梵王頂・花文等の足相が刻まれていて（本書第一章第一節「佛足石記文注釈」の「輪相花文」条（Ａ３）参照、三四頁）、まことに美しい。

○於母保由留可母（16⑤）

この佛足跡を拝していると、釈尊の「佛行」（「佛足石記文」A14）の時の華麗なみ姿が髣髴とするというのである。「かも」は詠嘆の終助詞であり、ここは讃歎とでも呼んでよい用法としてある。眼前に彫り上げられてある佛足の諸相を見ての讃歎である。

自発の助動詞「ゆ」は未然形接続であり「おもはｰゆ」となるはずであるが、『萬葉集』中に確実な仮名書きの「おもはｰゆ」及びその活用形は見出せない。「所思而在」（16・三七九一、用例重出97句・105句）を「おもはえてある」と訓むむきがあるが、「おもほえてある」と訓むのが良い。また「於忘方由流可母」（5・八六六②）の「方」を「ハ」と訓む解があるが、［大野透・一九六二・九・論著］『萬葉假名の研究』が、「元來はホ乙に相當する用字」（八三頁）、「ホ乙の假名に當る」（四七八頁）など（他に九二三頁）とあるように、この例も「おもほゆるかも」と訓むのがよく、「おもはｰゆ」は早くに熟合して「おもほゆ」と一語化（下二段活用）していたとみられる。「おもほゆ」の例は、当例以外に『萬葉集』にも数少なくない例がある。「宇《う》利《り》波《は》米《め》婆《ば》胡《こ》藤《ど》母《も》意母保由」（5・八〇二、山上憶良）、「波《は》呂《ろ》波《は》呂《ろ》尓《に》於毛保由流可《か》母《も》」（15・三五八八、遣新羅使人）は、そうした例である。

○美留期止毛阿留可（16⑥）

右の第五句にあった讃歎の「かも」の語が、ここでは「……も……か」の句法で使用されている。「みるごとあるかも」という詠法よりも、この「みるごともあるか」の方が感動的意味合いが強い。「……も……か」に類似の「……も……ぬか」とか「……も……てしか」の句法もあるが、「ぬか」「てしか」は熟合して願望の意となる語であるので、今これを除外すると、『萬葉集』中に「……も……か」が二二例、「……も……かも」が三五例ある。今、この中から「……も……か」の代表的な例を挙げると次のようになる。

三輪《みわ》山乎《やまを》　然毛《しかも》隠《かくすか》賀　雲谷裳《くもだにも》　情《こころ》有南畝《あらなも》　可苦佐布倍思哉《かくさふべしや》

（1・一八、額田王）

如聞《ききしごと》　真貴久《まことたふとく》　奇母《くすしくも》　神左備居賀《かむさびをるか》　許礼能水嶋《これのみづしま》　（3・二四五、長田王）
何時間毛《いつのまも》　神左備祁留鹿《かむさびけるか》　香山之《かぐやまの》　鉾椙之本尓《ほこすぎがもとに》　薜生左右二《こけむすまでに》　（3・二五九、鴨君足人）
苦毛《くるしくも》　零来雨可《ふりくるあめか》　神之埼《みわのさき》　狭野乃渡尓《さののわたりに》　家裳不有國《いへもあらなくに》　（3・二六五、長忌寸奥麻呂）
山遠《やまとほき》　京尓之有者《みやこにしあれば》　狭小壮鹿之《さをしかの》　妻呼音者《つまよぶこゑは》　乏毛有香《ともしくもあるか》　（10・二一五一、作者未詳）
布流由吉乃《ふるゆきの》　之路髪麻泥尓《しろかみまでに》　大皇尓《おほきみに》　都可倍麻都礼婆《つかへまつれば》　貴久母安流香《たふとくもあるか》　（17・三九二二、橘諸兄）
新年始尓《あらたしきとしのはじめに》　思共《おもふどち》　伊牟礼氏乎礼婆《いむれてをれば》　宇礼之久母安流可《うれしくもあるか》　（19・四二八四、道祖王）

いずれも強調した感嘆・讃歎の意味用法としてある。当歌にある「……ごとも……か」の例としては、「……も……か」には無くて「……ごとも……かも」の例になるが、

鶏鳴《とりがなく》　吾妻乃國尓《あづまのくにに》　古昔尓《いにしへに》　有家留事登《ありけることと》　至今《いままでに》　不絶言来《たえずいひくる》　…中略…　遠代尓《とほきよに》　有家類事乎《ありけることを》　昨日霜《きのふしも》　将見我其登毛《みけむがごとも》　所念可聞《おもほゆるかも》　（9・一八〇七、高橋虫麻呂「詠勝鹿真間娘子歌一首」）
葦屋之《あしのやの》　菟名負處女之《うなひをとめの》　八年兒之《やとせこの》　片生乃時従《かたおひのときゆ》　…中略…　故縁聞而《ゆゑよしききて》　雖不知《しらねども》　新喪之如毛《にひものごとも》　哭泣鶴鴨《ねなきつるかも》　（9・一八〇九、高橋虫麻呂「見菟原處女墓歌一首」）

と、その用例が存在する。

第五句の「思ほゆるかも」を承けて、第六句では「見る如もあるか」と、釈尊を実見することは適わないが、三十二相八十種好の装儀の有様を正目に見るようであると讃歎している。

なお、助動詞「ごとし」は、その活用形よりも、ここのように語幹「ごと」で使用される場合が多い。［山田孝雄・一九五二・一・論著］『平安朝文法史』は「ごとし」を「形式形容詞」と位置付けるが、「語幹の用法は頗廣し」とし「用言の装定をなすもの」として、その用例を挙げ（九六頁）、［山田孝雄・一九五四・四・論著］『奈良朝文法史』でも「形狀性形式用言（如し）」「今これを形式形容詞といふ」として一七三頁より一八一頁まで「如

し」について言及し、「かくてこの「ごと」にて多く用ゐるは修飾格に立てるものなるが」としつつも、「その例は頗る多ければ」として二例を挙げるにとどめ、「この「ごと」は元來は副詞なりしにあらざるか。…中略…然れどもかくの如きは文獻上に證なきことなれば、疑問を提示するに止む」（一八一頁）としている。

○於保美阿止乎（17①）

一連の歌（1～17番歌）が「敬慕佛跡」というテーマであるからであるが、ほとんどの歌に佛足跡が「みあと」「あと」の語形で出、その語が出ないのは10・13・15番歌の三首であるが、その三首においても目前の佛足石・佛足跡が前提で歌が詠出されている。ここにその「敬慕佛跡」の結びの一首として、「おほみあと」の語が歌頭に据えられている。

「おほみ」の語は、「御《み》」の上に「大《おほ》」の語を冠した形の最大級の尊敬の語としてある。正訓字で表記する時は「大御」「御」などと書く。後、「おほむ」となり、やがて「おん」「お」と縮約変化し、語の簡略化と共に敬意度も下降してゆく。［廣岡義隆・二〇一三・八・新書］『萬葉の散歩みち—続—』に「29御の字」として記している、参照されたい（佛足跡歌碑歌のことには言及していない）。

○美尓久留比止乃（17②）

「みにくる」は「見に来る」。佛足跡を「見る」というテーマは、6番歌・7番歌・12番歌に出、それらの歌には『観佛三昧海経』が底流していると共に、見ることによる佛跡讃歎が表現されている。よって「観る」の用字で記し「拝む」と訳した。当歌においても第四句に『観佛三昧海経』による表現がありはするが、ここの「みにくるひと」とは衆生全般をいうものであり、佛足跡を「見に来る人皆」をさしての呼称となっている。その場合においても過去千世代の罪も除却されるというのである。

○伊尓志加多（17③）

「いにし」は「去にし」であり、過ぎ去った世をいう。ナ変の「いぬ」に過去の助動詞「き」が接続している。

「かた」は、『時代別国語大辞典　上代編』によると、

①方向。　②対をなす一組の中の一方。　③時間的な方向を示す。

とあり、今の場合は③の時間上の意味として用いられているが、同辞典によると、「この用い方は、発達が不完全で、確例が少ない」とし、その用例として当歌が挙げられている。この「かた」の語は、取沙汰している具体的な事案について、包括的に漠然と呼称するという語であり、『時代別国語大辞典　上代編』が挙げる①・②は共に具象的なものが念頭にあっての表現になるが、③の時間上の用法は「時」という抽象概念が介在し、それだけに発達が遅れたものとみられる。佛足跡歌碑歌の当歌に次ぐ平安時代の用例は、過去をさしていても自分が過ごして来た経験上の時をさしている場合の事例が多い。当歌においては、『観佛三昧海経』を下敷きにしての表現であり、次句でいう過去千世《せ》代《だい》という幽遠な過去の時点から今に至るまでという佛典を介在しないと表現し得ない「去にし方」をさしての表現となっている。

○知与乃都美佐閇（17④）

「ちよ」は「千代」であり「千歳」（千年）ではない。「よ」とは、本来は竹の節から節までを呼称する語である。その具象語が抽象概念語として用いられることで「代・世」としての意味が確立された。人の一生をも呼称するし、天皇の在位期間をもさすが、古くは天皇の退位ということはなくて崩御によって次代となったから、天皇の在位期間もその人の一生に近いことになるが、在位期間は誕生からではない。「よのなか」の語は佛教語「世間」の訳語（翻読語）としてある（〔伊藤博・一九九五・一一・注釈〕〈2・二一〇番歌条〉）。

『萬葉集』には「千代」（表記、「知与」「千代」「千世」）の語が九例出るが、その多くは未来をさしての語としてある。過去から今に至る当歌の事例と同様の用法は、次の二例となる。

茂岡尓《しげをかに》　神佐備《かむさび》立而《たちて》　榮有《さかえたる》　千代《ちよ》松樹《まつのき》乃《の》　歳之《としの》不知久《しらなく》　（6・九九〇、紀鹿人）

…上略…安母里麻之《あもりまし》　掃平《はらひたひらげ》　千代《ちよ》累《かさね》　弥嗣継尓《いやつぎつぎに》…下略…　（19・四二五四、大伴家持）

第一例は老松の樹を詠んだものであり、第二例は天孫降臨以来の代のことを詠んだものである。

類語に「萬代《よろづよ》」（表記、「与呂豆余」などの仮名書き例の他に「万代」「萬代」「万世」「萬世」「万歳」）の四四例、「百代《ももよ》」（表記、「百代」「百世」）の五例（内、四例は田邊福麻呂之歌集の例）があるが、その全例が未来をさしての語として使用されている。

当歌における「ちよ」の語は人の一生を「一《ひと》よ」とし、輪廻転生を千回繰り返すことで「千《ち》よ」となるという語であり、過去世から今に至る迂遠の長い期間をさしている。

「ちよのつみ」は、佛陀跋陀羅譯『佛説観佛三昧海經』No.0643（巻第六）に、

若有衆生。佛在世時見佛行者。歩歩之中見千輻輪相。除却千劫極重惡罪。佛去世後。三昧正受想佛行者。亦除千劫極重惡業。雖不想行。見佛跡者見像行者。歩歩亦除千劫極重惡業。佛告阿難。汝從今日持如來語遍告弟子。佛滅度後。造好形像令身相足。亦作無量化佛色像。及通身光及畫佛跡。以微妙彩及頗梨珠安白毫處。令諸衆生得見是相。但見此相心生歡喜。此人除却百億那由他恒河沙劫生死之罪。説此語已如來還坐。

（大正蔵15六七五下04～14）

とあり、その「千劫極重惡罪」「千劫極重惡業」の「千劫」の「罪」に相当する語であり、例えば「三十二相八十種好」を「弥蘓知阿麻利布多都乃加多知夜蘓久佐」（2①～③）と倭訳していたように、ここの「知与乃都美」も「千劫」「罪」の倭訳の語としてある（「劫」は、「よ」の語とは、概念上対応するものではないが）。

「さへ」の語は1番歌第四句に「都知佐閇由須礼」（1④）の例がある。当歌における例も同様に添加の意味で使用されており、現世における罪はもちろんのことという意味が表現前のこととしてあり、その上に「過去千代の

罪」までもという表現句としてある。

○保呂歩止曽伊布乃曽久止叙伎久（17⑤～⑥）

まず最初に、「保呂歩止曽伊布」の「歩」字について、確認しておきたい。この箇所の本文が「夫」ではなくて、「歩」であることは、〔廣岡義隆・一九八六・三・論考〕〔廣岡義隆・一九八九・二b・注釈〕〔廣岡義隆・一九九〇・六・論考〕で指摘して来た。その碑面状況は、左の写真「**碑面15**」及び「**碑面16**」の通りである。その字形は異体字形の「岁」に近い字形で記され（左に挙げた『難字解読字典』の「歩」字条、参照）、その字形が「夫」の異体字形に近いことから（野呂元丈『佛足石碑銘』識語「實夫」の「夫」字、参照）、「夫」字と認定されて来た。佛足石記

碑面15（歌碑）

碑面16（歌碑）

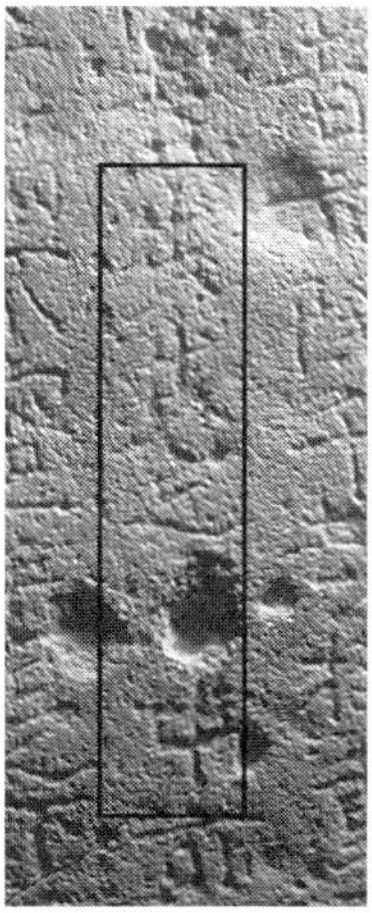

碑面17（佛足石）

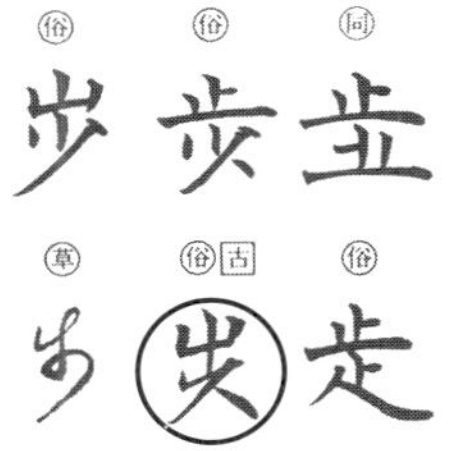

『難字解読字典』「歩」字条（山田勝美氏監修、「難字大鑑」編集委員会編、一九七七年六月、柏書房）

『佛足石碑銘』識語（〔野呂元丈・一七五二・秋・金石記〕、〔中田祝夫・一九七八・一二・影印〕勉誠社〈勉誠社文庫〉より）

の「歩歩之中」（A17）の「歩」の字形は、上部が「出」に近い形ではあるが、やはり異体字の「歩」である（「**碑面17**」、参照）。

この箇所の本文について、従来どのように認定して来たのかということについて、ここに確認しておきたい。

【本文異同】

歩——［野呂元丈・一七五二・秋・金石記］『佛足石碑銘』・［松平定信・一八〇〇・一・史料図録］『集古十種』・［山川正宣・一八二六・八・注釈］『佛足石和歌集解』・『藥師寺志』・［橋本進吉・一九二一・一〇・解説］『南京遺文』・［林竹次郎・一九三二・七・論著］『萬葉集外來文學考』・［大井重二郎・一九三四・六・論著］『佛足石歌と佛足石』・［久曽神昇・一九五四・一二・解説］・［文化財協会・一九五五・三・図録］・［今城甚造・一九七〇・八・図録］奈良六大寺大観・［河内昭圓・一九七二・一一・図録］『日本金石圖録』・［藤田經世・一九七五・三・史料］『校刊美術史料』・［町田甲一・一九八四・五・図録］『藥師寺』・［廣岡義隆・一九八六・三・論考］「佛足石記・同歌碑調査報」・［廣岡義隆・一九八九・二b・注釈］『古京遺文注釈』。

夫——［今井似閑・一七一七・三・校注］『萬葉緯』・［釋潮音・一八一九・三・考証］『佛足跡紀文考證』・［鹿持雅澄・一八二一・三・注釈］『南京遺響』・［小山田與清・一八二八・一〇・金石記］『南都藥師寺金石記』・［狩谷棭斎・一八三二頃・金石記］『古京遺文』・［蔵春園主人・――――・金石記］『皇朝金石編』・［三宅米吉・一八九七・七・論考］・［木崎愛吉・一九二一・一〇・金石記］『大日本金石史・一』・［太田水穂・一九二二・九・注釈］『紀記歌集講義』・［井上通泰・一九二三・一二・注釈］「佛足石歌新考」・［木崎愛吉・一九三〇・九b・解説］・［釋北山・一九三一・一〇・論考］・［信道會館・一九三二・一二・金石記］『佛足石』・［菊地良一・一九三九・五・論考］・［木本通房・一九四二・八・注釈］

『上代歌謡詳解』・[田中重久・一九四二・一二・論考]・[土橋寛・一九五七・七・大系]『古代歌謡集』・[竹内理三・一九六二・一一・史料]『寧楽遺文（下）』・[浅田芳朗・一九六三・七・論著]・[北島葭江・一九六五・六・論考]・[大井重二郎・一九七〇・一二・論考]・[岡崎敬・一九七一・一〇・史料]・[飯島春敬・一九七二・四・解説]・[今城甚造・二〇〇〇・七・図録]奈良六大寺大観補訂版。

不――[相磯貞三・一九六二・六・集成]『記紀歌謡全註解』。

奈良六大寺大観『薬師寺』の初版は「歩」としつつも、その補訂版では「夫」にし、保呂夫の第三字目は、異体字で刻してあり、これを夫、あるいは歩とも読んできたが、字形からは夫と読むのが妥当であろうと思われる。

（「注二〇」の注記）

と注記している。参考までに記しておく。

以上により、この箇所の本文を「保呂歩止曽伊布」と確認して次へ進みたい。

第五句・第六句は、「ほろぶとぞいふのぞくとぞきく」とあり、その「ほろぶ」（保呂歩）、「のぞく」（乃曽久）の表現は、正訓字を宛てると「滅」「除」となる。「知与乃都美佐閇」条（17④）で挙げた『佛説観佛三昧海經』には「除却千劫極重悪罪」とあり、その「除却」に相当する表現である。「滅除」の語は、『佛説観佛三昧海經』には、

見佛色身及見衆僧。聞佛所説懺悔衆罪。因懺悔故諸障消除。諸障除故成阿羅漢。佛告阿難。我涅槃後諸天世人。若稱我名及稱南無諸佛所獲福徳無量無邊。況復繋念念諸佛者。而不滅除諸障礙耶。佛告諸比丘。汝等所以見佛色身如赤土者。汝等前世於然燈佛末法之中出家學道。既出家已於師和上起不淨心。然其和上得羅漢道。知弟子心。

（大正蔵15六六一上10～18）

と出るが、その例よりも、例えば次のような事例の方がよいであろう。

滅除衆罪垢　成就菩提果

（實叉難陀譯『大方廣佛華嚴經』No.0279、大正蔵10三九七中27）

若有淨信善男子善女人。受持彼佛名者。即能滅除六十千劫生死之罪。轉身得陀羅尼。名爲樂説無礙。
（菩提流志譯『大寶積經』No.0310、大正蔵11五六五上23～25）

如於鏡中自見面像。此想成者。滅除五百億劫生死之罪。必定當生極樂世界。
（畺良耶舍譯『佛説觀無量壽佛經』No.0365、大正蔵12三四三上15～16）

悉能滅除一切諸惡無間罪業。是大涅槃甚深境界不可思議。
（曇無讖譯『大般涅槃經』No.0374、大正蔵12四一七中16～17）

こういった「滅除」の語が第五句と第六句に振り分けて表現されていることについては、「伊波尓……・多麻尓……」条（3⑤・3⑥）で、「語句分離方式」による表現であることを指摘した。

「保呂歩止曽伊布乃曽久止叙伎久」の「とぞいふ……とぞきく」は係助詞「ぞ」で「いふ」「きく」を強調して表現している。この「いふ」「きく」の通常の順序は「きく」「いふ」であろう。人から聞き、また自分も言うというのが一般の順序であるが、ここはそれを逆転させている。これは対句表現における「逆転技巧」になる。この「逆転技巧」についても3番歌の同条で言及した。

○呵嘖生（18番歌上部）**死**（20番歌上部）

「敬慕佛跡一十七首」に次ぐ第二歌群の標題であり、「呵嘖生死四首」の「四首」が略されているものである。「生死にこだわる心を戒め、解脱をすすめる（歌四首）」の意である。『類聚名義抄』には「呵」に「イサフ、サイナム」、「嘖」に「セム、サキナム」等の訓がある。『涅槃経』には、

復次善男子。一切凡夫雖善護身。心猶故生於三種惡覺。以是因縁。雖斷煩惱得生非想非非想處。猶故還墮三惡道中。善男子。譬如有人渡於大海。垂至彼岸沒水而死。凡夫之人亦復如是。垂盡三有還墮三塗。何以故。無善覺故。何等善覺。所謂六念處。凡夫之人善心羸劣不善熾盛。善心羸故慧心薄少。慧心薄故增長諸漏。菩薩摩訶

薩慧眼清淨見三覺過。知是三覺有種種患。常與衆生作三乘怨。三覺因縁乃令無量凡夫衆生不見佛性。無量劫中生顚倒心。謂佛世尊無常樂我唯有一淨。如來畢竟入於涅槃。一切衆生無常無樂無我無淨。顚倒心故言有常樂我淨。實無三乘顚倒心故言有三乘。一實之道眞實不虚顚倒心故言無一實。是三惡覺常爲諸佛及諸菩薩之所呵責。是三惡覺常害於我或亦害他。有是三覺一切諸惡常來隨從。是三覺者即是三縛。連綴衆生無邊生死。菩薩摩訶薩常作如是觀察三覺。

（『大般涅槃經』No.0374巻第二十三「光明遍照高貴徳王菩薩品第十之三」、大正蔵12四九八中07～25）

と出、この箇所が「呵嘖生死」の典拠と見られる。これを［常盤大定・横超慧日・一九三五・二・訳文］によりその訳出を掲げると、次のようになる。

復次に善男子、一切の凡夫善く身心を護ると雖も、猶故三種の惡覺を生ず。是の因縁を以て煩惱を斷じて非想・非非想處に生ずるを得と雖も、猶故還つて三惡道の中に墮す。善男子、譬へば人有りて大海を渡り、彼岸に至るに垂として水に沒して死するが如し。凡夫の人も亦復是の如く、三有を盡すに垂として還つて三塗に墮す。何を以ての故に。善覺無きが故なり。何等か善覺なる。所謂六念處なり。凡夫の人、善心は羸劣にして、不善は熾盛なり。善心羸きが故に慧心薄少なり。慧心薄きが故に諸漏を増長す。菩薩摩訶薩は慧眼清淨にして、三覺の過を見る。是の三覺に種種の患有り、常に衆生の與に三乘の怨と作るを知る。三覺の因縁は、乃ち無量の凡夫衆生をして、佛性を見ざらしむ。無量劫の中顚倒の心を生じて、佛世尊に常・樂・我無く、唯一つの淨有るのみ、如來は畢竟じて涅槃に入ると謂ふ。一切衆生に常無く、樂無く、我無く、淨無きに、顚倒心の故に常・樂・我・淨有りと言ふ。實に三乘無きに、顚倒心の故に三乘有りと言ふ。一實の道は眞實不虚なるに、顚倒心の故に一實無しと言ふ。是の三惡覺は、常に諸佛及び諸菩薩に呵責せらる。是の三惡覺は常に我を害し、或は亦他を害す。是の三覺有れば、一切の諸惡常に來りて隨從す。是の三覺は即ち是れ三縛なり、衆生の無邊の生死を連綴す。菩薩摩訶薩は常に是の如く三覺を觀察することを作す。

「所二呵責一」で「責められる」の意となる。右には「呵嘖」でなく「呵責」とあるが、同意の語であるというよりも、むしろ「呵嘖」の方が上の字に連られて下の字に口部が付加するという文字現象としてある。このすぐ後の18番歌に、「六難値遇」中の「人身難得」（大正蔵同頁下段、12四九八下22～）が出、また19番歌に「四毒蛇」（大正蔵次頁中段、12四九九中19～）及び「五陰」（大正蔵次頁下段、12四九九下17～）が出ており、右の『涅槃經』の箇所がまさしく「呵嘖生死」の典拠の箇所であると見てよい。

ただ、「呵嘖生死」（呵責生死）とは熟さない句であり、無理して造り上げた四字句ということになる。［D. L. Philippi・一九五八・三・論考］"SONGS ON THE BUDDHA'S FOOT-PRINTS" では、「生死海を彷徨うことを呵責する四首の歌」（拙訳）としている。原文は、

……and the final four are songs "reprimanding" those wandering aimlessly in the sea of life and death.

である。これは［鹿持雅澄・一八二一・三・注釈］『南京遺響』が「生死にまとへるを呵嘖たる歌四首」としているのを恐らく参考にしてのものであろう。右の『涅槃経』所出の語と解すると「呵嘖生死」とは、「生死にこだわる執着心を戒め解脱をすすめる」という意味であると見ることが出来よう。このテーマに沿う形で、仮名「微《み》」、即ち「身」の語が、18・19・20番歌の各首に出る。21番歌は仮名「都《つ》」の一字が残存するだけであるが、おそらく四首はこの「身」の語で統一されていたと考えられるのである。このように考えると、この「呵嘖生死」という題は作歌との先後こそ明確ではないが、作歌とほぼ同時に成ったものと見ることが出来るものである。

前半の一七首が「敬讚佛跡一十七首」の題下に一貫して佛足石・佛足跡を詠出していた。その意味で詠出上のブレが無かった。以下の歌は、「呵嘖生死」の題下に一貫して己の身を歌い上げていて、ブレが無い。前半一七首の眼は佛石・佛跡という外に向かっているのに対し、以下の詠歌のベクトルは反対に己の身の内にと向かっているの

である。

一連の歌が四グループと後補一首からなる。これを今一度掲げると、以下の通りである。

（1・2）（3〜14）（15〜17）（18〜20）後補の（21）

「後補の一首」は現状から見てのものであり、「つ」が残存する元の21番歌は（18〜20）の第四歌群に含まれるものである。［岡麓・一九二七・一・論考］は「呵嘖生死の歌は少しく劣ります」と批評する。歌の優劣はむつかしいが、それまでの歌の内容から大きく転換した「呵嘖生死」というテーマになっており、その違いを評したものという理解も可能であろう。ドグマ（教義）を展開した詠であり、倭歌的詠嘆というものが全くない。私は「都止米毛呂毛呂須々賣毛呂母呂」条（18⑤⑥）で「この一首がいかにも僧侶臭のする歌になっている」としているのは、このことを言うが、これは歌群（18〜20）全体に該当する。しかしながら、その内容については、掘り下げて理解すると深いのである。これは歌詠内容が深いのか、その教義が深いのか、その判断がむつかしく、むしろ両者は截然と区分出来ないところがあるが、「劣る」の一語で片づけることは出来ないものである。

○比止乃微波衣賀多久阿礼婆（18①②）

「ひとのみはえがたく」の表現は、『涅槃経』「六難値遇」中の「人身難得」に依拠した句であることについて、早くに［釋潮音・一八一九・三・考証］『佛足蹟碑文和歌略註』が指摘している。この「六難値遇」そのものについては「佐伎波比乃阿都伎止毛加羅」条（12①②）で『大般涅槃經』を引いて言及した。その第五として「難得人身」（大正蔵12四九九上13）がある。『涅槃経』のこの条のすぐ前には、

人身難得如優曇花。我今已得。（大正蔵12四九八下23〜24）

の文言が見え、またこのすぐ後には19番歌（次歌）の出典「四毒蛇」「五陰」が出ること、この前の「呵嘖生死」条で言及した。『萬葉集』には、

人跡《ひとと》成《なる》　事者《ことは》難乎《かたきを》　和久良婆尓《わくらばに》　成吾身者《なれるあがみは》　死毛《しにも》生毛《いきも》　公之《きみが》随意常《まにまと》　念乍《おもひつつ》　有之《ありし》間尓《あひだに》…下略…

（9・一七八五、笠金村「神龜五年戊辰秋八月歌一首」）

…上略…和久良婆尓《わくらばに》　比等々波安流乎《ひととはあるを》　比等奈美尓《ひとなみに》　安礼母《あれも》作乎《つくるを》…下略…

（5・八九二、山上憶良「貧窮問答歌一首」）

の表現があり、また『唐大和上東征伝』にも、

人身難得、中國難生。

（東寺観智院本〈古典保存会本〉五〇行、宝暦十二年版本二丁ウ六行）

とある。〔井村哲夫・一九八二・二・論考〕「人並に我もなれるを」は、

人身得難しという思想が仏教によって彼等天平知識人に普遍しつつあったと考えるべきであろう。

と指摘する。ここはその「六難値遇」中の「人身難得」をそのまま歌句として表現したものである。

「あれば」は已然形に「ば」を付けて、確定条件とし「理由」の意味を示している。「人の身として生を得ることは稀なことであるので」の意味である。そうして、第三・四句に連接修飾している句である。いわば頭でっかちの理屈をこねた表現となっている。

○乃利乃多能与須加止奈礼利（18③④）

「のりのた」を「法田」と理解するものに、〔野呂元丈・一七五二・秋・金石記〕『佛足石碑銘』があり「法田〔猶二福田一言二善因一也周伯琦詩應種二菩提一滿二法田二」としている。周伯琦は元代の一三〇〇年代の詩人であり、〔山川正宣・一八二六・八・注釈〕『佛足石和歌集解』が「元の代の人にて證に引むもいかゞ」としている通りである。また〔釋潮音・一八一九・三・考証〕『佛足蹟碑文和歌略註』も「為成法田資糧」と傍書朱記するが（「資糧」は第四句条、参照）、「法田」は佛典にほとんど見えない語である。〔山川正宣・一八二六・八・注釈〕も「法田てふこと佛書に多く見えず」とする。探せば、

如敗種子。雖植良田。畢竟不能生長其芽。彼破戒者。於佛法田。不生善芽。亦復如是。

（宋・日稱譯『福蓋正行所集經』No.1671、大正蔵32七三九下02～04）

というように無いことはないが、佛典特有語ではない。一方、「……の為《た》」という語があることから、ここは「為《た》」と理解するのがよい。〔鹿持雅澄・一八二一・三・注釈〕『南京遺響』が、

為《タ》レ法《ノリノ》 之なり。多は多米と云に同じ。為《タ》と云るは。萬葉五に。多《タ》都《ツ》乃《ノ》麻《マ》乎《ヲ》阿《ア》禮《レ》波《ハ》毛《モ》等《ト》米《メ》牟《ム》阿《ア》遠《ヲ》爾《ニ》與《ヨ》志《シ》奈《ナ》良《ラ》乃《ノ》美《ミ》夜《ヤ》古《コ》邇《ニ》許《コ》牟《ム》比《ヒ》等《ト》乃《ノ》多《タ》仁《ニ》とあり。又續日本紀宣命にも其《ノ》例見えたり。

としている。右に「萬葉五」としてあげている歌は「5・八〇八」としてある、大伴旅人の歌（5・八〇六～八〇七）に和《こた》えた都人の歌である。また「續日本紀宣命」にも有るとしていた例は、

…上略…佛大御言之國家護我多仁波勝在止聞召…下略…（……佛 大御《ほとけのおほみ》言之《ことし》國家《みかど》護《まもるが》 我多《た》仁《に》波《は》勝 在止《すぐれたりと》聞 召《きこしめして》……）

（宣命一三詔、天平勝寳元年四月朔、聖武天皇、『続日本紀』巻第十七）

である。他に『萬葉集』東歌の第五句「許《こ》己《こ》波《ば》故《こ》賀《が》多尓《に》」（14・三四三一、相模國歌）が該当語の可能性として考慮してよいが、別解もあり、今は例に入れないでおく。上代における目下の時点で確認できる用例は以上であり、多くはない。

次に「よすか」は、『時代別国語大辞典　上代編』が「よるべ。たよりにするもの。ゆかり。ヨスは寄《ヨ》ス、カは処の意か」とし、『岩波古語辞典』は、「奈良時代ヨスカと清音。ヨス(寄)カ(処)の意。類義語ユカリは、たぐって行くと何らかの縁のあることで、多く人間関係にいう」とあり、『岩波古語辞典』の「ユカリ」の項には、「類義語エン(縁)は仏教語で、結果を生じさせる必然のつながりのきっかけ」とある。

［野呂元丈・一七五二・秋・金石記］『佛足石碑銘』は第四句について、「成資也〔日本紀資訓与須賀〕」としている。野呂元丈は漢文体で綴文するために「与須賀」としたものであり、『日本書紀』に訓注があるわけではなく、

『日本書紀私記』で採り上げている語でもない。この「よすか」の訓に相当する「資」の箇所は『欽明紀』二年秋七月（巻十九）条であり、野呂元丈は版本の傍訓によったものと考えられる。［釋潮音・一八一九・三・考証］『佛足蹟碑文和歌略註』はこの野呂元丈により「為成法田資糧」とした（前出「法田」条）。

この「よすか」の条については、［鹿持雅澄・一八二一・三・注釈］『南京遺響』が、次のように詳述している。

與須加止奈禮利は。因縁《ヨスカ》處と為有《ナレリ》なり。與須加は萬葉三悲㆓傷死妻㆒高橋《ノ》朝臣《ノ》作歌に。吾妹《ワガモ》子《コ》之《ガ》入爾《イリニ》之《シ》山乎《ヤマヲ》因鹿《ヨスカ》跡《ト》叙《ゾ》念《モフ》。また因香《ヨスカ》跡《ト》思波《シヌハ》牟《ム》。十六に。余須可《ヨスカ》乃《ノ》山跡《ヤマト》見《ミ》管《ツヽ》將偲《シヌハム》。日本紀に。因《ノ》字資《ノ》字を訓り。與須我と我を濁るは誤なり。…中略…。故慥《レ》に其處を所縁と心を寄《セ》定る意なり

鹿持雅澄の挙例の萬葉歌は（3・四八二）長歌の結句例と、その第一反歌（3・四八二）の第五句例、及び山上憶良の「筑前國志賀白水郎歌十首」中の一首（16・三八六二）の第四句であり、また日本紀前出条と、『欽明紀』十三年冬十月（巻十九）条（「因」字）である。

この「法《のり》の為《た》のよすかと成れり」について、主な解を挙げると次のようになる。

・人と生れ出ることとは。たやすからぬことなるに。かく人ノ身を受得たる輩は。法性の爲の因果となれることにしあれば。等閑に心得べきにあらす。…中略…。これすなはち生死を呵嘖《セム》る謂なるべし

（［鹿持雅澄・一八二一・三・注釈］『南京遺響』）

・人身は得がたき物なれば、法のために佛を尊びて、後世を祈るべしと云意にて、これ即呵嘖生死なるへし

（［山川正宣・一八二六・八・注釈］『佛足石和歌集解』）

・人の身は得がたくあればとは、人と生れ出ることはなかなかたやすからぬことであるのに偶々得がたき人の身と生れたと云ふ事はの意、法の爲め因縁となれりとは、佛法を證することが出來るものは人間に限るとの意で、畜生や餓鬼は物の道理が分らず、天人は歡樂に醉つて法を知る機がない。人間が一番法に入る事がで

きるのである、…下略…。

〔太田水穂・一九二二・九・注釈〕『紀記歌集講義』

・人身受け難し、と佛教によく申します。あまたの生の中で人の身となるは得難きことでありますから法の爲めの便として石に据ゑたのであります。…中略…人の身は得難くあれば、が呵嘖であります。

〔岡麓・一九二七・一・論考〕

・古渓曰。第一首は、人界に生を受けることはむづかしい。むづかしくあるから、人身を得ることが後の世の菩提のよすがとなるのである。…下略…。

〔林竹次郎・一九三二・七・論著〕『萬葉集外來文學考』

・人身は得難くあれば、今我等の人間に生れたることは稀有のことと云ふべきである。この稀有の事に成功したわけは何の爲かと云へば、佛法を信じ行ひ弘めんが爲の方便としてに相違なし。…中略…。但し呵嘖生死の意味が何處にも表れて居ないやうである。

〔鈴木暢幸・一九三五・五・論考〕

・人の身は數多の生の中でも得難いものですから、特に佛法の爲めのよるべと成つて居るのでございます。

〔木本通房・一九四二・八・注釈〕『上代歌謡詳解』

・稀に人身に生まれることが、仏道に入る機縁である。

〔土橋寛・一九五七・七・大系〕『古代歌謡集』

・「人身」は「得難い」故に、この「身」が帰依のよりどころとなるというのである。生への執着を戒め解脱をすすめるこの一首は「呵嘖生死」の総論詠といってよい。

〔廣岡義隆・一九八九・二b・注釈〕『古京遺文注釈』

右に挙げた中には、読み取り過ぎと見られる解もあるが、一首の解は右で尽きよう。目下の私の解は右の『古京遺文注釈』のままで良い。

○都止米毛呂毛呂須々賣毛呂母呂（18⑤⑥）

「つとめ」「すゝめ」は動詞の命令形。「命令」としての語の形が一連の歌に無いことはなく（音韻変化上の「命令

形」は今除外しておく)、7番歌には、

　ますらをのふみおけるあとはいはのうへにいまものこれりみつ、しのへと　ながくしのへと

　(丈夫の　踏み置ける足跡は　石の上に　今も殘れり　観つ、慕へと　長く慕へと)

と「しのふ」の語が命令形で出るが、そう表現させているものは佛足跡の存する佛足石であり、当歌における詠作者から「もろもろ」(諸々)への呼びかけの語としての用法とは異なるものである。続く19番歌においても第五句第六句は「べし」で結ばれていて語調が格別強い。「己乃与波乎閇牟」条(14⑥)においても、一連の佛足跡歌碑歌の作者について、

　(1・2)(3〜14)(15〜17)(18〜20)後補の(21)

と確認したが、「呵嘖生死」詠(18〜20)はその詠法口調が他の作品とは異なって強い。

　さて、「つとめ」は「努力する」意の下二段活用の自動詞「つとむ」の命令形であり、メの甲乙も「米」の乙類で合致している(下二段活用の命令形は乙類)。ただし、「と」が甲類仮名であるべきところ、乙類「止」になっている。「すすめ」は「励む」の意の四段活用の自動詞「すすむ」の命令形であり、メの甲乙も「賣」の甲類で合致している(四段活用の命令形は甲類)。『類聚名義抄』には、「勉」(僧上・八四・二)に「ツトム」、「勵」(僧上・八一・四)に「ス丶ム」の訓があり、ここは「勉励」の語を二句に分かって、「つとめ……す丶め……」としている。この「語句分離方式」のことは「伊波尓……・多麻尓……」条(3⑤⑥)で言及した。用言対ということについては、「和多志……・須久比……」条(4⑤⑥)で言及した。

「つとめ」「すすめ」について、[池上禎造・一九五〇・一〇・史料]『日本文学言語史料・別記』は、

　都止米・須々賣――同じ命令形のメが甲乙類を異にすることについては前者が下二段、後者が四段の違ひによる。

とコメントしている。

「もろもろ」の語は、佛教語「衆生」に相当する語であり、一同をさしての語であること、「毛呂毛呂須久比」条（4④）で言及した。同条で、4番歌及び8番歌の「もろもろ」の語例は、作者を含んだ集団をさしているとした。ところが、この18番歌においては、作者以外の人々一般をさしての表現となっていて、そこが4・8番歌とは異なっている。この為に、この一首がいかにも僧侶臭のする歌になっている。

「もろもろ」の表記は、4・8番歌及び当歌第五句が「毛呂毛呂」になっている。この第六句は「毛呂母呂」となっている。一種の変字法であろうが、変字法にするなら第六句の「毛」や「呂」にも徹底すれば良いのであるが、そうはなっていない。ただし、表記者と詠作者とは同一人とは限らない。

○与都乃閇美（19①）

「へみ」は「へび」である（mb音交替形）。『時代別国語大辞典　上代編』の「へみ」の【考】の項には、

上代にヘビの形の例は見えない。類義語としてヲロチやクチナハがあるが、その中ではヘミがもっとも一般的な、特殊のニュアンスの少ない語形かと思われる。

とある。

蛇　孫愐切韻云蛇〔食遮反。和名、倍美。一云、久知奈波。日本紀私記云、乎呂知。〕毒虫也。

（『倭名類聚鈔』元和古活字那波道圓本、巻十九オ7～8）

虵蛇〔ヘミ　クチナハ　ウルハシ　ヲロチ〕

（『類聚名義抄』観智院本、僧下一六5～6）

（右の「ウルハシ」の訓は「委蛇」の訓から来るものと考えられる。）

「よつのへみ」は、『涅槃経』依拠の句であること、「呵嘖生死」条（18番歌上部・20番歌上部）で言及した。『大般涅槃經』を引くと次の如くである。

善男子。譬如有王以四毒蛇盛之一篋令人瞻養餧飼臥起摩洗其身。若令一蛇生瞋恚者我當准法戮之都市。爾時其人聞王切令心生惶怖捨篋逃走。王時復遣五旃陀羅拔刀隨後。…中略…復更思惟我設住此。當爲毒蛇五旃陀羅一詐親者及六大賊之所危害。若渡此河栰不可依當沒水死。寧沒水死終不爲彼蛇賊所害。即推草栰置之水中。身猗其上手抱脚踏截流而渡。既達彼岸安隱無患心意泰然怖恐消除。菩薩摩訶薩得聞受持大涅槃經。觀身如篋地水火風如四毒蛇見毒觸毒氣毒齧毒。一切衆生遇是四毒故喪其命。衆生四大亦復如是。或見爲惡或觸爲惡或氣爲惡或齧爲惡。以是因縁遠離衆善。復次善男子。菩薩摩訶薩觀四毒蛇有四種姓。所謂刹利婆羅門毘舍首陀。是四大蛇亦復如是。有四種性。堅性濕性熱性動性。是故菩薩觀是四大與四毒蛇同其種性。復次善男子。菩薩摩訶薩觀是四大如四毒蛇。云何爲觀。是四毒蛇常伺人便。何時當視何時當觸何時當噏何時當齧。四大毒蛇亦復如是。常伺衆生求其短缺。若爲四蛇之所殺者。終不至於三惡道中。若爲四大之所殺害。必至三惡道定無有疑。是四毒蛇雖復瞻養亦欲殺人。四大亦爾。雖常供給亦常牽人造作衆惡。是四毒蛇若一瞋者則能殺人。四大之性亦復如是。若一大發亦能害人。是四毒蛇雖同一處四心各異。四大毒蛇亦復如是。雖同一處性各別異。是四毒蛇雖復恭敬難可親近。…下略…（大正藏12四九九上28～中03／四九九中13～下09）

この箇所について、先と同様に、［常盤大定・横超慧日・一九三五・二一・訳文］によって、その訳出を掲げると、次のようになる。

善男子、譬へば王有り、四毒蛇を以て之を一篋に盛り、人をして瞻養し、餧飼し、臥起に瞻覗し、其の身を摩洗せしむ。若し一蛇をして瞋恚を生ぜしめば、我當に法に准じて之を都市に戮すべし《といふ》。爾の時に其の人、王の切令を聞きて心に惶怖を生じ、篋を捨て、逃走す。王時に復五旃陀羅を遣はし、刀を抜きて後に随はしむ。…中略…復更に思惟すらく、「我設し此に住せば當に毒蛇、五の旃陀羅、一の詐親者、及び六の大賊に危害せらるべし。若し此の河を渡らんに栰は依るべからずば、當に水に沒して死すべし。寧ろ水に沒して死すとも、終に彼の蛇賊に害せられじ。」即ち草栰を推して之を水中に置き、身其の上に猗り、手抱ひ足踏りて、流を截つて渡る。既にして彼岸に達し安隠にして患無く、心意泰然として怖恐消除するが如し。

菩薩摩訶薩は大涅槃經を聞きて、受持することを得て、身は篋の如く、地・水・火・風は四毒蛇の如しと觀ず。——見毒・觸毒・氣毒・齧毒、——一切衆生は是の四毒に遇ふが故に、其の命を喪ふ。衆生の四大も亦復是の如く。或は見に悪を爲し、或は觸に悪を爲し、或は氣に悪を爲し、或は齧に悪を爲す。是の因縁を以て衆善を遠離す。復次に善男子、菩薩摩訶薩の四毒蛇を觀ずるに、四種の姓有り、所謂刹利・婆羅門・毘舍・首陀なり。是の四大の蛇も亦復是の如く、四種の性有り。堅性・濕性・熱性・動性なり。是の故に菩薩は是の四大は四毒蛇と其の種性を同じうすと觀ず。復次に善男子、菩薩摩訶薩は是の四大は四毒蛇の如しと觀ず。云何が觀を爲す。是の四毒蛇は常に人の便を伺ふ。何れの時にか當に視るべき、何れの時にか當に觸るべき、何れの時にか當に噉くべき、何れの時にか當に齧むべき。四大の毒蛇も亦復是の如し。常に衆生を伺ひて其の短缺を求む。若し四蛇に殺さるゝ者は、終に三悪道の中に至らざるも、若し四大に殺害せらるれば、必ず三悪道に至らんこと、定んで疑有ること無し。是の四毒蛇は復瞻養すと雖も、亦人を殺さんと欲す。四大も亦爾なり、常に供給すと雖も、亦常に人を牽いて衆悪を造作《せしむ》。是の四毒蛇は若し一瞋れば則ち能く人を殺す。四大の性も亦復是の如く、若し一大發すれば亦能く人を害す。是の四毒蛇は同一處なりと雖も四心各異なり。四大毒蛇も亦復是の如く、同一處と雖も性各別異なり。是の四毒蛇は復恭敬すと雖も、親近すべきこと難し。…下略…

右のごとくである。より端的には「自観己身如四毒蛇」（大正蔵12三六七上28）ということで、身体及び万物を形造る四大（四元素、地水火風）を四匹の「蛇」と観じたものであるが、具体的には右に見たように種々の形象が存するものである。

『金光明最勝王經』には、「重顯空性品第九」に「頌曰」として、次のように端的に表現されている。

地水火風共成身　隨彼因縁招異果　同在一處相違害　如四毒蛇居一篋
此四大蛇性各異　雖居一處有昇沈　或上或下遍於身　斯等終歸於滅法
於此四種毒蛇中　地水二蛇多沈下　風火二蛇性輕擧　由此乖違衆病生
（大正蔵16四二四中14～19）

これを［板橋倫行・一九五八・三・論考］「奈良朝芸文に現われた「二鼠四蛇」」は、説話として扱う。『萬葉集』の「四蛇争侵」（山上憶良「日本挽歌」〈5・七九四〉の前に位置する詩序）は説話によるものとの位置付けも不可能では無いが、当歌においては単なる説話詠ではなく、「観想」詠としてある。

この典拠について［鹿持雅澄・一八二一・三・注釈］『南京遺響』は、その頭注において、「最勝王經云」「般若經云」などとしているが、『涅槃経』依拠のことは「呵嘖生死」条で指摘した。

右に『萬葉集』中の例を示したが、それ以外に、前出の『奈良朝写経』識語中に、

［豈謂四虵］侵命、二鼠催年。報運既窮、［奄従去世］。
（『奈良朝写経』75、寳龜十年（七七九）潤五月朔癸丑「大般若経巻第百七十六」識語）

注＝［　］の箇所は本文欠失部分を示し、［増尾伸一郎・一九八九・一〇・論考］「古写経の跋文と道教的思惟」に依拠して示している［稲城正己・二〇一三・二・論考］「上代写経識語注釈（その十八）」によった。

とある。その訓読と現代語訳を［稲城正己・二〇一三・二・論考］によって次に示す。

豈《そ》れ四つの虵《へみ》命を侵し、二つの鼠年を催すと謂はむ。報運既に窮《きはまれ》り、奄《たちま》ち世を去るに従ふ。
（四匹の蛇（四大／地水火風の四元素）がせめぎ合って命を侵し、二匹の鼠（日月／時間）が時を移り変らせていくといわれている。父の命運は尽きてしまい、たちまちの内に世を去ってしまわれた。）

また少しくだるが『東大寺諷誦文稿』にも、

四乃虵乃迫来ヌル時尓ハ、虚空雖寛而、廻首无方、二鼠迎来時、大地雖廣而、隠身无處。（67～68行）

とある。この箇所の訓読・現代語訳を、上代文献を読む会における井上幸氏の発表（二〇一三年七月二八日）によって次に示す。

四ノ蛇《へみ》ノ迫来ヌル時ニハ、虚空寛しと雖も（而）、首《かうべ》を廻《めぐら》さむに方无く、二の鼠迎へ来る時には、大地廣しと雖も（而）、身を隠す処无し。

（四匹の蛇（地水火風）が迫り来る時には、この空間は広大だといっても、首を回す方向も無く、二の鼠（日・月あるいは昼・夜）が迎えに来る時には、この大地は広大だといっても、身を隠す所もない。）

このように、「四蛇」の語は「二鼠」と共に、当時の知識人にはよく知られた経典の語であった。

〇伊都々乃毛乃々（19②）

「もの」は「もののけ」の「もの」である。上代に「もののけ乙」（物の気）の語が存在してもおかしくは無いが、その語例は確認できない。『萬葉集』においては、「鬼」の字を「もの」と訓む事例が一一例見られる。その内の四例を次に挙げる。

天雲之《あまくもの》　外従見《よそにみしより》　吾妹兒尓《わぎもこに》　心毛身副《こころもみさへ》　縁西鬼尾《よりにしものを》（4・五四七、笠金村）

朝宿髪《あさねがみ》　吾者不梳《われはけづらじ》　愛《うつくしき》　君之手枕《きみがたまくら》　觸義之鬼尾《ふれてしものを》（11・二五七八、作者未詳）

足日木之《あしひきの》　山鳥尾乃《やまどりのをの》　一峯越《ひとをこえ》　一目見之兒尓《ひとめみしこに》　應戀鬼香《こふべきものか》（11・二六九四、作者未詳）

朝東風尓《あさごちに》　井堤超浪之《ゐでこすなみの》　世染似裳《よそめにも》　不相鬼故《あはぬものゆゑ》　瀧毛響動二《たぎもとどろに》（11・二七一七、作者未詳）

このように「鬼」字を「もの」と訓む事例が明らかにするように、「もの」とは目に見えない畏怖する対象としての包括的概念として存在した。『岩波古語辞典』の「おに」の項には、

「隠」の古い字音 on に、母音 i を添えた語という。ボニ（盆）・ラニ（蘭）の類。

とある。字音に i 音添加で倭語化する例は、銭ゼニ・簡カミ（紙）などの例がある一般的現象である。右の件は、

『倭名類聚鈔』（元和古活字那波道圓本、巻二の四オ）に、

　鬼　四聲字苑云鬼居偉反〔和名於爾〕。或説云隱字〔音於尒訛也〕鬼物隱而不欲顯形故俗呼曰隱也。

とあるが、『古語大鑑』の「おに」の【補説】には、

「隠」の字音を、「銭（ゼニ）」「盆（ボニ）」などのように「オニ」と表記したものが定着した語と言うが未詳。平安時以後に、従来は「もの」「しこ」などと言われたものに相当する語として使用されるようになった。日本古来の「もの」「おに」などは、本来姿を見せず一種の気配として感得されるものと捉えられていたようであるが、「鬼」に「おに」という訓が定着し、又、仏教や道教の邪鬼など、中国より将来された邪神の類からの影響を蒙った結果、現在見られるような恐しい容姿の鬼のイメージが形成されていったものと考えられる。

と記されている。

　さて、ここに出る「いつゝのもの」は、『涅槃経』に「五陰《おん》」と出る語の訳語としてあるものと考えられる。「五陰」は「五旃陀羅」とも出るが、「旃陀羅《せんだら》」は古代インド社会におけるカースト制の四姓の外と位置付けられた差別的呼称であり、「五旃陀羅」はあくまでも「五陰」の比喩として出されているものであるが、基本的には別ののであり、ここの「いつゝのもの」は「五陰」の訳語としてあると理解するのが良い。なお注解を加えると、出典から来る典拠の語は「五陰」であり、その訳語として「いつゝのもの」の表現があり、それを当時の一般的な表記で示すと「五つの鬼《もの》」ということになると考えられる。これにより、【よみ】は「五つの鬼」で示し【現代語訳】は「五匹の鬼」とした。この「五陰」は「五蘊」とも言い（『涅槃経』には「五蘊」の語は出ない）、物を構成する五要素（色・受・想・行・識）を言うもので、次の如くである。

　善男子。云何菩薩除斷五事。所謂五陰。色受想行識。所言陰者其義何。謂能令衆生生死相續不離重檐。分散聚合三世所攝。求其義理了不可得。以是諸義故名爲陰。菩薩摩訶薩雖見色陰不見其相。何以故。於十色中推求其

性悉不可得。爲世界故説言爲陰。受有百八。雖見受陰初無受相。何以故。受雖百八理無定實。是故菩薩不見受陰。想行識等亦復如是。菩薩摩訶薩深見五陰。是生煩惱之根本也。以是義故方便令斷。

（『大般涅槃經』No.0374、大正蔵12五一五上08～17）

この「五陰」は、「与都乃閇美」条（19①）で挙げた『涅槃経』にすぐ続く形で次のように出る。

五旃陀羅即是五陰。云何菩薩観於五陰如旃陀羅。旃陀羅者。常能令別人恩愛別離怨憎集會。五陰亦爾。令人貪近不善之法。遠離一切純善之法。復次善男子。如旃陀羅種種器仗以自莊嚴。若刀若楯若弓若箭若鎧若矟能害於人。五陰亦爾。以諸煩惱牢自莊嚴。害諸癡人令墮諸有。善男子。如旃陀羅有過之人得便害之。五陰亦爾。有諸結過常能害人。以是義故。菩薩深観五陰如旃陀羅。

（大正蔵12四九九下17～25）

この箇所についても同様に、［常盤大定・横超慧日・一九三五・二・訳文］により、その訳文を掲げると、次のようになる。

「五旃陀羅」とは即ち是れ五陰なり。云何が菩薩、五陰は旃陀羅の如しと観ずる。旃陀羅は、常に能く人をして恩愛別離し、怨憎集會せしむ。五陰も亦爾なり、人をして不善の法に貪り、近き一切の純善の法を遠離せしむ。復次に善男子、旃陀羅の、種種の器仗を以て自ら莊嚴し、若しは刀、若しは楯、若しは弓、若しは箭、若しは鎧、若しは矟もて能く人を害するが如く、五陰も亦爾なり。諸の煩惱を以て牢く自ら莊嚴し、諸の癡人を害して諸有に墮せしむ。善男子、旃陀羅が、過有るの人を、便を得て之を害するが如く、五陰も亦爾なり。諸結の過有れば常に能く人を害す。是の義を以ての故に、菩薩は深く五陰は旃陀羅の如しと觀ず。

先に出た「四蛇」の語は、当時の知識人によく知られた語であったが、対してこの「五陰」は余り出て来ない語である。

○阿都麻礼流伎多奈伎微乎婆（19③④）

「あつまれる」とは、この身は、「四大」（地水火風）によって構成され、「五陰」（色受想行識）の集合体となっているというのである。これは右に見た『涅槃経』所説のままであるが、それによって、人間の一身を「四大」「五陰」そのものと観想したものであり、いわば「不浄観」をなしたのである。その「四大」「五陰」を観念語「四大」「五陰」で思い描くのではなく、「四つの蛇」「五つの鬼《もの》」という具体的な存在体（と言っても、それは生物ではなく観念的存在に違いはないが、その「蛇」「鬼」）とみなすことによって、第四句の「穢なき身」へと展開している。

「きたなし」の類似の語に「かたなし」「けがらはし」がある。「かたなし」は容貌の醜さを表現する語としてあり、「けがらはし」は「けがれ」から派生した語でけがれている様を表現する語としてある。対して「きたなし」は「清し」の対応語としてあり、汚れている様を表現する語としてある。

この「きたなきみ」は『涅槃経』の中に次のように出ている。

爾時復有三恒河沙諸優婆夷。受持五戒威儀具足。其名曰壽徳優婆夷。徳鬘優婆夷。毘舎佉優婆夷等。八萬四千而爲上首。悉能堪任護持正法。爲度無量百千衆生故。現女身呵責家法。自觀己身如四毒蛇。是身常爲無量諸虫之所唼食。是身臭穢貪欲獄縛。是身可惡猶如死狗。是身不淨九孔常流。是身如城血肉筋骨皮裹其上。手足以爲却敵樓櫓。目爲竅孔。頭爲殿堂心王處中。如是身城諸佛世尊之所棄捨。凡夫愚人常所味著。貪婬瞋恚愚癡羅刹止住其中。是身不堅猶如蘆葦伊蘭水泡芭蕉之樹。是身無常念念不住。猶如電光暴水幻炎。亦如畫水隨畫隨合。是身易壞猶如河岸臨峻大樹。是身不久當爲狐狼鵄梟鵰鷲烏鵲餓狗之所食噉。誰有智者當樂此身。寧以牛跡盛大海水。不能具説是身無常不淨臭穢。…下略…

（『大般涅槃經』、大正蔵12三六七上24～中11）

先に「呵嘖生死」条で引いた『涅槃経』は（大正蔵12四九八中07～25）条であったが、ここにも「呵責」の語が出ていて、関連は深い。

○伊止比須都閇志波奈礼須都倍志（19⑤⑥）

「いとふ」の語は『類聚名義抄』に「厭〔イトフ〕」（法下一〇四8～一〇五1、但し「麻垂れ」の字形）とある。「厭」の省文の「猒」でも「イトフ」と出ている（佛下本一三七3）。『萬葉集』には、

世間能《よのなかの》　周弊奈伎物能波《すべなきものは》…中略…多都可豆恵《たつかづゑ》　許志尓多何祢提《こしにたがねて》　可由既婆《かゆけば》　比等尓伊等波延《ひとにいとはえ》　可久由既婆《かくゆけば》　比《ひ》
等尓迩久麻延《とににくまえ》…下略…　（5・八〇四、山上憶良「哀世間難住歌一首」）

何為等加《なにすとか》　君乎将猒《きみをいとはむ》　秋芽子乃《あきはぎの》　其始花之《そのはつはなの》　歡寸物乎《うれしきものを》　（10・二二七三、作者未詳）

などとある（右は代表例）。四段の他動詞である。「はなる」は例が多く一般的な語であるので、例を挙げるまでもないが、下二段の他動詞である。その、「いとふ」と「はなる」の二語は、ここでは「厭離」の訳語としてあるものと理解され、「厭離」の語を二句に分けて表現したものである。この「厭離」の語は『涅槃経』中にも確認できる。

衆生名五陰五陰名衆生。五陰名煩惱煩惱名五陰。云何如來喩之於燈。佛言。善男子。喩有八種。一者順喩。二者逆喩。三者現喩。四者非喩。五者先喩。六者後喩。七者先後喩。八者遍喩。云何順喩。如經中說。天降大雨溝瀆皆滿。溝瀆滿故小坑滿。小坑滿故大坑滿。大坑滿故小泉滿。小泉滿故大泉滿。大泉滿故小池滿。小池滿故大池滿。大池滿故小河滿。小河滿故大河滿。大河滿故大海滿。如來法雨亦復如是。衆生戒滿。戒滿足故不悔心滿。不悔心滿故歡喜滿。歡喜滿故遠離滿。遠離滿故安隱滿。安隱滿故三昧滿。三昧滿故正知見滿。正知見滿故厭離滿。厭離滿故呵責滿。呵責滿故解脱滿。解脱滿故涅槃滿。是名順喩。云何逆喩。…下略…

（『大般涅槃經』、大正蔵12五三六中09～24）

ここも前に挙げた語句分離方式による表現であり、「厭離」の語を二句に分けて「いとひ……はなれ……」と表現したものである。

「すつ」は、「棄つ」の語である。「厭離」だけで充分であるが、「棄つ」の語を加えることによって、「いとひすつ……はなれすつ……」としたものであり、「欣求涅槃」というのに近い強調表現としてある。その上に強く推奨

する意味の助動詞「べし」が付いていて、前歌（18番歌）で見たように、語調が強いと言うべきか、高踏的、強圧的発言としてある。

○伊加豆知乃比加利乃期止岐己礼乃微波（20①～③）

「いかづちのひかりのごとき」は一身の命を雷光・電光のごとく一瞬のものであるとみなした表現であり、前頁の「阿都麻礼流伎多奈伎微乎婆」条（19③④）で引いた『涅槃経』中に、「猶如電光暴水幻炎。」（大正蔵12三六七中07）とあった。その例と共に、『涅槃経』の次条もそうした例として挙げてよい。［釋潮音・一八一九・三・考証］『佛足蹟碑文和歌略註』は次例の方を引いている。

爾時世尊復告純陀。莫大啼哭令心顛悴。當觀是身。猶如芭蕉熱時之炎。水泡幻化乾闥婆城坏器電光。亦如畫水臨死之囚熟果段肉。如織經盡如碓上下。當觀諸行猶雜毒食。有爲之法多諸過患。於是純陀復白佛言。如來不欲久住於世。我當云何而不啼泣。苦哉苦哉。世間空虚。唯願世尊。憐愍我等及諸衆生。久住於世勿般涅槃。佛告純陀。汝今不應發如是言。憐愍我故久住於世。我以憐愍汝及一切。是故今欲入於涅槃。何以故。諸佛法爾。有爲亦然。是故諸佛。而説偈言

有爲之法　其性無常　生已不住　寂滅爲樂

（大正蔵12三六七上14～27）

「いかづち」を「かむとけ」とも言うが、「かむとけ」は落雷を主としてさす語とみられる（『時代別国語大辞典上代編』）。対して、「いかづち」は「なるかみ」ともいう神そのものをさした語である。

「これの」は、10番歌の「己礼乃与波」（10①）でみた「これの」と同じく「此の」の意味である。五音節にするために「これの」としたと考えられる。

「これのみ」として人の一身をさして表現している。前歌同様に「観想」の歌としてある。

なお、『奈良朝写経』中の「66大般若経巻第百七十六」の識語に、「假體如浮雲、草命似電光」（仮体は浮雲の如し、

革命は電光に似る）がある。［稲城正己・二〇一二・一〇・論考］「上代写経識語注釈（その十六）」は、その「注解」で右の『涅槃経』（大正蔵12三六七上14～27）と『大唐大慈恩寺三蔵法師伝』及び当佛足跡歌碑歌を引いている。この経典識語には神護景雲元年（七六七）九月五日の年紀が記されている。

○志尓乃於保岐美（20④）

「しにのおほきみ」とは日本での死神に相当するが、『涅槃経』には「死王」の語が出、その直訳語としてあると考えられる。「迦葉菩薩品」中第十二之六に観想の「十想」が出、その第六に「死想」が出る。その中に「死王」の語が次のように見える。

善男子。一息一眴衆生壽命四百生滅。智者若能觀命如是。是名能觀念念滅也。善男子。智者觀命繫屬死王。我若能離如是死王。則得永斷無常壽命。復次智者觀是壽命猶如河岸臨峻大樹。亦如有人作大逆罪。及其受戮無憐惜者。如師子王大飢困時。亦如毒蛇吸大風時。猶如渴馬護惜水時。如大惡鬼瞋恚發時。衆生死王亦復如是。

（『大般涅槃經』、大正蔵12五八九下19～27）

［釋潮音・一八一九・三・考証］『佛足蹟碑文和歌略註』もまさしく右の箇所を引いている。なお、「聖行品」第七之二の中（大正蔵12四三七上～下）にも「死王」の語が出るが、右に引用した箇所には次の第五句に関わる文言もあり、典拠としては右の例が良い。

「しに」の対応語として「いき」がある。

戀々而《こひこひて》　後裳《のちも》将相常《あはむと》　名草漏《なぐさもる》　心四《こころし》無者《なくは》　五十寸手《いきて》有目八面《あらめやも》

（『萬葉集』12・二九〇四、作者未詳）

逕之三日乃蘓甦矣。（訓注、蘓〈左女〉甦〈伊支太利〉）

（逕《ふ》ること三日にして乃《すなは》ち蘓《さ》め甦《い》きたり。〈訓注、蘓〈左女《さめ》〉甦〈伊支太利《いきたり》〉〉）

（『日本霊異記』上五縁、興福寺本一三七行・〈訓注〉一五二行）

右は動詞例である。名詞例としては、次の事例（代表例）がある。

人跡《ひとと》成《なる》　事者《ことは》難乎《かたきを》　和久良婆尓《わくらばに》　成吾身者《なれるあがみは》　死毛《しにも》生毛《いきも》　公之《きみが》随意常《まにまと》…下略…

（『萬葉集』9・一七八五、笠金村「神龜五年戊辰秋八月歌一首」）

生死之《いきしにの》　二海乎《ふたつのうみを》　猒見《いとはしみ》　潮干《しほひ》乃《の》山乎《やまを》　之《し》努《の》比《ひ》鶴鴨《つるかも》

（『萬葉集』16・三八四九、作者未詳「猒世間無常歌」）

名詞例の第一例（9・一七八五）は「比止乃微波衣賀多久阿礼婆」条（18①②）で挙げた例である。

○都祢尓多具覇利（20⑤）

「つねにたぐへり」は、人の一身には死王が常に寄り添っていて、死王から逃がれることは出来ないということを言い、右で引用している『涅槃経』中の「命繫屬死王」の「繫屬」の訳語としてある。「たぐふ」の語は『岩波古語辞典』に、「似つかわしいもの、あるいは同質のものが二つそろっている意」とある。ここでは、生と死とが表裏一体のものであることを「たぐへり」と表現している。「り」は存続の意味で、完了助動詞「り」の原初形の「あり」の意味が生きており、「たぐひてあり」の意味としてある。「たぐふ」の語例として、次に日本書紀歌謡の例を挙げておく。

耶麻鵝播尒　烏志賦柂都威底　陁虞毗預倶　陁虞陛屢伊慕乎　多例柯威尒鷄武

（紀歌謡一一三）

（山川《やまがは》に　鴛《を》鴦《し》二《ふた》つゐて　たぐひ良《よ》く　たぐへる妹《いも》を　誰《たれ》か率《ゐ》にけむ）

○於豆閇可良受夜（20⑥）

「おづ」とは、「怖づ」の意で、「怖」の字で理解してよい。12番歌条でみた「六難値遇」中の第三に「怖心難生」があった。その「怖心」から来る情意を言う動詞である。

「べから」は、形容詞ク活用型助動詞「べし」にラ変動詞「アリ」が結合して成立した補助活用ベカリの未然形である。形容詞カリ活用について言及した「多布止可理家利」条（15⑤）、参照。なお、助動詞「べし」の成立については、［山崎馨・一九六四・五・論考］「形容詞系助動詞の成立（一）」に言及がある。

句末（歌末）の「や」は終助詞で、問いかけの形で注意を喚起する語であり、歌を読む（聞く）人に「そうではないのか、どう思うか」という意味で反芻を迫る強意の語としてある。

この一首は、『涅槃経』の「怖心難生」を踏まえており、これにより「おづべからずや」と表現している。単純に死の恐怖を悟りなさいというような内容ではない。「人身難得」はこの世に人として生を享けることの困難さを言うものであるが、一旦、生を得ると、生きているということが普通になり、「生」ということを意識しないものである。それと共に「怖心」というものについてもほとんど意識しないようになるが、生と死とはセットとしてあるものであり、常に涅槃のことを念頭に置くべきであるというのが、この「おづべからずや」という表現である。

○21番歌

「都」以外は後の補刻である。詳しくは本書第二章論考篇一第四節「佛足跡歌碑歌の用字」を参照されたい。碑面状況は写真画像「**碑面18〜23**」（三四七頁）を参照されたい。
［野呂元丈・一七五二・秋・金石記］『佛足石碑銘』が「字體自異、疑後所補也」と言及し［釋潮音・一八一九・三・考証］『佛足蹟碑文和歌略註』も「字畫亦不同。前文疑是後人所補也」とするが、［山川正宣・一八二六・八・注釈］『佛足石和歌集解』は、
今按上の句多已下八九字別に大字にて、うち見には聊あやしけれども、真石を見れば、他行にも又怪しむべき所有、是石面凸凹のまゝに鐫たる物なれば、おのづから不同出来たるにも有べし
とし、［橋本進吉・一九二一・一〇・解説］『南京遺文』は、この山川正宣所説を受けて、
左端の一行は、文字の甚大きなものや、刻法の他の部分と違つたやうに見えるものがあつて、後世の補刻であるまいかと疑はれる點もあるけれども、原碑について詳しく檢べて見るに、文字の大きいのは、其處の石面が

粗で凹凸があつたので、小さな文字では字形が不分明になる虞があつた爲らしく、…中略…後世の補刻ではあるまいと想はれる。

と展開している。この発言は後まで大きく影を落としているのではないかと考えられる。しかしながら、この分析は当っていない。このことは、補刻歌において、

□都　比多留　□□乃多尓　久須理師毛止牟　与伎比止毛止无　佐麻佐牟我多米尓　（21補刻歌）

（□つ　ひたる　□□の為《た》に　薬師求む　善き人求む　さまさむが為《ため》に）

と、第四句「薬師求む」と第五句「善き人求む」とが準反復形式になっているが、こういう形は佛足跡歌碑歌中には他に見られず、それは第五句と第六句においてのものであること、本書第二章論考篇一第六節「佛足跡歌体について」で明らかにしている（四七八〜四七九頁）。

この補刻歌において、「久須理師」（薬師）は15番歌に、「与伎比止」（善き人）は3・8番歌に出ており、そうしたところから持ち来った語であると理解できるのである。

18番歌以降は、「呵嘖生死」のテーマの下に、「人身難得」（18）「不浄観（四蛇五陰）」（19）「無常観」（20）と一貫して『涅槃経』に依拠しつつ詠んできている。しかも、そのいずれにも「身」の語が詠み込まれていること、「佛足跡歌碑歌の用字」（本書第二章論考篇一第四節、四四二〜四四三・四四五〜四四六頁）で言及している。よって、この21番歌においても、『涅槃経』に依拠しての観想詠であるはずであり、必ずや「身《み》」の語が詠み込まれていたはずである。こうした歌詠内容からしても、

（……ひたる　□□の為《た》に　薬師求む　善き人求む　さまさむが為《ため》に）

という補刻歌は全く見当はずれの内容になっている。

なお、「久曽神昇・一九五四・一二一・解説」が碑面刻字について「石面に直接に墨書したものと思われる」とす

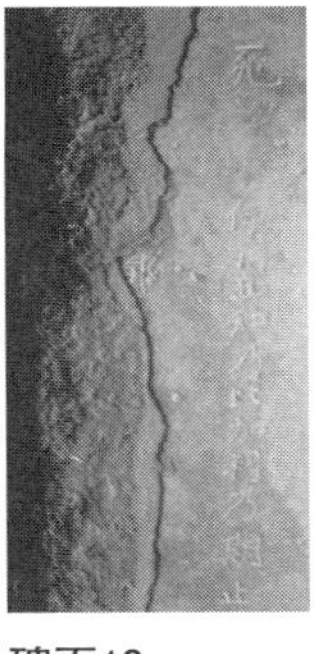
碑面18

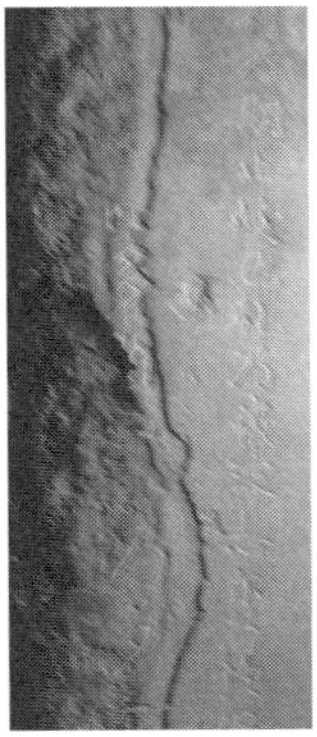
碑面19

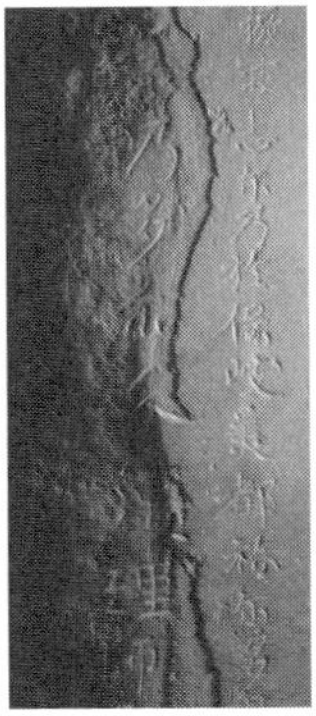
碑面20

碑面21

碑面22

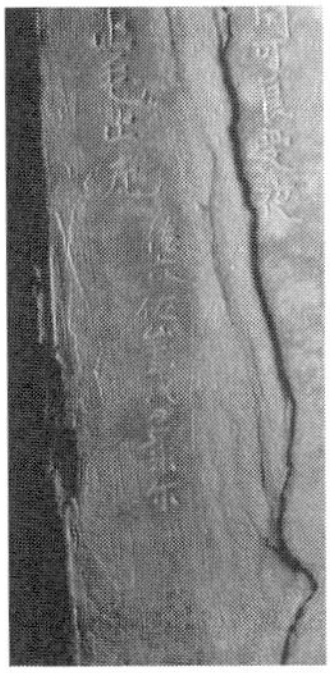
碑面23

る。これを肯うものである。佛足石の場合は、大きな穴は別として、凹部に文字を彫りこむという無理をしており、これは稿紙を貼っての鏤刻と考えられるが、佛足跡歌碑の場合は石面の情況と刻字の様などから、恐らく直接に碑面に墨で書き込んでの鏤刻と想定され、そうした状況から考定しても、この21番歌の「都」以外は後時の補刻の歌と考えられるのである。なお、第二章第三節「佛足跡歌碑歌について」の四一二〜四一三頁でも言及している。

右の次第であり、補刻歌は当佛足跡歌碑歌から一線を画すべきものであり、時代のくだる作であるが、一つの言語資料として存在していることは間違いない。その意味において、ここに簡単に注解しておく。

□都□□□□□□□比多留□□乃多尓久須理師毛止牟与伎比止毛止无　佐麻佐牟我多米尓

（□都□□□　□□□□ひたる　□□の為《た》に　藥師求む　善き人求む　さまさむが為《ため》に）　（21補刻歌）

●□都□□□

［木本通房・一九四二・八・注釈］『上代歌謡詳解』は、上三句を、「うつそみの世にまよひたるひとの爲《た》に」

と、現代の補訂歌を提出している。

●□□□□比多留

四段活用或いは上二段活用の動詞の連用形に助動詞「たり」の連体形が接続している。

●□□乃多尓

「□□」には体言が入ることになる。「のたに」は「の為《た》に」であり、この「為《た》に」の用例等については、「乃利乃多能与須加止奈礼利」条（18③④）で言及した。

●久須理師毛止牟

「久須理師」については、「久須理師波」条（15①）で述べた。「もとむ」の語は8番歌に出、「多豆祢毛止米弖」条（8②）で注解したが、そこでの意味は希求し導かれるものとしての用法であった。ここでは「探し求める」意で使用されており、語の使われ方が異なっている。

●与伎比止毛止无

「与伎比止」については、「与伎比止乃」条（3①）で注解した。「与岐比止乃」（8③）とも出た。

●佐麻佐牟我多米尓

［野呂元丈・一七五二・秋・金石記］『佛足石碑銘』は「為覺悟也」と注記し、［鹿持雅澄・一八二一・三・注釈］『南京遺響』は「煩悩の眠を覺さむが爲にと云なるべし」とし、［林竹次郎・一九三二・七・論著］『萬葉集外來文學考』は、「古溪曰。生死に迷へる人のために、その迷をさますがために」とし、［木本通房・一九四二・八・注釈］『上代歌謡詳解』は「迷夢をさまさんが爲めに」としている。こういう理解をして来ている。［井上通泰・一九二三・一二・注釈］「佛足石歌新考」は第二句を「佐氣尓恵比多留」とし、「第六句にサマサムガタメニとあるを思ふべし」としている。この解は「呵嘖生死」から外れた解釈になる。

歌碑下段

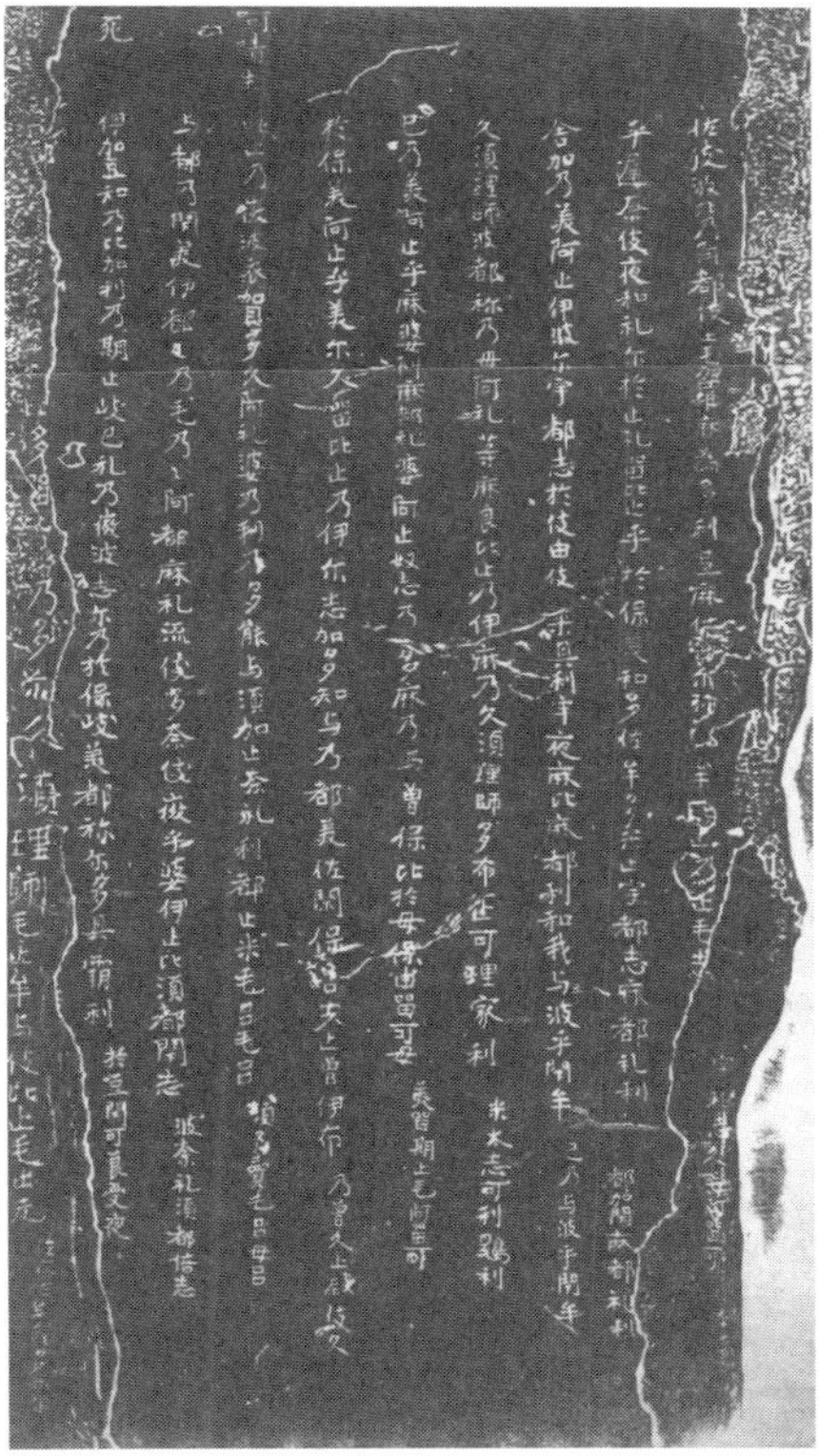

歌碑上段

歌碑の碑面イメージとして（版木拓本。原拓ではない。碑面全体のイメージとして。藏中進氏旧蔵）

佛足跡歌碑は木村蒹葭堂（1736-1802）の薬師寺への版木の奉納により、「**版木拓本**」が存在する（[林古溪・一九二四・一〇・随想]「佛足石碑銘」。佛足石・歌碑・檫銘という三種の奉納とある）。この「版木拓本」の本文上の問題点については、「[与][岐]比止乃」（8③）条で指摘している。271頁、参照。

第二章　論考篇一

第一節　佛足石記文について

一　はじめに――佛足石について――

佛足石は偶像の原初形態の一つである。仏像については、［逸見梅栄・一九七六・四・文様］に、次のような簡潔な記述がある。

仏教で礼拝像として仏像や菩薩像を作ったのはガンダーラ地方がはじめで、その時期は仏の滅後およそ五百年頃である。ガンダーラ地方というのは印度の西北部で、今のペシャワールを中心とするかなり広い地域である。…中略…実際に多数作られるようになったのは四世紀のグプタ朝時代からと言っていい。さて礼拝像が作られるようになってから、仏教彫刻や婆羅門教彫刻が、すっかり面目を新たにし礼拝像中心のものとなった。

（『古典印度文様』二〇八頁）

例えば釋迦佛とその子羅睺羅《らごら》（ラーフラ）との対面を描いた石盤（［安田治樹・大村次郷・一九九六・八・図録］、マドラス博物館蔵「アマラーヴァティー欄楯貫」二世紀後期、次頁、**図1**）では釋迦佛そのものは描かれず、その座は空席の如くに見えるが、そこに佛足が描かれていて、この佛足によって釋迦佛そのものの存在を示している。［加藤諄・二〇〇七・二・論著］は簡潔に次のように記している。

仏足石は、仏陀の足裏の形を、石に彫りつけたもので、そこに仏陀がましますしるしであります。

図１

今では、仏陀を拝む対象に、仏像がありますが、古代インドでは、紀元前数百年の仏教遺蹟の石刻などを見ますと、仏伝図や装飾図などには、姿なき仏陀をあらわすために、仏座や、座下の両足跡や、座上の法輪や菩提樹などを刻み出して、それに向かって礼拝したのがわかります。

（『日本仏足石探訪見学箚記』一頁）

佛足石の早いものとして、［森貞雄・一九八三・一・論著］は、「仏足石制作に関しては師子国を最初と考える」とし、「師子国」（セイロン島則ち現在のスリランカ共和国）の紀元前二四〇年のものが早いとしている（二五～二九頁）。

現在、日本における佛足石の一番古い碑石が次項に掲げる薬師寺蔵の佛足石である。他に興福寺（奈良市）・高山寺（京都市）に所在したことが指摘されている。

興福寺（旧称「山階寺」）のものとしては、一は『拾遺和歌集』に載る次の歌がある。

光明皇后、山階寺にある仏跡にかきつけたまひける

みそちあまりふたつのすかたそなへたるむかしの人のふめるあとそこれ

（巻二十、哀傷、一三四五）

これは伝承がそれらしく受け止められ掬い上げられて収載されたものと考えられるものである。

今一件、資料を提示して論じたものとして、〔板橋倫行・一九二九・一一・論考〕「仏足石歌碑の原所在について」がある。『興福寺流記』の同寺東院西堂条を引く。今、ここでは、〔谷本啓・二〇〇六・三・校訂〕「校訂『興福寺流記』（一）」の本文（底本、東京国立博物館本）により、割注箇所は〔　〕で括る形で大書して示すと次のようになる（校異注は略した）。

東院西堂。奉安繡浄土二鋪。陀落浄土。〔奉為聖武天皇。但東邉。〕一鋪阿弥陀浄土。〔奉為光明皇后。但西邉。〕　（71〜72行）

右。天平宝字五年。大炊天王。下給宣旨於恵美大臣。奉為天王皇后所造立也。但件佛堂等。顚倒之。尚無其遠〔迹〕。東院大僧都。佛跡立房。　（73〜75行）

右の「佛跡立房」を取り挙げ、〔板橋倫行・一九二九・一一・論考〕は「仏跡に房を立つというのは、仏跡のほとりに房を結んだ意か」とし、「山階寺仏跡に伴うべきはずの仏足石歌碑は、また当然この東院西堂の辺に立っていたのである」としている。本文の「尚無其遠」の「遠」には「迹」の校異があるが、問題の「佛跡立房」の箇所には校異が存在しない。板橋倫行氏は「佛跡立房」の「佛跡」は「佛足石」のこととして展開し、〔宮嶋弘・一九五三・一〇・論考〕及び〔亀田孜・一九六四・八・論考〕「仏跡の伝来と観智院の仏足図」がこの考えを是認している。しかし、この「佛跡」が佛足石の佛跡であるという証は何もない。右に出した『拾遺和歌集』の詞書にある「仏跡」は情況から佛足石と理解できるのであるが、この東院西堂の「佛跡」は、その原文から、東の（補）「陀落浄土」一鋪と西の「阿弥陀浄土」一鋪の画繡をさすものと考えられるのである。年代も右に「天平宝字五年」（七六一）とあり（『續群書類從』本の『興福寺伽藍縁起』にも「東院西堂」に「天平寶字五〔辛丑〕年恵美大臣造立」とある）、天平勝寳五年（七五三）の文室真人智努による佛足石造立よりやや遅れることになる。年代のことは問題ないとしても、興福寺に佛足石が存在したとする確かな明証は、右の「佛跡」の読みから、存在しないと考えられる。

高山寺のものは、明恵（一一七三〜一二三二）所伝と伝えられ、時代がくだるものである。［太田南畝・一七九四・随筆］『一話一言』の「佛足石ノコト」（「石田氏筆記」条）には、次のような記録がある。

梅尾山明恵上人天竺ノ佛足石ヲ移シ置シヲ先年地震ノ時此石絶タリ、…下略…

右は一つの伝承に過ぎないものであり、『梅尾《とがのお》明恵上人傳記』（巻上）には「大盤石」の上に彫り付けたと記されている。

現存するものは奈良県高市郡明日香村の岡寺のものが古い。岡寺の佛足石の造立年次は不明ではあるが、［森貞雄・一九八三・一・論著］『佛足跡をたずねる』の「全国仏足石一覧」では室町期と比定している。以後は江戸期のものになり、昭和三〇年以降のものが少なくない。これらについては、［加藤諄・一九八〇・一一・論著要覧］『佛足石のために―日本見在佛足石要覧―』及び［森貞雄・一九八三・一・論著要覧］『佛足跡をたずねる』に詳しい。

二　薬師寺蔵の佛足石について

奈良市西ノ京町の薬師寺に蔵されている国宝佛足石は、かつては佛足堂に安置されていた。薬師寺は昭和四十二年（一九六七）以来、創建時の原態へと、復興の途上にあり（［安田暎胤・一九九〇・一一・論考］）、そうした中で佛足堂は撤去され、現在、佛足石と佛足跡歌碑は講堂に安置されている。元の佛足堂の写真が［安田暎胤・大橋一章・一九九〇・一一・図録］『薬師寺』に載っている（一四〇頁）。

この佛足堂は、［田中稔・二〇〇〇・七・解説］奈良六大寺大観『薬師寺』によると、「延享二年（一七四五）当時には四尺四方の小堂があるが（『諸堂社間数之覚』）、その建立時期は明らかでない」（一〇六頁）とある。また延宝四年（一六七六）以降享保末年（一七三〇〜一七三四）以前という「伽藍寺中之図」（挿図62、一〇八頁）については「仏足石に覆堂が建てられている」（同「解説」一〇六頁）とあり、図には堂に「佛足跡石」と記されている。

目下のところ、佛足石の薬師寺における初見は寛永元年（一六二四）に書き上げられた『南北二京霊地集』〔袋中良定・一六二四・四・地誌〕に「寺内ニ佛足ノ千輻輪石ニ刻テ立」と記されているものとなる。佛足跡歌碑についての記述はなく、歌碑の存在は不明である。この『南北二京霊地集』について言及するのは、〔福山敏男・久野健・一九五八・一一・美術史〕である（七四頁）。奈良六大寺大観に載る「薬師寺繪圖」（〔田中稔・二〇〇〇・七・解説〕に万治三年〈一六六〇〉以前とある）には、金堂横の境内に雨曝し状態で「仏足」とあるが（図版二三一頁）、佛足石と佛足跡歌碑は一対のものとして描かれている。延宝二年（一六七四）〜同四年の間の成立という「伽藍寺中幷阿弥陀山之図」（同「解説」一〇七頁）にも同様に雨曝し状態で「仏足」とあり、歌碑を伴って描かれている。また、〔藤田經世・一九七五・三・史料〕『校刊美術史料寺院篇』の「薬師寺史料集」が掲載する【「薬師寺縁起國史」抄】には、次の一条の指摘がある（史料の掲載のみ――明治期の写本によるもので、元禄元年以前の記事）。

八幡宮別當榮招宇佐八幡芔を勸請、朝野群載 寺家南園社立、宇佐縁起 佛足形千輻輪相、轂〔ママ〕輞相、是〔ママ〕足魚鱗相、金剛杵相、足跟亦梵王頂相、衆蠢相〔ママ〕をえりつけたり

上二件については、その典拠（『朝野群載』・『宇佐縁起』）を示しているが、「佛足形」についてはそれが無い。薬師寺境内に関わるものの縁起を記したものと覚しく、「元祿元年八月十三日の大風の後別當平〔ママ〕律修理」とある元禄元年（一六八八）における「佛足形」存在の史料となる。なお、「佛足形」の下にある「千輻輪相」から末尾の「えりつけたり」までは「佛足形」の注記と理解できるものである。また、巻第四の巻末奥書に旧本が虫損により傷んだので新しく製作したとあり「享保元丙申歳黄鐘中澣。東大寺別当…中略…道恕」と記されている「薬師寺縁起繪巻」の図（〔真保亨・二〇〇〇・七・解説〕「解説」一〇三頁）は、享保元年時のものなのか、原図の古姿を残す

ものかは判然としないが、やはり堂はなくて雨曝し状態の一対としてある。享保元年は一七一六年であり「黄鐘」は一一月を示す。

以上をまとめると、佛足石と同歌碑とは一六六〇年には一対のものとして薬師寺に存在していたことが確認できる。また佛足堂は一七三〇年頃には建立されていることが確認できる（三六九頁に、「初校時付記」あり）。

右の次第は、佛足堂の有無を確認しているかに見えるが、実はそうでは無くて、佛足石及び佛足跡歌碑の原所在が明らかではなくて、何時から薬師寺に佛足石と佛足跡歌碑が存在するのかという確認としてのものである。佛足石と佛足跡歌碑が、当初から一対のものとしてあるのではないということについては、［加藤諄・一九七八・一二・論考］が詳しく展開しているが、［若林繁・一九九〇・一一・論考］が、その後の成果も踏まえてまとめているので、ここに引用する。

歌碑は、現在仏足石とともにあり、あたかも当初より文室浄三造立の仏足石に付属していたかのように見做される。しかしこの歌碑についての伝来は、必ずしも明確ではない。すでに詳しい論考もあるが（註18＝［加藤諄・一九七八・一二・論考］）、もう一度その伝来を追ってみたいと思う。

薬師寺関係の古い記録類には、歌碑について語るところはない。歌碑が文献上に散見されるようになるのは、漸く江戸時代に入ってからのことである。そこでは歌碑が、浄三造立の仏足石とは別のものとしてあらわれてくるのである。小山田靖齋編の『證古金石集』（註19＝［柴田光彦・一九八四・六・翻刻解説］）に森川竹窓の言が引かれている。すなわち

佛足跡を詠ぜし歌の碑は、光明皇后の御筆といひ傳へたり、これは南都の墨工松井元景と云人、其近在の藪の中に、小溝の橋にしてありしを、松井好古の嗜ありし人にて、此石橋の形質尋常のものにあらずとおもひて、よくあらひ見られたりしに、文字ありしをよみて見れば、佛足を詠ぜし歌なり、歌の中藥師寺にある所

の佛足跡をおもひ合せて、これに附たるもの、散在せしと推察して、取あへず薬師寺へ寄附せしなりとあり、…中略…また薬師寺の記録である『薬師寺志』には、

立石は柏木村田間小溝の橋に架し。足跡石は。薬師寺の西なる叢中の小池に埋れありしを。寛永の末に堀出し。其後立石を移せしと。

とあり、立石とは歌碑のことで、柏木村の田間の小溝の橋になっていたと、森川竹窓と同様の説を掲げている。柏木とは、添上郡大安寺村に属していた地名で、奈良よりは薬師寺に近い村である。そして仏足石は薬師寺の西の叢中の小池に埋れてあったものを寛永年間（一六二四―四四）の末頃に掘出し、その後に立石、すなわち仏足跡歌碑を移したとある。これらの記述から、当初より仏足石と歌碑とが一対のものとして安置されていたものではない、ということが知られるであろう。

右の伝来次第については、［山川正宣・一八二六・八・注釈］『佛足石和歌集解』の「總論」にも、

一説云此碑中ごろ寺内の廃頽につきて、近境の橋梁と成たりしを、南都の墨工松井氏〔号古梅園〕捜出て再建せり、其時の圖なども寺中に収むと、げに碑面の缺損、趺石の磨滅などはさも有べくおもはるれど、かの山科寺の説に因て、近世他より移したる物なりと云説はもとよりとるにたらず、

と記されていて、一伝承として知られていた。これが『薬師寺志』のみならず、『證古金石集』にも詳しく記されていて、一伝承というよりも確かな口碑として現実味を帯びている。この『證古金石集』所引の森川竹窓談については［板橋倫行・一九二九・一一・論考］が指摘していたところである。

ここまでは押さえることが出来るが、その原所在はどこであったのかということになると、推測する以外にはなく、私はそこへ踏み込むことはしない。佛足石の原所在の諸説（代表的な説）を列挙しておく。

興福寺説（山階寺『拾遺和歌集』巻20一三四五番歌・山階寺［林宗甫・一六八一・四・名所記］・興福寺［小山田靖

齋・一八三八頃・『證古金石集』所引森川竹窓談話〕・興福寺東院西堂〔板橋倫行・一九二九・一一・論考〕・〔亀田孜・一九六二・一二・論考〕・〔亀田孜・一九六四・八・論考〕）

薬師寺説（〔契沖・一六九二・三・名所研究〕『勝地吐懐編』（一巻本）「山階寺」条四一オ〜ウ・〔狩谷棭斎・一八一八・七・注釈〕・〔三宅米吉・一八九七・七・論考〕・〔井上通泰・一九二三・一二・注釈〕・〔岡麓・一九二七・一・論考〕）

智努居宅説（〔田中重久・一九四一・五・論著〕・〔加藤諄・一九六八・一二・論考〕・〔齋藤理恵子・一九九九・一二・論考〕）

唐招提寺説（〔田中重久・一九四二・一〇c・論著〕）

東大寺説（〔宮嶋弘・一九五三・一〇・論考〕）

法華寺説（〔浅田芳朗・一九六五・三・論著〕一案）

普光寺（大和国添上郡）説（〔塚本善隆・一九六五・六・論考〕「仏足石について」）

大安寺説（〔若林繁・一九九〇・一一・論考〕）

この研究史については〔齋藤理恵子・一九九九・一二・論考〕が詳しい。ただし右の列挙については、私に補っている。〔齋藤理恵子・一九九九・一二・論考〕は、佛足石は原所在の智努邸の荒廃と共に埋もれ、後、薬師寺に持ち込まれ、歌碑は原所在の興福寺から小溝の橋となり、後、松井元景によって薬師寺に施入されたものであると見ている。

重要なことは、佛足石と佛足跡歌碑とは、当初から一対のものであった可能性は極めて低いということである。これは佛足跡歌碑歌の作者に関わってくることでもある。

＊　　＊　　＊

以下には、その佛足石の形状について記しておく。次頁の**図2**の通り、佛足石の正面をA面、左側面をB面、裏面をC面、右側面をD面と称する。私の計測によると、高さ七二・〇センチ《メートル》、幅一一一・五センチ《メートル》（A面）、七七・〇センチ《メートル》（B面）大となる。より詳しくは、次頁の**図3**の通りとなる。この**図3**の図中のデータも私の調査によるものである。諸本では次のようになっている。

高	幅	奥行	
全長凡二尺一寸九分	幅凡三尺七寸	奥行凡三尺八寸二分	［東京美術学校・一九二三・六・薬師寺大鏡］
高凡二尺一寸九分	幅凡　三尺七寸	奥凡三尺八寸二分	［東京美術学校・一九三三・九・薬師寺大鏡］
高凡貳尺一寸九分	幅凡參尺七寸	奥行參尺八寸貳分	［文部省・一九三三・一一・日本國寶全集］
正面高六九cm	幅一〇八cm	—	［今城甚造・一九七〇・八・奈良六大寺大觀］
高七五・八cm	—	—	［文化庁・一九八四・一二・国宝考古］
高さ六九センチ	横幅一〇八センチ	奥行七五センチ	［齋藤理恵子・一九九〇・一一・薬師寺］

A・B・C・Dの各面にはそれぞれ囲み界線が引かれ、その中に本文が陰刻されている。以下その界線の大きさを示す（単位＝センチ《メートル》。縦×横）。

A面　五三・四　×　五八・八
B面　二七・〇　×　六〇・〇
C面　二五・五　×　六二・五
D面　一七・三　×　一一・二

上平面には左右の佛足を刻し、その佛足中には、千輻輪・梵王頂・花文（足指）・金剛杵・双魚・華瓶・蠡王の

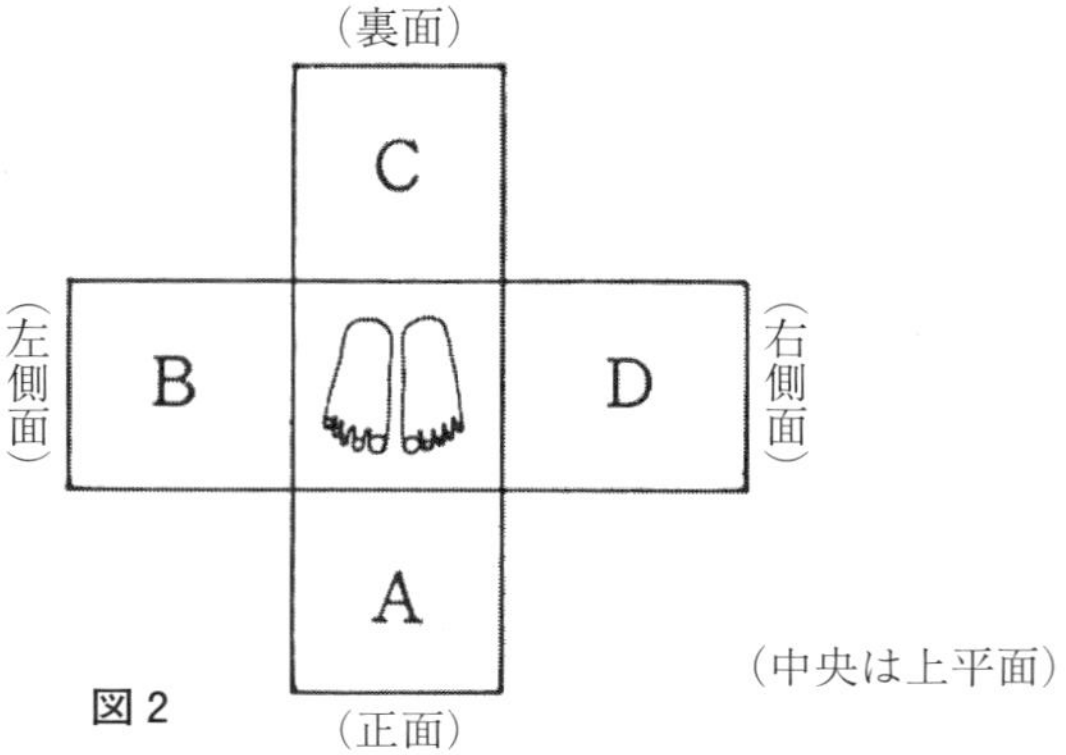

図2

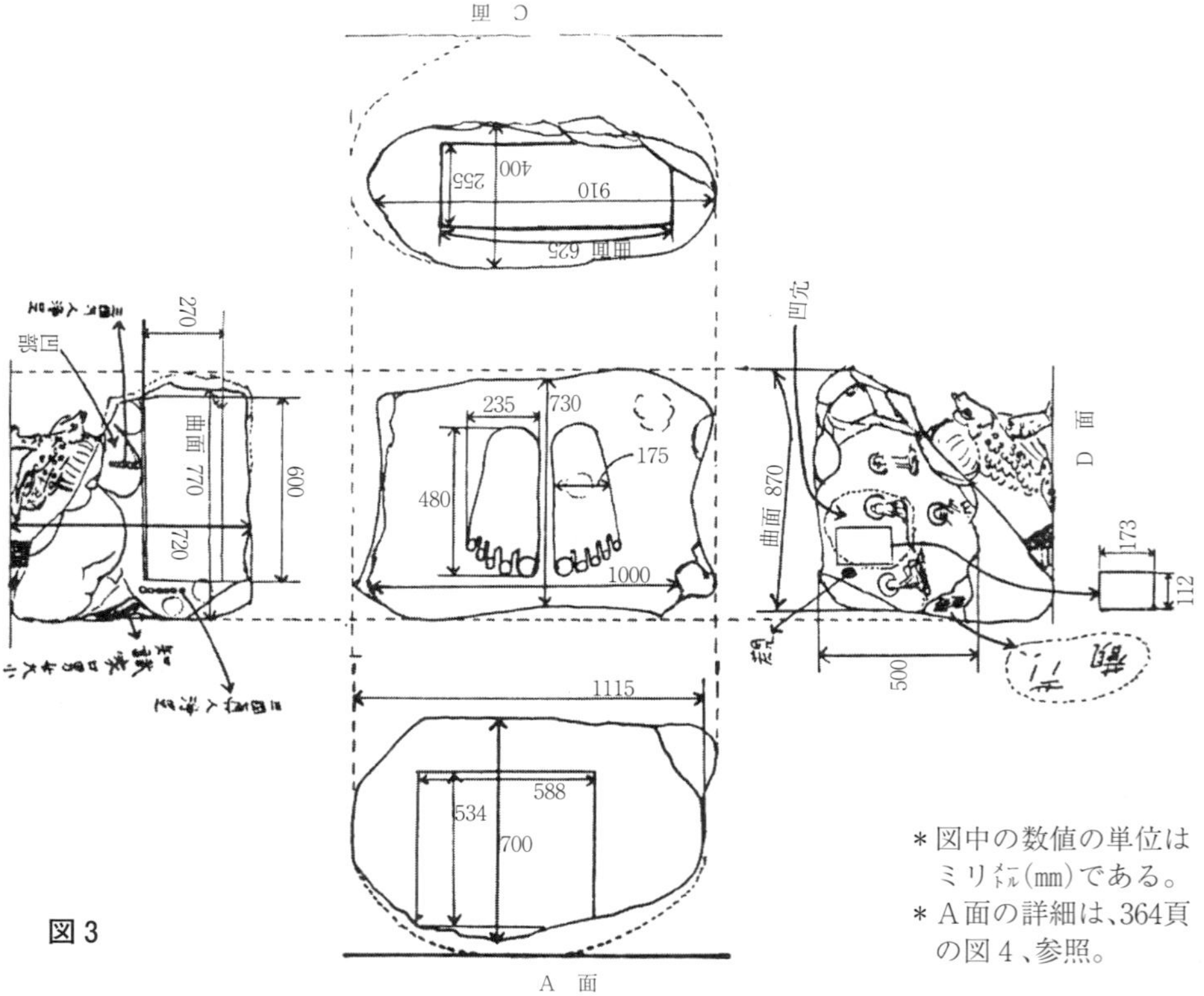

図3

＊図中の数値の単位はミリ《メートル》(㎜)である。

＊A面の詳細は、364頁の図4、参照。

各相が刻されている。この佛足に刻まれた各相は、金堂本尊の薬師如来の左足裏にも認められ（本書第一章注釈篇第一節末の写真二二九頁、参照）、［今城甚造・二〇〇〇・七・解説］は「その配置の形式は、金堂本尊のものと同系統であるが、表現の細かな点では相違している」としている通り、足指の花文・金剛杵・螽王の各相において若干の異なりがある。佛足石の佛足の周囲には法相華文・瑞雲が描かれている（各面の界外にも、瑞雲・法相華文が描かれている）。A面界外には金剛神と帰順龍の図像、D面界外には図像四体が陰刻されている。［今城甚造・二〇〇〇・七・解説］は「製作年代の明らかな天平の絵画的遺品として小品ながら貴重なものである」と言及する。この佛足石表面の各面各所に、火山性角礫岩特有の大小の凹部が存している。碑文本文中、欠字或いは本文が飛んでいるかの如く見うけられるものは、刻字に際してこの凹部を避けているものである。

なお、瑞雲が彫り込まれているが、A面上部の雲文の形（次頁、**図4**参照）が正倉院に残る「浅縹布」（南倉）の雲文を描く手法と近いのではないかと見られる。ここに、一九八五年（昭和六十年）の『正倉院展図録』（奈良国立博物館編・仏教美術協会発行）五九頁から、その写真を（次頁、**図5**）として掲出しておく。参照されたい。

三　佛足石の造立について

佛足石造立の経緯については、B面（左側面）に、石に刻するに至る過程が詳細に記されている。即ち、王玄策が天竺（印度）より第一本（拓本）を唐へ伝え、黄書本實が唐の普光寺より日本へ第二本（右京禅院本）を将来した。その第二本を模写した第三本によって、一三日間かかって彫刻した。画師は越田安万、撰文者は神石手であるなどと記されている。

この具体的な作業過程とは別に、C面（裏面）に、本願が明記されている。則ち、智努王の亡妻茨田郡主《うまらだ》（茨田

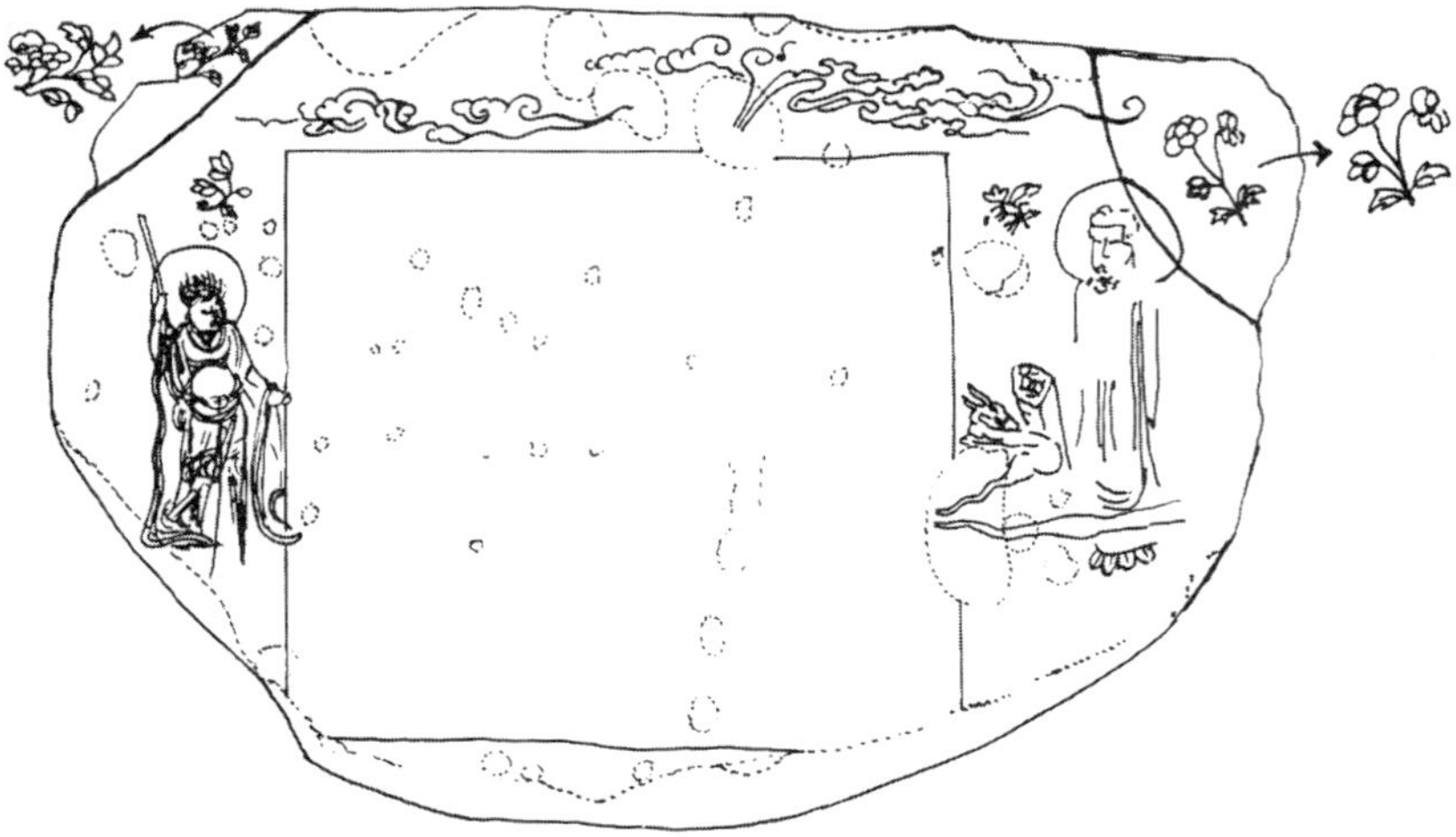

図 4

図 5

女王）の追善供養の為に造立したものであると記されている。

四　佛足石各面の概要について

佛足石としては、上平面に佛跡を彫ることによって完成する。しかしながら、この佛足石はその周囲に各種の荘厳が施されている。この内、アパラァラ龍帰順の図像については、［亀田孜・一九六二・一二・論考］「薬師寺仏足石と仏跡図本の論考」に指摘があって、ガンダァラ浮彫にその起源があることが示されている。しかしながら、画師越田安万は、

足跡から光線を放たせ、その周辺に花を散らし、銘文方劃の上に雲を描くなど、ひとり仏跡の素朴な模写にとどまらず装飾的な面にも豊かな感覚を示している。

竜王も奈良時代の竜形で、その形姿からいえば、正倉院にある密陀絵盆のうち、水中から舞いのぼる竜を思わせる。（以上、［亀田孜・一九六二・一二・論考］）

と示されている。そうして、周囲に全六四〇字（欠字推定箇所を含む。以下、同）の「縁起」の刻文を付けている。発願者文室真人智努においてはC面（裏面）の亡妻追善供養の願文が最も重要な内容であったに違いない。しかし、このC面の文字は六四字に過ぎない。全文六四〇字に亙る刻字内容の概要をここで見ておこう。

上平面――この上平面に彫られた佛足跡が一番の本願である。その佛足跡の周りには装飾的趣きをもつ荘厳で満たされている。佛跡よりの放光は、佛像の光背と同趣旨のものであり、佛の叡智の広大無辺な存在を象徴するものとしてある（［廣岡義隆・二〇〇一・六・寸考］「高光る」）。法相華・瑞雲の様は、極楽の園を髣髴とさせるものとしてある。この上平面に刻字はない。

A面（正面）——佛足石の霊験を『西域傳』『観佛三昧經』を引用して綴られた全三八一字（欠字推定分も計数しての字数。以下、同）からなるもので、佛跡を拝する功徳を綴った文章である。二行目より六行目までは、『西域傳』を引いて、釈迦涅槃前の摩掲陀国の佛足石とその縁起を記し、六行目より八行目までは、その佛跡礼拝の霊験（罪障消滅）を『観佛三昧經』を引いて説いている。ついで八行目より一一行目までは、『西域傳』によって、所謂阿波邏羅《アパラーラ》龍帰順譚に関わる烏杖那国佛足石記事を記し、一二行目でその霊験（「随心淺深、量有長短」『西域傳』所引）を説いている。一二・一三行目ではやはり『西域傳』を引いて丘慈国佛足石記事を記しその霊験（「齋日放光云々」『西域傳』所引）を説いている。この前者（「阿波邏羅龍帰順譚」）は、A面界外の釈尊・金剛神及び龍・山崖の陰刻図と照応するものであり、後者（齋日放光）は上平面佛足跡放光と対応するものである。以上、佛足石とその霊験について文献を引用して紹介したものである。以下はこれの総括となる。一四行目より一九行目までは『観佛三昧經』を引いて佛跡を拝する功徳（罪業消滅と不遇諸悪）を説き、二〇行目で結びの祥句となっている。周囲には瑞雲・法相華などの荘厳が施されている。前記したように阿波邏羅龍帰順譚とその図像については、［亀田孜・一九六二・一二・論考］が指摘したところであり、［今城甚造・二〇〇〇・七・解説］は、A面界外の図について「天平時代の仏伝図として貴重」と言及している。

B面（左側面）——佛足跡を彫るに至った由来縁起が記されている。一六三字から成る。王玄策が中天竺（印度中央部）より唐へ将来した第一本、黄書本實が唐より日本へ将来した右京禅院寺本（第二本）、それを模写した第三本、その第三本により天平勝宝五年（七五三）七月に一三日間かかって彫り上げたという経緯、発願者智努王の明示、その前年の臣籍降下等が記され、以下、画師の越田安万、撰文書吏の神石手、彫刻師について明記している。「中天竺」の下の箇所は文字が判然としないながらも鹿野薗と復元できるかと考えられるが、［加藤諄・一九八〇・一二・論著］は「『大唐西域記』は鹿野薗に佛足石の所在を記していない。しかし薬師寺佛足石銘文には鹿野薗から写してきたとみえる」（二六頁）と指摘している。

なお、第二本の右京禅院寺本については、『大日本古文書』（正倉院文書）に、

…上略…仏跡圖一巻〔一条紅袋　一条錦袋　一条白袋〕管一合〔着漆〕

従禅院寺奉請疏論等歴名如件

天平十九年十月九日知他田水主

（『大日本古文書』二の七一〇頁。訂正再収、二十四の四四七頁。『正倉院古文書影印集成』三、正集裏、四頁）

の記述がある（本書第二章論考篇一第八節「文室真人智努の生涯」五二〇頁、参照）。

C面（裏面）――願文であり、四字句を主とした文体で綴られている。六四字。ここで、この佛足石は智努王の亡妻茨田《うまらだ》郡主（茨田女王）の追善供養の為に造立されたことが明示され、願文が記されている。

D面（右側面）――三法印の一二字が刻され、周囲に、菩薩像四体等が刻まれている。〔吉村怜・一九七一・三・論考〕「薬師寺仏足石記と書者「神直石手」について」は、A・B・C・Dを「順に、起承転結、まことに妙をえている」と評している。

界外――一一字刻まれている（横字を除く）。「知識家口男女大小」（A面とB面の間）、「三國眞人浄足」（B面の右端）、「三國圓人浄足」（B面の下方凹部、10～11行目の間）、「観」（D面の左端上部）、「観　観　観」（D面の下部左端三角形部、横字、計数外）。これにより、総字数は六四一字となる。横字の三文字は後補の可能性があり、計数から除外している。

C面の四字句を基調とする文体、D面の三法印の四字句と共に、A面・B面においても四字句が基調となっている。殊にA・B面では引用しながらも、元の文を四字句に変えたりして、全体の文体的統一をはかろうとする工夫のあとが見うけられる。この四字句は、当時の官人における一般的な文章体の規範として共通理解となっていたも

のである。

以上の文章とその周囲に彫られた図像・図様とは相関しており、殊にその絵は火山性角礫岩という材質特有の凹部・凹穴を巧みに利用していて描かれており（本書第三章論考篇二第六節「萬葉集の「夕岫」寸考」六七〇〜六七三頁、参照）、石材と文章と絵とが一体化した総合芸術作品として存在しているということができる。

右のように書き上げると、この佛足石が独自のオリジナルな造形作品の如く受け取られかねないが、上平面の佛足跡は当然のことながら天竺（印度）伝来のものであり、A面の金剛神と帰順龍も同じく天竺由来の図像としてあると共に、A面の記文の多くとD面の三法印は第一本に存在したものと考えられる。B面の縁起由来もその一部は第一本及び第二本に拠ったものであり、薬師寺現蔵の佛足石記文において、独自の文はB面後半部とC面ということになり、絵画美術という面においても、本邦における造作の手は最終調整ということに落ち着くのではないか考えられるのである。

五　おわりに

界外に「知識家口男女大小」（A面とB面の間）とあり、文室真人智努一人の佛足石造立ではなく、一家を挙げての功徳行であったことが判明する。経典書写に「知識経」があり、多くの人が結縁することによって功徳の実を挙げようというものがある。それと同じように、この佛足石造立は文室真人智努一人でも可能なことであったが、敢えて全家の寄進を募ったのである。ただし、「家口」とあり、それは一族内に限られたものと考えられる。その本願が亡妻追善供養と関わっているということもこれに関与してくる。文室真人智努には一三人の子がいたと『日本紀略』（光仁天皇即位前紀）は伝えるが、そうした子・孫のみならず、兄弟等一族を挙げて結縁して成った佛足石であることがわかる。その中には弟の文室真人大市も勿論大きく参画していたに違いない。

初校時付記

佛足堂の建立について、気になる件があるので、付言しておく。「小山田靖齋・一八三八頃・『證古金石集』所引森川竹窓談話」については、三五八～三五九頁に引用しているが、その続きの箇所に次のような一文がある。

寶暦年間東都の人野呂元丈といふ人、参詣してこれを尊信して、佛足跡の傍に立て、ちいさき堂も建られて、佛足歌碑ともに翻刻して一冊子となし、寺に納められしより、世にも廣くなりて、寺にも始て人の賞翫する事をしりて、大切にするやうになりたり、

（「柴田光彦・一九八四・六・翻刻」）

右の「ちいさき堂も建られて」について、このままに理解すると佛足堂の建立は野呂元丈の手に成るものとなる。野呂元丈は元禄六年（一六九三）一二月二〇日生れ、宝暦十一年（一七六一）七月六日没となっている（『国史大辞典』）。『證古金石集』には寶暦年間（一七五一～一七六四）の事跡として「ちいさき堂も建られて」とある。野呂元丈の『佛足石碑銘』の識語に「寶暦壬申秋」（一七五二年秋）とあって、冊子翻刻条については照応する。しかし、佛足堂については、考究したように、一七三〇年以前に建てられており、「寶暦年間云々」には合致しない。或いはここの「ちいさき堂も建られて」は既に建てられていての意であろうか。そのようには理解し難いが、判然としない。

この付記は、三重県松阪市在住の作家森本久司様から質問を頂戴したことに端を発している。ここに森本様に御礼申し上げる。

第二節　佛足石記文の撰述態度について

――『佚西域傳』考――

一　はじめに

「佛足石記文」A面（正面）には、『西域傳』と『観佛三昧經』（『佛説観佛三昧海經』）からの引用がある。と言うよりもむしろ、この二書の引用からA面は成り立っている。

この『西域傳』は『大唐西域記』のことであると考えられる。『大唐西域記』は、三藏法師玄奘の印度巡礼に基づいての撰述であり、玄奘・辯機の手によって唐の貞観二十年（六四六）に成立した書である。釋道宣撰『續高僧傳』巻第四の「京大慈恩寺釋玄奘傳」条（大正蔵50四四六下03～）に、「又出西域傳一十二巻沙門辯機。親受時事連紕前後。」（大正蔵50四五五上22～23）とあり、『大唐西域記』の通称・別称として『西域傳』の称があったことがわかるのである。釋道宣撰『釋迦方志』にも「大唐京師大莊嚴寺沙門玄奘……。奉詔譯經。乃著西域傳一十二巻」（大正蔵51九六九下13……20～21）とある。道世の『法苑珠林』にも「大唐西域傳十二巻右此一部。皇朝西京大慈恩寺沙門玄奘奉勅撰」（大正蔵53一〇二三下22～24）とある。本邦の『徒然草』の中にも、「西域傳」が出て来る。

入宋の沙門、道眼上人、一切經を持来して、六波羅のあたり、やけのといふところに安置して、ことに首楞嚴經を講じて、那蘭陀寺と号す。其のひじりの申されしは、「那蘭寺は大門北向也と、江帥の説とていひつたへたれど、西域傳・法顯傳などにもみえず、更所見なし。江帥いかなる才学にて申されけん、おほつかなし。唐

土の西明寺は北向勿論也」と申き。（正徹筆本による）

この『徒然草』第一七九段に出る「西域傳」についても、一般に『大唐西域記』のこととしている。このように「西域傳」と言えば『大唐西域記』のことと見るのがまずは一般的な見方である。

しかし、佛足石記文のA面に引用されている本文は『大唐西域記』に完全に合致するものではない。［狩谷棭斎・一八三二頃・金石記］『古京遺文』は「所引西域傳文與西域記法苑珠林畧同」（引くところの西域伝の文と西域記・法苑珠林と略《ほぼ》同し）と注し、更に仏跡の尺寸について「西域記釋迦方誌慈恩寺三藏傳續高僧傳皆同」（西域記・釈迦方誌・慈恩寺三蔵伝・続高僧伝、皆同し）とするが、同じ頃、［釋潮音・一八一九・三・注釈］『佛足跡紀文考證』は、『西域記』『慈恩傳』『釋迦方誌』『法苑珠林』やその他の諸書を博捜し、「考二紀文所引一、不レ似二西域記文一、稍合二釈迦方誌法苑珠林所引文一。」（紀文の引くところを考ふるに、西域記の文に似ず、稍《やや》釈迦方誌・法苑珠林の引くところの文に合へり。）（静嘉堂文庫本、三五丁表。返点も写本のまま）とし「應二是因中天竺行記西國志文一」（是れ中天竺行記西国志の文に因るべし）（同上）としている。その後、［三宅米吉・一八九七・七・論考］が『法苑珠林』を引いて言及し、［菊地良一・一九三九・五・論考］がこの典拠を『法苑珠林』であるとし、［宮嶋弘・一九五三・一〇・論考］は『大唐西域記』『大慈恩寺三藏法師傳』『釋迦方誌』『法苑珠林』を比較して『釋迦方誌』が最も銘文に近いが『釋迦方誌』以外にも『大唐西域記』や類書を参考にしたと考説した。以後、［保坂三郎・一九五五・二・論考］・［橘健二・一九五九・六・論考］・［加藤諄・一九六八・一二・論考］・［松久保秀胤・一九七〇・一〇・論考］に若干の考察がある。『法苑珠林』と言い、『釋迦方志』と言っても、共にそれらが引いている「西域傳」をさしているのであり、『法苑珠林』や『釋迦方志』はその所収本であるわけである。潮音が引く『中天竺行記』については、後に言及する（三九六頁）。

『法苑珠林』の文は、「西域傳云」とある条（巻第二十九、聖迹部第二、大正蔵53四九六下）に出ている記事である。

しかしながら、『法苑珠林』には、「佛足石記文」のA面後半部分（A8～12）及び（A12～14）の本文に該当する箇所が見られない。これが最大の難点であり、『法苑珠林』に依拠していると言うことはできないのである。

［宮嶋弘・一九五三・一〇・論考］が言うように、『釋迦方志』が一番近い本文となる。

『釋迦方志』は、『續高僧傳』の著者でもある釋道宣の撰になるもので、永徽元年（六五〇）の成立である。『日本國見在書目録』にも、「西域記」と共に「釋迦方志」として記録されている（土地家）。『釋迦方志』の該当条は、『大唐西域記』同様に、「摩掲陀國」（遺跡篇）の箇所に出てくる記事である（大正蔵51九六一中～）。この『釋迦方志』中に「西域傳」の語は三箇所出る。その序に、「翻經館沙門彦琮著西域傳一部十篇。廣布風俗略於佛事。得在洽聞失於信本。」（大正蔵51九四八中03～05）と出る本は、「失於信本」（信本を失へり）とあるのであるから、これは見ていないことになる。「貞觀十九年安達京師。奉詔譯經。乃著西域傳一十二卷。」（『釋迦方志』巻下）（大正蔵51九六九下20～21）及び「又案地理誌西域傳云。雪山者即葱嶺也。」（『釋迦方志』巻下）（大正蔵51九七〇中26～27）は、玄奘著「西域傳」即ち『大唐西域記』のことであると考えられる。しかしながら、該当箇所よりも後ろの巻尾に近い箇所に出るものであり（『大正蔵』の頁を比照されたい）、該当文については、何の本によっているのか明示していないわけであるから、『釋迦方志』に依拠していては、「案西域傳云」（「佛足石記文」）とは書けないのである。これにより、『釋迦方志』はその典拠から消え去る以外には無い。

また『釋迦方志』よりも『法苑珠林』所収の「西域傳」の方が「佛足石記文」に近い箇所もあるのである。

次に、『大唐大慈恩寺三藏法師傳』について言及しておく。この『大唐大慈恩寺三藏法師傳』は、［狩谷棭斎・一八三二頃・金石記］『古京遺文』が「慈恩寺三藏傳」と言い、［釋潮音・一八一九・三・注釈］が「慈恩傳」と言い、［宮嶋弘・一九五三・一〇・論考］も「大慈恩寺三藏法師傳」として比照している。この書については、後に出す［藏中しのぶ・二〇〇六・一一・論考］においても、その本文を掲げて比照している書である。この『大唐大慈恩寺三藏法師傳』（全十巻）は、『大正蔵』（50―二二〇～二八〇頁）に収められている、唐の沙門慧立本、沙門釋彦悰箋になる玄奘伝である。この『大唐大慈恩寺三藏法師傳』が「佛足石記文」と対応する箇所は次の如くである（上に掲出するのが「佛足石記文」であり、下の掲出は『大唐大慈恩寺三藏法師傳』の『大正蔵』の該当頁段行である。）。

案西域傳云今摩掲陁國……足所蹈處（A2～4）――『大正蔵』二三六上07、13～15、22～28

又北印度烏仗那国……随心淺深量有長短（A8～12）――『大正蔵』二三〇中14、21～26

しかし、その照応は、『釋迦方志』や『法苑珠林』ほどではない。玄奘による『大唐西域記』そのものは「稱爲大唐西域記。凡一十二卷」（大正蔵50二五四下02）として文中に出るが、右に出した箇所よりも後の巻第四であり、「語在西域記」という句も二箇所に出るが（大正蔵50二四二中28・二四三中05）、やはり後の巻第四であって、右に示した該当条の前には「西域記」に類する語は一切出ず、何を参考にして綴文しているのか明示されてはおらず、その意味から『大唐大慈恩寺三藏法師傳』は比照文献として消え去るものである。本文対応の面からも近くはないので、以下にこの本を挙げることは無い。諒解されたい。

『法苑珠林』も『釋迦方志』も『慈恩寺三藏法師傳』も、「佛足石記文」の典拠から消えると共に、うまく合致するテキストが存在しなくて、私は、『佚西域傳』（今は散逸してしまい、残存していない『西域傳』）の存在を推定せざるを得ないのである。私は、『古京遺文注釈』の中で、「あれこれの書を案じつつ成ったものではなく、依拠した一書があったもの」と推定し、これを『佚西域傳』と想定したのであった。

［桑山正進・一九九五・七・論著訳］『西域記―玄奘三蔵の旅』に、『大唐西域記』に関する面白い推理が提案されている。この提案に［中野美代子・一九九五・七・解説］「『西域記』をめぐる謎」は丁寧な位置付けをしている。桑山正進氏の推理とは原撰西域記とでも称すべき原本と第二版西域記とでも称すべき簡略本（現行の『大唐西域記』そのもの）についてである（第一章）。これは面白い提案であるが、ここで言う『佚西域傳』とは、右の原撰西域記

をさすものでは全く無くて、現行の『大唐西域記』の一異本としてのテキストとしてあるものであるが、その存在は、現行の『大唐西域記』ではなくて右に示した『法苑珠林』や『釋迦方志』から髣髴としてくるテキストということになる。

先の『古京遺文注釈』では、『佚西域傳』に全面的に依拠して「佛足石記文」の「西域傳」条は成ったものであると想定していた。しかし、考察を進める内に、「佛足石記文」の撰文者における整斉の手が髣髴としてきたのである。座右の書は『佚西域傳』の一本ながら、依拠文を丸写しして行くというのではなくて、整斉しながら撰文していった痕跡が見うけられるのである。このことについて、以下、考察する。

なお、右に挙げた「佛足石記文」の撰文者について、〔吉村怜・一九七一・三・論考〕は、「佛足石記文」B面一六行目の「神石手」について詳細に論じ、その神直石手は書家であり、撰文者は智努自身であるとした。その後〔廣岡義隆・一九八九・二a・注釈〕『古京遺文注釈』は、神直石手その人が「佛足石記文」の撰文者であろう、と記した。

二　具体的な本文比照——「西域傳」その一——

以下で検討する語句に関わって、まずA面の該当本文の構成概要をここに掲げておく。「2〜6」などと記しているものは、A面での行数表示である。

A1　釋迦牟尼佛跡圖
A2〜6案西域傳云　今摩掲陁國……所在流布
A6〜7観佛三昧經云　若人見佛足跡……无量衆罪由此而滅
A7〜8今得値遇非有幸之所致乎

A8～13又北印度……量有長短／今丘慈國……同往□慶

A14～19依観佛三昧經　佛在世時……亦除千劫極重悪業／観如來足下……衆蠡之相

A19～20不遇諸悪是為休祥

冒頭の「釋迦牟尼佛跡圖」（A1）は、総題である。A面の総題には違いないが、上平面に刻されている佛足跡の題としてある。その意味で上平面を承けている題であるということが出来る。もちろん、以下に展開するA面全体の総題としてある。ついで「案西域傳云」（A2）とあるように、「所在流布」（A6）までが『西域傳』からの引用としてある。引き続いて「観佛三昧經云」（A6）とあって、「由此而滅」（A7）までが『観佛三昧海經』からの引用であり、その二書からの引用を承けて、「佛足石記文」撰文者による「今得値遇非有幸之所致乎」（A7～8）で一旦結ばれている。ついで「又」（A8）の語で、『西域傳』の二文が引用され（A8～13、前半引用と後半引用の間に／を入れている）、引き続いて『観佛三昧海經』の二文の引用があり（A14～19、前半引用と後半引用の間に／を入れている）、最後に「佛足石記文」撰文者による「不遇諸悪是為休祥」（A19～20）で全体が結ばれている。

右の次第を今一度、鳥瞰風により詳しく列挙すると次のようになる。

総題（A1）――――釋迦牟尼佛跡圖

「佛足石記文」撰文者の文（A2）――――案西域傳云

『西域傳』からの引用（A2～6）――――今摩掲陁國……所在流布

「佛足石記文」撰文者の文（A5）――――又

「佛足石記文」撰文者の文（A6）――――今

「佛足石記文」撰文者の文（A6）――――観佛三昧經云

『観佛三昧海經』からの引用（A7）――――若人見佛足跡……无量衆罪由此而滅

「佛足石記文」撰文者の文（A7〜8）——今㝵値遇非有幸之所致乎
「佛足石記文」撰文者の文（A8）——又
『西域傳』からの引用（A8〜13）——北印度……量有長短／今丘慈國……同往□慶（二文）
「佛足石記文」撰文者の文（A14）——依觀佛三昧經
『觀佛三昧海經』からの引用（A14〜19）——佛在世時……極重悪業／觀如來足下……衆蠡之相（二文）
「佛足石記文」撰文者の文（A14）——及
「佛足石記文」撰文者の文（A15）——即
「佛足石記文」撰文者の文（A19〜20）——不遇諸悪是為休祥

以下、「佛足石記文」のA面2〜6行の『西域傳』からの引用について、『大唐西域記』『釋迦方志』『法苑珠林』の関連箇所を以下に掲げる。傍線の線種はそれぞれの対応箇所を示すものである。

【佛足石記文】

案西域傳云今摩掲陁國昔阿育王古精舎中有一大石有佛跡各長一尺八寸廣六寸輪相花文十指各異是佛欲涅槃北趣拘尸南望王城足所蹈處近為金耳國商迦王不信正法毀壊佛跡鑿已還生文相如故又捐殑河中尋復本處今現圖寫所在流布（A2〜6）

【大唐西域記】

無憂王…中略…窣堵波側不遠。精舎中有大石。如來所履。雙迹猶存。其長尺有八寸。廣餘六寸矣。兩迹倶有輪相。十指皆帶花文。魚形映起。光明時照。昔者如來。將取寂滅。北趣拘尸那城。南顧摩掲陀國。蹈此石上。告阿難曰。吾今最後。留此足迹。將入寂滅。顧摩掲陀也。百歳之後。有無憂王。…中略…近者設賞迦王。毀壞佛法。遂即石所。欲滅聖迹。鑿已還平。文彩如故。於是捐棄殑伽河流。尋復本處。

（『大唐西域記』巻第八、摩揭陀國上条、大正蔵51九一一上18・下02……下10～16……20～22）

（『大唐西域記』は［羽田亨・一九一一・一〇・校本］により「十指念帶花文」を「十指皆帶花文」と校訂すると共に、句点を追加した。）

【釋迦方志】

摩揭陀國〔中印度也古者訛耳〕…中略…佛涅槃後第一百年。有阿輸迦王〔言無憂也〕…中略…其側精舍中有大石。是佛欲涅槃。北趣拘尸南顧摩揭。故蹈石上之雙跡也。長尺八廣六寸。輪相華文十指各異。近爲羯羅拏蘇伐剌那言金耳國。設償迦王言月也。毀壞佛跡鑿已還平文采如故。乃捐殑河中尋復本處。

（『釋迦方志』巻下、遺跡篇第四之餘条、大正蔵51九六一中13……21 22……28～下04）

【法苑珠林】

西域傳云。…中略…又從南行百五十里度殑伽河至摩揭陀國。屬中印度。…中略…即八萬四千之塔一數也。安佛舍利一升。時有光瑞。則是無憂王造。近護羅漢役鬼神所營。其側精舍中有大石。是佛欲涅槃。北趣拘尸。南顧摩揭。故蹈石上之雙足迹。長尺八寸。廣六寸。輪相華文。十指各異。近爲惡王金耳毀壞佛迹。鑿已還平。文采如故。乃捐殑伽河中。尋復本處。貞觀二十三年有使。圖寫迹來。

（『法苑珠林』巻第二十九、聖迹部第二条、大正蔵53四九六下26……五〇二上07 08……13～20）

右に拠って、比較しても、「佛足石記文」と完全に一致するものは無い。対応語句が出る順序について、比照して見ると次のようになる。

【佛足石記文】

摩揭陁國～阿育王～精舍中有一大石～長……廣……～輪相花文十指……～……涅槃北……南……

……～足所蹈處～～金耳國商迦王……尋復本處～今現圖寫所在流布

【釋迦方志】

摩揭陀國～無憂王～～精舍中有大石～長……廣……～輪相十指花文～～……寂滅北……南……

…〜蹈此石上〜〜××設賞迦王……尋復本處〜――――【大唐西域記】
摩揭陀國〜阿輸迦王〜精舍中有大石〜……涅槃北……南……〜蹈石上……〜長……廣……
〜輪相華文十指……〜〜……金耳國設償迦王……尋復本處〜――――【釋迦方志】
摩揭陀國〜無憂王〜〜精舍中有大石〜……涅槃北……南……〜蹈石上……〜長……廣……
〜輪相華文十指……〜〜爲惡王金耳……尋復本處〜貞觀……圖寫迹來――――【法苑珠林】

右の次第となり、用語上の一致不一致は別として、展開上は『大唐西域記』が一致し、『釋迦方志』『法苑珠林』とは合致しないのである。ここにおいても、『釋迦方志』『法苑珠林』は根本的に典拠として消えざるを得ないということになる。

＊　＊　＊

次に、個々の語句について、検討する。『釋迦方志』『法苑珠林』はその典拠から消えたわけではあるが、『釋迦方志』『法苑珠林』には類似の本文が存在しており、「類似の本文」は、私が想定する『佚西域傳』本文の影であるという可能性があるので、そうした本文状況を確認するために、以下厭うことなく、一々列挙して見る。なお、A面における「西域傳」の本文引用に関する個々の用字比照は、当節末尾（三九九〜四〇三頁）に、【四本の本文比照】として掲げているので、併せて参照されたい。

「阿育王」（A2）条から見て行く。その内容は対応していても呼称上は三本共に一致しないことを確認したい。

阿育王――――佛足石記文
無憂王――――大唐西域記
阿輸迦王〔言無憂也〕――釋迦方志
無憂王――――法苑珠林

続く「精舎中有一大𥐢」（A2）は三本共に「精舎中有大石」となっているが、「佛足石記文」のみ「一」の字が加わって「有一大𥐢」となっている。より詳しく見ると、次のようになる。

昔阿育王／古精舎中／有一大𥐢――四字句――佛足石記文
精舎中有大石――――――六字句――大唐西域記
其側精舎／中有大石――――四字句――釋迦方志
其側精舎／中有大石――――四字句――法苑珠林

文は四字句乃至は六字句で綴られることが多い。「佛足石記文」において、「有大石」に「一」の字が加えられて「有一大石」となっているのは、四字句に整えるためであることが理解できる。このことについては、次項でより詳しく見ることにする。

＊　　　＊　　　＊

「一尺八寸」（A3）については、次のようになっている。

一尺八寸――佛足石記文
尺有八寸――大唐西域記
尺八――釋迦方志
尺八寸――法苑珠林

これについても一致する本文が無い。一番近いのは『大唐西域記』であるが、『大唐西域記』の場合、四字句であり、そのまま本文として利用出来るのに、異なる本文にしている。むしろ依拠本文は『法苑珠林』の「尺八寸」のような姿であり、これに「一」を加えたという経緯が推定される。ただし、『法苑珠林』においては「長尺八寸」

と四字句になっている。対して、「佛足石記文」の方はこの箇所が整っていない。「有佛跡各長一尺八寸廣六寸」とあるのである。「廣六寸」の箇所、他は「廣六寸」であるのに対して『大唐西域記』は「廣餘六寸矣」となっている。これに拠って、仮に「有佛足跡／長尺八寸／廣餘六寸」とでもすれば整うことになる。そうはせずに「尺八寸」に「一」を加え、「廣六寸」の箇所は三字のままにしている。（『大唐西域記』そのものは見ていないのであるからそれに倣うことは出来ないにしても）撰文上推敲が足りなかったと言うことは出来よう。

＊　　＊　　＊

「輪相花文十指各異」（A３）について。

××××輪相花文十指各異——佛足石記文
兩迹倶有輪相十指皆帶花文——大唐西域記
××××輪相華文十指各異——釋迦方志
××××輪相華文十指各異——法苑珠林

やはり、『大唐西域記』が近い本文とは言い難い。しかしながら、『法苑珠林』及び『釋迦方志』とは、「花」の用字が異なっている。『佚西域傳』を想定せざるを得ない。

＊　　＊　　＊

「是佛欲涅槃北趣拘尸 南望王城」（A３～４）について。

××是佛×欲涅槃北趣拘尸××南望王城——佛足石記文
昔者如來將取寂滅北趣拘尸那城南顧摩揭陀國——大唐西域記
××是佛×欲涅槃北趣拘尸××南顧摩揭——釋迦方志
××是佛×欲涅槃北趣拘尸××南顧摩揭——法苑珠林

ここにおいても、意味するところは大きく異なることはないが、文字表現の上で『大唐西域記』とは隔たっており、『法苑珠林』（『釋迦方志』）と近い。ただ「望」字と「顧」字及び「王城」と「摩掲」の違いがある。やはり、『佚西域傳』の本文を想定しなければならない。

＊　　＊　　＊

「足所蹈處」（Ａ４）について。

足所蹈××××××××××××處×——佛足石記文

××蹈此石上告阿難曰吾今最後留此××足迹×——大唐西域記

×故蹈×石上××××××××××之雙×跡也——釋迦方志

×故蹈×石上×××××××××××之雙足迹×——法苑珠林

ここも一致する本文はない。「所蹈」の「所」字については、本書第一章注釈篇第一節「佛足石記文注釈」の「足所蹈處」条（Ａ４）で言及している。参照されたい。

＊　　＊　　＊

「近為金耳國商迦囯」（Ａ４）について。

近×為×××××××××金耳國××商迦□————佛足石記文

近者×××××××××××設賞迦王————大唐西域記

近×爲羯羅拏蘇伐刺那〔言金耳國〕設償迦王〔言月也〕——釋迦方志

近×爲××××××惡王金耳————————法苑珠林

「佛足石記文」における「商迦囯」（当項見出し）の「囯」字は、「国」字ではなくて、欠損部の推定用字「王」を四角で囲んだものである。また、『釋迦方志』の本文は、原文は全て大書されていて割注表示は無いが、意味上から判断して、訓義注としてあるものとして、「言金耳國」と「言月也」の二箇所について割注表示の〔括弧《キッコー》〕を加えて表示した。

この箇所についても一致する本文はないのであり、『佚西域傳』を想定せざるを得ないのである。

＊　＊　＊

「不信正法」（A5）について。

この句は『大唐西域記』『釋迦方志』『法苑珠林』のいずれの該当箇所にも存在しない。ここも『佚西域傳』においては存在した本文なのであろうか。

＊　＊　＊

「毀壊佛跡鑿已還生文相如故又捐殑河中尋復本處」（A5～6）について。

毀壊佛跡×××××××××鑿已還生文相如故×又捐×□×□中×尋復本處——佛足石記文
毀壊佛×法遂即石所欲滅聖迹鑿已還平文彩如故於是捐棄殑伽河×流尋復本處——大唐西域記
毀壊佛跡×××××××××鑿已還平文采如故×乃捐×殑×河中×尋復本處——釋迦方志
毀壊佛迹×××××××××鑿已還平文采如故×乃捐×殑伽河中×尋復本處——法苑珠林

この箇所も、『大唐西域記』の文と近くは無くて、『法苑珠林』に近く、文字面からはむしろ『釋迦方志』に近い実態になっている。やはり『佚西域傳』本文が直接の典拠ということになろう。

＊　＊　＊

「今現圖寫所在流布」（A6）について。

今現××××××圖寫所在流布——佛足石記文
××××××××××××××——大唐西域記

××××××××××××××――釋迦方志

貞觀二十三年有使圖寫迹來―――法苑珠林

『大唐西域記』や『釋迦方志』には対応する箇所が無く、『法苑珠林』に類似の表現が存在する。

なお、「佛足石記文」の表現を辿ると、「昔阿育王……」（A2）、「近為金耳國……」（A4）、「今現圖寫……」（A6）と展開している。これは、「昔……近……今……」という時の観念に基づいた対比表現であると把握することが出来る。「近……」の表現は他の三本にも次の通り存在している。

近者設賞迦王―――大唐西域記

近爲……金耳國設償迦王――釋迦方志

近爲惡王金耳―――法苑珠林

しかし、「昔……」・「今……」に該当する表現は『大唐西域記』『釋迦方志』にはなくて、『法苑珠林』には次のように存在する。

……昔無憂王作地獄處……近爲惡王金耳毀壞佛迹……貞觀二十三年有使圖寫迹來

（「昔無憂王作地獄處」の句は、先に掲出した引用文〈三七八頁〉では「…中略…」とした大正蔵53五〇二上10に存在する句である。）

この箇所の「貞觀二十三年」を「今」と認定すると、当佛足石記文にいちおう対応することになる（「昔」の指し示す内容が多少苦しいが）。この箇所について、「貞觀二十三年有使。圖寫迹來。」の一文と「佛足石記文」の「今現圖寫所在流布」とが対応するという指摘を、［三宅米吉・一八九七・七・論考］や［加藤諄・一九六八・一二・論考］が既に行っている。［加藤諄・一九六八・一二・論考］には、貞觀二十二年の誤りであるとの指摘もある。

三　具体的な本文比照──「西域傳」その二──

以下、「佛足石記文」のA面8～13行の「又」字からの二度目の引用（『西域傳』からの引用）について、『大唐西域記』『釋迦方志』の該当箇所を以下に掲げる。傍線の線種はそれぞれの対応箇所を示すものである。『法苑珠林』については、「北印度烏仗那國」及び「屈支國」という国名のみが対応し、該当記事が見当らないこと、先に指摘した。この引用箇所は、『大唐西域記』においても、『釋迦方志』においても、「烏仗那國」条と「屈支國」条の二箇所に分かれている。左の通りである。なお、A面における『西域傳』の本文引用に関する個々の用字比照は、当節末尾（三九九～四〇三頁）に、付【四本の本文比照】として掲げていること、前述した通りである。

【佛足石記文】

又北印度烏仗那国東北二百六十里入大山有龍泉河源春夏含凍晨夕飛雪有暴悪龍常雨水災如来往化令金剛神以杵撃崖龍聞出怖歸依於佛恐悪心起留跡示之於泉南大石上現其雙跡随心淺深量有長短／今丘慈國城北四十里寺佛堂中玉石之上亦有佛跡齋日放光道俗至時同往□慶

（A8～13）

【大唐西域記】

瞢揭釐城東北行二百五六十里入大山。至阿波邏羅龍泉。卽蘇婆伐窣堵河之源也。派流西南。春夏含凍昏夕飛雪。…中略…殑祇含怒願爲毒龍。暴行風雨損傷苗稼。命終之後爲此池龍。泉流白水損傷地利。釋迦如來大悲御世。愍此國人獨遭斯難降神至此欲化暴龍。執金剛神杵擊山崖。龍王震懼乃出歸依。聞佛説法心淨信悟。…中略…阿波邏羅龍泉西南三十餘里。水北岸大磐石上有如來足所履迹。隨人福力量有短長。是如來伏此龍已。留迹而去。後人於上積石爲室。（『大唐西域記』巻第三、「烏仗那國」条、大正蔵51八八二中27～29……下05～10……14～17）

荒城北四十餘里。…中略…東照怙釐佛堂中有玉石。面廣二尺餘。色帶黄白状如海蛤。其上有佛足履之迹。長尺有八寸。廣餘六寸矣。或有齋日照燭光明。…中略…擧國僧徒皆來會集。上自君王下至士庶。捐廢俗務奉持齋戒。受經聽法渇日忘疲。

（『大唐西域記』巻第一、「屈支國」条、大正蔵51八七〇中08……10～13……16～18）

（［羽田亨・一九一一・一〇・校本］『大唐西域記』は「烏仗那國」条の「執金剛神」の箇所を「報金剛神」としているが、ここは『大正蔵』のままに「執金剛神」とした。）

【釋迦方志】

城東北二百六十里。入大山至阿波邏龍泉。即前河源也。派流西南春夏合凍晨夕飛雪佛昔化暴龍。金剛以杵撃崖。龍怖歸依。請佛放雨乃許之。令人收糧。十二年一雨水災。又泉西南三十餘里。水北岸大石上佛伏龍已。留迹示之隨心長短。

（『釋迦方志』巻上、遺跡篇第四「烏仗那國（北印度之正國也。古謂烏長）」条、大正蔵51九五五中03～08）

城北四十餘里東昭怙釐寺。佛堂中有玉石方二尺。上有佛足迹。長尺八寸廣六寸。齋日放光。

（『釋迦方志』巻上、遺跡篇第四「屈支國（即丘慈也）」条、大正蔵51九五二下06～08）

【法苑珠林】

烏仗那國。此北印度之正國也。××××××××××××××××××

（『法苑珠林』巻第二十九、感通篇第二一聖迹部第二、大正蔵53四九八中19～20）

又屈支國東。××××××××××××××××××××

（『法苑珠林』巻第六、六道篇第四之二好醜部第十、大正蔵53三二一下12）

前半の「烏仗那國」条は［亀田孜・一九六二・一二・論考］によって指摘されたアパラァラ龍帰順譚である。同論考は、ガンダァラ地方に広く流布している龍伝説の中の話であると指摘する。『大唐西域記』の省略した箇所の内、「春夏含凍昏夕飛雪」に続く箇所を引くと次のようになる。傍線部は、省略箇所に続く部分であり、右で引いている箇所である。

雪霏五彩光流四照。此龍者迦葉波佛時。生在人趣。名曰殑祇。深閑呪術。禁禦惡龍。不令暴雨。國人頼之以稸餘糧。居人衆庶感恩懷德。家税斗穀以饋遺焉。既積歳時或有逋課。殑祇含怒願爲毒龍。暴行風雨損傷苗稼。命終之後爲此池龍。泉流白水損傷地利。

（大正蔵51八八二中末行~下07）

（雪は五彩に霏《まひと》び、光は四照して流る。此の龍は迦葉波《カーシャパ》佛の時に、生《うま》れて人趣と在り、名を殑祇《ガンギ》と曰《い》ふ。深く呪術《まじわざ》に閑《かよ》ひ、悪龍を禁禦《おさ》へ、暴雨《ひためふ》らしめず、国人頼《よ》りて、余糧を稸《たくは》へき。居る人衆庶《ことごとくみな》、恩に感じ徳を懐《いだ》き、家みな斗穀を税《もちよ》り、饋遺《おくりもの》としき。既に歳時《とき》を積《へ》て、或は課《あるもの》を逋《のが》るること有り。殑祇怒《いかり》を含《いだ》き、願ひて毒龍と為《な》り、暴《はげし》き風雨を行《おこ》し、苗稼《いねなへ》を損傷《いた》めき。命終《はて》し後、此の池の龍と為《な》り、泉は白水《にごれるみづ》を流して、地《つち》の利《かが》を損傷《いた》めき。）

この『大唐西域記』の記述によって、説話そのものはよく理解できる。なお、「佛足石記文」の「春□□□」の箇所は、『大唐西域記』により「春夏含凍」であることが判明する。『釋迦方志』の方は「含」が「合」字になっている。このように、『大唐西域記』の文章展開は詳しいのであるが、「佛足石記文」の文としては『釋迦方志』に近い。

「佛足石記文」
又北印度烏仗那国
東北二百六十里入大山
有龍泉河源春夏含凍晨夕飛雪
有暴悪龍常雨水災

『釋迦方志』
遺跡篇第四「烏仗那國（北印度之正國也。古謂烏長）」条
城東北二百六十里入大山
至阿波邏龍泉即前河源也派流西南春夏合凍晨夕飛雪

如来往化令金剛神以杵撃崖	佛昔化暴龍金剛以杵撃崕
龍聞出怖歸依於佛	龍怖歸依…中略…
恐悪心起留跡示之於泉南大石上	又泉西南三十餘里水北岸大石上佛伏龍巳。留迹示之
現其雙跡随心淺深量有長短	随心長短

右の次第で、「佛足石記文」は『釋迦方志』に近いのであるが、「佛足石記文」の方が詳しい箇所もあり、『釋迦方志』に依拠したものでないことは一目瞭然である。やはり「佛足石記文」は『佚西域傳』に依拠していると見ることが出来るのである。

次に、「佛足石記文」の後半の「丘慈國」条について、見てみよう。これも『釋迦方志』の文と対比する形でまず見てみる。

「佛足石記文」	『釋迦方志』
今丘慈國	遺跡篇第四　屈支國〔即丘慈也〕
城北四十里寺佛堂中	城北四十餘里東昭怙釐寺佛堂中
玉石之上亦有佛跡	有玉石方二尺上有佛足迹長尺八寸廣六寸
齋日放光	齋日放光
道俗至時同往□慶	××××××

右の次第であり、『釋迦方志』は『佚西域傳』の系統の文を引いていると見ることが出来よう。「佛足石記文」の「今丘慈國」という言い方は『大唐西域記』には無くて、『釋迦方志』が「屈支國」に割注で「即丘慈也」と記しているのが極めて近いのである。「寺佛堂中」の「寺」の語は『大唐西域記』には無くて「昭怙釐」とある。「昭怙釐」とは現地語による「寺」の語であり、『釋迦方志』の「昭怙釐寺」は重複した言い方になっている。ここも引

用部分については『釋迦方志』が詳しくなっている。ただし、「佛足石記文」の「道俗至時同往□慶」の八文字は『釋迦方志』には無い。これは、『大唐西域記』の左記の箇所に対応する。

擧國僧徒皆來會集。上自君王下至士庶。捐廢俗務奉持齋戒。受經聽法渴日忘疲。

(国を挙げて僧《ほふし》徒《もろひと》も皆来《きた》り会集《つど》へり。上は君王より下は士庶《ひとみな》に至るまで、俗務を捐廃《すてさ》り斎戒《おこなひ》を奉持《いつきも》てり。経を受け法《のり》を聴《き》き日を渇《つく》しつつ疲を忘れてあり。)

右の内容を縮約して「道俗至時、同往□慶。」とまとめているのである。そうではあるが、『大唐西域記』においては、右の文は、「佛堂中の玉石上の佛跡」に関わる文ではなくて、それに続く以下の箇所に関してのものである(傍線部は既に引用している箇所であることを示す)。

或有齋日照燭光明。大城西門外路左右各有立佛像。高九十餘尺。於此像前建五年一大會處。毎歳秋分數十日間。擧國僧徒皆來會集。

(……大城の西門の外なる路の左右に各《おのもおのも》立てる佛像有り。高さ九十余尺なり。此の像の前にして五年に一たびの大《だい》会《ゑ》を建つる処なり。歳毎《としごと》の秋分の数十日間なり。……)

こういう次第であり、「道俗至時同往□慶」は佛足石には関わらない本文であるが、「佛足石記文」では佛足石に関する会集佛事にしてしまっている。これが『伕西域傳』ではどうであったのかは、今となってはわからない(後述、三九六頁参照)。

四　具体的な本文比照――「観佛三昧經」その一――

『観佛三昧經』はA面に二回出る。まずはその最初に出る箇所について、その本文を確認する。次の通りである。

観佛三昧經云若人見佛足跡内心敬重无量衆罪由此而滅今得値遇非有幸之所致乎（A6～8）

この箇所について、［山川正宣・一八二六・八・注釈］『佛足石和歌集解』は「今案此文經中に見えず。疑ふらくは注疏などを暗記して。本文と思ひたがへしならむ」と注し、［橘健二・一九五九・六・論考］は「銘文作者の典拠を有しない独自の文章であろう」と言い、［加藤諄・一九六八・一二・論考］は「出所不詳、恐らく観仏三昧経要約文か」とし、その他の諸書は典拠について発言していない。このように、右の『観佛三昧經』の文は、「見佛足跡」「内心敬重」「无量衆罪（無量衆罪）」「由此而滅」の句のいずれにおいても一致しない。

しかしながら、早くに［釋潮音・一八一九・三・注釈］『佛足跡紀文考證』は『観佛三昧經』（巻第六）の箇所を指摘していて注目できる（佛足石記文も釋潮音も「観佛三昧經」の呼称をとる。『大正蔵』に出る題目は「佛説観佛三昧海經」である。しかしながら、釋潮音は引用に際して「現本十巻東晋佛陀跋陀羅譯」としていて『大正蔵』テキストと同一本と見てよい）。その箇所は以下の通りである。

若有衆生。佛在世時見佛行者。歩歩之中見千輻輪相。除却千劫極重悪罪。佛去世後。三昧正受想佛行者。亦除千劫極重悪業。雖不想行。見佛跡者見像行者。歩歩亦除千劫極重悪業。佛告阿難。汝從今日持如來語遍告弟子。佛滅度後。造好形像令身相足。亦作無量化佛色像。及通身光及畫佛跡。以微妙彩及頗梨珠安白毫處。令諸衆生得見是相。但見此相心生歡喜。此人除却百億那由他恒河沙劫生死之罪。説此語已如來還坐。

（『佛説觀佛三昧海經』巻第六、東晋天竺三藏佛陀跋陀羅譯。観四威儀品第六之一、大正蔵15六七五下04～14）

右は、A面末尾（14～17行）で引用されているところであり、関わりの深い条である。その続きの箇所（右傍線部分）を佛足石記文のようにまとめたものと推測される。即ちその対応関係は次のようになる。

『観佛三昧海經』　「佛足石記文」

若有衆生　若人

令諸衆生得見是相　　見佛足跡
但見此相心生歡喜　　内心敬重
此人除却　　　　　　由此而滅
百億那由他恒河沙劫生死之罪　　无量衆罪

経文では「此人除却百億那由他恒河沙劫生死之罪」とあるが、「佛足石記文」では「无量衆罪由此而滅」と句順が逆転して倭文脈の順で展開されていることが注意される。誤解があるといけないので、筆を費やすと、「无量衆罪由此而滅」の文も漢文としておかしな文ではない。しかし典拠の文からは句の順が逆転し、そのことによって、倭の人にとっても違和感のない句順となっている。このことをより分析的に示すと、原拠の文では「除却」の語が倭語から見れば他動詞として機能し語順が反転しているのに対し、「佛足石記文」における「滅」は自動詞であるという違いがある。これは概念の転換が行われていると言えよう。当初の「罪を除却する」という観点から「罪が（自ずと）滅する」という発想へと概念上の転換がおこっているということが指摘できるのである。

右で確認出来るように、佛足石記の「由此而滅」（A7）までが翻案引用の経文であり、「今□値□」以下は佛足石記文撰文者による文であると解釈できる。そうではあるが、「値遇」の語について、『佛説觀佛三昧海經』を見ていると頻りに出る語であり、例えば、

歡喜爲佛作禮。禮已諦觀目不暫捨。一見佛已即能除却百萬億那由他劫生死之罪。從是已後。恒得値遇百億那由他恒河沙佛。（大正蔵15六八八上10～12）

などのように、その上に「得」の語を伴う。これは『佛説觀佛三昧海經』中二〇例出る「値遇」の語の約半数に当る九例に「得」が出る。よって、この上の「□」は「得」字の可能性が極めて高く、「今得値遇」とする。「今値遇《ちぐ》を得《う》。幸《さきはひ》の致《いた》せるに有《あ》らず乎《や》。」ということになり、「今得値遇」も経典色の濃厚な語となる。

五　具体的な本文比照――「観佛三昧經」その二――

『観佛三昧經』の後半部はA面の14～19行に出る。この箇所はその対応が容易に指摘できる。以下の通りである。

【佛足石記文】

依観佛三昧經佛在世時若有衆生見佛行者及見千輻輪相即除千劫極重悪罪佛去世後想佛行者亦除千劫極重悪業雖不想行見佛迹者見像行者歩歩之中亦除千劫極重悪業観如來足下平滿不容一毛足下千輻輪相轂輞具足魚鱗相次金剛杵相足跟亦有梵王頂相衆蠡之相

（A14～19）

【觀佛三昧海經】

若有衆生。佛在世時見佛行者。歩歩之中見千輻輪相。除却千劫極重惡罪。佛去世後。三昧正受想佛行者。亦除千劫極重惡業。雖不想行。見佛跡者見像行者。歩歩亦除千劫極重惡業。

（大正蔵15六七五下04～08）

觀如來足下平滿不容一毛。足下千輻輪相。轂輞具足魚鱗相次。金剛杵相者。足跟亦有梵王頂相。衆蠡不異。如是名樂順觀者。自有衆生樂逆觀者。

（大正蔵15六四八下11～14）

右に見る通り、「及」「即」の語を挟むと共に、一部略している語があるが、ほぼ原文通りに対応している。忠実な引用に近い。その異なるところを挙げると次のようになる。

「佛足石記文」	『観佛三昧海經』
若有衆生	若有衆生
及見千輻輪相	見千輻輪相
即除千劫極重悪罪	除却千劫極重悪罪

見佛跡者見像行者　　　　見佛迹者見像行者
歩歩亦除千劫極重悪業　　歩歩之中亦除千劫極重悪業
衆蠢不異　　　　　　　　衆蠢之相

右で、「跡」字と「迹」字との違いは用字上のものであり、異文というほどのものではない。また、佛足石記文に見られる「歩歩之中」の例は、『観佛三昧海經』の前行に存したものであり、異文として取り立てるほどのものではない。

「佛足石記文」における大尾の「不遇諸悪。是為困祥。」（A19～20）は「佛足石記文」撰文者による文としてあり、経典依拠文ではない。

六　撰文における字数整序について

先に、「精舎中有一大石」（A2）の条で、他本には「有大石」とあるのに、「佛足石記文」では「一」の字を加えて「有一大石」としているとし、これは四字句に整えるための措置であるとした。

昔阿育王／古精舎中／有一大石——四字句——佛足石記文
精舎中有大石——————六字句——大唐西域記
其側精舎／中有大石————四字句——釋迦方志
其側精舎／中有大石————四字句——法苑珠林

本件は、「四字句に整えるための加筆措置」であるのか、それとも『佚西域傳』において既に「有一大石」とあったのか、このどちらなのかについては、厳密にはわからないことになる。

そこで、当該の『西域傳』にかかわるA面の佛足石記文を省いて、他の本文について、その字数句を見るために、以下に一覧してみる。／／は改行に相当する箇所であり、／は句の切れ目を意味する。

觀佛三昧經云／／若人見佛足跡／内心敬重／无量衆罪／由此而滅／今得値遇／非有幸之所致乎　（A6〜8）

依觀佛三昧經／／佛在世時／若有衆生／見佛行者／及見千輻輪相／即除千劫極重悪罪／佛去世後／想佛行者／亦除千劫極重悪業／雖不想行／見佛迹者／見像行者／歩歩之中／亦除千劫極重悪業／觀／如來足下平滿／不容一毛／足下千輻輪相／轂輞具足／魚鱗相次／金剛杵相／足跟亦有／梵王頂相／衆蠡之相／不遇諸悪／是為休祥　（A14〜20）

知識家口／男女大小／／三國眞人浄足／／三國眞人浄足　（B界外）

大唐使人／王玄策／向中天竺／鹿野薗中／轉法輪處／因見跡／得轉寫搭／是第一本／日本使人／黄書本實／向大唐国／於普光寺／得轉寫搭／是第二本／此本在／右京四條一坊禪院／向禪院壇／披見神跡／敬轉寫搭／是第三本／従天平勝寶五年／歳次癸巳／七月十五日／盡廿七日／并一十三箇日作了／檀主従三位智努王／以天平勝寶四年／歳次壬辰／九月七日／改王字成／文室真人智努／畫師越田安万／書寫神石手／□□□以足／近□□□□　（B1〜17）

至心發願／為亡夫人／従四位下／茨田郡主／法名良式／敬寫釋迦如来神跡／伏願夫人之霊／駕遊无勝之妙邦／受□□之聖諦／永脱有漏／高證无為／同霑三界／共契一真　（C1〜12）

諸行无常／諸法无我／涅槃寂静　（D1〜3）

右の句の文字数を示すと左のようになる。

＊　＊　＊

6／／6／4／4／4／4／6乎　（A6〜8）

6／4／4／4／6／8／4／4／8／4／4／4／4／8／1／6／4／6／4／4／4／4／4／4／

4／4（A14～20）

＊　＊　＊

4／4／6／6（B界外）

＊　＊　＊

4／3／4／4／4／3／4／4／4／4／4／4／4／4／3／8／4／4／4／4／7／4／5／4／8

／8／7／4／4／4／6／6／5／5／5（B1～17）

＊　＊　＊

4／4／4／4／4／8／6／7／7／4／4／4／4（C1～12）

＊　＊　＊

4／4／4（D1～3）

＊　＊　＊

右の次第で、時に五字句、七字句が混じるが、基本は四字句であり、また六字句である。八字句は四の倍数句と見ることができる。即ち、この「佛足石記文」は四字句を基本として撰文されていることが明らかとなってくる。このことと、『西域傳』に近い三本（『釋迦方志』・『法苑珠林』・『大唐西域記』）共に「有大石」の本文である（「中有大石」であるが、その「中」字は「佛足石記文」も承けている）ことを考えると、四字句としての整斉は、「佛足石記文」撰文時のものであると見ることが出来る。このことはまた、『西域傳』全体の引用及び『觀佛三昧經』からの引用に際しても、一々の具体的な指摘は省略するが、「佛足石記文」撰文時に四字句として整えていると見ることが出来る。「佛足石記文」撰文者は、この撰文に際して、引用を含めて全体に亙って己が文として撰文していると総括することができる。この次第によると、先に見た「道俗至時同往□慶」に関わる引用ミス（原拠では佛足石に関わらない箇所を佛足石のものとして引用している件をいう）は、『佚西域傳』のものというよりは、撰文者の誤認の可能性が高いと見るものである。

七　おわりに

〔山川正宣・一八二六・八・論著〕『佛足石和歌集解・附考』は、「西域記なる文をば、漢書西域傳など、混じて、また暗記のまゝにしるせしにやあらむとおもへど、佛書の廣大なる不學の考へ尽すべきにあらねば、博識の明断をまつのみ（再按法苑珠林百十九に、西域記を西域傳と記せば、今も玄奘の説を取し事明らかなり）」と記している。また、〔金井嘉佐太郎・一九七一・一・論著〕『仏足石の研究』は、「佛足石記文」所引の『西域傳』について、王玄策撰の『西域伝』（『法苑珠林』所引『中天竺行記』）をさすと言い、また彦悰（琮）撰の『西域伝』（『釋迦方志』序文所引、散逸）を指すとも言う（『仏足石の研究』四四二頁）。

王玄策撰『西域伝』（『法苑珠林』所引『中天竺行記』）とは、

中天竺行記十巻

右此一部　皇朝朝散大夫王玄策撰

（『法苑珠林』巻第一百、大正蔵53一〇二四上26 27）

を言い、この逸文の一八条が『大正蔵』51九九五頁に「唐王玄策中天竺行記幷唐百官撰西域志逸文」として、載せられている。この『中天竺行記』については、早くに〔釋潮音・一八一九・三・注釈〕『佛足跡紀文考證』が「應ニ是因中天竺行記西國志文ニ」（是れ中天竺行記西国志の文に因るべし）としていたところであった。

私が『佚西域傳』とする書は、こうした今は伝わらない『西域傳』の可能性があるのである。

その後、［藏中しのぶ・二〇〇六・一一・論考］「薬師寺「仏足石記」所引「西域伝」攷」の論がある。同論は、「摩掲陀国の仏足石」条で、『大唐西域記』『釋迦方志』『法苑珠林』と共に『大唐大慈恩寺三蔵法師伝』（巻第三）を加えて語句比照を行ない、「烏仗那国の仏足石」条では、『大唐西域記』『釋迦方志』と共に『続高僧伝』（巻四「玄奘伝」）『大唐大慈恩寺三蔵法師伝』（巻第二）を加えて語句比照を行ない、「丘慈国の仏足石」条では、『大唐西域記』『釋迦方志』と『大唐大慈恩寺三蔵法師伝』（巻第二「屈支国」）の語句比照を行ない「これら四書を玄奘周辺の知的体系を基盤とするひとつの出典群としてとらえるべきである」（『東洋研究』一六一号、四五頁）と指摘すると共に、「西域伝」とは固有の書名ではなく、「西域の伝」と訓み、諸書に記された西域に関するさまざまな古事伝説、ないしは西域の伝承の意に解すべきである。「案西域伝云」の一句は「案ずるに、西域の伝に云はく」と訓じ、「諸書に記載された西域に関するさまざまな伝承を勘案すると」の意と理解される。

（『東洋研究』一六一号、四九頁）

奈良時代の仏教的な漢詩文は、主に大安寺や東大寺・唐招提寺とその周辺で述作されており、玄奘・道宣・道世の影響がふかい。このことから、長安西明寺の知的体系を継承する奈良朝の仏教的漢詩文成立の場・大安寺文化圏の存在を指摘した。大安寺文化圏は平城京の諸寺院間の人的ネットワークにささえられ、仏教的な漢詩文述作の場であるとともに、大安寺様式・唐招提寺様式とよばれる木彫の仏像様式が共通するなど、文学のみならず、仏教文化全般を共有する文化圏である。大安寺の修栄撰『南天竺婆羅門僧正碑并序』には、東大寺・大安寺での盧舎那大仏造像を反映して、『梁高僧伝』から『六十華厳』の伝来史にかかわる伝が典拠としてもちいられている。こうした天平の仏教文化をささえたのは、唐から伝来した漢訳仏典群であり、長安西明寺の経蔵はその有力な遡源のひとつであったと考えられる（注11：拙稿〈＝藏中しのぶ氏稿〉「長安西明寺の学問と上代漢詩文―大安寺文化圏の出典体系―」〈『上代文学』八九、二〇〇二年十一月、上代文学会〉）。

（『東洋研究』一六一号、四九～五〇頁）

とし、「平城京の薬師寺は、はるか西域の影を落としつつ、長安・西明寺の知的体系を受け継ぐ大安寺文化圏の一翼をになう大寺院としてあったのである」と結ばれている。同論は「出典群」と把握し、その基盤に大安寺文化圏というネットワークを想定するものであり、その後、［藏中しのぶ・二〇〇九・一一・論考］『延暦僧録』と大安寺文化圏―「天皇菩薩伝」「居士伝」と平城京の蔵書ネットワーク」また［藏中しのぶ・二〇一〇・一一・論考］「大安寺をめぐる出典テキスト群と蔵書ネットワーク―長安西明寺の類聚編纂書群受容の手法と継承」と展開して行く一連の行論上に位置するものである。論として面白いというだけではなくて、そうした基盤は存在するものである。その「大安寺文化圏ネットワーク」は「学者兼文人兼官人」という人的ネットワークはもちろんのこと、「単に人的なものにとどまることなく、経蔵ネットワーク、蔵書ネットワーク」という「学問と文学の基盤を形成していた」と指摘する（以上［藏中しのぶ・二〇〇九・一一・論考］）。これは認められることであり、肯ってよい。

しかしながら、当稿の一々の検討から浮かび上がって来て明らかなように、「佛足石記文」においては「さまざまな伝承を勘案」して、出典資料群を総括する形で成ったものではなくて、「或る一書」に依拠しつつ成ったものであると見るのが良い。その意味で「書承」ということになる。一本（『佚西域傳』）からの書承が考えられる。ただし、考察して来たように、丸写し転記というものではなくて、「佛足石記文」を構成すべく字数整斉の手が更に入ったものであり、そういう意味における撰文が存在しているのである。

ここで考えておかなくてはならないことがある。それはA面・D面及びB面の中国側記載分の佛足石記文に関しては、中国における第一本において既に記されていた可能性があるということである。D面は三法印であるからこれを別扱いということで横へ置く。A面における撰文については、「神石手」条（B16）下の「神石手の執筆について」の項（一七四頁～）において考察した。詳しくは同条に譲るが、A面における神石手の整斉はごく限られたものではないかと愚考した。即ち、A面の整斉の多くは中国においてなされている可能性があるということを考慮しなければならない。このことを念頭に置いておく必要があろう。その意味で三九一頁で言及した倭文脈の句順による整斉は注目してよい。これは、A面碑面のスペース上の事由から、翻案要約した可能性があるのではないかと考えられる。

付【四本の本文比照】

・A面における「西域傳」の本文引用に関しての「四本」の本文比照である。
・「四本」の略号は、以下の通りである。
　佛＝「佛足石記文」、**西**＝『大唐西域記』、**釋**＝『釋迦方志』、**法**＝『法苑珠林』。
・『大唐西域記』『釋迦方志』『法苑珠林』の『大正蔵』の巻・頁・段・行は左記の通り。
　西＝51九一一下10～22／八八二中10／同中27～下16／八七〇上17／同中08～17
　釋＝51九六一中13～下04／九五五上24～中08／九五二中27～28／同下06～08
　法＝53五〇二上07～20／四九八19～20
・「佛足石記丈」における「案西域傳云」「又」などの撰文者による文は、便宜、略している。
・「佛足石記文」の不明本文は、[石]などと復元せず、□のままで示している。
・「＊」は比照本文が存在しないことを示す。
・「…」は比照本文が直接関係しないので省略して表示していることを示す。
・「／～／」は、その間の文章の順序を他とは変えて表示していることを示す。
・「★」は、右の「／～／」の本来の位置であることを示す。
・「／～／」「★」においてその右に1・2の数字があるものは、同じ数字に対応することを示す。

摩揭陁國*昔*阿育王********古精舍中有一大□有佛***跡*　**佛**（A2〜3）
摩揭陀國…********無憂王……*精舍中有*大石*如來所履*…　**西**
摩揭陀國…*有阿輸迦王〔言無憂也〕…*精舍中有*大石******　**釋**
摩揭陀國…昔*******無憂王……*精舍中有*大石******　**法**

各長一尺*八寸廣*六寸******輪相花文十指各異**　****　**佛**（A3）
其長*尺有八寸廣餘六寸矣*兩迹俱有輪相**十指念帶花文　魚形映起　**西**
／*長*尺*八*廣*六寸******輪相華文十指各異**／****　**釋**
／*長*尺*八寸廣*六寸******輪相華文十指各異**／****　**法**

******是佛*欲涅槃北趣拘尸**南望王城***足所蹈***　**佛**（A3〜4）
光明時照昔者如來將取寂滅北趣拘尸那城南顧摩揭陀國**蹈此石上　**西**
******是佛*欲涅槃北趣拘尸**南顧摩揭**故**蹈*石上　**釋**
******是佛*欲涅槃北趣拘尸**南顧摩揭**故**蹈*石上　**法**

**********處*　近*為**********金耳國*商迦□***　**佛**（A4）
…吾今最後留此**足迹*…近者**************設賞迦王***　**西**
*******之雙*跡也★近*爲羯羅拏蘇伐刺那言**金耳國設償迦王言月也　**釋**
*******之雙足迹*★近*爲********惡王金耳*******　**法**

佛（A5〜6）　不信正法毀壊佛跡＊＊鑿已還生文相如故＊又捐＊□＊□中尋復夲處
西　＊＊＊＊毀壊佛＊法…鑿已還平文彩如故於是捐棄殑伽河流尋復本處
釋　＊＊＊＊毀壊佛跡＊＊鑿已還平文采如故＊乃捐＊殑＊河中尋復本處
法　＊＊＊＊毀壊佛迹＊＊鑿已還平文采如故＊乃捐＊殑伽河中尋復本處

佛（A6）　＊＊＊＊＊＊今現圖寫所在流布
西　＊＊＊＊＊＊＊＊＊＊＊＊＊＊
釋　＊＊＊＊＊＊＊＊＊＊＊＊＊＊
法　貞觀二十三年有使圖寫＊＊迹來

佛（A8〜9）　北印度　烏仗那国　＊＊＊＊＊東北＊二百＊六十里入大山有＊＊＊＊
西　＊＊＊　烏仗那國　…曹揭釐城東北行二百五十里入大山至阿波邏羅
釋　／北印度／烏仗那國★…＊＊＊城東北行二百＊六十里入大山至阿波邏＊
法　／北印度／烏仗那國★＊＊＊＊＊＊＊＊＊＊＊＊＊＊＊＊＊＊＊＊＊＊

佛（A9）　龍泉＊＊＊河＊源＊＊＊＊＊春□□□晨夕飛雪＊＊＊＊＊＊＊＊＊＊＊＊＊＊
西　龍泉即＊…河之源也派流西南春夏含凍昏夕飛雪…禁禦惡龍不令暴雨…既積歳時
釋　龍泉即前＊河＊源也派流西南春夏合凍晨夕飛雪…＊＊＊＊＊＊＊＊＊＊＊＊＊
法　＊＊＊＊＊＊＊＊＊＊＊＊＊＊＊＊＊＊＊＊＊＊＊＊＊＊＊＊＊＊＊＊＊＊＊

＊＊＊有暴悪龍＊常雨水災＊＊＊＊＊＊如来＊往化＊＊令金剛神以杵擊＊崖　**佛**（A9〜10）

…含怒願爲毒龍暴行風雨損傷苗稼…釋迦如來…欲化暴龍執金剛神＊杵擊山崖　**西**

＊＊＊＊＊＊＊＊＊＊＊＊＊＊＊＊＊＊＊佛＊昔化暴龍＊金剛＊以杵擊＊崕　**釋**

＊＊＊＊＊＊＊＊＊＊＊＊＊＊＊＊＊＊＊＊＊＊＊＊＊＊＊＊＊＊＊＊＊＊　**法**

龍＊聞出＊怖歸依＊＊＊＊＊　＊於佛恐悪心起＊＊＊留跡示之＊＊　＊＊＊＊　**佛**（A10〜11）

龍王震懼乃出歸依聞佛説法…／是如來＊＊＊伏此龍已留迹＊＊而去／阿波邏羅　**西**

龍＊＊＊＊怖歸依＊＊＊＊＊／＊＊佛＊＊＊伏＊龍已留迹示之＊＊／＊＊＊＊　**釋**

＊＊＊＊＊＊＊＊＊＊＊＊＊　＊＊＊＊＊＊＊＊＊＊＊＊＊＊＊＊　＊＊＊＊　**法**

於泉＊南＊＊＊＊＊＊＊大＊石上　現＊其＊□＊＊跡随心淺深量有長短　**佛**（A11〜12）

龍泉西南三十餘里水北岸大磐石上　＊有如來足所履迹隨人福力量有短長★　**西**

＊泉西南三十餘里水北岸大＊石上★＊＊＊＊＊＊＊＊隨心＊＊＊＊長短　**釋**

＊＊＊＊＊＊＊＊＊＊＊＊＊＊＊　＊＊＊＊＊＊＊＊＊＊＊＊＊＊＊＊　**法**

今＊＊＊＊＊丘慈國＊＊城北四十＊里＊＊＊＊＊寺佛堂中玉石之上＊　**佛**（A12〜13）

＊屈支國＊＊＊＊＊…荒城北四十餘里…東照怙釐＊佛堂中有玉石＊…　**西**

＊屈支國〔即丘慈也〕　＊城北四十餘里＊東昭怙釐寺佛堂中有玉石…＊　**釋**

＊屈支國＊＊＊＊＊＊＊＊＊＊＊＊＊＊＊＊＊＊＊＊＊＊＊＊＊＊＊　**法**

＊亦有佛＊＊＊跡＊＊＊齋日放＊光＊＊＊＊／[2]至時／[2]＊＊＊＊＊＊道★[1]　**佛**（A13）
其上有佛足履之迹…或有齋日照燭光明…每歲　秋分　數十日間擧國僧徒　**西**
＊上有佛足＊＊迹…＊＊齋日放＊光＊＊＊＊　＊＊　＊＊＊＊＊＊＊　**釋**
＊＊＊＊＊＊＊＊＊＊＊＊＊＊＊＊＊＊＊＊　＊＊　＊＊＊＊＊＊＊　**法**

＊＊★[2]同往＊＊＊＊＊＊＊／[1]俗／[1]＊＊＊＊＊＊＊＊＊＊□慶＊　**佛**（A13）
皆來　會集上自君王下至士　庶　捐廢俗務奉持齋戒受經聽法…　**西**
＊＊　＊＊＊＊＊＊＊＊＊　＊　＊＊＊＊＊＊＊＊＊＊＊＊＊　**釋**
＊＊　＊＊＊＊＊＊＊＊＊　＊　＊＊＊＊＊＊＊＊＊＊＊＊＊　**法**

第三節　佛足跡歌碑歌について

一　はじめに——佛足跡歌碑歌（佛足跡歌）という呼称について——

佛足跡歌碑歌は、奈良市西ノ京町の薬師寺に蔵する歌碑（佛足跡歌碑）に刻まれた五七五七七七を基本歌体とする六句体歌二一首（内、一首は大半が欠損）であり、仏足跡歌体（仏足石歌体）の名の起源となっている上代倭歌である。その概要は、佛足石の造立と佛跡崇拝の霊験・讃嘆及び佛への帰依を勧める内容からなっている。

私の「佛足跡歌碑歌」研究は、［狩谷棭斎・一八三二頃・金石記］における『古京遺文』の金石文本文の注釈より始まった。この『古京遺文』における呼称が「佛足石歌碑」であるところから、以来、私はこの呼称によっていた。その呼称について、古く［山川正宣・一八二六・八・注釈］『佛足石和歌集解』がその内題において「佛足蹟和歌」と称し、以後「跡」字で示す研究が見られる。［蜂矢真郷・二〇〇七・一一・論考］「ト［門］とト［戸］とト［外］」において、「仏足跡歌」の呼称がよいとする指摘があり（同論考の注（11）において言及）、以後私は「佛足跡歌碑歌」（略して「佛足跡歌」）としている。

私は長らく『古京遺文』の呪縛の下にあったが、右の次第により、本書において、「佛足跡歌碑歌」（略称「佛足跡歌」）の用語を使用することとし、今後もこの呼称による。諒とされたい。

二　佛足跡歌碑について

奈良市西ノ京町の薬師寺に蔵されている国宝佛足跡歌碑の形状について言及しておく。

現況は、木製の台にはめこまれる形で立っている。木製台より上の露出部分の高さは、一番高い所で一五八・〇センチ《メートル》、低い所で一五一・五センチ《メートル》、中央部分で一五四・五センチ《メートル》である。木製台は外見上三層よりなっており、下から順に、九・八センチ《メートル》、一三・〇センチ《メートル》、四・〇センチ《メートル》の厚みである。歌碑はこれを基台としており、恐らく二層目まで石の下端は達していているものであろうから、実高は一七・〇センチ《メートル》を加えたものになるのであろう。『古京遺文』は「碑高六尺二寸」としているから、これは台の最下端から計測したものとみえる。或いは石は台の最下端まで達しているものであろうか。石の上端は欠落しているから、当初はもう少し高かったものと見られる。幅は、上端で四五・〇センチ《メートル》、最大四九・五センチ《メートル》、最少四〇・九センチ《メートル》、中央部の平均的な位置で四七・八センチ《メートル》となっている。厚みは、最大四・八センチ《メートル》、最少四・〇センチ《メートル》である。

上下二段に歌が陰刻されている。上段の字高は、六三・二センチ《メートル》（2番歌）、六四・六センチ《メートル》（9番歌）、下段の字高は、六六・三センチ《メートル》（13番歌）、六四・七センチ《メートル》（19番歌）となっている。

右の数値は私の実測によるものであるが、諸本では左のようになっている。

高	幅	厚	
高六尺三寸九分	幅一尺四寸八分	厚サ二寸	［東京美術学校・一九二三・六・薬師寺大鏡］
高六尺三寸九分	幅一尺四寸八分	厚サ凡二寸	［東京美術学校・一九三三・九・薬師寺大鏡］
高六尺參寸九分	幅壹尺四寸八分	厚貳寸	［文部省・一九三三・一一・日本國寶全集］

高一九四cm　幅四八・五cm　——　［今城甚造・一九七〇・八・奈良六大寺大観］
高一九三・九cm　——　——　［文化庁・一九八四・一二・国宝考古］
高さ一五八cm　幅四九・五cm　厚さ四cm程　［若林繁・一九九〇・一一・薬師寺］

歌碑の石材は粘板岩であり、剝落が所々に認められる。
裏面には「石見れは[ほ]し〱」「西京」「念人」など、細い線刻が認められる。側面にも同様に若干の文字が認められる。共に明らかな後世の彫りである。

（付記）「石見れは[ほ]し〱」などは後時の彫りに他ならないが、この歌碑が一時期小溝の橋として架けられていたという伝承がある（本書第二章論考篇一第一節、三五八～三五九頁、参照）。この伝承が真実であるとすれば、好事家松井元景が佛足跡歌碑歌の彫り込みに気付いた契機は、こうした後時の書き込みがその端緒であった可能性がある。即ち橋梁の上面は歌碑の裏面で、後時の書き込みが上に出ていたものに違いない。歌碑面は裏になっていて、誰も気づくものではなかったが、裏面における後時の落書きが歌碑発見を導いたものに違いない。

三　本文認定上の問題

佛足跡歌碑歌は上代文学の中で、本格的な本文研究が手薄であった。佛足跡歌碑歌自体が上代文学の中で特殊であることもその原因の一つである。また、一字一音の萬葉仮名で表記された本文が当時の実物で残っているところから、一般には安心して従来の翻字に依りかかっていた面がある。私は親しく調査する機会に恵まれ、度々報告してきた。ここに改めてその本文認定上の問題点を明らかにしておこう。

本文認定上、問題となる主要なものは次の四件である。

①題詞
②12番歌第五句
③17番歌第五句
④後世の偽刻

①の題詞は、その位置の特異性という問題がある。通常は、歌の前（右）に記されるものであるが、佛足跡歌碑歌にあっては歌頭の余白部に頭書する形で記されている。よって、歌数明示が無ければ、どこまでの範囲の題詞であるのかが判然とせず、後世の者を悩ますことになるのであるが、そうしたことについての顧慮が存したのであろう。最初の題詞については明確に「一十七首」と表示されている。

佛足跡歌碑歌はその細長い歌碑に二段に分って鏤刻されていて、この「一十七首」という表示が無ければ、その題詞範囲は全くわからないことになる。歌詞は、歌碑の上下二段にびっしりと彫り込まれており、左右端における余裕の無さが、この異例な頭書という形を編み出したものに違いない。恐らく鏤刻前に、碑面に墨によって二一首の倭歌はびっしりと書き込まれたのであろう。その墨書によりつつ、「匠」（佛足石における呼称）即ち彫刻師は丁寧に彫り上げていったと推測される。碑石を前にしての配字は、最初は紙に何度も書かれ、書きなおされて、今の姿に落ち着いたものに相違なく、その当初の題詞は歌の右に掲出されていた可能性がある。限られたスペースから、頭書という今の形に落ち着いたものと考えられる。

こういう頭書形式の題詞を管見では他に知らない。『類聚古集』巻第十一には「饗」「舩」「行幸」「瀧」などの頭書の題があるが、これらはいずれも「離宮」の題下の歌々であり、臨時的にその下位分類として右の項目を附記しているのに過ぎない。例えば、柿本人麻呂の吉野行幸歌中の三九番歌が「離宮」の題下に分類されていて、その歌の頭に「舩」とメモ書きされている類である。これらの歌の前には「離宮」という総題があるのである。

散文例ながらこれに近い例に「多賀城碑」の頭書の「西」がある。しかしこれは「題」ではない。「西」が意味するところは不明である。［狩谷棭斎・一八三一頃・金石記］『古京遺文』も「碑上に西の字有れど、其の義詳ならず。」（碑上有西字其義未詳）としている。「標」とでも称すべきものであろう。テーマを示した「題」とは意味が異なるものである。

佛足跡歌碑歌における題詞の頭書は、上代において他に例を見ない特異なものである。

題詞における本文認定は、その頭書という位置と関連してくる。文字の上半が欠損により落ちている。橋梁として再使用されていたという伝承については、本書第二章論考篇一第一節「佛足石記文について」（三五八～三五九頁）で記した。これに拠れば、単純な欠損ではなくて、現場に合うように上端が切断された可能性がある。佛足石が火山性角礫岩とされるのに対し、歌碑は粘板岩によって造られており、このために所々に剥落が認められる。その題詞は、「□佛跡」（2番歌上）、「一十七首」（9番歌上）、「呵嘖生」（18番歌上）「死」（20番歌上）となっている。「□佛跡」は、「□」が上端の欠損により、文字の上半部が欠けていて（上の写真、参照）、「慕」字であるのか「恭」字であるのか、その認定が分かれる。私は倭歌に記されている歌意内容から「慕」字と推定する。それは6番歌・7番歌の「観つつしのふ」という歌句表現と対応すると考えるのである。なお、「慕」字の上には、恐らくもう一文字存在するものであろう。この考えは、早く［林竹次郎・一九三二・七・論考］によって「「恭佛跡」の上にも何か一字位は有つたかも知れぬ」と想像案が提出されている。私は、ここに案の拠りどころを示しておこう。それは他が「一十七首」・「呵嘖生死」と四字句単位からなっていることである。加えて、当時の官人が書く文筆においては、四字（乃至六字）でまとめるのが一般であった。これは官人における通常の報告文（解など）においてもそうである。こういうところから、三字句というのは極めて稀なことで

あり、ここは四字句に違いない。原石欠損部はそのスペース上の可能性が9番歌上の石端を考慮すると充分にある。「□慕」の「□」が何の字であったのかは知るすべがないが、可能性として「敬慕」「仰慕」という案をここに示すと共に、9番歌第三句「宇夜麻比弖」、14番歌第四句「宇夜麻比麻都利」とあるところから、中でも「敬」を想定しておく。本書第一章注釈篇第二節「佛足跡歌碑歌注釈」の「敬慕佛跡」条（2番歌上部）、参照（二二七～二三〇頁）。

②の12番歌第五句「□止乃止毛志□」については、その問題点等を［廣岡義隆・一九八九・二b・注釈］［廣岡義隆・一九九〇・六・論考］で指摘していた。現状は「比止乃」と彫られている（上の写真、参照）。「乃」の下に「止」字が存するが、その「止」の上端に剥落がかかり、その部分の彫りは欠けている。その上の「乃」字は、右斜上部の三角形をした角が基準面にあり、他は厚い剥落部分に深く彫られている。後刻の可能性が極めて高い。字としては「乃」でよい。第五句一字目の□の箇所

は、剥落中に「比」と彫られている。「阿」字としたり、「阝の上部が認められるのみ」（［土橋寛・一九五七・七・校注］校異）としたりするものがあるが、彫りは「比」字である。しかし、12番歌一首の歌意から「比」では合わないし、一連の歌想からも「佛跡」を讃嘆する内容とみるのがよく、「阿」字剥落後の補刻の「比」の可能性が極めて高い。このことについては［加藤諄・一九七一・一・論考］が指摘している。

③の17番歌第五句「保呂歩止曽伊布」は仮名「歩」認定の問題である（「歩」は異体字形、写真参照）。これもその問題点等を［廣岡義隆・一九八六・三・論考］［廣岡義隆・一九八九・二b・注釈］［廣岡義隆・一九九〇・六・論考］で指摘して来た。従来多くの書が「歩」の異体字形を誤認してここを「夫」としているのである。論文中での引用本文まで入れると多くなるから省き、

本文を主として掲げるものを挙げると以下のようになる。

［今井似閑・一七一七・本文］・［釋潮音・一八一九ｃ・注釈］・［鹿持雅澄・一八二一・注釈］・［小山田與清・一八二八・注釈］・［狩谷棭斎・一八三二頃・金石記］『古京遺文』・［三宅米吉・一八九七・七・論考］・［木崎愛吉・一九二一・一〇・本文］・［井上通泰・一九二三・一二・注釈］・［木崎愛吉・一九三〇・九ｂ・本文］・［山川正宣・一八二七・注釈］の『日本歌謡集成』版翻字・［木本通房・一九四二・八・注釈］・［田中重久・一九四二・一〇・論著］・［土橋寛・一九五七・七・注釈］・［竹内理三・一九六二・一一・本文］・［浅田芳朗・一九六三・七・論著］・［北島葭江・一九六五・六・論考］・［大井重二郎・一九七〇・一二・論考］・［岡崎敬・一九七一・一〇・本文］など。

右はその本文追随の多さを示すために敢えてここに示した。中でも、日本古典文学大系『古代歌謡集』の［土橋寛・一九五七・七・注釈］は、その影響力が大きい。ただし、［相磯貞三・一九六二・六・注釈］は、この箇所の本文を「不」としている。一方、「歩」と認定している本文類もあるのである。ここに列挙することはやめ、詳しくは本書第一章注釈篇第二節（三二一〜三三三頁）を参照されたい。

④の後世の偽刻については、3番歌第一句、12番歌第五句、21番歌に見られるものである。これについては［廣岡義隆・一九八六・三・論考］［廣岡義隆・一九八九・二ｂ・注釈］［廣岡義隆・一九九〇・六・論考］で示して来た。12番歌第五句については、右の②で示した。

3番歌第一句「与伎比止乃」については、「比」字に厚い剝落がある。しかしながら、その剝落にも関わらず彫りは深くて、後刻の可能性が存する（上の写真、参照）。前後の歌意から文字としては「比」字でよいと認められる。剝落については、「留」字（1番歌第一句）の「田」の左下、また「知」（2番歌第一句）の左下に剝落が存在するが、彫りは全く認められ

ないのである。こうした中で、この箇所は剝落中に深い彫り込みがある。字形上の違和感は大きくはないが、原字に疑わしさが残ることを指摘しておく。ただし、その剝落が当初からのものであるという可能性を捨て去ることは出来ない。その場合はこの箇所の彫りも当初からのものとなるが、彫りの深さに違和感が存在する。

　次に21番歌についての私の本文認定は、

□都［　　　　　　　］

とするものである。現状は、「都」字の下が大きく剝落している（左はその写真で、画像は右列下から左列上へと続く。「都」字の箇所に○マークを付した）。その剝落している箇所に、次のように彫り込まれている。

□比多留□□乃多尓久須理師毛止牟与伎比止毛止无　佐麻佐牟我多米尓

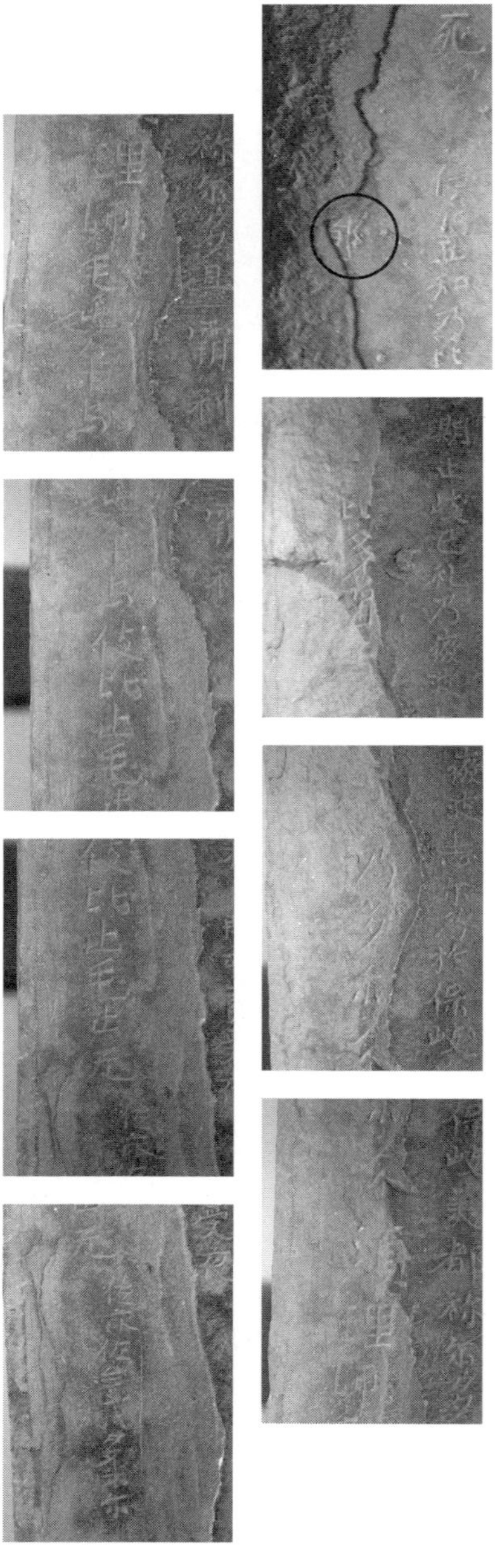

甲乙類の乱れは字数が少ないこともあって見られないが、左記の点から後補（江戸時代の好事家のさかしら書き）

と考えられるのである。

＊文字の大きさが一定していない。と共に20番歌までの一定の字の大きさが破られて全体に字が大きくなっている（第六句の小書部分が、他歌の大書部分とほぼ同じ大きさになっている）。

＊萬葉仮名ムについて、20番歌まではもっぱら「牟」字が使用されていた（一〇例）。この21番歌においては「牟」も使用されてはいるが、それまでは使われることの無かった「无」という仮名が用いられている。

＊字形は20番歌以前と似ている趣きも存するが、全体に稚拙である（特に「多」「須」「理」など）。一見似ている字形は20番歌以前に似せてのものであろう。

＊「与伎比止」の「乙甲甲乙」という上代特殊仮名遣いの甲乙類は、以前の歌に字形を学ぶ過程で結果的に乱れなく文字を移すことが出来たと考えることが出来る。

＊行にゆがみが存在するのもこの箇所だけである。

＊類想の反復《リフレイン》表現は、第五句と第六句において出現するのが一連の歌の常である。しかしながら、この21番歌においては、第四句の「藥師求む」と第五句の「善き人求む」とが反復表現（言い換え繰り返し表現）になっており、異例である。反復表現ということで一見似ていることになるが、全然違った佛足跡歌碑歌表現がこの歌において出現したことになる。

＊18番歌が「人身難得」、19番歌が「不浄観」、20番歌が「無常観」と、18番歌以降は題詞の「呵嘖生死」（＝生死にこだわる心を戒め解脱をすすめる）というテーマの下、一貫して『涅槃経』出典の語を踏まえて歌われてきているのに、この歌は3・8番歌の「善き人」、15番歌の「藥師」の語を使うのみとなっており、前三首の一貫する詠法とは異なる歌であると言わざるをえない。「身《み》」（用字「微」）の表現についてもこのことは指摘できるのである（四四二〜四四三・四四六〜四四七頁、参照）。

以上で、本文認定上の事項を結ぶことにするが、時を経た歌碑であるだけに、このように種々の問題点も存在していることを理解しなければならない。

四　佛足跡歌碑歌は歌謡ではない

江戸期の研究においては佛足跡歌碑歌を「和歌」と認めていて「歌謡」と認定した形跡がない。歌謡と位置付ける嚆矢は、管見では、［坂井衡平・一九二四・九・論著］『日本歌謡史講話』が早くて「謡はれた歌謡の一体である」としている。これより早い文献が或いはあるかも知れない。ついで［高野辰之・一九二六・一・論著］『日本歌謡史』は「謡ひ物と認むべきか否かに就いて判断に苦しむものがある」としながらも「……最終の句を反覆するのに考へ合せれば、どうしても諷謡したものと断じたい」としている。以下、［土田杏村・一九二九・六・論著］『上代の歌謡』、［安田喜代門・一九三一・一・論著］『上代歌謡の研究』、［多屋頼俊・一九三一・六・論考］、［遠藤嘉基・一九三三・一〇・論考］、［佐藤一三・一九三三・一一・論著］『和歌史総説』、［藤田徳太郎・一九三四・九・論著］『古代歌謡の研究』、［菊地良一・一九三九・五・論考］、［木本通房・一九四二・八・注釈］『上代歌謡詳解』、［宮地崇邦・一九五九・三・論考］、［相磯貞三・一九六二・六・注釈］『記紀歌謡全註解』、［たなかしげひさ・一九六八・五・論考］と挙げることが出来、歌謡としての方向が徐々に定着強化されてきている。このように、佛足跡歌碑歌のジャンルは大正末年頃から「歌謡」と認識されてきた。当節の初出掲載においても、古代文学講座第九巻『歌謡』（勉誠社）中の一篇であり、私は編者に断って歌謡ではないという原稿を『歌謡』に載せたのであった。佛足跡歌碑歌が、世間一般において「歌謡」として定着している様がわかるものである。

その原因を探ると次の二件になろう。

Ⅰ、五七五七七七という歌体が、謡いもの特有の言い換え繰り返し形式を取ると見るところから。

Ⅱ、この歌は佛足石開眼供養の唱導法要の場で謡われたものとみる、誦詠される場の論理から。

しかし、このいずれについても、否という結論しか出せない。Ⅰの歌体論については、この歌体の原初（起源）は恐らく謡いものに由来するものであった。佛足跡歌碑歌において第六句が少し句間を開け、やや小さい字で右寄せに書かれている。これはその歌体の歴史を物語っていると考えられる。しかし、歌句表現から考察すると、この佛足跡歌碑歌は「当初から」この歌体を念頭において意図的に作歌され構成された作品であることがわかり、決して自然発生的に第六句が付加してきたものではなく、末句を除外しては成立しない歌まで存在する。このことについては本書第二章論考篇一第六節「佛足跡歌体について」に詳しい。

なお、第六句における句間開け、小書、右寄せの件は、歌の詠作者は全く関与していない、筆録上の問題ということになる。付言しておく。

Ⅱの歌の場についても、これは佛足石開眼供養の唱導法要の席で謡われたものではない。後世の和讃と同様に考えるむきがあるであろうが、この歌は法要の後の、直会に比すべき宴の場で、讃嘆歌として披露されたものである。これについても本書第二章論考篇一第六節「佛足跡歌体について」を参照されたい。

この佛足跡歌碑歌を「歌謡ではない」とした人がいた。佐佐木信綱は博捜収載する人であるが、［佐佐木信綱・一九四六・一〇・本文］『上代歌謡の研究』に佛足跡歌碑歌を収めていない。ただし、それに先立つ［佐佐木信綱・一九三六・八・論著］『上代文學史』では「歌謡」として佛足跡歌碑歌を掲げ、「和讃の先駆」としているのである。より強く「歌謡ではない」と示したのは高木市之助であった。［高木市之助・一九六七・五・注釈］日本古典全書『上代歌謡集』の「解説」中で「従来屢々上代歌謡として記紀歌謡の範疇に一括されたもので、本書では特に除外又は割愛したものもないではない」とし、（佛足跡歌碑歌は）「誰か当時の指導的地位にある人が創作した短歌定型歌を、作曲上一句を加へたもの…中略…、この一群の歌群に上代歌謡の性格を擬することは困難になる」としている。この見識を高く買いたい。短歌体に一句加わった形式と見るのには従えないが、まさに佛足跡歌碑歌はその内容から知識人による高度に知的な作歌であると言え、決して歌謡のジャンルに入るものではないのである。

五　なぜ佛足跡歌体なのか

この薬師寺蔵の佛足跡歌碑歌は全二一首中一九首までがこの五七五七七七を基本とする佛足跡歌体で記されており、句が欠損している二首においても、おそらく同じ歌体であったに違いないと推測される。『萬葉集』においてはわずか二首（内一首は復元歌）しか登載されていない佛足跡歌体が、この佛足跡歌碑歌においては、どういう経緯で全歌に亙っているのか疑問である。『萬葉集』と並べて見るとそれは際立った特徴として現れて来る。しかし、これを記歌謡・紀歌謡・神楽歌・催馬楽・風俗歌等と並べて見ると、そう特異な歌体でないことが明らかとなってくる。これはむしろ『萬葉集』の方が少し特異な有様と言うべきである。『萬葉集』には一個人の私的抒情詠も多く収められているが、その中には歌謡もあり宴席歌もある。よく指摘される「吾が駒」（『萬葉集』『催馬楽』）の例からも、むしろ『萬葉集』にこそ斉整された形で収められている歌があると見た方がよかろう。

乞吾駒　早去欲　亦打山　将待妹乎　去而速見牟　（『萬葉集』12・三一五四）

（いであがこま　はやくゆきこそ　まつちやま　まつらむいもを　ゆきてはやみむ）

伊天安加己末　波也久由支己世　万川知也末　安波礼　万川知也末　波礼　末川知也末　万川良无比止乎　由支天波也　安波礼　由支天波也見无

（いであがこま　はやくゆきこせ　まつちやま　あはれ　まつちやま　はれ　まつちやま　まつらむひとを　ゆきて

（『催馬楽』律1）

はや　あはれ　ゆきてはやみむ）

こうした前提に立った上で見てみても、他の古代歌謡においては、歌体に種々のバリエーションがある中で、佛足跡歌碑歌は佛足跡歌体のみであるという特異さがやはり残るのである。［大井重二郎・一九三四・六・論著］が「その展開は恐らく、佛足石歌に発して佛足石歌に止り、……」とこの歌体の不思議な在りように首をひねったのはもっともなことである。これは当該佛足跡歌碑歌が当初からの意図の下に、この佛足跡歌体で一連が作歌されたということを意味することに他ならない。それはなぜなのか。やはり疑問は疑問として残らざるを得ないが、次の二つの場合を想定しよう。

A――冒頭歌（1・2番歌）が佛足跡歌体で歌われたので、続く歌も冒頭歌に合わせて歌われた。

B――あらかじめ六句体歌（佛足跡歌体歌）で歌作しようという合意が一同に出来ていた。

このA・Bという二つのケースを出した基には作者論が介在している。即ち私は、一連の詠作は四人によってなされたと見ている。

1・2番歌――某人

3～14番歌――佛足石発願者

15～17番歌――某別人

18～20番歌――第三者（僧侶、21番の原歌も）

右のA案・B案には一長一短があり、A案の場合、3番歌以下の作歌が1・2番歌を耳にして後、即興的に作り得る歌かどうかという問題がある。単なる抒情詠とは違って、典拠を基にした高度な知識詠であり、それが即興になし得たものかどうか、疑問が残る。しかしそれは不可能ではない。長意吉麻呂の『萬葉集』巻十六所収の即興詠の例もある。経典語句等、日々習熟していて自家薬籠中の語となっていたならば不可能ではあるまい。それにしてもなぜ冒頭の詠歌スタイルに合わさなければならないのかという疑問はなお残る。

Ｂ案の場合には、歌体をあらかじめ打ち合わせる必要がなぜ存在したのか、という疑問がおこってくる。敢えて解決案を示すなら、基本歌曲があったのではないかということである。「当日は、六句体風の誦詠になりますから、よろしく」などと言う案内があれば、歌体の統一が出来るのは当然である。『古今和歌集』に載る「近江ぶり・水茎ぶり・しはつ山ぶり」（巻二十、一〇七一〜一〇七三）の「ぶり」はこの歌曲（振・曲・風・扶理）を示すものであろうとは指摘されるところである（竹岡正夫氏『古今和歌集全評釈』下の「あふみぶり」条に古注をはじめとする諸注の列挙がある）。この類であり、六句体の曲節指定があったのではないかという案である。詳細は不明であり、やはり謎は謎として残るままである。右のＡ・Ｂ案以外に、次の二つの案が提出されている。

Ｃ――この歌体は諷誦用のものとしては最も適当のものであった。（［遠藤嘉基・一九三三・一〇・論考］）

Ｄ――もと地方（九州？）にあった伝承歌謡の変形したもの。この歌体を担った芸能団体の介在が考えられる。（［宮地崇邦・一九五九・三・論考］）

このＣ・Ｄは、いずれも佛足跡歌碑歌を歌謡であると見る前提から発した案であり、従うことの出来ないものである。

六　佛足石との関係及びその作者

佛足跡歌碑歌前半一七首（敬讃佛跡）は、佛足石の造立・霊験・祈願・讃嘆が綴られ、同じく薬師寺にこの歌碑と共にまつられている佛足石と切り離せないかの感を抱かせる。

佛足石は偶像の原初形態であり、薬師寺佛足石には上平面に佛跡とその荘厳が彫られ、その四周に縁起等が彫られている。その概要は、佛足石礼拝の霊験功徳（正面・A）造立縁起（左側面・B）願文（裏面・C）三法印（右側面・D）からなり、天平勝宝五年（七五三）七月に智努王の発願によって、その亡妻茨田女王《うまらだ》の追善供養のために造られたことが明記されている。ところが、この佛足石と佛足跡歌碑とは当初から一対のものであったのかどうかが判然としない。この歌碑には、前記したように、近境の小川の橋梁として一時期使われていたという伝承がある（本書第二章論考篇一第一節「佛足石記文について」、参照）。更に智努王造立の佛足石がなぜ薬師寺に在るのかという経緯も明らかではない。智努王との関係ということから見ると、むしろ鑒眞和上のいた唐招提寺と縁がある（しかし唐招提寺との明らかな関係は佛足石造立より後のことである。鑒眞渡来時〈七五四年二月入京〉には佛足石は既に造立されていた〈七五三年七月〉のである。当初は文室氏の居宅に置かれていたと考えられる）。智努王（法号、淨三）の得度の導師が鑒眞であった（「沙門釋淨三菩薩傳」）。このように現在薬師寺にある一対の佛足石と佛足跡歌碑を積極的に結び付ける根拠は何もないのが実情である。そこで内部徴証からこれが証明できないかを見てみよう。

佛足石記中に出てくる文字と、佛足跡歌碑歌中に出てくる文字で、共通に用いられている字がある。その両者の字形を比較してみることは、両碑の筆者関係や成立等を探る上での一資料となると考えられ重要である。両碑に共通して見られる文字は以下の通りである（筆者が確定した本文により、本文推定箇所は除いている）。

生・佛・跡・一・十・七・阿・於・我・家・舎・師・受・世・知・布・歩・牟・毛・由・良・留・流・為・乎

字形の比較といっても、多少の違い（揺れ）は無視せざるを得ない。例えば佛足跡歌碑内においても、「於」字の偏に「扌」と「オ」という揺れがある。「己」字においては「巳・已・己」と揺れている（これは上代文献全般において共通する現象である）。「多」字の場合、「口」の下に「夕」の付く形と、「夕」に「夕」が接する形とがある。そういった揺れの範囲は無視し、以下特徴のあるものについて言及する。

「世」――歌碑に二例出て来、二例共第四画の横画を欠いた字形になっている。佛足石記にも二例出て来、A面

14行目の例は歌碑の例と同字形であるが、A面15行目の例は現行の楷書形にもう一画縦画を加えた字形（全六画）になっている。これは臨時的な字形とみてよい。

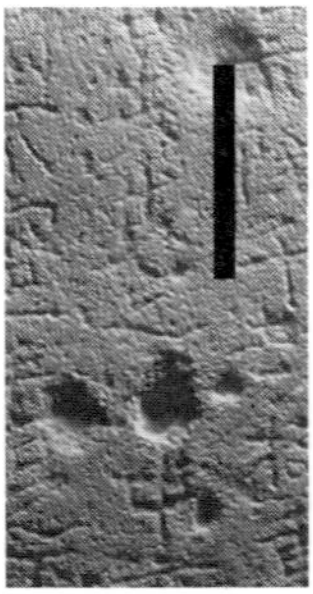

佛足石記

「歩」——歌碑では17番歌第五句に一例出てくる。それは、「先」字の第四画までの部分に左斜下の払いを付けその横に点を付した字形であった（四一〇頁写真、参照）。佛足石記（上の写真で太線を付した箇所）の方は、A面17行目に続けて二例確認出来る（「歩歩之中」の句）。この方は「出」に近い字形の下に左斜下の払いを付けその横に点を付した字形である。両者は似てはいるが、しかし異っている点が注意できる。

「留」——歌碑中に一五例出る。全て「口」を二つ横に並べた下に「田」を書く字形で一致している（但し、その「口」が「ム」に変容している字形は存在する〈17②〉）。佛足石記の方は「死」の下に「田」を書く字形である。両者に違いのある点が注意できる。

右に示した以外は、「佛」「師」「牟」「流」の当時としては一般的な字形をはじめとして、他の諸字も、両碑間に大きな違いを見せてはいない。

以上が概要である。字形字体が異なっているから別筆であると一概に決められないことは、佛足石記中に「跡」字例が一〇例（内四例は「佛跡」の語例で）出て来るが、その他に「迹」の用字例が一例（A面16行）出て来るというケースがある。こういう事例は一冊の自筆本中においてもみられることである。かといって、右のことから、両碑の筆者は同一という関連付けも困難である。両碑を字形的に結びつける上での決定的な否定要素はないが、逆に両碑を関係付ける積極的要素はとりたてて何もないと言えるのである。殊に和紙に記されたものではなくて、材質がそれぞれ違う石材に鏤刻するという作業が加わっていて、判断を一層むつかしくしている。なお、この発言における「筆者」とは「染筆書者」を意味しており、撰文・詠草作者とは別である。佛足石記に関する染筆者もA〜D

面を通じて一名に違いない。

次に表現内容及び出典から両碑の関係を探ってみよう。

丈夫の進み先立ち踏める足跡（6番歌）

向中天竺鹿野薗中轉法輪處、因見跡得轉寫搭是第一本（B面1～3）

釈迦如来が悟りを関いて人々の先頭に立って歩いた、その足跡が石に印された（5～6番歌）という事跡を述べたものである。共通する事項があるということを確認しておく。

善きひとの正目に観《み》けむ御足跡（3番歌）／幸《さきはひ》の篤《あつ》き伴《ともから》参到《まゐた》りてまさ目に観《み》けむ足跡（12番歌）

向中天竺鹿野薗中轉法輪處、因見跡得轉寫搭是第一本（B面1～3）

是佛欲涅槃北趣拘尸南望王城足所蹈處（A面3～4）

両碑に共通する事項は、右の次第であるが、この内容は佛足石を対象とする場合の必然であり、どういう情況にあっても共通することになる。

うつし奉れり（13番歌）

轉寫（B面3・B面5～6・B面8）

表現内容としては同じであることに注意しておきたい。

大御足跡《おほみあと》を見《み》に来る人の去《い》にし方千世《かたちよ》の罪さへ滅ぶとぞ云ふ除《のぞ》くとぞ聞く（17番歌）

見佛迹者見像行者歩歩之中亦除 千劫 極重悪業（A面16～17）

若人見佛足跡内心敬重无量衆罪由此而滅（A面7）

歌碑歌の内容は佛足石記に引かれた経典を直訳したような詠であると言える。但し、この歌がこの佛足石記文に依拠してのものなのか、或いはその典拠の『観佛三昧海經』に直接よったものなのかが判然とせず、したがって両者の影響関係も明らかでないことになる。

此の御足跡や萬光《よろづひかり》を放ち出だし（4番歌）

此の御足跡を瞻《まば》りまつれば足跡主の玉の装儀《よそほひ》思ほゆる（16番歌）

これらの歌句表現は薬師寺佛足石に刻された足下放光・瑞雲・法相華などの華麗な文様と矛盾はしないという消極的関連が指摘できる。

「観相」詠（19、20番歌）

観（D面、界外）

両者の関係は明確ではない。

以上をまとめると、両碑の積極的関連は何も指摘できない。

私案の歌の作者論とのかかわりにおいても、右の事項は関与して来るものではない。

一方、次のような消極的側面が指摘できる。

父母が為《ため》に（1番歌）

懦弱《をぢな》きや我に劣れる人を多み済度《わた》さむためと（13番歌）

これは「至心發願為亡夫人従四位下茨田郡主法名良式」（C面1～4）の願文に合わない。「夫人」「茨田女王」は願主智努王の妻である。ただし、先に示したように1番歌は某人による序歌であり、佛足石記文と佛足跡歌碑歌との齟齬は許されるものという解釈が可能である。ところが、13番歌は佛足石発願者詠である。この歌の歌詠に際しては、広く人々の為にということで、敢えて歌ったものであるという解釈も不可能ではないが、消極的側面には違いない。

出典に関しても両碑には大きな隔たりがある。佛足石記は『西域傳』（『佚西域傳』）と『觀佛三昧海經』に依り、それ以外に若干の経典内容（『涅槃經』『倶舎論』など）が影を落してはいるが、主要二経典以外は引書ではなく教養としての知識や耳学問の類であると解した。一方、佛足跡歌碑歌の方は専ら『涅槃經』に拠り、他に『観佛三昧海經』が影響していた。この両者の違いに多少は文体的差異（漢文体と倭歌体）や目的の違い（説明文と抒情詠）が影響していることであろうが、やはり大きな消極的側面と言わざるを得ない。

以上、両碑を結びつける積極的要素は特になく、むしろ消極的要素がいくらか存在する。しかし、両碑の関係を積極的に否定するものでもない。

右を今一度まとめると、用字字形からは両者間に決定的な否定要素はないが、逆に関係付ける積極的な要素もないという結論であり、表現内容・出典からは多少の消極的要素が指摘出来たがそれによって直ちに両者の関係を積極的に否定するものでもないという結論となった。結局明確な結論を出し得ない現状である。興福寺の佛足石（現存しない）との関係を説くむきもある（［板橋倫行・一九二九・一一・論考］「仏足石歌碑の原所在について」）。年代的に佛足跡歌碑歌の仮名遣いと矛盾しないという側面がある。

当項から若干足を踏み出すことになるが、兄弟佛足石造立の可能性について、注釈篇の一五二頁で言及している。

七　おわりに――言いのこしたこと・漢語表現――

当節を結ぶにあたって、漢語・漢語直訳表現について言及しておく。

倭歌を詠むに際しては、「やまと言葉」によるものであるという大前提が存在している。このことは、前々著『上代言語動態論』［廣岡義隆・二〇〇五・一一・論著］の「倭歌の様式」で言及した（三〇八～三一二頁）。『萬葉集』においては、ごく少数の歌に例外的に漢語が見られると共に、巻十六の歌々においては少し多目に見られるということも言及した。

ところが、佛足跡歌碑歌においては、「舍加乃美阿止」という句が9番歌と14番歌の第一句に出る。「美阿止」は「御足跡」とでも字を宛てることのできるものであり、やまと言葉であるが、「舍加」は音仮名として「釋迦」をそのままダイレクトに詠みあげている。これはまさに外来語を倭歌中に取り込んでいるものである。厳密に言うと、釋迦とは釋迦牟尼の略称であり、サンスクリット語から来ているが、一旦中国で「釋迦」と音訳しているから漢語と言うことも不可能ではない。「舍加」の「舍」字はシャという拗音の音節を表わす萬葉仮名であること、［廣岡義隆・一九八八・三・論考］「上代における拗音の仮名について」で論述した。本来、当著に収めるべき論考であるが、［廣岡義隆・二〇〇五・一一・論著］『上代言語動態論』に収めているので、同著の第一篇第三章「拗音仮名」を参照されたい。直接的な漢語はこの「舍加」（釋迦）だけであるが、「舍加」は固有名であり、そのままに表現したということになる。やまと言葉に和らげた表現は随所にある。まずこの「舍加」の言い換え語として「麻須良乎」（6、7、11番歌）がある。これについては本書第二章論考篇一第七節の「「ますらを」と「もろもろ」―佛足跡歌碑歌の位相―」（五〇〇～五〇三頁）を参照されたい。「三十二相八十種好」も佛教語そのものであるが、「弥蘊《みそ》知阿麻利布多都乃加多知夜蘊久佐《ちあまりふたつのかたちやそくさ》」と和らげた形で詠われている（2番歌）。「萬光」も同様で、「与呂豆比賀利《よろづひかり》」とある（4番歌）。この種のもとして「善人」（3、8番歌）、「後佛」（9番歌）、「藥師」（15番歌）、「千世罪」（17番歌）、「人身難得」（18番歌）、「四蛇五蘊」（19番歌）、「猶如電光」（20番歌）、「死王」（20番歌）と少なくない。それだけではなくて、「天地」「父母」「諸人」という漢語がやはり和らげられた形で1番歌にあり、同様のものが「正目」（3番歌）、「済度」（13番歌）、「轉寫」（13、14番歌）がある。また第三章論考篇二第一節「語句分離方式の成立」で論じているように、第五句と第六句には「石玉（玉石）」（3番歌）、「度済（済度）」（4番歌）、「滅除」（17番歌）、「勉勵」（18番歌）、「厭離」（19番歌）の漢語が分割される形で詠い上げられている。このように、この佛足跡歌碑歌は漢語の塊であるとまで言いきってよいほどである。なぜ漢詩化しなかったのかといぶかる気までおこる。或いは別に漢詩か辞賦が存在した可能性も捨てきれない（『懐風藻』に関わることについては、第二章第八節「文室真人智努の生涯」の五二二頁で言及している）。むしろその出土を希うばかりである。

次に［遠藤嘉基・一九三三・一〇・論考］によって、枕詞・序詞・懸詞・対句というレトリックが使用されていないということが指摘されている。そういう意味においても倭歌らしくない倭歌であると言うことができる。ただ、対句については、不使用とは言い切れない。これについては、本書第三章論考篇二第一節「語句分離方式の成立」を参照されたい。

以上でひとまず「佛足跡歌碑歌について」の節を結ぶこととするが、内容上は次節へと続いて行くこととなる。

第四節　佛足跡歌碑歌の用字

一　仮名用字の概観

佛足跡歌碑歌で用いられている萬葉仮名用字の概要について、まとめておく。この二一首は、徹底した一字一音という音仮名の萬葉仮名表記で書かれており、それは『萬葉集』巻第五や巻第二十中の防人歌の表記よりも徹底している。『萬葉集』には「烏梅《うめ》」（5・八一五など、梅花宴歌）、「萬世《よろづよ》」（5・八三〇、梅花宴歌）とか、「父母《ちちはは》」（20・四三二六、防人歌）、「畫《ゑ》」（20・四三二七、防人歌）といった用字が見られるが、佛足跡歌碑歌の中には正訓字は一切使用されていない。「見る」の意味での「見流《みる》」などという用法も無い。ただ「師」について、［大野透・一九七七・三・論著］は「義字」「義字的音假名」とし、［犬飼隆・二〇〇八・九・論著］は、「くすり師」を「固有語と漢語との融合」としている。

「石」と表記される場合には「いし」と「いは」の両方の訓みが想定されるが、そういう揺れも起きない徹底した表記になっている。まず佛足跡歌碑歌で使用されている用字の一覧表を次頁に掲げる（破線で上・下に分かれている段は、上が甲類仮名、下が乙類仮名である）。

「拗音」とあるのは拗音を音価とする萬葉仮名である。この「拗音仮名」については、［廣岡義隆・二〇〇五・一一・論著］『上代言語動態論』第一篇第三章「拗音仮名」を参照されたい。次頁の**表1**は、碑面に残る現状により、

表1　萬葉仮名一覧表

行	ア段	イ段	ウ段	エ段	オ段
ア	阿	伊	宇	衣	於
カ	可加賀	伎岐 /	久	祁家鶏 / 氣	/ 己
ガ	賀我	/	具	/ 義	/ 期
サ	佐	志師	須	世	蘊 / 曽
ザ			須受		/ 曽叙
タ	多	知	都	弖	刀 / 止等
ダ	太	遅	豆	弖	/ 等
ナ	奈	尓	奴	祢	/ 乃能
ハ	波	比 /	布	覇 / 閇	保
バ	婆	鼻 /	歩	/ 閇倍	
マ	麻	美弥 / 微	牟	賣 / 米	毛母
ヤ	夜		由		/ 与
ラ	良羅	利理	留流	礼	/ 呂
ワ	和	為胃		恵	乎

拗音シャ　舎　**重点**　々

（注＝破線で上・下に分かれている段は、上が甲類仮名、下が乙類仮名である。）

その用字を見たものである。読むことが出来ずに□にしている箇所はもちろん取り上げていないが、用字が一部残っていて原字が復元出来る箇所（8番歌第三句「与岐」、11番歌第二句「止」、12番歌第四句「佐」「祁」第五句「乃」）は採用した。3番歌第一句の「比」とされる箇所については、翻字において□と表示しているように、後の補刻の可能性が高く、用字として拾ってはいない。また、11番歌は第二句の止まで、21番歌は第一句の「都」字のみを採っている。漢文体の題詞は対象外である。

次に、その一々の用例計数を挙げると**表2**のようになる。

使用されている用字実態は、一部を除いて当時の常用仮名が用いられており、ごく一般的な使用状態であると言うことができる。なお、「常用仮名」「準常用仮名」の認定については［大野透・一九六二・九・論著］によっている。

［大野透・一九七七・三・論著］は、より詳し

表2　萬葉仮名用例計数表

四九例――乃
四四例――止
三三例――麻
二九例――都
二六例――阿
二五例――多
二四例――尓
二三例――美
二二例――波・利
一九例――伊・志・毛・礼
一八例――比
一六例――久・乎
一五例――須（清音）・留
一三例――佐
一二例――与・呂
一一例――伎・知・重点（々）
一〇例――宇・可・己・奈・
　　　　布・牟・米

九例――於・加
八例――閇（清音）・良
七例――保・夜
六例――和
五例――豆・弖（清音）・婆・母
四例――岐・祁・太・由
三例――賀（濁音）・弖（濁音）・覇
　　　・微・理
二例――衣・具・期・舎・師・世
　　　・蘊・曽（清音）・曽（濁
　　　音）・能・閇（濁音）・弥
　　　・賣・為・恵
孤例――賀（清音）・我・家・鶏・
　　　氣・義・須（濁音）・受・
　　　叙・遅・刀・等（清音）・
　　　等（濁音）・奴・鼻・歩・
　　　倍・羅・流・胃

く次のように指摘している。

用字は三例の久須理師の師が音読の義字である以外は単音節音假名であり（師は義字的音假名の面もあり）、鶏舎鼻覇微无胃以外…中略…は當時の常用乃至準常用仮名である（支之は見えず）。一音節一字種の傾向が著しく、複字種の場合も概ね主要假名は一字種である。（八九九頁）

ただし、右の引用中に「无」とある例は21番歌の後補の用字の中のものであり、これは差し引いて見る必要がある。

ア行は「阿」二六例、「伊」一九例、「宇」一〇例、「衣」二例、「於」九例であり、格別特異なところはない。以下、こうした類には言及しない。カは「可加賀」の三種が用いられている。「可」一〇例、「加」九例の使用で、この二つの用字は上代全般において常用仮名であり、全く問題が無い。ところが「賀」字は濁音ガの常用仮名であり、佛足跡歌碑歌においてもガとして三例使用されている。「賀」字を清音仮名として用いないことはないが、この佛足跡歌碑歌においては清濁共用文字（清濁共用仮名）が少なくない（ここでは清音仮名「賀」一例、4番歌）。ただし、ク久グ具、ケ氣ゲ義（乙類）、コ己ゴ期（乙類）、タ多ダ太、チ知ヂ遅、ツ都ヅ豆、ハ波バ婆、ヒ比ビ鼻、フ布ブ歩という音節においては、清濁の書き分けが存在しており、その一部に清濁共用文字が見られるということになる。［大野透・一九六二・九・論著］は「清濁が比較的に書分けられてゐる」ところから、私が言う「清濁共用」について「流用」の語で言及している（七四九〜七五一頁）。

濁音ガの用字は「賀」「我」で共に常用仮名であるが、「賀」三例「我」一例となっている。キの「伎」「岐」も共に常用仮名であるが当歌碑では「伎」が常用（一一例）となり、「岐」は四例（6番歌、8番歌、20番歌の二例）である（四四三頁、**表3**参照）。ケ甲類は「祁」（3、5、7、12番歌）が常用であり、「家」と「鶏」は15番歌にのみ各一例使用されている。「家」は一般には常用仮名であるが歌碑では特異な用字としてあり、また「鶏」は上代一般で使われないことはないという用字である。コ乙類「己」の一〇例については格別言及することはないが、その字形使用実態は面白い。現在は、巳・已・己の三字は区別して用いているが、上代にあっては融通無碍といった使用実態であり、この三種を区別していない。文脈で読んでいると言ってよい。これは正倉院文書においても同様であるが、歌碑においても「巳」七例、「已」二例で、「己」はわずかに一例（7番歌）という有様である。シは「志」が常用として一九例あり、「師」は15番歌の二例という偏りである（四四三頁、**表3**参照）。スは「須」が一五例の常用仮名であるのに対し、ズとしても一例用いられており（3番歌）、清濁共用仮名としてある。その「須」の字形は、全例において「湏」が使用されていること、「注釈」の「阿米尓伊多利都知佐閇由須礼」（1③④）条で言及した（二三四〜二三五頁、参照）。また20番歌において濁音仮名「受」の一例がある。ソ乙類の「曽」（二例）と共に、ゾ乙類としても「曽」が二例使用されている。この歌は左の通りである。

於保美阿止乎美尓久留比止乃伊尓志加多知与乃都美佐閇保呂歩止曽伊布　乃曽久止叙伎久（17）

「曽」は四例使われており、2番歌（そだれる）と16番歌（よそほひ）の二例は清音で問題が無い。右の17番歌では第五句において係助詞「ぞ」として使用されている。時期的に、この歌の前後頃から係助詞「ぞ」は濁音化し、今の場合、清音「そ」なのか、濁音「ぞ」なのか、ここだけでは認定が困難であるが、第六句において「のぞく」（除）の語に「曽」が使用されていると共に、第五句の言い換え繰り返し表現である（語句分離表現である）第六句に係助詞「叙」が使用されており、この字は清音で使用しないこともないが、濁音仮名として常用される仮名であり、ここはその音価をゾと認めてよい。これは萬葉仮名「曽」において、清濁共用仮名として使われているということにもなる。

テの「弖」もテ五例（3、8、8、9、12番歌）、デ三例（6、6、8番歌）があり、清濁共用仮名と指摘することが出来る。殊に8番歌では清濁両用で使用されている。なお、［加藤諄・一九七五・六・論考］「万葉仮名弖の字について」においてこの「弖」の独特の字形について、「左上が弓の字のように、開いてはいない…中略…下の一の上に、点に近い短い斜線がある」という言及がある。このことについては、早く［林古溪・一九四一・一・論考］「恭佛跡歌碑中の異體字」が指摘しており、また比較的最近には［紅林幸子・二〇〇三・三・論考］「書体の変遷―「氏」から「弖」へ」にも同様の指摘が見られる。ト乙類の「等」（2番歌）と濁音ド乙類の「等」（15番歌）も各一例ではあるが共用されている。なおト乙類の「止」の使用については、［沖森卓也・一九八九・一一・論考］「万葉仮名と文章文体」に言及がある。本書第一章注釈篇第二節「佛足跡歌碑歌注釈」の「毛呂比止」条（1⑥）を参照されたい（二三八〜二三九頁）。ノ乙類の「乃」「能」は共に常用仮名であるが当歌碑においては「乃」が常用としてあり（四九例、最多使用字母）、「能」は二例のみ（11、18番歌）という偏りになっている。へ甲類の「覇」は常用仮名・准常用仮名にはなっていないが、それに次ぐ用いられ方であり、珍しい用字ではない。『萬葉集』でも巻第五の八一六番歌と八五九番歌に見られる。へ乙類の「閇」は常用仮名であり当歌碑でも八例と常用されている。対して濁音べ乙類「閇」が二例（19、20番歌）あり、清濁共用仮名となっている。19番歌にあっては、べ乙類「倍」も使用されており、第五句「……閇志」第六句「……倍志」と変字法としての使用になっている。「倍」はこの一例のみである。ビ甲類の「鼻」については［大野透・一九六二・九・論著］に「比較的よく用ゐられたと見られるが、準常用仮名とまでは認められない」（一七七頁）とある。ミ乙類の「微」は余り使用しない用字であり（『古事記』一五例・『日本書紀』四例・『萬葉集』巻第五の八四八番歌に一例の用例あり）、常用仮名としては「未」、準常用仮名としては「味」がある。画数も多い字である。その歌も18、19、20番歌という偏りがある（四四三頁、表4のL参照）。モの常用仮名は「毛」で一九例使われている。対して「母」字は五例（2、15、16、16、18番歌）で、当歌碑では偏りがある（四四三頁、表3参照）。ラは「良」が常用（八例）で「羅」は一例である。リは「利」が二二例に対し、「理」は15番歌のみに三例という偏りがある。ルも「留」が一五例の常用に対し、「流」は19番歌の一例という偏りがある。ヰは「為」と「胃」とがあり、二例と一例という使用に過ぎない。ただ、「胃」はこの佛足跡歌碑歌にのみ使用されているという極めて特殊な用字であり、『時代別国語大辞典　上代編』の「主要万葉仮名一覧表」には掲載されていない。［大野透・一九六二・九・論著］に「特に述べるべき事はない」（一九五頁）、［大野透・一九七七・三・論著］に「変字である」（九〇一頁）とあるのみである。近似の萬葉仮名に「謂《ゐ》」があり、日本書紀歌謡に三例見え（5、75、92番歌）、『萬葉集』にも一例（4・五〇三）ある。この「謂」の省文としての「胃」であると考えてよい。

二　上代特殊仮名遣いにおける異例

［大野透・一九六二・九・論著］『萬葉假名の研究』が、一四例の阿止《アト》（跡に相當）、多布止可理《タフト》（尊カリに相當）、

都止米（努《ツト》メ乙に相當）の「止」の異例を指摘する。これは佛足跡歌碑歌中に出る「跡」の語の全例（一四例）が「阿止」となっているのであり、「アト甲」とあるべきはずの箇所が「アト乙」になっているという指摘である。これについて『時代別国語大辞典　上代編』（一九六七・一二）は「アトのトはもとは甲類だが、トの両類の別はやや早く失われるので、乙類の例もまじっている」と指摘する。対して［北条忠雄・一九六六・三・論著］『上代東国方言の研究』の「仏足石歌」条は、「アト」の語について、「アト（甲）の外にアト（乙）があつたもの、しかもそれはかなりに有力化普遍化してゐたものと考へなければならない」との考えを提出している（二〇一頁）。また「尊とし」の「と」も甲類のトとしての語であるが、15番歌において乙類仮名「止」がつかわれていると指摘する。5番歌第六句に見られる「多布刀久毛阿留可」の「刀」という甲類仮名の正用については、［大野透・一九六二・九・論著］は「刀は古層の假名…中略…最古の常用假名」（一七〇頁）「此は古用の遺影と考へられる」（九九〇頁）とする。また18番歌の第五句の「都止米」の異例についても言及している。［馬淵和夫・一九六八・一二・論著］『上代のことば』もこうした「止」の誤例について指摘している。『時代別国語大辞典　上代編』は「しのふ」（思の異例も指摘する（単語項目及び資料解説）。「慕ふ」の語の第二音節「の」は甲類仮名のはずのところが、佛足跡歌碑歌では乙類の「乃」になっている。また、［釘貫亨・一九八三・六・論考］「古代語/o/／/ö/対立の崩壊過程」は、「曽太礼留」（2番歌第四句）の例を加え、音韻崩壊の過程を考察している。ただし、「そだる」（具る）の「そ」の甲乙は、その語構成・語源が明確ではなくて甲乙類も確定し難いので今留保すると、私の整定した本文での異例は左の如くなる。

〔誤用一覧〕

しの甲ふ（慕）――志乃波（6④）志乃覇（7⑤・7⑥）――三例（「慕」の全例）

あと甲（跡）――阿止（1①・2⑤・3③・4①・5⑤・6③・7②・8①・9①・11②・14①・16①・16

③・17①）――一四例（「跡」の全例）

たふと甲し（貴）――多布止可理（15⑤）――一例（他の一例は正用）

つと甲む（勉・努）――都止米（18⑤）――一例（他例、なし）

いずれもオ段の例において見られる。

右に挙げたのは異例としての事例であるので、正用についてもここに確認しておく。

〔正用一覧〕

「伎」（キ甲）――響き（動詞連用形の名詞転成で、四段連用形は甲類、1②）。良き（形容詞ク活用連体形は甲類、3①）。置き（四段動詞連用形は甲類、9②・14②）。さきはひ（幸・福、12①）。篤き（形容ク活連体形、12②）。懦弱《をぢな》き（形容ク活連体形、13①）。行き（四段動詞連用形、14③）。聞く（17⑥）。きたなき（汚・穢、19④）。汚なき（汚・穢、形容ク活連体形、19④）。

「岐」（キ甲）――さきたち（先立、6②）。善き（形容ク活連体形、8③）。如き（形容ク活連体形、20②）。おほきみ（王、20④）。

「祁」（ケ甲）――けむ（助動詞、3②・12④）。残《の》ける（他動詞「のける」、5⑤）。置ける（同上、7②）。

「家」（ケ甲）――けり（助動詞、15⑤）。

「鶏」（ケ甲）――けり（助動詞、15⑥）。

「氣」（ケ乙）――ほとけ（佛、ト乙と母音調和、9④）。

「己」（コ乙）――ところ（所、2⑤）。この（此、4①・8①・14⑥・16①）。のこ（残れ・残り、7④・10④）。これの（此、10①・20③）。とことば（恒、10③）。

「義」（ゲ乙）――ささげ（捧、下二段活連用形は乙類、9⑥）。

「期」（ゴ乙）――ごと（如、16⑥・20③）。

「蘓」（ソ甲）――みそち（三十、2①）。やそ（八十、2③）。

「曽」（ソ乙）――よそほひ（装儀、16④）。

「曽」（ゾ乙）――ぞ（係助詞、17⑤）。のぞく（除、17⑥）。

「叙」（ゾ乙）――ぞ（係助詞、17⑥）。

「刀」（ト甲）――たふとく（貴、5⑥）。

「止」（ト乙）――ひと（人、1⑥・2④・5②・8③・13③・15③〈客《まらひと》の語形〉・17②・18①）。と（助詞、5④・7⑤・7⑥・10②・13④・17⑤・17⑥・18④）。もとめ（求、8②）。ほとけ（佛、9④）。ことば（恒、10③）。とことば（恒、10③）。ともから（伴、12②）。ともし（乏、12⑤）。おとれる（劣、13②）。ごと（如、16⑥・20②）。いとひ（厭、19⑤）。

「等」（ト乙）――と（助詞、2③）。

「等」（ド乙）――ど（助詞〈逆説接続〉、15②）。

「乃」（ノ乙）――の（助詞、1②・1⑥・2②・2④・3①・4①・5③・6①・7①・7③・8①・8③・9①・9④・10①・10⑤・10⑤・10⑥・12①・12⑤・14①・14⑥・15③・15④・16①・16③・16④・17②・17④・18①・18③・19①・19②・20①・20②・20③・20④）。の（体言〈準体助詞ともされる。助詞の体言化したもの〉、15②）。のける（他動詞「残」、5⑤）。のこ（残れ・残り、7④・10④）。のち（後、9④・10⑤）。のぞく（除、17⑥）。のり（法、18③）。もの（鬼、19②）。

「能」（ノ乙）――の（助詞、11①・18③）。

「比」（ヒ甲）――ひびき（響、1②）。ひと（人、1⑥・2④・5②・8③・13③・15③〈客《まらひと》の語形〉・17②・18①）。

ひかり（光、4②・20②）。すくひ（救、四段動詞連用形、4④・4⑥）。うやまひ（敬、四段動詞連用形、9③・14④）。さきはひ（幸、四段動詞連用形の名詞転成、12①）。よそほひ（装儀、四段動詞連用形の名詞転成、16④）。いとひ（厭、四段動詞連用形、19⑤）。

「覇」（ヘ甲）――しのへ（慕、四段動詞命令形は甲類、7⑤・7⑥）。たぐへ（副へ、四段動詞命令形は甲類、20⑤）。

「閇」（ヘ乙）――さへ（助詞、1④・17④）。うへ（上、5③・7③）。つかへ（仕、下二段動詞連用形は乙類、13⑥）。をへ（終、下二段動詞未然形は乙類、14⑤・14⑥）。へみ（蛇、19①）。

「鼻」（ビ甲）――ひびき（響、1②）。

「閇」（ベ乙）――べし（助動詞、19⑤）。べから（助動詞「べし」、20⑥）。

「倍」（ベ乙）――べし（助動詞、19⑥）。

「美」（ミ甲）――み（接頭辞、1①・3③・4①・8①・9①・11②・14①・16①・17①〈「御《おほみ》」の語形で〉）。踏み（四段動詞連用形、2⑤・5④・7②）。み（見、3②・3④・6④・7⑤・16⑥・17②）。進み（四段動詞連用形、6②）。み（ミ語法の助詞〈接尾辞とも〉、13③）。つみ（罪、17④）。へみ（蛇、19①）。おほきみ（王、20④）。

「弥」（ミ甲）――みそち（三十、2①）。み（見、12④）。

「微」（ミ乙）――み（身、18①・19④・20③）。

「賣」（メ甲）――踏め（四段動詞命令形、6③）。すすめ（励、四段動詞命令形、18⑥）。

「米」（メ乙）――あめ（天、1③）。ため（為、1⑤・1⑥・10⑤・13④）。め（目、3②）。もとめ（求、下二段動詞連用形は乙類、8②）。めぐり（繞、14③）。めだしかり（愛、15⑥）。つとめ（勉、下二段動詞命令形は乙類、18⑤）。

「与」（ヨ乙）――よき（善、3①・8③）。よろづ（万、4②）。よ（世、10①・10⑤・10⑥・14⑤・14⑥・17④）。
よそほひ（装儀、16④）。よすか（因、18④）。よつ（四、19①）。

「呂」（ロ乙）――もろ（諸、1⑥・4④・4④・8⑥・8⑥・18⑤・18⑤・18⑥・18⑥）。ところ（所、2⑤）。よろづ（万、4②）。ほろぶ（滅、17⑤）。

ただし、語の古姿・語構成などが明確でなくて、その甲乙類の認定が確定できない語がある。

〔甲乙類未確定語〕

「曽」（ソ乙）――そだれる（2④）。

右に拠ると、誤用はごく限られた事例に限定されていることになる。しかも、「跡」のアトは、「アト甲」と書くべきところ、その全例において「アト乙」と書いており、「慕」のシノフは、「シノ甲フ」と書くべきところ、その全例において「シノ乙フ」と書いているのであるから、これは誤用というよりも個人的な癖として位置付けるのがよい側面がある。正確な意味での誤用は、「貴」のタフトシにおける「タフト乙シ」（「多布止可理家利」15⑤）と書いた事例であろう。その一方で正しく「多布刀久毛阿留可」（5⑥）と書かれているのであるから、この例は誤用としてある。「ツト乙ム」と書いた事例（18⑤）も同じく誤用としての事例である。

佛足跡歌碑の建碑時は不明であるが、薬師寺蔵佛足石記が成った天平勝寳五年（七五三）以降の時期であると考定すると、この六年後に『萬葉集』はその幕を閉じている。右の佛足跡歌碑歌の萬葉仮名使用状況は、上代特殊仮名遣いの甲乙区別が徐々に薄れ、一元化して行くという中にあって、守られている方であるとまとめることが出来よう。

［屋名池誠・一九九二・三・論考］「母音脱落」は、

『仏足跡歌碑』は、天平勝宝5（753）年7月造顕の銘のある『仏足石』ともともとツレであったかどうか伝来上からは証明できないのだが、特殊仮名遣の混用状態などからみて奈良時代後期のものであることは疑えない。

と指摘する。また、[今城甚造・二〇〇〇・七・解説]奈良六大寺大観『薬師寺』の注一八にこの用字に関する言及がある（一一八頁）。この注一八（[築島裕・二〇〇〇・七・解説注]）を左に引用する。

仏足跡歌の万葉仮名の用法は、天平時代末期の日本語の様態を反映している。すなわち、記紀万葉など、上代の文献にみられるいわゆる「上代特殊仮名遣」（キケコソトノヒへミメモヨロの一三の仮名が、語によって甲乙二類の仮名によって使い分けられている現象）に関して、その一部分は混乱しているけれども、正しい区別を保っている部分がある。

一、ケ・ソ・ヘ・ミ・メの五つについては、甲類・乙類の区別があって、混同した例は一つもない。

二、キ・コ・ヒ・ヨ・ロについては、キ甲・コ乙・ヒ甲・ヨ乙・ロ乙の例のみがあって、それに対するキ乙・コ甲・ヒ乙・ヨ甲・ロ甲の例がみられないが、その例はいずれも正しく用いられている。

三、ト・ノ・モの三つについては、いずれも混用されていて、二種の区別はないと認められる。

また、ア行のエとヤ行のエとの区別は、十世紀以前の文献では一般に区別があるが、本文献では、衣（ア行のエ）が二例正しく用いられているのみで、ヤ行のエは見出されない。

また、賀・我（ガ）、具（グ）、期（ゴ）、叙（ゾ）、太（ダ）、豆（ヅ）、婆（バ）、鼻（ビ）、歩（ブ）は、それぞれ濁音専用の仮名であって、清音の仮名と区別して使用されているが、これも八世紀から九世紀にかけての文献では他にも例の多い現象である。（築島裕）

このまとめの文章は、私の右の分析と大きくは齟齬しないが、右の「三」条の混用については、右では実際の用法に応じた分析をした。単なる「混用」とか誤用として扱わなかったものと、誤用と認めたものとがある。

三　仮名用法・用語からみた佛足跡歌碑歌の作者について

佛足跡歌碑歌の作者については、次に掲げるように、総論的な諸説がある。

＊　　＊　　＊

＊全作、光明皇后

〔今井似閑・一七一七・校注〕『萬葉緯』・〔小山田與清・一八二八・一〇・校注〕『南都薬師寺金石記』

＊2番歌、光明皇后

〔狩谷棭斎・一八三二頃・金石記〕『古京遺文』

＊佛跡落慶の日などに集ひたる人々の、各よみたる歌を行道の諷誦として、やがて碑に鐫て建たるとおぼしければ、筆者などをばしひて考べきものにはあらず、（「總論」条）

〔山川正宣・一八二六・八・注釈〕『佛足石和歌集解』

＊全作、文室浄三

〔井上通泰・一九二三・一二・注釈〕・〔土橋寛・一九五七・七・校注〕

＊全作、作者不詳の一人

〔板橋倫行・一九二九・九・論考〕・〔木本通房・一九四二・八・注釈〕

＊全作、茨田女王の日頃の愛唱歌謡

〔宮地崇邦・一九五九・三・論考〕

＊当時の貴族僧侶階級の有識者の作詞（廣岡注＝作者は、全作一人という説と読みとれる。）

〔高木市之助・一九六七・五・校注〕『上代歌謡集』

＊　　＊　　＊

先に結論を示すと、私は、この一連の佛足跡歌碑歌は一人の作ではなくて、複数の作者からなるものであると、その仮名用法等から考えるに至った。以下、この作者複数私案を、用字及び用語からみてみる。この際、後刻と考えている21番歌についても含めて考察の対象とし、その後補性を明らかにしたい。

【仮名用法から】

佛足跡歌碑歌における萬葉仮名は多く単一の常用仮名が用いられているが、その中に常用ではない仮名が混じる例がある。以下その余り用いられることのない仮名を挙げる。仮名の下の数字は用例数、（括弧）内は常用仮名とその用例数である。用字が推定復元出来たものは用例数に入れている。又、重点（々）についてはその上の用字としてカウントした。

キ甲　岐4（伎12）	ケ甲　家1（祁4）	ケ甲　鶏1（祁3）	シ　師3（志19）
ト乙　等1（止48）	ノ乙　能2（乃51）	ミ甲　弥2（美23）	ム　无1（牟12）
モ　母5（毛21）	ラ　羅1（良8）	リ　理4（利22）	ル　流1（留16）
ス　須（濁音）1（須〈清音〉18）			

（用例数が前掲の数値と一致しないのは、重点と21番歌例とを加算していることによる。）

この常用ではない仮名の用例を歌毎に示した表が四四三頁の**表3**である。表の最下段は歌毎の計数値である。一例・二例のものは臨時的なものとして処理することにし、三例以上の歌、即ち2・15・21番歌の三首は特異な用字を有する歌であると見ることが出来る。特に15番歌の計数値8は注目してよい数値である。これには変字法が使用されていることも関わっている。[大野透・一九六二・九・論著]『萬葉假名の研究』は次のように指摘する。

（三三〇頁）

佛足石歌に於ては、單一句の同類句反復に關しては、歌謡1～14では同字法、歌謡15～21では變字法が用ゐられ、…下略…

この変字法を示すと、以下の次第である。

15⑤多布止可理家利　⑥米太志可利鶏利

（16⑤於母保由留可母　⑥美留期止毛阿留可）
17⑤保呂歩止曽伊布　⑥乃曽久止叙伎久
18⑤都止米毛呂毛呂　⑥須々賣毛呂母呂
19⑤伊止比須都閇志　⑥波奈礼須都倍志
21④久須理師毛止牟　⑤与伎比止毛止无

傍線（実線）を施した箇所において変字法が認められるが、かといってその変字法が徹底しているわけではない。

【用語から】

表3は仮名使用状況についてのものであるが、それ以外に用語使用の問題がある。これについて以下で見てみよう。例えば佛足石の「石」についての表現が、「伊志」（1②）と「伊波」（3⑤・5③・7③・9②・14②）とに分かれて存在している。そういう用語表現の違いについてまとめたのが**表4**である。以下、符号の説明をする。

A＝○が「イシ」、▲が「イハ」の語例を示す。
B＝○が「モロヒト」（諸人）、▲が「モロモロ」（諸々）の語例を示す。
C＝○が「タメニ」（為に）、▲が「タメ」（為）、◆が「タ」（為）の語例を示す。
D＝○が「…モアルカモ」、▲が「…モアルカ」、●が「カモ」（思ほゆるかも）の表現を示す。
E＝「アト」（足跡）は多くの例があるが、○は「アトトコロ」（足跡所）の語例を示す。
F＝衆生済（△）度（▲）の例において、△が「スクフ」、▲が「ワタス」の語例を示す。
G＝▲は間投助詞の「ヤ」の例（「いかなるや人」「儒弱きや我」）の存在を示す。
H＝▲は「イマス」（坐す）の語例を示す。
I＝▲は「ワレ・ワガ」（我）の語例を示す。

J＝○は「ツクル」（作る）の語例を示す。
K＝▲は「ウツス・ウツシオク」（写す・写し置く）の語例を示す。釈迦の佛足跡を彫ることを、Jは「作る」と表現し、Kでは「写す」（「佛足石記文」B面の語の「轉寫」に相当する語）と表現しているのである。
L＝◆は人の身体を表現する「ミ」（身）の例を示す。

以上を表4で見ると、1・2番歌のグループ及び3〜14番歌のグループという截然とした区分があることがわかる。そして又、21番歌は、この表でも孤立しているのである。

右の表3・表4の他に、佛足石についての見方（佛足石観）を示すものとして、

……足《あ》跡《と》主《ぬし》の玉の装儀《よそほひ》……見る如《ごと》もあるか（16）
大御《おほみ》足《あ》跡《と》を見に来る人の……（17）

という「見る」の表現を指摘できよう。他に「見る」の語は3・6・7・12番歌に出るが、6・7番歌では「観つつ慕ふ」と表現され、残り二例も「善《よ》き人（＝幸《さきはひ》の篤《あつ》き伴《ともから》）」が「観けむ」と主語が異なる文構成で示されており、16・17番歌の用例に見られる表現とは異質である。これは佛足石観及び信仰心の違いに起因する表現の違いと思われる。即ち、16・17番歌においては、信仰心はないことはないが「慕《しの》ふ」対象というよりも「見る」対象としての表現となっているのである。これは表現者の違いから来るものであろう。

以上、右にみた、仮名用法・変字法・用語その他を総合すると、

（1・2）（3〜14）（15〜17）（18〜20）後補の（21）

という歌の四グループと後補の一首というように区分することが出来る。

［高野正美・一九七三・一二・論考］は、前半一七首の構成について、

A（1）B（2〜8）C（9〜14）D（15 16）E（17）

表3

21	20	19	18	17	16	15	14	13	12	11	10	9	8	7	6	5	4	3	2	1	
	2												1		1						岐
						1															家
						1															鶏
1						2															師
																			1		等
			1							1											能
									1										1		弥
1																					无
			1		2	1													1		母
									1												羅
1						3															理
		1																			流
																		1			須
3	2	1	2	0	2	8	0	0	2	1	0	0	1	0	1	0	0	1	3	0	

「須」は濁音ズとしての用例を示す。

表4

21	20	19	18	17	16	15	14	13	12	11	10	9	8	7	6	5	4	3	2	1	
							▲					▲		▲		▲		▲		○	A
			▲▲										▲				▲			○	B
◎			◆					▲			▲									○	C
					※				▲							▲			○		D
																			○		E
								▲									■				F
								▲								▲	▲				G
											▲		▲			▲					H
							▲	▲					▲					▲			I
																				○	J
							▲	▲				▲									K
	◆	◆	◆																		L

■＝▲＋△＋△
※＝●＋▲
◎＝○＋◆

と歌群を分けるが、これは内容理解よりみた構成案であり、作者については、前掲の［土橋寛・一九五七・七・校注］の全作が文室真人智努であるという説に従っている。

私案は、歌群構成について言及ではなく、その用字法・用語等からの考察によるものであり、その違いは自ずからに作者（歌の表現者）の違いということになる。その第二歌群（3〜14）中にのみ「我」の語が見出されることは既に見たが（**表4のⅠ**）、今改めて、その「ワレ・ワガ」（我）の語が見える佛足跡歌碑歌（3・8・13・14番歌）を左に掲出しよう。

……我はえ見ずて石《いは》に彫《ゑ》りつく……（3）

……善《よ》き人の坐《いま》す國には我も参出《まゐで》む諸諸を率《ゐ》て（8）

……我に劣れる人を多み済渡《わた》さむためと轉写《うつ》し奉《まつ》れり……（13）

舎加《しやか》の御足跡《みあと》石《いは》に轉写《うつ》し置き行《ゆ》き繞《めぐ》り敬《うやま》ひまつり我が世は終へむ此の世は終へむ（14）

この歌意からみて、「我」とは佛足石造立発願者であるとみてよく、従って佛足跡歌碑歌の第二歌群（3〜14）も佛足石造立発願者の作歌ということになる。この佛足跡歌碑歌と薬師寺佛足石が当初から一対のものであるならば、この発願者は文室真人智努となるが、それについては判然としないというよりも、むしろ否定的な方に思考は傾くのである（三五八〜三六〇頁、参照）。即ち、この佛足跡歌碑歌は、別の佛足石に関わる歌であろうと見るものである。しかしながら、その第二歌群（3〜14）の詠作者は、文室真人智努ではないのかと推考する私がいることを白状しておく。文室真人智努が別の第二佛足石（兄弟石）の造立にも関与し、その第二佛足石に関わって佛足跡歌碑歌（3〜14）を作歌したものではないのかと見るわけである。

右により、第一歌群（1・2）は某人の序歌。第二歌群（3〜14）は佛足石発願者の歌。第三歌群（15〜17）は第三者某の歌い納め。第四歌群（18〜20）は別人による「呵嘖生死」という関連歌。末尾の21番歌は、本来は「呵嘖生死」歌なのであるが、「都」字一字以外は失われてしまっており、その逸失面に後補の書き込み詠一首（21）があるということになる。第四歌群（18～20）の別人については、僧侶と見られるいうことについて、本書第一章注釈篇第二節「佛足跡歌碑歌注釈」の「都止米毛呂毛呂須々賣毛呂母呂」条（18⑤⑥）で言及している。

四　おわりに

『萬葉集』巻第二十に載る防人歌について、国毎の用字使用の違いが指摘されるといったことは見られるが、このようにわずか二一首について、その用字使用の実態や用語から、その倭歌の詠作者について、或る一定の結論が得られるということは、『萬葉集』巻第五の一部の事例を除いて、他ではほとんど無いといってよい。そういう稀有なことが実現したのは、石に彫り付けられた原字がほぼ原態のままで残存しているということに依拠している。紙に筆で書かれたものではないが、ほぼそれに近い形で、石ゆえに当時の姿のままに、今に伝来しているということの強みはこうしたことにも寄与するのである。

そもそも当初気になったのが、なぜ「イシ」と言い、また「イハ」と言うのかという、この違いについてであった。それが、ここに見るような詠作者に起因する事項であるとは思いもしていなかった。調べて行く過程で、そうしたことが見えて来たのであった。

18～20番歌に歌われている身体表現、

人の身は得難くあれば……（18）

四つの蛇五つの鬼《もの》の集まれる穢《きた》なき身をば……（19）

雷《いかづち》の光の如き此《これ》の身は……（20）

は、複雑に屈折する「身」の表現ではあるが、まさにテーマ「呵嘖生死」と直結する表現であり、失われた21番歌にも、こうした「身」の語による表現は詠出されていたはずである。というよりも、歌い納めとしての表現が存在した筈であり、その逸失は残念窮まりない。しかも「身」の語について、この三首の仮名は「微」という特殊な用字であること、指摘した通りであり、同一人の表現であると結論付けてよい。

このように、その用字そのものについては歌作当人の用字を反映していると考究できる。『萬葉集』に柿本朝臣人麻呂歌集歌や田邊福麻呂歌集歌の用字が残るように、原資料の用字が保存されているのである。今の場合、佛足跡歌碑歌詠出の四名は、歌宴の席での披露歌の懐紙書付を提出したということであり、筆録書吏はそれをもとに浄書したという経緯が髣髴とする。即ち、歌詠作者ではない別人が二一首を通して筆録したものであり、その際に第六句は句間が空けられ小書右寄せという特殊な形で記され、それがそのまま彫り込まれることになったものと考えられるのである。筆録時に、「阿止」など仮名使用上の統一が若干なされていることと考えられる。

第五節　『涅槃經』寸考

一　はじめに

佛足跡歌碑歌の詠作において、『涅槃經』がその典拠となっていることについては、本書第一章注釈篇第二節の語釈項目で言及した。ここではその『涅槃經』のテキスト（北本と南本）について、その流布普及の実態を確認したい。ここで言う『涅槃經』とは、［田上太秀・二〇〇四・一二・文庫］『『涅槃経』を読む』がいう「大乗涅槃経」のことであり、「原始涅槃経」が念頭にあるものではない。

『大日本古文書』によって、その北本四十巻本と南本三十六巻本の実態を確認することになる。それが眼目となるので、そうした指標が無い用例（例えば「涅槃經一部」）をここに挙げることはしないが、『大日本古文書』には数多くのそうした用例が見られる。その用例数が多いということは、当稿の第二のテーマである「『涅槃經』の普及実態」と密接に関連することになる。

『涅槃經』の普及の様については、瞥見という程度の考察にとどまっている。これを突き詰めようとすると、膨大な原稿量になることであろう。それは私の任に堪えるものではない。ここではアウトラインを押さえたに過ぎないものであることを断っておきたい。

二　『涅槃經』のテキスト——『大日本古文書』から——

『涅槃經』の諸本としては、六巻本『泥洹經《ナイヲン》』No.0376（『佛説大般泥洹經』）、四十巻本『大般涅槃經』No.0374（北本）、三十六巻本『大般涅槃經』No.0375（南本）がある。六巻本『泥洹經』は北本の初十巻に相当するが異訳であり、北本から南本が出来ている。

もとより南北両本は異訳と称すべきものではなく異訳としては六巻泥洹経と北本涅槃経のみである…下略…。（七三頁）

と、［横超慧日・一九八一・七・論著］にある。当時この三本共に将来されていることは正倉院文書で確認できる。語釈での引用は北本『涅槃經』を用いたが、北本・南本の語句異同は無いと言ってもよいほどであり、それほど神経質になることはない。ただ当時、北本・南本のどちらが広く使用されていたのかという調査をしておくことは無駄ではない。

以下、『大日本古文書』（第一冊～第二十五冊）に出てくる例を拾ってみる。「涅槃經一部」「注涅槃經」「涅槃義記」など、どの本に属するものか不明な事例は挙げていない。（3三八）などと示す算用数字は『大日本古文書』の巻数であり、その下の漢数字は同書の頁数を示すものである。

*　*　*

【泥洹經】今は参照項目とするものであるので、巻と頁を挙げるにとどめる。(ア)の六巻本『泥洹經』（No.0376『佛説大般泥洹經』）は『大正蔵』12巻の八五三～八九九頁に載り、(イ)の二巻本『泥洹經』（No.0378『佛説方等般泥洹經』）は『大正蔵』12巻の九一二～九二八頁に載るものである。

(ア)六巻本　（3三八）（4六三）（8一三）（8五九）（8一一六）（9四四二）（10二三七）（10四七〇）（12一〇七）（12四七九）（13一四五）（17二六）（19二六六）（19三五〇）（19四六九）（19四九二）（19五三八）（21一三）（21七四）（22一二五）（23一〇）（23五九）（23一三四）（23一四三）

(イ)二巻本　（2三〇九）（4六三）（7五三九）（9七八）（9二七八）（9三〇九）（12一〇七）（12一四九）（12二一二）（12四七九）（12五五四）（13一四五）（17二六）（18一四七）（18一五六）（18二四六）（20四〇五）（20五〇六）（21一三）（21七五）（21二八八）（21三〇五）（22六三）（23一四）（23六一）（23一三〇）（23一三四）（23一四三）（23五三〇）

＊　　＊　　＊

以下の「北本・南本」に比して『泥洹經』の用例数が多いのは、北本・南本の計数において、その区別が付かない「涅槃經一部」の類はカウントしていないのに対して、『泥洹經』はほぼ全てを拾い得るからである。なお、(ア)の六巻本と(イ)の二巻本とが組み（セット）で出て来る場合も少なくはない。巻と頁が同一のものはその事例である。

＊　　＊　　＊

【北本】

涅槃経一部卌巻（2三二一）

大般涅槃経四帙卌一巻（2五五五＝「涅槃」の用字は抄物書き）

涅槃経疏卌巻（2七〇九）

大般涅槃經卌巻〔今卅巻　第四帙／又十巻〕（7八五）

大般涅槃經四十巻（12一〇六）

大般涅槃經卌巻（12四七八）（17二六〔四帙〕）（21一一）（21七三）

涅槃經四十巻（17一六）
涅槃經卌一巻（24一六九）
涅槃經卌巻（24二九六）
涅槃經卅八巻〔用廿四〕・卅九〔用廿二〕・卌〔用廿〕（7四四六）
大般涅槃經四帙〔卌二巻〕（7七）
涅槃經一部卌二巻〔二巻後分〕（7一九八）
＊涅槃經一部卌二巻〔二巻後分〕又一部卌巻（7一九九）
「＊」マークは、【南本】条の「＊」マークの例と共に出ることを示すもの。
大般涅槃經卌二巻（12四四二）
涅槃經卌二巻（24二九七）
涅槃卌一用紙廿五枚〔坂合部寫〕（7四三四）
大般涅槃經四十一巻（9四三九）
大般涅槃經四十一巻（のち「四十一」は「四十二」に加筆修訂）（10四六九）

＊　　＊　　＊

四十二巻とあるものは、北本四十巻（大正蔵12三六五～六〇三）に『大般涅槃經後分』二巻No.0377（同九〇〇～九一二）が付されたものであり、右の挙例にも（7一九八）などには「二巻後分」の割注が付されている。四十一巻とある例もその「後分」を含む例であろう。（7四三四）の例は「第四十一巻」の謂であると見られるが、これも同じ類である。

＊　　＊　　＊

【南本】

＊又三十六巻（7一九九）　「＊」マークは、【北本】条の「＊」マークの例と共に出ることを示すもの。

涅槃經卅六巻〔四帙紙〕（12四五八）

涅槃經七十二巻（17一七「槃涅」とあり、「涅」に転倒符あり。）

注涅槃經七十二巻（17二六）

＊　＊　＊

【北本】の例に比して【南本】の例が極めて少ない。「涅槃經」とある例は【北本】とも【南本】とも判別が付かない為にカウントしていないし、また「涅槃經第三十五巻」とか「涅槃三十六」とあっても、それはどちらの事例か判断出来ないために計数出来ないでいる。右に挙げた「卅六巻」というのはその前後の事例から南本と判断してのものであり、「七十二巻」というのも三十六巻の倍数というところからの判断である。よって掲げていない例の中に南本が隠れている可能性がある。しかし、大きな変動は無いものと見られる。

見落し例がないとは断言出来ないのであるが、大勢は右の例で判断できる。当時のテキストの主流は北本四十巻であったとみてよい。そういうところから、語釈においては北本を採用した。

東大寺蔵の重要文化財『大般涅槃經』も四十巻本北本である。また、〔栄原永遠男・一九九七・四・論考〕は、

紫紙壹伯張　水精軸卌二枚涅槃經料　瑪瑙軸卌枚大集經料　安房石軸卌枚大品經料…下略…（13一八「五月廿二日」）

を取り挙げ、これは天平勝宝七歳五月二二日の符であるとし、鑑真発願経であると位置付けている。この「水精軸卌二枚」の横には「涅槃經料」と書き込まれていて、この時の『涅槃經』も北本四十巻（及び後分二巻）と判明するのである。ただ、淡海三船（真人元開）撰の『唐大和上東征傳』には、鑑真が倭国へ将来したものを列挙している中に、

南本涅槃経一部卌巻〔右傍書＝卅八巻〕　（観智院甲本、四七四行、古典保存会複製本による）

とある。「南本」とありながら「四十巻」であり、不審が残る。この箇所、観智院乙本には「南本涅槃経一部卅八巻」とある（途中に切り出しがあり行数表示は出来ない。私の想定行数では三三三行。東大寺による複製では二三頁一一行）。高山寺旧蔵大東急記念文庫本では「南本涅槃経一部卌巻」とあり（二六丁表4～5）、書き込みは無い（貴重圖書影本刊行會複製本）。戒壇院本『唐鑑眞過海大師東征傳』（宝暦十二年刊本、高桐書院）にも「南本涅槃經一部四十巻」とある（一七丁裏9～10）。版本の『羣書類從』（六十九）は「南本涅槃経一部四十巻」とし「四十」の右に「三十八ィ」とする（一七丁裏6～7）。〔安藤更生・一九七三・六・譯註〕では、「南本の涅槃經一部三十八巻」としている。推測は種々に舞い飛ぶ可能性を孕むものであるが、判然としないということで止めておく。〔釋潮音・一八一九・注釈〕『南都薬師大寺佛足蹟碑文和歌略註』は、南本に拠って注記している。南本は、『大正蔵』12巻の六〇五～八五二頁がそれである。〔横超慧日・一九八一・七・サーラ叢書〕『涅槃経』が「中国・日本の学者に最も多く親しまれているのは、そのうち南本三十六巻の経である」とするように、江戸期の釋潮音は南本を使用している。

なお、次のような例が見られた。

A涅槃經八十四巻（7五）

B七十涅槃（9四三九）など

C麁涅槃三帙七巻（9八七）

D麁涅槃三帙三巻五十六張（9一〇〇）

E麁注涅槃經第三帙（21四三六「第六〔廿六〕七〔卅八〕八〔卅四〕九〔卅四〕十〔卌一〕」の割注）

＊　　＊　　＊

Aの「八十四巻」というのは北本四十二巻二部ではあるまいか。Bの「七十涅槃」は後に示す「注七十涅槃」であり、即ち、注本であると考えられる。CやDの「麁涅槃」はEに「麁注」と見え、「大般涅槃經」の簡略な注本という推測が付く。他に、例えば、

五十五涅槃……五十五涅槃……五十七涅槃……六十一涅槃（8三五九）

という例があったりする。これも恐らく「七十涅槃」則ち「注七十涅槃」の一部で、注本と推測される。

＊　　＊　　＊

涅槃經卅巻（7五）

卅涅槃（經）（9二二四）（10一三九）（18一九七〔注〕）など

注卅涅槃（2五五五＝「涅槃」の字は抄物書き）

注卅涅槃経三帙之中第一帙十巻（3三七）

注卅涅槃（3三八＝「涅槃」の字は抄物書き）

注涅槃経卅巻（4三八）

卅注涅槃經初帙〔十巻〕（9八四）

注卅涅槃經一帙〔十巻〕（9九七）など

注七十涅槃（3三八）

注七十涅槃經（10一一七）

注七十涅槃経七十一巻（3三七）

注涅槃經七十二巻（7四八六）

などという事例もある。「三十涅槃」とは「注卅涅槃」のことで、やはり注本と見られる。（18一九七）の「卅涅槃」には割注で「注」と記されていてこのことを証している。前記したように「七十涅槃」という注本が存在するが、これに「七十一巻」や「七十二巻」も存在する。これは恐らく「後分」の注を加えているものであろう。実は、左記の事例により「注七十涅槃」とは、北本「大般涅槃經卌巻」の注であることが判明するのである。以下に引くのは「大乘經納櫃目録」（12四七三～四九九）の第五櫃中の条である。

* * *

大般涅槃經卌巻（「卌巻」見セ消チして右に「七部」。下に二百九十八巻）……①
一部卌巻（欠第三帙第五巻…下略…）……②
一部卌巻（欠第四帙第七　八　九　十巻…下略…）……③
一部卌巻（…割注略…）……④
一部卌巻（…割注略…）……⑤
一部卌巻（欠第四帙第七　八　九　十巻…下略…）……⑥
一部卌巻（欠第四帙第七　八　九　十巻　无帙）……⑦
注經一部七十一巻（欠第七帙第十二巻　无帙）……⑧
（12四七八～四七九）

* * *

右はその行末に行番号を付けたが、①の標目（見出し）は結局「大般涅槃經七部二百九十八巻」ということになる。そうして、②から⑦まで六部の北本『涅槃經』が示されており、その後に「注經一部七十一巻」とあって、これを含めて「大般涅槃經七部」となり、この「七十一巻」の「注經」も北本四十巻本の『涅槃經』に関わる注であることが判明する。欠巻分を差し引くと総計「二九七」巻となり、標目の「二百九十八巻」に一巻分合致しないが、それはそれとして、理解は右の如くなるのである。それらが一括して櫃に収められていたのである。実は当条には、続いて「大般泥洹經」と「方等般泥洹經」とが記されている。偶々、収められた櫃は異なるが、これらは一連のものとして把握されていたことがわかる。類似のものは他にもある。

注の他に、疏も何種類かあったようで、経典流布の程が理解できる。例えば以下の次第である。

＊　＊　＊

涅槃経疏一部十巻〔遠法師撰〕（3六五二）（9三八九）など

涅槃經疏廿四巻〔憬興師撰〕（9三九二）

涅槃経疏一部十五巻〔法寶師撰〕（3六五二）（9三九二）

涅槃経疏廿巻〔吉蔵師〕（3六五三）（9三九二では「十五巻〔吉藏師撰〕」）

＊　＊　＊

他にも種々あり、右はその代表例である。

なお、「讀経」（優婆塞貢進解）の中に、「涅槃経一部〔音訓〕」（2三一九）とある事例がある。音注と共に訓注も付けられていたことかと一見思われるが、標目として「讀経」とあり、その下の経典一一種についてそれぞれ「音訓」とあるところからすると、後の文選読みのような姿を想定するのが良いのかも知れない。類似の事例は他にもある。

三　『涅槃経』の普及の様について

法隆寺蔵の玉虫厨子は、推古天皇（五五四～六二八）の念持仏を収めた厨子とされるが、本尊は現存せず、厨子のみが伝わっている。この玉虫厨子には、釋迦の前世譚「捨身飼虎図」が描かれている。崖下にいる飢えた母虎と子虎に薩埵王子が自身の体を差し出すという布施行を描いたものであり、この「捨身飼虎」は『金光明經』の「捨身品」に見られると共に、『六度集經』や『賢愚經』にルーツ譚がある（［石田尚豊・一九九八・二・論著］）。ところが、この玉虫厨子には種々の要素が入っており、

右側面の捨身飼虎図は『金光明経』、左側面の施身聞偈図は『涅槃経』、背後の須弥山図は『海龍王経』によっていています。…中略…また、宮殿部背面の霊鷲山図は『法華経』によることが明らかです。こうなりますと、宮殿部を除いた下部の須弥座の四面中の三面までが、不思議なことにすべて曇無讖の訳経となります。（四九頁）

と［石田尚豊・一九九八・二・論著］『聖徳太子と玉虫厨子』に指摘があるように、『涅槃經』も影を落としている。その偈は「諸行無常、是生滅法、生滅滅已、寂滅為楽」であり、これまたよく知られている四句偈である。この玉虫厨子が一般貴族の眼に触れたかどうかはわからないし、絵解きの有無も今となってはわからない。

また、伊勢市寂照寺蔵の「諸尊仏龕」（重要文化財）がある。これは中央に放光の涅槃佛がある佛龕であり、［松山鉄夫・二〇一三・五・論考］によると「七世紀に遡る西域での作」「いま少し遡らせる可能性もありそうだが、ここでは、ひとまず、七世紀初頃としておきたい」という留意すべき作である。ただし、本邦への将来が何時であるかは判明しておらず、たとえ早くに渡来していたとしても、人々の眼にどの程度親しまれたかは判然としない。

次に法隆寺蔵の塔本涅槃像による塑像群が著名で、『天平勘録法隆寺流記資財牒』には、

合塔本肆面具攝〔一具涅槃像土　一具弥勒佛像土／一具維摩詰像土　一具分舎利佛土〕
右和銅四年歳次辛亥寺造者　（［法隆寺昭和資財帳編纂所・一九八三・一〇・影印］『法隆寺史料集成1』一五頁）

とある。和銅四年は七一一年であり、右は『大日本古文書』が収めるところでもある（2五八二）。

また『大日本古文書』には、法隆寺蔵の「大般若波羅密多經巻第四百九十八奥書」として、次の経典識語が載る。

…上略…退願、篤蒙四恩、枕涅槃之山、坐菩提堤之樹、…下略…　（5六八四）

（……退きて願はくは、篤《あつ》く四恩を蒙《かがふ》り、涅槃の山に枕《まくら》き、菩提の樹《き》に坐《ゐし》きて、……）

この経典には僚巻《ツレ》があり、［奈良国立博物館・一九八三・四・図録］『奈良朝写経』がその僚巻を収め、上代文献を読む会による［稲城正己・二〇一一・一〇・論考］の注解がある。

これらからは涅槃思想の普及の様を見て取ることが出来るが、しかし『涅槃經』によるものであるとの直接的な繋がりは見出すことが出来ない。このことは、国史跡「頭塔」（奈良市高畑町）の石仏二十二基があり、重要文化財「頭塔石仏」（七六七年）として指定されているが、その中の「線彫涅槃図」（西面第一段左）においても同じ事情である。

むしろ挙げ得るのは『萬葉集』における山上憶良の作品である。［井村哲夫・一九六三・七・論考］「憶良「思子等歌」の論」は、「思子等歌一首并序」における「釋迦如来　金口正説　等思衆生　如羅睺羅」（5・八〇二序）について、『涅槃經』中に同義の句が二〇数例見えるとしている。［井村哲夫・一九六三・七・論考］では『国訳一切経』の訳文で示しているが、以下にはまず北本『涅槃經』の本文を掲げ、ついで［常盤大定・横超慧日・一九二九・二・国訳〈一〉］［常盤大定・横超慧日・一九三五・二・国訳〈二〉］をその譯文のままに示す。

今日如來應正遍知。憐愍衆生覆護衆生。等視衆生如羅睺羅。爲作歸依屋舍室宅。

（『大般涅槃經』巻第一「壽命品第一」、大正蔵12三六五下10～12）

（今日、如來《によらい》・應《おう》・正遍知《しやうへんち》、衆生《しゆじやう》を憐愍《れんみん》し、衆生《しゆじやう》を覆護《ふご》し、等《ひと》しく衆生を視たまふこと羅睺羅《らごら》の如し。爲に歸依《きえ》屋舎《をくしや》室宅《しつたく》と作りたまふ。）（国訳〈一〉）

また［井村哲夫・一九八二・二・論考］「人並に我もなれるを」は、「貧窮問答歌一首并短歌」の長歌中の「和久良《わくら》婆尓《ばに》　比等《ひと》々《ゝ》波安流乎《はあるを》　比等奈美尓《ひとなみに》　安礼母《あれも》作乎《つくるを》」（5・八九二、井村哲夫氏は「作」を「ナレル」と訓む）について、『涅槃經』を指摘する。この論では南本の品名で指摘するが、ここでは北本の品名で示す。『國譯一切経』も北本で訳出している。

世有六處難可値遇我今已得。云何當令惡覺居心。何等爲六。一佛世難遇。二正法難聞。三怖心難生。四難生中國。五難得人身。六諸根難具。如是六事難得已得。

（『大般涅槃經』巻第二十三「光明遍照高貴徳王菩薩品第十之三」、大正蔵12四九九上10～14）

（世に六處の値遇すべき難き有り、我今已に得たり。云何ぞ當に惡覺をして心に居せしむべき。何等をか六つと爲す。一つには佛世は値ひ（ママ）難く、二つには正法は聞き難く、三つには怖心は生じ難く、四つには中國に生じ難く、五つには人身を得難く、六つには諸根は具し難し。是の如きの六事、得難くして已に得たり。）（国訳〈二〉）

また「哀世間難住歌一首并序」の「易集難排八大辛苦」（5・八〇四序）について、「八苦」を数えるのは『涅槃經』であるとする。

復次善男子。八相名苦。所謂生苦老苦病苦死苦愛別離苦怨憎會苦求不得苦五盛陰苦。能生如是八苦法者。是名爲因。無有如是八法之處。是名爲滅。

（『大般涅槃經』巻第十二「聖行品第七之二」、大正蔵12四三五上03～06）

（復次に善男子《ぜんなんし》、八相《はつさう》を苦と名く。所謂生苦《しやうく》・老苦《らうく》・病苦《びやうく》・死苦《しく》・愛別離苦《あいべつりく》・怨憎會苦《をんぞうゑく》・求不得苦《ぐふとくく》・五盛陰苦《ごじやうおんく》なり。能く是の如きの八苦法《はちくほふ》を生ずる者、是を名けて因と爲す。是の如きの八法有ること無きの處、是を名けて滅と爲す。）

（国訳〈一〉）

また、『涅槃經』の「功徳大天」と「黒闇」の寓話（『大般涅槃經』巻第十二「聖行品第七之二」、大正蔵12四三五中〜）を出し、

故知　二聖至極　不能拂力負之尋至　三千世界　誰能逃黒闇之捜来

（5・七九四「日本挽歌」の前に位置する無題漢詩序の序）

（故《かれ》知りぬ。二聖の至極すら、力負の尋ね至ることを拂《はら》ふこと能《あた》はず。三千世界に、誰《たれ》か能《よ》く黒闇の捜《あなぐ》り来《きた》ることゆ逃《のが》れむ。）

内教曰　不欲黒闇之後来　莫入徳天之先至〔徳天者生也　黒闇者死也〕

（5・八九七の前に位置する「悲歎俗道假合即離易去難留詩一首并序」の序）

（内教に曰はく、「黒闇の後《しりへ》ゆ来《きた》れるを欲《ほり》せず。徳天の先に至れるに入ること莫《な》くあれ」といふ〔徳天は生をいふなり。黒闇は死をいふなり〕。）

との関係を指摘し、また「沈痾自哀文」の冒頭近い箇所に出る「自有修善之志　曽無作悪之心〔謂聞　諸悪莫作　諸善奉行　之教也〕」（自《みづか》ら善を修《をさ》むる志有りて、曽《かつ》て悪を作《な》す心無し〔「諸悪莫作・諸善奉行」の教へを聞くことを謂ふ〕）について、

諸悪莫作　諸善奉行　自浄其意　是諸佛教

（『大般涅槃經』巻第十五「梵行品第八之一」、大正蔵12四五一下11〜12）

（諸悪《しよあく》は作すこと莫《な》かれ　諸善《しよぜん》は奉行《ぶぎやう》せよ　自ら其の意《こゝろ》を浄うする　是諸佛《しよぶつ》の教なり）　（国訳〈一〉）

の偈との関わりを指摘し、また「沈痾自哀文」のそれに続く箇所に出る「如折翼之鳥」（翼を折りし鳥の如し）について、

如是之人不至善處。如折翼鳥不能飛行。（『大般涅槃經』巻第六「如來性品第四之三」、大正蔵12三九九中02〜03）

（是の如きの人は善處《ぜんしょ》に至らず。折翼鳥《せつよくてう》の飛行《ひぎやう》すること能はざるが如し。）（国訳〈一一〉）

を指摘している。また巻第十六の「筑前國志賀白水郎歌十首」について山上憶良作品であることの確認の後に、その左注に見える「因斯妻子等不勝犢慕裁作此歌」（16・三八六九左注）の「犢慕」の表現についてなど、同論はなお五件の指摘をしている。［井村哲夫・一九九四・二・論考］「山上憶良の思想と文学」では、

憶良は数有る仏典の中でもとりわけ『涅槃経』になじんで、その人間尊貴・万人平等の思想の影響を受けていることは確かだと思う。

と言及している。

佛足跡歌碑歌における『涅槃經』摂取の様は、本書第一章注釈篇第二節で見たところである。

やや時代がくだるが、『日本霊異記』（『日本國現報善悪靈異記』）には、『涅槃經』が数少なくはなく見られる。

上巻三件（二十縁、二十七縁、二十九縁）

中巻六件（十縁、十三縁、十七縁、十九縁、二十二縁、四十二縁）

下巻二件（十八縁、二十七縁）

民衆に根を張る経典としての『涅槃經』のさまがここに見られるのである。

四　おわりに

以上、この寸考では、『涅槃經』のテキスト（北本と南本）について、当時流布していたのは北本四十巻本であることを見た。これは比較の問題であり、本文上は両テキストで大きく隔たるものではなく、流布もどちらかというと北本が一般的であったと言う程度として、見るべきものである。

先に「中国・日本の学者に最も多く親しまれているのは、そのうち南本三十六巻の経」(「横超慧日・一九八一・七・サーラ叢書」『涅槃経』)ということを引いたが、上代においては北本の方がより親しまれていたということを明らかにしたものである。

またその普及の様については、『萬葉集』や『日本霊異記』という文学作品に見られることが留意される。当稿においても、佛足跡歌碑歌との関わりという、やはり倭歌作品との関係で出てくるのである。

第六節　佛足跡歌体について

一　はじめに――従来の見解――

本稿では、この佛足跡歌の名を冠して称される「佛足跡歌体」（仏足石歌体）について奈良薬師寺の佛足跡歌碑歌を中心に考察する。五七五七七七というこの歌体は奈良薬師寺の佛足跡歌碑歌に特有の歌体ではなく、後に見るように上代文献に散見される。奈良薬師寺蔵の佛足跡歌碑の倭歌は全てこの歌体で記されていて、佛足跡歌体の名称の由来となっている。

この五七五七七七という歌のスタイルについて、従来どのように理解され、考えられて来たのかについて、その主な見解を一瞥しておこう。

・此碑のうた廿一首みな下の句をすこしくかへて一句添たり…中略…佛跡落慶の日などに集ひたる人々の、各よみたる歌を行道の諷誦とし…下略…。　（［山川正宣・一八二六・八・注釈］）

・（寺院三十三所の御詠歌も）尾句をうたひかへす事あるなり…中略…（佛足跡歌体は）尾句を打かへして書れたるをおもへば、決してその石にむかひて、そをよみてうたふべき料なるべし（三十一言の短歌の尾句を、打かへして書たるものなるべし」。　（［伴信友・一八四六以前・論考］）

・結句に餘韻を畳んで繰返すこの詩形は、女性的讃咏のはかない情緒を響かしめる。

この様に謡いもの形式であり、第六句は繰返句であるとみる見方に連なるものは多い。

（［橋川正・一九一七・四・論考］）

・第六句を第五句の繰返にしてゐるのもあり…中略…少し變へて繰返したのとある。聲あげて禮讃するやうな場合の、特に合唱には是非かかる結句の落付が大切な役目をするのである。

（［斎藤茂吉・一九一九・八・論考］）

・この二重添句の趣致を、集團的に最も鮮かに見せて居るのは、奈良の藥師寺の「佛足石の歌」であらう。

（［五十嵐力・一九二四・八・論著］）

・佛足石歌は短歌形に反復句として七音を附し實際に口誦文學として宗教上の目的で唱へ後に碑石に刻したものである。即ち謡はれた歌謡の一體である。

（［坂井衡平・一九二四・九・論著］）

・終に謡ひ物と認むべきか否かに就いて判斷に苦しむものがある。…中略…最終の句形をくりかへして三十八音より成る…中略…どうしても諷謡したものと斷じたい。

（［高野辰之・一九二六・一・論著］）

・歌體から言へば、歌はれたものに相違ない。

（［武田祐吉・一九三〇・一〇・論著］）

・すべて第六句目は前述の如く小字であり、その上すべて第五句で語法的にも意義の上でも終止し完結してゐるから、この第六句は短歌に附したものであると考へられる。その上、第五句と後半を同じくして、脚韻をふんでゐるものが多いのは、もと繰返しであつて實際歌ふ場合の方法であらうと考へられる。

（［安田喜代門・一九三一・一・論著］）

・第六句は第五句と大體同じ内容で、第五句の繰返へしである事…中略…謡ひもの、最も古いものとして注目に値するものである。

（［多屋頼俊・一九三一・六・論考］）

・最後の第六句は他の五句よりは小さく書かれてをり意味は第五句の補足的なものである。從つて第五句まで、意味は完成してゐると云つてよい。…中略…第六句は補足的に述べられ繰返しではない…中略…思ふにこの歌體は諷誦用のものとしては最も適當のものであつたらしい。

（［遠藤嘉基・一九三三・一〇・論考］）

・佛徳を贊仰する餘りに最後の七の繰りかへしを生じこれを淨三が整理統一したものと見るべきであらうか。彼が整理したとするならば、少くともこの歌體は生み出すべく意識的にしたものと思はれる。上代歌謡の「うたはれた」歌がやがて「つくられた」歌に推移する過渡期にあつて、この佛足石歌は佛足圖の前に於て佛足を贊仰して實際にうたはれた歌である。萬葉集の旋頭歌は同じき理由で繰りかへされたもので旋頭歌の五七七・五七七が全體を二分して繰り返してゐるに對してこれは二句切れとなり四句切れとなり、最後の一句を繰りかへしてゐるのである。即ち五七―五七―七―七の形式である。
（［大井重二郎・一九三四・六・論著］）

・佛足石歌體が反復の結果、五七七七といふ形を誘致したものである事は疑ひない。…中略…これが歌謡的性質に起因する歌形である事は云ふまでもなく、此の歌形の歌は實際に歌はれたものと考へられる。
（［藤田徳太郎・一九三四・九・論著］）

・（十九首中の十四首は）第五句の反復句である。…中略…他の五首は必ずしも第五句の反復ではない。…中略…然し歌全體の上から考へ第六句は歌謡上の協韻的な反復である。…中略…初めに五句體であつた歌が歌詠せられるに到つて一句を加へられ六句體となつて、所謂佛足石歌體が作られたのであらう。
（［菊地良一・一九三九・五・論考］）

・普通の短歌の後に、もう一句同じやうな句のあるのは、恐らく導師が佛足石を繞りつゝ五七五七七の短歌を誦したのに合して、五七五七七の誦が了ると、大衆がそれに一句を和したものと見られる。
（［田中重久・一九四三・一二・論著］）

・短歌形式の最後の第五句につづいて第六句七字を加え、この両句が第四句目までの結びの役をすると共に両句は相俟って繰返し即ちリフレーンの形を取って居る。上述の如く仏足石の周囲を行道しながら参拝者はこの歌を高唱するか、或は第五句まで指揮者の高らかな口誦を待って、参加者が異口同音に節面白く高誦したのであり、…下略…。

（［北島葭江・一九六五・六・論考］）

・この形式は短歌形式を基礎とし、その第五句の繰返し、もしくは念のために別の表現を用いたものが多く、謡物としてはともかく、短歌の緊縮した形式には遠く及ばないのである。（［瀬古確・一九六九・一二・論考］）

・薬師寺の仏足石歌の第六句はすべて第五句までに比べて右に寄せ、しかも一まわり小さな字で彫られている。この事実は第六句が第五句までと同等の資格に立つものではなく、繰り返しまたは意味を補うものとして付加的な存在であることを歌碑建設の時点においてすでに認めていたことを示している。…中略…薬師寺の仏足石歌は、短歌を誦詠する過程に於いて第六句が付加されたもの…下略…。

（［加藤静雄・一九七二・三・論考］）

・末尾の単純な繰り返しが独立して成ったのが仏足跡歌体である。…中略…意味の上から考えた場合でも、仏足跡歌及びこの歌の形態のものすべては、末尾の一句を除外しても一向に支障がない。つまり、この歌体は、短歌形式で意味は完結していて、さらに単純な繰り返しを避けるために、全体にふさわしい内容の一句が添えられたということであろう。

（［高野正美・一九七三・一二・論考］）

［ロイAミラー・一九七五・論著］は、

・五―七／五―七―七の韻脚をもつ一般的な五句の短歌形式に付加的な七音の繰り返し句が続いたもの（拙訳）

（［ロイAミラー・一九七五・論著］）

とし、リーHペーターの韓国古代の「郷歌」（殊に均如の一一首）における繰り返し形式との類似という指摘を引用している。

・短歌の終末句を繰り返すことに由来する。…中略…仏足石歌体は歌われる歌謡としての歌体であって、文字で表記される和歌の歌体にはならなかった。

（［土橋寛・一九八四・一〇・事典項目］）

・多くは第六句が第五句の類似句として繰り返され、薬師寺の歌碑ではそれが小字で書かれている。

（［山崎馨・一九八六・三・事典項目］）

以上、右に見たものには、その見解に幅はあるが、第六句は第五句の反復繰り返しであり、歌謡の形式であるとみているものがほとんどである。第六句を単純な繰り返しではなく第五句を少し変形させた繰り返しと言っているものに、［斎藤茂吉・一九一九・八・論考］、［安田喜代門・一九三一・一・論著］、［多屋頼俊・一九三一・六・論考］等がある。また第六句を補足的内容であるとするのは［遠藤嘉基・一九三三・一〇・論考］等である。これらのいずれもが、五七五七七の短歌体に第六句が付加的に付け加わったものであると見ている。これは第六句が小字表記であるという指摘（［安田喜代門・一九三一・一・論著］・［遠藤嘉基・一九三三・一〇・論考］・［加藤静雄・一九七二・三・論考］・［山崎馨・一九八六・三・事典項目］等）とも照応する。

［高木市之助・一九六七・五・注釈解題］は、

・當時の貴族僧侶階級の有識者が、何等かの佛式に際して、諸人諷誦のために作詞した…中略…末句の多くが後に作り添へた反覆句風のものであるところから推せば、…中略…短歌定型の成立後に、歌曲の都合から更に一句を作り添へたと見た方が妥當であらう。

（［高木市之助・一九六七・五・注釈解題］）

として、上代歌謡の範疇に入らないとし、朝日古典全書の『上代歌謡集』から除外している。歌謡ではないとするところを評価できるが、「反覆句風」であるというところは、従来の理解のままとなっているのである。

右の一般的な見解に対し、別の見方がある。

・この歌の形は、五七五七七の形に更に一句をつけた形でありまして、今までの説では、短歌に一句そへたものであり、これは、うたひものにするために、そへたのであらうといふことでありますが、どうもさうは思へません。始めからこの形に、よんだものであらうと思ひます。

（［岡麓・一九二七・一・論考］）

・最後の一句七字が、繰返しの形であるといふことは、私には考へられない。…中略…すべて只の繰返しではない。必ず最後のおさへとなるべき、どッしりした調子と、儼然たる内容とを有つてゐる。…中略…外來樂の影響により、坊さんたちによつて作られたもので、神楽歌等の先驅をなすものである。

（［林竹次郎・一九三二・七・論著］）

・到底第五句の繰り返しと思えないものが若干あり、…中略…仏足石歌体はもと地方にあつた伝承歌謡の変形したもの、これに対して短歌は朝廷中心の社会で成立流布したもの…下略…

（［宮地崇邦・一九五九・三・論考］）

右は単なる繰り返しの形ではないとしているものの、印象批評に終わっていて、分析には至っていないところが残念である。先の［大井重二郎・一九三四・六・論著］の言及は、繰り返しという点においては従来の研究の延長線上に位置しているものであるが、淨三によって意識的に生み出された歌体という点で、従来の見方を越える別の歌体観であると指摘でき、評価出来る。

二　佛足跡歌碑歌の形態・意義上の分類

佛足跡歌碑歌の第六句は必ずしも第五句の繰り返しではないという言及を右で見た。ここで、佛足跡歌碑歌一九首の第六句と第五句の関係を検討してみよう。歌の大半が失われている11番歌、及び後補とみている21番歌は考察から除外している。

まず外形・形態上の反復非反復という形式から佛足跡歌碑歌をみてみよう。

A【反復形式】

単純な反復形式の歌は一首も存在しない。

B【準反復形式】

Aの反復形式の変形であり、第五句中の語句を一部別の語句に置き換えて反復したものであり、世にいう「言い換え繰り返し表現」に基づくものである。これを準反復形式と命名する。

1　知々波々賀多米尓　毛呂比止乃多米尓　父母《ちちはは》が為《ため》に　諸人《もろひと》の為《ため》に
3　伊波尓恵利都久　多麻尓恵利都久　石《いは》に彫《ゑ》りつく　玉《たま》に彫《ゑ》りつく
4　和多志多麻波奈　須久比多麻波奈　度《わた》したまはな　済《すく》ひたまはな
6　多太尓阿布麻弖尓　麻佐尓阿布麻弖尓　直《ただ》に遇《あ》ふまでに　當《まさ》に遇《あ》ふまでに
7　美都々志乃覇止　奈賀久志乃覇止　観《み》つゝ慕《しの》へと　長《なが》く慕《しの》へと
9　由豆利麻都良牟　佐々義麻宇佐牟　譲《ゆづ》りまつらむ　捧《ささ》げまうさむ
10　乃知乃与乃多米　麻多乃与□□□　後《のち》の世《よ》のため　又《また》の世《よ》……
13　宇都志麻都礼利　都加閇麻都礼利　轉《うつ》寫し奉《まつ》れり　仕《つか》へ奉《まつ》れり
14　和我与波乎閇牟　己乃与波乎閇牟　我《わ》が世《よ》は終《を》へむ　此《こ》の世《よ》は終《を》へむ
15　多布止可理家利　米太志可利鶏利　貴《たふと》かりけり　愛《め》だしかりけり
17　保呂歩止曽伊布　乃曽久止叙伎久　滅《ほろ》ぶとぞ云《い》ふ　除《のぞ》くとぞ聞《き》く
18　都止米毛呂毛呂　須々賣毛呂母呂　勉《つと》め諸諸《もろもろ》　勵《すす》め諸諸《もろもろ》

19　伊止比須都閇志　波奈礼須都倍志　厭《いと》ひ棄《す》つべし　離《はな》れ捨《す》つべし

この準反復形式も反復に限り無く近いものから、程遠いものまで種々ある。3の「いし」（石）と「たま」（玉）、4の「わたし」（度し）と「すくひ」（済ひ）、6の「ただに」（直に）と「まさに」（當に）、13の「うつし」（転写し）と「つかへ」（仕へ）、14の「わがよ」（我が世）と「このよ」（此の世）、15の「たふとかり」（貴かりけり）と「めだしかり」（愛だしかりけり）、18の「つとめ」（勉め）と「すすめ」（励め）、19の「いとひ」（厭ひ）と「はなれ」（離れ）は、それぞれ一語の単語を同じ品詞の語で置き換えたものであり、6は「に」、14は「よ」（世）、15は「かり」という活用語尾、18は「め」という活用語尾までもが一致していて、その対応が緊密である。10はこの緊密な置き換えから類推して逆に欠字部分が復元できる事例である。また、1は「父母・が」と「諸人・の」という二品詞の置換、7は「見・つつ」「長く」の二品詞と一品詞の置換である。17は「動詞＋とぞ＋動詞」という形式のみが共通していて二品詞が異なるが、「滅ぶ」と「除く」又「云ふ」と「聞く」とがそれぞれ近似類縁関係の語（近似概念語）であり、置き換えと認めてよい内容である。一番問題なのは9の「譲りまつらむ」と「捧げまうさむ」である。全く同じ形で共通する箇所は助動詞の「む」のみであるが、「譲り」と「捧げ」が、又「まつる」と「まうす」がそれぞれ近似類縁関係の語であり、これもまた置き換えに類するものと見てよい内容と言えよう。［榊泰純・一九八一・八・論考］は私と別の三分類により佛足跡歌碑歌を考察しているが、その①に「第五句のほぼ繰り返し」をあげ、21番歌を除いて私のこの【準反復形式】と同じ結論になっている。

C【非反復形式】

反復形式・準反復形式とは認められないものは、次の六例である。

2　布美志阿止々己呂　麻礼尓母阿留可毛　踏《ふ》みし足跡所《あとところ》　希《まれ》にもあるかも

5　阿止乃祁留良牟　多布刀久毛阿留可　足跡《あと》残《の》けるらむ　貴《たふと》くもあるか

8　和礼毛麻胃弖牟　毛呂毛呂乎為弖　我《われ》も参出《まゐで》む　諸諸《もろもろ》を率《ゐ》て
12　□止乃止毛志□　宇礼志久毛阿留可　足跡《あと》の乏《とも》しさ　嬉《うれ》しくもあるか
16　於母保由留可母　美留期止毛阿留可　思《おも》ほゆるかも　見《み》る如《ごと》もあるか
20　都祢尓多具覇利　於豆閇可良受夜　常《つね》に副《たぐ》へり　怖《お》づべからずや

以上は外形上の反復・非反復という観点から見たものであるが、次に第五句と第六句の意義上の観点から考察してみたい。

ア【補足形式】
1　知々波々賀多米尓　毛呂比止乃多米尓　父母《ちちはは》が為《ため》に　諸人《もろひと》の為《ため》に
6　多太尓阿布麻弖尓　麻佐尓阿布麻弖尓　直《ただ》に遇《あ》ふまでに　當《まさ》に遇《あ》ふまでに
7　美都々志乃覇止　奈賀久志乃覇止　観《み》つゝ慕《しの》へと　長《なが》く慕《しの》へと
9　由豆利麻都良牟　佐々義麻宇佐牟　譲《ゆづ》りまつらむ　捧《ささ》げまうさむ
10　乃知乃与乃多米　麻多乃与□□□　後《のち》の世《よ》のため　又《また》の世《よ》……
13　宇都志麻都礼利　都加閇麻都礼利　轉《う》寫《つ》し奉《まつ》れり　仕《つか》へ奉《まつ》れり
14　和我与波乎閇牟　己乃与波乎閇牟　我《わ》が世《よ》は終《を》へむ　此《こ》の世《よ》は終《を》へむ
15　多布止可理家利　米太志可利鶏利　貴《たふと》かりけり　愛《め》だしかりけり

5　阿止乃祁留良牟　多布刀久毛阿留可　足《あ》跡《と》殘《の》けるらむ　貴《たふと》くもあるか
12　□止乃止毛志□　宇礼志久毛阿留可　足跡《あと》の乏《とも》しさ　嬉《うれ》しくもあるか
16　於母保由留可母　美留期止毛阿留可　思《おも》ほゆるかも　見《み》る如《ごと》もあるか

20　都祢尓多具覇利　於豆閇可良受夜　　常《つね》に副《たぐ》へり　怖《お》づべからずや

1・6・7・9・10・13・14・15の八首は第五句で一旦終止した陳述に補足している内容である。第五句の陳述内容が、第六句を添えることによって幅を増していると言えよう。5・12・16・20の四首も第五句で一旦終止した陳述に補足している内容ということで、前の八首と同じ補足形式と認定出来る。先の［榊泰純・一九八一・八・論考］は「「……もあるか（も）」」「……や」と終助詞・係助詞で終わっているもの」としてこの四首と2番歌とを挙げ、他歌と区別している。私は2番歌は別に位置付けるものであり、この四首を補足形式に位置付ける。［榊泰純・一九八一・八・論考］の分類は形態上と意義上を一纏めにしているところに混乱がある。ただ5・12・16の三首の「……もあるか」について「歌意に対する評価を、感動・詠嘆をもって表現している」と言及するのはもっともな指摘であり、それは即ち第五句で一旦終止した陳述内容に補足しているものであると言うことができる。20番歌の「常に副へり　怖づべからずや」は『涅槃經』の「怖心難生」を典拠とした表現であり、これも補足形式には違いないが、その第六句の「怖づべからずや」について付言しておくと、この一句の持つ意義は大きく、一首の思想に深く緊密に関わっている内容である。第六句が単なる「補足」ではなく、一首の上に大きな影を落とす重要な意義を担っていることを確認しておきたい。

イ【倒置形式】

一見右の補足形式に似てはいるが、第五句と第六句の関係が倒置の関係になっているものであり、次の一首が該当する。

8　和礼毛麻胃弖牟　毛呂毛呂乎為弖　　我《われ》も参出《まゐで》む　諸諸《もろもろ》を率《ゐ》て

「諸々を率て　我も参出む」が正規の語順である。先の［榊泰純・一九八一・八・論考］は「③第五句の補足的・条件的内容」としてこの一首のみを挙げるが、倒置形式と認めるべきものである。

ウ【主述形式】

これは第五句と第六句の関係が主語述語の関係になっているもので次の一首が該当する。

2　布美志阿止々己呂　麻礼尓母阿留可毛　踏《ふ》みし足跡所《あところ》　希《まれ》にもあるかも

一首全体を見ると「三十《みそち》あまり二《ふた》つの相《かたち》　八十種《やそくさ》と具足《そだ》れる人《ひと》の踏《ふ》みし足跡所《あところ》／希《まれ》にもあるかも」である。即ちこの歌は、第五句の「足跡所」に、その上の歌句が修飾の関係で掛かって行き、その「足跡所」が主語となって、その結びが「希にもあるかも」となっている一首である。第五句までは一首は完結しない。「三十二相・八十種好と全てが備わっている方（釈尊）がお踏みになった足跡」では尻切れの歌となり、どうしてもその陳述部である「……は、実に類い稀なことであるよ」の表現が必要となる。このことについては、［佐佐木信綱・一九三六・八・文学史］が「最後の七音句が、上句を受けて、一首の意を完成してをり、この句がなくては、一首の意は明かでない。」（下巻、一一〇～一一一頁）と指摘している。

ただ、以下のような解釈も或いは有り得ようか。「この佛足石は」の主語を歌頭に補ない、第五句までで「（この佛足石は）三十二相・八十種好と全てが備わっている方（釈尊）がお踏みになった足跡（なり）」と解釈するという解である。しかし、それは苦しい解であると言わなければならない。

エ【語句分離形式】

熟語を分離して第五句と第六句に振り分けたものであり、対等の形式と言うことが出来る。次の五首がこれに該当する。

3　伊波尓恵利都久　多麻尓恵利都久　石《いは》に彫《ゑ》りつく　玉《たま》に彫《ゑ》りつく

4　和多志多麻波奈　須久比多麻波奈　度《わた》したまはな　済《すく》ひたまはな

17　保呂歩止曽伊布　乃曽久止叙伎久　滅《ほろ》ぶとぞ云《い》ふ　除《のぞ》くとぞ聞《き》く

18　都止米毛呂毛呂　須々賣毛呂母呂　勉《つと》め諸諸《もろもろ》　勵《すす》め諸諸《もろもろ》
19　伊止比須都閇志　波奈礼須都倍志　厭《いと》ひ棄《す》つべし　離《はな》れ捨《す》つべし

これは漢語（熟語）を第五句と第六句に振り分けて配したものであり、3は「石玉」（玉石）の語を、4は「度済」（済度）の語を、17は「滅除」の語を、18は「勉勵」の語を、19は「厭離」の語を二句に分割して表現している。従って第五句と第六句は意義上対等の関係にあると言うことが出来るものである。これは佛足跡歌体を考察する上で重要な形式である。なお、この佛足跡歌碑の中には漢語（佛教語）の翻案語が種々使用されている。『萬葉集』と比較すると漢語の使用率は極めて高いと言うことが出来る。「三十二相」「八十種好」「善人」「放出萬光」「丈夫」「釈迦」「呵責」「生死」「人身難得」「四蛇」「五蘊」「猶如電光」「死王」は確実なものであり、その他「後佛」など間接的なものまで挙げるとまだ増える。詳しくは「注釈篇」に拠られたい。こういう漢語使用情況の一環として、右の「石玉」（玉石）「度済」（済度）「滅除」「勉勵」「厭離」が存在している。

当考察（初発論）より後に、[佐竹昭広・一九九三・九・論考]が同趣旨のことを指摘した。詳しくは、「語句分離方式の成立」（本書第三章論考篇二第一節）を参照されたい。

以上右の、形態上の分類と意義上の分類を総合すると、次の様になる。

【Bア】	準反復補足形式	1 6 7 9 10 13 14 15
【Bエ】	準反復語句分離形式	3 4 17 18 19
【Cア】	非反復補足形式	5 12 16 20
【Cイ】	非反復倒置形式	8
【Cウ】	非反復主述形式	2

なお、[稲岡耕二・一九六八・四・論考]は、佛足跡歌碑における第五句・第六句を分析し、

X　五句とは別内容を六句目に付加し、繰返しの形とはいえぬもの

Y　五句目とほぼ同内容のことを別語を用いて繰返した形のもの

と二大別し、その「Y」は次の二種に区分できるとしている。

Y1　言い換え語の概念の外延に大小の差異をそれほど認めがたいもの

Y2　六句目にさらに包括的概念の語を用いているもの

その第六句における「包括的概念」句として、

1　知々波々賀多米尓　毛呂比止乃多米尓　父母《ちちはは》が為《ため》に　諸人《もろひと》の為《ため》に

13　宇都志麻都礼利　都加閇麻都礼利　轉《うつ》寫し奉《まつ》れり　仕《つか》へ奉《まつ》れり

14　和我与波乎閇牟　己乃与波乎閇牟　我《わ》が世《よ》は終《を》へむ　此《こ》の世《よ》は終《を》へむ

を例示している。これらは、右に【Bア】として挙げた「準反復補足形式」の「補足」に該当するものであるが、しかしながら単なる「補足」と言うにはとどまらず、第六句には包括的な纏めの句があるということになる。［稲岡耕二・一九六八・四・論考］は、「五句と六句が顚倒して「諸人のために父母がために」という風にはおそらく歌われない」としている通りであり、この第六句は最終的な纏めとしての重みのある句であるということが言えよう。私は、【Bア】の「準反復補足形式」と括るものではあるが、それにも単なる「補足」にとどまらないものがあることを押さえておきたい。

三　分類からの考察

右に分類した五形式中、【Bエ】の「準反復語句分離形式」及び【Cウ】の「非反復主述形式」は第五句と第六句の関係が緊密であり、表現として第五句と第六句が一体となっており、五句からなる短歌形式に単純に第六句を添えたものではないことが理解できる。「非反復主述形式」はもとよりのこと、「準反復語句分離形式」「非反復倒置形式」においても、作者は作歌時点において第六句までを念頭に置き、第六句までを含めて有機的な一首を構成しているものであると言うことが出来る。[田中重久・一九四三・一二・論著]が言うように「導師が佛足石を繞りつゝ、五七五七七の短歌に誦したのに合はして、五七五七七の誦が了ると、大衆がそれに一句を和したもの」と言うような即興唱和的な作でないことは、この「非反復主述形式」や「準反復語句分離形式」「非反復倒置形式」から理解できるのである。[北島葭江・一九六五・六・論考]が言う「第五句まで指揮者の高らかな口誦を待って、参加者が異口同音に節面白く高誦した」と言うようなことは現実として可能なのかどうか、甚だ疑問なのである。この[北島葭江・一九六五・六・論考]の言及は第六句が完全な「リフレーン」(繰り返し)という場合においてのみ実現可能なのであり、これは第六句が完全な繰り返しから成っているという幻想の上に構築されている発言である。しかしながら、詳細に分析すると純粋なリフレーンは一首も存在していなくて、この想定は不可能なこととなってくるのである。[高木市之助・一九六七・五・注釈解題]は「短歌定型の成立後に、歌曲の都合から更に一句を作り添へた」というが、これは右の「非反復主述形式」や「準反復語句分離形式」「非反復倒置形式」には合致しないものである。[高野正美・一九七三・一二・論考]は「末尾の一句を除外しても一向に支障がない」と言うのであるが、2番歌の「非反復主述形式」の場合には結びとしての末尾一句がどうしても必要とするところである。2番歌の第六句を仮に除外してみると、これは体言止めの歌となるが、体言止めで2番歌から第六句を除いた形に近い歌を『萬葉集』から探すと以下の様になる（巻三までの代表的な歌）。

玉剋春　内乃大野尓　馬數而　朝布麻須等六　其草深野　（1・四、反歌）
（玉きはる内《うち》の大野《おほの》に馬数《うまな》めて朝踏《あさふ》ますらむ其《そ》の草深野《くさふかの》）

これは第四句に中止があり、第五句は「その」の語で「草深野」を歌景に引き出してきているのであって、第四句の「らむ」は文法上は連体形であるが、陳述部は第四句にある歌となっている。

莫囂圓隣之大相七兄爪湯(謁)氣　吾瀬子之　射立為兼　五可新何本　（1・九、額田王）
（莫囂圓隣之大相七兄爪湯(謁)氣　吾がせ子がい立《た》た為《せ》りけむいつかしが本《もと》）

の歌は未定訓の部分（傍線部）があり明確ではないが、この歌も前の四番歌同様に、現実の陳述部は第四句に存在している。

高山与　耳梨山与　相之時　立見尓来之　伊奈美國波良　（1・一四、中大兄）
（高山《かぐやま》と耳梨山《みみなしやま》と相《あ》ひし時立《た》ちて見《み》に来《こ》し伊奈美国原《いなみくにはら》）

も解釈が定まっている歌ではない。しかし佛足跡歌2番歌の第六句抜きの歌に近い形であるが、やはり第四句に用言が存在しているのである。

「見れば……見ゆ」の定型を念頭にし、その末尾の「見ゆ」が略された歌もある（3・二七二など）。

清江乃　木笶松原　遠神　我王之　幸行處　（3・二九五、角麻呂）
（清江《すみのえ》の木笶《きし》の松原遠《まつばらとほ》つ神我が王《おほきみ》の幸行処《いでましところ》）（……見ゆ）

は第二句までが主語となっており、第三四五句が述部となっているものであって、体言止めの歌ではあるが、陳述部は存在している歌と認定出来る一首である。

皇神祖之　神乃御言乃　敷座　國之盡　湯者霜　左波尓雖在　嶋山之　宜國跡　極此疑　伊豫能高嶺乃　射狭
庭乃　崗尓立而　歌思　辞思為師　三湯之上乃　樹村乎見者　臣木毛　生継尓家里　鳴鳥之　音毛不更　遐代
尓　神左備将往　行幸處　（3・三二二、山部赤人）

（皇神祖《すめろき》の　神のみことの　敷《し》き座《ま》せる　国の尽《ことごと》　湯《ゆ》はしも　さはに在《あ》れども　島山《しまやま》の　宜《よろ》しき国と　こごしかも
伊予《いよ》の高嶺《たかね》の　いさ庭《には》の　崗《をか》に立《た》たして　歌思《うたおも》ひ　辞思《ことおも》ほしし　み湯の上《うへ》の　樹村《こむら》を見れば　臣《おみ》の木も　生《お》ひ継《つ》ぎに
けり　鳴く鳥の　音《こゑ》も更《かは》らず　遐《とほ》き代《よ》に　神さび往《ゆ》かむ　行幸処《いでましところ》）

の歌は「行幸處」で結んでおり、今の佛足跡歌の第六句を取り去った形に近い長歌ではあるが、実質上の陳述は、「……歌思辞思為師」（過去部）、「……生継尓家里……音毛不更」（現在部）、「神左備将往」（未来部）と存在する歌である（［廣岡義隆・二〇〇一・九・論考］「伊予の温泉の歌」）。

佛足跡歌2番歌にあっては、第六句の陳述部が是非共ほしいところである。

このように見てくると、この佛足跡歌碑歌は［岡麓・一九二七・一・論考］がいう「始めからこの形に、よんだものであらう」という指摘が妥当性のある見解として確認できることになる。ただこの指摘は結論のみが提示されているだけであり、残念ながら思考の過程が全く示されていない。また［大井重二郎・一九三四・六・論著］の「淨三によつて意識的に生み出された歌体」という指摘については、佛足跡歌碑歌の多くが準反復形式を持ち、又後に見るように他の歌には純粋な反復形式が存することなどから、本来は歌謡の基本形式の一つであったと認定すべきものであろう。このことはまた佛足跡歌碑歌第六句の小字表記がこの歌体の歴史を物語っていると言うことが出来よう。

最後に派生的結論を申し添えておこう。私は佛足跡歌碑歌21番歌を後補として考察から除外している。このことは「佛足跡歌碑歌の用字」（本書第二章論考篇一第四節）で言及したところであるが、右に見た第五句・第六句における関係の分類考察から、新たな指摘が出来るのである。補刻と思われる部分を含めて21番歌の全体を示すと次のようになる。

□都　比多留　□□乃多尓　久須理師毛止牟　与伎比止毛止无　佐麻佐牟我多米尓　（21補刻歌）

（□っ　ひたる　□□の為《た》に　薬師求む　善き人求む　さまさむが為《ため》に）

右の歌は不完全ながらも、第四句「薬師求む」と第五句「善き人求む」とが準反復形式になっている。佛足跡歌碑歌にあっては準反復形式は第五句と第六句とに限られている。この第四句と第五句の準反復形式は他の佛足跡歌碑歌には存在しない形式である。念のためにいうと、これが佛足跡歌碑歌ではない他の佛足跡歌体歌の中には極く少数ながら、このような例が存在している。それは当節の末尾で考察している。右のように見ると、この21番歌は本来の佛足跡歌碑歌ではなくて、後の偽作であるということが、この形式上の面からも指摘出来るのである。

四　佛足跡歌体の他歌

橘千蔭『萬葉集略解』が『萬葉集』巻五の熊凝挽歌中の短歌（5・八八七〜八九一）を佛足跡歌体として以来、［岡麓・一九二七・一・論考］、［安田喜代門・一九三二・一・論著］、［林竹次郎・一九三二・七・論著］、［宮地崇邦・一九五九・三・論考］、［榊泰純・一九八一・八・論考］、［土橋寛・一九八四・一〇・事典項目］等において、古代歌謡中の佛足跡歌体についての考究がある。今はこれらを参考にしつつ、新たに発掘もして、佛足跡歌体歌とその可能性のある歌を掲げ、考察する。

具体的考究に入る前に、『萬葉集』巻五の熊凝歌を佛足跡歌体の歌と認定してよいかどうかについて考察しておきたい。

『略解』は長歌（5・八八六）末尾の「一云　和何余須疑奈牟」（我《わ》が世過ぎなむ）は短歌5・八八七番歌末尾の錯誤であると言及するが（短歌5・八八七番歌には「一云」の句が無い）、まず写本本文状況から、そのように認定出来る写本が存在しないということを確認しておく。さて、これは長歌歌末の表現「伊能知周疑南」（命過ぎなむ）と一云「和何余須疑奈牟」とが対応し、5・八八七番歌末の「阿我和可留良武」（吾《あ》が別るらむ）とは対応しないところから、無理な考察と退けることが出来る。よって5・八八七番歌における「一云」は、欠落か、或いは当初から存在しなかったのかは明確でないが、当面の佛足跡歌体の考察からは除外した方がよい。

以上のように確認した後に、5・八八八～八九一番歌における「一云」について考察してみよう。

都袮斯良農　道乃長手袁　久礼々々等　伊可尓可由迦牟　可利弖波奈斯尓　一云　可例比波奈之尓
（常《つね》知らぬ道《みち》の長手《ながて》をくれゝゝといかにか行《ゆ》かむ糧《かりて》は無しに　一云　干飯《かれひ》は無しに）　（5・八八八）

家尓阿利弖　波々何刀利美婆　奈具佐牟流　許々呂波阿良麻志　斯奈婆斯奈農等母　一云　能知波志奴等母
（家《いへ》にありて母《はは》が取《と》り見《み》ば慰《なぐさ》むる心《こころ》はあらまし死《し》なば死ぬとも　一云　後《のち》は死ぬとも）　（5・八八九）

出弖由伎斯　日乎可俗閇都々　家布々々等　阿袁麻多周良武　知々波々良波母　一云　波々我迦奈斯佐
（出《い》でて行《ゆ》きし日を数へつつ今日《けふ》今日《けふ》と吾《あ》を待たすらむ父母らはも　一云　母がかなしさ）　（5・八九〇）

一世尓波　二遍美延農　知々波々袁　意伎弖夜奈何久　阿我和加礼南　一云　相別南
（一世《ひとよ》には二遍《ふたたび》見えぬ父母を置きてや長く吾《あ》が別《わか》れなむ　一云　相《あ》ひ別れなむ）　（5・八九一）

これらにはいずれも「一云」が付いていて、佛足跡歌体歌に組み込んでよいかどうか、まずその点から疑問がある。［安田喜代門・一九三一・一・論著］は『萬葉集』中の「一云」を精査し、巻第五熊凝歌を積極的に佛足跡歌体であると認定しようとする。『萬葉集』中の多くの「一云」についての分析は粗く、多くの問題点を孕んでいる。［徳田浄・一九六七・二・論著］は、熊凝歌反歌の「一云」は後人が付加したものであるとする。［稲岡耕二・一九六八・四・論考」は、佛足跡歌碑歌における第五句・第六句を分析して、「X」「Y」に二大別し、熊凝歌反歌の「一云」が佛足跡歌体歌の六句目に相当するものとすれば、それは右の「Y」と同種と見なしうるとした上で、その「Y」は「Y1」「Y2」の二種に区分できるとしていた（前出、四七五頁参照）。その分析からすると、熊凝歌反歌の「一云」は第五句に比して「明らかに概念の縮小を見せ、尻すぼみの感を与える」「熊凝歌の「一云」を仏足石歌の六句目とする考え方は否定される」とし、第六句は山上憶良における再案付記であり佛足跡歌体ではないとする。［榊泰純・一九八一・八・論考］は佛足跡歌体認定派の諸注を引いて研究の概観をし、消極的ながらその可能性に言及する。［井村哲夫・一九八四・六・注釈］は熊凝歌を謡いものと認めつつも、「一云」の示す内容は別伝乃至作者の一案であるとする。また［芳賀紀雄・一九八四・六・論考］は、前出の稲岡耕二論を引いた後に、「一云」は山上憶良の初案を示すものとしている。

前頁の四首（5・八八八〜八九一）は先に見た佛足跡歌碑歌の分類を仮に当てはめるといずれも補足形式に該当する。又、形態上からは5・八九〇番歌は非反復形式に属し、他歌は準反復形式となる。準反復形式の歌々はいかにも佛足跡歌体らしい趣きを見せているが、非反復形式の5・八九〇番歌はどうであるのか、確認してみよう。

出弖由伎斯　日乎可俗閇都々　家布々々等　阿袁麻多周良武　知々波々良波母　一云　波々我迦奈斯佐（5・八九〇）

この歌は、次のⅠⅡ（ａｂ）のどちらにより妥当性があるのであろうか。

Ⅰ　出弖由伎斯日乎可俗閇都々家布々々等阿袁麻多周良武知々波々良波母波々我迦奈斯佐

Ⅱａ　出弖由伎斯日乎可俗閇都々家布々々等阿袁麻多周良武知々波々良波母

Ⅱｂ　出弖由伎斯日乎可俗閇都々家布々々等阿袁麻多周良武波々我迦奈斯佐

Ⅰは六句体の佛足跡歌体歌と見た場合である。Ⅱ（ａｂ）は本歌とその異伝（一案）による二首と見た場合のものである。「父母らはも母がかなしさ」と続くIの場合、一首の意味をなし難い。続きに無理があると言うことが出来る。それに対して、Ⅱの「吾を待たすらむ父母らはも」（a）及び「吾を待たすらむ母がかなしさ」（b）は共に続きに何らの無理もなく、「母がかなしさ」の句は、Ⅱの異伝乃至は一案であると考えるのが良いという結論に落ち着く。となると、他の「一云」歌三首も佛足跡歌体歌ではなくて、異伝乃至は一案の表示と解するのがよいと言えよう。このことはまた、長歌末尾の「一云」とも対応するものである。

以上により、巻第五熊凝歌の短歌を佛足跡歌体の歌とは見ない。以下の考察から除外するものである。

但し『萬葉集』巻十八の大伴家持歌（四〇三七）の「一云」は、一首前の田辺福麻呂歌と対応し、佛足跡歌体の歌と見るのが適当である。これについては「大伴家持作品に見られる佛足跡歌体―大伴家持作の進取性―」（本書第三章論考篇二第三節）を参照されたい。その大伴家持の「一案復元歌」は以下の⑥歌に掲出している。

以上を確認した上で、佛足跡歌体の歌及び関連する歌を見て行こう。その際、歌謡の歌番号については、日本古典文学大系本『古代歌謡集』に拠った（その本文は廣岡による）。（類・紀23）は（類歌・紀歌謡23）の意。

①伊能知能　麻多祁牟比登波　多々美許母　幣具理能夜麻能　久麻加志賀波袁　宇受介佐勢曽能古
（命《いのち》の　全《また》けむ人は　畳薦《たたみこも》　平群《へぐり》の山の　熊白檮《くまかし》が葉を　髻華《うず》に挿《さ》せ其《そ》の子）（記歌謡三一）（類・紀23）

②阿麻陀牟　加流乃袁登賣　伊多那加婆　比登斯理奴倍志　波佐能夜麻能波斗能　斯多那岐介那久
（天飛《あまだ》む　軽《かる》の娘子《をとめ》　甚泣《いたな》かば　人知りぬべし　波佐《はさ》の山の鳩《はと》の　下泣《したな》きに泣く）（記歌謡八三）（類・紀71）

③意富岐美能　美古能志婆加岐　夜布士麻理　斯麻理母登本斯　岐礼牟志婆加岐　夜氣牟志婆加岐
（大王《おほきみ》の　御子《みこ》の柴垣《しばかき》　八節結《やふじま》り　結《しま》り廻《もとほ》し　截《き》れむ柴垣　焼《や》けむ柴垣）（記歌謡一〇九）

④伽辞能輔珥　豫區周塢菟區利　豫區周珥　伽綿蘆淤朋瀰枳　宇摩羅珥枳虚之　茂知塢勢磨呂俄智
（橿《かし》の生《ふ》に　横臼《よくす》を作り　横臼に　醸《か》める大御酒《おほみき》　甘《うま》らに聞《き》こし　以《も》ち飲《を》せまろが親《ち》）（紀歌謡三九）（類・記48）

⑤伊夜彦　神乃布本　今日良毛加　鹿乃伏良武　皮服著而　角附奈我良
(伊夜彦《いやひこ》　神のふもとに　今日らもか　鹿の伏すらむ　皮服《かはごろも》着て　角付《つのつ》きながら)　(『萬葉集』16・三八八四)

⑥乎敷乃佐吉　許藝多母等保里　比祢毛須尓　美等母安久倍伎　宇良尓安良奈久尓　伎美我等波須母
(乎敷《をふ》の崎　榜《こ》ぎ徘徊《たもとほ》り　終日《ひねもす》に　見とも飽《あ》くべき　浦にあらなくに　君が問はすも)
(『萬葉集』18・四〇三七・一案復元歌、家持)

⑦多良知志　吉備鐵　狭鍬持　如田打　手拍子等　吾将為儛
(たらちし　吉備《きび》の鉄《くろかね》　さ鍬持《ぐはも》ち　田を打《う》つ如《ごと》く　手を拍《う》て子等《こども》　吾《われ》は儛為《まひせ》む)(『播磨國風土記』美嚢郡志深里条)

⑧美也末耳波　安良礼不留良之　止也末奈留　末佐支乃加津良　以呂津幾耳計里　色津支尓計里
(み山《やま》には　霰零《あられふ》るらし　と山《やま》なる　まさきの葛《かづら》　色づきにけり　色づきにけり)　(神楽歌一・三〇)

⑨志奈加堵留　哉　為奈乃不志波良　哉　阿伊曽　堵斐天久留　志木加波緒堵[於]皮　緒[於止]於毛志呂木　志木加波緒
止皮　(乎)[ママ]
(しながどる　や　猪名《ゐな》の柴原《ふしはら》　や　あいそ　飛《と》びて来《く》る　鴫《しぎ》が羽音《はおと》は　音《おと》おもしろき　鴫が羽音は)(神楽歌四〇)

10 第五句の繰り返し歌　〈神楽歌〈日本古典文学大系本『古代歌謡集』本文による〉
2・3・6・7・8・9・12・13・16・17・21・22・25・26・27・28・29・〈31〉・〈32〉・39・41・73・74・84

⑪伊世乃宇美乃　支与支名支左尓　之保加比尓　名乃利曽也川末牟　加比也比呂波牟　也　太万也比呂波牟
也
(伊勢の海の　清き瀲《なぎさ》に　しほがひに　名告藻《なのりそ》や採《つ》まむ　貝や拾はむ　や　玉や拾はむ　や)　(催馬楽一〇)

⑫左久良比止　曽乃不祢知々女　之末川太乎　止末知川久礼留　見天加戸利己牟　也　曽与也　安須加戸利己
牟　也　曽与也

（桜人《さくらひと》　その船止《ふねちぢ》め　島《しま》つ田を　十《と》町《まち》作《つく》れる　見て帰り来《こ》む　や　そよや　明日《あす》帰り来む　や　そよや）
（催馬楽二九ａ）

⑬己止乎己曽　安須止毛以波女　乎知加太尓　川万左留世名波　安春毛左祢己之　也　曽与也　安須毛左祢己之　也　曽与也

（言《こと》をこそ　明日とも言はめ　遠方《をちかた》に　妻《つま》ざる背《せ》なは　明日もさね来じ　や　そよや　明日もさね来じ　や　そよや）　（催馬楽二九ｂ）

⑭伊毛止安礼止　伊留左乃也末乃　也末安良良支　天名止利不礼曽　也　加遠万左留加尓　也　止久末左留加尓　也

（妹《いも》と吾《あれ》と　伊留左《いるさ》の山の　山蘭《やまあららぎ》　手《て》な取《と》り触《ふ》れそ　や　貌《かを》まさるがに　や　疾《と》くまさるがに　や）（催馬楽四三）

15 第五句の繰り返し歌　（催馬楽51、〈57〉）

⑯とほたふみ　はまたのはしの　たゆくはな　こひかやふなかや　はえのこどもの　あそぶなりけり　や
（風俗歌五〇、體源抄）

⑰法華經を　我が得しことは　薪《たきぎ》こり　菜《な》つみ水汲み　仕《つか》へてぞ得《え》し　仕へてぞ得《え》し
（法華讃歎――叡山所傳、「木本通房・一九四二・八・注釈」による）

参考（薪ヲ荷テ廻《メクル》　讃歎ノ詞云）法花経ヲ　我カエシコトハ　タキ、コリ　ナツミ水クミ　ツカヘテソエシ
（『三寶繪詞』観智院本・中、四六丁裏8、巻末条）（参照『拾遺和歌集』一三四六）

⑱斯那提流　箇多烏箇夜摩爾　伊比尓恵弖許夜勢屢　諸能多比等阿波礼」於夜那斯尓　那礼奈理鶏迷夜　佐須陁氣能　枳弥波夜那祇　伊比尓恵弖許夜勢留　諸能多比等阿波礼

（しなてる　片岡山《かたをかやま》に　飯《いひ》に飢《ゑ》て臥《こや》せる　その旅人《たひと》あはれ」親無しに　汝《なれ》生《な》りけめや　さす竹《だけ》の　君《きみ》はや無き

飯に飢て臥せる　その旅人あはれ）　（紀歌謡一〇四）

⑲阿妹奈屢夜　乙登多奈婆多廼　汙奈餓勢屢　多磨廼弥素磨屢廼　阿奈陁磨波夜　弥多介輔柂和柂邏須　阿泥素企多伽避顧祢
（天《あめ》なるや　弟棚機《おとたなばた》の　纓《うな》がせる　珠《たま》のみ統《すまる》の　穴珠《あなだま》はや　み谷二渡《たにふたわた》らす　味耜高彦根《あぢすきたかひこね》）　（紀歌謡二）

⑳烏波利珥　多陁珥霧伽弊流　比苔莵麻莵　（阿波例　比等莵麻莵）　比苔珥阿利勢麼　岐農岐勢摩之塢　多知波開摩之塢
（尾張《をはり》に　直《ただ》に向《む》かへる　一《ひと》つ松《まつ》　（あはれ　一つ松）　人《ひと》にありせば　衣着《きぬき》せましを　太刀佩《たちは》けましを）
（紀歌謡二七）

㉑宇都久志伎　乎米乃佐々波尓　阿良礼布理　志毛布留等毛　奈加礼曽祢　袁米乃佐々波
（愛《うつく》しき　小目《をめ》の小竹葉《ささは》に　霰零《あられふ》り　霜零《しもふ》るとも　な枯《か》れそね　小目の小竹葉）（『播磨國風土記』賀毛郡小目野条）

㉒左波多可波　曽天川久波加利　也　安左介礼度　（波礼　安左介礼止）　久尓乃見也比止　也　太可波之和多須　（安波礼　曽古与之也）　太加波之和多須
（沢田《さはた》川《かは》　袖漬《そでつ》くばかり　や　浅けれど　（はれ　浅けれど）　久迩《くに》の宮人《みやひと》　や　高橋渡《たかはしわた》す　（あはれ　そこよしや）　高橋渡す）　（催馬楽二）

㉓毛止之介支　（毛止之介支）　支比乃名加也万　牟加之与利　（牟加之加良　牟加之加良　牟加之与利）　名乃不利己奴波　伊万乃与乃太女　介不乃比乃太女
（本繁《もとしげ》き　（本繁き）　吉備《きび》の中山《なかやま》　昔より　（昔から　昔から　昔より）　名《な》の古《ふ》り来《こ》ぬは　今《いま》の代《よ》のため　今《けふ》の日《ひ》のため）　（催馬楽五〇）

㉔百石《ももさか》に　八十《やそ》石《さか》そへて　たまひてし　乳房《ちぶさ》の報《むく》い　今日《けふ》ぞ我がする　や　今《いま》ぞわがする　や」　今日せでは

いつかはすべき　年も経《へ》ぬべし　さ代《よ》も経ぬべし　（百石讃歎――叡山所傳、［木本通房・一九四二・八・注釈］）

参考（又）も、さくに　やそさかそへて　たまへてし　ちふさのむくい　けふせすは　いつかわかせん

としはをつ　さよはへにつゝ（といふ事は行基菩薩ノトナヘタルナリ）

（『三寶繪詞』観智院本・下、四月「御前灌佛」条、四五丁表7〜8裏1）（参照『拾遺和歌集』一三四七）

右の歌々の音数律を示すと次の如くなる（⑩・⑮は除外）。

①四七五七七八

②四六五七九七

③五七五七七七

④五七四七七八

⑤四七五七七七

⑥五七五七八七

⑦四七五七七七

⑧五七五七七七

⑨五や七やあいそ五七七七（平）

⑪六七五八七や七や

⑫五七五七七やそよや七やそよや

⑬五七五七七やそよや七やそよや

⑭六七六七や七や七や

⑯五七五八七七や

⑰五七五七七七　／〔五七五七七〕
⑱四七九八」五七五六九八
⑲五七五八六九九
⑳四七五（あはれ五）七七七
㉑五七五六五六
㉒五七や五（はれ五）七や七（あはれそこよしや）七
㉓五（五）七五（五五五）七七七
㉔五七五七七や七や」五七七七　／〔五七五七五七五七〕

音数上の形式のみから見ると、③⑧⑨⑫⑬⑰が五七五七七七の音数に合った佛足跡歌体歌である。ただし、⑨⑫⑬は謡いものに伴う囃子詞「や」「そよや」「さ」や歌末の助辞「乎」を省いて見ている。次に①②④⑤⑥⑦⑪⑭⑯は字足らず句や字余り句を含んではいるが、佛足跡歌体歌と認定出来るものである。但し、④は句分けに問題を残している。また⑩⑮も佛足跡歌体歌と見てよい。

⑱以下の事例は、多少の修正を施すと佛足跡歌体歌になると見ることが出来る例であり、純粋な佛足跡歌体歌ではない。⑱は」印で示した前半部を区分して横へ置くと、残りの後半部は字数が正確に合うわけではないが、佛足跡歌体とみなすことが出来る歌である。しかしながら、後半部はその前半部と構成上緊密な関係を有しているので、⑱は佛足跡歌体歌と見ないのがよい。⑲は第七句まであり、しかも字数が大きく外れる。やはり佛足跡歌体歌と見ないのがよい。⑲には類歌（記歌謡六）があり、その音数律は「五七五七五六九四九」となっていて佛足跡歌体とは遠い歌体である。⑳は括弧で括った囃子詞「あはれ」と囃子詞的なリフレイン「一つ松」を除外すれば、佛足跡歌体となる。⑳は佛足跡歌体に極めて近い歌の形であると見ることが出来る。これと同様な形のものが㉒であり、

類似の形に㉓がある。⑳には類歌（記歌謡二九）があるが、この方は「四七七五あせを五七七七五あせを」となっていて佛足跡歌体とは遠い形である。㉑は佛足跡歌体に近い形ではあるが、第五句が五音節であり、これを佛足跡歌体歌と認定することは出来ない。ただし、［土橋寛・一九八四・一〇・事典項目］はこれを佛足跡歌体が成立する道筋上に位置する歌に相当すると見ている。㉔は前半部が佛足跡歌体であり、後半部も佛足跡歌体の下句の形式であり、これは佛足跡歌体と類縁関係にある歌体の歌と見ることが出来よう。ただしその隣に示しておいた『三寶繪詞』本の歌詞は全く別の歌体となっており、『拾遺和歌集』所収の歌では短歌体となっている。

次に、右の⑰以前の佛足跡歌体の歌と認定してよい例の歌々について（いちおう④歌も含めて）、先に佛足跡歌碑歌で見た分類によって概観してみよう。

A【反復形式】　⑧[10]⑬[15]⑰
B【準反復形式】　③⑤⑪⑫⑭
b【隔反復形式】　⑨
C【非反復形式】　①②④⑥⑦⑯

ア【補足形式】　③⑤⑥⑦⑪⑫⑭（④）
イ【強意形式】　⑧[10]⑬[15]⑰
ウ【主述形式】　⑯（①②）
エ【修飾被修飾形式】　⑨

ABbCとアイウエを総合すると次の如くなる。

Aイ【反復強意形式】　⑧[10]⑬[15]⑰
Bア【準反復補足形式】　③⑤⑪⑫⑭
Cア【非反復補足形式】　⑥⑦（④）
Cウ【非反復主述形式】　⑯（①②）
bエ【隔反復修飾被修飾形式】　⑨

Aイの反復強意形式とは苦しい分類になってしまった。単純な反復形式であり、意義上強いて分類すると強意となろうかと見たのであるが、強意というよりもむしろ音律上の調和が主である場合が一般かも知れない。⑩の用例だけで二四例を数え、用例数の一番多い形式である。しかしこれは、強く佛足跡歌体が意識されているものではなくて、短歌形式の第五句を単純に繰り返したに過ぎない場合がほとんどであり、結果的に佛足跡歌体の歌になっていると言うのが正確である。このAイの作品は『神楽歌』『催馬楽』であり、又⑰は『三寶繪詞』や『拾遺和歌集』では短歌体として収められているということも、この辺の事情を説明している。

Bアの準反復補足形式の「準反復」とは、先に挙げた通り、「言い換え繰り返し表現」に基づいた形を言う。このBアの準反復補足形式、及びCアの非反復補足形式は佛足跡歌体の一般的な形態である。但し、非反復補足形式の④は意義上、純粋な補足にはなっていない。句分けに無理があるからである。また、⑦に注目したい。その第五句と第六句は意味上対等の関係にある。補足の語からは、第五句が主となり第六句は従の関係にあると理解されがちであるが、⑦に限らず、他の歌においても、ほぼ対等の関係にあると認められる。⑦においては、「子等」と「吾」とが対応する形で表現されていて、意味上、対等の関係が明確顕著に現れている。

Cウの非反復主述形式は第六句が単なる補足付加句ではないという点で注目できる。⑯は第五句では一首が完結せず、その陳述部の第六句がどうしても必要な歌としてある。⑯は時代がくだるが、単なる繰り返しの結果臨時的に佛足跡歌体になったという事例ではない。いわば佛足跡歌体の原初形式を保持しているという点に留意したい。①②を括弧で括って後に示したのは、第六句が陳述部ではありながら、第五句が主部ではないということを考慮したものである。この一連の考察は第五句と第六句との関係に焦点を当てているからである。①②共に第二句が主部となっており、第五句は主語でなく、第六句が第二句の結びとなっている。これは、繰返しの結果臨時的に佛足跡歌体になったというのではなくて、この二首は陳述部のある第六句を要求している歌であり、佛足跡歌体の原初形式の歌であるということが出来る。薬師寺佛足跡歌碑歌2番歌が、この主述形式の歌であったが、この形式の存在は用例数が少ないながらも、佛足跡歌体の固有の存立を力強く主張しているものである。その起源はさておいて、佛足跡歌体は、短歌体の誦詠の結果、臨時的に存在しているというようなものでは決してないのである。

ｂエの隔反復修飾被修飾形式と名付けた⑨は、異色の形式である。隔反復形式と称したのは第六句が通例の第五句の反復繰返しではなくて、第四句が第五句を隔て飛んで第六句の反復となっているという意味において「隔」を付けて隔反復形式とした。そういう点で、これは変形（変則）した反復形式である。また第五句と第六句との意義上の関係は修飾被修飾格となるので、右のような長々しい命名となった。この歌の囃子詞を略して示すと、

しながどる　猪名の柴原　飛びて来る　鳴が羽音は　音おもしろき　鳴が羽音は

となる。この歌の主述部は第四と第五句にあり、この歌は

しながどる　猪名の柴原　飛びて来る　鳴が羽音は　音おもしろし

という短歌形式で自立する。この短歌形態の後に、第四句をリフレインし、更に第五句を第六句に続ける為に活用させて、

音おもしろき　鳴が羽音は

としたのが⑨の歌である。

五　佛足跡歌体の淵源

右で見たのは佛足跡歌体の歌とそれに関連するかと推測できる歌について見たが、長歌体の中で、歌末を「五七七七」で結ぶ歌が見られる（これを「長歌末五七七七結束体」と仮称する）。例えば、額田王の「春秋優劣歌」と通称される次の一首はそれに該当する。

冬木成　春去来者　不喧有之　鳥毛来鳴奴　不開有之　花毛佐家礼杼　山乎茂　入而毛不取　草深　執手母不見　秋山乃　木葉乎見而者　黄葉乎婆　取而曽思努布　青乎者　置而曽歎久　曽許之恨之　秋山吾者

(冬木成《ふゆこも》り　春去《さ》り来《く》れば　喧《な》かず有《あ》りし　鳥も来鳴きぬ　開《さ》かず有りし　花も開けれど　山を茂《も》み　入りても取らず　草深《くさふか》み　執《と》りても見ず　秋山の　木《こ》の葉を見ては　黄葉《もみち》をば　取りてそしのふ　青《あを》きをば　置《お》きてそ歎《なげ》く　そこし恨《うら》めし　秋山吾《われ》は)　(1・一六、額田王)

この結びの「青乎者　置而曽歎久　曽許之恨之　秋山吾者」は、右に示したように「あをきをば　おきてそなげく　そこしうらめし　あきやまわれは」と読むと、五七七七の形で歌を結んでいて、佛足跡歌体の結びの形と歌末としては同じになる。こういう例を以下見てゆく。その際、歌末がその前句と全く同一の反復形であるものは、当然、五七七七形になるが、これは意識的な結句というよりも、歌唱上の反復という性格が強く、また写本によっては無い本文もあり、これについては、以下では省いて見ることにする。それは次のような事例である。

葦原　水穂國者　…中略…百重波　千重浪尓敷　言上為吾　言上為吾

(葦原《あしはら》の　水穂《みづほ》の国は　……百重波《ももへなみ》　千重浪《ちへなみ》に敷《し》き　言上《ことあげ》す吾《われ》は　言上す吾は)　(13・三二五三、人麻呂歌集)

玉桙之　道去人者　…中略…誰心　勞跡鴨　直渡異六　直渡異六

(玉桙《たまほこ》の　道去人《みちゆきびと》は　……誰《た》が心《こころ》　労《いた》はしとかも　直渡《ただわた》りけむ　直渡りけむ)　(13・三三三五、挽歌)

忍照八　難波乃小江尓　…中略…吾目良尓　塩柒給　腊賞毛　腊賞毛

(おし照《て》るや　難波《なには》の小江《をえ》に　……吾《わ》が目《め》らに　塩染《しほぬ》り給《たま》ひ　腊《きた》ひ賞《はや》すも　腊ひ賞すも)　(16・三八八六、乞食者詠)

擧暮利矩能　播都制能野麼播　…中略…據暮利矩能　播都制能夜麻播　阿々野々伱々于々羅々虞々波々斯々

(隠国《こもりく》の　泊瀬《はつせ》の山は　……隠国の　泊瀬の山は　あやにうら麗《ぐは》し　あやにうら麗し)　(紀歌謡七七)

ただし、少異形でも歌句を異にする場合は、この限りではない。即ち、

秋山　下部留妹　…中略…時不在　過去子等我　朝露乃如也　夕霧乃如也
（秋山《あきやま》の　したへる妹《いも》　……時在《ときな》らず　過《す》ぎ去《に》し子等《こら》が　朝露《あさつゆ》の如《ごと》〈也〉　夕霧《ゆふぎり》の如《ごと》〈也〉）　（2・二一七、人麻呂）

この『萬葉集』における長歌体については、［岡部政裕・一九五四・一〇・論考］に言及がある。これを改訂所収した［岡部政裕・一九七〇・一一・論著］によって引くと、「長歌は、五音節・七音節の連を重ねて行き、七音節の句を添えて終わるのが定式であるが、そのほかにもいろいろな形式がある」として、その「プラス型終止形態」の「ウ」として「七音節の二句を添えるもの」を挙げる。これが、目下の五七七七で結ぶ「長歌末五七七七結束体」である。この一々の歌番号を明示しているが、その初発論考と所収書とにおいて、認定に若干の揺れが存している。今、それを左に掲げる。

【岡部論考の初発・所収の双方で一致している萬葉歌】（傍線を引いた歌は、歌末が同形反復の歌）

1・一六、2・二〇四、2・二一七、4・四八五、4・五三四、6・九〇七、13・三二二六、13・三二三九、13・三二五〇、13・三二五三、13・三二九九、13・三三〇〇、13・三三〇一、13・三三〇五、13・三三一〇、13・三三三〇、13・三三三一、13・三三三五、13・三三三六、16・三八八〇、16・三八八六、19・四二六四

【岡部論考の初発論のみに掲げている萬葉歌】

15・三六九一

【岡部論考の所収書のみに掲げている萬葉歌】

13・三二九一、16・三七九一、16・三八八五、19・四二二七

これを古事記歌謡、日本書紀歌謡とされる歌について見てみると、次のようになる。

ⓐ美豆多麻流　余佐美能伊氣能　韋具比宇知賀　佐斯祁流斯良迩　奴那波久理　波閇祁久斯良迩　和賀許々呂志叙　伊夜袁許迩斯弖　伊麻叙久夜斯岐　（5767577・7）

（水たまる　依蘿《よさみ》の池の　堰杭打《ゐぐひうち》が　刺《さ》しける知《し》らに　蓴繰《ぬなはく》り　延《は》へけく知らに　我《わ》が情《こころ》しぞ　いや愚《をこ》にして　今ぞ悔《くや》しき）（記歌謡四四）

ⓐの歌は「五七七七」で終らずに、もう一句「七」が末句にあるので、形式に合致しない歌として除外すべきものかもしれない。ところが、このⓐの歌の類歌が『日本書紀』にある。

ⓑ瀰豆多摩蘆　豫佐瀰能伊戒珥　奴那波區利　破陪鶏區辞羅珥　委愚比茺區　伽破摩多曳能　比辞餓羅能　佐辞鶏區辞羅珥　阿餓許居呂辞　伊夜于古珥辞弖（5757565767）

（水たまる　依蘿《よさみ》の池に　蓴繰《ぬなはく》り　延《は》へけく知らに　堰杭築《ゐぐひつ》く　川俣江《かはまたえ》の　菱茎《ひしがら》の　刺《さ》しける知《し》らに　吾《あ》が情《こころ》し　いや愚《うこ》にして）（紀歌謡三六）

この紀歌謡三六番歌によると、字足らずの六音節句があるが「五七六七」となり、ⓐの結句の「今ぞ悔しき」が無い形になっていて、やはり「五七七七」で結ぶ形と無関係ではないことがわかる。こうした「五七七七・七」の歌体は、記歌謡四二番歌にも見られる。

さて、「五七七七」で結ぶ事例は、字余り例になるが、

ⓒ知波夜比登　宇遅能和多理迩　…中略…　伊良那祁久　曽許尒淤母比傳　加那志祁久　許々尒淤母比傳　伊岐良受曽久流　阿豆佐由美麻由美（……575778）（記歌謡五一）（類・紀43）

（ちはや人　宇治の渡りに　……　苛《いら》なけく　そこに思《おも》ひ出《で》　愛《かな》しけく　ここに思ひ出　い伐《き》らずそ来《く》る　梓弓檀《あづさゆみまゆみ》）

が挙げられ、こうした事例は、記歌謡六一番歌（……4678）、記歌謡八九番歌（……5778）とあり、次のような事例も存する。

ⓓ久佐加弁能　許知能夜麻登　…中略…　伊久美陀氣　伊久美波泥受　多斯美陀氣　多斯尒波韋泥受　能知母久美泥牟　曽能淤母比豆麻阿波礼（……5657710）（記歌謡九一）

（日下部《くさかべ》の　此方《こち》の山と　……　い組竹《くみだけ》　い組《く》みは寝《ね》ず　た繁竹《しみだけ》　確《たし》には率寝《ゐね》ず　後《のち》も組み寝む　その思《おも》ひ妻《づま》あはれ）

これは「五七七十」とあり、一見異例な結びとなっているが、末尾句中の「あはれ」を切り離すと、「五七七七あはれ」となり、まさに「五七七七」で結ぶ形の一変容形と認めることができる。

日本書紀歌謡については、その三六番歌（……５７６７）と四三番歌（……５６７８）を前頁で既に示している（紀43は、記歌謡五一の「類」として参考提示）。やはり字足らず例字余り例になるが、他に紀歌謡五八番歌（……４６７８）、紀歌謡九四番歌（……５６８７）がある。

このように、記歌謡・紀歌謡・萬葉歌において、少なくない例の「五七七七」で結ぶ長歌の歌末の形があることを考えると、佛足跡歌体という短歌の一派生形が独立して存在するというよりも、こうした長歌の姿が収斂して成った倭歌の形が佛足跡歌体であると見るのが良い。

六　おわりに

佛足跡歌体は謡われるところからくる歌謡の形式であるというのが一般の理解である。それを髣髴とさせる反復形式の歌も少なくない。右で考察して来た分析においても、そうした歌謡的側面が少なくなかった。また、奈良薬師寺の佛足跡歌体歌の第六句が小字右寄せで記されているということも、そうした見方を支えている面がある。しかしながら、奈良薬師寺の佛足跡歌碑歌や記紀歌謡等の中には、臨時的な誦詠から成立したというのでは説明出来ない歌々が存在していることも確認した。この歌体の起源・淵源に関することについては長歌体の分析から若干の考察をしたが、しかし現象として、この歌体は、上代人に一つの作品化すべき歌体として存在していたということが確認できたのである。短歌体に付け足した第六句ではなくて、固有の「五七五七七七」という歌体を念頭において、何首かの歌は成立していた。この点に注目したい。

既に指摘していることであるが（「注釈篇」佛足跡歌碑歌14番歌第三句の注解）、一連の薬師寺佛足跡歌碑歌は、指摘されるような行道唱歌ではなくて、行道法会後の直会の雅宴における披露歌である。行道という教義上の礼拝儀式における唱誦は読経なのであり、その場で倭歌が誦されるということは考えられない。そういう儀式の場に和讃等の「やはらげ」が出て来るのは平安朝以降である。［石井行雄・一九九六・一二・論考］が詳しく示しているように、法華講会の「五之座」において、行道を伴った「法華讃嘆」がある。その「五之座」での行道讃歎においては、［武石彰夫・一九九六・一二・論考］が「終りの一句を繰返す点に歌謡的性格が見られる」とするように、第五句が繰り返され、歌唱されたのである。この法華讃歎行道からの類推により、佛足跡歌の行道唱歌説が出て来たものと考えられるが、こうした法会行道における歌の合唱は時代がくだるものであり、佛足跡歌に適用することには無理がある。

佛足跡歌碑歌は直会の雅宴において披露された「作品」である。この直会は歌の内容から佛足跡落慶法要の直会と理解できるが、それが現在薬師寺に蔵されている佛足石なのか、又場所も奈良薬師寺においてなのかどうかは明確でないと言うよりも、薬師寺以外の地における、別の佛足石の可能性の方が大きいということになる。このことについては、本書第二章論考篇一第一節、三五八～三六〇頁を参照されたい。

この一連の薬師寺佛足跡歌碑歌の作者については、一人ではないということを指摘している（本書第二章論考篇一第四節の「佛足跡歌碑歌の用字」四三九～四四六頁、参照）。即ち、

1～2番歌――某人序歌
3～14番歌――佛足石発願者詠
15～17番歌――第三者某詠

18〜20番歌——別人詠

となる。これら複数の「作者」が、佛足跡歌碑歌二一首（内、11番歌・21番歌は欠損）を「作品」として製作したものであり、指摘されるような歌謡では決してないのである。〔高木市之助・一九六七・五・注釈解題〕が朝日古典全書の『上代歌謡集』に佛足跡歌碑歌を収めなかった見識を高く評価したい。即ち、奈良薬師寺蔵佛足跡歌碑歌における佛足跡歌体について、先に「第六句の小字表記」は「この歌体の歴史を物語っている」（四七八頁）としたが、それは「筆録上の問題」（四一五頁）なのであり、書記者による歌体意識を反映したものに他ならない。詠出の四名にあっては、各自の詠歌を書記者に提出し、その筆録書吏（史生）が全二一首を書きまとめたものであって（四四六頁）、詠歌の内実を見れば主述形式まで存したように、第六句は大書概念で詠まれている歌である。このことを確認しなければならない。『萬葉集』に載る大伴家持作の歌（⑥の復元詠）が佛足跡歌体の歌でありながら歌謡ではないのと同じことである。一方『萬葉集』の伊夜彦詠（⑤）の方は、『萬葉集』巻第十六で「伊夜彦詠」の前に位置する歌と共に、越地方の歌謡とおぼしい。いわば、「五七五七七七」という歌体は酒を入れる革袋であり、その中には清み酒も濁り酒も入るのである。歌体という外形のみから内容物を推し量かってはいけないのである。

第七節　「ますらを」と「もろもろ」
――佛足跡歌碑歌の位相――

一　はじめに

副題に「佛足跡歌碑歌の位相」と記している。初出稿ではこの副題を主題として前面に出していた。「位相」とは、言語が使用される場面・階層等によって受ける使用語の用法差をいう。同じ『萬葉集』であっても、晴の場における歌詠表現と、巻第十六に見られる褻《け》の歌詠表現とには大きな位相差が見られる。同じ晴の場であっても、献呈讃歌と肆宴歌とでは表現に違いが出て来る。また長歌表現と短歌表現においても異なりが見られる。これらは全て位相による差異と言ってよい。

ここでは、佛足跡歌碑歌という位相を問題にするが、それは「歌の位相」というよりも、「佛足跡歌碑歌を詠出する場」という位相になる。あらかじめ詠歌テーマが佛足石造立及び佛足跡ということになっており、それを歌いあげる宴の場の雰囲気が自ずと決まって来る。そうした場による規制から、その詠歌表現においても自らなる位相差が出て来ることになる。以下、こうした佛足跡歌碑歌の位相表現について、「ますらを」の語と「もろもろ」の語から見てゆく。

二　佛教教義の位相――「ますらを」の語から――

語の用法上『萬葉集』と際立った対照を示しているのが「ますらを」の語である。『萬葉集』においては、「をとめ・たわやめ」に対比する語としてある（5・八〇四、6・一〇〇一／6・九三五）。

・…上略…遠等咩良何　遠等咩佐備周等　可羅多麻乎　多母等尓麻可志…中略…麻周羅遠乃　遠刀古佐備周等　都流岐多智　許志尓刀利波枳　佐都由美乎　多尓伎利物知提　阿迦胡麻尓　志都久良宇知意伎　波比能利提　阿蘇比阿留伎斯…下略…

（…上略…処女《をとめ》らが　処女さびすと　韓珠《からたま》を　手本《たもと》に巻かし…中略…大夫《ますらを》の　男さびすと　劔刀《つるぎたち》　腰に取り佩《は》き　さつ弓を　手握《たにぎ》り持ちて　赤駒《あかごま》に　倭文鞍《しつくら》うち置き　匍匐《はひ》乗りて　遊び歩きし…下略…）（5・八〇四、山上憶良）

・大夫者　御獦尓立之　未通女等者　赤裳須素引　清濱備乎

（大夫《ますらを》はみ獦《かり》に立たし未通女等《をとめら》は赤裳《あかも》すそ引く清き浜びを）（6・一〇〇一、山部赤人）

・…上略…大夫之　情者梨荷　手弱女乃　念多和美手…下略…

（…上略…大夫《ますらを》の　情《こころ》はなしに　手弱女《たわやめ》の　念《おも》ひたわみて…下略…）（6・九三五、笠金村）

また、刀を腰に佩き、弓矢を手にして狩をする雄々しい男子として描かれている（1・六一、3・四七八、17・三九二一）。

・大夫之　得物矢手挿　立向　射流圓方波　見尓清潔之

（大夫《ますらを》の得物矢《さつや》手挿《たばさ》み立ち向かひ射《い》る円方《まとかた》は見るに清潔《さやけ》し）（1・六一、舎人娘子）

・…上略…大夫之　心振起　劔刀　腰尓取佩　梓弓　靫取負而…下略…

（…上略…大夫《ますらを》の　心振り起こし　劍刀《つるぎたち》　腰に取り佩《は》き　梓弓《あづさゆみ》　靭《ゆき》取り負《お》ひて…下略…）（3・四七八、大伴家持）

・加吉都播多　衣尒須里都氣　麻須良雄乃　服曽比獦須流　月者伎尒家里
（かきつはた衣《きぬ》にすりつけますら雄《を》のきそひ獦《かり》する月は来《き》にけり）（17・三九二一、家持）

加えて、名誉を重んじる（19・四一六五）のがこの「ますらを」であると描かれている。

・大夫者　名乎之立倍之　後代尒　聞継人毛　可多里都具我祢
（大夫《ますらを》は名をし立つべし後の代《よ》に聞き継《つ》ぐ人も語《かた》り継ぐがね）（19・四一六五、山上憶良）

「ますらを」の属性に官人性官僚性が付加しているということが説かれている（［川崎庸之・一九四七・一・論考］・［西郷信綱・一九四八・一〇・論著］・［北山茂夫・一九五四・一二・論著］・［上田正昭・一九五九・五・論考］・［遠藤宏・一九七〇・一二・論考］・［稲岡耕二・一九七三・五・論考］）。

『萬葉集』には六三首六六例の「ますらを」の例がある。内、大伴家持は一首（4・七一九）を除いて、一八首一九例において、右に示した規範的な「ますらを」像を描く。しかし、注意してよいのは、二五首二六例の恋歌やその類似表現歌である。これらの歌は次にその代表例を挙げて示すが、「雄々しい男子であるはずの自分ではあるが、女々《めめ》しい恋に沈んでしまう」と歌う類型表現になっている。

・大夫哉　片戀将為跡　嘆友　鬼乃益卜雄　尚戀二家里
（大夫《ますらを》や片恋為《かたこひせ》むと嘆けども鬼《しこ》の益卜雄《ますらを》なほ恋《こ》ひにけり）（2・一一七、舎人皇子）

・…上略…大夫跡　念有吾毛　敷妙乃　衣袖者　通而沾奴
（…上略…大夫《ますらを》と　念《おも》へる吾も　敷妙《しきたへ》の　衣《ころも》の袖は　通りて沾《ぬ》れぬ）（2・一三五、柿本人麻呂）

・健男　現心　吾無　夜晝不云　戀度
（健男の現《うつ》し心も吾は無し夜昼《よるひる》と云《い》はず恋し度《わた》れば）（11・二三七六、柿本朝臣人麻呂歌集）

・天地尓　小不至　大夫跡　思之吾耶　雄心毛無寸　（12・二八七五、作者未詳）
（天地《あめつち》に小《すこ》し至らぬ大夫《ますらを》と思ひし吾や雄心《をごころ》も無き）
・大夫之　聡神毛　今者無　戀之奴尓　吾者可死　（12・二九〇七、作者未詳）
（大夫《ますらを》の聡《さと》き神《こころ》も今は無し恋の奴《やっこ》に吾は死ぬべし）

官人家持の「お題目」に近い恪勤詠を除外して数えると、規範的な「ますらを」を詠む歌は二〇首二一例に過ぎず、右の恋に沈むと歌う類型歌の二五首二六例には及ばない。この恋にうち嘆く「ますらを」の姿は、萬葉における「ますらを」詠の際だった特徴としてある（［遠藤宏・一九七〇・一一・論考］・［伊藤高雄・一九八五・一二・論考］・［小野寺静子・一九九〇・二・論考］）。

一方、佛足跡歌碑歌には三例の「麻須良乎」の例が見られる。

・麻須良乎乃須々美佐岐多知布賣留阿止乎美都々志乃波牟多太尓阿布麻弖尓　麻佐尓阿布麻弖尓
（丈夫《ますらを》の　進み先立ち　踏《ふ》める足跡《あと》を　観《み》つつ、慕《しの》はむ　直《ただ》に遇《あ》ふまでに　當《まさ》に遇ふまでに）　（6）
・麻須良乎乃布美於祁留阿止波伊波乃宇閇尓伊麻毛乃己礼利美都々志乃覇止　奈賀久志乃覇止
（丈夫《ますらを》の　踏《ふ》み置《お》ける足跡《あと》は　石《いは》の上に　今も殘れり　観《み》つ、慕《しの》へと　長く慕へと）　（7）
・麻須良乎能美阿止□　（丈夫《ますらを》の　御《み》足《あ》と……〈以下、欠損〉……）　（11）

この「ますらを」は釈迦如来をさしての呼称としてある。佛足石歌碑歌は『涅槃經』依拠の表現が多いが、ここも次頁に示す「調御丈夫」における「丈夫」の翻案語としてある。その用字「大夫」「丈夫」については、［木村正辭・一九〇四・一二・論考］『萬葉集訓義辨證』が次のように言う。

本集（＝萬葉集）に大夫または丈夫とあるは、ともに大丈夫の略文なり、其大夫とあるは、丈ノ字を略き、丈夫とあるは、大ノ字を略きたるなり、　（八頁）

右の指摘は肯ってよいが、最近は「ますらを」の官人的性格としての側面から「大夫」の表記を採る方向にあり、［上田正昭・一九五九・五・論考］は用字「大夫」について官人としての面から言及する。この官人的性格については早くに［三枝康高・一九五三・一二・論考］の反論があり、最近では［小野寺静子・一九九〇・二・論考］が反論している。当節では萬葉歌の表記を「大夫」で示したが、「大夫」の用字に拘るものではなく、［小野寺静子・一九九〇・二・論考］が言う通りに「丈夫」でもよいのであり、「大・太」「小・少」同様に、当時は通用した用字である。これが、佛足跡歌碑歌の場合においては右に示したように『涅槃經』に依拠するものであり、その『涅槃經』に見られる多くの用字に依って、佛足跡歌碑歌に訓字を宛てて示す場合には、「丈夫」と表記している。

『涅槃經』に「調御丈夫」「丈夫」の例は多く見られるのであるが、その代表的な例を次に掲げる。その訳文は、私に種々手を入れたいところではあるが、今は［常盤大定・横超慧日・一九二九・二・国訳］のままに示す。

・云何調御丈夫。自既丈夫復調丈夫。善男子。言如來者實非丈夫非不丈夫。因調丈夫故名如來爲丈夫也。善男子。一切男女若具四法則名丈夫。何等爲四。一善知識。二能聽法。三思惟義。四如説修行。善男子。若男若女具是四法則名丈夫。善男子。若有男子無此四法則不得名爲丈夫也。何以故。身雖丈夫行同畜生。如來調伏若男若女。是故號佛調御丈夫。　（『大般涅槃經』巻第十八、梵行品第八之四、大正蔵12四六九上22〜中01）

（云何《いかん》が調御《でうご》丈夫《じやうぶ》なる。自ら既に丈夫《じやうぶ》にして、復丈夫《またじやうぶ》を調《とゝの》ふ。善男子《ぜんなんし》、如來《によらい》と言ふは、實《じつ》に丈夫《じやうぶ》に非ず、丈夫《じやうぶ》ならざるに非ず。丈夫《じやうぶ》を調《とゝの》ふるに因るが故に、故に如來《によらい》を名けて丈夫《じやうぶ》と爲すなり。善男子《ぜんなんし》、一切の男女《なんにょ》にして、若《もし》し四法《ほふ》を具《ぐ》すれば、則《すなは》ち丈夫《じやうぶ》と名く。何等《なんら》をか四つと爲す。一つには善知識《ぜんぢしき》、二つには能聽法《のうちやうぼふ》、三つには思惟義《しゆゐぎ》、四つには如説修行《によせつしゆぎやう》なり。善男子《ぜんなんし》、若は男《なん》、若は女《によ》の、是の四法を具《ぐ》すれば、則ち丈夫《じやうぶ》と名く。善男子《ぜんなんし》、若男子《なんし》有りて、此の四法無《な》きときは、則ち名けて、丈夫《じやうぶ》と爲すことを得ざるなり。何を以ての故に。身は丈夫《じやうぶ》と雖《いへど》も、行《おこなひ》は畜生《ちくしやう》に同じ。如來《によらい》は若は男若は女《によ》を調伏《でうぶく》す。是の故に佛《ほとけ》を號《なづ》けて調御《でうご》丈夫《じやうぶ》と爲す。）

・佛告迦葉。所言大者其性廣博。猶如有人壽命無量名大丈夫。是人若能安住正法名人中勝。如我所説八大人覺。爲一人有爲多人有。若一人具八則爲最勝。…下略…

（『大般涅槃經』巻第五、如來性品第四之二、大正蔵12三九一中29～下03）

（佛《ほとけ》、迦葉《かせふ》に告げたまはく、『言ふ所の大とは、其《そ》の性廣博《しやうくわうはく》、猶《なほ》し人有りて、壽命無量《じゆみやうむりやう》なれば、大丈夫《だいじやうぶ》と名くるが如し。是の人若能く正法《しやうぼふ》に安住《あんぢう》すれば、人中《にんぢう》の勝《しよう》と名く。我が所説《しよせつ》の八大人覺《はちだいにんがく》の如きは、一人有と爲さんや多人有と爲さんや。若一人八を具すれば、則ち最勝《さいしよう》と爲す。…下略…』）

・諸善男子善女人等聽是大乘大涅槃經。常應呵責女人之相求於男子。何以故。是大［乘］經典有丈夫相。所謂佛性。若人不知是佛性者則無男相。所以者何。不能自知有佛性故。若有不能知佛性者我説是等名爲女人。若能自知有佛性者我説是人爲丈夫相。

（『大般涅槃經』巻第九、如來性品第四之六、大正蔵12四二二上28～中04）

（諸《もろもろ》の善男子《ぜんなんし》・善女人等《ぜんによにんら》、是の大乘大涅槃經《だいじようだいねはんぎやう》を聽《き》かば、常に女人《によにん》の相《さう》を呵責《かしやく》して、男子《なんし》を求《もと》むべし。何を以ての故に。是の大乘經典《だいじようきやうてん》に、丈夫《じやうぶ》の相有り、所謂佛性《いはゆるぶつしやう》なり。若人是の佛性《ぶつしやう》を知らざれば、則ち男相無《なんさうな》し。所以《ゆゑ》は何《いか》ん。自ら佛性《ぶつしやう》有るを知ること能はざるが故なり。若佛性《ぶつしやう》を知ること能はざる者有れば、我《われ》は是等を名けて女人《によにん》と爲すと説く。若能く自ら佛性《ぶつしやう》有るを知れば、我は是の人を丈夫相《じやうぶさう》と爲すと説く。）

「ますらを」とは単なる「丈夫」の意ではなくて「四法（善知識・能聴法・思惟義・如説修行）」を身に具えたものをさす語であり、この「（調御）丈夫」は釈迦如来をさす言葉である。このことについては［野呂元丈・一七五二・注解］『佛足石碑銘』が「丈夫とは調御丈夫なり。如來十號の一にして、『日本紀』の「丈夫」の訓に「麻須良乎あり」（6番歌条）、「『涅槃經』に「如來、人中丈夫」とあり」（7番歌条）と明解に示し、以後、［釋潮音・一八一九・三・注解］『南都薬師大寺佛足蹟碑文和歌略註』、［鹿持雅澄・一八二一・三・注解］『南京遺響』、［山川正宣・一八二六・八・注解］『佛足石和歌集解』も同様に指摘しているところである。

野呂元丈は『日本書紀』の古訓についても言及している。『日本書紀』巻第二の例を國學院大學日本文化研究所編『校本日本書紀』三で見ると「マスラヲ」は図書寮本（美季出版社）、乾元本（天理図書館善本叢書1『古代史籍集』）をはじめ、多くの写本に共通する古訓である。また、尊経閣文庫本『日本書紀』巻十四の一六九行目に出る「丈夫」の右傍訓に「マスラヲ」（雄略天皇七年八月条）があり、宮内庁書陵部本『日本書紀』巻十四の一九九行目に出る「大夫」の右傍訓に「マスラヲ」（雄略天皇七年八月条）、同本巻二十四の一六四行目に出る「大夫」の右傍訓に「マスラヲ」（皇極天皇二年十一月条）がある。また、『遊仙窟』に見られる二例の「大夫」にも、「マスラヲ」の訓がある（真福寺本〈38ウ3・49オ5〉、陽明文庫本〈38ウ4・49オ5〉、松平文庫本〈43ウ5・62オ8〉、神宮文庫本〈48ウ4・62オ8〉など）。その写本の用字はいずれも「大夫」である。なお、［築島裕・二〇〇九・一・語彙集成］では「丈夫」の字で統一して示している。

佛足跡歌碑歌における「ますらを」の例は、釈迦如来をさす語としてある。

・丈夫《ますらを》の　進《すす》み先立《さきた》ち　踏《ふ》める足跡《あと》を　観《み》つゝ慕《しの》はむ　直《ただ》に遇《あ》ふまでに　當《まさ》に遇ふまでに　（6）

・丈夫《ますらを》の　踏《ふ》み置《お》ける足跡《あと》は　石《いは》の上《うへ》に　今《いま》も残《のこ》れり　観《み》つゝ慕《しの》へと　長《なが》く慕《しの》へと　（7）

佛足石を讃嘆する右の歌における「ますらを（麻須良乎）」は、弓矢を手にして狩をする雄々しい男子ではない。ましてや恋に沈む女々しい男でもない。悟道の跡を石上に示した如来としての「ますらを」である。ここに、『萬葉集』所載歌と佛足跡歌碑歌との位相の違いが明確に表れている。これは歌詠作者の精神世界に由来するものであり、作者が世の常よりも精神上傑出していたことを如実に示す一指標となる。このことは次の「もろもろ」の語にも通ずることである。

三　集団意識の位相――「もろもろ」の語から――

「意識」を探ることは至難のことである。文学史では、集団の歌謡から個の抒情歌へという展開が指摘されている。そういう単純な方式によって全てを理解し説明してしまうことは危険ではあるが、大きな方向としては理解できる。その昔の「歌謡時代における集団」にあっては、そもそも「集団」という意識そのものが混在状態としてあったに違いない。そのことは「個我」というものが欠落乃至は没入していたと単純に思うものではなく、両者は混沌の中に存在していたと考えるものである。そうした中から、「個我」の存在というものを個別的に把握し、自己の意識に位置付けた後において、初めて「集団」というものを形而上的に把握できることになったと考えるべきものであろう。

「集団意識」とは、そういう新しい世になって、初めて「個我」と対比する中において、把握できたと考えられる意識である。結論を先に言うと、この佛足跡歌碑歌においては知識人の詠として、その集団意識というものが鮮明に打ち出されているのであるが、『萬葉集』において同様の検討をすると、その意識がまだ皮相の段階に止まっており、自己の外なる対象化された「集団」としての相に他ならないと見られるのである。

まず『萬葉集』の中から「もろもろ」及びその関連語としての「もろひと」を手がかりに見てゆこう。

①…上略…宇奈原能　邊尓母奥尓母　神豆麻利　宇志播吉伊麻須　諸能　大御神等…下略…　（「好去好来歌」）

（……海原の　辺《へ》にも奥《おき》にも　神《かむ》づまり　うしはきいます　諸《もろもろ》の　大御《おほみ》神等《かみたち》……）　（5・八九四、山上憶良）

②…上略…牟麻能都米　都久志能佐伎尓　知麻利為弖　阿例波伊波々牟　母呂々々波　佐祁久等麻乎須　可閇利久麻弖尓　（常陸國防人、倭文部可良麻呂）

（……馬《むま》の爪《つめ》　筑紫《つくし》の崎に　ちまり居て　吾《あれ》は斎《いは》はむ　母呂々々《もろもろ》は　幸《さけ》くと申《まを》す　帰り来《く》までに）（20・四三七二）

③……上略……吹響流　小角乃音母……割注略……敵見有　虎可叫吼登　諸人之　協流麻侶尓……下略……　（「高市挽歌」）

（……吹《ふ》き響《な》せる　小角《くだ》の音も……敵見《あた》たる　虎《とら》か叫吼《ほ》ゆると　諸人《もろひと》の　協《おび》ゆるまでに……）

（2・一九九、柿本人麻呂）

④……上略……三雪落　冬乃林尓……割注略……飃可毛　伊巻渡等　念麻侶　聞之恐久〔一云　諸人　見或麻侶尓〕……下略……　（「高市皇子尊挽歌」）

（……み雪降る　冬の林に……飃《つむじ》かも　い巻き渡ると　念《おも》ふまで　聞《き》きの恐《かし》こく〔一《ある》いは云《い》ふ　諸人《もろひと》の　見《み》或《まと》ふまでに〕……）　（2・一九九、柿本人麻呂）

⑤烏梅能波奈　乎利弖加射世留　母呂比得波　家布能阿比太波　多努斯久阿流倍斯　（「梅花歌卅二首」）

（梅《うめ》の花折《を》りてかざせる母呂比得《もろひと》は今日の間《あひだ》は楽しくあるべし）（5・八三二、神司荒氏稲布）

⑥宇梅能波奈　乎理加射之都々　毛呂比登能　阿蘓夫遠美礼婆　弥夜古之叙毛布　（「梅花歌卅二首」）

（梅《うめ》の花折りかざしつゝ毛呂比登《もろひと》の遊ぶを見れば都しぞ念《も》ふ）（5・八四三、土師氏御道）

⑦……上略……之加礼騰母　吾大王乃　毛呂比等乎　伊射奈比多麻比　善事乎　波自米多麻比弖……下略……

（……しかれども　吾が大王《おほきみ》の　毛呂比等《もろひと》を　いざなひたまひ　善《よ》き事を　始めたまひて……）

（18・四〇九四、家持）

①・②は「もろもろ」の例であり、③〜⑦は「もろひと」の例である。なお、①の「諸」字の例は、古訓・現代の諸本のいずれにおいてもその訓に異同はなく、「もろもろ」と訓まれている。「もろひと」は「もろもろのひと」の意であり、人以外の①の「大御神等」の語などへ掛けての使用が出来ないことは当然である。そういう違いが

「もろもろ」と「もろひと」には存在するが、「もろもろ」と「もろひと」の両者に大きな語義の差は認められないので、以下では両者を区別せずに、古い例から順に見てゆく。

③・④は、柿本人麻呂の「高市皇子尊挽歌」中の表現である。③は第五一句、④は一云の割注に出、第六七に該当する句の箇所に位置する。高市皇子尊統率下の軍隊の勢いのよい様を描写しているところであり、③は角笛の音の勇ましさ、④は弓弭の響きの力強さを表現した箇所である。ここの「諸人」は近江勢と限ることなく、近くでそれらの勇ましい進軍の音を聞く人々全体をさすと見てよい。

⑤・⑥は、天平二年の梅花宴における歌三二首中のものである。⑤は荒氏稲布、⑥は土師御道の作。共に参会した一同をさして「諸人」と言っている。歌句表現上、⑤においては「梅の花折りてかざせる諸人は」の助詞「は」が示しているように、この「諸人」の中に作者自身は観念上入っておらず、歌材として対象化した集団の姿がここにはある。また⑥においても「梅の花折りかざしつつ諸人の遊ぶを見れば」とあり、この「見れば」の語から同様に人々（集団）を歌材として対象化しており、この中に作者自身は観念上入っていない。

①は、山上憶良の「好去好来歌」である。これは諸神に航海の安全を祈る歌であり、「もろもろ」（の大御神等）への呼び掛けの歌である。

⑦は、大伴家持の「賀陸奥國出金詔書歌」の長歌である。ここでは、大王が諸人を率《いざな》うとあって、主語は大王であり、作者家持は率われる諸人の域外にいる。作者はそれを横から眺めて詠作しているのである。

②は、常陸国の防人、倭文部可良麻呂《しとりべのからまろ》の作である。ここでの「諸々」とは常陸に残された家人をさしている。ごく近しい家人たちを「諸々」と称し、その無事を祈る歌である。少人数ではないかも知れないが、大集団というほどでもない。

以上、①〜⑦における「もろもろ」「もろひと」の表現は、外部から歌詠の対象とされた集団をさしての語であり、歌作の素材として眺められた集団をいう語である。作者と歌材としての「集団（「もろもろ」「もろひと」）」とは截然と切れ、その外から眺めている作者の姿がそこにはある。ことに③〜⑦においては、歌材という「景物」としての集団の姿があると言えよう。

次に佛足跡歌碑歌の例を見てゆこう。

・己乃美阿止夜与呂豆比賀利乎波奈知伊太志毛呂毛呂須久比和多志多麻波奈　須久比多麻波奈

（此《こ》の御足跡《みあと》や　萬光《よろづひかり》を　放《はな》ち出《い》だし　諸諸《もろもろ》救ひ　度《わた》したまはな　済《すく》ひたまはな）　（4）

・己乃美阿止乎多豆祢毛止米弖与岐比止乃伊麻須久尓々波和礼毛麻胃弖牟　毛呂毛呂乎為弖

（此の御足跡を　尋ね求めて　善《よ》き人の　坐《いま》す國には　我も参出《まゐで》む　諸諸《もろもろ》を率《ゐ》て）　（8）

4番歌における「諸々」とは作者を含んだ集団をさしている。佛の光明（法力）によって「諸々」を済度されたしという悲願の歌である。8番歌には「我」の語が見えるが、その「我」は「諸々」の先頭に立つ我である。「集団」と共にあり、集団の先頭に立つ我の姿が活写されている。その我の姿が次の13番歌に浮き彫りにされている。

・乎遅奈伎夜和礼尓於止礼留比止乎於保美和多佐牟多米止宇都志麻都礼利　都加閇麻都礼利

（儒弱《をぢな》きや　我に劣《おと》れる　人を多《おほ》み　済度《わた》さむためと　轉寫《うつ》し奉《まつ》れり　仕《つか》へ奉れり）　（13）

集団よりも一歩先に悟を開いた知識人としての矜持と孤独があると共に、先覚者として集団を導かなければならない悲壮な義務感が伺える。ここに個と集団の関係が見事に展開されている。個を自覚する故に集団も自覚できるという意識構造が見られるのである。恐らくこの自覚の基盤には、佛教教理における「衆生」（佛教語。『涅槃經』等）の概念が横たわっていよう。

佛足跡歌碑歌の作者について、仮名用法・語彙・変字法の有無・歌想内容の違いの諸要素から、次のような結論を下している（本書第二章論考篇一第三節、四三九〜四四五頁）。

1・2番歌——某人の序歌
3〜14番歌——佛足石発願者の詠歌
15〜17番歌——第三者某の詠歌
18〜20番歌——別人（僧侶）の詠

右に見た佛足跡歌碑歌は4番歌・8番歌・13番歌であり、右で言う「佛足石発願者」の詠歌である（このことは、先に見た「ますらを」の6・7・11番歌にも該当する）。

この佛足跡歌碑歌における「佛足石発願者」（3〜14番歌作者）が誰であるのかは判然としないが、哀感・憂愁に満ちた天平貴族の姿、一人覚め悟り得た天平知識人の姿がここにはある。

佛足跡歌碑歌には他に二首、「もろひと」「もろもろ」の歌がある（1・18番歌）。

・美阿止都久留伊志乃比鼻伎波阿米尓伊多利都知佐閇由須礼知々波々賀多米尓　毛呂比止乃多米尓
（御足跡《みあと》造る　石《いし》の響《ひび》きは　天《あめ》に至り　地《つち》さへ揺《ゆ》すれ　父母が為《ため》に　諸人《もろひと》の為《ため》に）　（1）

この1番歌に見られる「諸人」は、自己の域外に位置する集団をさしている。「ために」の語がそれを明らかにしている。言わば『萬葉集』の用例における「諸・諸人」に近い例である（②の例に近い）。諸人の為に佛足跡を彫り上げるという詠であり、対象化された集団として把握されている。この1番歌は「佛足石発願者」とは異なる「某人」による序歌である。また、次の18番歌はどうであろうか。

・比止乃微波衣賀多久阿礼婆乃利乃多能与須加止奈礼利都止米毛呂毛呂　須々賣毛呂母呂
（人の身《み》は　得難《えがた》くあれば　法《のり》の為《た》の　因《よすか》となれり　勉《つと》め諸諸《もろもろ》　勵《すす》め諸諸）　（18）

これも「勉《つと》め」「励《すす》め」と命令されている「諸々」である。前半四句で教理観念を展開し、後半二句で「諸々よ……すべし」と叱咤している歌の姿である。先の佛足跡歌碑歌の4番歌・8番歌・13番歌の世界にやや近くはあるが、集団と共にある作者の姿ではない。これは「佛足石発願者」とはやや異なる歌の世界である（本書第一章注釈篇第二節「佛足跡歌碑歌注釈」における「都止米毛呂毛呂須々賣毛呂母呂」条（18⑤⑥）において、「この一首がいかにも僧侶臭のする歌になっている」とした）。

四　おわりに

以上、ここでは、「ますらを」の語と「もろもろ」の語から、佛足跡歌碑歌の位相実態の浮き彫りにつとめた。これは、「ますらを」という語から歌をスライスし、その切り口から佛足跡歌碑歌の位相を明らかにしたものであり、また「もろもろ」という語によって歌をカッティングし、その切り様から佛足跡歌碑歌の位相を明示したものである。佛足跡歌碑歌の3番歌には「善《よ》き人」の語がある。『萬葉集』に見える「淑《よ》き人・良《よ》き人」（1・二七）とは、やはり位相を異にする語であり、こうした語からも同様な指摘が出来るのである。

第八節　文室真人智努の生涯

一　はじめに

奈良西ノ京薬師寺蔵の佛足石造立者である智努王、臣籍降下しての名は文室真人智努という人物について、その生涯の生き様を見るのが当節である。本書では作品の考究を基本としているが、ここでは歴史文献に拠りつつ、その人の一生のアウトライン（概要）を辿るものであり、人物論になる。

ここにおける考究が作品の理解にどれほども関わるものではないことは承知の上である。しかしながら、佛足石造立者である智努王（文室真人智努・淨三）について、考究しないで放置しておくことは、一書として未完の感を否めない。以下おおむね、年代を追う形で見てゆくことで、その人となりを髣髴とさせようとするものである。

二　誕生より二十代半ばまで

智努王は、『公卿補任』によると持統天皇七年（六九三）に、長皇子（長親王）の子として生まれた（文室真人智努の『家傳』に依拠した『公卿補任』及び『続日本紀』の「淨三薨傳」による）。天武天皇の孫に当る。「智努」は、「ちぬ」と読む。これについては、「文室真人智努の萬葉歌とその歌群」（本書第三章論考篇二第二節、五七九～五八〇頁）

を参照されたい。その生誕年について、［加藤諄・一九七五・五・論考］は、天平宝字八年の致仕の年を七十歳と見、逆算して持統天皇八年（六九四）の誕生とするが、その致仕年七十歳に拠るなら翌年の持統天皇九年生誕となるはずである。致仕の目安となる年齢は七十歳であるが、当時の実態はそのようになっていない。このことについては、「懸車寸考」（本書第三章論考篇二第四節）を参照されたい。ここは『家傳』に基づいて記述している『公卿補任』に拠る。

『公卿補任』の天平十九年（七四七）条には、

従三位　智努王五十五　正月七日叙。元従四下。大舎人頭。
一品長親王子。天武天皇御孫。
持統天皇七年癸巳生。養老元年正月従四位下。二年九月丁未為大舎人頭。

とあり、その一行目の「元従四下。大舎人頭」の記述は、「追い書き」としてある養老元年正月条及び二年九月丁未条と対応する（後述）。『公卿補任』の神護景雲四年（七七〇）の「従二位　文室淨三」の薨伝条には、

七十八　十月九日薨。有家傳〔三位勞十一年。三木四年。中納言三年。御史大夫三年。前官七年〕。

と記されていて、『家傳』が存したことが明記されている。この天平十九年条に見られる「持統天皇七年癸巳生。…下略…」の「追い書き」も、『家傳』に依拠した記事であると考えられる。一般に『公卿補任』の古い時代の部分は信頼度が落ちるのであるが、智努王の場合は『家傳』という史料に依拠して記していると推考出来るので、信頼度は高いと私は見る。

因みに『公卿補任』の「文室淨三薨伝」条記事の理解は以下の通りである。

＊天平十九年（七四七）正月二十日　従三位……………………………（『続日本紀』）
＊足掛け十一年後の天平勝宝九年（七五七）　参議（三木）。

天平勝宝九年六月八日任　参議（『公卿補任』）……………参議の件、『続日本紀』の翌年及び翌々年条で確認できる。

＊足掛け四年後の天平宝字四年（七六〇）正月四日　中納言……………………………（『続日本紀』）

＊足掛け三年後の天平宝字六年（七六二）正月四日　御史大夫…………………………（『続日本紀』）

＊足掛け三年後の天平宝字八年（七六四）九月四日　致仕……………………………（『続日本紀』）

＊足掛け七年後の宝亀元年（七七〇）十月九日　薨…………………………………（『続日本紀』）

このように『続日本紀』の記事と対応すると共に、参議になった年が天平勝宝九年（七五七）六月八日であることがわかり、『続日本紀』の記事の欠落を補うことが出来るのである。

右の『公卿補任』の記事により、その生誕年を持統天皇七年（六九三）と確認し、以下、数え年で見てゆく。

智努王の名の初出は次に挙げる養老元年（七一七）条であるが、それ迄のエポックとして平城遷都（和銅三年〈七一〇〉三月）がある。遷都時に智努王は十八歳であり、多感な年齢であったと言えよう。この平城遷都を含め、元明天皇・元正天皇という両女帝の時代（七〇七～七二四）は、行政改革における革新期であり、文化政策も充実した一つの画期をなす時代であり、次の聖武天皇の天平期の基礎をなす重要な期間であった（廣岡義隆・一九九九・一二・論考「倭歌暗黒の時代」）。若い智努王はそれらの諸政策・諸成果を目の当りにしていたことになる。

智努王の名が初めて史に見えるのは、養老元年（七一七）正月乙巳の叙位であり、無位より従四位下が授けられている（『続日本紀』）。この時、二十五歳である。これは慶雲元年（七〇四）以来の蔭位制によるものである（『続日本紀』大宝三年〈七〇三〉十二月甲子条及び翌年の慶雲元年正月癸巳条参照）。「蔭位制」では、親王の子は従四位下とされている（『選叙令』「凡蔭皇親者、親王子従四位下」35「蔭皇親」条）。天武天皇の孫の例を検証しても、長屋王（高市皇子尊の子）が無位より正四位上になった特別な例（慶雲元年〈七〇四〉正月癸巳条）を除いては、確認出来る例は女王を含め、全て無位より従四位下への叙位となっている。

《文室真人智努 智努王 関係系図》

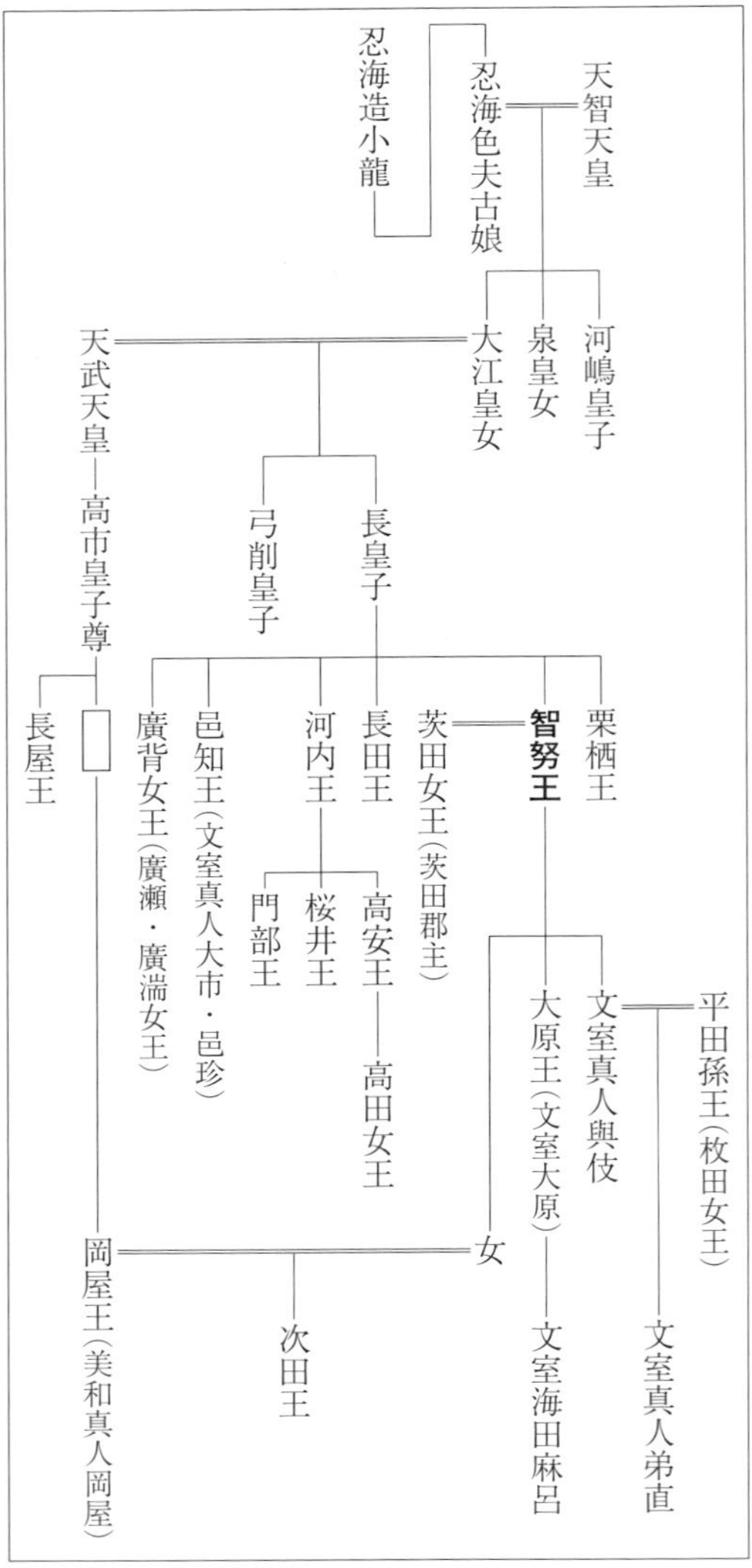

ここで、右に掲げた系図について、少し付言しておく。長皇子（長親王）の子女について、［影山尚之・二〇〇〇・一二・論考］は、［中西進・一九八五・一二・事典］による長皇子に関する系図（同事典、一八六頁）を引いて、次のように言及する。参考になるので引用する。

…上略…この系図にはないが集中に十九首の作歌伝誦歌を残す大原今城（今城王）を桜井王の子であるとする向きもあって、そうであれば長皇子の曽孫となる。栗栖王は作歌こそ留めないけれど天平五年に雅楽頭に任じられ同六年二月に平城京朱雀門で営まれた歌垣に長田王・門部王とともに頭として参加、邑知王は巻17・三九二六左注に作歌が漏失したことを記している。不確定な部分を残すにせよ、『家伝下』に「風流侍従」と称された人物が多く含まれることは注意される（長皇子子孫の長田王は風流侍従長田王とは別人の可能性が大きい）。また［松原弘宣・一九九四・一二・論考］は、文室氏の後年について論述していて、参考になる。

三　皇親官吏として

養老二年（七一八）九月一六日には「大舎人頭」になっている（『公卿補任』天平十九年条）。神亀三年（七二六）九月には「任左大舎人頭」（『公卿補任』天平勝宝九年条）とあって、その重複が気になるが、これは重複ではなくて、養老二年時は「任右大舎人頭」である。官位相当制では左右大舎人寮の頭は従五位上相当であり（『官位令』11従五位条）、不審なところはない。大舎人寮は、頭の下に助・大允・少允・大属・少属の役職各一人、大舎人八百人、使部二十人、直丁二人からなる役所である（『職員令』5）。その「大舎人」そのものについては「蔭子孫で内舎人の選に洩れた者および位子のうち、儀容端正書算に工な者を充てた」（［平野博之・一九七四・一一・事典項目］）とある。

神亀元年（七二四）二月丙申条の『続日本紀』には、智努王従三位叙位記事が出るが、後出記事と合わない。朝日新聞社版『続日本紀』（一九四〇年刊）の頭注は「海上王、智奴王、山形王は何れも女の字あるべきを脱せるか」とし、国史大系版『続日本紀』は「海上囡王、智奴囡王、……山形囡王」とする。［山本幸男・一九八六・六・本文］は訳文であるが「智奴女王」とし、［林陸朗・一九八六・七・校注訓訳］はその訓読本文を「智奴女王」とする。新日本古典文学大系本『続日本紀』は「智奴王」のままで脚注に「長屋王の妻妾か」とし、その補注で「智奴女王」を挙げる。「女王」については、単に「王」と称し、男性と特に区別する意味において「女王」と呼ぶこともあったと見るべきであろう。まぎれることが無ければ、額田王のように「女」の字を付けなくて良いのである。その意味で「智奴王」は略称ではないと見るべきである。ここは、まぎれる例であるが、女性の「智努王」の事例である。なお、「智奴女王」について［寺崎保広・二〇〇一・二・余滴］に言及がある。

（付記）長屋王家木簡中に「珍努若翁」の語が出る（奈良国立文化財研究所『平城宮発掘調査出土木簡概報』二十三の一六頁上段、一五六番）。この「若翁」の語については、『隋書』倭国伝に出る「利（和）歌弥多弗利」に相当し、平安時代には「わかむとほり」となる語で、「王家の子女に対する尊称」とする［東野治之・一九八九・三・月報］「『続日本紀』と木簡」及び［東野治之・一九九四・一二・論著］『書の古代史』第二章6「長屋王家の木簡」の解が通説になっている。ただ、その「珍努若翁」と智努王（文室真人智努）とは、右の［寺崎保広・二〇〇一・二・余滴］に指摘がある通り、全く結び付くものではない。

神亀元年（七二四）二月四日、聖武天皇即位。この時、智努王は三十二歳である。聖武天皇治世下で、以後五十七歳までその政治に仕えることになる。この前後の造寺を見ると、この三年前の養老五年（七二一）に興福寺の北円堂が建立されている。円堂と呼ぶが現実は八角堂である。皇権に由来する八隅・八角を避けた円堂という呼称になっている。この二年後の神亀三年（七二六）に興福寺東金堂が建てられ、天平二年（七三〇）に薬師寺東塔及び興福寺五重塔が完成している（天平六年に興福寺西金堂建立）。智努王三十八歳の時になる。薬師寺は早く文武天皇二年（六九八、智努王六歳）時にほぼ完成している。

智努王事跡に戻ると、神亀三年（七二六）九月、二度目の大舎人頭となる。今度は左大舎人寮の頭で、時に三四歳である（『公卿補任』天平勝宝九年条「任左大舎人頭」）。

神亀五年（七二八）一一月三日、造山房司長官に任ぜられている（三十六歳）。造山房司長官は臨時の官である。同年同月庚申条（二十八日）に「智行の僧九人を擇《えら》びて山房に住せしむ」とあり、その山房と理解出来る。新日本古典文学大系本『続日本紀』脚注には「山房は、東大寺の前身の金鍾寺のこと（福山敏男）。下文庚申条にもみえる。平城京左京二坊の二条大路の溝から、天平七年閏一一月二一日付の「山房解」と記した木簡が出土している（『木簡研究』一一―一八頁）。」とある。［家永三郎・一九三九・七・論考］は、

この「山房」なるものは、幼くして世を去り給うた皇太子の御冥福を祈り給ふ叡慮によつて建立せられた一山堂であつたと考へられる…中略…後年の金鍾寺の創建を告げるものであつたらう。

として、前年閏九月に誕生し、同年九月一三日に薨じた皇太子基王と関係付け、大和国金光明寺（東大寺の前身）の発端がこの「山房」であったとしている。［木本好信・二〇一三・五・評伝］『藤原四子』にも同様の言及がある。

天平元年（七二九）二月一〇日に長屋王変が起きている。長屋王は高市皇子尊の子息で「長屋親王」（長屋王家木簡〈『木簡研究』一一号一四頁六七番及び『平城京木簡一』木簡番号四六〇など三件〉・『日本霊異記』中巻第一縁）とも称された実力者であった。その時、左大臣で四十六歳である。この著名な変は、当時の皇親の人たちを震撼させたに違いない。晩年皇嗣に推され強く辞退した智努王であるが、この事件が彼の一生の指針として大きく影を落しているものと推測される。時に智努王は三十七歳であった。「自盡」（二月一二日）「葬」（二月一三日）と事変は展開する。智努王は固唾を呑んで見守っていたに違いない。何時捕縛の縄が智努王に来てもおかしくはなかった。智努王に謀反の計画があったわけではない。当時の皇親を取り巻く政治情況がそういう実態なのであった。

同年三月三日、聖武天皇は松林苑で宴を持っている。松林苑は平城宮の北に作られた園で、節日によく宴などが持たれた所として知られている。この例が『続日本紀』において確認出来る松林苑の初例である。長屋王変から約一箇月後、この宴に無事参加出来た智努王はほっと胸を撫で下して、事変から無縁であったことを喜んだものと推測できる。この翌日（三月四日）に、智努王は従四位上を授けられている。三日の宴の晴の場での昇叙に違いなく、翌日大極殿で正式な叙位となったものと知れる。

この年八月一〇日の光明子立后、翌々年（天平三年）七月二五日の大伴旅人薨去、その翌々年（天平五年）頃の山上憶良卒と歴史は巡り、萬葉史は第三期から第四期へと展開してゆく。

天平九年（七三七）前後には天然痘の大流行があり藤氏四兄弟はこの年に相次いで没してゆく。四月一七日房前、七月一三日麻呂、七月二五日武智麻呂、八月五日宇合。これにより政治地図が藤氏から皇親寄りに塗り換えられたと言ってよい。

天平十一年（七三九）正月一三日に「无位茨田《うまらだ》女王、従四位下」の記事が見られ、蔭皇親位によるものと考えられる。この「茨田女王」は佛足石記裏面に「茨田郡主」として見える智努王の妻のことである。この時、智努王は四十七歳。女性の蔭位が何歳頃に実施されたのかわからず、茨田女王の年齢も不明である。男性の蔭位例（二十歳代）とは年齢上の差異があると考えるのが当時の一般かも知れないが、男性例と同様だとすると、智努王はその妻との間に年齢の開きがあったことになる。

天平十二年（七四〇）九月三日、藤原廣嗣が九州で挙兵する。廣嗣の敗死に終るが、この事件は政情の不安定なことを智努王に改めて見せつけた事件であった。この藤原廣嗣の乱の発覚よりも以前から計画されていたことであったが、聖武天皇は「関東」行幸（鈴鹿関・不破関以東の「第三の東《あづま》」への行幸）を行なっている（［廣岡義隆・二〇一〇・三・論著］『行幸宴歌論』、参照）。その東行途次の一一月二一日に、伊勢国鈴鹿郡赤坂頓宮での叙位記事中に智努王の名が見え（正四位下に昇叙）、智努王も聖武天皇に陪従していたことが確認出来る。聖武天皇の関東行幸とその時の萬葉歌については、前出の［廣岡義隆・二〇一〇・三・論著］を参照されたい。

翌天平十三年は恭仁京時代の幕開けである。八月九日に木工頭となり、九月八日には巨勢朝臣奈氏麻呂と共に恭仁遷都の造宮卿（造宮省の長官）に任命されている。四十九歳である。

天平十四年（七四二）八月一一日には紫香楽宮造営の造離宮司に任ぜられている。

天平十七年（七四五）五月一一日、事実上の平城復都となる。これ以前に、安積皇子の薨去などがあった。

天平十八年（七四六）正月、霏々として降り積もった雪は数寸（一〇センチメートル程度）になった。左大臣橘諸兄は大納言以下の諸臣を率いて天皇の御在所（中宮西院）へ馳せ参じた（『萬葉集』17・三九二二題）。もとより伺候に主意のある「供奉掃雪」である。その後、天皇を囲んで正月の宴となった。『萬葉集』に諸兄以下五名の歌が載る（橘諸兄・紀清人・紀男梶・葛井諸會・大伴家持、三九二二～三九二六番歌）。この一群の末尾に、宴の場で一々メモしなかった為に歌は「漏失」したとして、その作者名のみが一七名程記されている（秦朝元は詠作しなかった）。この中に「智奴王」（五四歳）とその弟の「邑知王」の名が見える（本書第三章論考篇二第二節、五七八頁参照）。この種の晴の宴は他にも持たれたと推測されるが、『萬葉集』に智努王が名を残すのは、他には六年後の新嘗会肆宴のみである。平城復都後初めての正月肆宴であり、一同格別感慨深いものであったことであろう。

この四月二二日に昇叙して正四位上となり、翌天平十九年（七四七）正月二〇日には従三位になっている。皇親の智努王としては当然の官位であるが、四位昇叙の翌年に三位への昇叙というのは早い。正六位上と従五位下の間は一ランクでありながら昇叙の壁が厚いように、三位以上は公卿クラスとなり、やはりその壁は厚い。皇親の智努王であるから三位になって何らおかしくないのであるが、その昇叙の早さに注目してよい。それだけ宮廷において重きをなしていたと見るべきであろう。

四　智努と佛教

天平十九年（七四七）九月に東大寺大佛の鋳造が開始されている。聖武天皇の佛教傾倒には諸要素が考えられる。薄命の家系ゆえの不安感は大きかったことであろう。宗教と共に外来文化・制度を受け入れるという側面もある。

対外的な文化レベルの誇示という国家プライドもあろう。いくつかの要素は不可分に絡み合っている。しかし、当時の貴族層の一部に佛教色が知的アクセサリーに陥りかけていた時代にあって、聖武天皇は真摯な佛教信者であった。そうして智努王もまた聖武天皇同様に真摯な佛教信者であったのである。

この年の一〇月九日に、東大寺写疏所の他田水主は禅院寺から佛跡図を借り受けている（正倉院文書）。

…上略…仏跡圖一巻〔一条紅袋　一条錦袋　一条白袋〕管一合〔着漆〕

従禪院寺奉請疏論等歴名如件

天平十九年十月九日知他田水主

（『大日本古文書』二の七一〇頁。訂正再収、二十四の四四七頁。『正倉院古文書影印集成』三、正集裏、四頁）

他田水主は、「美濃國山縣郡御田郷戸主」（『大日本古文書』十の二二六頁）であり、写疏所の経師として頻出し（『日本古代人名辭典』二巻四三〇～四三三頁）、その間、「知」の任に着くと共に「舎人」ともなり、後に正八位上造東大寺司主典となった人物である。右の正倉院文書においても「知」として署名している。

右は、写疏所が禅院寺より借り受けた経論疏等九一件三八八巻のリストの巻末部である。「仏跡圖」一巻は、特別に紅袋に包まれ、その上を錦の袋で包まれ、なおその上を白袋で包まれ、漆塗の管に入れられて貸し出されたことが、右により判明する。

佛跡図は、奈良薬師寺現蔵の「佛足石記文」に、唐の王玄策が印度の原石（佛足石）を転写し（第一本）、その唐普光寺本を日本の黄書本實が更に転写し（第二本）、その黄書本實の転写本が平城京の右京四条一坊の禅院にあり、この禅院本佛跡図（第二本）を転写したもの（第三本）を元にして、奈良薬師寺現蔵の佛足石は彫られたものであると「佛足石記文」に由来が示されている（B1～B11、本書一一七～一六一頁、参照）。右の正倉院文書に記されている「仏跡圖」一巻は、まさにこの「第二本」そのものであると考えられる。

天平二十年（七四八）四月二一日に元正太上天皇が崩御し、翌日智努王は葬儀の御装束司に任命されている。

天平二十一年（七四九）四月一日に、聖武天皇は東大寺大佛の前で北面し、同一四日には大佛の前で年号を天平感宝と改元している。ついで七月には孝謙天皇に譲位して天平勝宝と改まり、同一〇月に東大寺大佛の鋳造がいちおう完了している（その後、螺髪の鋳造、脇侍像の鋳造、台座の鋳造、大佛への鍍金と続き、その開眼供養は三年後を待たなければならない）。

天平勝宝三年（七五一）一一月に『懐風藻』が成立している（同書序文）。但し、智努王の作品は載っていない。『懐風藻』に智努王の作品が載ってはいないが、智努王が漢詩作品を作らなかったということにはならない。『懐風藻』一二〇首の作品は、一般に四つの時代に区分される。智努王の活躍期はその第四期の天平年代に属している。この『懐風藻』の第四期について、［小島憲之・一九六四・六・解題］は次のように指摘する。

長屋王の死後、第四期に入る。…中略…。武智麻呂の弟の総前・宇合・万里の詩合計十五首ばかりが懐風藻に残ることは、武智麻呂一派或は第四期の詩の一端の傾向が察知できるであろう。

即ち、智努王の詩が載っていないのは編集上の問題であって、智努王が漢詩作品を作らなかったとは云えないのである。

天平勝宝四年（七五二）四月九日に、天皇行幸の下、東大寺大佛開眼会が催されている。

五　臣籍降下について

この天平勝宝四年（七五二）の九月頃に智努王は臣籍降下して文室真人智努となっている。この時、智努は還暦の六十歳である。『新撰姓氏録』は「文室真人」を「右京皇別」に立てている。

文室眞人
天武皇子、二品長王之後也。續日本紀合也。（『新撰姓氏録』第一巻、右京皇別）

右の本文は［田中卓・一九九六・九・校注］によった（末尾に「也」字がある）。［栗田寛・一九〇〇・一・注釈］は、その「文室」について、

地名にあらず、學館を云ふ稱なり、古へ學館の事に預りなどしけるより賜へる氏にや、

としている。何の資料もなくて、一つの推定説に過ぎないが、［佐伯有清・一九八一・一二・論著］は「あるいは、この説が妥当か」とする。［亀田孜・一九六四・八・論考］「仏跡の伝来と観智院の仏足図」は、「図書の集積に名があるとか、文籍に渉猟し、典礼に通じているという令名が、賜姓の起りになったのかも知れない」とする。

「文室」の読みについて、一般に「ふんや」と呼ばれがちであるが、撥音便という音韻現象は一部の例外的存在を除いて、原則的にはまだ一般化していない時代であり、「ふみや」と読まなければならない。

［林陸朗・二〇一〇・五・論著］は、

天平勝宝四年文室真人の姓を賜わったのは、智努王とその弟大市王の二人であったと思われる。…中略…いわゆる二世王（親王の子）が姓を賜って臣籍に入るということは史上初めてのことである。

としている。［中野謙一・二〇一〇・三・寸考］「智努王の臣籍降下」も二世王（孫王）賜姓の初例であり異例として、その背景を考察している。

さて、その臣籍降下を右に九月頃としたが、この臣籍降下に関する月日の文献上の揺れは次の如くである。

八月二三日――『公卿補任』「從三位文室真人知努六十八月廿三日改王姓為文室真人」

九月　七日――「佛足石記文」「檀主從三位智努王以天平勝寶四年歳次壬辰九月七日改王字成文室真人智努」（B11〜14）

九月二二日――『続日本紀』「乙丑（＝22日）従三位智努王等賜文室真人姓」

『続日本紀』と他資料との数日の齟齬は太安麻呂没年の例に見られるようによくある事例であるが、右の場合は数日の違いではなくてその開きは大きい。しかし、石刻の「佛足石記文」の記事は当時の紛うことなき記録物であり、しかも智努王側近の人物の手になる文章であるので（撰文者は神石手である。本書一七四～一七九頁、参照）、この九月七日は信憑性のある記録である。或いは九月七日は本人による申請の日付であり、『続日本紀』の記事は公務レベルでの正式裁下の日を示すものとも考えられる。『公卿補任』と『続日本紀』は一箇月の開きがあるが、『公卿補任』の「八」は「九」の、「廿三」は「廿二」の誤写の可能性があろう。誤写を考えて『公卿補任』よりは『続日本紀』の方を重んじたい。ただ、『公卿補任』の文面「改王姓為文室真人」と「佛足石記文」の文面「改王字成文室真人智努」とは、「智努」の文字の有無は別として、極めて近く「……姓為……」と「……字成……」という少しの違いであり、やはり『公卿補任』の記述のベースには智努の『家傳』が存在していることは間違いの無いことである。七日か二二日かの判断はむつかしいが、臣籍降下がこの年の九月であることは動かない。

さて、この臣籍降下を智努はなぜ断行したのであろうか。

考えられる最大の理由は皇位の放棄である。天皇になる意思のないことを対外的に明らかにすることである。皇位に関する大きな衝撃を智努は三十二歳時の長屋王の変で見ている。

臣籍降下に関する他の人の事例を見てみよう。智努が四十四歳の時に葛城王が臣籍降下して橘諸兄となっている（天平八年、七三六）。この時、橘諸兄は五十三歳である。この翌年に藤氏四兄弟が天然痘で相次いで死亡してゆくことを予見していたなら、葛城王は臣籍降下しなくてよかったのではないか。橘諸兄の臣籍降下の理由はいくつか考えられようが、その最大の理由はやはり藤氏の脅威からの保身にあったと考えられる。また、後には阿保親王（平城天皇第一皇子）の子の在原業平らが臣籍降下している。この場合は薬子の乱（八一〇年）に連座したためであ

る。連座とは云え、やはり皇位の放棄のためであると言えるのである。［林陸朗・二〇一〇・五・論著］も、

智努・大市王はそうしたこと（＝皇嗣争い）に巻き込まれるのを警戒して、皇嗣から離れるという宣言としての皇親籍の離脱、真人賜姓であったのではないかと思われるのである。

と言及する。肯ってよい。

智努の場合、皇位の放棄とは言え、なぜこの六十歳の天平勝寶四年（七五二）に臣籍降下したのであろうか。格別な歴史社会的背景は見付からない。天平勝寶四年という年次は許可が下された年であり、願い出はずっと前から出されていたということを考慮してもよいが、それにしても時代的な背景は思い浮かばない。なお、［高島正人・一九八三・二・論考］は、智努の臣籍降下前後の政治情況についてより詳細に考究している。

私は、その直接的な契機に妻の逝去が関与しているのではないかと考え、ここに第二の理由として妻の逝去を挙げておく。この翌年には佛足石を造立しているが、それは亡妻供養の為であることが「佛足石記文」裏面の願文に明記されている。臣籍降下したこの頃は、その佛足石造立の準備の最中と考えられる。平穏な臣下の身分で、亡妻供養に徹したいというのが智努の偽らぬ心境であったと考えられる。そういう意味で、妻の死が彼の臣籍降下に影を落していることは疑えない。

この天平勝宝四年の一一月二五日に、宮中で新嘗会肆宴が開かれ、智努は次の応詔歌一首を奉っている。

天地与　久万弖尓　万代尓　都可倍麻都良牟　黒酒白酒乎　（『萬葉集』19・四二七五）
（天地《あめつち》と久《ひさ》しきまでに万代《よろづよ》につかへまつらむ黒酒《くろき》白酒《しろき》を）

右一首従三位文室智努真人

この一首を含む一連六首については「文室真人智努の萬葉歌とその歌群―新嘗會応詔歌群考―」（本書第三章論考篇二第二節）で考察している。参照されたい。

六　佛足石の造立

佛足石の造立は智努の生涯の中で特記すべき企画であり、後世に大きな遺産として残ることとなった。この佛足石は、天平勝宝五年（七五三）七月一五日より彫刻にかかり、一三日間で上平面の佛足彫刻作業を終了している（同記文、左側面記事）。佛足石全体の竣功にはなお時を要した。

佛足石について、その概要を記すと次のようになる。

＊　　＊　　＊

上平面——本願としての左右佛足があり、その周囲に各種の荘厳が施されている。佛足には、花文（足指）・金剛杵・双魚・華瓶・蠡王・千輻輪・梵王頂の各相が刻まれている。

正　面——『西域傳』と『観佛三昧海經』を引用して綴られた三八一字（欠字推定分も計数しての字数。以下、同）からなる、佛足石の霊験譚、佛跡を拝する功徳説話、祥句から成っている。その周囲には本文中に記された阿波邏羅龍帰順譚に対応する釈尊・金剛神及び龍と山崖の図や瑞雲・法相華などの荘厳が施されている。この図は、本書第二章論考篇一第一節「佛足石記文について」のトレース（三六四頁）を参照されたい。また、阿波邏羅龍帰順譚については［亀田孜・一九六二・一二・論考］に詳しい。

左側面——佛足石を彫るに至る由来が記されている。言わば縁起である。一六三字から成っている。王玄策が天竺（印度）より第一本（拓本）を唐へ伝え、黄書本實が唐の普光寺より日本へ第二本（右京禅院本）を将来した。その第二本を模写した第三本によって、一三箇日間かかって彫刻した。画師は越田安万、撰文者は神石手である。以上の次第が録されている。

裏　面――願文。亡妻茨田郡主《うまらだ》（茨田女王）の追善供養の為に造立したものであるという経緯と共に、願文が記されている。六四字。

右側面――三法印の偈（一二字）。周囲に、菩薩像四体等が刻まれている。

界　外――二一字刻まれている（横字を除く）。これにより総字数は全六四一字（欠字分計数）となる。

＊　　＊　　＊

その一三日間という彫刻日数は上平面の佛足跡に関してのものと見られるが、その作業が極めて手際よく速やかに彫り上げられたものであることを物語っている。この為には一年或いはそれ以上前から、撰文・意匠（デザイン）・材石探し等の準備にとりかかったものと推測される。撰文者は東大寺書吏の神石手であるが、そこには願主智努の意思が大きく関わっていたに相違ない。

この佛足石は裏面の願文から智努の亡妻茨田女王（「茨田女王」は『続日本紀』の表記であり、「佛足石記文」は「茨田郡主」）の追善供養の為に造立したことが明らかである。佛教への帰依心に篤い智努であったので、亡妻追善供養としての佛足石の造立は当然の帰結であったのであるが、『古京遺文』『続古京遺文』中の墓誌銘類を見ても、亡妻の為の造立はない。亡母の為のものとしては「山名村碑」「楊貴氏墓志」「下道圀勝圀依母骨蔵器銘」が挙げられる。「紀吉継墓志」は親の廣継が娘の為に作ったものである。「伊福吉部臣徳足比売墓誌」は郡領の兄弟が作ったものと考えられる。金石文では目下のところこの「佛足石記文」以外には見えず、その意味で貴重な記録となっている。これが倭歌文学においては、『萬葉集』に「亡妻挽歌」と呼称するものが若干ある（代作を含む）。

柿本人麻呂「泣血哀慟歌」（2・二〇七～二一六）など

大伴旅人「亡妻挽歌」（3・四三八～四五三）中の一一首。

大伴家持「亡妾悲傷歌」（3・四六二～四七四）
山上憶良「日本挽歌」（5・七九四～七九九）
丹比大夫「悽愴亡妻歌」（15・三六二五～三六二六）
佚忘氏「悲傷死妻歌」（19・四二三六～四二三七）

こうした差異は、記録願文と抒情詠との差異であると言えようか。

現在、この佛足石に付随するように佛足跡歌碑が存しているが、当初から一対のものであったとは言い得ない。このことについては「佛足石記文について」（本書第二章論考篇一第一節、三五六～三六〇頁）で言及しているので、ここには繰り返さない。

七　台閣に列して

天平勝宝六年（七五四）正月一六日に鑒眞が来朝している。この鑒眞来朝時に、智努は六十二歳であった。智努が鑒眞に何時謁《まみ》えたのかは不明であるが、天平宝字四年（七六〇）乃至は五年（七六一）頃に鑒眞の下で得度し「菩薩戒弟子」となっている（後出の天平宝字五年条、参照）。智努は唐招提寺へ足繁く通ったことであろう。

この天平勝宝六年の四月五日に、智努は摂津職大夫《かみ》に任ぜられている。「摂津職大夫」は摂津国の国守に相当するものであるが、より広範な職掌と権限がある摂津職とされていた。その政庁は京に置かれていたことが判明している。[坂元義種・一九六八・一二・論考]「摂津職について」がある。

なお、この年の七月一九日に太皇大后（宮子）が、翌々年（七五六）五月二日には聖武上皇が崩じ、智努は共に御装束司となって葬事に仕えている（智努、六十二歳及び六十四歳）。自身の年波を考え、世の無常が一段と身に染みたに違いない。

天平勝宝八歳（七五六）二月一六日付の「東大寺領攝津職嶋上郡水無瀬荘圖」が正倉院にある（正倉院宝物、東南院文書）。その絵図の末尾に、摂津職大夫であった智努は、役職上確認の署名をし、六十四歳の智努の自署が珍しくも後世に残った（『大日本古文書』四〈東京大学史料編纂所編・刊行〉の二〇八頁、左写真〈上〉）。その用紙には角印「攝津國印」が押されている。他に自署文献として、この翌年三月十六日の「攝津職解」が正倉院文書（『大日本古文書』四の二二五頁。『正倉院古文書影印集成』一〈宮内庁正倉院事務所編、八木書店〉、正集巻四の五四頁、左写真〈下〉）にある。

天平勝宝九歳（七五七）一月六日に橘諸兄が薨じている。

この年は、長年慕ってきた橘諸兄が亡くなっただけではなく、政事多端であった。孝謙天皇の次嗣を巡っての藤原仲麻呂の画策があった（『続日本紀』天平寶字元年四月辛巳条、及び淳仁天皇即位前紀所載の天平勝宝九歳三月二九日辛丑条）。仲麻呂はあらかじめ亡息藤原真従の妻の粟田諸姉を大炊王に嫁がせて擬制血縁を結んで大炊王を自邸に住まわせておき、この年の三月二九日に皇太子（道祖王）を非難排斥して廃した。時の皇太子が廃されるや、四月四日に大炊王を皇太子に推すという芸当をやってのけた。この四月四日の皇太子決定には三案が出たと『続日本紀』は伝える。道祖王の兄である塩焼王を推す者（右大臣藤原豊成・中務卿藤原永手ら）、池田王を推す者（摂津職大

「水無瀬荘圖」（『大日本古文書』四）

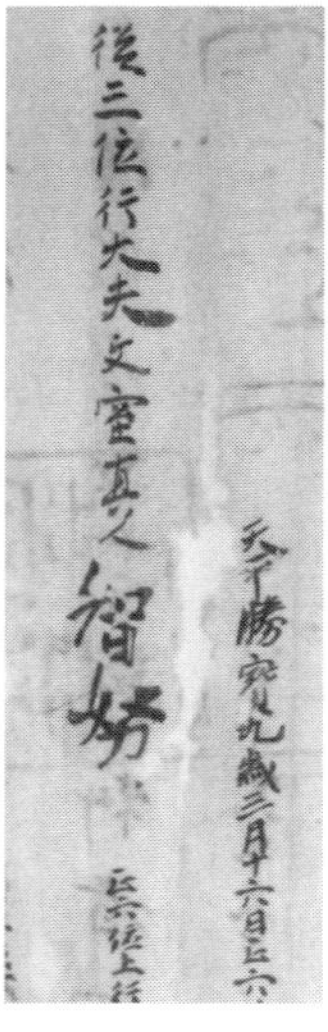

「攝津職解」（『正倉院古文書影印集成』一）

夫文室智努・大伴古麻呂ら）、及び大炊王を推す仲麻呂一派であった。ここに智努の名が出てくる。時の権門側ではない批判勢力として、大伴古麻呂と共に智努の名が見えるのは留意してよい。真摯な智努のことであるから、仲麻呂の横暴に対し、腹に据えかねての措置と見られる。その横暴が通り、大炊王が皇太子となっている。この政変は、橘奈良麻呂の変を引き起こした。この年の七月に黄文王・安宿王・橘奈良麻呂・大伴古麻呂たちは藤原仲麻呂打倒の謀議に荷担したということで逮捕され、黄文王・道祖王・大伴古麻呂・多治比犢養・小野東人・賀茂角足は杖下に死に、橘奈良麻呂は自ら首を括って死んでいる（七月四日）。橘諸兄は既にこの世にはおらず、智努にとって命の縮まる思いがする六十五歳の政変であった。ただ、英明なる智努は変に巻き込まれることはなかった。泥臭い政事からは一歩控えた所に身を置くという常日頃の生き方が彼を救ったのであろう。この変の後、八月一八日に、孝謙天皇は改元して天平宝字元年とし、翌年（七五八）八月一日に大炊王は即位して淳仁天皇となった。

遡って天平勝宝九歳（七五七）六月、廃太子騒動の後、奈良麻呂の変の前に、智努は治部卿に任ぜられた。この任命の日付に関して、『公卿補任』は「六月八日任」とし、『続日本紀』は「六月壬辰」（一六日）としている。『公卿補任』記事は智努の『家傳』に拠ったものであること前述した通りであり、智努『家傳』と『続日本紀』との違いに関わる認定は智努の臣籍降下同様にむつかしい。或いは『家傳』の記事は内示の日であったのかも知れない。

天平宝字二年（七五八）六月一六日、智努六十六歳の時に、出雲守になっている。同じ時に大伴家持は因幡守となって赴任している（この翌年の正月が家持の『萬葉集』終焉歌となる）。智努は参議であり兼任であるので、出雲へ下ることなく都で政治に参画している。この二箇月後に淳仁天皇の即位があった。

同年八月二五日に、天皇は藤原仲麻呂の労を嘉賞し、特に恵美押勝の名を賜り、恵美家の印の使用を許可している。と共に、官号を唐風名称に改称している。太政大臣を大師、左大臣を大傅、右大臣を大保、大納言を御史大夫に改称するといった類であった。参議であった智努はこの決定に名を列ねているが、全て押勝の企図に違いない。

押勝政治の典型がここにある。大伴家持が因幡にあって「いや重け吉事《しよごと》」と寿ぎながら、口を噤《つぐ》まざるを得なかった強引な押勝の政治情況の一端である。

天平宝字三年（七五九）六月二二日、智努（六十七歳）は天下の僧尼の粛正を天皇に奏上している。この奏上は智努と慈訓（興福寺の僧）との連名でなされている。慈訓の依頼により、佛教に理解があり台閣に列している参議智努が、その陳情に名を連ねたという体のものである。しかし恐らくは、智努も日頃から僧尼の怠惰腐敗ぶりに憤慨していて、この慈訓の申し出に喜んで名を連ねたという実情であったものと推測される。この年、唐招提寺講堂（金堂の造立は奈良時代末）が建立されている（五四〇～五四二頁、参照）。

天平宝字四年（七六〇）正月四日、智努（六十八歳）は中納言になった。この年の六月七日に光明皇后が崩じている。

八　その出家

天平宝字五年（七六一）正月二日、智努（六十九歳）は正三位に昇った。この時、『続日本紀』には「文室真人浄三」と記されている。法号「浄三」の初出である。前年の光明皇后崩時に、その葬儀の山作司の一人になっているが、その時には「文室真人智努」の名で出ている。前年六月より後に出家したものであろう。『公卿補任』は正三位への昇叙も「浄三」の改名も、この年の正月一四日であるとしている（「正三位文室真人浄三六十九〔正月十四日叙正三位。即改名知努爲浄三。本名知努〕」）。鑒眞の下での得度である（「沙門釋浄三菩薩傳」による）。この日以後、『続日本紀』にはこの「浄三」の名で出る。「浄三」を「きよみ」と読む人もあるが、出家による法号であり、音読することになる。智努の出家は、所謂佛教カブレの一時的なものでも、また当時の都人に一般的であった知的アクセサリーとしての佛教でもなく、真摯な求道者であり佛教徒であった彼の当然の帰結としてある。ただ、出家の理由が求道のみであるのかというと、強ちそうとも言えず、当時の政治情況から来る身の危険に対する保身という側面が存したことであろう。［吉村怜・一九七一・三・論考］も「名門の王族の保身の術」とする。出家は政治上の野心がないという表明となる。彼にとって出家は偽りではなく心の真実であったが、自己の保身にも役立てたというのが実情であろう。このことを裏返すと、当時の政治社会情況は、身を擦り減らす程に、危険と隣り合わせの毎日であったのである。

天平宝字六年（七六二）正月四日、浄三（七十歳）は御史大夫（旧称、大納言）になっている。難を避けながらも政治の台閣を徐々に昇ってゆく（昇ってゆかざるを得ない）姿がここにある。

押勝がバックアップする淳仁天皇と孝謙上皇との対立がこの五月から表面化していたが、この六月に孝謙上皇は詔（第二七詔）によってこのことを明らかにし、自ら出家して佛弟子となっている。

八月二〇日、浄三は老齢（七十歳）という理由により、宮中での扇及び杖の使用を特別に許可される栄誉を受けている。［高島正人・一九八三・二・論著］は、致仕（退官）の申出に対する遺留の結果としている。『禮記』には「大夫七十而致事。若不得謝。則必賜之几杖。行役以婦人。適四方乗安車」（「曲禮上」第一）とある。七十歳で致仕（＝致事）を申し出、認められなかった時には、「几杖」を特別に許可され賜ると共に、介護の「婦人」が付けられ、出かける際の為の「安車」（乗り心地の良い車）を賜うと示されている。これにより、致仕の申し出は間違いないことであり、上表文を奉ってのものであった可能性がある。

一一月に伊勢神宮の奉幣使に、一二月に神祇伯兼任となっている。［加藤諄・一九七五・五・論考］は、「大神寺にて六門陀羅尼經を講ず」と「沙門釋浄三菩薩傳」にあるのはこの頃のことであると指摘する。

［西山徳・一九五九・二・論考］は、この年の一二月一七日付正倉院文書「安都雄足解」（『大日本古文書』十六の

六九〜七〇頁）に出る「文室卿」（浄三）と「禪師」（道鏡）から、「僧侶としての道鏡に対する精神的な親近感もあつたに相違ない」とする。しかし単なる公的な繋がりの可能性があり、その判断にはむつかしいところがある。別に［加藤優・一九八二・二・論考］は、東大寺鎮制の性格から、「親道鏡派の者が任じられた」とするのであるが（五四〇頁、参照）、この件についても疑問符が付く（後述）。

天平宝字七年（七六三）五月六日、鑒眞大和上が物化（逝去）している。浄三はこの時七十一歳であった。

天平宝字八年（七六四）正月七日、浄三は従二位に昇叙している。

この頃、紀寺奴婢の良賤に関する訴えに対する仲介と意見具申をしている（『續日本紀』天平宝字八年七月丁未条）。この中に「賞疑從重、刑疑從輕、典冊明文」（賞《ほ》むるに疑はしきは重きに従ひ、刑《つみ》するに疑はしきは軽きに従ふ、これ典冊の明文なり）という『書經』に準拠した文辞があって、注目出来る（『古文尚書』には「罪疑惟輕、功疑惟重〈刑疑附輕、賞疑從重、忠厚之至〉」〈大禹謨第三、〈 〉内は注文〉とある）。現代風に言えば、「疑わしきは罰せず」と言うことになる。この文辞は「先聖の所伝」（『續日本紀』）ではあるが、古典を政治生活理念として取り入れていたと評価出来るのである。

九　浄三の致仕

この年（七六四）の九月二日に浄三は致仕（引退）している（九月戊戌〈四日〉条。『公卿補任』は「九月一日致仕」とする）。時に七十二歳である。

中国では一般に七十歳で退く事から、［加藤諄・一九七五・五・論考］はこの時を七十歳と認定し、逆算して浄三の生年を算定している。この時の天皇の詔に「年滿懸車、依礼致仕」とある（『續日本紀』薨伝には「年老致仕」

とある）。「懸車」とは漢の薛廣徳の故事に由来する語であり、仕官を辞することが本義である。中国の致仕は一般に七十歳であったところから、「懸車之年」というと七十歳の意味にもなっている。今の場合、単に仕官を辞すという意味であるのか、七十歳をも意味しているのか、そのどちらの意味で使用されているのかということを考えるのによい例がある。それは、浄三の弟の大市王の例である。

大市王は兄に従って臣籍降下し、文室真人大市となっている。彼の薨年は、宝亀十一年（七八〇）一一月戊子（二八日）条に、「前大納言正二位文室真人邑珎薨…中略…年七十七」と『続日本紀』に出ていて明らかである。その大市が辞任を申し出ている。宝亀三年（七七二）二月二日のことで、時に数え年六十九歳であった。この時は「上表、乞骸骨」（上表して、骸骨を乞ふ）という『続日本紀』の定型表現になっている。許されず、その二年後の宝亀五年（七七四）七月一一日に、二度目の申し出をしている。『続日本紀』には「重乞致仕」（重ねて致仕を乞ふ）とあり、光仁天皇の詔として、「卿年及懸車……」（卿の年、懸車に及び、……）と「懸車」の語が用いられているが、この時の年齢は七十一歳である。「懸車」の七十歳に限らない例がここにある。『選叙令』に、

凡官人、年七十以上、聽致仕。五位以上、々表。（『選叙令』21）
（凡《すべ》て官人は、年七十以上にして、致仕を聴《ゆる》せ。五位以上は、表を上《たてまつ》るべし。）

とあり、日本思想大系本『律令』の頭注は「聴」について、実際は任意であったとしている。

これらから見て、時の浄三の年齢は、七十歳に拘るべきではなく、『家伝』に依拠している『公卿補任』が示す年齢（七十二歳）が良い。詳しくは、「懸車寸考」（本書第三章第論考篇二第四節）を参照されたい。

浄三の致仕は、彼が七十歳を過ぎたからではなくて、当時の政治情況から判断して致仕という手段を取ったものと推定される。当時の政治情況とは何か。この九日後に恵美押勝の乱が起きている。これと無縁ではない。政治の台閣に列していた浄三であるから、押勝側の動きを察知していたに違いない。身の危険を悟って素早く致仕に至っ

たのである。君子危うきに近寄らずと言うところである。『続日本紀』の記述を見る限り、上表文も奉らず、官人に伝え置く形で帰宅したという趣きである。台閣内において事があったのかも知れない。上表文については二年前に一度奉っているから良いということになろうか。その二日後に、浄三致仕の報に接して淳仁天皇が嘆く詞に、「古人云、知止不殆、知足不辱、卿之謂也」（古人云ふ、止《とど》まることを知れば殆《あやふ》からず、足《た》ることを知れば辱《はづかし》められず、これ卿の謂《いひ》也）とある（『続日本紀』）。この辺の機微を語った言辞と理解される。天皇はやむなく許可し、几杖及び新銭十万文を賜っている。

この浄三の致仕について、［西山徳・一九五九・二・論考］は、

浄三が御史大夫の高官にあり、道鏡が上皇の寵を得て、押勝にとつて代らんとする情勢の下では、…中略…慎重なる性格の持主であり、時勢の流れを察するに敏なる文室浄三にとつては、一身を全うするには、どちらにも動く能はず、記述の如く、老齢の故を以て致仕を乞ふに至つたものと見られる。

とし、また［高島正人・一九八三・二・論著］も、

天皇およびその背後にあって政治を専断し来った太師恵美押勝と上皇およびその側近としての道鏡との厳しい対立は、正常の感覚の持主には到底耐えがたいものであったに違いない。御史大夫としての浄三は、そのような厳しい両者の対立抗争の被害を蒙る頂点に位置していたのである。

と言及している。

この九日後（九月一一日）に、恵美押勝の乱が起き、その七日後の一八日に、押勝は敗走先の近江で斬殺されている。

押勝逆謀の翌日（九月一二日）の『続日本紀』記事には、浄三は致仕によって給付を半減にしたが全給に改めるという勅が下っている。逆謀発覚の一一日に押勝は既に遁走しているのであるから、これは押勝失脚後の措置であ

る。押勝敗死後の遡及措置という可能性もあろう。一〇月九日には、淳仁天皇の淡路幽閉となり、孝謙が重祚して称徳天皇となっている。翌天平神護元年（七六五）八月一日には、和気王が押勝乱連座で誅死となり、同年閏一〇月二日には道鏡が太政大臣禅師になるというように、歴史の歯車が忙しく回っている。この間、淨三はどういう気持ちで眺めていたことであろうか。

十　晩年の騒動

称徳天皇が崩御した神護景雲四年（宝亀元年、七七〇）八月四日頃のこととして、『日本紀略』に藤原朝臣百川の伝（「百川傳」）による逸事が載る。［木本好信・二〇一三・五・評伝］『藤原四子』は、

この「百川傳」の記事には疑問がないわけではないが、検証をかさねて概ねこの内容は真実を反映しているものと考えてよいと思う（「称徳女帝の「遺宣」―光仁天皇の立太子事情―」『日本歴史』七〇六号、二〇〇七年三月）。

としている。この「百川傳」（『日本紀略』光仁天皇即位前紀）は次に引く通りであるが、『日本紀略』は「百川傳」を直接に引用するのではなく、『日本紀略』の文として書き直している。時に淨三は七十八歳、亡くなる二箇月前のことであった。

皇帝遂八月四日崩。天皇平生未立皇太子。至此、右大臣眞備等論曰、御史大夫従二位文室淨三真人、是長親王之子也。立爲皇太子。百川與左大臣内大臣論云。淨三真人有子十三人。如後世何。眞備等都不聽之。冊淨三真人為皇太子。淨三確辭。仍更冊其弟參議従三位文室大市真人爲皇太子。亦所辭之。百川與永手良繼定策。偽作宣命語。宣命使立庭令宣制。右大臣眞備巻舌無如何。百川即命諸仗冊白壁王爲皇太子。十一《（ママ）》月一日壬子、即位於大極殿。…下略…

（『日本紀略』前篇十二、光仁天皇即位前紀、国史大系本二四三～二四四頁）

（皇帝（称徳）遂に八月四日に崩《かむあが》りたまへり。天皇（称徳）、平生、皇太子を立てたまはず。此《ここ》に至りて、右大臣眞備等、論《あげつ》らひて曰《い》はく、「御史大夫従二位文室浄三真人は、是れ長親王の子也。立てて皇太子と為《す》べし。」といふ。百川と左大臣（永手）・内大臣（良継）と、論ひて云はく、「浄三真人に子十三人有り。後の世を如何せむ」といふ。眞備等都《すべ》て聴《き》かず、浄三真人を冊《た》てて皇太子に為《な》さむとす。浄三、礭《たちまち》に辞《いな》ぶ。仍《すなは》ち更《また》其の弟参議従三位文室大市真人を冊てて皇太子に為さむとす。亦辞ぶる所なり。百川と永手・良継と策を定め、偽りて宣命の語を作る。宣命使の庭に立つに、宣制せしめつ。右大臣眞備、舌を巻きて如何ともする無し。百川即ち諸仗を命じ、白壁王を冊てて皇太子と為せり。十一月一日壬子に、大極殿に即位したまへり。……）

右に光仁天皇の即位を「十一月一日」としているのは、「十月朔」（『続日本紀』）の誤りである。『日本紀略』は右に続けて、右大臣吉備眞備が「長生之弊。還遭此恥。」（長生の弊、還《また》此《こ》の恥に遭《あ》ふ。）と語り、その場で致仕を上表して隠居したと記している。『公卿補任』の寳亀二年の「藤百川」条では、百川について「数出奇計」（数《あまた》たび奇計を出《いだ》す）と書かれている。天皇崩御後の大庭における宣命使の宣制は、まさに「奇計」と言えよう。

志貴親王の子の白壁王は、この七七〇年に六十二歳という、やはり若くはない年であった。『続日本紀』によれば、称徳天皇崩御の寳亀元年（七七〇）八月四日のその日に「遺宣を受け」た形で白壁王を皇太子に決めたとある。王位・皇位を避け、臣籍降下し、出家し、更に致仕して、平安に生きることを願った老年の浄三に、なお皇位の声がかかったのである。『日本紀略』には「礭辞」の表現が使われている。「礭」は本来「鞭」とか「確」の意味を示す語であるが、ここでは「霍」の異体字として使われている。「鬼の霍乱」の「霍」で「にはか」を意味する語である。藤氏一派の策略により、浄三（や大市）は皮肉にも皇位から逃れることが出来たという有様である。晩年の浄三にしてなお息を抜くことが出来ない緊迫した当時の政治情況であった。［林陸朗・二〇一〇・五・論著］は、文室邑珍条において、「賜姓して皇親から脱離してもなお誘惑や危険が渦巻く政情不安な世の中だったのである」

と言及している。

白壁王の即位は同年一〇月一日であるが、その即位前条には、

深顧横禍時、或縦酒晦迹。以故、免害者数矣。（『続日本紀』）

（〈白壁王は〉深く横禍の時を顧みて、或《あるとき》は酒を縦《ほしきまま》にして迹《あと》を晦《くら》ませり。故《ゆゑ》を以《も》ちて、害《わざはひ》を免《まぬ》かるること数《あまたたび》なり。）

というエピソードを伝えており、台閣に関わった人の苦悩を浮き彫りにしている。

宝亀元年（七七〇）一〇月一日に光仁天皇が即位し、その八日後の一〇月九日に浄三は薨去している。享年七十八歳であった。

十一　浄三菩薩傳から

『日本高僧傳要文抄』第三に収められている天台沙門釋思託撰『延暦僧録』全五巻の中に「沙門釋浄三菩薩傳」（第二巻条）がある。ここには、右の史書には見られない浄三の佛教的側面が記されている。この事跡をここに取り上げる。テキストは、東大寺図書館蔵の宗性筆『高僧傳』六種九冊のうち、宗性撰『日本高僧傳要文抄』第三を底本にし、諸本により校訂した［藏中しのぶ・一九九二・三・校本］及び［藏中しのぶ・二〇〇八・三・注釈］によって示す。行数表示もこれによるものである。『延暦僧録』の成立は延暦七年（七八八）二月であることが［後藤昭雄・一九八八・二・論考］によって明らかとなっている。

『延暦僧録』によれば、「釋浄三」（題では「沙門釋浄三菩薩」）と示され、まず「浄三原天皇之後也」（二一一行）と出る。天武天皇の孫であり、天武は「浄御原天皇」（『日本書紀』など）とも称されるが、ここに「浄三原天皇」の用字を用いているのは法号「浄三」が祖父天皇に由来することを暗に示しているものである。そうしたことで

あったとしても、その法号「浄三」の読みは「きよみ」ではなくて音読することとなる（じやうさむ）。ちなみに、［宮嶋弘・一九五三・一〇・論考］は、「浄三」は浄三原天皇の後裔であると共に身の三業の所犯を清浄にする意を兼ねた命名であるとしている。

ついで、東大寺大鎮、法華寺大鎮、浄土院別當になったことを明らかにしている。

…上略…配東大寺。朝命任大鎮、兼法華寺大鎮、浄土院別當。（二二五～二二六行）

大鎮について、［和田英松・一九〇二・一〇・論著］は「別当と三綱の下」とするが、『望月佛教大辭典』には、

鎮は三綱の上に位したるもの（『望月佛教大辭典』「鎮」の項）

鎮は別當等と同一職務を司るものにして、法華、東大、新薬師等に置かれ、之に大中少の別あり。（『望月佛教大辭典』「僧職」の項）

とする。この方が実際に合致している。この「大鎮」職については［加藤優・一九八二・二・論考］の「東大寺鎮考」が詳しくて、次の諸点を指摘している（以下、採要）。

＊東大寺、法華寺、弘福寺、下野寺、香山薬師寺、殖槻寺、石山院、近江国分寺、西琳寺、西大寺、西隆寺、海竜王寺、多度神宮寺、菅原寺、元興寺など、官大寺だけでなく中小寺院にも置かれた。

＊興福寺、大安寺、薬師寺、法隆寺などには置かれた形跡が無い。

＊大鎮・少鎮二人からなる寺院が多いが、鎮一人の場合もある。

＊大・中・少鎮の存在が確認できるのは東大寺だけ。

＊奈良時代後半に機能していた制度。

＊三綱の上に立つことは確か。

また［福山敏男・一九三二・一〇・論考］は、次の「故大鎮家解」を同論の（註一九）において引いて、「故大

鎮は浄三であると推定される」と指摘する。

　故大鎮家解　　申請書手事
　中臣鷹取
　　右依有應行願十箇日間所請
　　如件以解
　　　　　　　寶龜元年十一月廿日書吏正八位上神直石手
　家令正六位下直豊丘
　知家事文室真人真老
　　　　　　　　（『大日本古文書』六の一〇九頁。『正倉院古文書影印集成　六』八五頁）

右に出る文室真人真老は文室真人智努や弟文室真人大市など一族の近縁者に違いないが、系譜は不明である。さてこの「故大鎮」については、［渡辺直彦・一九六五・二・論考］も同様に浄三であると指摘する。その後、［渡辺直彦・一九七二・一〇・論著］は、「致仕後も家令は従来通り置かれている」「薨去と同時には解任されていない」という二件を指摘し、これを受けて［加藤優・一九八二・二・論考］は、「宝亀元年十月九日に薨じたが、それまで大鎮の任にあった」と指摘している。

また［加藤優・一九八二・二・論考］は、次の事項も指摘している（採要）。

＊浄三は大鎮としての実質的な任務を行っていなかった。（今でいう名誉職であった。）
＊浄三以後は東大寺大鎮の存在を確認できない。
＊浄三は大納言致仕後大鎮の任に就いたとみることができよう。
＊東大寺大・中・少鎮制の存続期間が道鏡政権の時期とほぼ一致するのは、道鏡が東大寺を運営する組織として設けたことを示す。

右の指摘の中で、大鎮就任は大納言（正確には御史大夫）致仕後のこととしているが、「沙門釋淨三菩薩傳」では東大寺大鎮法華寺大鎮淨土院別當になったことを挙げた後に、鑒眞の下での得度出家を書いている。「釋淨三菩薩傳」が史的な順序を追う形で書かれているのか、項目列挙かは明確では無いが、概ねは年代順に示しており、その点からすると、右の指摘には疑問符が付くことになる。また、東大寺鎮制の性格から「親道鏡派の者が任じられた」とするが、この件も右の就任時期と重なる問題であり、また僧尼の粛清を奏上した文室真人智努であるというところからしても、疑問符が付くことになる。

次に「釋淨三菩薩傳」には次の記事が出る。

大内施先上、解歇九間屋、入唐寺爲講堂、口勅合別當。　（二二六～二二七行）

［福山敏男・一九三二・一〇・論考］は、「大内」は天皇、「先上」は「故和上」、「解歇九間屋」は「前面柱間開放の桁行九間の屋」という意味になり、「天皇が故和上に柱間開放の九間屋を寄進され」という意味に解せられるとする。また「口勅合別當」については、［藏中しのぶ・二〇〇八・三・注釈］が「口勅ありて「合《まさ》に別当にすべし」とのる」と訓読している（『唐大和上東征傳』の中にも同様の「合」字の例が見える。「合死」とある箇所で、東寺観智院本には「死ニモアヒナマシ」〈古典保存会複製本、二七一行〉の訓がある。この箇所について、［安藤更生・一九七三・六・訓読］は、「合《まさ》に死すべし」と訓読しているのがそれである）。

右のことは、『招提寺建立縁起』（［田中伝三郎・一九三〇・一・複製］『諸寺縁起集』六、所収）に、

一、講堂一宇、右平城朝集故施入、仍件堂造如件。　（五丁表一行目）

（一、講堂一宇。右は平城の朝集〈殿〉を故《ことさら》に施入したまふものなり。仍《すなは》ち件の堂として造ること如《かくのごと》件し。）

とあるのと照応する。［福山敏男・一九三二・一〇・論考］は、次のように指摘する。

まず前記の文に九間屋とあるのは現在の招提寺講堂の桁行の間数とまさしく一致する。浄三が朝集堂の移建

工事の別当となった日時は明記されていない（福山氏、註二三――おそらく、かつて造宮卿であった彼がこの大宮の改築工事全体を主裁したのであろう）。しかし我々は宝字四年から六年の前半にかけて平城宮の朝堂院の改築が行なわれたことを知っている。続紀の示すところに従えば、古い朝堂は宝字四年正月十七日まで見え、新しい朝堂は同六年六月三日に初めて見えている。それ故に、朝集堂の一つが招提寺へ移建されたのはこの間に置かれるべきであり、延暦僧録の記すように、浄三が鑒真から菩薩戒を受けて出家したことが事実ならば、それは宝字四年後半とみられるから、この移建も宝字四年ごろと考えられるであろう。（一一三頁）

従うべき見解である。その後、［安藤更生・一九六二・一一・論著］は次のように言う。

記録によると、もと平城宮の朝集殿を、この寺を創建する時に施入されたのだという。朝集殿というのは、平城宮の朝堂院の中で一番南に位置して、東西に一つずつあり、宮中に儀式のある時に役人たちが参集する控え室で、これはその東朝集殿である。平城宮の建物としては、この堂だけが残っているのだが、鎌倉時代の大規模な改修を経て、鎌倉様式が随所に見られるが、なお建物の根幹は奈良時代の気分を充分に感得できる堂々たる遺構である。（二七頁）

また、［星山晋也・一九八七・一〇・論著］も次の発言をしている。

古代の講堂の遺構は少ない。天平時代のものは法隆寺伝法堂とこの講堂だけである。…中略…文室真人浄三が別当となって朝廷が寄進した九間屋を移してこの寺の講堂としたという（『延暦僧録』）。そしてこの工事によって鑑真の弟子となったというのであるから、鑑真の在世中すなわち天平宝字七年（七六三）までに移建されていたと考えられている。また『東征伝』も鑑真の弟子忍基が講堂の棟梁の折れた夢を天平宝字七年に見て、師の遷化が近いのを知ったと書いている。文室浄三は…中略…天平宝字五年（七六一）以降浄三と称するが、この改名は鑑真による受戒を機縁とすると考えられ、朝集殿の移建は天平宝字五年以前が推定される。ちょうど、天平宝字五年から同六年にかけて平城宮の大規模な改修工事が進められており、移入の時期を天平宝字四年ごろにおくことができる。　（八八～八九頁）

唐招提寺講堂（国宝）と智努とのことは右の解釈でよい。

伏膺大和上鑒眞、爲菩薩戒弟子。　（二一七行）

鑒眞の下で得度出家したことは前に書いたが、右に出る唐招提寺別当になったことがその契機・機縁になっていることであろう。右に示した［福山敏男・一九三二・一〇・論考］は、出家時期を天平宝字四年後半としていた。『続日本紀』で確認できる文室真人智努の法号の初出が天平宝字五年正月二日であるから、その出家を天平宝字四年後半と見るのは、妥当な見解と言ってよい。

後於大神寺講六門陁羅尼經、并東大寺立十二分教義。誓其来問、若春日以銷氷。却彼所疑、猶秋風之掃葉。勅授傳燈大法師位。　（二二九～二三一行）

その後、大神寺で『六門陀羅尼經』を講じている。大神寺は大御輪寺ともいう。一般に音読でダイゴリンジと言っているが、ここに「大神寺」とあるところからすると、オホミワデラと訓で呼ばれた可能性がある。三輪明神（大神神社）の神宮寺であるが、明治の神仏分離の際に破却された寺である。『六門陀羅尼經』は、正倉院文書に「六門経（六門教とも）」「六門陀羅」の形でも見られ、一四例ほどが検出できる。［木本好信・一九八九・一・解説索引］に、次のようにある。

一巻、玄奘訳、唐貞観一九（六四五）訳出／諸々の菩薩に衆生を利益し安楽するためにと授けた六門陀羅尼法について、如法に持誦するものは、無上正等菩提を獲得することができると説く。

［亀田孜・一九六四・八・論考］「仏跡の伝来と観智院の仏足図」は、右の『六門陀羅尼經』から、神宮寺の初期の講経資料が大般若経というような普通に行われるのではなくて、陀羅尼に関する雑密的な祈禱

と神社との結合が明かに知られる例である。浄三が神祇伯に任ぜられるのは宝字六年（七六二）十二月であり、大神寺講経はその後になる。大般若講経は神宮寺で護国祈願の形体で始まっているようだが、ここでは広く一切衆生の業障消滅と解脱とを願うというように進んでおって、神仏習合の最も早い思想が見出されると思う。

と指摘していることが注意される。

また東大寺で「十二分教」の講義をしたとある。「十二分教」は固有名詞ではないので正倉院文書中に確認は出来ないが、〔藏中しのぶ・二〇〇八・三・注釈〕に、

　「十二分教」は仏典の叙述の形式、内容から十二に区分された聖典、蔵経のこと。

とある。これらは明快な論理で講説され、春の日に氷が融けて消え行くように、秋風に落ち葉が拭われるように、聴衆の疑問は消え去ったと言う。これにより、天皇は傳燈大法師位を授けている。

　又造顕三界章一巻、佛法傳通日本記一巻。　（一二三一行）

その著書に『三界章』一巻、『佛法傳通日本記』一巻があるとするが、両書共に、現在確認出来ず、逸書と見られる。『三界章』について〔藏中しのぶ・二〇〇八・三・注釈〕は『顕三界章』とする。そうかも知れないが、私は「造顕」（造り顕はす）と読み、書名を『三界章』とした（〔亀田孜・一九六四・八・論考〕や〔高島正人・一九八三・二・論著〕も『三界章』としている）。

　又於所居佛堂側、花香供養。於是香烟颺迴、天花落蘂、音聲供佛、佳膳施僧、并印佛作無垢淨光塔、及七倶胝塔。　（一二三三〜一二三五行）

「また、居《す》める佛堂の側にて、花香供養す。」とあり、浄三居宅の屋敷内に佛堂があったことがわかる。〔加藤諄・一九六八・一二・論考〕はこれにより、智努が造立した佛足石は、当初この邸内に安置したとしている。認めてよい考察である。〔亀田孜・一九六四・八・論考〕「仏跡の伝来と観智院の仏足図」は「印佛作無垢淨光塔及七倶

胝塔」に関して次のように指摘している。

恐らくこの最晩年に仏堂に居り、印仏で無垢浄光塔や七倶胝塔を作ったというから、印仏では最も早い例であってその創始者といってよい。宝亀元年に百万塔に籠めた印字の無垢浄光陀羅尼などと共通の性質をもつものといえる。七倶胝塔はその作意では百万塔に接近するもので、後に述べる興福寺東院の東瓦葺小塔堂が百万塔を安置しているのと思い合わせてみると、浄三が天平勝宝五年六十一歳の時に作った仏足石安置の堂と同じ院内にあるのも奇縁である。

この亀田孜氏の言は汲むべき多くのものがある。[藏中しのぶ・二〇〇八・三・注釈]も「文室浄三が「無垢浄光塔」「七倶胝塔」の画像の印仏を行ったとするもので、『百万塔陀羅尼』とならぶ日本の印仏の最初例となろうか。文室浄三には「薬師寺仏足石」造立のことがあり、可能性は想定されてよいであろう」とする。

雖復三災互起、蓮座常安、三千世界倶空、寶瓶恒滿。以此椅心、願生西方無勝淨土。法身住處、釋迦文佛所都。經説、「此堪忍向西、過三十二恒河沙三千界外。別有釋迦法身住處、名無勝淨土。或名曰嚴淨土」。

（傍線箇所は廣岡の校訂による。）（二三五〜二三八行）

この箇所についても[亀田孜・一九六四・八・論考]に重要な発言がある。

浄三は涅槃経の研究者であって、この無勝世界をもって、夫人の往生仏国に擬したのであるが、「延暦僧録」では「以此倚心…中略…或名曰厳浄土」と解している。恐らく浄三が書いた文章によっているのかと思えるほどに、この西方無勝浄土を涅槃経によって解釈している。当時にはもう既に盛であった阿弥陀の安楽世界とならべて、釈迦の恒久の浄土を指向したのは異色がある考え方であって、霊山浄土ではなく、普遍的な無勝の浄土で法身釈迦が世に出て、そこで聖説を聴聞するのに値遇しようというのである。このような考え方が涅槃宗とでもいうべきものかと思うが、弥勒菩薩信仰もあり、また鑑真の教法にも傾倒しており、後には阿育王寺の仏跡の見聞についても、鑑真の随僧たちから聞いたであろう。勅によって伝灯大法師位を授けられたというのも、親王禅師として独自の学識を持っておったからであろうが、通じてみると華厳、法相、雑密等にわたって、奈良時代の仏教の動向を身につけていたので、その早いころのが、たまたま仏足石を通じて知られるにいたったのであろう。

と、総括とも言う発言があり、留意される。

十二　おわりに

智努王は天武天皇（浄三原天皇）の孫、長皇子の子としてこの世に生をうけ、臣籍降下して文室真人智努となり、出家して浄三となり、七十八歳でこの世を終えた。この間、権力争闘の激しい政治の台閣に身を置かなければならなかった彼の一生は、苦悩に充ちたものであったに違いない。しかしながら、智努王が政界で翻弄され続けたかというと、そうではないと見られるふしがある。［高島正人・一九八三・二・論著］は次のように指摘する。

智努王は、授爵以来三十数年にわたる皇族の間、職事官への補任がほとんど知られない。…中略…かように、皇族時代の智努王は官職への補任に預かることが少なく、多く散位のままであったが、臣籍降下の後は…中略…職事官への補任が恒常化したことを指摘できる。（一一三頁）

右のことは天平元年（七二九）二月の長屋王変も影響していることであろう。時に智努王は三十七歳であった。この事件が彼の一生の指針として大きく影を落していると当稿の冒頭部で書いた。と共に、生来賢明な君子であり、また自ずと培われた佛教への傾倒から、その一生は幸いにも波乱万丈といったことはなく、天寿を全うした一生であった。智努王の弟に大市王がいる。彼も兄と共に同時に臣籍降下して文室真人大市となっている。それだけではなくて、その事跡は兄に重なるところが少なくない。その大市は、七十七歳で宝亀十一年（七八〇）一一月に逝去している。その薨伝に、

…上略…勝賓以後、宗室枝族、陥辜者衆。邑弥削髪爲沙門、以圖自全。…下略…

（『続日本紀』宝亀十一年一一月戊子条）

（……勝賓以後、宗室も枝族も、辜《つみ》に陥《おちい》る者衆《ひとおほ》し。邑弥（＝大市）髪を剃《そ》りて沙門と為《な》り、以《も》ちて自《みづか》ら全《また》くせむことを図《はか》りぬ。……）

とある。ここには出家は身の保全の為であり、他の何物でもないとまで言われている。当時における出家の側面をみごとに描き出している一文である。しかしながら、この一件について、兄と弟は様相を異にしている。兄智努に保全の要素が全く無かったわけでは無いが、それ以前のこととして、智努浄三は、真摯な佛教帰依者であった。時の天皇（称徳か）は浄三に傳燈大法師の位を贈り授けたという、この一事でも明らかである。

さて智努は、天平勝宝五年（七五三）七月に、亡き愛妻を追悼する心から佛足石を造立した。この佛足石は、偶像の原初形態としての信仰の産物であり、全く宗教的存在そのものであるが、今の我々から見ると、信仰と共に、文筆と絵画彫刻芸術とが渾然一体となった芸術品であり、智努が意図した以上の成果をこの世に残すこととなった。文化史上の輝かしい遺産そのものとなっており、国宝に指定されているのは故あることである。

『萬葉集』に倭歌一首が載り、その歌いぶりは無難でそつがないというだけではなくて、宴席の場としての詠法を考えると巧みな一首であると評してよい歌を残している。

この他に佛書『三界章』と『佛法傳通日本記』各一巻（共に佚書）も著わしている。

次節に「文室真人智努資料年譜」を収めているので、参照されたい。

第九節　文室真人智努資料年譜

〔凡例〕

＊智努王及びその関連事項に限定して示した。
＊第八節「文室真人智努の生涯」で触れなかった智努王に関する条を含んでいる。
＊年齢欄は智努王の数え歳を示す。
＊「ＤＫ」は『大日本古文書』をさす略称である。

西暦	倭年号等・月・日	歳	事項
六九三	持統天皇7	1	智努王生誕。（「持統天皇七年癸巳生」『公卿補任』、天平十九年条）（薨年「七十八」『公卿補任』、神護景雲四年条）
七一七	養老元・正・4	25	従四位下。「授…中略…无位……智努王……並従四位下。」（『続日本紀』）
	10・12		益封。「……従四位下……智努王……等、益封各有差。」（『続日本紀』）
七一八	養老2・9・16	26	大舎人頭。「二年九月丁未為大舎人頭。」（『公卿補任』、天平十九年条）
七二六	神亀3・9	34	左大舎人頭。「任左大舎人頭。」（『公卿補任』、天平勝宝九年条）
七二八	神亀5・11・3	36	造山房司長官。「以従四位下智努王、為造山房司長官。」（『続日本紀』）
七二九	天平元・3・4	37	従四位上。「授…中略…従四位下智努王……並従四位上。」（『続日本紀』）
七三九	天平11・正・13	47	妻茨田女王に従四位下。「无位茨田女王、従四位下。」（『続日本紀』）

七四〇	天平12・11・21	48	正四位下。「授…中略…従四位上智努王……並正四位下。」	(『続日本紀』)
七四一	天平13・8・9	49	木工頭。「……正四位下智努王為木工頭。」	(『続日本紀』)
	9・8		恭仁遷都造宮卿。「以正四位下智努王、正四位上巨勢朝臣奈弖麻呂二人為造宮卿。」	(『続日本紀』)
	9・12		「遣木工頭正四位下智努王……四人、班給京都百姓宅地。」	(『続日本紀』)
七四二	天平14・正・7	50	造宮労に賜禄を受ける。「賜禄有差。特賚造宮卿正四位下智努王、東絁六十疋綿三百屯。以勤造宮殿也。」	(『続日本紀』)
	8・11		紫香楽宮造営の造離宮司。「朕将行幸近江國甲賀郡紫香樂村。即以造宮卿正四位下智努王、……等四人、為造離宮司。」	(『続日本紀』)
七四六	天平18・正	54	白雪応詔歌一首。「智奴王」(歌は逸佚)	(『萬葉集』17・三九二二題、三九二六左注)
	4・22		正四位上。「授…中略…正四位下智努王正四位上。」	(『続日本紀』)
七四七	天平19・正・20	55	従三位。「授正四位上智努王従三位。」	(『続日本紀』)
七四八	天平20・4・22	56	元正太上天皇葬儀の御装束司。「以従三位智努王……、為御装束司。」	(『続日本紀』)
七五二	天平勝宝4・8・23	60	臣籍降下。「従三位文室真人知努六十八月廿三日改王姓爲文室真人。」	(『公卿補任』)
	9・7		臣籍降下。「檀主従三位智努王以天平勝寶四年歳次壬辰九月七日改王字成文室真人智努」	(「佛足石記文」B11～14行目)
	9・22		臣籍降下。「従三位智努王等賜文室真人姓。」	(『続日本紀』)
	丁卯日＝11・25		新嘗会肆宴応詔歌一首。「天地与久万弖尓万代尓都可倍麻都良牟黒酒白酒乎／右一首従三位文室智努真人」	(『萬葉集』19・四二七五)
			(この頃)正倉院文書に「知努」の形で名が見える。	(DK・十二の三九二頁)
七五三	天平勝宝5・7・15	61	佛足石彫刻開始。「亡夫人従四位下茨田郡主法名良式」の追善供養の為という発願。	(「佛足石記文」C2～4)

		7・27		「従天平勝寳五年歳次癸巳七月十五日」（「佛足石記文」B9～10） 佛足石佛足（上平面）の彫刻完成。「盡廿七日并一十三箇日作了檀主従三位智努王」（「佛足石記文」B10～12）
七五四	天平勝宝6	4・5	62	摂津職大夫。「従三位文室真人珎努為攝津大夫。」（『続日本紀』）
		7・20		崩御の太皇太后（宮子）の御装束司。「以……従三位文室真人珎努……、為御装束司。」（『続日本紀』）
七五六	天平勝宝8	5・3	64	崩御の聖武太上天皇の御装束司。「以……従三位文屋真人珎努……、為御装束司。」（『続日本紀』）
		12・16		水無瀬絵図に署名（自署）。「天平勝寳八歳十二月十六日…中略…／上件二所勘／従三位行大夫文室真人智努。」（DK・四の二〇八頁）
七五七	天平勝宝9（天平宝字元）	3・16	65	摂津職解に署名（自署）。「天平勝寳九歳三月十六日…中略…従三位行大夫文室真人智努。」（DK・四の二二五頁。『正倉院古文書影印集成』正集巻四、一の五四頁）
		3・29		仲麻呂に廃太子の動きあり。「九歳三月廿九日辛丑、高野天皇（＝孝謙）皇太后（＝光明子）与右大臣従二位藤原朝臣豊成、大納言従二位藤原朝臣仲麻呂、中納言従三位紀朝臣麻路、多治比真人廣足、攝津大夫従三位文屋真人智努等、定策禁中、廢皇太子（＝道祖）、以王還第。先是、大納言藤原仲麻呂、妻大炊王以亡男眞従婦粟田諸姉、居於私第。四月四日乙巳、遂迎大炊王於仲麻呂田村第、立為皇太子時年廿五。」（『続日本紀』天平宝字二年八月淳仁即位前紀）
		4・4		池田王を推す。「天皇召群臣問曰。當立誰王以為皇嗣。右大臣藤原朝臣豊成、中務卿藤原朝臣永手等言曰、道祖王兄塩焼王可立也。攝津大夫文室真人珎努、左大辨大伴宿祢古麻呂等言曰、池田王可立也。…中略…。勅曰、…中略…唯大炊王、雖未長壯、不聞過悪、欲立此王。…中略…。迎大炊王立為皇太子。」（『続日本紀』）

	6・8		参議兼治部卿。「参議従三位文室真人知努六十五六月八日任。即兼治部卿。」（『公卿補任』）
	6・16		治部卿。「従三位文室真人智努為治部卿。」（『続日本紀』）
七五八	天平宝字2・6・16	66	出雲守。時に参議。「……参議従三位文屋真人智努為出雲守。……家持為因幡守。」（『続日本紀』）
	8・1		孝謙天皇の譲位に際し、孝謙に尊号を奉る百官及び僧綱の上表に対する孝謙の報詔勅の草稿文の後に付された「諸司主典已上禄法」としてある並びに「参議文屋真人智奴」の名が見える（「参議三位絁廿匹」とある）。当条、『続日本紀』に孝謙の報詔勅は載るが、列挙人名は略されて、その名が見えない。（DK・四の二八五頁。『正倉院古文書影印集成』続集巻一、五の九頁）
	8・25		議により官号改易。「是日、……参議従三位出雲守文室真人智努……等、奉勅改易官号、太政官……故改為乾政官。太政大臣曰大師。左大臣曰大傅。右大臣曰大保。大納言曰御史大夫。」（『続日本紀』）
	8・25		官号改易に関わる「太政官奏」の写し（壬生官務家所蔵文書）に名が見える（後世の写）。「参議従三位行出雲國守臣文室真人智勢（ママ）。」（DK・四の二九三頁）
七五九	天平宝字3・6・22	67	僧尼の粛正を願い出る。「参議従三位出雲守文室真人智努及少僧都慈訓奏。伏見、天下諸寺、毎年正月悔過、稍乖聖願、終非功徳。何者、修行護國僧尼之道。而今或曽不入寺、計官供於七日、或貪規兼得。着空名於兩處。由斯、讖及三寶、無益施主。伏願、自今以後、停官布施、令彼貪僧無所希望。」（『続日本紀』）
七六〇	天平宝字4・正・4	68	中納言。「……従三位文室真人智努為中納言。」（『続日本紀』）
	6・7		光明皇后崩御。山作司。「天平應眞仁正皇太后（＝光明子）崩。（崩伝略）。以…中略…従三位……、文室真人智努……等十二人、為山作司。」（『続日本紀』）
七六一	天平宝字5・正・2	69	正三位。「授従三位文室真人浄三正三位。」《浄三の名の初出》（『続日本紀』）

西暦	和暦	月日	年齢	事項
		正・14		正三位。浄三と改名。「文室真人浄三六十九正月十四日叙正三位。即改名知努爲浄三。本名知努。」（『公卿補任』）
		10・11		稲四万束を賜わる。「賜……稲……文室真人浄三、各四万束。」（『続日本紀』）
七六二	天平宝字6	正・4	70	御史大夫。「以中納言正三位文室真人浄三為御史大夫。」（『続日本紀』）
		8・20		宮中における扇杖使用の許可を受ける。「御史大夫文室真人浄三、以年老力衰、優詔特聴宮中持扇策杖。」（『続日本紀』）
		11・3		伊勢奉幣使。「遣御史大夫正三位文室真人浄三……等四人、奉幣於伊勢太神宮。」（『続日本紀』）
		12・1		兼神祇伯。「以御史大夫正三位文室真人浄三、為兼神祇伯。」（『続日本紀』）
		12・17		「御史大夫文室卿」の称で「安都雄足」の解に見える。（DK・十六の六九頁）
七六四	天平宝字8	正・7	72	従二位。「授正三位文室真人浄三従二位。」（『続日本紀』）
		7・12		この日よりも前に、紀寺奴婢の良民化の訴件で天裁を仰いだ。「先是、従二位文室真人浄三等奏曰、「伏奉去年十二月十日勅、「紀寺奴益人等訴云、「紀袁祁臣之女粳賣、嫁木國氷高評人内原牟羅、生兒身賣狛賣二人。蒙急、則臣處分、居住寺家、造工等食。後至庚寅（＝持統4）編戸之歳、三綱校數、名為奴婢、因斯、久時告愬、分雪無由、空歴多年、于今屈滯。幸属天朝、照臨寓内、披陳欝結。伏望正名」者。為賤為良、有因有果、浮沈任理、其報必應。宜存此情、子細推勘、浮沈所適。剖判申聞」者。謹奉嚴勅、捜古記文、有僧綱所、庚午籍書、寺賤名中、有奴太者、并女粳賣、及粳賣兒、身賣狛賣。就中、異腹奴婢、皆顯入由。太者并兒、入由不見。或曰、「戸令曰、「凡戸籍恒留五比、其遠年者依次除、但近江大津宮庚午年籍不除」。蓋為氏姓之根本、遏姦欺之乱基歟。據此而言、猶為寺賤」。或曰、「賞疑從重、刑疑從輕。典冊明文。何其不取。因斯覆審、或可從浮」。雙疑聳立、各自争長。浄三等庸愚、心迷孰是、輕陳管見、伏

			聽天裁」。奉勅「依後判」。於是、益麻呂等十二人賜姓紀朝臣、眞玉女等五十九人内原直。即以益麻呂為戸頭、編附京戸。而紀朝臣伊保等、猶疑非勅。至是、召御史大夫從二位文室真人浄三、參議仁部卿從四位下藤原恵美朝臣朝獦、入於禁内、高野天皇（＝孝謙）口勅曰、「前者卿等、勘定而奏。「依庚午籍、勘者可沈」。是一理也。又檢紀寺遠年資財帳、「異腹奴婢、皆顯入由、粳賣一腹、不見入由。據此而言、或可從浮」。是亦一理也。罪疑就輕。先聖所傳。是以、從輕之状、報宣已訖。而紀朝臣等、猶疑非勅、不肯信受。致今、召御史大夫文室真人、面告其旨、復召朝獦、副令相聽」。……戊申（＝13日）遣使宣詔、放紀寺奴益人等七十六人、從良。」（『続日本紀』）
	9・1		致仕。「文室真人浄三…中略…（九月一日致仕。詔許）。」（『公卿補任』）
	9・2		致仕。「御史大夫從二位文室真人浄三、致仕。詔報曰、「今聞、「汝卿一昨、拜朝歸家」。乃知、年滿懸車、依礼致仕。竊思此事、憂喜交懷。一喜功遂身退能守善道、一憂氣衰力弱返就田家。古人云、「知止不殆、知足不辱」。卿之謂也。丹懇難違、依其所請。仍賜几杖并新錢十萬文、將以弘益勝流、廣勵浮俗、因書遺意、指不多云」。」（『続日本紀』、九月戊戌〈四日〉条）
	9・12		致仕半減給付分を全給に改め支給される。「又勅、「前大納言（＝御史大夫）文室真人浄三、先縁致仕、職分等雜物減半者、宜改先勅、依舊全賜」。」（『続日本紀』）
七六八	神護景雲2・10・24	76	大宰の綿を賜わる。「大宰綿……從二位（原文「從三位」、校訂）文室真人浄三六千屯、……。為買新羅交關物也。」（『続日本紀』）
七七〇	神護景雲4・8・4（宝亀元）	78	皇太子候補に推される。「百川傳云々。…中略…天皇（＝称徳）平生未立皇太子。至此、右大臣眞備等論曰、御史大夫從二位文室浄三真人、是長親王之子也。立為皇太子。百川與左大臣（＝永手）内大臣（＝良繼）論云。浄三真人有子十三人。如後世何。眞備等都不聽之。□冊□浄三真人為皇太子。浄三確辭。仍更□冊□其弟參議從三位文室大市真

人為皇太子。亦所辭之。百川與永手良繼定策。偽作宣命語。宣命使立庭令宣制。右大臣眞備巻舌無如何。百川即命諸仗冊白壁王為皇太子。十一月一日壬子、即位於大極殿。」（『日本紀略』光仁天皇即位前紀）

10・9

薨去。「從二位文室真人淨三薨。一品長親王之子也。歴職内外、至大納言、年老致仕、退居私第、臨終遺教、薄葬不受鼓吹、諸子遵奉、當代稱之、遺使弔賻之。」（『續日本紀』）

「又云。釋淨三者、俗姓文室真人、即淨三原天皇（＝天武）之後也。門分帝戚、錫掃天枝、積代衣纓、鏗鏘佩玉、品登正二位、職拜大納言。輔翼契同魚水、具申舟楫、雅合鹽梅。官學之間、聲逸耳、辨冕之伍望、以指南。帝宅頼其樞機、佛法資其弘護。政事之暇、存心三寶、翹誠奈苑、忻尚祇薗。公事之餘、參給侶以年、預勅參玄、配東大寺。朝命任大鎮、兼法華寺大鎮、淨土院別當。大内施先上、解歇九間屋、入唐寺為講堂。口勅合別當。因茲伏膺大和上鑒眞、為菩薩戒弟子。於是族群出三界、斫額看羅、承信手、以猛苦海鮫龍、舉神足以蹴邪山醉馬。後於大神寺、講六門陁羅尼經、并東大寺立十二分教義。誓其來問、若春日以銷氷。却彼所疑、猶秋風之掃葉。勅授傳燈大法師位。又造顯『三界章』一卷、『佛法傳通日本記』一卷。昔秦什云、「公之八俊、魯孔君之四科、雖世號英靈、豈若探釋迦文奥旨。六門甘露、作慈氏之道前、十二餬餬、擬劫終而救世」者。即大鎮之力與、又於所居佛堂側、花香供養。於是香烟飈逈、天花落蘂、音聲供佛、佳膳施僧、并印佛作無垢淨光塔、及七倶胝塔。雖復三災互起、蓮座常安、三千世界倶空、寶瓶恒滿。以此椅心、願生西方無勝淨土。法身住處、釋迦文佛所都。經説、「此堪忍向西、過三十二恒河沙三千界外。別有釋迦法身住處、名無勝淨土。或名曰嚴淨土」。」（『延暦僧録』所収「沙門釋淨三菩薩傳」＝『日本高僧傳要文抄』第三所収。［藏中しのぶ・二〇〇八・三・注釈］を参照した。）

第三章　論考篇二

第一節　語句分離方式の成立

一　はじめに

対句表現の研究は、江戸期以来少なくない蓄積があり（［小國重年・一八〇一・論著］『長歌言葉の珠衣』、［橘守部・一八三四・論著］『長歌撰格』）、我が国固有の「言い換え繰り返し」の表現から、中国における対句表現の影響を受けて発展してきたことが明らかにされている。この対句表現に関する数少なくない論考を手許に置いてはいるが、ここでは［次田眞幸・一九三五・四・論考］「長歌の對句の發生及び變遷」及び［大畑幸恵・一九八五・一一・論考］「対句」、［神野志幸恵・一九九七・三・論考］「「対句」覚書」を記すにとどめておく。これらには、対句表現に関する先行研究が示されている。

我が国固有の「言い換え繰り返し」の表現については、例えば、

……阿良多麻能　登斯賀岐布礼婆　阿良多麻能　都紀波岐閇由久……（記歌謡二八、景行記）

の事例がよく物語っている。この「あらたまの年が来経れば／あらたまの月は来経ゆく」という表現は、対比・対照という中国の「対句」構造に由来するものでは全くなくて、「言い換え繰り返し」という単純な言語形式であることを見て取ることができる。ただし、「年」「月」という語の根底に、漢語「年月」の語が全く介在していないかどうか、という問題が存在していることは認めなければならない。こうした課題事例については、［井手至・一九

七六・五・論考」「対偶語の用法」が言及している。

右のような単純な「言い換え繰り返し」表現を基底にしつつ、中国文学を学ぶ過程を経て、中国の「対句」表現を重ねることによって、我が萬葉文学の対句は展開してきた。

ここに、そうした一事例として、「語句分離方式」とも呼び得る一つの表現形式を提示し、修辞様式の展開の相を確認したい。

二　佛足跡歌碑歌における事例

この「語句分離方式」という表現様式については、佛足跡歌碑歌研究の過程において示して来た（本書第一章注釈篇第二節、二五二～二五三頁など、本書第二章論考篇一第六節「佛足跡歌体について」四七三～四七四頁）。即ち、佛足跡歌碑歌の第五句と第六句の関係について、意義上の観点から、私は「補足形式」「倒置形式」「主述形式」「語句分離形式」という四分類をおこなった。その「語句分離」の方式に該当する佛足跡歌碑歌は次の五首であった。

与伎比止乃　麻佐米尓美祁牟　美阿止須良乎　和礼波衣美須弖　伊波尓恵利都久　多麻尓恵利都久　(3)
（善《よ》きひとの正目《まさめ》に観《み》けむ御足跡《みあと》すらを我はえ見ずて石《いは》に彫《ゑ》りつく玉に彫《ゑ》りつく）

己乃美阿止夜　与呂豆比賀利乎　波奈知伊太志　毛呂毛呂須久比　和多志多麻波奈　須久比多麻波奈　(4)
（此《こ》の御足跡《みあと》や萬光《よろづひかり》を放《はな》ち出《い》だし諸諸《もろもろ》救《すく》ひ度《わた》したまはな済《すく》ひたまはな）

於保美阿止乎　美尓久留比止乃　伊尓志加多　知与乃都美佐閇　保呂歩止曽伊布　乃曽久止叙伎久　(17)
（大御足跡《おほみあと》を見《み》に来る人の去《い》にし方千世《かたちよ》の罪《つみ》さへ滅《ほろ》ぶとぞ云《い》ふ除《のぞ》くとぞ聞く）

比止乃微波　衣賀多久阿礼婆　乃利乃多能　与須加止奈礼利　都止米毛呂毛呂　須々賣毛呂母呂　(18)

（人の身は得《え》難《がた》くあれば法《のり》の為《た》の因《よすか》となれり勉《つと》め諸諸《もろもろ》勵《すす》め諸諸）

与都乃閇美　伊都々乃毛乃々　阿都麻礼流　伎多奈伎微乎婆　伊止比須都閇志　波奈礼須都倍志　(19)

（四《よ》つの蛇《へみ》五つの鬼《もの》の集《あつ》まれる穢《きた》なき身をば厭《いと》ひ棄《す》つべし離《はな》れ捨つべし）

右の第五句と第六句を取り出して表示すると次のようになる。

伊波尓恵利都久　多麻尓恵利都久……石に彫りつく　玉に彫りつく (3)
和多志多麻波奈　須久比多麻波奈……度したまはな　済ひたまはな (4)
保呂歩止曽伊布　乃曽久止叙伎久……滅ぶとぞ云ふ　除くとぞ聞く (17)
都止米毛呂毛呂　須々賣毛呂母呂……勉め諸諸　勵め諸諸 (18)
伊止比須都閇志　波奈礼須都倍志……厭ひ棄つべし　離れ捨つべし (19)

これは二字漢語（連文）を第五句と第六句に振り分けて配したものであり、3番歌は「玉石」の語を、4番歌は「済度」の語を、17番歌は「滅除」の語を、18番歌は「勉励」の語を、19番歌は「厭離」の語を振り分けて表現している。3番歌においては「石玉」になり、4番歌において「度済」になっていることについては後述する（「逆転技巧」五六七・五七五頁）。このことは、3番歌において、佛足石記及び佛足跡歌碑歌の典拠と考えられる『大唐西域記』（［羽田亨・一九一一・一〇・本文］）に、

東昭怙釐佛堂中。有玉石。面廣二尺餘。色帶黃白。狀如海蛤。其上有佛足履之迹。長尺有八寸。廣餘六寸矣。（『大唐西域記』巻第一、屈支國の佛足迹条）

とあることによって、確認することが出来る。これは、論文［廣岡義隆・一九八九・一一・論考］よりも早くに、『古京遺文注釈』の注解［廣岡義隆・一九八九・二b・注釈］の中において指摘していた。

この佛足跡歌碑歌における「語句分離」については、私の論考指摘よりも後になるが、［佐竹昭広・一九九三・

九・論考」が同様に言及している。即ち、「薬師寺の仏足石歌の場合、単なる「言い換え」乃至は「繰り返し」と見るだけでは不十分」として、17番歌・18番歌・19番歌を挙げ、「「滅除」という漢語を二句に割り振ったもの」（17番歌）、「精進」（18番歌）、「厭離」（19番歌）とし、4番歌についても「救済」「救度」の和らげであるとしている。［佐竹昭広・一九九三・九・論考］は、拙稿の言及を見ることなく提起したもののようであるが、結果的に私案の「追試」となっており、認定における確認作業がなされたと言ってよい。

三　萬葉歌における事例

ここに、この「語句分離方式」に基づく表現について、『萬葉集』の歌詠表現においてはどうなのかということを確認しておきたい。

実は、柿本人麻呂作品にその典型的な事例が存在する。その「典型的な事例」（⑧歌・⑨歌）は後に示すことにして、まずは『萬葉集』長歌中の該当表現について、見ておきたい。

①八隅知之　吾大王之　…中略…　百礒城乃　大宮人者　船並弖　旦川渡　船競　夕河渡　此川乃　絶事奈久
此山乃　弥高思良珠　水激　瀧之宮子波　見礼跡不飽可問

（1・三六、柿本人麻呂、「幸于吉野宮之時柿本朝臣人麻呂作歌」）

（八隅知し　吾が大王《おほきみ》の　……　ももしきの　大宮人は　船並《ふねな》めて　旦川《あさかは》渡る　船競《ふねきほ》ひ　夕河《ゆふかは》渡る　此の川の　絶《た》ゆる事なく　此の山の　弥高《いやたか》しらす　水激《みづはし》る　瀧《たぎ》の宮子《みやこ》は　見れど飽かぬかも）

右の①歌傍線部の表現は、「旦夕」に「船並船競」し、「河渡」りするというものである。同じ柿本人麻呂作品の後出の⑧歌⑨歌の事例を勘案すると、一種の「語句分離表現」と見てよいと考えるが、「言い換え繰り返し」表現であると見ることも可能な単純な表現内容である。

②飛鳥　明日香乃河之　…中略…　玉垂乃　越能大野之　旦露尓　玉裳者埿打　夕霧尓　衣者沾而　草枕　旅宿鴨為留　不相君故　（2・一九四、柿本人麻呂、「獻泊瀬部皇女忍坂部皇子歌一首」）

（飛ぶ鳥の　明日香の河の　……　玉垂《たまだれ》の　越《をち》の大野の　旦露《あさつゆ》に　玉裳《たまも》は埿打《ひづ》ち　夕霧に　衣《ころも》は沾《ぬ》れて　草枕　旅《たび》宿《ね》かも為《す》る　相《あ》はぬ君故《きみゆゑ》）

これも単なる「言い換え繰り返し」表現と見ることが可能な、単純な表現である。後出の⑧歌⑨歌を勘案して、「旦夕」（の露・霧）に「衣裳」がひづち濡れることを分離した「語句分離表現」と見る。ただし、単純な「言い換え繰り返し表現」という解釈も可能な事例であり、次の③歌を含めて、「語句分離方式」ということに拘るものではない。ただし、武田祐吉『萬葉集全註釋』には、「朝夕の露や霧に濡れることを分ち叙したまで」との言及がある。この人麻呂歌を学んでの作に遣新羅使人歌群中の③歌がある。

③天地等　登毛尓母我毛等　…中略…　安佐都由尓　毛能須蘇比都知　由布疑里尓　己呂毛弖奴礼弖　左伎久之毛　安流良牟其登久　…下略…　（15・三六九一、葛井子老、「右三首葛井連子老作挽歌」）

（天地と　共《とも》にもがもと　……　旦露《あさつゆ》に　裳《も》の裾《すそ》埿打《ひづ》ち　夕霧に　衣手沾《ころもでぬ》れて　幸《さき》くしも　あるらむ如く　……）

次の④歌は大伴旅人の唯一の長歌作品である。

④見吉野之　芳野乃宮者　山可良志　貴有師　水可良思　清有師　天地与　長久　萬代尓　不改将有　行幸之宮　（3・三一五、大伴旅人、「暮春之月幸芳野離宮時中納言大伴卿奉勅作歌一首」）

（み吉野の　芳野の宮は　山からし　貴《たふと》く有るらし　水《かは》からし　清《さや》けく有るらし　天地《あめつち》と　長く久しく　萬代《よろづよ》に　改《かは》らず有らむ　行幸《いでまし》の宮）

この長歌作品については、「芳野宮者／山水清貴／天地長久／萬代不改／行幸之宮」という四字句に収斂すると見ることが出来るものであり、［廣岡義隆・一九八三・三・論考］「讃酒歌の構成について」において、この倭歌は漢文脈表現を基盤にした発想であることをかつて指摘したことがあった。この「山可良志　貴有師　水可良思　清有師」の箇所は、まさに「山水清貴」の意味が表現の基底にあると把握することが出来る。裏返すと、「山水」及び「清貴」の語を分離して、「山可良志　貴有師　水可良思　清有師」と表現していると見ることが出来、「語句分離方式」の一事例と確認出来る。山田孝雄『萬葉集講義』が「水《カハ》」の用字について「これはもと「山水」といふ熟語より生ぜる観念ならむ」とし、武田祐吉『全註釋』が「カハに水の字を使用してゐるのは、山水の字を分つて使用したのである」と指摘している。

⑤奈麻余美乃　甲斐乃國　…中略…　日本之　山跡國乃　鎮十方　座祇可聞　寶十方　成有山可聞　駿河有
不盡能高峯者　雖見不飽香聞　（3・三一九、高橋虫麻呂、「詠不盡山歌一首」）
（なまよみの　甲斐の国　……　日《ひ》の本《もと》の　山跡《やまと》の国の　鎮《しづめ》とも　座《いま》す祇《かみ》かも　宝《たから》とも　成《な》れる山かも　駿河なる
不尽《ふじ》の高峯《たかね》は　見れど飽かぬかも）

この⑤歌の傍線部については、かつて［廣岡義隆・一九九四・三・論考］「寶鎮としての富士山」で指摘した。その執筆時には「語句分離」という方式を念頭にしての考察ではなかったが、この事例においても、まさに「寶鎮」という観念語を分離しての表現であると位置付けることが出来る（「逆転技巧」）。

⑥皇神祖之　神乃御言乃　敷座　國之盡　湯者霜　左波尓雖在　嶋山之　宜國跡　極此疑　伊豫能高嶺乃　射
狭庭乃　崗尓立而　歌思　辞思為師　三湯之上乃　樹村乎見者　臣木毛　生継尓家里　鳴鳥之　音毛不更
遐代尓　神左備将往　行幸處　（3・三二二、山部赤人、「至伊豫温泉作歌一首」）
（皇神祖《すめかみ》の　神のみことの　敷き座す　国の尽《ことご》と　湯はしも　さはに在れども　島山の　宜しき国と　極《こご》しかも
伊予の高嶺の　いさ庭の　崗《をか》に立たして　歌思ひ　辞思《ことおも》ほしし　み湯の上の　樹《こ》むらを見れば　臣《おみ》の木も　生《お》ひ

継ぎにけり　鳴く鳥の　音《こゑ》も更《かは》らず　遐《とほ》き代に　神さび往かむ　行幸処《いでましどころ》）

この歌の「歌思」の箇所は、いくつかのテキストにおいて、校訂して「敲思」としている。

この箇所の本文確認をすると、古写本において『西本願寺本萬葉集』を除いて「歌」で一致しており、わずかに『西本願寺本萬葉集』において「謌」の字になっているに過ぎない。この「謌」の字は『西本願寺本萬葉集』に特徴的な用字であり、『萬葉集』原本の姿は「歌思」であったと認定してよい。ところが、『全註釋』において、「歌を思ふといふことは、集中に例が無く不安定である」として、「敲自努比」（19・四一九六）の例により誤字であると推定し、ここの本文を「敲思」とした。以後、「敲思」（うちしのひ・うちじのひ）を校訂本文とする注釈書及び本文テキスト類を列挙すると、次のようになる。

全註釋・全講（武田祐吉）・増訂全註釋・中西全訳注・全解（多田一臣）…………………注釈書

角川文庫本（武田祐吉）・塙本・鶴萬葉（桜楓社）・校訂萬葉集（中西進）・塙本補訂版……本文テキスト類

しかし、澤瀉久孝『萬葉集注釋』は種々論拠を挙げた上で、「對句として極めて適切である」として「歌思」の語を本文と認定し、日本古典文学全集本『萬葉集』は「歌辭」（3・四三七左注）の語例を指摘し、西宮一民『萬葉集全注』は「その「歌辞」を「歌」と「辞」との二つに分けて言っている」と指摘している。「語句分離方式」に関する言及として留意してよい。この⑥歌の「語句分離表現」については、［廣岡義隆・二〇〇一・九・論考］「伊予の温泉の歌」において、その結論についてのみながら、言及している。

⑦小治田之　年魚道之水乎　間無曽　人者挹云　時自久曽　人者飲云　挹人之　無間之如　飲人之　不時之如
吾妹子尓　吾戀良久波　已時毛無　（13・三二六〇、作者未詳）
（小治田《をはりだ》の　年魚道《あゆち》の水を　間無《まな》くそ　人は挹《く》むと云ふ　時じくそ　人は飲むと云ふ　挹む人の　間無きが如く
飲む人の　時じきが如く　吾妹子に　吾が恋ふらくは　已《や》む時も無し）

この歌における「間無曽」「時自久曽」は単なる「言い換え繰り返し表現」にすぎない。ところがその下に位置する（人者）「挹云」「飲云」は、一連の行動（挹飲）を分離して表現しているものであり、これも「語句分離方式」に基づいた歌句表現であると、いちおうは認めることができる。ただしこの歌は、「……時無曽　雪者落家留　間無曽　雨者零計類……」（……時無くそ　雪は落《ふ》りける　間無くそ　雨は零《ふ》りける……）（1・二五、天皇御製）、「……時自久曽　雪者落等言　無間曽　雨者落等言……」（……時じくそ　雪は落と言ふ　間無くそ　雨は落ると言ふ……）（1・二六、或本歌）、「……間無序　雨者落云　不時曽　雪者落云……」（……間無くそ　雨は落ると云ふ　時じくそ　雪は落ると云ふ……）（13・三二九三、作者未詳）と緊密な関係を有する歌であることが知られている。この二五番歌・二六番歌・三二九三番歌における該当表現は単なる「言い換え繰り返し表現」に過ぎない。よって、この三二六〇番歌⑦に「語句分離方式」に基づく表現という認識・意図が存在したかどうかは、その認定が極めてむつかしく、むしろ「語句分離方式」が臨時的に見られると位置付けるのが良かろう。

さて、柿本人麻呂の「典型的な事例」は後で示すとした、その典型的な⑧歌・⑨歌の事例を次に示したい。

⑧玉手次　畝火之山乃　…中略…　大宮者　此間等雖聞　大殿者　此間等雖云　…下略…

（1・二九、柿本人麻呂、「過近江荒都時柿本朝臣人麻呂作歌」）

（玉手次《たまだすき》　畝火の山の　……　大宮《おほみや》は　此間《ここ》と聞《き》けども　大殿《おほとの》は　此間《ここ》と云《い》へども　……）

「近江荒都歌」中の表現である。この「大宮者　此間等雖聞　大殿者　此間等雖云」は「語句分離方式」の典型的な事例であると言ってよい。従来は、「上に宮といひこゝに殿と云るはいひかへたるなり」（井上通泰『萬葉集新考』）などと、「言い換え繰り返し表現」として理解されていた。しかしながら、その表現内容は、かつて「宮殿」のあった場所は、人が「此間」であると云い、自分も「此間」であると聞いているということになる。そうではあるが、目前に展開している景は春(夏)草が生い茂っているだけであると描写展開している箇所であり、まさに「宮殿」の語を「大宮」と「大殿」とに分離して表現したものに他ならない。［小川靖彦・一九九八・八・論考］は、「大宮」の語と「大殿」の語とについて、その語の持つ意義の違いを説く。ここはそうした熟語としての語性の違いを押えつつ、「語句分離方式」を併せるという複相による表現の可能性を孕んでいる。少なくとも、「語句分離方式」が確実に存在している事例であると見ることが出来る。なお、「雖聞」「雖云」は、論理的な語の順序としては、「雖云」「雖聞」とあるべきものであるが、これは後述の「逆転技巧」によっているものであり、これも「語句分離方式」に由来する一つの姿であると押さえることが出来る。

より典型的な事例として、同じ柿本人麻呂の次の⑨歌の事例を挙げたい。

⑨石見乃海　角乃浦廻乎　…中略…　朝羽振　風社依米　夕羽振流　浪社来縁　…下略…

（2・一三一、柿本人麻呂、「柿本朝臣人麻呂従石見國別妻上来時歌」）

（石見の海　角の浦廻を　……　朝羽《あさは》振《ふ》る　風こそ依《よ》らめ　夕羽《は》振《ふ》る　浪こそ来縁《きよ》れ　……）

この⑨歌の傍線部について、［阿蘇瑞枝・一九七二・一一・論著］は「対句が序のようになって後続の部分をひきだす」という「序対句」であるとする。これは阿蘇瑞枝氏の分類による定位である。と共に、当該対句について、「華麗な写実的描写によって対句をなしている」（増補改訂版六三〇頁）としている。この箇所はそれ以上に、意味内容に踏み込んで「語句分離方式」による展開となっていると位置付けるのがよい。山田孝雄『萬葉集講義』が「朝に風ふけば、夕に浪立つといふ意にはあらず。…中略…これは朝夕に風のふきよれば、浪もそれに伴ひて立ちきて岸による由をいへるに止まる」と言い、金子元臣『萬葉集評釋』も「「朝夕風浪」の四字は便宜に割り振つて字對を成したものだが、「朝夕」は常に不断にの意を具象的に代表させたまでゝ、事實上の時ではない」（「評」条）とする言及がよい。［伊藤博・一九七三・五・論考注］は、「「風」が「寄る」といういいかたはないが、風と浪は不可分のものであったから、この対句は「浪こそ寄らめ、浪こそ来寄れ」と言ってもよいところを、修辞的にこのように使いわけたものと考えられる」と言及する。［西郷信綱・一九五九・七・論著］は、「風や浪が朝夕よせくるのを、朝と夕にわけ様式化したもの…中略…古事記に「浪振る比礼《ひれ》、風振る比礼」…中略…などの用法がある。それらを詩的に再生したのであろう」とし、［稲岡耕二・一九八〇・四・注釈］は、西郷信綱が引く用例と共に、『文選』行旅詩に見える鮑明遠《ほうめいえん》の「鱗鱗《りんりん》トシテ夕雲起リ、獵獵《れふれふ》トシテ暁風《げうふう》ハ遒《すみや》カナリ。沙《すな》ヲ騰《あ》ゲテ黄霧《くわうむ》ヲ鬱《さかん》ニシ、浪《なみ》ヲ翻《ひるがへ》シテ白鷗《はくおう》ヲ揚《あ》グ。」（還都道中作）などの中国詩の詩句ではなかったろうか」と指摘する。これは⑨歌初案の一三八番歌（⑩）についても全く同様である。

この「語句分離方式」は、対句というものが「基本的には前連後連の確固たる対称形式をなす」ゆえに可能なことであった。［神野富一・一九八五・三・論考］「古代歌謡の対句」はこの「対称形式」ゆえに、「前連と後連で少し語句を違えることによって、その形式上の対称性が保持される」と「言い換え繰り返し様式」の成り立ちを説明する。その通りであるが、この「語句分離方式」においても、そうした「対称形式」ゆえに可能な表現様式であると押さえることが出来よう。

なおハフル（羽振）の語は［井手至・一九六二・六・論考］の「風浪の揺動し振動するの意」の自動詞と見る見解による。

また、「風社依米」の句の訓みについては、「風こそ寄せめ」と訓むのが最近の一般的な傾向であるが、早くに山田孝雄『萬葉集講義』が「略解には「ヨセメ」とよみたれど、「依」は「ヨル」とよむべき文字なり。…中略…さて從來の説にては風にこそ依らめの意なりとせり。されどかかる場合の「に」を省くこと例を見ざれば、從ひがたし。按ずるに、これはただ風の吹き來るをいひたるにて、下の浪の生ずる事をいはむ序なり」とし、土屋文明担当『萬葉集總釋』も「風が吹きよるのである。玉藻を吹きよせるのではない」として「風こそ寄らめ」と訓んだ。一方、澤瀉久孝『萬葉集注釋』は「浪が藻をよせる事」と理解している。即ちこの玉藻を海岸に打ち寄せられた景と見るが、該当歌句のすぐ上に「鯨魚取　海邊乎指而　和多豆乃　荒礒乃上尓　香青生　玉藻息津藻」（鯨魚取《いさなと》り　海辺を指して　和《にき》たづの　荒礒《ありそ》の上に　香青く生《お》ふる　玉藻《たまも》おきつ藻《も》）とあり、海中の景と見るのが良い。［渡瀬昌忠・一九八六・二・論考］は、「風こそ寄せめ」だと「根無しの流れ藻（それは茶褐色で、潮に乗って漂流し、「か青く生ふる」と言えるものでは決してない）「沖つ藻」を風が吹き寄せることになる」として「風こそ寄らめ」と訓んでいる。澤瀉久孝『萬葉集注釋』より後で「風こそ寄らめ」と訓んでいるのは、新潮日本古典集成本・稲岡耕二担当『萬葉集全注』・伊藤博『萬葉集釋注』・和歌文学大系本（稲岡耕二）にすぎない。ここは、「風こそ寄らめ」で訓むのがよい。

次の⑩歌は⑨歌に関わる「或本歌一首」であり、⑨歌と同一線上で考えてよい。

⑩石見之海　津乃浦乎無美　…中略…　明来者　浪己曽来依　夕去者　風己曽来依　…下略…
（石見の海　津の浦を無み　……　明け来れば　浪こそ来依《きよ》れ　夕去れば　風こそ来依れ　……）
（2・一三八、柿本人麻呂）

［井手至・一九七六・五・論考］は「一例だけ、漢語の対語「風浪」とは逆の「浪《なみ》―風《かぜ》」の順序の対偶例がある」として右の⑩歌を挙げ、「一三八或本歌における対偶表現は、「風―浪」の順序に整えられる以前の、草案の姿を留めたものとして貴重である」とする。しかし、この箇所は「語句分離方式」による緊密な一語「風浪」ゆえに、敢えて逆順序「浪」「風」に分離させ倭文脈による形で人麻呂が提示したという理解が可能である。佛足跡歌碑歌の「石玉」「度済」の事例はまさにこの形であったのである。これを「語句分離方式」における「逆転技巧」と私は呼称する。この逆転技巧も［神野富一・一九八五・三・論考］が指摘する対句の「対称形式」ゆえに可能な技巧であると位置付けることができる。

次の田辺福麻呂の⑪⑫歌は、⑨歌の影響下に成立した表現であると押さえられよう。

⑪安見知之　吾大王乃　在通　名庭乃宮者　不知魚取　海片就而　玉拾　濱邊乎近見　朝羽振　浪之聲蹘　夕薙丹　櫂合之聲所聆　暁之　寐覺尓聞者　海石之　塩干乃共　汭渚尓波　千鳥妻呼　葭部尓波　鶴鳴動　視人乃　語丹為者　聞人之　視巻欲為　御食向　味原宮者　雖見不飽香聞

（6・一〇六二、田辺福麻呂、「難波宮作歌一首」）

（安見知し　吾が大王《おほきみ》の　在《あ》り通《がよ》ふ　なにはの宮は　いさ魚《な》取《と》り　海片就《うみかたづ》きて　玉拾《たまひり》ふ　浜辺を近み　朝羽《あさは》振《ふ》る　浪《なみ》の声蹘《おとさわ》く　夕なぎに　櫂《かぢ》合の声聆《おとき》こゆ　暁《あかとき》の　寐覚《ねざ》めに聞けば　海石《いくり》の　塩干《しほひ》の共《むた》　汭渚《うらす》には　千鳥妻呼ぶ　葭《あし》へには　鶴鳴《たづな》き動《とよ》む　視る人の　語りに為《す》れば　聞く人の　視《み》まく欲《ほ》り為《す》る　御食向《みけむ》かふ　味原《あぢふ》の宮は　見れど飽《あ》かぬかも）

⑫八千桙之　神乃御世自　百舩之　泊停跡　八嶋國　百舩純乃　定而師　三犬女乃浦者　朝風尓　浦浪左和寸　夕浪尓　玉藻者来依　白沙　清濱部者　去還　雖見不飽　諾石社　見人毎尓　語嗣　偲家良思吉　百世歴而　所偲将往　清白濱

（6・一〇六五、田辺福麻呂、「過敏馬浦時作歌一首」）

（八千桙《やちほこ》の　神の御世《みよ》より　百船《ももふね》の　泊《は》つる停《とまり》と　八島国　百船びとの　定めてし　三犬女《みぬめ》の浦は　朝風に　浦浪さわき　夕浪に　玉藻は来依る　白沙《しらまなご》　清き浜へは　去《ゆ》き還《かへ》り　見れども飽かず　諾《うべ》しこそ　見る人毎《ひとごと》に　語《かた》り嗣《つ》ぎ　偲《しの》ひけらしき　百世《ももよ》歴《へ》て　偲《しの》はえ往《ゆ》かむ　清き白浜）

［塩沢一平・二〇一〇・一二・論考］によると、⑪歌の歌句「櫂合之聲所聆」の「聆」字は、『萬葉集』中孤例の用字であり、その「聆」は謝霊運の「登池上樓一首」（『文選』巻二十二）の「傾耳聆波瀾　擧目眺嶇嶔」の影響が考えられるという。「蹘聆」（「蹽聆」「躁聆」、蹘蹽躁の三字は、共に通字）の語が目下の私には確認できず（語義上も、「蹘」〈蹽・躁〉は「朝夕」のように「聆」に対応する語ではなく）、その点に不安は残るが、漢語「朝夕蹘聆」に基づいた「語句分離表現」の可能性がある。そうした漢籍典拠に拠るものではなくても、柿本人麻呂の⑨歌の影響下に

成立した表現であるということは動かない。

さて、右の⑧歌・⑨歌における柿本人麻呂の歌句表現は、偶然の表現効果というものではなくて、意識的・意図的になされた表現技法であると押さえることが出来る。

以上のように、『萬葉集』の中にも、佛足跡歌碑歌同様に「語句分離方式」による歌句表現が存在するのであり、これらの萬葉歌は佛足跡歌碑歌よりも時代的に古いものである。

『萬葉集』において確認できたのは右の諸例であるが、右が『萬葉集』における全例であるとは考えていない。現在、私が気付いた事例であるというに過ぎない。この「語句分離方式」の確定は、歌意認定と緊密に連関しており、歌句表現を押さえる中で認定することが出来るものであり、見落としている事例がなお存在するであろうと考えるものである。

四　『萬葉集』中における参考事例

『萬葉集』中の事例について検討した中で、「語句分離方式」による表現ではないものの事例について、以下若干コメントしておきたい。例えば、山上憶良における次の事例は、「語句分離」の方式が意図されているものとは考えられない事例である。


霊剋　内限者　…中略…　晝波母　歎加比久良志　夜波母　息豆伎阿可志　…下略…

（5・八九七、山上憶良、「老身重病経年辛苦及思兒等歌」）

（霊剋《たまきは》る　内《うち》の限《かぎ》は　……　昼はも　歎《なげ》かひ暮《く》らし　夜はも　息《いき》づき明《あ》かし　……）


ここに見られる「晝波母　歎加比久良志　夜波母　息豆伎阿可志」には、「昼・夜」「歎き・息づく」という対比・対照表現が認められる。しかし、これは強調的な表現に過ぎない事例であり、熟合度の極めて緊密な語を分離して表現し、両者を合わせ見てはじめて意味の理解が得られるという事例ではない。裏返すと、両者を合わせ見てはじめて意味の理解が得られるという熟合度の極めて緊密な語の分離表現の場合に、その歌句を「語句分離方式」による表現であると確定できるものである。

次の事例も「語句分離」による表現ではない。

風雑　雨布流欲乃　雨雑　雪布流欲波　…下略…　（5・八九二、山上憶良、「貧窮問答歌一首」）

（風雑《まじ》り　雨零《ふ》る夜《よ》の　雨雑り　雪零る夜は　……）

これは、同格の助詞「乃」（の）で対をつないでおり、「分離方式」とは異なっている。意味内容上は「吹き降り」という「風雨」の表現であり、単なる「雨」ではない「霙」を描いているものであって、描写上は「霙の吹き降り」という情景を分離分割して「風雑り　雨ふるよの　雨雑り　雪ふるよは」と表現しているものであり、まさに「語句分離方式」に近い内容ではあるが（その意味で人麻呂の「語句分離方式」を学んでいる形跡が認められはするが）、

風雑り　雨のふり　雨雑り　雪のふる　かゝる夜は

などという表現に仮になっていたならば（音数率が五七の律に整ってはいないが）、その「風雑り雨のふり　雨雑り雪のふる」は「語句分離方式」に依拠した表現と認定して良いものとなる。しかし、ここは「夜」を繰り返し、同格の助詞「の」で繋いでおり、まずは「風雑雨布流欲」を提示し、それを説明的に強調する形で次の「雨雑雪布流欲」が展開しているのであり、畳み掛け技法とでも言ってよい表現価値を有するものであって、「語句分離方式」とは別の技法であると認定するのが良い。

名寸隅乃　船瀬従所見　淡路嶋　松帆乃浦尓　朝名藝尓　玉藻苅管　暮菜寸二　藻塩焼乍　…下略…

（6・九三五、笠朝臣金村、「幸於播磨國印南野時笠朝臣金村作歌一首」）

（名寸隅《なきすみ》の　船瀬《ふなせ》ゆ見ゆる　淡路島　松帆《まつほ》の浦に　朝なぎに　玉藻苅《か》りつつ　暮なぎに　藻塩焼《もしほや》きつつ　……）

この歌の「朝名藝尓　玉藻苅管　暮菜寸二　藻塩焼乍」は、いちおうは歌句表現通りに、朝凪の時間に玉藻を苅り、夕凪の時間にその玉藻を製塩のために焼くと理解出来る。朝苅り取った海藻は濡れていて焼くのに適さず、陽光で乾燥させた海藻こそ焼くのに適している。しかし、夕刻に海藻を焼くことが製塩に適している作業かと言えば、焼成後の作業のことを考慮すると、「暮菜寸二　藻塩焼乍」は歌句表現上の修辞（レトリック）に他ならないと言えよう。しかしながら、当歌が「語句分離方式」に該当する表現かというと、「朝暮」こそ対偶語であるものの、ここは単なる畳み掛けられた表現としての「言い換え繰り返し表現」に近くて、「語句分離方式」であるとにわかには断言し難く、「語句分離方式」の事例から除外しておくものである。

白雲之　棚曳國之　…中略…　千世尓物　偲渡登　万代尓　語都我部等　…下略…　（13・三三二九、作者未詳）

（白雲の　棚曳《たなび》く国の　……　千世《ちよ》にも　偲《しの》ひ渡れと　万代《よろづよ》に　語りつがへと　……）

これも強調的に表現した単なる「言い換え繰り返し表現」にすぎない事例である。緊密性を有する特定の語句が分離されている表現様式ではない。

鯨魚取　海哉死為流　山哉死為流　死許曽　海者潮干而　山者枯為礼　（16・三八五二、作者未詳）

（鯨魚取《いさなと》り　海や死《し》にする　山や死《し》にする　死《し》ぬれこそ　海は潮干《しほひ》て　山は枯為《かれす》れ）

これも「言い換え繰り返し表現」にすぎない事例である。ただし、その「海」と「山」とは、単なる「言い換え」というよりも対比・対照性を有する語であり（［田中真理・二〇〇五・一・論考］に「対照性」に関する言及がある）、ここは「対比的言い換え繰り返し表現」と言ってよい事例である。単純な「言い換え繰り返し」表現は、その意味で「重複的言い換え繰り返し表現」と言い得よう。

天皇乃　等保伎美与尓毛　…中略…　安佐奈藝尓　可治比伎能保理　由布之保尓　佐乎佐之久太理　…下略…

（天皇《すめろき》の　遠き御世《みよ》にも　……　朝なぎに　梶《かぢ》引き上《のぼ》り　夕潮に　棹《さを》さし下《くだ》り　……）（20・四三六〇、大伴家持、「陳私拙懐一首」）

一見「語句分離方式」ではないかと見られる言いまわしであるが、特定の語句を分離して表現しているのではなく、「対比的言い換え繰り返し表現」にすぎない事例と見てよい。

五　語句分離方式の淵源

この「語句分離方式」は、本邦における創案（柿本人麻呂における創出）では無いと考えられる。海彼の表現に、この「語句分離方式」が存在し、その表現から学び取ったものと覚しい。

［古田敬一・一九八二・六・論著］『中国文学における対句と対句論』の中に、「互文」の項目がある。

漢の楽府民歌の「戦城南」に「戦城南、死郭北」（城南に戦い、郭北に死す）の二句がある。…中略…「戦城南、死郭北」は一句三字という制約のゆえに、この形になっているだけのことで、「戦・死城南、戦・死郭北」の「戦」と「死」を、二つに分けて前句と後句に分置しているのである。また「古詩十九首」の「迢迢牽牛星、皎皎河漢女」（迢迢たり牽牛星、皎皎たり河漢の女）という二句も同様である。「迢迢たり」（遥かに遠いさま）は、なにも牽牛星だけについて言うのではなく、また「皎皎たり（白く輝くさま）」も河漢の女（織女星）だけについていうのでもない。「迢迢・皎皎」という重言の修飾語は「牽牛星」「河漢女」の両方にかかるのである。…中略…かの有名な白楽天の「琵琶行」の中に、「主人下馬客在船」（主人は馬よりおり客は船に在り）の一句がある。…中略…この句の表現を額面通りに受け取れば、「主人は馬よりおりて客を見送り、客は船にのって別れ出船の人となる」という意味になる。しかし、そうとったのでは誤りとなる。「主人も客も馬より下《お》り、客も主人も船に在り」の省略形なのである。…中略…王昌齢の「出塞」の詩に「秦時明月漢時関」（秦時の明月　漢時の関）という絶唱の名句がある。…中略…これもやはり互文である。「秦漢の明月、秦漢の関所」の意味である。

（四五一～四五四頁）

また、［大曽根章介・一九八三・六・論考］は、次のように指摘する。

…上略…『文鏡秘府論』では

聯綿対は相対せざるなり。一句の中に第二字と第三字これ重字、即ち名づけて聯綿対となす。但し上句かくのごとくば下句もまたしかり。

と説いている。…中略…菅原文時の「封事三箇条」（『本朝文粋』巻二）の

量レ能授レ官官乃理　択レ材任レ職職乃修

（大意）その人の能力を考えて官職を授ければ官職はよく秩序を保ち、才能ある者を選んで官職に任ずれば官職はよく修まる。

も聯綿対の好例といえよう。

右の［古田敬一・一九八二・六・論著］や［大曽根章介・一九八三・六・論考］の引例と共に、かの張文成の『遊仙窟』中の例も親しい事例として挙げ得よう。

能令公子百廻生。巧使王孫千遍死。

（能く公子をして百廻生かしめ、巧く王孫をして千遍死なしむ。）

公子王孫をして百廻も千遍も恋死させても、また蘇生させることを繰り返すという表現である。

また、乙類『筑紫風土記』逸文「筑紫君磐井之墓」条の、

俄而官軍動發、欲襲之間、知勢不勝、獨自遁于豊前國上膳縣、終于南山峻嶺之曲。

〈前田家本『釈日本紀』巻十三「筑紫國造磐井」条〉

（俄《にはか》に官軍《みいくさ》動《うご》発き、襲《おそ》はむとする間《あひだ》、勢《いきほひ》の勝《あ》へずあるを知り、独《ひと》り自《みづか》ら豊前国の上膳県に遁《のが》れ、南の山の峻《さが》しき嶺の曲《くま》に終《にげう》せけり。）

の事例も「語句分離方式」である。これは、研究会「上代文献を読む会」の席上、井村哲夫氏から、この「終」に「逃げる」の意味はなくて、「遁終」で「逃げおおせる」の意味となり、それを対句上分かってこのようにしているという教示を受けた。即ち、「遁終于豊前国上膳県南山峻嶺之曲」の意味である。当例はまぎれもなく本邦における互文の例であると指摘できる。

六　おわりに

柿本人麻呂は、中国文学におけるこうした事例を学び、彼の長歌作品の中で展開したのが先の⑧歌・⑨歌（及び①歌・②歌）の事例であったと見て良い。柿本人麻呂作品における中国文学の影響・学習については、その指摘が少なくないが、ここにまた対句表現における事例を指摘できるのである。と共に、それを学んだ萬葉歌人（大伴旅人〈④歌〉・山部赤人〈⑥歌〉・高橋虫麻呂〈⑤歌〉・田邊福麻呂〈⑪⑫歌〉など）や佛足跡歌碑歌作者が存在したことを指摘できる。

裏返せば、萬葉第三期・第四期の歌人たちは、対句表現を学んで行く過程において、形式的表層的に「一対」となる対句表現を学んだというのではなくて、人麻呂表現における内在的意義的な理解にまで達して、その修辞表現を理解し獲得して、己が表現の一部として消化していたと確認することが出来るのである。

また、佛足跡歌碑歌作者においては、［廣岡義隆・一九八六・一一・論考］で四名が該当することを指摘したが、

3・4番歌の「石玉」「度済」という語順を逆にした「逆転技巧」は佛足石発願者の作と推定できる。一方、17番歌及び18・19番歌における漢語の語順のままの配置の作は、発願者とは別の人であると考えられる。

なお、[藤井俊博・一九八九・三・論考]が[湯淺廉孫・一九四一・一一・論著]の「連文」(同義的な語の結合した熟語の一類)を梃子にして、漢語の和らげとしての宣命文への展開をみごとに解いている。一例を挙げると、漢語(連文)の「輔助」の例から、「輔朕之闕　助宣重光」(『三國志』蜀書、「諸葛亮傳」)の四字句対を示すと共に、聖武朝の宣命「穴比扶」(五詔など)に見える「アナナヒタスク」への展開の相を見ている。[奥村和美・二〇〇一・二・論考]は、右の藤井論の上に立って、漢語(連文)の「目察」(『文選』巻三、張平子「東京賦」)から、大伴家持歌の「……見《め》為《し》　明米《あきらめ》之《し》……」(3・四七八、家持、安積皇子挽歌)の「メシアキラム」への展開、更には「……見賜《めしたまひ》　明米《あきらめ》多麻比《たまひ》……」(19・四二五四、家持、「依興預作侍宴応詔歌」)、「……賣之多麻比《めしたまひ》　安伎良米多麻比《あきらめたまひ》……」(20・四三六〇、家持、「陳思拙懐一首」)という宣命風表現への展開となることを解明している。ここにも「語句分離方式」の事例が確認できるのである。また、漢語「平安」の語は宣命に、例えば「平久安久」(二四詔、淳仁天皇、天平寶字二年八月朔条)と見えるが、早く山上憶良の「平氣久　安久」(5・八九七)に見られ、[奥村和美・二〇〇六・一〇・論考]は祝詞・宣命を介することなく、漢語から直接に倭歌表現への途があったことを指摘している。

「語句分離方式」による表現は、前後の文意の読み込みと漢語表現の指摘によって、その用例が増える可能性を内包しており、今後、該当事例は増えて来ることが想定できるのである。

第二節　文室真人智努の萬葉歌とその歌群

――新嘗會応詔歌群考――

一　はじめに

奈良薬師寺蔵の佛足石記の発願者である智努王の名が『萬葉集』に二箇所（17・三九二六左注、19・四二七五左注）出る。まず巻第十七の例を掲げる（以下、この歌群を「白雪応詔歌群」と呼ぶ）。

（天平）十八年正月　白雪多零　積地數寸　也　於時左大臣橘卿　率大納言藤原豊成朝臣　及諸王諸臣等　參入太上天皇御在所〔中宮西院〕　供奉掃雪　於是降詔　大臣參議　并諸王者　令侍于大殿上　諸卿大夫者　令侍于南細殿　而則賜酒肆宴　勅曰　汝諸王卿等　聊賦此雪　各奏其歌

左大臣橘宿祢　應詔歌一首

布流由吉乃　之路髪麻泥尓　大皇尓　都可倍麻都礼婆　貴久母安流香　（17・三九二二）

（零《ふ》る雪の白髪《しろかみ》までに大皇《おほきみ》に仕《つか》へ奉《まつ》れば貴《たふと》くもあるか）

紀朝臣清人　應詔歌一首

天下　須泥尓於保比氐　布流雪乃　比加里乎見礼婆　多敷刀久母安流香　（17・三九二三）

（天《あめ》の下《した》すでに覆《おほ》ひて零《ふ》る雪の光を見れば貴《たふと》くもあるか）

紀朝臣男梶　應詔歌一首
山乃可比　曽許登母見延受　乎登都日毛　昨日毛今日毛　由吉能布礼々婆　（17・三九二四）
（山の谷《かひ》そことも見えず前日《をとつひ》も昨日《きのふ》も今日《けふ》も雪の零《ふ》れゝば）
葛井連諸會　應詔歌一首
新　年乃波自米尓　豊乃登之　思流須登奈良思　雪能敷礼流波　（17・三九二五）
（新《あらた》しき年の始めに豊《とよ》のとし標《しる》すとならし雪の零《ふ》れるは）
大伴宿祢家持　應詔歌一首
大宮能　宇知尓毛刀尓毛　比賀流麻泥　零流白雪　見礼杼安可奴香聞　（17・三九二六）
（大宮の内《うち》にも外《と》にも光るまで零《ふ》れる白雪《しらゆき》見れど飽《あ》かぬかも）
藤原豊成朝臣　巨勢奈弖麻呂朝臣　大伴牛養宿祢
藤原仲麻呂朝臣　三原王　智奴王
舩王　邑知王　小田王
林王　穂積朝臣老　小田朝臣諸人
小野朝臣綱手　高橋朝臣國足　太朝臣徳太理
高丘連河内　秦忌寸朝元　楢原造東人
右件王卿等　應詔作歌　依次奏之　登時不記　其歌漏失　但　秦忌寸朝元者　左大臣橘卿謔云　靡堪賦歌
以麝贖之　因此黙已　也

大伴家持は肆宴の時に披露された歌を記憶していて、帰宅後に記憶を辿って記載したものであるということが、

その左注から判明する。宴に侍っていた書記官人の手を経て入手するのではなく、記憶に基づいての記載であるということをまず押さえておきたい。これは歌の表記が第一義的には大伴家持のものであることを物語っている。後に、自分を含めて五名の歌は記載出来たという形になっているが、後の一七名（奏上出来なかった秦朝元を除いた人数）の歌は復元出来なかったというのである。この一七名の中に智努王（「智奴王」）が居る。智努王は、この時よりも後の天平勝寳四年（七五二）に臣籍降下して文室真人智努となっているのであるから、この天平十八年の時は『萬葉集』の記載通りに王姓で問題はない。この時の表記は、細井本を除いて諸本が「智奴王」となっている。廣瀬本も「智奴王」である。

人名の読みを「チノ」とする本があるが（例えば新日本古典文学大系本『続日本紀』）、ここの「智奴王」により、「智努」の読みは「チヌ」であることが確かとなる。「奴」はヌの常用仮名であり、正倉院文書や『日本書紀』において、時に「ノ」とする場合があるという萬葉仮名である。より詳しい言及について、［大野透・一九六二・九・論著］によって示すと、次のようになる。

奴はヌの古層の假名、ノ甲の中間層の假名、ド甲の新層の假名に用ゐられてゐる。奴はヌの常用假名に用ゐられるのが例なので、奴《ノ》・奴《ド》は例外的用字である。奴《ノ》は大日本古文書の美奴（七413、十二39、十七19、十八25）、書紀の篠小竹也此云斯奴（神代紀上訓註）・伊制能奴（雄略紀歌謡78）・奴都等利（繼體紀歌謡96）に見える。大日本古文書の奴は努の破格の略體字とも見るべき疎略な用字であるのに対し、書紀の奴《ノ》は技巧的用字である。奴《ド》は神功紀歌謡28の「于摩譬苔奴知野……伊徒姑奴池」にのみ見える。

（七六～七七頁）

「努」字との関係で、同じく［大野透・一九六二・九・論著］から示すと、次のようになる。

最も少畫な普通字の奴がヌの最古の常用假名に用ゐられる様になつたのは自然である。…中略…奴は平凡な假名として常用され、平安時代には片假名・平假名の字原となつてゐる。／努は奴に基づく用字（奴字系の形聲字）である。技巧的固有名表記では奴よりよく用ゐられてゐるが、非固有名表記では、技巧的表記にも餘り用ゐられてゐない。…中略…努はその内では奴に次いで少畫の普通字で、好字とも見られる字であるから、ノ甲の常用假名の字母でありながらヌの技巧的準常用假名にも用ゐられる様になつたのであらう。

（一七三〜一七四頁）

右の次第で尽きるが、［大野透・一九六二・九・論著］には、第11章として「ヌ・ノ及びホ・モの假名」の章を立てて詳述し、特に人名「文室真人智努」の「智努」についても約一頁を費やして言及し、「以上で智努王等の努がヌなる事が知られた事と思ふ」としている（八七三頁）。

［大塚毅・一九七八・四・論著］も、萬葉仮名「努」字条で「文室真人智努」の「智努」について、

地名からの人名であろうから、これもヌと訓むべく…下略…

（九一九頁）

としている（地名云々については、［大野透・一九六二・九・論著］も言及しているところである）。

次にその名が見られるのは巻第十九である。時日は「廿五日」とあるが、これは歌の並びから、「天平勝寳四年」（19・四二六一左注）「十一月」（19・四二六九題詞）の「廿五日」（丁卯、下卯日）であることが判明し、その題詞に見える「新甞會」という下卯日にも合致する。ただ豊明節会は祭式当日ではなくて、その翌日の辰日に催されるのが後世の儀式次第であり、『萬葉集』に「廿五日新甞會肆宴」とある「廿五日」は「廿六日」の誤ではないかとされている（例えば［倉林正次・一九七八・三・論考］）。しかし、後に見るように、その肆宴直会も儀式の一環としてあり、古くは当日に行われることが無かったとは断言できない。翌辰日になれば「大宮」即ち新嘗会式の神殿は壊却・焼却されるものであるが、以下の①歌・②歌・④歌・⑥歌の歌いぶりからは、「大宮」はまだ破却されずにあり、晴儀に臨んでいるという描かれ方であると理解できる。そういう歌詠内容から見ても、断言することは出来ないが、当日の詠歌という可能性はあると見られる。記載上の誤認錯誤ということもあり得ることではあるが、ここ

では『萬葉集』の記載のままに見てゆくこととする。新日本古典文学大系本『萬葉集』も、辰の日の豊明節会を指摘した上で、「平安時代の通例とは異なる点があったらしい」としている。

以下、この天平勝寳四年（七五二）一一月の新嘗会の歌群を考察し、智努王考究の一環としたい。

ここには「文室智努真人」とある。智努王はこの天平勝寳四年の九月頃に、臣籍降下して文室真人智努となっており、『萬葉集』巻第十九の記載「文室智努真人」に合致する。ただし、文献によって、智努王の臣籍降下の日程に揺れがあり、『公卿補任』は同年八月二三日、「佛足石記文」には同年九月七日、『続日本紀』には同年九月二二日とある。この月日の揺れについては「文室真人智努の生涯」（本書第二章論考篇一第八節、五二二～五二三頁）に譲ることとし、「九月」としておく。

ただ、この左注における「文室」と「智努」の表記については、諸本に揺れがあるので、まずそのことについて確認しておく。

「文室」の「室」字については、次の三種になっている。

室――元暦校本・西本願寺本・紀州本・金沢文庫本・温故堂本

屋――古葉略類聚鈔・大矢本・京大本・細井本・廣瀬本

家――類聚古集

ここでは古写本としての信頼を置くことが出来る次点本系の元暦校本『萬葉集』の「文室」を採る。智努その人に関する氏名の表記について「佛足石記文」『大日本古文書』『続日本紀』等で徴しても「文室」が一般的であり、時に「文屋」が交じる。その「文屋」も天平勝寳八年以降の例であり、本歌の天平勝寳四年は「文室」である。一々の事例は、第二章第九節「文室真人智努資料年譜」（五四七頁～）の天平勝寳四年以降を参照されたい。

次に名前の「智努」について見る。

智努――――元暦校本・類聚古集
知努――――古葉略類聚鈔・廣瀬本
智奴麻呂――紀州本・京大本・細井本・金沢文庫本
知奴麻呂――西本願寺本・温故堂本・大矢本

まず大きな違いは、チヌかチヌマロかという点にある。これは、次点本系四本には揃ってチヌとあり、新点本系諸本には揃ってチヌマロとなっているという本文対立が認められる。チヌマロの名は、他の文献においては全く出てこない呼称であり、ここのみに見られるということからも、次点本系のチヌを採る。「努」「奴」の本文も同様の本文対立状況にあり、ここは次点本系の「努」字を採る。「智」「知」に関しては、「知努」の例が『公卿補任』に見える他、『大日本古文書』においても一例「知努」の例があるが（十二の三九二頁）、それ以外の文献では「智努」であり（『続日本紀』に「祢努」の例はある）、殊に『大日本古文書』四の二〇八頁及び同二二五頁に載る自署も「智努」である（本書第二章論考篇一第八節「文室真人智努の生涯」の自署写真五二八頁、参照）。以上により元暦校本『萬葉集』の「文室智努」を本文とする。なお、「真人」の有無と位置については、京大本に「真人」が脱ちている以外は異同がない。この「真人」の位置については後述する。

以下、歌に①～⑥の略号を付けて一々の歌を呼ぶことにし、その歌を左に掲げる。

―・―・―・―・―・―・―・―・―

廿五日　新甞會肆宴　應詔歌六首

①天地与　相左可延牟等　大宮乎　都可倍麻都礼婆　貴久宇礼之伎　（19・四二七三）

右一首大納言巨勢朝臣

②天尓波母　五百都綱波布　万代尓　國所知牟等　五百都々奈波布　似古歌而未詳　（19・四二七四）

右一首式部卿石川年足朝臣

③天地与　久万弖尓　万代尓　都可倍麻都良牟　黒酒白酒乎　(19・四二七五)

右一首従三位文室智努真人

④嶋山尓　照在橘　宇受尓左之　仕奉者　卿大夫等　(19・四二七六)

右一首右大辨藤原八束朝臣

⑤袖垂而　伊射吾苑尓　鸎乃　木傳令落　梅花見尓　(19・四二七七)

右一首大和國守藤原永手朝臣

⑥足日木乃　夜麻之多日影　可豆良家流　宇倍尓也左良尓　梅乎之努波牟　(19・四二七八)

右一首少納言大伴宿祢家持

——・——・——・——・——・——・——・——

二　六名の詠作者

歌の一々の分析に入る前に、ここに出てくる官人たちの人物関係を見ておく。詳しく列挙しようとすればきりがない。時点をこれらの歌が作られた天平勝寳四年（七五二）一一月に置き、この時を中心に見る。一首の叙情歌ではないこれらの儀礼宴歌においては、人物関係の把握がどうしても必要となってくる。

①大納言巨勢朝臣——巨勢朝臣は、前出の「白雪応詔歌群」の左注に「巨勢奈弖麻呂朝臣」（17・三九二六左）と出ていた。この新嘗会の時の年齢は不詳であるが、『公卿補任』によると、八十三歳となり、最年長者になる。従二位大納言である。この新嘗会の一一年前（天平十三年）の七月一三日には正四位上の授位があると共に併せて

「以金牙餝斑竹御杖」を天皇より賜り、その九月八日には、智努王と共に恭仁京造宮省の「造宮卿」に任ぜられている（『続日本紀』）。九年前（天平十五年）の五月五日の五節の日に中納言に任ぜられている（『続日本紀』）。その後、三年前（天平勝寶元年）四月一日の東大寺法要の日に、従二位大納言に任ぜられている（『続日本紀』）。また、この新嘗会の翌年（天平勝寶五年）の三月三〇日に薨じている。時に「大納言従二位兼神祇伯造宮卿」とある（『続日本紀』）。薨年は八十四歳とされ（『萬葉集』諸注）、これは『公卿補任』の天平十一年条に「天智天皇四年丙寅生、当年七十」とあることによるが、これを疑問視するむきもある。しかし、『公卿補任』の記載を棚上げにしても「以金牙餝斑竹御杖」を天皇より賜った時は七十歳を下ることは無いから（本書第三章論考篇二第四節「懸車寸考」六四四〜六四六頁、参照）、違いがあるとしても一〜二歳のこととなり、次歌②の石川年足の当時六十五歳よりも遥かに年長であったことになり、この宴席における最年長者であったと見てよい。

②式部卿石川年足朝臣――この時、六十五歳である。『萬葉集』の左注には「式部卿」とあるが、「參議従四位上守卿兼紫微中臺大弼勲十二等」（天平勝寶二年三月三日付「治部省牒」末尾署名〈『大日本古文書』三の三七四頁及び三七五頁の二箇所〉）と確認出来、左注の「式部卿」はこの三年前頃の古い呼称であり、ここは「治部卿」ということになる。筆記者大伴家持の認識としてあると認めてよい。この新嘗会の翌年九月に大宰帥に任じられ、五年後（天平寶字元年六月）に神祇伯兵部卿となり、この時文室真人弥努は治部卿となっている。六年後（天平寶字二年）の八月二五日に、文室真人智努等と共に官号改易作業に参加し、八年後（天平寶字四年）の正月、御史大夫となっている。同時に、文室真人智努は中納言となっている。一〇年後（天平寶字六年）の九月三〇日に薨じている。「御史大夫正三位兼文部卿神祇伯勲十二等」「年七十五」とある。朝廷は佐伯宿祢今毛人と大伴宿祢家持の二人を弔賻として派遣しており、薨伝がある（以上、『続日本紀』）。文政三年（一八二〇）正月に「攝津國嶋上郡眞上光徳寺村」（現、高槻市真上町一丁目）の荒神山から金銅の墓誌が出土していることで知られ（［狩谷棭斎・一八三二頃・金石記］『古京

遺文』所収）、墓誌は国宝に指定されている。［井村哲夫・一九八九・一一・注釈］に墓誌の注解がある。『萬葉集』中の歌は狙上歌が確かな一首である。他に、「石川卿」（9・一七二八題詞）とする一首があり、年足説（『萬葉集古義』・『萬葉集全註釋』など）や宮麻呂説（『萬葉集注釈』・日本古典文学全集本など）がある。

③従三位文室智努真人――この時、六十歳である。「従三位」は「佛足石記文」『続日本紀』『公卿補任』の記事に合致している。この当時は散位の無役か。［倉林正次・一九七八・三・論考］は歌中の「黒酒白酒」の語から「新嘗祭の小忌役に選ばれて奉仕申し上げたものではなかろうか」とする。二箇月程前に臣籍に降ったばかりであり、亡き夫人の為に佛足石造立の準備中であったと推定される。この年の新嘗会肆宴に参加しているのは、その前年の内に喪が開けているものと推考でき、夫人の逝去は一年以上前のことであったと考えられる。また、智努王の臣籍降下については種々の要因が考えられるが、その因の一つに夫人の逝去が関わっていることであろう。遡って六年前（天平十八年）の正月には「白雪応詔歌」の宴に侍し、歌を作っている（歌は佚失）。智努の生涯については、本書第二章論考篇一第八節「文室真人智努の生涯」を参照されたい。

以上の三人を次に一覧する。

①巨勢朝臣奈弖麻呂　　従二位大納言　　最年長（八十歳代）
②石川朝臣年足　　従四位上参議治部卿　　六十五歳
③文室真人智努　　従三位　　六十歳

この三人が年配者と考えられ、いずれも六十歳以上の参議クラスであり、文室真人智努は臣籍降下してはいるが直前まで王姓であった。

④右大辨藤原八束朝臣――この時、三十八歳で、従四位下である。藤原房前の第三子であり、後の名は真楯である。一二年前（天平十二年）の聖武関東行幸の時に、智努王等と共に陪従し、一一月二一日には智努王と共に赤

坂頓宮で加爵を受けている（『続日本紀』）。『萬葉集』巻第六に載るこの時の萬葉歌（6・一〇二九〜一〇三六）について は、［廣岡義隆・二〇一〇・三・論著］『行幸宴歌論』で取り挙げ、聖武関東行幸そのものについても言及したが、智努王・藤原八束共に、その時の歌は『萬葉集』に載っておらず、この本で言及していない。四年前（天平二十年）の元正太上天皇の大葬で智努王と共に装束司となり、この新嘗会の六年後（天平寳字二年）の八月二五日には文室真人智努等と共に官号改易作業に加わっている。八年後（天平寳字四年）の正月に大宰帥となる（時に文室真人智努は中納言となる）。一六年後（天平神護二年）の三月一二日に薨じている（年五十二・大納言正三位兼式部卿授刀大将勲二等）。薨伝には「度量弘深…中略…明敏有譽　於時　従兄仲満　心害其能　眞楯知之　稱病家居　頗翫書籍…中略…　賜以大臣之葬」とある（以上、『続日本紀』）。『萬葉集』に短歌八首が載っている。

⑤大和國守藤原永手朝臣――この時、三十九歳、従四位上である。藤原房前の第二子であり、右に出た八束（真楯）の兄にあたる。この新嘗会の二年後（天平勝寳六年）七月の太皇太后藤原宮子崩時に、永手らは造山司となり、時に文屋真人珎努らは装束司となっている。四年後（天平勝寳八歳）五月の聖武太上天皇の大葬でも文室真人珎努と共に装束司となっている。五年後（天平寳字元年）四月の皇嗣決定の際、藤原永手は藤原豊成（武智麻呂の長子）と共に塩焼王を推し、珎努等は池田王を推して意見を異にしている（結果は仲麻呂の推す大炊王〈後の淳仁〉が皇太子となっている）。八年後（天平寳字四年）六月の光明皇太后崩時に、永手らは装束司となり、智努らは山作司となっている。二〇年後（宝亀二年）に薨じている（年五十八・左大臣正一位）。薨伝・弔賻宣命がある（以上、『続日本紀』）。『萬葉集』には当該の一首が載るだけである。

⑥少納言大伴宿祢家持――家持養老二年誕生説によると、この時、三十五歳で、従五位上である。少納言遷任により、前年八月に越中国から帰京していた。この新嘗会の二年後（天平勝寳六年）の四月五日、文室真人珎努が摂津大夫となった時、家持は兵部少輔となり、五年後（天平寳字元年）には兵部大輔となっている。家持が天平勝

寶七歳二月に防人歌を収集した時、文室真人弥努と家持とは摂津職で接点を持っていたことになる。また、新嘗会の六年後（天平寶字二年）六月、文屋真人智努が出雲守に命じられた時に、家持は因幡守を命じられていることなどが注目できる。時をこの新嘗会に置くと、家持の職掌である少納言は、この祭式において、重要な役割にあったことが『儀式』（『貞観儀式』）から見て取ることが出来る。

以上の三人を一覧すると次のようになる。

④藤原朝臣八束　従四位下右大弁　三十八歳
⑤藤原朝臣永手　従四位上大倭国守　三十九歳
⑥大伴宿祢家持　従五位上少納言　三十五歳

この三人は第二グループの中堅クラスであり、いずれも三十歳代の四位五位クラスということになる。右の④藤原朝臣八束の従四位下について、［倉林正次・一九七八・三・論考］や［高野正美・一九九四・一一・論著］は、この時（天平勝寶四年）の位を「従四位上」とするが、藤原八束は天平勝寶六年（七五四）に従四位上に昇叙しており（「従四位下石川朝臣麻呂藤原朝臣八束並従四位上」『続日本紀』天平勝寶六年正月壬子条）、この時にはまだ従四位下であったことが確かである。「薨伝」（『続日本紀』天平神護二年三月丁卯条）中の「勝宝初授従四位〇」の〇の箇所について、『国史大系』本は「勝宝初授従四位上」と校訂するが、『続日本紀』には「勝宝初授従四位下」とある。

以上を纏めると、次のようになろう。

一同は官人として旧知の間柄であったことは当然であるが、世代上も職階上も大きく①②③歌の作者と、④⑤⑥歌の作者の二グループに分けられる。その中でも巨勢奈弖麻呂（①）は従二位大納言かつ最年長者という一座の長老としての位置に座っている。一方、大伴家持（⑥）は、最年少者として、六人の末座にある。この六人の前の玉座に孝謙女帝がいた。光明子も恐らく陪席していたことであろう。文室真人智努は、六十歳の従三位として、上位クラスの三番手として位置していた。

なお、［伊藤博・一九八七・三・論考］は、一連六首を前半四首と後半二首として理解し、［高野正美・一九九四・一一・論著］も、前半四首は「大臣参議と諸王」の作、後半二首は「諸卿大夫」の作と分かれ、「さらに多くの歌詠がなされた」とする。［梶川信行・二〇〇一・一一・論考］も同じく前半四首と後半二首の区分と把握し、前半四首と後半二首とは詠作の場も同じではなく、「参議の八束と従五位下の家持は同席していなかった」という。この時の八束が「右大辨」（19・四二七一左注）であったことは判明しているが、八束の「參議」が確認出来るのは天平寶字二年（七五八）八月（『続日本紀』）である。「薨伝」には「勝寳初授従四位下拜參議」とあり、参議の可能性があるが判然とはしない。『公卿補任』には天平二十年から藤原朝臣八束の名が見えるが、その天平二十年条には「書本ニ無。雖然、依或本説所書入也」とあり、翌天平二十一年条にも「本無」とあって、後の書き込みであることが判明する。翌天平勝寳二年から八束の名が固定して見えることになるが、これも薨伝の「勝寳初……拜參議」に依拠してのものと考えられる。天平勝寳四年当時、八束が参議であった可能性もなくはないが、判然としないというのが実態である。［林陸朗・二〇一〇・五・論著］も、その参議について、

八束については問題がある。…中略…確かなことは不明ながら天平二十年の参議任命は不自然である。…中略…結局八束の参議任命の事は不明であるが、しいていえば従四位上を授けられた勝宝六年の頃であろうか。

（一七六頁）

と指摘する。また、家持の位を従五位下としているのは従五位上が正しい。また⑤の永手と⑥の家持についても［梶川信行・二〇〇一・一一・論考］は「永手と家持が同じ場を共有していたとは考えにくい」とするが、そうであってはここにあるような一連の詠作筆記は困難であると考えるものである。

世代上も職階上も前半三首と後半三首に分かれるものではあるが、歌の場は同一空間にあったと私は見る。この

ことは、歌詠内容を分析し見てゆくと、より明確になって来るものである。この六首で完結していることについても考察する。当節の初発よりも後の論考になるが、［高橋六二・一九九二・一二・論考］は④歌について「ここ（注、④歌）からは完全に宴の世界」として三首と三首とに区分して考察している。また［森朝男・一九九四・四・論考］は、拙稿とは無関係な論展開になっているが、ゆるやかながら三首と三首の歌世界を見ている。「白雪応詔歌群」における宴席を適用すると、「大臣參議并諸王者令侍于大殿上」と「諸卿大夫者令侍于南細殿」というように、その席が截然と二つに分かれることになるが、この「新嘗會応詔歌群」六首においては、詠歌の上でも六首で完結しており、また歌の表記も各々独自のものとなっていて、この日は六人一座の小さな場が想定でき、その歌詠記録も可能であったものと見ることが出来るのである。

以下、六首の歌を見て行く。

三　六首の歌について

新嘗については、［西宮一民・一九七八・四・論考］が以下の様に述べている。

「新嘗《ニヒナヘ》（大嘗《オホニヘ》）」は、仲冬（十一月）の下旬の卯の日（「下卯」のない時は「仲卯」）に行はれる朝廷と民間の祭である。これは、「神嘗祭」における「早稲収穫感謝祭」とは異つて、民間の新穀を収穫して、脱穀、造酒、そして朝廷に公納するといふ全過程の終了を以て十一月下旬の卯の日の祭となつたものである。むろん民間では「新穀収穫感謝祭」といふことなのではあるけれども、朝廷では、天皇が全国の新穀の供薦を受けるといふことになるから、これによつてヲス（食）クニ（国）の治天下のわざがなされるといふ趣旨である。

（桜楓社本、一八一頁）

右に「下卯」とあるが、新嘗祭がもたれるのは「中卯」であるとするのが一般的な理解である。『延喜式』に、

右、中卯日、於此官齋院、官人行事。　（巻第二「四時祭式下」・49「新嘗祭」条）

（右は、中の卯の日に、此の官《つかさ》の斎院に、官人行事《つかさびとおこな》へ。）

新嘗者、中卯祭之、齋日申官如常。　（巻第十一「太政官式」・77「鎮魂新嘗」条）

（新嘗《にひなめ》は、中《なか》の卯《う》のひに祭り、斎日を官《つかさ》に申《まを》すこと常《つね》の如《ごと》くすべし。）

とあるのがそれである。律令の「神祇令」（養老令）には、

仲冬。上卯相嘗祭。寅日鎮魂祭。下卯大嘗祭。　（「神祇令」第六・8「仲冬」条）

（仲冬《しもつき》。上《かみ》の卯《う》のひに相嘗《あひなめ》の祭すべし。寅《とら》の日に鎮魂《おほむたまふり》の祭すべし。下《しも》の卯《う》のひに大嘗《おほにへ》の祭すべし。）

とある。ここに出る「大嘗」の語は古用法であり、いわゆる「新嘗」の意であることはよく説かれる。ここの「下卯」については、右の「神祇令」第六・8「仲冬」条について、『令義解』が「若有三卯者、以中卯為祭日」と注する通りであり、［日本思想大系・一九七六・一二・律令］も「一月に二卯のとき。三卯なら中卯（集解諸説）」と頭注する。「中卯」の新嘗祭の例は、『萬葉集』の天平寶字元年（七五七）一一月一七日の例がそうである。この天平寶字元年の一一月には「下卯」の日があり、「中卯」の日に新嘗祭が実施され、『萬葉集』には「於内裏肆宴」（20・四四八六～四四八七）と記され、鴻巣盛廣『萬葉集全釈』が新嘗祭の一七日とその翌日の豊明節会を指摘し、以後諸注が従っている。ただし、今考察している天平勝寶四年（七五二）一一月の新嘗会は下卯日の二五日であること、当節冒頭部（五八〇頁）で見た。その初期には確定していなかったものということがわかる。多田一臣『万葉集全解』もその脚注で「まだ固定化が進んでいないゆえか」としている。

さて、天平勝寶四年（七五二）一一月の新嘗会における肆宴応詔歌の歌群がこの六首である。

①天地与　相左可延牟等　大宮乎　都可倍麻都礼婆　貴久宇礼之伎　（19・四二七三、巨勢奈弖麻呂）

②天尓波母　五百都綱波布　万代尓　國所知牟等　五百都々奈波布　（19・四二七四、石川年足）

③天地与　久万弖尓　万代尓　都可倍麻都良牟　黒酒白酒乎　（19・四二七五、文室智努）

④嶋山尓　照在橘　宇受尓左之　仕奉者　卿大夫等　（19・四二七六、藤原八束）

⑤袖垂而　伊射吾苑尓　鸎乃　木傳令落　梅花見尓　（19・四二七七、藤原永手）

⑥足日木乃　夜麻之多日影　可豆良家流　宇倍尓也左良尓　梅乎之努波牟　（19・四二七八、大伴家持）

まずは奈弖麻呂の冒頭詠から見てゆく。

①天地与　相左可延牟等　大宮乎　都可倍麻都礼婆　貴久宇礼之伎　（19・四二七三）

（天地《あめつち》と相《あ》ひ栄《さか》えむと大宮《おほみや》を仕《つか》へ奉《まつ》れば貴《たふと》く歓《うれ》しき――巨勢奈弖麻呂）

「天地」という観念語が使用されていることをまず指摘しなければならない。この「天地」の語は、②歌の「天」、③歌の「天地」へと展開し、この一群において大きな意味を担っている。「天地と相ひ栄ゆ」（①）、「天地と久しき」（③）とは、新穀が天地からの最上の賜物であると共に、天地悠久の未来を寿ぐという新嘗祭の根幹に関わる観念であり、歌群の歌い出しとしては適切かつ重要な意義を持っている語であると押さえることが出来る。このことは、右で中卯日の新嘗祭の例として挙げた巻第二十の四四八六・四四八七番の萬葉歌においても、

天平寶字元年十一月十八日於内裏肆宴歌二首

天地乎　弖良須日月乃　極奈久　阿流倍伎母能乎　奈尓乎加於毛波牟　（20・四四八六）

（天地《あめつち》を照《て》らす日月《ひつき》の極《きはみ》なくあるべきものを何《なに》をか念《おも》はむ）

右一首皇太子御歌

伊射子等毛　多波和射奈世曽　天地能　加多米之久尓曽　夜麻登之麻祢波　（20・四四八七）

（いざ子等《こども》狂行《たはわざ》な為《せ》そ天地《あめつち》のかためし国《くに》そ倭島根《やまとしまね》は）

右一首内相藤原朝臣奏之

と、第一首は歌い出しの初句に、第二首にも第三句に「天地」の語が歌いこまれていて、新嘗祭と緊密に連携する語であることが確認出来るのである。

『千字文』の冒頭に「天地玄黄、宇宙洪荒」（1・2）とあることや、類聚物の編首に「天」を置くことなど、天命を尊ぶ中国思想ともこの時代においては無関係ではないのである。この「天地」「栄ゆ」の語と共に、第五句の「貴し」も同様に讃美語としてあり、この一首を讃美の冒頭歌として形成していると言って良い。

次に、「大宮」について、日本古典文学全集本は、④歌の「島山」の語と共に、平城宮東張出部の東院（大宮）及びその林泉（島山）と見る。東院及びその庭園は発掘によって確認された注目すべき施設であるが、この場合は失考であると言わざるを得ない（私の初発の論の後に出た新編日本古典文学全集本では、この考えは示されていない）。

「仕へ奉る」の当時の用法に、

磯城嶋之　日本國尓　何方　御念食可　津礼毛無　城上宮尓　大殿乎　都可倍奉而　…下略…　（13・三三二六）

（磯城島《しきしま》の　日本《やまと》の国《くに》に　何方《いかさま》に　御念《おもほ》し食《め》せか　つれも無き　城上《きのへ》の宮に　大殿《おほとの》を　仕《つか》へ奉《まつ》りて……）

の例のような「造営申し上げる」とする意味がある。［折口信夫・一九一七・五・訳文］が早くにその意味で示している。［倉林正次・一九七八・三・論考］が、ここは他動詞としての用例であり、「仕へまつる」の「まつる」は「本来は「お供えする」「さしあげる」などの献供を意味する語」であると示している。私は『古京遺文』の注解作業の中でこの意味を確認したのであった。『古京遺文』の金石文の中の次の用例がこの意味での例である。

……薬師像作仕奉…中略…歳次丁卯年仕奉。　（『古京遺文』②「薬師仏造像記」）

（……薬師の像を作り仕《つか》へ奉《まつ》らむ……歳の丁卯に次《やど》る年に仕《つか》へ奉《まつ》りき。）

……天地誓願仕奉石文。（……天地《あめつち》に誓《ちか》ひ願《ねが》ひて仕《つか》へ奉《まつ》れる石の文なり。）　（『古京遺文』⑱「高田里結知識碑」）

①歌には「大宮乎都可倍麻都礼婆」とあり、ニ格を取らずヲ格を取っているのであるから、鴻巣盛廣『萬葉集全釈』が「大宮」について「新嘗祭の為の神殿」とし、「仕へ奉れば」を「大宮を作営することである」とし、澤瀉久孝『萬葉集注釋』が「新嘗祭の神殿を造営してお仕へ申す」とする通りである。新嘗の神殿については、『延喜式』巻七の践祚大嘗祭ノ条に、

　凡、……齋場者…中略…、皆以黒木及草構葺、
（凡《それ》、……斎《いは》ひの場《には》は……、皆黒木また草《かや》を以《も》ちて構《かま》へ葺《ふ》き、）
（巻第七「大嘗祭式」15「在京斎場」条）

　凡、大嘗祭畢、…中略…即為解齋、明日焼却齋場。
（凡《それ》、大嘗《おほにへ》の祭畢《をは》らば、……即ち解斎を為《な》し、明日《あくるひ》に斎《いは》ひの場《には》にて焼《や》き却《う》つべし。）
（巻第七「大嘗祭式」36「解斎」条）

とある。これは大嘗祭に限らず毎年の新嘗会の場合も同様であると考えられ、春日若宮の御旅所のように、祭事が終われば穢されることを嫌って壊却されたのである。この黒木でもって造られた宮を歌で「大宮」と称したものであり、東院及びその林泉説は成り立たない。なお付言すれば、ここの「仕へ奉る」（造営申し上げる）とは、もとより大納言その人が作営したということではない。これは③歌の「黒酒白酒」も同様であり、臣下の者たちの造営を詠作時に代表して「仕へ奉る」と表現しているのである。「仕へ奉る」という語の、当歌における第一義的な意味は「造営」であるが、ここに一般的な「お仕え申し上げる」という意味が全く存在しないのかというと、そうではない。「造営」することによって奉仕申し上げるというのが本義であると考える。即ち、供奉奉仕の底義をこめての「造営」ということであり、その「造営」することによって「お仕え申し上げる」ということになる。右により、ここの「仕へ奉る」は晴の歌における観念的用法と理解するのが良い。新嘗における祭事の中心施設である黒木大宮（斎場）を歌の正面に据えて、天地から歌い起こし「貴」の観念で結んだこの一首は歌柄が大きくて、儀礼宴歌の冒頭詠としてふさわしいものであり、大納言の風格躍如たるものがある。

なお、参考のために触れておくと、当節冒頭に掲げた「白雪応詔歌群」の冒頭詠に、

左大臣橘宿祢　應詔歌一首

布流由吉乃　之路髪麻泥尓　大皇尓　都可倍麻都礼婆　貴久母安流香　（17・三九二二）

（零《ふ》る雪の白髪《しろかみ》までに大皇《おほきみ》に仕《つか》へ奉《まつ》れば貴《たふと》くもあるか）

がある。この歌においては、「つかへまつれば」の上に「大皇に」とあり、明確に二格を取っており、お仕え申し上げるの意味での使用であり、用法が異なっているが、同じ第四句であり、しかも続く第五句は「貴くもあるか」と「貴」の観念に展開していて、橘諸兄の冒頭詠とこれかれ照応しているのである。その「白雪応詔歌群」の席に巨勢奈弖麻呂が参加していたことは左注により明らかであり、この一首はその時の橘諸兄詠を念頭に置きつつ、姿を変えて詠作されていると見ることが出来るものである。

続いて年足の歌を見る。

②天尓波母　五百都綱波布　万代尓　國所知牟等　五百都々奈波布　似古歌而未詳　（19・四二七四）

（天《あめ》にはも五百《いほ》つ綱《つな》はふ万代《よろづよ》に国知《くにし》らさむと五百《いほ》つ綱《つな》はふ――石川年足）

「天」から歌ひ出すことで①歌の大納言詠の世界を引き継ぎ、「万代に国知らす」と歌い挙げることによって①歌の「天地と相ひ栄えむ」という悠久を希求する新嘗の世界を展開させている（①歌同様に「……むと」でこの句を受けている点もそれを示している）。「万代」の語は天皇の御代の悠久永遠を祈る語であり、この語を歌い上げることが国土泰平となると考えられたのであった。［桜井満・一九七四・一・論考］は『萬葉集』の書名の名義を考説する中で、次の③歌を挙げつつ、「万代」の語について「宮廷寿歌の発想の根本がある」（上、四一一頁）と指摘し、［高野正美・一九九三・一二・論考］は「万代」の語について「寿歌の慣用句として定着した」（所収単著、六二頁）と言及する。そういう高度な観念語としてあるものである。

この②歌には、第二句と第五句に繰り返しの句がある。［大久間喜一郎・一九九四・三・論考］は、この萬葉②歌を挙げて、第二句と第五句とのリフレーンは「古代歌謡的構成」であると指摘する（所収単著一六三頁）。当歌の脚注に「古歌に似て未詳」とある。これは、六首の編者である家持の注記としてあるものと見られ、無視してよい類ではあるが、この石川年足の歌には、新作の歌とは見られない厳かな伝承詠の雰囲気が備わっていて、このように家持が注記したものであろう。その古謡性とは、この第二句と第五句とのリフレーンから来るものと見てよい。

さて、この②歌の独自性は「五百つ綱」の景物である。そこに出る「五百つ綱」とは何であろうか。以下、諸注における代表的な解を見てみよう。

・文選左太沖蜀都賦曰。蓋聞、天以日月為綱、地以四海為紀。大嘗宮造らるゝに綱を張て定らるゝ心を、此日月をもて綱とすといふ心をよせてよまれたる歟

（『萬葉代匠記』初稿本）

・宣長云、天とは大嘗宮の屋根のあたり、上の方をほぎて天と言ふ也。高天原に千木高知と言ふたぐひ也。二の句は其宮の上の方を結ひ固めたる縄を言ふ。大殿祭詞に、綱根とも在り。神代紀に、天日栖宮云々以千尋栲縄結為百八十紐とあり。百八十紐と言へるを以て、五百つと言へる意を知るべし。

（『萬葉集略解』〈所引宣長説〉）

・五百都綱は五百箇綱。沢山の綱。上代の建築は黒木を葛の類で結んで作つたので、おのづからその結びあまりが見えてゐるわけであるが、この歌のは、主として屋根の棟などに、結び堅めたあまりの綱をさしてゐる。

（鴻巣盛廣『萬葉集全釈』）

ここは、本居宣長が指摘し、それを受けて『萬葉集全釈』が纏めている状況になるのであろう。『出雲国風土記』楯縫郡条にも、郡号由来譚として、

所以号楯縫者、神魂命詔、「五十足天日栖宮之縦横御量、千尋栲紲持而、百八十結々下而、此天御量持而、所

造天下大神之宮造奉」詔而、…下略…　（細川家本を『釈日本紀』所引本文で校訂）

（楯縫《たてぬひ》と号《なづ》くる所以《ゆゑ》は、神魂命《かむみたまのみこと》の詔《のりたま》ひしく、「五十《い》足《た》る天日栖宮《あめのひすみのみや》の縦横《たたさよこさ》の御量《みはかり》は、千尋《ちひろ》の栲紲《たくなは》を持《も》ちて、百八十結《ももやそむす》びに々《むす》び下《た》れて、此《こ》の天《あめ》の御量《みはかり》を持《も》ちて、天下造《あめのしたつく》らし大神《おほかみ》の宮《みや》を造《つく》り奉《まつ》れ」と詔《のりたま》ひて、……）

とあり、「百八十結」の綱（紲）を結び垂れると描かれている。この『出雲国風土記』楯縫郡の郡号由来条に描かれる「大神之宮」（杵築の宮、即ち出雲大社）の棟綱の百八十結は、出雲国内の神々全百八十神を念頭に置いての表現としてあるものであり（［荻原千鶴・一九九九・六・文庫］『全訳注』）、右の②歌の「五百つ綱」の「五百」は国内全ての神々ということにはならないが、「五百」は数が多いことを意味し、そういう数多くの神々の降臨による祭式の大嘗宮という意味において「五百つ綱」の語が用いられていると見てよい。

以上、まさに①歌で歌い挙げられた「大宮」（新嘗の宮）詠を直接的に受けて、展開している歌であると解釈することが出来る。

この①歌・②歌を承けての詠歌が智努の③歌である。

③天地与　久万弖尓　万代尓　都可倍麻都良牟　黒酒白酒乎　（19・四二七五）
（天地《あめつち》と久《ひさ》しきまでに万代《よろづよ》に仕《つか》へ奉《まつ》らむ黒酒《くろき》白酒《しろき》を――文室智努）

初句の「天地と」は、①歌の初句をそのまま承けたものである。第三句の「万代に」は②歌の第三句をこれまたそのままに承けている。そうしてその間に「久」の観念を入れることで、かの有名な「天地長久、万代不改」の聖句を織り込んでいる。この表現は大伴旅人の次の歌、

暮春之月　幸芳野離宮時　中納言大伴卿　奉勅作歌一首　并短歌　未逕奏上歌
見吉野之　芳野乃宮者　山可良志　貴有師　水可良思　清有師　天地与　長久　萬代尓　不改将有　行幸之宮
（3・三一五、反歌略、大伴旅人）

（み吉野の　芳野の宮は　山からし　貴《たふと》く有るらし　水《かは》からし　清《さや》けく有るらし　天地《あめつち》と　長く久しく　萬代《よろづよ》に　改《かは》らず有らむ　行幸《いでまし》の宮）

で知られ、「天地」「長久」「萬代」という観念語があり、当歌と無関係では無い。なお、この大伴旅人の歌の根底に、次の宣命の詞句があることは［清水克彦・一九六〇・一〇・論考］に説かれているところであり、旅人詠のみならず、元明・聖武両帝の即位宣命の響きをも承けていると見てよい。

…上略…与天地共長与日月共遠不改常典止立賜比敷賜覇留…下略…
（……天地《あめつち》と共に長く日月《ひつき》と共に遠く改《かは》るましじき常《つね》の典《のり》と立て賜ひ敷き賜へる……）
（宣命三詔、元明即位宣命『続日本紀』巻四）

…上略…萬世尓不改常典止立賜敷賜閇魯…下略…
（……萬世に改《かは》るましじき常《つね》の典《のり》と立て賜ひ敷き賜へる……）
（宣命五詔、聖武即位宣命『続日本紀』巻九）

次に「仕へ奉らむ」の句は①歌の第四句「仕へ奉れば」と照応し、その意味も同じく「造り奉る」である。当歌においては、「黒酒白酒を」「仕へ奉らむ」となっており、ここにこの歌の独自性がある。前記した［倉林正次・一九七八・三・論考］は、「白酒・黒酒の醸造をも含むものと解すべき」と指摘する。「黒酒白酒」はまさに新嘗会特有の景物であり、酒を歌うことで宴の場をも斎い清めたのである。

この「黒酒白酒」については、『延喜式』に、

新嘗會白黒二酒料。…中略…其造酒者、米一石、以二斗八升六合爲糵、七斗一升四合爲飯、合水五斗、各等分爲二甕、甕得酒一斗七升八合五勺。熟後、以久佐木灰三升〔採御生気方木〕、和合一甕、号稱黒貴。其一甕不和、是稱白貴。…中略…並齋會夜并解齋日供之。畢後二殿給神祇官副已上中臣。一室給宮主。
（巻第四十「造酒式」10「新嘗白黒酒料」条）

（新嘗会の白黒の二つの酒《みき》の料。……其の造る酒は、米一石、二斗八升六合を以《も》ちて糵《よねのもやし》と為《な》し、七斗一升四合をも

ちて飯《いひ》と為し、水五斗と合はせ、各《おのもおのも》等しく分けて二つの甕《かめ》と為し、甕に酒一斗七升八合五勺を得《う》。熟《かも》せし後、久《く》佐木《さぎ》の灰三升を以ちて〔御生気の方なる木を採る〕、一つの甕に和合《あ》はし、号《なづ》けて黒貴《くろき》と称《い》ふ。其の一つの甕は和《あ》はせず、是を白貴《しろき》と称《い》ふ。……並《なら》びに斎会の夜并《ならび》に解斎の日に供《たま》ふ。畢《をは》りて後に二殿は神祇官副已上の中つ臣に給ふ。一室は宮主に給ふ。）

とあり、直会肆宴の席にはこの黒酒白酒が出されるのである。少し後の天平神護元年（七六五）における称徳天皇の大嘗祭の時の例になるが、次の宣命がある。

今勅久今日方大新甞乃猶良比能豊明聞行日仁在…中略…由紀須岐二國乃獻礼留黒紀白紀乃御酒乎赤丹乃保仁多末倍恵良伎常毛賜酒幣乃物乎賜方利以天退止為天奈毛御物賜方久止宣。…下略…（宣命三八詔、称徳大嘗宣命『続日本紀』巻二六）

（今、勅《のりたま》はく今日は大新嘗《おほにへ》の猶《なほ》らひの豊明《とよのあかり》聞《きこ》し行《め》す日に在《あ》り……由紀須岐《ゆきすき》の二つの国の献れる黒紀《くろき》白紀《しろき》の御酒《みき》を赤《あか》丹《に》のほにたまへゑらき、常も賜ふ酒幣《さかまひ》の物を賜はり以《も》ちて退《まか》れと為《し》てなも御物賜《おほみものたま》はくと宣《の》りたまふ。……）

「直会」とは〔西宮一民・一九七八・四・論考〕が説くように神事の範疇に属し、これが終わって「解斎」とされるものである。その訓は右に示した宣命三八詔の中に「猶〔良比〕」とある通り「なほらひ」となる。その場に神事の黒酒白酒が出されることも右の宣命三八詔で明らかである。〔倉林正次・一九七八・三・論考〕は、右の三八詔の宣命は天平神護元年だけのことではないと『内裏式』を引いて示している。即ち、その『内裏式』で引かれる新嘗会の宣命と三八詔とは、

主要内容の部分においてはほとんど相違はない。そうした点からも、恐らく八世紀後半のこの当時の新嘗会にも同様の宣命が宣せられていたものであろう。

とし、「人々は新嘗祭の神酒、白酒・黒酒を頂戴し、これに関する宣命も拝受したばかりのところなのである」としている。その『内裏式』は次の通りである。

宣制云、
天皇我詔旨良萬止宣不大命乎衆聞食閇止宣。
皇太子已下稱唯再拜。更宣云、
今日波、新甞乃直相乃豊樂聞食日爾在。是故、以黒岐白岐乃御酒、赤丹乃穂爾食恵良伎罷止為天奈毛常毛賜御物賜波久止宣。
倶以次稱唯。…下略…　（『内裏式』中「十一月新嘗會式」条、神道大系『儀式・内裏式』三六一頁）

（宣《みことのり》を制《の》りて云《い》はく、「天皇《すめら》が詔旨《おほみこと》らまと宣《のりたま》ふ大命《おほみこと》を衆《もろもろ》聞食《ききたま》へと宣《のりたま》ふ」といふ。皇太子《ひつぎのみこ》已下《よりしも》のものたち唯《をを》と称《まを》して再《ふた》び拜《をろが》む。更《また》宣《の》りて云《い》はく、「今日《このひ》は、新嘗《にひなめ》の直相《なほらひ》の豊楽《とよのあかり》聞《きこ》し食《め》す日《ひ》に在《あ》り。是故《かかるがゆゑ》に、黒《くろ》き白《しろ》きの御酒《みき》を以《も》ちて、赤丹《あかに》の穂《ほ》に食《たま》へゑらき罷《まか》れと為《し》てなも常《つね》も賜《たま》ふ御物《おほみもの》賜《たま》はくと宣《のりたま》ふ」といふ。倶《とも》に次《つぎて》を以《も》ちて唯《をを》と称《まを》す。……）

また、『荷田春満全集』（第十巻、六合書院刊）に荷田在満の『大嘗會儀式具釋』（［荷田在満・一七三八頃・注釈］）を収めている。これは元文三年（一七三八）に再興された桜町天皇大嘗会の記録に幕府内命により注解して幕府に上ったものであるが、参考にはなる。その「儀式本文」に、

…上略…次供白黒御酒〔各四杯〕、賜臣下…下略…

（……次に白黒の御酒を供《たま》ふ〔各四杯〕、臣下に賜ふ……）　（巻第七「辰日悠紀節會次第」七八頁）

とあり、やはり、その直会の席で黒酒白酒が出されるのである。

この③歌は、この目前の景を寿いで、いついつまでもこの黒酒白酒を献上申し上げると歌い上げたのである。これも①歌の「大宮」同様に、智努その人が醸し作るというわけではなくて、晴歌としての観念的用法として歌い上げられている。

黒酒・白酒については、先に出した『延喜式』（巻第四十「造酒式」・10「新嘗白黒酒料」条）に、植物クサギの焼灰を入れて造ったのが黒酒であり、クサギ灰を入れないのが白酒であるとあった。［白井光太郎・一九一五・六・

論考］は、「古くは黒麹で造り、後には常山（臭梧桐）の焼灰を入れ、下つては黒胡麻の粉を入れた」としている。『延喜式』を見ても或いはより詳しい『儀式』（『貞観儀式』）を見ても、クサギ灰で調整されている。［三浦周行・一九一四・三・論著］は、「昔の酒はいふまでもなく濁酒であるから、もとはその稍澄んだのを白酒と名づけ、それに對して常の酒を黒酒と申したものか」としている。萬葉当時の黒酒の実態は判然としない。なお、酒の「キ」はキ甲類仮名であるのに対し、右に出た『延喜式』の事例における「黒貴・白貴」や、『続日本紀』宣命の事例における「黒紀・白紀」の「貴」「紀」はキ乙類仮名である。「中臣寿詞」には「黒木・白木」と出るが、この「木」もキ乙類仮名である。『続日本紀』や『延喜式』「中臣寿詞」は時代のくだった文献であり、甲乙類の区別が存在したのかむつかしいところがあるが、語の伝承という面で甲乙を無視し難い性格も存在する。これについて、［青木紀元・二〇〇〇・六・注釈］は、

「黒木・白木」は、くさぎという木を用いることによる名と認められる。…中略…（「黒酒・白酒」の語は）「黒木の御酒・白木の御酒」をつづめて「黒酒・白酒」といった形である。　（三八五頁）

としている。

この③歌には元暦校本『萬葉集』に、

愛女川知登　非左之期末天尓　与呂川与耳　徒可部末都良舞　具呂期志呂＊伎遠（＊＝「美」傍書）

と仮名書されている。また『校本萬葉集・十』（昭和七年五月）の「諸本輯影増補」の「第七十五、橋本經亮影寫中臣祐春切萬葉集」としてその写真が掲げられている当歌にも、

愛女川知登　非左之期未天尓　与呂川□耳　徒可以末都□無　具呂期志呂伎遠イ本

と少異の形で仮名書されている歌が横に「異本」として示されている。また『類聚古集』にも、「或本云」として、

阿免川知登　非佐之期末天尓　与川《ママ》与耳　従《ママ》可《ママ》末都良舞　具呂期吉《ママ》呂伎遠

の傍書がある。これについて、武田祐吉『萬葉集全註釈』が「この歌が平安時代に早くから読まれてゐたことを語るものであらうと考へられる。黒酒白酒の語があるので、新嘗会などの歌ひものに採択されたのかも知れない」と指摘する。毎年の新嘗肆宴などで後々謡われた結果、この様に仮名書きされた資料があり記録されたということに違いない。

右に見たように、智努の③歌は、①歌・②歌の表現を踏まえた上で、この場において新たに詠作されたものであり、智努以前に存在した歌ではないことが明らかとなるのである。

以上が第一歌群である。続く第二歌群には「天地」「天」「万代」などといった典型的な観念語が見られない。この参議クラスの上座グループがまず新嘗会を正面に見据え、観念語を駆使して、栄える世を讃美する儀礼宴歌をリレー式に歌い継いだものである。その三首の中の展開を見ると①歌の「大宮」という大景から、その大宮の屋根に掛けられた②歌の「五百つ綱」へ、そして目前の景の「黒酒白酒」へと、視界は徐々に絞られて来ている。しかも③歌は①歌と②歌の詞句を踏まえて巧みに歌い納めている。非凡な歌のリレーであると言ってよい。

続いて第二歌群の三首を見て行く。まず八束の歌から。

④嶋山尓　照在橘　宇受尓左之　仕奉者　卿大夫等　（19・四二七六）
（島山《しまやま》に照《て》れる橘《たちばな》髻華《うず》に指《さ》し仕《つか》へ奉《まつ》るは卿大夫等《まへつきみたち》——藤原八束）

第一歌群から引き継いだ歌句は「仕へ奉る」である。この「仕へ奉る」は「新嘗祭事の事物（大宮・五百つ綱・黒酒白酒等）を造り奉る」意であるとも「新嘗出仕としてお仕へ申し上げる」意であるとも、両方の解釈が可能である。むしろこの歌はその双方の解を含み持つ歌であると言えよう。前段からは前者の意で受け継ぎ（前者の義としては「新嘗事物としての髻華を……」の意を響かせる）、この歌自体としては双方の意味を併せ持ち、後段の後二首（⑤歌・⑥歌）へも結果的にその双方の意を響かせている巧妙なバランスの上に立っている「仕へ奉る」である。その結びの「卿大夫等」は一座六人を含めての高位官人達を総称したものと理解できる。その高位官人達とはこの新嘗会式に参加している官人達であり、新嘗への参加と泰平の世の讃美を、この肆宴を楽しく享受するという形で形象したものと解釈出来る。その描写が上句の「嶋山尓　照在橘　宇受尓左之」である。この上句は、第一歌群がどちらかというと観念的な讃美詠に傾いたのに対して、一首を具体的な景物描写詠にしている。この「嶋山尓照在橘」について『萬葉代匠記』（初稿本）は「嶋山にてれる橘、蓬莱によせたるべし」とする。その意味がないことはなく、むしろ積極的に認めるべきであろう。そうではあるが、それだけであればこれは単なる観念詠に陥ってしまう。これは『延喜式』に、

阿波國所獻、…中略…橘子各十五籠〔已上、忌部所作〕。　（巻第七「大嘗祭式」18「由加物」条）

（阿波国献れる、……橘子 各《おのもおのも》 十五籠《こ》〔已上は、忌部の作れる〕。）

とあって、当日の「神御に供ふべき由加物」の一つに橘の実（子《み》）がある。また何よりも、次のような故事がある。

…上略…和銅元年十一月廿一日、供奉擧國大嘗。廿五日御宴、天皇譽忠誠之至、賜浮杯之橘。…下略…

（『続日本紀』天平八年一一月一一日条の葛城王等の上表文）

（……和銅元年十一月二十一日、国を挙げて大嘗《おほにへ》に供《つか》へ奉る。二十五日御宴、天皇忠誠《まこと》の至《きはみ》を誉《ほ》めたまひて、杯に浮けし橘を賜へり。……）

これは、天平八年（七三六）一一月に、葛城王たちが聖武天皇に臣籍降下して橘姓を賜ることを願い出た上表文中の著名な一節である。和銅元年（七〇八）一一月二一日に元明天皇の大嘗祭がもたれ、その四日後の二五日の肆宴の席で、橘の実を大盃に浮かべて葛城王に賜ったという。これは大嘗祭の由加物の下賜と思しい。その二八年前のエピソードを引いて、橘姓を願い出たのであった。この天平八年一一月の聖武天皇から橘姓を賜った件は、『萬葉集』巻第六にも詳しい左注を付して載せられていて（6・一〇〇九～一〇一〇）、当時の貴族官人周知のことで

あった。この阿波国から献られる橘子は大嘗祭の年だけというのではなく、毎年の新嘗祭奉献物としてあったと見るべきものであろう。

以上の次第で、ここの橘とは、この場合「橘子十五籠」というだけではなくて、⑤歌⑥歌で示す「梅」同様のものであったと考えられる。即ち、『大嘗會儀式具釋』の「儀式本文」に、

次三獻。仰御酒勅使。獻御挿頭。…中略…次賜臣下挿頭。…下略…

（巻第七「辰日悠紀節會次第」八〇～八一頁。巻第八の「巳日悠紀節會次第」もほぼ同文）

（次に三献。御酒を勅使に仰《おほ》せたまふ。御挿頭《かざし》を献はる。……次に臣下に挿頭を賜はる。……）

とある。こうした儀式としての「挿頭《うず》」の景物として橘の小枝があったものと考えてよい。このようになると、初句の「嶋山」とは室内の造り物のそれと考えるのが良い。土屋文明『萬葉集私注』は、「シマヤマは作り物の飾り臺で、その上に橘が盛られたのであらう。」と指摘する。新編日本古典文学全集本『萬葉集』は、［三浦周行・一九一四・三・論著］からの「標山」の絵をカットとして入れている。そういう造り物の「嶋山」ということになる。ただ、橘枝・橘果は造り物であっても歌としては構わないのであるが、阿波国献上の橘があったのであり、ここは造り物ではない橘となる。造り物の「嶋山」に阿波国産の橘果の付いた橘の小枝が付されていたのであり、官人たちも、その阿波国産の橘果の付いた橘の小枝を「髻華に指し」たと見るのが良い。

なお［伊藤博・一九八七・三・論考］は、この④歌について、大伴家持の同年（天平勝寳四年〈七五二〉）の「儲作歌」長歌との類似を指摘している。即ち左の傍線部である。

為應詔儲作歌一首　并短歌

安之比奇能　八峯能宇倍能　都我能木能　伊也継々尓　松根能　絶事奈久　青丹余志　奈良能京師尓　万代尓
國所知等　安美知之　吾大皇乃　神奈我良　於母保之賣志弖　豊宴　見為今日者　毛能乃布能　八十伴雄能

嶋山尓　安可流橘　宇受尓指　紐解放而　千年保伎　保吉等餘毛之　恵良恵良尓　仕奉乎　見之貴者

（19・四二六六、大伴家持）

（あしひきの　八峯《やつを》の上《うへ》の　つがの木の　いや継々《つぎつぎ》に　松が根の　絶ゆる事なく　青丹よし　奈良の京師《みやこ》に　万代に　国知らさむと　やすみ知し　吾が大皇《おほきみ》の　神ながら　おもほしめして　豊《とよ》の宴《あかり》　見為《めす》今日《けふのひ》は　もののふの　八十伴《やそとも》の　雄《を》の　島山に　あかる橘　うずに指《さ》し　紐解《ひもと》き放《さ》けて　千年《ちとせ》ほき　ほきとよもし　ゑらゑらに　仕《つか》へ奉《まつ》るを　見るが　貴《たふ》とさ）

また④歌の結句「卿大夫等」は右の家持歌の「毛能乃布能　八十伴雄」に相当するとし、この家持の儲作歌は「宮廷人のあいだに広く知れわたっていて」とし、「四首の納め歌」としたとしている。［伊藤博・一九八七・三・論考］は、この儲作歌の出来た時を同年二月としている。それは四二六一番歌の左注「二月二日」からの認定であろうが、その次の四二六二番歌には「閏三月」とあり、少なくとも同年閏三月以降ということになる。［高野正美・一九九四・一一・論著］が④歌の「作歌時は不明」としているのが一番正確である。と共に、［高野正美・一九九四・一一・論著］が「或はこの肆宴に備えての作であったかもしれない」としている蓋然性も極めて高い。現在見る『萬葉集』巻第十九からすれば、④歌は家持の儲作歌（19・四二六六）の一部を援用する形で成っていることになるが、宴が終わって後に、家持が以前作っていた儲作歌に推敲の手を加えることが全く無いとは言えない。こういうことを考えると、家持の儲作歌と④歌との関係は、微妙でむつかしいことになって来はしないか。ここに、問題を提起しておく。

次に永手の歌を見る。

⑤袖垂而　伊射吾苑尓　鶯乃　木傳令落　梅花見尓　（19・四二七七）

（袖垂《そでた》れていざ吾《わ》が苑《その》に鶯《うぐひす》の木伝《こづた》ひ落《ち》らす梅《うめ》の花見《はなみ》に――藤原永手）

この歌の世界は、新嘗の神事には直接関わらない宴そのものの様である。やはり儀礼宴歌には違いないが、新嘗の場が「晴」であるのに比して、この歌の世界は「褻《け》」に近い。褻と言っても貴族官人のそれであり、［井手至・一九七三・四・論考］、［井手至・一九八四・四・論考］、［菊川恵三・一九八九・五・論考］、［菊川恵三・二〇〇九・三・論考］などが指摘する、当時における雅意識が濃厚な花鳥歌の世界である。この花鳥歌の世界を導いたのは④歌の「嶋山」の語である。④歌の「嶋山」が契機となって、⑤歌の「苑」「鶯」「木傳令落」が導かれ「梅」が展開されていると見てよい。この⑤歌は、その意味で④歌に触発されて成り立った歌であり、④歌の延長線上に位置する詠歌であると見ることが出来る。但し、「梅」は、後述する様に、宮中新嘗の景物であり、この「梅」がもう一つの契機となっていることを見落してはならない。

　この歌が貴族社会における花鳥歌の世界でありながらも、褻の歌に近いと受け取ることが出来るのは、初句の「袖垂れて」に拠るものである。初句の「袖垂れて」は、まさにこの褻意識を前面に出している表現である。しかしながら、この「袖垂れて」は、『千字文』に見える「坐朝問道、垂拱平章」(27・28)の「垂拱」を踏まえての表現であると考えられる。［小川環樹・木田章義・一九九七・一・注解］に、

〈垂拱《すいきょう》〉とは衣裳を垂れ、手を拱《こまね》いて坐っていることである。天子が上で垂拱していると、下では人びとが平和に徳のある生活をおくる。これは堯・舜の統治によって天下が太平であった故に『書経』（堯典）に、「百《ひゃく》姓《せい》を平章《へいしょう》せしめ、百姓昭明なり」と言う。これのことである。

と示されている通りであり、奥義として天皇讃美の表現を内に包む表現である。詞の上ではうちくつろいだ「袖垂れて」の表現となっているが、その奥義は晴の儀式讃歌としてある。『萬葉集』に『千字文』が影を落としていることについては、［東野治之・一九七六・七・論考］、［芳賀紀雄・一九九三・八・事典］「万葉集比較文学事典」、［奥村和美・二〇〇三・三・論考］、［奥村和美・二〇一三・三・論考］に指摘がある。ただし、「垂拱」についての

言及はない。『千字文』という指摘はないが、〔中西進・一九八三・一〇・注釈〕に「垂拱の翻案語。優雅に長袖を垂らす意で、太平を意味する」とあり、〔高橋六二・一九九二・一二・論考〕にも「中国の垂拱の礼に相当するもの」という指摘がある。『懐風藻』にも「垂拱端坐惜歳暮」の句がみられる（22「七言望雪一首」紀古麻呂）。

肆宴も和やかな第二部に入っていたと見てよい。酒の酔いに任せてふらりとその苑に遊びましょう、鶯も待っていることでしょう、という雅意識の勝った歌となっている。「吾が苑」の「吾が」は親しみを込めての表現であり、御前宮中の御苑と見ている。もとより夢想の雅意識の勝った詠出であると見ているが、永手個人の邸宅の苑の意味であっても一向に構わない。いずれの場合においても仮想詠なのである。〔伊藤博・一九八七・三・論考〕は、一連六首を前半四首と後半二首に分けて理解しているということは先に示したが、伊藤博『萬葉集釈注』では、この「いざ吾が苑に」の句は「第二次の場へと誘って、肆宴の場に転換を与えている」「永手はこの日の第二次園遊の責任者」としていることを紹介しておく。

「梅」とは新嘗の時節に合わないようであるが、これは『萬葉代匠記』（初稿本）が、

此哥、新嘗会には時にかなはぬやうに聞ゆれど、次下の家持の哥にも梅をしのはんとよめるは、此日の興に梅柳を植らるればなり。江次第々十云。新嘗会装束次第云。尋常版位南去三許丈、構立舞台。其上鋪薦加両面置鎮子。其四角三面樹梅柳。其東西北面懸亘帽額。木工寮作舞台、左右衛門進梅柳。

（右に出る「四角三面」の語は、故実叢書本『江家次第』には「四面」とある）

と『江家次第』にある「新嘗会装束」の条を引いて証とした通りである。ここに描かれた「梅柳」は実物らしく解されはするが、季節上、梅も柳も落葉しているはずであり、一般的には造木・造花であったと理解するのが良い。そうして、④歌の「髻華」同様に、官人達はその梅花を挿頭としたのである。

次に掲げる『大嘗會圖式』（〔荷田在満・一七三八頃・故実〕）に載る図はすこぶる興味深い。挿図の通りであり、

これは上部に位置する「心葉」と、造り物の大半を占める「日かげかづら」から成っており、「冠ノ巾子ノ角ニ付ル也」という注記がある。その「心葉」については「三四寸」（一〇センチ《メートル》前後）とあり、「金銀又ハ糸花ナド」

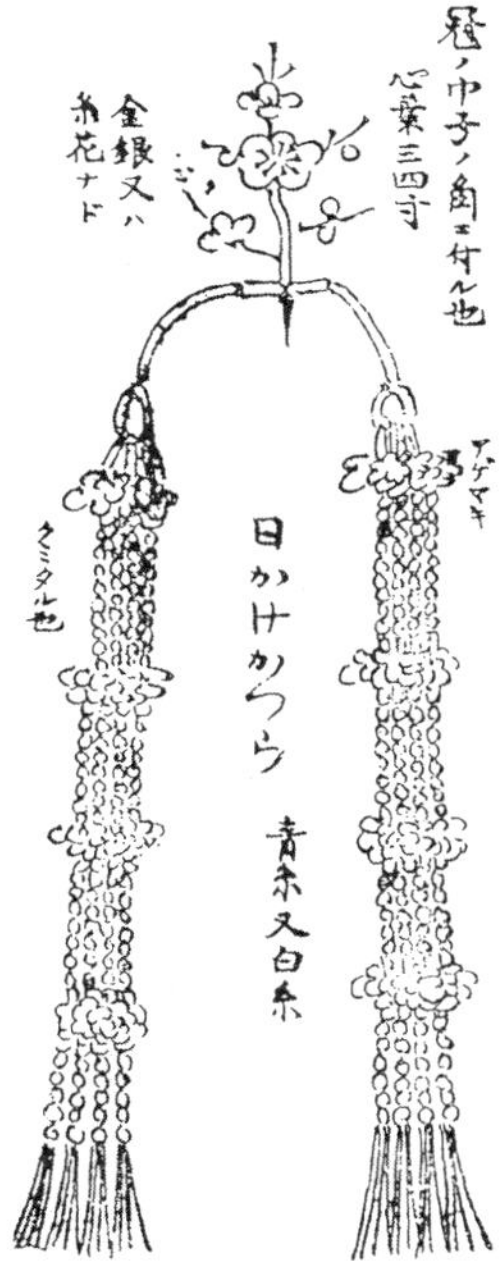

と記され、「日かげかづら」については「青糸又白糸」という注記がある。この図の前には「一覧表」が示されていて、「大臣」の「心葉」は「花青貝、枝金」と材質が示され、「日蔭」については「上白下赤。長左右二尺二寸。三十結。揚巻各五段」と示されている。長さは弱七〇センチ《メートル》で、アゲマキと呼ばれる結節が五個、そのアゲマキ間の糸による組結びが三〇であるというのである。続く「中臣」は「大臣」と同じである。続く「忌部」は、「心葉」は「花枝共赤」とあり、「日蔭」は「白左右。長各一尺八寸。十結。アゲマキ各四段」とある。以下略すが、こういう次第で詳しく記述されている。これは前記と同じ元文三年（一七三八）再興の桜町天皇大嘗会の記録であり、上代のものでは無いが、大いに参考になる造り物と判断出来る（挿図は六合書院版『荷田春滿全集』第十巻〈一九四四年八月〉所収『大嘗會圖式』中の影印）。六一四頁の余白に、右に示した「一覧表」の一部を出しておく。

この「心葉《こころば》・梅枝・日蔭鬘」のことは、『紫式部日記』の「五節の舞姫」の条にも見える。

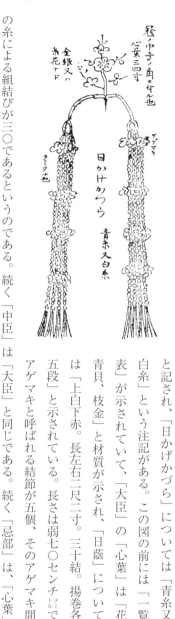

　五せちは廿日にまいる。侍従宰相にまひ姫のさうぞくなどつかはす。右宰相中将の五せちにかづら申されたるつかはすつゐでにはこ一よろひにたきものいれて心ば梅枝をしていどみきこえたり。（寛弘五年一一月二〇日条）

右の条は、初発拙稿発表後に『紫式部日記』を読んでいてメモしたものであるが、当書に納めるに際して諸論を縦覧していると、［高橋六二・一九九二・一二・論考］においても、「この心葉は主に江戸期の文献を引用してこの歌の解に当てられているが、意外に古い慣例である」として、『紫式部日記』が引かれている。

［倉林正次・一九七八・三・論考］は、

…上略…梅花の造り花をその上に加えて飾るといった形が、それ以前の時代にもあったことは想像される。髻華が植物から、金銀の造り物を用いるようになったのは早く、推古朝の冠位十二階制定以後、十九年（六一一）五月五日の薬猟に、髻華に金・豹尾・鳥尾を用いた例などがみられる。こうした髻華の先蹤が挿頭花などの上にも影響し、造花の流行を促したものとみられる。

と言及し、次の⑥歌の趣向へと言及している。まさにその通りであり、「心葉・日蔭鬘」の造り物は、この⑤歌だけではなくて、次の⑥歌の解にも影響を及ぼす。

この⑤歌は、人々の頭を飾る「梅」を作歌の契機としており、新嘗会の景物を詠みあげているのであり、新嘗肆宴歌そのものであるわけである。ところが歌一首の世界は、褻に近い花鳥詠の園に遊んでいる。特に「鸎乃木傳令落」は実景ではない。豊かな夢想の世界に遊んでいるのであり、これこそ雅意識の真骨頂の描写として特記して良い。なお、この⑤歌一首を［森淳司・一九九〇・六・論考］は、歌中の「いざ」の誘い詞から、「いずれ春となりましたらと、大君の行幸を願う」としている。

結びの家持詠に移る。

⑥足日木乃　夜麻之多日影　可豆良家流　宇倍尓也左良尓　梅乎之努波牟　（19・四二七八）

（あしひきの山下日影かづらける上にや更に梅をしのはむ――大伴家持）

第二句の「山下日影」は『萬葉代匠記』（初稿本）に「新嘗会に預る人々、小忌衣を著し日陰をかさすなり。日蔭の糸とてくみたる糸にて此鬘を結つくることなり。」とある。これは六〇七頁の『大嘗會圖式』の図そのものが該当する。新潮日本古典集成本『萬葉集』も「これを蘰にするのは新嘗の礼装」と言及している。『延喜式』においても、左記のように確認できる（左記はその一端である）。

・供新嘗料。…中略…日蔭二荷…下略…。

（新嘗に供《つか》ふる料。……日蔭《ひかげ》二荷……）

（巻第二「四時祭式下」51「供新嘗料」条）

・凡齋服者、十一月中寅日給之。…中略…内親王及命婦以下女孺以上亦青摺袍、紅垂紐（…中略…）自餘皆結紐（親王以下女孺以上、皆日蔭鬘）。

（巻第七「大嘗祭式」30「斎服」条）

（凡《それ》、斎服は、十一月の中の寅の日に給はるべし。……内親王及《また》命婦以下女孺以上も亦《また》青摺の袍にして、紅の垂紐なり（……）自余は皆紐を結ぶべし（親王以下女孺以上は、皆日蔭《ひかげ》の鬘《かづら》なり）。）

・…上略…其行列者、神部四人、左右前駈。…中略…神服宿祢一人在中頭（當色、木綿襷、日蔭鬘）…中略…次神服女五十人、分在左右。（青摺衣、日蔭鬘。男女各執酒柏、以弓弦葉、挟白竿四重、々別四枚）。…下略…。

（巻第七「大嘗祭式」31「卯日」条）

（……其の行列は、神部四人、左右《みぎにひだり》に前駈《さきがけ》すべし。……神服宿祢一人は中頭に在るべし（当色の木綿襷、日蔭の鬘なり）……次に神服の女五十人、分れて左右に在り。（青摺の衣、日蔭の鬘。男女各《おのもおのも》酒柏《さかがしは》を執《と》り、弓弦葉《ゆづるは》を以《も》ちて、白竿に挟《はさ》むこと四重《かさね》、重《かさねごと》別に四枚なり）。）

・造酒司、人別給柏、即受酒而飲。訖即為鬘而舞之。

（巻第七「大嘗祭式」34「午日」解斎条）

（造酒司、人別《ごと》に柏を給ひ、即ち酒を受けて飲むべし。訖《をは》らば即ち鬘《かづら》と為て舞ふべし。）

右の『延喜式』に見える「日蔭」は、『大嘗會圖式』で見た造り物ではなくて、本来の植物であるヒカゲノカズラをさしている。この植物については、例えば『古事記』『古語拾遺』に次のように見える。

・天宇受賣命、手次繫天香山之天之日影而、爲鬘天之眞拆而、手草結天香山之小竹葉而（訓小竹云佐々）、於天之石屋戸伏汙氣（此二字以音）而、蹈登杼呂許志（此五字以音）爲神懸而、掛出胸乳、裳緒忍垂於番登也。

尓高天原動而、八百万神共咲。

（『古事記』上巻、天之石屋戸条）

（天宇受売命《あめのうずめのみこと》、手次《たすき》に天香山の天の日影《ひかげ》を繋《か》けて、天の真拆《まさき》を鬘《かづら》と為《し》て、手草《たぐさ》に天香山の小竹葉《ささば》を結《ゆ》ひて〔……〕、天の石屋戸に汙気《うけ》を伏せて〔……〕、踏みとどろこし〔……〕、神懸《かむがか》り為《し》て、胸乳《むなち》を掛き出《い》で、裳の緒を番登《ほと》に忍《お》し垂《た》りき。尓《ここ》に高天原動《とよ》みて、八百万の神共《とも》に咲《わら》ひき。）

・以真辟葛為鬘、以蘿葛為手繦〔蘿葛者、比可氣〕…下略…。

（『古語拾遺』天石窟条）

（真辟葛《まさきのかづら》を以《も》ちて鬘《かづら》と為し、蘿葛《ひかげ》を以《も》ちて手繦《たすき》と為《す》〔蘿葛は、「ひかげ」なり〕）

この植物「ヒカゲノカズラ」について、［屋代弘賢・一八二一〜一八四一・類書］は、次のように解説している。

ひかげかづら一名ひかげぐさ一名狐のをかせ一名狐のたすき一名天狗のたすきは即玉柏の一種地上に蔓延するものなり故に其形状は全く玉柏と相同じ扨ひかげの物にみえたるは天照御神の天の石窟に隠れ給ひし時天宇受賣命其窟戸の前にて手次となして巧に俳優をなせしを始とし〔古事記日本紀〕其手次とせしものを以て内親王以下命婦女孺及び行別の人々これを鬘とせしは践祚大嘗祭の時を始とす〔延喜式〕またひかげに日影の字を用ひしは太安麻呂を始とし〔古事記〕それを日蔭の字に代しは藤原忠平を始とす〔延喜式〕。…下略…。

（『古今要覧稿』巻四二六、國書刊行會本、第五冊、草木部下、四四四頁）

さて、この家持詠は一連六首の締め括りとして、新嘗会の景物「日影」を点描し、⑤歌の「梅」詠を承け、更に用語上は④歌の「宇受尓左之」から「可豆良家流」と描き、⑤歌の結句の「見尓」から結句の「之努波牟」へと展開させている歌と言えよう。第四句の「宇倍尓」（上に）の意味は勿論「添加」の意味であるが、『大嘗會圖式』の図（六〇七頁）を参照すると、上下位置を示す「上」の意味をも内に響かせていることになる。これは歌言葉における「含み」の面白さである。「宇倍尓也」の「や」の語は軽い問い掛けの「や」であり、主意としては肯定しているのである。一連六首の結びとして、うまくまとめることの出来た一首である。

以上、第二歌群はややくつろいだ褻的雰囲気の中での、儀礼宴歌である。第一歌群が「天地」「天」「万代」という典型的な観念語を駆使し、新嘗会をその真正面から見据えて栄える世を讃美する儀礼宴歌をリレー式に歌い繋いだのとは対照的に、第二歌群は「嶋山」「橘」「苑」「鸎」「梅」「宇受」「可豆良」という花鳥嘱目の雅世界を「袖垂れ」たくつろぎの雰囲気の中に「屛風絵」を描くかのようにリレーした景物描写中心の宴歌世界である。しかもその「屛風絵」は、当日の儀式における目前の有様の一端であったわけであり、歌によってその景を拡大し、鶯を飛ばして遊んだのである。そうして、この第一歌群と第二歌群との対応は、先に見た詠作者六人の年齢・位階ともみごとに対応しているのである。

四　その左注から

最後にこの一連六首の記録について見ておきたい。

六首の用字表記について見ると、⑤歌のように訓字主体表記と⑥歌のように仮名主体表記とが交じり、これは詠作者自身の手が残存している結果であること、先に見た通りである。しかしながら、自立語・付属語を通して用字上特異な表記が交じるということはない。仮名表記について見ても、仮名マに「麻」「万」の二種、仮名ヤに「夜」「也」の二種が出るのみであり、他は一種類の仮名である。しかも二種類の仮名マは共に③歌内に出るものであり、二種類の仮名ヤは共に⑥歌内に出るものであり、変字法と言うことが出来るものである。こうした仮名表示については家持の手が入っている可能性がもちろんのこと存在する。

注意してよい事項は、その左注表記である。列挙すると次の様になっている。

①右一首大納言巨勢朝臣

②右一首式部卿石川年足朝臣
③右一首従三位文室智努真人
④右一首右大弁藤原八束朝臣
⑤右一首大和國守藤原永手朝臣
⑥右一首少納言大伴宿祢家持

①は「直称姓」である。養老令の『公式令』に「三位以上、直稱姓」とある。具体的に記すと、

凡授位任官之日、喚辭。三位以上、先名後姓。四位以下、先姓後名。
以外、三位以上、直稱姓〔若右大臣以上、稱官名〕。四位、先名後姓。五位、先姓後名。…下略…
（『公式令』68授位任官条）

（凡《それ》、授位任官の日に、喚《よ》ぶ辞《ことば》。三位以上は、先名後姓そ。四位以下は、先姓後名そ。
以外《このほか》は、三位以上は、直《ただ》に姓を称《い》ふ〔若《も》し右大臣以上にあらば、官名を称《い》ふべし〕。四位は、先名後姓そ。五位は、
先姓後名そ。……）

とある。ここは「授位任官之日」ではないから、次行条が該当する。大納言は左右内大臣より下であり、「称官名」は該当せず、「直称姓」となり、①の巨勢奈弖麻呂は従二位大納言であるから、まさにこの「直称姓」という敬称法が該当する。③の文室智努も従三位であり「直称姓」でよいのに「先名後姓」になっているのは、②の石川年足に配慮した結果であろうか。②の石川年足は参議であるが、この時の位が従四位上である。ただ年齢が文室智努の六十歳に対し石川年足は六十五歳であり、歌の詠歌順（ということは着座順）が二番手になっている。石川年足を「直称姓」扱いすることは出来ないので「先名後姓」にし、従って従三位の文室智努にも「先名後姓」で書き記したものであろう。④の藤原八束は従四位下、⑤の藤原永手は従四位上なので、規定通りに「先名後姓」の敬称法に

し、家持は従五位上なので「先姓後名」になっている。以上、ここは③の文室智努への例外的な措置以外は、規定通りの記し方になっていると言うことが出来る。

最後に気になるのが巻第十七の「白雪応詔歌群」に見られるような忘佚歌はないのかということであるが、「白雪応詔歌群」の場合は明確に家持が「登時不記其歌漏失」と記していた。この「新嘗會応詔歌群」にそういう注記がないということは、特にこの場合、正式な儀式としての新嘗会における肆宴歌ということもあって、漏失歌・忘佚歌は考えられないと言うことが出来よう。それだけではなくて、この六首の歌群は分析する限りにおいて、この六首で緊密な有機的作品構成となっていた。六首で以ってみごとな肆宴歌世界を形成しているのである。この間に他歌の介入はし難いと考えられる。

五　おわりに

天平勝寶四年一一月二五日、この日は『日本暦日原典』（〔内田正男・一九七五・七・暦表〕）によると、太陽暦の七五三年一月三日である。寒い盛りであった。その寒い冬だからこそ、春の景物を待ち望む気持ちから、「鶯」や「梅」が詠まれたと言えよう。

文室真人智努に即して言えば、亡き夫人成佛菩提の為の「佛足石」造立の準備中であり、その完成に向けてあれこれと思い描いていた時期であると考えられる。佛教が都人知識階層の一部には知的アクセサリーになろうとしていた時期に、彼は真摯な佛教徒であった。この約一〇年後、彼が六十八～九歳の時に、出家して浄三となっている。この様にひたすら佛に帰依する智努の姿は、今の③歌からは窺えない。平凡な官人としての智努の姿があるのみである。彼の一生を通して見れば、文室真人智努とは、皇位を避け退けて、ひたすら平凡に生きようとした一市井官人であったわけであり、この黒酒白酒詠も、その意味において、智努の生きた姿をよく見せている一首であると言えよう。

（付記）余白があるので、六合書院版『荷田春滿全集』第十巻（一九四四年八月）所収『大嘗會圖式』に載る「日かけかつら」の図（本書六〇七頁に掲載）に関わる「一覧表」の冒頭部を左に掲げる。この表は全四頁余に亙るもので、その一頁分の掲載である。

	宮内	大臣	中臣	忌部
心葉	無	花青貝 枝金	花青貝 枝金	花枝 共赤
日蔭	無	上白下赤 長左右二尺 二寸三十結 揚巻各五段	長寸結右ニ 同じ色貝章 ニ景忠白ト 赤トナラバ 今度之白之	白左右長 各一尺八寸 十結アゲマキ 各四段
赤組	無	長二尺三寸 上半ハ右タヽ ミ下半ハ二十 組金ヲ蝶 鳥ヲカク	長二尺二寸 上右タヽミ 下二十組胡 粉ニテカク	長二尺二 十組胡粉 ニテカク
小忌	諸司 紋ハ貝 享ニ同じ	諸司 文龍騰 尾長島	縫腋 文ハ老 松竹	私文ニ 龍騰尾 長島
袍	黒文 繡無	黒文 窠唐 草	無	同右
下襲	表白 裏黒 無文	表白浮 線綾 丸重横 四菱	同右	表白 裏紅 無文
表袴	表白 裏紅 無文	表白藤 丸三ツモ 子リ裏 紅無文様 引	同右 組ニツ モヂリ	表白 裏紅 無文
緌 笏	無	緌ナシ 笏ナシ		同右

「日かけかつら」一覧表

第三節　大伴家持作品に見られる佛足跡歌体

――大伴家持作の進取性――

一　はじめに――作家論と作品論――

俳優Aがいた。彼は几帳面かつ実直な性格であり、その上慎ましい生活に徹していた。しかし、彼の演じる役柄は、よく言えば鷹揚、悪く言えばいい加減そのものであり、適当に辻褄を合わせて、奢侈にこの世を渡って行くという役柄ばかりが、なぜか回ってきていた。

右は一つの想定にすぎないが、ここには実人生としてのAと共に、役柄上演じなければならない人物像（これをBとする）が存し、その俳優は、AとBとの二重生活をしていた。一方、観客はBを知るのみであり、Aについては全く知るところが無かった。

倭歌文学研究における作家論とは、物語中の登場人物論とも異なるものであるから、右のモデルタイプの説明が適切な例であるとは思っていないが、倭歌文学研究における作家像とは、倭歌文学作品を通して描くことが出来る作者像であり、実人物像とは区別して見るべきである。これが古典作品の多くにおいては、実人物像というものは判明しないのが一般であり、作品を通して解明出来るものであるから、作家論と言っても、それは作品論の中に包摂されるものと理解するのが良い。

ここに、解明しようとする大伴家持の場合においても、『萬葉集』という作品の中から、その作者像の一端を見るものであり、その作者像を家持の実人物像と見る短絡的な見方は避けなければならない。文芸作品から帰納できる作者大伴家持像と、歴史資料を綴り合わせて描かれる大伴家の家持像とは自らに異なったものであってよいのである。

以下は、「歌学び」という側面から、大伴家持の文芸上の進取性を見るものである。文芸作品から見た大伴家持論であり、作品論の一端と見てよいものである。

二　大伴家持収蔵庫

『萬葉集』は大伴家持に関する収蔵庫と言ってよいほどまでに家持関連事項の多くを収めている。

例えば、初期の習作を掲載している。「亡妾悲傷歌」中の長歌（3・四六六）は『萬葉集』に見られる家持最初の長歌であるが、これは先人の詞句を未消化のままに取り込んで一首としたツギハギ作品である。この長歌の作品性については多くの指摘があり、［尾崎暢殃・一九七二・一二・論考］、［小野寛・一九七八・三・論考］、［川口常孝・一九八五・一二・論考］などはその代表的な論考である。

この作品は、亡妾への深い思い入れと、［廣岡義隆・一九九三・五・論考］で記した一三首一連の構成という二つの面から、削除することが出来ずに、残し置いたものであろう。そういう経緯が推測できるが、結果として惨澹たる長歌作品を『萬葉集』に載せてしまっているのである。

また、家持を取り巻く多くの女性たちとの贈答の歌を掲載している。ただしこれに関しては、佳作だけを収載した可能性がある。少なくとも女性たちに返した家持の歌はその多くが掲載されていない。

また、幼少年期の習作がたくさんあった筈である。例えば、佐佐木信綱資料館（三重県鈴鹿市）には信綱の六歳以降の自筆短冊が残されている。

ころ〳〵とあられふる也犬ころのそはえる庭の風にこほれて　六才　信綱

右に「そはえる」とある語は、犬や猫などがじゃれる意の古語「そばふ」であるが、今の場合は、［江畑哲夫・一九九五・九・辞典］に「ソバエル　①犬猫などのじゃれる　員弁郡・鈴鹿市・安芸郡・久居市・一志郡・松阪市・…下略…」とあるように、今も現地に残る地域言語であり日常語として使用されている。

秋夜雨　秋のよのあめにてみちのわるけれはことものわれはこまりけるかな　七才　信綱

右のような次第であり、倭歌環境の豊かな家に生まれた家持にとって、幼少時からの作歌は少なくなかったに違いない。しかしそれらは一切収載されていない。「家持収蔵庫」と呼びはしたが、当然なことながら、このような選別は行なわれている。

試作歌を掲載してもいる。成功した作品例ではあるが、「秋の歌四首」（8・一五六六～一五六九）の連作作品などは初期の試作歌であり、これを評価する［橋本達雄・一九七九・九・論考］の論がある。

巻十七以下四巻の歌日誌（天平十八年～天平寳字三年）については、掲載歌に関する削除の有無等について明らかでない点があるが、基本的に家持歌に関する諸事項の収蔵庫であるといってよい。なお、［廣岡義隆・二〇一三・六・論考］で、歌日誌としての一端を明らかにしている。

このように、『萬葉集』は家持の歌及びその関連事項を比較的多く収載しており、そこに作家大伴家持の歌学びの様相を見ることが出来る。

三　家持の歌学び

「歌学び」、即ち先人の歌からの歌作上の学習は、家持の場合、種々の面から指摘できる。

まず、歌語・表現上の歌学びがある。これは、柿本人麻呂・山上憶良・山部赤人等の表現を多く摂取しているとの指摘があり、広く知られているところである。これについても多くの論考がある。［橋本達雄・一九八一・三・論考］はその代表的な論であり、［針原孝之・一九八四・一〇・資料］はそれを一覧出来る資料としてある。『萬葉集』の中においても、家持自らの詞として、「……幼年未逕　山柿之門　裁歌之趣　詞失乎藂林矣」（17・三九六九～三九七二序、傍線部の「詞」については、当論末尾の注（1）参照、六三八～六三九頁）とある。この「山柿」については、憶良と人麻呂をさす語、赤人と人麻呂をさす語、或いは柿本人麻呂一人をさす語などの諸説があるが、今はこの論議に立ち入ることはしない。

巻第十六の即興戯笑歌群からの学びの結果が家持の「嗤咲歌」（16・三八五三～三八五四、同左注）である。

辞遊びの実験詠もある。即ち、巻第十九の四一七五番歌に見られる「毛能波三箇辞闕之」の歌がそれであり、続く四一七六番歌の「毛能波氏尓乎六箇辞闕之」の歌も同様である。これは学びの結果か独自の実践かは明らかでないが、こういう実験的作品は多くの歌学びの延長線上に位置するものとしてある。［新沢典子・二〇一三・一〇・論考］「「ものはてにを」を欠く歌の和歌史における位置づけ」がある。

「追和」という文学方式の嚆矢は［大久保廣行・一九九八・二・論著］が明らかにするように山上憶良であり、大伴旅人とその周辺の筑紫文学圏で好まれ、大伴家持は五群八首（18・四〇六三～四〇六四、19・四一六四～四一六五、19・四一七四、19・四二一一～四二一二〈追同〉、20・四四七四）について、この追和歌の方法を援用し創作していること、「大久保廣行・一九九五・一一・論考」に詳しい（大久保廣行は、4・五二〇〈追同〉の「後人」を「家持か」として、六群九首としている）。

家持は防人の歌を収載したことで知られているが、それだけではなくて、防人自身の気持に身を置いての「擬防人詠」がある（20・四四〇八〜四四一二など）。これも同情という感情レベルを越えての詠作であり、歌学び実践の一つの姿と見てよい。

自注形式の学びも見られる。例えば憶良の長歌中に「勅旨　反云大命」（「勅旨」、反《かへ》して大命《おほみこと》と云《い》ふ）「船舳　反云布奈能閇尓」（「船舳」、反《かへ》してフナノヘニと云ふ）（5・八九四）という訓注があり、家持の短歌の中にも「東風　越俗語東風謂之安由乃可是也」（「東風」、越《こし》の俗語《くにひとのことば》に東風をアユノカゼと謂《い》ふ）（17・四〇一七）の訓注がある。また憶良の長歌中に「霊剋内限　謂瞻浮州人壽一百二十年也」（「霊剋内限」、瞻浮州の人の寿《よはひ》は一百二十年なるを謂ふ）（5・八九七）の注釈があり、同じく家持の歌中に「葦附　水松之類」（「葦付」、水松の類そ）（17・四〇二一）の注釈がある。やはり憶良の作品中に「無日不勤　毎日誦経發露懺悔也」（「無日不勤」、毎日《つね》に、誦経・発露・懺悔をおこなふをいふなり）（5・沈痾自哀文）という情況説明があり、家持の歌中にも「芽子花尓保敝流屋戸　言　斯人為性　好愛花草花樹　而多植於寝院之庭　故謂之花薫庭　也」（「芽子花尓保敝流屋戸」、斯《こ》の人の為性《ひととなり》、花・草・花樹を好《この》み愛《いつく》しみて、多《さは》に寝院の庭に植う。故、「花薫庭《はなにほへるやど》」と謂《い》ふを言へり）（17・三九五七）という情況説明がある。

こうした中にあって、当節で指摘したいのは「歌体上の歌学び」についてである。即ち、歌学びにおける形態上の学習ということに関して、以下考察する。

四　歌体上の歌学び

歌をヨム（詠む）という「よむ」の語は、本来「数をかぞえる」という意味が原義であり、音数律を指折り数え整えるところに由来している。この音数律上の歌学びについて、以下、検証する。

短歌体は基本的な歌体であり、殊更に歌学びとして取り立てることはない。ただ、この短歌体における家持の実験作品として、連歌的作品を指摘できようか。

連歌的作品の早い例は、『古事記』における倭建命《やまとたけるのみこと》とその御火焼之老人《みひたきのおきな》との間における音数律《四七七、五七七》の片歌問答で知られている（記歌謡二五・二六、景行記）。他に、志毗臣と袁祁命との音数律《五六七、五六七》の片歌問答もある（記歌謡一〇五・一〇六、雄略記）。この片歌問答を一続きにすると旋頭歌体となり、旋頭歌の起源説の一つとして知られている（旋頭歌の起源諸説については、『CD-ROM 和歌文学大辞典』〈古典ライブラリー http://kotenlibrary.com/weblibrary/kojin、項目名「旋頭歌」〉にまとめて示している。参照されたい）。この種の作品からおそらく学んだものであろうと推測されるが、尼の頭句《かみのく》に家持が尾句《しものく》を続けている例がある（8・一六三五）。この作品の場合、題詞の記述によると、この作は尼の依頼に応じて接《つ》いだまでの作としてあり、家持による積極的な実験意図は低いものということになる。［中西進・一九九四・一〇・論著］は、尼が尾句を考えあぐねていた時に、家持が不意に横取りして尾句を続いだものであるとの横取り説が示されており、情況推定としては面白い説ではあるが、これは題詞を無視した想定であり、従いがたいことになる。なお近稿に、［廣岡義隆・二〇〇九・一一・寸考］「大伴家の談笑」、［影山尚之・二〇一〇・一一・論考］「巻八の相聞贈答―一六三三～一六三五歌を中心に―」がある。

長歌体においては、「賦」と称する一群の作品がある（「二上山賦一首」17・三九八五～三九八七、「遊覧布勢水海賦一首并短歌」17・三九九一～三九九二、「立山賦一首并短歌」17・四〇〇〇～四〇〇二）。この「家持三賦」は［山田孝雄・一九五〇・八・論著］が指摘するように、中国の賦に学んでの命名であり、命名における文学意識の面から注目してよい。この家持作品に和《こた》えた池主の「敬和遊覧布勢水海賦一首并一絶」「敬和立山賦一首并二絶」と併せて「萬葉五賦」と呼ばれている。

長歌に添える反歌は、一首が原形であるが、山上憶良に反歌六首作品（5・八九七～九〇三）、反歌五首作品（5・七九四～七九九、5・八八六～八九一）があり、田邊福麻呂に反歌五首作品（6・一〇五三～一〇五八）がある。これらは反歌の数が多い例であるが、これに次ぐ作品として反歌四首作品が家持に四作品ある（17・三九七八～三九八二、17・四〇一一～四〇一五、18・四一〇一～四一〇五、20・四四〇八～四四一二）。この四首作品は、他に人麻呂（1・四五～四九）、調使首（13・三三三九～三三四三）、作者未詳歌（13・三三一八～三三二二）がある。また、反歌三首作品が家持に六作品存在する（3・四六六～四六九、17・三九六九～三九七二、18・四〇八九～四〇九二、18・四〇九四～四〇九七、18・四一〇六～四一〇九、19・四一八〇～四一八三）。これも他に人麻呂（2・二一三～二一六）、金村（6・九〇七～或本反歌九一二）、赤人（6・九三八～九四一、6・九四二～九四五）と指摘できる。この三首・四首と数多い反歌形式も、歌学びの一つの姿であると見てよい。

長歌作品中における一案併記の形（18・四〇九四「一云」）も、人麻呂作品（2・一三一「一云」）などに学んだ姿と言えよう。

「序＋漢詩＋歌」の形式（17・三九七六～三九七七。序＋七言律詩一首＋短歌二首）は、家持独自というよりも大伴池主の作品「序＋七言律詩／序＋長歌反歌」（17・三九七三～三九七五）に唱和した作であり、従属作品としての性格を帯びるが、家持の脳裏には山上憶良の「序＋七言絶句＋長歌反歌」（5・七九四～七九九）等の作品が去来していた筈である。

こういう多様な歌学びの有様は、家持のフレキシビリィティ（知的柔軟性）を示すものとして注目してよいが、以下では、中でも旋頭歌体と佛足跡歌体における歌学びに焦点を絞って見てゆきたい。

五　『萬葉集』に見られる佛足跡歌体——家持の佛足跡歌——

『萬葉集』に見られる佛足跡歌体の歌として確かな唯一の歌は、巻第十六の三八八四番歌（伊夜彦神の歌、六二九頁、参照）である。これ以外に佛足跡歌体の歌ではないかと疑われている作品が三件ある。

その一つは憶良による熊凝挽歌（5・八八六〜八九一）の第二反歌から第五反歌である。これについては、第四反歌（5・八九〇）を取り上げて、その歌末の「一云」は佛足跡歌体の第六句と見た場合意味をなさないが、第五句の一案併記と見ると理解できるものであり、佛足跡歌体歌ではないと断じた（本書第二章論考篇一第六節「佛足跡歌体について」四七九〜四八二頁、参照）。これは長歌の歌末にある「一云」と対応すると共に、第一反歌に「一云」がないこととも整合する。

もう一件、［徳田浄・一九六七・二一・論著］が巻第十九の四一六一〜四一六二番歌の反歌二首について、

これを佛足石碑歌体の歌にみることも、みぬことも可能である。…中略…家持自身の別案とする見込みがなおある訣である。（三九四頁）

とするが、この「一云」の注記句が佛足跡歌体の第六句である可能性は極めて小さい。それは第五句の別案併記という一般形で理解できるものである。と共に、長歌における反歌は、原則として短歌体であり、佛足跡歌体の反歌は存在しないという面からも指摘出来るのである（注（2）、六三九頁）。

今一件、佛足跡歌体の歌ではないかと疑われている作品は、巻十八の巻頭部に位置する歌であり、橘諸兄の使者

として都から越中へ来た田邊福麻呂を迎えての宴における大伴家持歌である。

于時　期之明日　将遊覧布勢水海　仍述懐各作歌

伊可尓安流　布勢能宇良曽毛　許己太久尓　吉民我弥世武等　和礼乎等登牟流

（いかにある布勢《ふせ》の浦そもここだくに君が見せむと我をとどむる）　（18・四〇三六）

右一首田邊史福麻呂

乎敷乃佐吉　許藝多母等保里　比祢毛須尓　美等母安久倍伎　宇良尓安良奈久尓　一云　伎美我等波須母

（18・四〇三七、注（3）、六三九頁）

（乎敷《をふ》の﨑榜《こ》ぎ徘徊《たもとほ》り終日《ひねもす》に見とも飽くべき浦にあらなくに　一云　君が問はすも）

右一首守大伴宿祢家持

この「一云」の句は、歌意から第二句・第四句・第五句の一案であるとは取り難く、佛足跡歌体とみると、一首前の田邊福麻呂の歌（18・四〇三六）と意味的に対応することになり、佛足跡歌体の歌とみる解釈が通解である。しかしながら、他の家持歌の「一云」は一案併記と見るのが通常の理解であり、佛足跡歌体と見るためには「一云」の合理的な解釈が必要となってくる。

この「一云」を誤認の結果であるとみるものに、鴻巣盛廣『全釈』がある。

これを第二句とすると、歌形も意味も原歌とは、あまりに懸隔して来る。然るにこれを第六句に置いて、佛足跡歌体として見ると、終日見ルトモ飽クベキ浦デハナイノニ、貴方ガオタヅネニナルヨの意となつて、整然とした立派な歌となる。これは第六句に相違ない。佛足跡歌体なるを誤つて、かく記したのである。

（『萬葉集全釈』一九三四年）

これは単に「誤つて」とあるだけであり、その経緯が明瞭でない。[徳田浄・一九六七・二・論著]は副次案併記であると次のように言及する。

家持のみずからした別案を控え書きにして、正文をよしとしたものとする可能性がある。

ほぼ同時期の澤瀉久孝『注釈』の解も、一案として佛足石歌体の歌案を示した注記であるとの解釈である。

もし家持がこの注を加へたとすればこの「一云」は「一有二此句一」の意味に解すべきで、人麻呂にもさうした「一云」（二・一三一）があるから、ここもそれに倣つたと見るべきであらう。（『萬葉集注釈』一九六七年）

この解は、集成本『萬葉集』に受け継がれている。

この句を第六句とする仏足石歌体の案があったことを示すのであろう。

（新潮日本古典集成本『萬葉集』一九八四年）

次の［久米常民・一九七四・一・論考］の解釈も、可能な一つの解決案である。

この場合は、「一云」の七音句をどこへもって行っても適当であるとは言えないものである。よって、もともと仏足石歌体歌の第六句として、福麻呂の歌に唱和したものであって、元来小字で記載されていたものであったのに、仏足石歌体歌の第六句と認めることの出来なかった別人は、これを他の例にならって、「一云」という別案様式にしてしまったものであろう。

この佛足跡歌体との解釈に対し、［伊藤博・一九九二・一一・注釈］の次の指摘がある。

つとに万葉代匠記が指摘するように、第二句についてのものであることが知られる。「乎敷の崎君が問はすも」では、「いかにある布勢の浦ぞも」に対しての異和感は本文系統よりさらに深まる。しかしそれは第三者にとってのことであって、…中略…。しかし、そう（＝廣岡注「佛足跡歌体と」）見るためには異文は突飛で、木に竹をついだ感を免れない。集中における「なくに」の詠嘆終止性を思うべきである（木下正俊『万葉集語法の研究』参照）。事実、今日残る仏足石歌には、かような間の抜けた歌は一首もない。異文はやはり第二句に関するものとすべきである。　（『全注』）

（伊藤博は、『萬葉集釋注』九（一九九八年五月、三七九頁）においても、同様の指摘をする。）

右で、「伊藤博・一九九二・一一・注釈」は、第二句一案併記の解釈には一見「異和感」があるが、それは第三者にとってのものであり、当事者には「異和感」はなかったとする。と共に、佛足跡歌体で解釈する場合、一旦第五句で歌辞が切れており、「今日残る仏足石歌には、かような間の抜けた歌は一首もない」とする。ここには佛足跡歌体歌における第五句と第六句は、繰り返すものであるという先入観が介在している。「佛足跡歌体について」（本書第二章第六節）で、第五句と第六句との様相を詳しく分析し、薬師寺佛足跡歌碑歌に単純な意味での「反復形式」は存在せず、「準反復形式」の歌が一三首あると共に、「非反復形式」の歌が六首あると形態上から分析し、先入観の誤りを指摘した。薬師寺佛足跡歌碑歌で言えば、

己乃美阿止乎　麻婆利麻都礼婆　阿止奴志乃　多麻乃与曽保比　於母保由留可母　美留期止毛阿留可　(16)

（此の御足跡を　瞻りまつれば　足跡主の　玉の装儀　思ほゆるかも　見る如もあるか）

の例が、今の家持歌に近い。一旦第五句で切れ、ついで第六句が添えられた形である。このような歌も佛足跡歌碑歌には存在しているのであって、これこそ「一見異和感がある」例となる。違和感とは感覚上のものであり、現代の感覚で古代を推しはかるのはよくない。

最近の新編日本古典文学全集本『萬葉集』は、次のような疑問を投げかけている。

全体を仏足石歌体と解すべきか。第二句の別案とする説もある。ただし、正常の終止法と応ずるには君ハ……とあるべく、多少、疑問がなくもない。　（新編全集本『萬葉集④』一九九六年）

この新編全集本が提起している「君が問はすも」とある助詞「が」の問題について、該当の家持歌と同様に詠嘆の「も」と共起している例を『萬葉集』中から拾い上げて以下考察する。まず、新編全集本が言う「は」の例は勿

論確認できる。

伎美波登母之毛（17・三九七一）

同様に副助詞「も」「し」を介する例がある。

於久母可奈思母（14・三四〇三）

情志忘可祢津藻（16・三八五七）

一方、次のように助詞を介さない例、

宇具比須　奈久毛（5・八四二）

が存在すると共に、格助詞「の」を介する例も見られる。

伎吉乃可奈之母（18・四〇八九、次点本系本文＊）　＊（新点本系本文は、「乃」が「能」字になっている）

また家持の当該歌に出る「が」の例も、東歌の例ではあるが、確認できる。

和賀母抱乃須毛（14・三五五一）

右の場合は、自称「吾」を承けていて一般的な承接である。家持歌の「君が問はすも」の「が」は田邊福麻呂への親愛の情の表出例（親しみをこめた「が」）と理解すべきものであろう。「は」とは自らに相が異なるのである。「……が……も」は萬葉後期の比較的新しい（口語的な）表現であると考えられるが、新編全集本が指摘するように不審がることはないのである。

即ち、巻第十八・四〇三七番歌の「一云」は家持が他で使用している通り「一案併記」の「一云」ながら、第何句の一案というのではなく、佛足跡歌体としての一案併記としてあると見るのがよい。そうだとすると、他の歌の句レベルの一案併記との区別が付かないことになるが、その不親切さは家持自身のための注記であるという歌日誌としての個的側面から来るものであろう。こうした家持案文の存在については、この巻第十八の前に位置する巻第十七において、例えば元暦校本『萬葉集』に大伴家持の草稿別案と見られる書き込みが残存しており、このことは［武田祐吉・一九三二・六・論考］、［木下正俊・一九六三・一・論考］の両論考を挙げて、当節の注（1）（六三八～六三九頁）に記している。元暦校本『萬葉集』巻第十八の当条に関しては本文が揺れることなく記されているが、当節の注（3）（六三九頁）に記している通り、巻第十八は平安朝代に大きな損傷を蒙っており、そうした経過から、この箇所の原姿がどのようなものであったのかは、判然としないところがある。推測を逞しくすることは出来ず、この箇所の「一云」は家持が他で使用している「一案併記」の「一云」と同じであるが、その「一案」とは、四〇三七番歌の本歌全体に対する「一案併記」として置かれているものと見る。と共に、六首後にある四〇四三番歌においては、「一頭云」と第一句の一案であることを明記しているのである。この異例の表示も、右の事情に由来している可能性があろう。かくして、この四〇三七番歌の「一云」は、

乎敷乃佐吉　許藝多母等保里　比祢毛須尓　美等母安久倍伎　宇良尓安良奈久尓　伎美我等波須母
（平敷《をふ》の﨑榜《こ》ぎ徘徊《たもとほ》り終日《ひねもす》に見とも飽くべき浦にあらなくに君が問はすも）

という佛足跡歌体の一案歌と認定してよいものである（四〇三七番歌自体は、短歌体歌である）。

以上により巻第十八の四〇三七番歌「一云」を佛足石歌体の歌（一案歌）として復元出来るものと見る。

六　風俗《くにぶり》の歌からの歌学び——家持の旋頭歌と佛足跡歌——

右でみた佛足跡歌体の歌以外に、家持は旋頭歌体の歌も作っている。

能登郡従香嶋津發船射熊来村徃時作歌二首（内一首）

登夫佐多氏　船木伎流等伊布　能登乃嶋山　今日見者　許太知之氣思物　伊久代神備曽　（17・四〇二六）

（登夫佐《とぶさ》立て船木切ると言ふ能登の島山　今日見れば木立《こだち》茂しも幾代《いくよ》神《かむ》びそ）

この家持の旋頭歌体と先の佛足跡歌体の歌（一案復元歌）を中心に以下見てゆく。

家持のこの異体歌二首は、越中の風俗の歌との関わりによって詠作された歌ではないかと考えられる。

家持は天平二十年（七四八）春に管下を巡行している。このことは、

依春出擧、巡行諸郡、當時當所、属目作之。　（17・四〇二九、左注）

（春の出挙《すいこ》に依り、諸郡を巡り行き、当時当所《そのときそのところ》にして、属目《み》て作れる。）

によって明らかである。この越中国諸郡巡行は、

礪波郡・婦負郡・新川郡・能登郡・鳳至郡・珠洲郡

の順で巡ったことが、やはり巻十七の歌の並びから明らかとなる（四〇二一〜四〇二九）。能登は当初越前国に属し、養老二年（七一八）になって国として独立したが、天平十三年（七四一）には越中国に併合されていた（『続日本紀』養老二年五月乙未条、同天平十三年十二月丙戌条、参照。再び越中から分離独立するのは、天平寳字元年（七五七）になってのことである〈『続日本紀』同年五月乙卯条〉）。家持は能登まで巡らなければならなかったのである。

ここで思い浮かぶのが、巻十六に載る風俗《くにぶり》の歌（「能登國歌三首」「越中國歌四首」）との関係である。

能登國歌三首（内二首）　（16・三八七八〜三八七九、左注略）

堦楯　熊来乃夜良尓　新羅斧　堕入　和之　阿毛低阿毛低　勿鳴為曽祢　浮出流夜登将見　和之

（堦楯《はしたて》の熊来《くまき》のやらに新羅《しらき》斧《をの》堕《おと》し入れ　ワシ　あげてあげてな鳴かしそね浮き出るやと見む　ワシ）

堦楯　熊来酒屋尓　真奴良留奴　和之　佐須比立　率而来奈麻之乎　真奴良留奴　和之

（堦楯の熊来《くまき》酒屋《さかや》に真《ま》ぬらる奴《やつこ》　ワシ　さすひ立て率《ゐ》て来《き》なましを真《ま》ぬらる奴《やつこ》　ワシ）

越中國歌四首（内二首）

澁谿乃　二上山尓　鷲曽子産跡云　指羽尓毛　君之御為尓　鷲曽子生跡云　（16・三八八二）
（澁谿《しぶたに》の二上山《ふたがみやま》に鷲《わし》そ子《こ》産《む》と云ふ　指羽《さしば》にも君《きみ》が御《み》為《ため》に鷲《わし》そ子《こ》産《む》と云ふ）
伊夜彦　神乃布本　今日良毛加　鹿乃伏良武　皮服著而　角附奈我良　（16・三八八四）
（伊夜《いや》彦神《ひこかみ》のふもとに今日らもか鹿の伏すらむ皮服《かはごろも》 著《き》て角付《つのつ》きながら）

右の内、三八七八番歌はあくまでも参考として挙げた歌である。囃子詞と認定できる「和之」を除外しての音数律が《五七十、六六九》であり、旋頭歌体とするには余りにも整っていない歌である。右に挙げた中で、三八七九番歌（囃子詞「和之」を除外）と三八八二番歌（《五七八、五七八》の字余形）は旋頭歌体であり、三八八四番歌は佛足跡歌体《四七五七七七》である。家持はこれらの現地風俗の歌を目にしたに違いない。なお、伊夜彦の歌が「越中國歌」としてあることに不審を抱く人が多いが、［高木市之助・一九三五・一二・注釈］の次の指摘で疑問が氷解するだけではなく、後半の「越中國歌」（16・三八八一～三八八四）における資料の年代性とも強く関わってくるものである（左記の大寳二年は西暦七〇二年）。

契沖は文武紀大寳二年三月甲申の条に「分越中国四郡属越後国」とあるから此歌は大寳二年以前の作であらうと想像してゐる。恐らく之に従ふべきで、巻十六の編者は大寳二年以前に既に越中国歌四首と一括して記載してあつた古記をそのままここへ採録したもので、弥彦山が大寳二年以後越後国に属するやうに改つてゐた事は編者に気がつかなかつたのであらう。かう見ると此二首ばかりでなく四首全部が大寳二年以前の作といふ事になり、兎角不明である作者未詳の歌の年代がこの場合或程度迄分つた事になつて研究上重要な意義を持つて来るのである。
（『萬葉集總釈』16・三八八一番歌条）

ただし、前半の「能登國歌」（16・三八七八～三八八〇）については、養老二年（七一八）五月の能登国建国以降の資料になる（天平十三年〈七四一〉一二月に越中国に併合）。

大伴家持は、これらの旋頭歌体歌や佛足跡歌体歌を見る前から、こうした歌体《スタイル》自体は知っていたに違いない。旋頭歌は『萬葉集』巻第十一巻頭の部立として「旋頭歌」の語があるだけではなく、丹生女王から父大伴旅人へ贈られた歌（8・一六一〇）、山上憶良の「詠秋野花歌」（秋七種の歌）（8・一五三八）、高橋蟲麻呂の小埼沼の鴨の歌（9・一七四四）、大伴坂上郎女の歌（4・五二九）などがあり、よく知っていた筈である。佛足跡歌体の歌も、

　意富岐美能　美古能志婆加岐　夜布士麻理　斯麻理母登本斯　岐祁牟志婆加岐　夜氣牟志婆加岐

（大王《おほきみ》の御子《みこ》の柴垣《しばがき》八節《やふ》結《じま》り結《しま》り廻《もとほ》し切れむ柴垣焼けむ柴垣）　（記歌謡一〇九、清寧記）

を初めとして、記歌謡三一番歌・記歌謡八三番歌、紀歌謡三九番歌などで知らなかったわけではないと思われる（奈良薬師寺現蔵の佛足跡歌碑の製作年代は明らかではないが、同寺蔵の佛足石と同時期か、或いはそれより後であることは明らかであり、天平勝寶五年（七五三）七月以降と推考され、即ち天平二十年（七四八）の時点ではまだ奈良薬師寺の佛足跡歌碑歌は作られていなかったと考えられる）。

旋頭歌体歌や佛足跡歌体歌の歌体自体は、家持において知っていたはずであるが、家持が旋頭歌一首（17・四〇二六）、佛足跡歌体の歌一首（18・四〇三七の一案復元歌）を作る契機となったのは、右に挙げた巻第十六の「能登國歌」と「越中國歌」を見たことに起因しているのであろう。旋頭歌に関しては若干言及されてもいる（[尾崎暢殃・一九七二・一〇・論考]・[島田修三・一九七九・三・論考]・[橋本達雄・一九八五・六・注釈]・[伊藤博・一九八九・三・論考]・[中西進・一九九四・一二・論著]など）。これらの指摘においては現地で家持が能登や越中の国の歌を収集したと見ているが、その点、私は少し異なっている。かつて以下のようなことを書いたことがある。

＊　＊　＊

…上略…その巡察に先だって、何の下勉強もしなかったとは思われない。家持はどういう地誌勉強をしたのであろうか。

考えられる一つは『風土記』の披見である。家持が越中へ下る以前に中央で予め『風土記』を繙いた可能性も充分あるが、それ以上に各国庁にはその副本が保存されていた。この巡行を前にして、まずその『風土記』（副本）を披見したことであろうと考えられる。「東風」「葦附」「鵜川」「登夫佐」などの風物はこの『風土記』中に録されていた可能性がある。今、逸文すら残っていないが、和銅六年（七一三）の勅命から三十数年経っている。越中国に『風土記』が存在しなかったとは考えられない。

次に考えられることは、巡行先からの地誌・風土類の直接の報告である。この一つの根拠として、私は四〇一六番歌の存在を指摘したい。三国真人五百国は伝未詳の人物である。真人の姓から皇親かと思われるが、三国の氏から現地に根を下した人物と推測される。この三国真人五百国が萬葉第二期の歌人高市黒人詠を伝誦していたのは、現地「婦負の野」が詠まれているからである。

高市連黒人歌一首　年月不審

賣比能野能　須々吉於之奈倍　布流由伎尓　夜度加流家敷之　可奈之久於毛倍遊　（17・四〇一六）

（売比《めひ》の野のすゝき押《お》し靡《な》べ零《ふ》る雪に宿借《やどか》る今日《けふ》しかなしく念《おも》ほゆ）

右　傳誦此歌　三國真人五百國是也

多少伝誦している歌姿かも知れないが、孤愁漂う黒人らしい歌である。歌句からして、黒人が現地に泊ったものであり、その折の詠歌である。それを四〜五〇年後の天平二〇年に三国真人五百国は伝えたのである。なぜこの歌が巻十七のこの位置に収録されているかを考えると、答は自ずと出てこよう。この所、家持歌日誌に多少の空白があって、四〇一六番をその前に続けて考えるむきもあるが、如上のように考えると、後の詠と結びつけて考えるのが順当のようである。即ち、四〇一六番歌は現地婦負郡からの風土地誌報告の一つとして家持の許へもたらされたと考えられるのである。この類の報告は多くあったことであろうが、歌ゆえに黒人詠は家持歌日誌の中にメモされたものである。

以上の二通りの方途によって、国守家持は巡行先の地誌を予め己がものとしておいたに違いない。

（以上、［廣岡義隆・一九八四・三・論考］「鄙に目を向けた家持」。若干改稿して掲載）

＊　＊　＊

なお、家持の越中国内の巡行については、天平二十年春の出挙巡行しかその記録が見られないが、それだけであったとは考えられない。「養老令」には、「凡国守。毎年一巡行属郡。……」（「戸令」33）と規定されており、「恪勤であった」（［山本健吉・一九七一・七・論著］一八〇頁）家持は、この規定に従ったはずである。正倉院に蔵されている「豊後國正税帳」には豊後国の国司が天平八年（七三六）に球珠郡下を一四度、直入郡下を一五度「巡行」している記録があり、史料が切れていて郡名と年次が明確ではないが、天平八年頃に豊後国某郡を一四度「巡行」しているという記録がある（『大日本古文書　二』四〇～五四頁。同書は天平九年に編年）。

これを考慮すると、家持による現地資料の入手は、越中国に赴任してから入手したという場合、天平二十年より前であった可能性が出てくる。ただし、春季の巡行そのものについては、天平十八年の閏七月に赴任しているから（17・三九二七～三九二八題詞）、同年春の巡行は不可能であり、翌天平十九年二～三月は重病に陥っているから（17・三九六二～三九六四左注）、やはりその年の春の巡行は無理であり、この天平二十年の巡行が春季としては初めてのものであったわけである。

右の次第であり、家持は天平二十年春の管轄諸郡巡行を前に、地誌風土資料を事前に入手し、巡行に備えたに違いない。この時に入手した資料の中に、「能登國歌三首」（16・三八七八～三八八〇）及び「越中國歌四首」（16・三八八一～三八八四）があったものと考えられる。この家持資料が後に巻第十六に収められることとなったと考えられる。この事前採取資料中に見られる旋頭歌体や佛足石歌体は、初見の歌体でこそなかったが、それらの歌に触れた新鮮な感動が、作歌の直接の契機となって、家持は旋頭歌体歌（17・四〇二六）や佛足跡歌体歌（18・四〇三七の一案復元歌）を作ることになったと考えられる。この二首は『萬葉集』での巻こそ別になってはいるが、

　巻第十七・四〇二六番歌……天平二十年春巡行時の熊来村に向けての船中詠
　巻第十八・四〇三七番歌……天平二十年春三月二三日、福麻呂を迎えての宴歌

と、同じ天平二十年春の歌で続いているのである（この巡行は春の何月かが明らかではないが、雪解けを詠む歌があり（17・四〇二四）、一月とは思われない。旧暦二月頃か）。

前稿「鄙に目を向けた家持」（［廣岡義隆・一九八四・三・論考］）は、家持作の先進開明性を見た小論であるが、歌体詠作の上でも、ここで見たように、実験的に絶えず新しいスタイルを取り込んで行こうとする進取の姿勢を見て取ることができるのである。

家持に関する専著は少なくないが、それらの中から家持の作家評として、代表的なものを次に挙げてみる。

　家持は作歌の出発点に既にかうした繊細な感性を示して居る。さうしてこの美しいものへの憧はあえかなものから艶麗なものへ、又は清冽なものへ、或いは玲瓏たるものへと分化しつつ彼の生涯を貫いて行くのである。（九九四番歌条）／これは成功した作品ではないが、彼の繊細・華麗・感傷等の特徴を窺ふことの出来るものである。（四一九二番歌条）／根柢にあるものが生得の繊細さにある事を述べた。（一七三頁）
（［五味智英・一九五一・一・論著］）

　この高い境地こそ、生来感じやすい繊細な神経をもち、平生から人間としての深い悲しみをいだきつづけていたところから得られたものであろう。（四二九〇〜九二番歌条）（二〇三頁）（［橋本達雄・一九八四・一二・論著］）

　家持の生来の繊細な感性が、春のたおやかな息吹きに触れて、切なく痛むのであった。（二二七頁）
（四二九〇〜九二番歌条）（［小野寛・一九八八・一二・論著］）

右の作者批評は批判するために掲げたものではなく、家持評の一般的見解として掲げたものである。「繊細」や「感傷」の語が家持という作家評のキーワード的語句として広く知られていると見てよい。

私は右の家持に対する一般的理解を否定するものではないが、それだけでは家持の一面に他ならないことを見てみたのである。即ち前稿［廣岡義隆・一九八四・三・論考］に屋上屋を架すことにはなるが、家持作に見られる進取的傾向について、今回は歌学びの面から検証したものである。

七　巻第十六の編纂について

波及事項として、大伴家持と巻第十六の編纂との関わりについて若干触れておく。
大伴家持と巻第十六の編纂との関わりについては、比較的多くの発言がある。早くに賀茂眞淵は、
今の十六巻は、前しりへには古くよし有哥も有を、中らには哥とも聞えず戯くつがへれるを載て様こと也、中に河村王・大伴家持の哥も入しかは、古き集にあらず、こは家持卿の集のうちにやあらん、（『萬葉考』別記一）
と言い（『萬葉考』の歌巻編次は通常と異るが、巻第十六は十六で同じである）、以下、［斎藤清衞・一九二五・一一・論考］、［佐佐木信綱・一九二六・三・注釈］（注（4）、六三九頁）、［平岡好正・一九二九・九・論考］、［瀬古確・一九三一・九・論考］、［武智雅一・一九三二・一〇・論考］が家持との関係について一般的言及をしている。これらの中にあって、［大館義一・一九三三・七・論考］や［森本治吉・一九七二・二・論考］は巻第十六の「能登國歌」「越中國歌」の存在と家持との関係から、家持編纂説を説いている。
一方、家持は巻第十六の編纂に関与していないとみる説がある。［伊丹末雄・一九七二・二・論著］は次のように言う。

もし、家持のもとで編まれたら、「伊夜彦」の歌二首（三八八三・三八八四）が「越中国歌四首」中に入れられるような事態も生じなかっただろうと思われてならない。

また［伊藤博・一九七三・四・論考］は次の諸点から家持と巻第十六との縁の稀薄さを指摘している。

能登国の三首、越中国の四首も、現地で集めたものとしては僅少にすぎる。これらは伝聞によって都にのぼったものが、この資料を持っていた人のノートに落ちついたのであろう。追補されたのが、能登国独立後（天平宝字元年—七五七年後）であったからといってしまえばそれまでだが、家持の越中国守時代に、能登は越中に所属していたことも、家持手許の資料とするのに不安を残す。越中国四首中の「伊夜彦神社」の歌二首についても不審がある。…中略…。家持との縁の稀薄さはここにも看取される。…中略…。元の保持者は案外憶良だったのかもしれない。

しかしながら、［伊藤博・一九九八・五・注釈］では、以下のような指摘もしている。

家持は、舟の中でかような民謡（廣岡注、三八七八・三八七九・三八八二番歌など）がこの地方に伝承されていることを聴き知り、それに刺戟されてまずもって第一首に旋頭歌の形を持ちこんだのであろう。（三四二頁）

ただし、巻第十六との関係には言及していない。

［小野寺静子・一九七七・一二・論考］は、次のように家持を巻第十六の編者とするのを否定している。

ただ家持はこの題詞に示されているように、巻十六にみえる香島、熊来を訪れているのだから、この地方の歌謡と接触、収集したと考えられ、「能登国」と書いたのは、能登が国として独立した時点で書きかえたともとれる。しかし、弥彦山の歌（三八八三〜三八八四）を越中国歌としているのは、越中国守として現地に滞在し諸郡を巡察した家持としては正確さを欠き、ふさわしくない。一見、家持収集のようであるが、むしろ家持収集の可能性は余りないというべきであろう。（八頁）

巻十六の編纂者として大伴家持をあてる見方がある。その理由の一つに、家持の作品、あるいは家持が編纂にあずかったといわれる巻と巻十六の用語の一致が指摘される。私はそうした用語の一致は家持による巻十六の模倣によるもので、その理由をもってして家持を巻十六の編纂者にはなし難いと考える。（九頁）

家持の用語と巻第十六の用語の一致から、家持による巻第十六の模倣という考えについては、右の前年の論考［小野寺静子・一九七六・一〇・論考］に言及がある。

また［中西進・一九六七・五・論考］は巻第十六の第二部中、Bの纏まり（三八三五〜三八四七）と第三部（三八五七〜三八八九）の資料が家持から出たとしている。［川口常孝・一九七六・一一・論著］は巻十六の「能登國歌」と「越中國歌」の家持採録の可能性に触れる。［廣岡義隆・一九八四・三・論考］もこのことを説き、［原田貞義・一九九一・五・論考］もこれを認めた。最近では［橋本達雄・一九八五・六・注釈］がこの指摘をしている。

私は、家持による巻第十六の編纂はなお不可能ではないと考えはするが、本論ではひとまず、「巻第十六の一部」は家持資料から出ているという指摘にとどめておきたい。即ち「巻第十六の一部」とは、今後その範囲を拡げ得るけれども、まずは限定して、三八七八番歌から三八八四番歌に至る「能登國歌」と「越中國歌」をさすものである。

八　おわりに

巻十六の編纂についての言及はあくまで派生的事項に過ぎない。当論の主旨は、天平二十年春に見られる旋頭歌作品一首と佛足跡歌作品一首をとりあげ、そこに夷《ひな》の風土に伝えられた異体歌からの歌学びの姿を通じて家持作品に見られる進取的特質を見ようとしたものである。

このことは、［大久保廣行・一九九八・二・論著］が、次代の家持がそれ（廣岡注、追和の形式）を継承して新しい歌境開拓のためにさまざまな形で自己の創造への導入を試みた…下略…。（三七二頁）

自己の歌境の深化・拡大をねらったのであった。（四一四頁）

と指摘していることと軌を一にしている。

なお、「能登國歌三首」、中でも三八七八・三八七九番歌に見られる枕詞「梯立の」の分析から、［加藤静雄・一九九八・三・論考］は大和国から能登地方へ伝播した芸謡の可能性を説く。

旋頭歌という歌体の起源は明確ではない。その起源諸説については六二〇頁で『CD-ROM 和歌文学大辞典』に言及した（なお、書籍版『和歌文学大辞典』が古典ライブラリーより二〇一四年一二月に刊行された）。その中で、［稲岡耕二・一九七四・一・論考］、［稲岡耕二・一九八〇・五・論考］、［神野志隆光・一九八一・三・論考］、［神野志隆光・一九八二・二・論考］はこの歌体の新しさを説く。しかしながら旋頭歌体は、記載レベルの新しいものではなくて、［中西進・一九七三・一一・論著］が説く輪唱形式説が実態に近くて、古い口誦の影を引くものであろうとの思いがするが、起源についての諸説が錯綜するのは、不明とするのが一番穏やかであることを物語る。このように考えるが、記載レベルの新しい歌体が旋頭歌であるという説を考慮し、また大和国から伝播した芸謡であるとの説を考慮しても、三八七九番歌は天平二十年春の時点において、能登という風土に伝えられていた旋頭歌であることは動かない。また、三八八四番歌を「越中國歌」とするところから、大寶二年（七〇二）以前の歌であると［高木市之助・一九三五・一一・注釈］は考証していた。この三八八四番歌はその指摘通りに大寶二年以前の神事詠であると考えられるが、天平二十年春の時点において、現地に伝えられていた佛足跡歌体歌に違いはない。

作家意識が高揚していた大伴家持は、夷《ひな》の越中におけるいかにも夷らしい異体歌（旋頭歌・佛足跡歌体歌）である次の歌々、

【旋頭歌】

堦楯　熊来酒屋尓　真奴良留奴（和之）　佐須比立　率而来奈麻之乎　真奴良留奴（和之）（16・三八七九、能登國歌）

澁谿乃　二上山尓　鷲曽子産跡云　指羽尓毛　君之御為尓　鷲曽子生跡云（16・三八八二、越中國歌）

【佛足跡歌体歌】

伊夜彦　神乃布本　今日良毛加　鹿乃伏良武　皮服著而　角附奈我良（16・三八八四、越中國歌）

を目にして、早速自己の詠歌にその歌体を取り込んだのであった。それは単に「新しがり屋」という移り気からではなくて、夷を夷として取り込んで行く自負心からであり、その意味において春出挙巡行歌群（四〇二一〜四〇二九）の他の歌々と同じ文芸意識からきたものであったのである。

この家持の開明性進取性が、東歌や防人歌の編纂を可能ならしめたものであることは、［廣岡義隆・一九八四・三・論考］で述べたところである。

当節の初発の後に、当論で取り挙げた「進取性」の面から、次代の平安時代における旋頭歌の展開（改変・創出）について論じたものに［新谷秀夫・二〇〇一・三・論考］がある。

注

（1）この巻第十七の三九六九〜三九七二番歌序の「幼年未逕　山柿之門　裁歌之趣　詞失乎藂林矣」の「詞」字（傍線部）については、元暦校本『萬葉集』に赭で右に「理」と記されている。これについて、［武田祐吉・一九三二・六・論考］と［木下正俊・一九六三・一・論考］に言及があり、大伴家持の「草稿」（武田祐吉）による案文とされている。日本古典文学全集本『萬葉集』には、元暦校本の緒には「理」に作る。家持の別案とみなされる。この「理」は文学作品を生み出す原動力としてのすじをいう。「文《あや》」に対することば。この場合「詞」とあるより「理」とあるほうが意味がよくわかる。

（頭注、木下正俊氏による注記と推測される文）

とある。このことは、日本古典文学全集本『萬葉集（4）』「解説」中の「各巻の概説」巻十七条にも比較的詳しく記されている。

（2）反歌における特異形式に、巻第十三の三二三三番歌の例がある。これは旋頭歌体を反歌にしている例である。しかしながら巻第十三においては、巻の編集段階における構成という巻第十三の特殊事情を考慮する必要がある。即ち単独長歌の結句（「落白浪」）表現の類句を持つ三二三三番歌（結句「欲白浪」、第三句は同一の「落白浪」）を、単独長歌に組み合わせることによって、編集段階において反歌と措定した作品であると考えられる。また別に巻第十三の三三三一番歌がある。この三三三一番歌の前には、長歌三三三〇番歌が置かれているが、これは、「三三三〇番歌～三三三一番歌～三三三二番歌」の三首で以って巻第十三の編者が「組歌」として措置したものであり、「右三首」の左注がこの間の事情を物語っている。内容上も反歌にはなっていない単なる「組歌」である。

（3）念のために付言しておく。巻第十八は五箇所にわたって破損し、平安時代の補修を受けていることが判明している。幸いにも該当箇所は破損せず、原形を残している箇所とされている（「大野晋・一九四五・四・論考」、「大野晋・一九五四・八・論考」。日本古典文学大系『萬葉集　四』「巻十八の破損と平安時代の補修について」〈校注の覚え書〉二八頁～、参照）。

（4）これは佐佐木信綱の『増訂萬葉集選釋』（明治書院、一九二六年三月、三七八頁）であるが、一九一六年一二月発行の『萬葉集選釋』初版（明治書院）には、家持による能登國歌と越中國歌「採録」に関する言及はない。

第四節　懸車寸考

「懸車」の語について、本書第二章論考篇一第八節「文室真人智努の生涯」の「九　淨三の致仕」（五三三頁）で記した。今一度、該当箇所について、枝葉を除いて再掲する。

天平寶字八年（七六四）九月二日に淨三は致仕（引退）した。時に七十二歳である。

中国では一般に七十歳で退く事から、［加藤諄・一九七五・五・論考］はこの時を七十歳と認定し、逆算して淨三の生年を算定した。「懸車」とは漢の薛廣徳の故事に由来する語であり、仕官を辞することが本義である。中国の致仕は一般に七十歳であったところから、「懸車之年」というと七十歳の意味にもなっている。今の場合、単に仕官を辞すという意味であるのか、七十歳をも意味しているのか、そのどちらの意味で使用されているのかということを考えるのによい例がある。それは、淨三の弟の大市王の例である。

大市王は兄に従って臣籍降下し、文室真人大市となっている。彼の薨年は『続日本紀』に、「年七十七」と出ていて明らかである。その大市が寶亀三年（七七二）二月に辞任を申し出たのは六十九歳であった。この時は「上表乞骸骨」（上表して、骸骨を乞ふ。）という定型表現になっている。許されず、その二年後に、二度目の申し出をしている。『続日本紀』に「重乞致仕」（重ねて致仕を乞ふ。）とあり、光仁天皇の詔として、「卿年及懸車……」（卿の年、懸車に及び、……）と「懸車」の語が用いられているが、この時の年齢は七十一歳であり、「懸車」の七十歳に限らない例がここにある。『選叙令』に、

凡官人、年七十以上、聴致仕。五位以上、々表。　（『選叙令』21）

（凡《すべ》て官人は、年七十以上にして、致仕を聴《ゆる》せ。五位以上は、表を上《たてまつ》るべし。）

とあり、日本思想大系本『律令』の頭注は「聴」について、実際は任意であったとしている。

これらから見て、時の浄三の年齢は、七十歳に拘るべきではなく、浄三の『家伝』に依拠して記述している『公卿補任』が示す年齢（七十二歳）が良い。

浄三の致仕は、彼が七十歳を過ぎたからではなくて、当時の政治情況から判断して致仕という手段を取ったものと推定される。当時の政治情況とは何か。この九日後に恵美押勝の乱が起きている。これと無縁ではない。政治の台閣に列していた浄三であるから、押勝側の動きを察知していたに違いない。身の危険を悟って素早く致仕に至ったのである。君子危うきに近寄らずと言うところである。二日後に浄三致仕の報に接して淳仁天皇が嘆く詞に、「古人云、知止不殆、知足不辱、卿之謂也」（古人云ふ、止《とど》まることを知れば殆《あやふ》からず、足《た》ることを知れば辱《はづかし》められず、これ卿の謂《いひ》なり。）とある（『続日本紀』）。これはその辺の機微を語った言辞である。天皇はやむなく許可し、几杖及び新銭十万文を賜っている。

「懸車」の語は、右に記したように、漢の薛廣徳の故事に由来するとされる語である。これについて、『漢書』（前漢書）の薛廣徳列傳を引く。

薛廣徳字長卿、沛郡相人也。…中略…廣徳為人、温雅有醞藉。…中略…後月餘、以歳悪民流、與丞相定國、大司馬車騎將軍史高、倶乞骸骨。皆賜安車駟馬、黄金六十斤、罷。廣徳為御史大夫、凡十月免。東歸沛、太守迎之界上。沛以為榮、縣其安車、傳子孫。

（『漢書』巻七十一、列傳第四一、薛廣徳条）

（薛広徳字《あざな》は長卿、沛郡相の人なり。…中略…広徳の為人《ひととなり》は、温雅にして醞藉有り。…中略…後月余ありて、歳悪く民流るるを以ちて、丞相定国と、大司馬車騎将軍史高とに、倶に骸骨を乞ひぬ。皆安車駟馬、黄金六十斤を賜ひて、罷《ゆる》さず。広徳御史大夫と為《な》り、凡て十月にして免《ゆる》さる。東のかた沛に帰るに、太守之《これ》を界《さかひ》の上《ほとり》に迎へき。沛は以ちて栄と為し、其の安車を懸けて、子孫に伝へき。）

また『禮記』の「内則」には、次のような著名な文言がある。

六年教之數與方名。七年男女不同席不共食。八年出入門戸及即席飲食必後長者始教之讓。九年教之數日。…中略…五十命爲大夫服官政。七十致事。　（『禮記』「内則」第一二）

（六年には数と方名とを教ふ。七年には男女席を同じくせず食《をしもの》を共にせず。八年には門戸を出で入り及《また》席に即《つ》きて飲食《く》ふに、必ず長者に後《おく》れ、始めて譲ることを教ふ。九年には日を数ふることを教ふ。…中略…五十には命《みこと》をうけて大夫と為《な》り官政《まつりごと》に服《したが》ふ。七十には致事す。）

ちなみに、後漢の鄭玄の注には、六歳の「方名」に「東西」とあり、九歳の「數日」に「朔望と六甲なり」とある。この『禮記』には「致事」とあり、鄭玄は「致其事於君而告老」と注している。自分の管掌について主君に報告すると共に、自分の老を申し上げるということで、人生最後の報告という意味であると考えられる（「致」字の意は、ゆきつき到達すること）。この「事」字を「仕」の意味と理解して「致仕」と用いているものであろう。ここに「七十」とあり、七十歳致仕が世に定着している。時代がくだるが、白居易に「不致仕」という作があり、名利の座に居座っている人を描いている。

七十而致仕、禮法有明文。何乃貪榮者、斯言如不聞。可憐八九十、齒墮雙眸昏。朝露貪名利、夕陽憂子孫。掛冠顧翠緌、懸車惜朱輪。…下略…。（『白香山詩集』巻二諷喩二「不致仕」条。『白氏長慶集』巻二諷喩二「不致仕」）

（七十にして致仕すること、礼法に明文有り。何乃《いかに》して栄を貪《むさぼ》る者《ひと》、斯《こ》の言を聞かずある如くするや。憐むべき八九十、歯は堕《お》ち雙眸《め》も昏《くら》し。朝露に名利《な》を貪り、夕陽に子孫を憂ふ。冠を掛けむとすれども翠緌を顧み、車を懸けむとすれども朱輪を惜しみをり。…下略…。）

［北山円正・一九九九・三・論考］に、「懸車」についての考察がある。その冒頭部を次に引用する。

奈良平安時代の官人がその職を退く時、齢七十を目途としていた。

凡官人、年七十以上聴二致仕一。五位以上上表、六位以下申二牒官一奏聞（『令集解』巻十七・選叙令、「釈云、白虎通曰、臣年七十、懸車致仕。懸レ車示レ不レ用也」）

五位以上の官人であれば、上表して致仕の勅許を願い出たのであった。七十歳での致仕は、右の選叙令の「釈」に引く『白虎通』（巻二）に見えるように「懸車」とも言う。この語は本来辞職の意であったが（『漢書』巻七十一・薛広徳伝）、それと『礼記』（曲礼及び王制）のいう七十歳になって致仕することとが結び付いて、七十歳の意を派生するに到った。「懸車」が七十歳の意を持つのであれば、諸書に記されたこの語を手掛りにして生年等の推定が可能となってくる。

この論考は平安時代の「平兼盛」と「明快」についての考察を主とし、以下展開している。右に引用がある「選叙令」は養老令の21「官人致仕」条であり、『令集解』は「釋云」として『白虎通』『禮記』などに言及がある（国史大系本、前篇、四九五頁）。漢代、班固の『白虎通』（『白虎通義』）には左のようにある。この「致仕」条の全文を引くと左のようになる。

臣七十、懸車致仕者、臣以執事、趨走為職。七十陽道極、耳目不聰明、跛踦之屬。是以退去避賢者、所以長廉恥也、懸車示不用也。致仕者致其事於君。君不使自去者、尊賢者也。故曲禮大夫七十而致仕。王制曰、七十致政、鄉大夫老、有盛德者、留賜之几杖。不備之以筋力之禮。在家者三分其祿、以一與之所。以厚賢也。人年七十臥非人不温。適四方乘安車與婦人俱、自尊曰老夫。曲禮曰、大夫致仕、若不得謝、則必賜之几杖。王記曰、臣致仕於君者、養之以其祿之半。几杖所以扶助衰也。故王制曰、五十杖於家、六十杖於鄉、七十杖於國、八十杖於朝。臣老歸年九十君欲有問、則就其室、以珍從明尊賢也。故禮祭義曰、八十不仕朝於君、問就之。大夫老歸死、以大夫禮、葬車馬衣服如之何曰盡如故也。　（『白虎通徳論』巻二、「致仕」条）『和刻本漢籍随筆集』第十集

（臣七十にして、車を懸けて致仕すといふは、臣事を執りて、趨走するを以ちて職と為す。七十にして陽道極まり、耳も目も聡明にあらず、跛踦の属となる。是を以ちて退き去りて賢を避くるは、廉恥を長《たふと》ぶる所以《ゆゑ》にして、車を懸けて用ゐずあることを示すとなり。致仕とは其の事を君に致《かへ》すなり。君使はずして自ら去る者《ひと》は、賢者として尊ぶるなり。故に曲礼に「大夫七十にして致仕す」といふ。王制に曰はく、「七十にして政を致《かへ》す。郷大夫老ゆるも、盛徳有る者には、留めて之に几杖を賜ふ。備はらずある筋力に以ちてする礼なり。家に在れば其の禄を三分して、一を以ちて与ふ。賢を厚くする所以なり。人年七十になれば臥すときに人に非ずあれば温かならず。四方に適《ゆ》くときには安車に乗り婦人と倶《とも》にし、自ら尊びて老夫《おきな》と曰ふ」といふ。曲礼に曰はく、「大夫致仕するときに、若し謝《ゆる》すことを得ずあれば、則ち必ず几杖を賜ふべし」といふ。王記に曰はく、「臣君に致仕するときは、養ふに其の禄の半を以ちてすべし。几杖は衰を扶《たす》くる所以なり」といふ。故に王制に曰はく、「五十にして家に杖つき、六十にして郷に杖つき、七十にして国に杖つき、八十にして朝《みかど》に杖つく。臣老いて帰り年九十のとき君問ふこと有らむとすれば、則ち其の室に就《ゆ》きて、珍を以ちて従ひ賢を尊ぶることを明かにすべし」といふ。故に礼祭義に曰はく、「八十にあれば朝君に仕へず、問ふときには之がもとへ就《ゆ》く。大夫老いて帰りて死《みまか》れば、大夫の礼を以ちてし、葬るに車馬衣服はいかにか故の如くに尽くさずあらむやと曰ふ」といふ。）

また『禮記』の「内則」は先に引いたが、「曲禮」には次のようにある。

人生十年曰幼學。二十曰弱冠。三十曰壯有室。四十曰強而仕。五十曰艾服官政。六十曰耆指使。七十曰老而傳。八十九十曰耄。七年曰悼。悼與耄、雖有罪不加刑焉。百年曰期頤。大夫七十而致事。若不得謝、則必賜之几杖。行役以婦人、適四方乘安車、自稱曰老夫。

（『禮記』「曲禮上」第一）

（人生まれて十年を幼と曰《い》ひ、学ぶ。二十を弱と曰ひ、冠《かがふ》る。三十を壮と曰ひ、室《つま》有り。四十を強と曰ひて、仕ふ。五十を艾と曰ひ、官政《まつりごと》に服《したが》ふ。六十を耆と曰ひ、指使《ゆびさしつか》ふ。七十を老と曰ひて、伝ふ。八十九十を耄と曰ふ。七年を悼と曰ふ。悼と耄とは、罪有りと雖も刑に加へず。百年を期と曰ひ、頤《やしな》ふ。大夫は七十にして致事す。若《も》し謝《ゆる》しを得ずあれば、則ち必ず几杖を賜ふべし。役に行くには婦人《つきびと》を以ちてし、四方に適《ゆ》くには安車に乗り、自《みづか》ら称《い》ひて老夫と曰ふべし。）

右に出る「安車」について、鄭玄の注に「几杖婦人安車。所以養其身體也。安車坐乘若今小車也」（几杖と婦人と安車と。其の身体を養ふ所以《ゆゑ》なり。安車は坐して乗る、今の小車の若《ごと》きものなり）とある。当時、中国で車は立って乗るものであったが、女性用の車は特に座ることが出来るように作ってあり、それを「安車」と呼んだのである。

さて、［加藤諄・一九七五・五・論考］は浄三の懸車年を七十歳として年齢推定していたが、私は浄三の弟の大市王の例（『続日本紀』）を示して懸車年の七十歳に限らない明らかな例があることを示し、年齢推定を『公卿補任』によって示したのであった。一般に『公卿補任』の古い時代はその信頼度が落ちるのであるが、智努王の場合には、この文室真人智努の『家傳』という史料に依拠して記しているので、信頼度は高いと見ての措置である。その結果、浄三の懸車致仕年は、七十二歳となったのであった。致仕年の一般的通念が我が国においても七十歳であったことは先に『選叙令』（21）を引いて示した通りであるが（本書第二章第八節「文室眞人智努の生涯」、五三三頁）、次の例もその証の一となる。

禁斷以年七十已上人新擬郡司。

（年七十已上なる人を新たに郡司に擬《あ》つることを禁断《いさ》む。）

（『続日本紀』巻十一、聖武天皇、天平六年〈七三四〉四月丁巳〈二六日〉条）

一般的通念としては右の通りであるが、致仕年から逆算しての年齢推定は出来ないということを示したのが「文室真人智努の生涯」であった。

このことについて、「懸車」及び関連語とその実年齢に関して、『続日本紀』を中心に以下その事例を見てみることで、右の結論を検証しようとするがこの寸考である。

「懸車」表現の初見は淨三（文室真人智努）に関する次の①の例である。

①御史大夫従二位文室真人淨三致仕。詔報曰、「今聞、「汝卿一昨、拝朝歸家」。乃知、年滿懸車、依礼致仕。…下略…」

（巻二十五、淳仁天皇、天平寶字八年〈七六四〉九月戊戌〈四日〉条）

（御史大夫従二位文室真人淨三、致仕す。詔《みことのり》し報《こた》へて曰《のりたま》はく、「今し聞くに、「汝卿《なれまへつきみ》は一昨《さきつころ》に、朝《みかど》を拝《をが》みてのち家に帰りぬ」ときく。乃《すなは》ち、年の懸車に満ち、礼《ゐや》に依《よ》りて致仕せしことを知りぬ。……」とのりたまふ。）

次に吉備眞備の②の例がある。

②先是、去九月七日、右大臣従二位兼中衛大将勲二等吉備朝臣眞備上啓、乞骸骨曰、「側聞、「力不任而、……」…中略…。去天平寳字八年、眞備生年、數滿七十。其年正月、進致事表於大宰府訖。未奏之間、即有官符、補造東大寺長官。因此入京、以病歸家、息仕進之心。忽有兵動、急召入内。…中略…。伏乞、致事以避賢路、…中略…。」詔報曰、「…中略…。懸車何早。悲驚交緒、卒無荅言。通夜思勞、坐而達旦。…中略…。宜解中衛、猶帶大臣。…下略…。」

（巻三十一、光仁天皇、寶龜元年〈七七〇〉冬十月丙申〈八日〉条）

（是より先、去《い》ぬる九月七日のひに、右大臣従二位兼中衛大将勲二等吉備朝臣真備の上啓して、骸骨を乞ひて曰さ《まを》く、「側《ほのか》に聞くに、「力任《た》へずして、…」ときく。…。去《い》ぬる天平寳字八年に、真備の生年、数《よ》むに七十《ななそぢ》に満ちてあり。其《そ》の年の正月に、致事の表を大宰府に進《たてまつ》ること訖《を》へぬ。奏《まを》しあげぬ間《うち》に、即ち官符有りて、造東大寺長官に補せられぬ。此《これ》に因《よ》りて京《みやこ》に入り、病《やまひ》を以《も》ちて家に帰り、仕進の心を息《やす》めをり。忽に兵《いくさ》の動くこと有りて（＝押勝の乱）、急《にはか》に召されて内に入りぬ。……。伏《ふ》して、致事し以ちて賢路を避け、……ことを乞ふ。……」とまをす。詔《みことのり》し報《こた》へて曰《のりたま》はく、「……。懸車の何《いか》に早き。悲しみと驚きと交《こもごも》に緒《むすぼほ》れて、卒《にはか》には答ふべき言《こと》無し。通夜《よもすが》ら労《いさをし》を思ひ、坐《ゐ》て旦《あした》に達《いた》りぬ。……。中衛を解《と》き、猶《な》ほ大臣を帯《お》ぶべし。……」とのりたまふ。）

この吉備眞備の「薨伝」（↓H）中には「懸車」の語は出ず、「致仕」（七十八歳）「乞骸骨」（七十九歳）の語で見えている。

又、淨三の弟の大市が六十九歳の折に辞任を申し出て（骸骨を乞ひ）許されず（↓F）、その二年後に改めて辞任を申し出た次の③の例は当節の冒頭で記した。

③大納言従二位文室真人大市、重乞致仕。詔「卿年及懸車、告老言退。…中略…。思欲留連、恐非優老之道。體力如健、隨時節而朝參。」因賜御杖。

（巻三十三、光仁天皇、寳亀五年〈七七四〉秋七月戊申〈一一日〉条）この時、七十一歳。↓I

（大納言従二位文室真人大市、重ねて致仕を乞ひぬ。詔《みことのり》したまはく、「卿の年懸車に及《いた》り、老を告《まを》し退《まか》らむことを言《まを》しぬ。……。留連を思欲《ねが》ふは、恐るらくは優老の道に非《あら》じ。体力の如健《すこやか》にあらば、時節に随《したが》ひて朝参すべし。」とのりたまふ。因《よ》りて御杖を賜ひぬ。）

いずれの例も上表する側の語ではなくて、天皇の詔の中に見える語としてある。

「懸車」の語例以外の致仕の例は、以下のA～Qの例が『続日本紀』に見える。ただし、Dの例は、致仕懸車ではなく、年齢も関わらないが、類を以って、参考までに収めたものである。

A　上（書）乞骸骨、優詔不許。

（守部連大隅――巻十、神亀五年〈七二八〉八月甲午〈「甲子」の一日の誤か〉条）……乞骸骨年、不明。

B　致仕。勅、依請許之。

（橘朝臣諸兄――巻十九、天平勝寳八歳〈七五六〉二月丙戌〈二日〉条）……致仕年、七十三歳。↓C

C　先是、去勝寳七歳冬十一月、太上天皇（＝聖武）不悆。…中略…大臣飲酒之庭、言辭無禮、稍有反状云々、太上天皇優容不咎、大臣知之、後歳致仕。

（橘朝臣諸兄――巻二十、天平寶字元年〈七五七〉六月甲辰〈二八日〉条）↓B

（D）外従五位下僧延慶、以形異於俗、辭其爵位。詔許之。其位禄位田者、有勅不収。

（僧延慶――巻二十一、天平寶字二年〈七五八〉八月辛丑〈二日〉条）

E　病久不損。上表乞骸骨。詔許之。

（紀朝臣飯麻呂――巻二十四、天平寶字六年〈七六二〉七月丙申〈一九日〉、「薨伝」条）……乞骸骨年、不明。

F　上表、乞骸骨曰、「…中略…」。詔報、「…中略…宜随力所堪、如常仕奉。」

（文室眞人大市――巻三十二、寶亀三年〈七七二〉二月癸丑〈二日〉条）↓③・I

G　上表、重乞骸骨、優詔不許。

（大中臣朝臣清麻呂――巻三十三、寶亀五年〈七七四〉十二月乙酉〈廿日〉条）……再度の上表

（初度は七十歳＝「薨伝」）。乞骸骨年、七十三歳。↓J・M

H　寶亀元年、上啓致仕、優詔不許。…中略…。二年累抗啓乞骸骨、許之。

（吉備朝臣眞備――巻三十三、寶亀六年〈七七五〉十月壬戌〈二日〉、「薨伝」条）

……二年の乞骸骨年、七十九歳。↓②

I　……年老致仕、有詔不許。五年重乞骸骨、許之。

（文室眞人邑珎――巻三十六、寶亀十一年〈七八〇〉十一月戊子〈二八日〉、「薨伝」条）

……寶亀三年ノ乞致仕、六十九歳。寶亀五年ノ乞骸骨、七十一歳。↓③・F

J　上表乞身、詔許焉。

（大中臣朝臣清麻呂――巻三十六、天応元年〈七八一〉六月庚戌〈二三日〉条）……乞身年、八十歳。↓G・M

K　上表辞任、詔許之。（大僧都弘耀法師——巻三十八、延暦三年〈七八四〉四月辛亥〈一一日〉条）……辞任年、不明。

L　上表乞身、優詔許之。（高倉朝臣福信——巻三十八、延暦四年〈七八五〉二月丁未〈「乙未」の卅日の誤か〉条）……乞身年、七十七歳。→P

M　……年及七十、上表致仕、優詔弗許、今上（＝桓武）即位、重乞骸骨、詔許之。（大中臣朝臣清麻呂——巻三十九、延暦七年〈七八八〉七月癸酉〈二八日〉、「薨伝」条）→G・J

N　上表乞骸骨、詔許之。（佐伯宿祢今毛人——巻四十、延暦八年〈七八九〉正月壬子〈一〇日〉条）……乞骸骨年、七十一歳。→O・Q（年及七十）

O　先是、…中略…致仕。（佐伯宿祢今毛人——巻四十、延暦八年〈七八九〉八月庚寅〈二一日〉条）……「先是」でM条をさす。→N・Q

P　延暦四年、上表乞身。（高倉朝臣福信——巻四十、延暦八年〈七八九〉十月乙酉〈一七日〉、「薨伝」条）→L

Q　年及七十、上表乞骸骨、詔許之。薨時、年七十二。（佐伯宿祢今毛人——巻四十、延暦九年〈七九〇〉十月乙未〈三日〉、「薨伝」条）→N・O

右の『続日本紀』の例以外に「懸車」の事例として以下の④～⑥の例を挙げておく。確認することが出来た例のみであり、他にも用例はある（→六五二頁、北山円正氏の指摘する例がある）。

④勅、省表具高旨。朕前、指公旦而懐頽暮、引司馬而抑懸車。…中略…。天暦三年三月十一日。（身延山本『本朝文粋』巻第二、53「答同公〈貞信公〉致仕表勅」菅原文時）

（勅《みことのり》すらく、表を省《かへり》みて高旨を具にしつ。朕前に、公旦を指して頽暮を懐《おも》ひ、司馬を引きて懸車を抑へき。…中略…。天暦三年三月十一日。）

貞信公（藤原忠平）はこの時七十歳で、同年の天暦三年（九四九）八月一四日に没している。この「懸車」は勅文中の語である。折しも歳七十で相応しい使用例であるが、「抑懸車」とあるように「懸車」は年齢よりも致仕の意味で用いられている。

⑤臣、齢先懸車、而身已病、器非負鼎、而力早衰。

（身延山本『本朝文粋』巻第四、115「同〈為入道前太政大臣辞職并封戸准三宮〉第三表」大江匡衡）

（臣、齢は懸車に先《さきだ》ちて、而して身は已に病みて、器は負鼎（＝大臣の任）に非ずして、而して力は早《と》く衰へぬ。）

入道前太政大臣（藤原兼家）のこの上表文は永祚二年（九九〇）四月二一日のものであり、兼家は同年七月二日に六十二歳で没している。この「懸車」は七十歳の意味で使用されているものの「齢先懸車」とあり、現実には六十二歳であり、その年に遥かに達していないのである。この用例は、天皇の勅文中ではない上表文中の語としても注意される。

また、『神皇正統記』にも「懸車」の例が見える。

⑥其子師房姓ヲ給テ人臣ニ列セラレシ、才藝古ニハハヂズ、名望世ニ聞アリ。十七歳ニテ納言ニ任ジ、數十年ノ間朝廷ノ故實ニ練ジ、大臣大将ニノボリテ、懸車ノ齢マデツカウマツラル。

（村上天皇条下の「具平親王」条）

この例は「懸車ノ齢マデ」とあつて、「七十歳」の意味で使用されている。事実、源師房は寛弘五年（一〇〇八）に生れ、承暦元年（一〇七七）二月一七日に出家し、同日七十歳で薨じている。

以上を纏めると以下のようになる。

①文室真人浄三――「年満懸車、依礼致仕」……俎上例。

②吉備朝臣眞備――「懸車何早」（七十八歳）↓「乞骸骨」（H・七十九歳）

③文室真人大市――「卿年及懸車」（七十一歳）↓F・I
④藤原忠平――「抑懸車」（七十歳）
⑤藤原兼家――「齢先懸車」（六十二歳／七十歳）
⑥源師房――「懸車ノ齢マデ」（七十歳）
A守部連大隅――（乞骸骨年、不明）
B橘朝臣諸兄――（七十三歳）↓C
E紀朝臣飯麻呂――（乞骸骨年、不明）
G大中臣朝臣清麻呂――（七十三歳）↓J・M
K大僧都弘耀法師――（辞任年、不明）
L高倉朝臣福信（七十七歳）↓P
N佐伯宿祢今毛人（七十一歳）↓O・Q（年及七十）

用例を博捜したわけでなく平安朝の例は断片的な例に止まっている。［北山円正・一九九八・三・論考］は『経国集』、『本朝文粋』（巻第六・巻第十二・巻第四十六）、『本朝続文粋』（巻第五の菅原定義の状）、『田氏家集』、『本朝無題詩』の例を引き、この内、『田氏家集』と『本朝無題詩』の例は七十歳ではない例であるとしている。また［北山円正・一九九九・三・論考］は『雑言奉和』、『雲州往来』、『本朝続文粋』（巻第五の藤原敦光の状）、『菅家文草』の例を引いている。この論で、

「懸車」は七十歳を過ぎた人についていう。

とすると共に、文室真人浄三については、「年満懸車」とあり、「満」とあることに留意して、七十歳を過ぎているということを言っているとしている［北山円正・一九九九・三・論考］の文面では「浄三が何歳であるかを述べている

のではない」とある)。なるほど、そういう理解は可能であると理解できるわけである。

さて、①~⑥、A~Mの纏めを見ると、平安朝の④・⑤・⑥例はいずれも七十歳として認定出来る例である。『続日本紀』例においては、七十歳を致仕年と目算されていたことは確認出来るが(↓Qの「年及七十」の例など)、挙例中、七十歳丁度の事例は一例もなく、その前後の年となっており、七十七~七十九歳と大きくはずれている例もある。これらの例から見ると、①の文室真人淨三の懸車年を七十二歳とした先の結論が不当ではないことがここに見てとれるのである。又、上代では「懸車」は帝の詔文中にのみ見える語であることも注目される。

なお、院政期には「車を懸く」と訓読した確かな例がある。

七十になりてのちむかしみし人のもとにまかりて、ふるき物がたりなどしけるついでによめる
かぞふれば車をかくるよはひにてなほこのわにぞまはりきにける

(源俊頼106『散木奇歌集』一三〇八、『新編国歌大観』第三巻)

このことは、[北山円正・一九九八・三・論考]が引く『本朝文粋』(巻第五)の上表中の「車可懸」や菅原定義『教家集句』の漢詩中の「車欲懸」と照応するものであり、それらの文や詩の例が早いことも確認できるのである。

第五節　出家関政寸考

「文室真人智努の生涯」（本書第二章論考篇一第八節）において、文室真人智努の出家を記し（六十九歳条）、その後に「淨三の致仕」を出した（七十二歳条）。この出家後における政治関与に関して上代の事例を以下で見ておく。

「出家」「入道」の語例は『続日本紀』に以下a～v（「出家」の例）及びア～キ（「入道」の例）のように見られる。「入道」とは得度までは至らないものと一般にされてはいるが、以下の事例を見ると「出家入道」の例を含めて、上代においてほとんど区別して用いられているとは見られないので、両者を区別せずに年代順で示すこととする。

a、太上天皇（＝持統天皇）不豫、大赦天下。度一百人出家。

（巻二、大寶二年〈七〇二〉十二月乙巳〈一三日〉条）

b、勅度三百廿人出家。

（巻八、養老四年〈七二〇〉三月癸亥〈一一日〉条）

ア、詔曰、太上天皇（＝元明）、聖體不豫、…中略…思歸依三寶、欲令平復、宜簡取淨行男女一百人、入道修道。

（巻八、養老五年〈七二一〉五月壬子〈六日〉条）

cイ、右大弁従四位上笠朝臣麻呂（＝滿誓）、請奉為太上天皇（＝元明）、出家入道、勅許之。

（巻八、養老五年〈七二一〉五月戊午〈一二日〉条）

ウ、正三位縣犬養橘宿禰三千代、縁入道、辭食封資人、優詔不聽。

（巻八、養老五年〈七二一〉五月乙丑〈一九日〉条）

d、天璽國押開豐櫻彦天皇（＝聖武）〔謹案勝寶八歳勅曰、太上天皇（＝聖武）出家歸佛、更不奉謚、至寶字二

年、勅追上此號諡〉。（巻九、神龜元年〈七二四〉二月甲午〈四日〉即位前紀条）→l

エ、勘検京及諸國僧尼名籍、或入道元由、披陳不明、（巻九、神龜元年〈七二四〉十月丁亥〈一日〉治部省奏言条）

eオ、三千人出家入道…下略…。（巻九、神龜二年〈七二五〉九月壬寅〈二二日〉条）

カ、詔曰、比年、隨逐行基法師、優婆塞優婆夷等、如法脩行者、男年六十一已上、女年五十五以上、咸聽入道、…下略…。（巻十一、天平三年〈七三一〉八月癸未〈七日〉条）

f、比來出家、不審學業、…中略…其取僧尼兒、詐作男女、得出家者、准法科罪、…下略…。（巻十一、天平六年〈七三四〉十一月戊寅〈二一日〉条）

g、勸請海内出家之衆於所住處、限七々日轉讀大乘金光明最勝王經。（巻十五、天平十五年〈七四三〉正月癸丑〈一二日〉条）

h、天皇（＝聖武）不豫。…中略…。度三千八百人出家。（巻十六、天平十七年〈七四五〉九月癸酉〈一九日〉条）

i、大僧正行基和尚遷化。和尚、…中略…初出家…下略…。（巻十七、天平勝寳元年〈七四九〉二月丁酉〈二日〉条）

j、寳字稱徳孝謙皇帝〈出家歸佛、更不奉諡。因取寳字二年百官所上尊號稱之〉。（巻十八、天平勝寳二年〈七五〇〉正月首書条）

k、大唐學問生无位舩連夫子、授外從五位下、辭而不受。以出家故也。（巻十九、天平勝寳六年〈七五四〉十一月辛未〈一一日〉条）

l、是日勅曰、太上天皇（＝聖武）、出家歸佛、更不奉諡、所司宜知。（巻十九、天平勝寳八歳〈七五六〉五月壬申〈一九日〉、聖武送葬条）→d

m、勅、禪師法榮、…中略…、永絶人間、…中略…、出家慕道、冠蓋何榮、…下略…。

n、廃朝。以諒闇故也。勅度八百人出家。

（巻十九、天平勝寶八歳〈七五六〉五月丙子〈二三日〉条）

o、詔曰、…中略…是以出家弖佛弟子止成奴。但政事波、常祀利小事波今帝行給部、國家大事賞罰二柄波朕行牟。

（巻二十、天平寶字元年〈七五七〉春正月庚戌朔〈一日〉条）

（巻二十四、天平寶字六年〈七六二〉六月庚戌〈三日〉条、第二七詔）

p、詔曰、…中略…然朕方髪乎曽利天、佛乃御袈裟乎服天在止毛、國家乃政乎不行阿流己止不得。佛毛經仁勅久、國王伊王位仁坐時方、菩薩乃淨戒乎受与止勅天在。此仁依天念倍方、出家天毛政乎行仁豈障倍岐物方仁不在。故是以天、帝乃出家之天伊末須世仁方出家之天在大臣毛在倍之止念天、樂末須位仁方阿良禰止毛、此道鏡禪師乎大臣禪師止位方授末都流事乎、諸聞食止宣。

（巻二十五、天平寶字八年〈七六四〉九月甲寅〈二〇日〉条、第二八詔）

q、詔曰、…中略…朕方佛乃御弟子等之天菩薩乃戒乎受賜天在。…中略…故是以、出家人毛白衣毛相雜天供奉仁豈障事波不在止念天奈毛、本忌之可如久方不忌之天此乃大嘗方聞行止宣御命乎、諸聞食止宣。

（巻二十六、天平神護元年〈七六五〉十一月庚辰〈二三日〉条、第三八詔）

r、詔曰、…中略…復、上波三寶乃御法乎隆之米出家道人乎治万豆利、…下略…。

（巻三十、神護景雲三年〈七六九〉冬十月乙未朔〈一日〉条、第四五詔）

s、出家釋衆、…下略…。

（巻三十一、寶龜元年〈七七〇〉十月丙辰〈一八日〉条）

t、勅曰、…中略…為皇太子（＝山部親王、後の桓武天皇）、令度卅人出家。

（巻三十五、寶龜九年〈七七八〉三月庚午〈二四日〉条）

キ、先是、去天平十三年二月、勅處分、毎國造僧寺、必合有廿僧者。仍取精進練行、操履可稱者、度之。必須數歳之間、觀彼志性始終無變、乃聽入道、而國司等、不精試練、…下略…。

（巻三十七、延暦二年〈七八三〉四月甲戌〈二八日〉条）

u、勅曰、出家之人、本事行道、今見衆僧、多乖法旨、…下略…。（巻三十八、延暦四年〈七八五〉五月己未〈二五日〉条）

v、有勅、度二百人出家。（巻四十、延暦九年〈七九〇〉閏三月丙子〈一〇日〉条）

以上を纏めると以下のようになる。

＊　＊　＊

【動詞例】（分類は推定例を含む）　＊以下、「f2」はf条の第二例の意を示す。

Ⅰ、勅命出家（僧としての出家）………ア・a・b・eオ・h・n・t・v

Ⅱ、希望出家（僧としての出家）………cイ・ウ・エ・カ・f2・i・k・m・キ

Ⅲ、天皇の出家（不奉諡）…………d・j・l

Ⅳ、天皇の出家（関政）…………………o・p

Ⅴ、一般官人の出家関政…………………q

【名詞例】

Ⅵ、僧の意……f1（出家）・g（出家之衆）・r（出家道人）・s（出家釋衆）・u（出家之人）

＊　＊　＊

Ⅰの「勅命出家」は天皇・皇太子の病気平癒を祈請しての国家による出家命令である。Ⅱは個人の意思に基づく出家の例である。いずれも出家後は政治に直接関与していないと考えられる。cにおける「勅許」も、税法上等の問題も関係するのであろうが、主としては政治関与上の問題ゆえの「勅許」と考えられる。ウは入道ゆえの食封資人返上例であり（但し慰留）、kは出家ゆえの叙位返上例である。キは国の僧寺に属する僧についてではあるが、入道するに関しての厳しい条件が示されている。Ⅲの天皇謚号問題は出家法号ゆえに起ってくる件である。

ところが、Ⅳの宣命二例は孝謙上皇の出家関政を全面に押し出したものであり、殊にこれは宣命の文章であって上皇の生でダイレクトな声が伝わってくる。Ⅴの一般官人の出家関政も宣命中のものであり、Ⅳの延長線上にあるものと位置付けられる。これらの例の背景には、道鏡の政治関与の問題も無関係ではない。しかし、それより前に聖武天皇の出家例がある。

天平二十一年　4月1日「三寶乃奴止仕奉流天皇羅我命」（『続日本紀』巻十七、第十二詔）

天平感寶元年閏5月20日「詔…中略…太上天皇沙弥勝満」（『続日本紀』巻十七）

同年閏5月20日「太上天皇沙弥勝満」・「勅（別筆）」（「聖武天皇施入勅願文」『大日本古文書』三の二四〇～二四一頁）

同年閏5月23日「天皇遷御薬師寺宮、為御在所。」（『続日本紀』巻十七）

同年　6月23日「大上天皇沙弥勝満」（「聖武天皇施入勅願文」『大日本古文書』三の二四八頁）

天平勝寶元年　7月2日「皇太子（＝孝謙）受禅即位於大極殿。」（『続日本紀』巻十七）

右は、「天平二十一年」「天平感寶元年」「天平勝寶元年」と元号の遷移があるが、西暦ではいずれも七四九年であり、その四月から七月のこととなる。「聖武」の字音に由来する法号勝満を名乗り、大佛の前で北面した最初の天皇であり、聖武政治は佛教と共にあったと言えよう。ただし、聖武天皇の場合、天皇位と出家とが重複はするのであるが、これは多少のタイム・ラグと見るべきものであり、巨視的に見れば、退位出家ということになる。

先のkの例「大唐學問生无位船連夫子、授外従五位下、辭而不受。以出家故也。」においても、出家ゆえの叙位返上ではあるがこの事例を裏返して見ると、国家は出家者へも叙位を下しているのであり、同様にウの例も食封資人の返上を国家は慰留し、結果的に交付している。

文室真人智努（淨三）の弟である文室真人大市（邑珎）にも智努（淨三）と同様の事蹟が指摘出来る。

　勝寳以後、宗室枝族、陥辜者衆。邑珎削髪為沙門、以圖自全。寳龜初至従二位大納言、年老致仕、有詔不許。五年重乞骸骨、許之。　（『続日本紀』巻三十六、寳龜十一年〈七八〇〉十一月戊子〈二八日〉、邑珎薨伝条）
　（勝宝以後、宗室・枝族、辜《つみ》に陥る者衆《ひとおほ》し。邑珎は髪を削《そ》りて沙門と為《な》り、以《も》ちて自《みづか》ら全《また》くあらむことを図《はか》りき。宝亀初に従二位大納言に至る、年老いて致仕せむとすれど、詔《みことのり》　有《あ》りて許したまはず。五年に重ねて骸骨を乞ひ、許したまひき。）

文室真人大市が出家したのは一族に辜（＝罪）に陥るものが多かったので一身の保全を図るためであったとあり、その出家の後も政治に関わり、その後に致仕している。

また、藤野別真人廣虫（和氣廣虫、清麻呂の姉）も孝謙上皇の「落飾」に随って出家し佛弟子となり法名法均となっているが、以後も上皇の腹心として仕えている（『日本後紀』延暦十八年〈七九九〉二月二一日、清麻呂薨伝条）。

以上をまとめると以下のようになる。d・f例等や名詞例で年次に関わらないものは便宜省略して示す。

＊　＊　＊

七〇二年12月・七二〇年3月・七二一年5月……a・b・ア（勅命出家）
七二一年5月……………………cイ（希望出家）
七二一年5月……………………ウ（入道による食封資人返上例）
七二五年9月・七四五年9月……………eオ・h（勅命出家）
七三一年8月……………………カ（希望出家）
七四一年2月……………………キ（入道の条件……七三八年4月条）

七四九年4月～6月……………………聖武天皇出家関政事例
七四九年以降（天平勝寳某年）　……………文室真人大市（邑珎）の出家
七五四年11月……………………k（出家による叙位返上例）
七五七年1月……………………n（勅命出家）
七六一年6月～翌年1月…………文室真人智努（淨三）の出家
七六二年6月・七六四年9月………o・p（上皇の出家関政）
七六二年6月……………………和氣廣虫（法均）の出家関政
七六四年9月……………………文室真人の淨三致仕
七六九年11月……………………q（一般官人の出家関政）
七七二年2月・七七四年7月………文室真人邑珎の致仕申出
七七八年3月・七九〇年閏3月………t・v（勅命出家）

＊　　　＊　　　＊

こうして見ると以下のようにその事例が指摘できる。
（1）聖武天皇出家関政／その後譲位。
（2）文室真人大市出家／その後致仕。
（3）文室真人智努出家／その後致仕。
（4）孝謙上皇出家関政／その後重祚（稱徳天皇）。
（5）和氣廣虫出家関政／その後解任、姓名剝奪（四四詔）。
（6）一般官人の出家関政……一般的言辞の事例（三八詔）。

文室真人智努はこういう流れの中で出家しているのであり、その出家の理由の一因として政治上の保身があったことは「文室真人智努の生涯」（本書第二章第八節）で指摘したところであるが、その前例として弟の文室真人大市（大市王）の出家がある。出家しながらも政治に関わってはいるが、皇位を求める気持はないという意思表明をしているものであり、皇孫ゆえの一つの身の処し方であると言うことが出来るのである。文室真人智努や文室真人大市の出家がその内因において、聖武天皇の出家とは異なっている点である。

なお文室真人智努は、天平寳字五年正月から法号「淨三」が見える。出家名「淨三」とは、家・氏姓「文室真人」を捨てるということにあり、智努にあってはただ「淨三」とのみ称したはずである。しかしながら、右で見たように、出家後も台閣に関わっているので、『続日本紀』は一貫して「文室真人淨三」の名で記録し続けている。単なる「淨三」だけではわかりにくいということもあるのであろう。このことは文室真人大市（大市王）に関しても同様のことがあり、「文室真人邑珎」と記されるのである。こうしたところからであろう、［栗田寛・一九〇〇・一・注釈］は、「淨三」の読みを「キヨミ」、「邑珎」（邑珍）の読みを「オホチ」とし、［林陸朗・二〇一〇・五・論著］も、「きよみ」「おおち」としている。法号なのであるから、音読により「じやうさん」「おふちん」とするべきである。

また［林陸朗・二〇一〇・五・論著］は、「淨三」に関して、

ここに見える寺の大鎮や別当を治部卿や大納言の任にありながら兼任することが可能なのであろうか。致仕後のことか、あるいはこうした僧官に任ぜられたことは不正確ことなのか、判然としない。

と評するが、この疑問も右の事例で氷解するのである。

第六節　『萬葉集』の「夕岫」寸考

当節も直接的には『萬葉集』に出る語に関しての寸考であるが、初発の稿では「佛足石図注」と副題していた。薬師寺の佛足石に彫られた瑞雲が考察の契機となっている。その意味で無関係な文章ではない。当著に収めることを諒とされたい。

『萬葉集』巻第五に、「梅花歌卅二首并序」と題される天平二年（七三〇）の序がある。晋の王羲之撰「蘭亭集序」に範をとった美文であり、大宰府官人の手によって作られた序であろう（「帥老」の「老」の用法から、大伴旅人自身の手による序とは見られない。旅人は翌三年に六十七歳で逝去）。その序は次の通りである。

天平二年　正月十三日　萃于帥老之宅　申宴會也　于時初春令月　氣淑風和　梅披鏡前之粉　蘭薫珮後之香　加以　曙嶺移雲　松掛羅而傾盖　夕岫結霧　鳥封縠而迷林　庭舞新蝶　空歸故鴈　於是盖天坐地　促膝飛觴　忘言一室之裏　開衿煙霞之外　淡然自放　快然自足　若非翰苑　何以攄情　詩紀落梅之篇　古今夫何異矣　宜賦園梅　聊成短詠

（「詩」＝廣瀬本には「請」とある）

（天平二年正月十三日に、帥老の宅《いへ》に萃《あつ》まり、宴会《うたげ》を申《ひら》く。時《をり》しも初春《むつき》の令《よ》き月にして、気淑《よ》く風和《な》ぎてあり。梅は鏡の前なる粉《しらに》と披《ひら》き、蘭《たきもの》は珮の後《しりへ》なる香《うつりが》と薫《かを》る。加以《しかのみ》にあらず、曙《あした》の嶺に雲を移し、松は羅《うすもの》を掛《か》けらえて蓋《きぬがさ》を傾きてあり。夕《ゆふへ》の岫《くき》に霧を結び、鳥は縠《うすぎぬ》に封《こ》めらえて林に迷《まと》ひてあり。庭に舞へる新蝶あり。空に帰りゆく故鴈あり。是《ここ》に天《あめ》を蓋《きぬがさ》とし地《つち》を坐《ゐしき》として、膝を促《ちかづ》け 觴《さかづき》を飛ばす。言《こと》を一室の裏《うち》に忘れ、衿を煙霞の外に開く。淡然《ものあは》く自《おのづ》からに放《ゆる》し、快然《こころよ》く自《おのづ》からに足《た》りてあり。若《もし》翰苑《ふみ》に非《あら》ずしあれば、何《なに》を以《も》ちてか情《こころ》を攄《の》べむ。詩に落梅の篇を記《しる》せり。古《いにし》へと今と夫《そ》れ何《いか》にそ異《こと》ならむや。園の梅を賦《なが》めて聊《いささ》かに短詠《うた》を成《つく》るべし。）

この中に、

曙嶺移レ雲　松掛レ羅而傾レ盖　（曙《あした》の嶺に雲を移し　松は羅《うすもの》を掛《か》けらえて蓋《きぬがさ》を傾きてあり）

夕岫結レ霧　鳥封レ縠而迷レ林　（夕《ゆふへ》の岫《くき》に霧を結び　鳥は縠《うすぎぬ》に封《こ》めらえて林に迷《まと》ひてあり）

という四六の駢儷句がある。この「夕岫」の語について考察する。まず諸注はどう見ているかについて縦覧しよう。

『拾穂抄』・『代匠記』（初稿・精撰）・『攷證』・『古義』、これらの旧注は、山にある穴と見ている。

夕岫　岫《ハ》山有二岩穴一也　（北村季吟『萬葉拾穂抄』）

夕岫《ハ》陸詞云。岫《ハ》山《ニ》　穴《アテ》　似《タリ》レ袖《ニ》。　（契沖『萬葉代匠記』初稿本）（精撰本もほぼ同様）

岫は、爾雅釋山に、山有レ穴爲レ岫云々とあり。　（岸本由豆流『萬葉集攷證』）

岫ハ、和名抄に、陸詞云《カ》、岫《ハ》山《ノ》穴似レ袖《ニ》、和名久木《クキ》とあり。　（鹿持雅澄『萬葉集古義』）

右に出る『爾雅』には「山有穴爲岫（謂巖穴）」（山の穴有るものを岫と為す（巖穴を謂ふ））（第十一「釋山」条）とあり、『倭名類聚鈔』には「陸詞云岫山穴似袖似祐反（和名久木）」（陸詞に云はく、岫は山の穴にして袖に似たり。似祐の反といふ（和名クキ））（元和本巻一7表）とある。『箋注倭名類聚抄』は和名のクキに意を傾けて注しているが、『説文』を引いている。その『説文解字』には「岫山（有）穴也从山由聲（似又切）」（岫は、山の穴（有るもの）なり。山と由の声に従ふ（似又の切）。）（九篇下）とあり、段玉裁の注には「有字各本奪。今依文選張景陽襍詩注補。有穴之山、謂之岫。非山穴謂之岫也。「東京賦」王鮪「岫居」薛解云「山有穴曰岫」然則岫居言居有穴之山」（有の字、各本は奪《うしな》へり。今、文選の張景陽雑詩の注に依り補ふ。有穴の山、之を岫と謂ふ。山の穴、之を岫と謂ふには非ざるなり。「東京賦」に王鮪「岫居」とあり、薛の解に「山の穴有るものを岫と曰ふ」と云へり。然れば則ち岫居とは有穴の山に居るを言ふ）とあって、「山穴也」か「山有穴也」かが問われている。段注が諸本に「有」字が無いとしているように、段注本ではない『説文解字』には「山穴也」とあり、『箋注倭名類聚鈔』でも「山穴也」の本文で引いている。『倭名類聚鈔』における「山穴」と言い「似袖」と言うのは穴そのものを言っている。段注の論理によると、『拾穂抄』や『攷證』がいう「岫」は「洞穴が存する山」ということになり、「山腹の穴」を言っているのではないということになるが、『爾雅』などをそのままに引いている形であり、そこまで区別し理解して引いているのかどうかの見極めはむつかしい。

次いで、岫は峰のことを言うとする説が出て来る。

岫は山穴なれどこゝは峯を云へるならむ。文選謝玄暉の和二王著作八公山詩一に雲聚岫如レ複《カサナレル》とあり。（井上通泰『萬葉集新考』）

この峰説に『金子評釈』が従い、『私注』は旧注説に拠りつつも、最終的にはこの嶺説に従っている。

夕方の山が霧を立てての意。岫は文選の注に山ノ穴とあるが、嶺をもいふ。（金子元臣『萬葉集評釋』）

岫は山に穴のあるもの、之は日本には見難いが支那の地形であらう。耶馬溪、妙義山の如きがそれか。實際は單に巖ある山の峯、位を云ふのであらう。（土屋文明『萬葉集私注』）

洞穴・山の穴と解釈するのが、その後主流となっており、『總釋』（森本氏分担）・豊田『通釋』・『全註釋』・佐佐木『評釋』・窪田『評釋』・大系本・『注釋』・中西『全訳注』・集成本・稲岡『鑑賞』・伊藤『釈注』・新大系本・稲岡和歌大系本・多田『全解』と山洞説である。新大系本『萬葉集』には次のように記されている。

「岫」は山の洞穴。雲は山の穴から湧き出すと考えられた。「窮岫雲を泄（も）らす」（晋・左思「魏都賦」）・文選六）（新日本古典文学大系本『萬葉集　一』五二九頁）

ところが全集本・完訳日本の古典本・井村哲夫『全注（巻第五）』は嶺説に拠っている。確かに峰と理解するのが良い漢文例も存在するのである。以上、代表的な注釈書を拾った。完訳日本の古典本はその筆者が全集本と同じである。この意見を小数派と一蹴すればよいが、小島憲之・木下正俊・佐竹昭広の三氏による全集本は普及・利用度が高く、また井村『全注』は巻第五の画期的な注釈として誉れが高い。私もこの二著を高く評価する故に、ここの「岫」の解に発言しておかなくてはならないと思うものである。なお、新編全集本は、或いは拙案の当初稿からの思案かとも思うが、両案併記に変えられている（その後、阿蘇『全歌講義』がこれに倣っている）。

旧注で『爾雅』が引かれ、澤瀉『注釈』は『説文解字』を引く。これらは先に確認したところである。ここに『篆隷萬象名義』と『新撰字鏡』『類聚名義抄』を見ておく。

　窋　岫字。山穴也。　（『篆隷萬象名義』高山寺本、三帖八八裏1）

岫　山有穴。　（『篆隷萬象名義』高山寺本、六帖二表6）

岫　山穴。久支。　（『新撰字鏡』天治本、第六、二表4）

岫　音袖。山穴。窋〔古〕。クキ。ホラ。イハホ。　（『類聚名義抄』観智院本、法上一一三7）

これらにおいても、山に存在する穴ということになる。『大漢和辭典』を見ておこう。

㈠穴のある山。〔説文〕岫、山有レ穴也、从レ山由聲。〔段注〕有レ穴之山、謂二之岫一、非三山穴謂二之岫一。〔爾雅、釋山〕山有レ穴爲レ岫。〔注〕謂二巖穴一。〔疏〕謂下山有二巖穴一者上爲レ岫也。〔張衡、東京賦〕王鮪岫居。〔注〕薛曰、山有レ穴曰レ岫。

㈡くき。いはあな。山のほら穴。岩穴。〔左思、魏都賦〕窮岫泄レ雲、日月恆翳。〔徐幹、七喩〕棲二遲乎窮谷之岫一。〔陶潛、歸去來辭〕雲無レ心以出レ岫。

㈢やま。みね。いただき。〔謝朓、宣城郡詩〕窗中列二遠岫一。〔黄庭堅、過二石塘一詩〕晴岫插レ天如二畫屛一。

㈣籒文は窋・[illegible]に作る。…用例、略…

『大漢和辭典』に載る熟語例を見ると、「岫雲」（山の穴から起る雲）、「岫衍」（山のまど。洞の入口）、「岫壑」（山のほら。たに）、「岫居」（山の穴の中に居る）、「岫幌」（山の穴から起る雲）、「岫戸」（いはあなの戸）、「岫虎」（洞穴に棲む虎）、「岫室」（山の洞穴中の室）、「岫出」（山のほら穴があらはれる）、「岫轉」（山の洞穴がうつりかはる）、「岫複」（重なつた巖穴）が確認出来る。その熟語例を『佩文韻府』によって求めると、「虚岫」「翳岫」「深岫」「峒岫」「穴岫」「棲龍岫」「穹谷岫」「冥隅岫」といった確かな「ほらあな」の意の熟語例がある。

『萬葉集』巻第五「梅花歌卅二首并序」の序が王羲之撰「蘭亭集序」（「蘭亭記」）を下敷きにしていることは先に触れたが、そこには

此地有二崇山峻嶺一。茂林脩竹一。又有三清流激湍一。映二帶左右一。

（『古文眞寶後集』記類「蘭亭記」）

（此《こ》の地《ところ》に崇《たか》き山峻《さが》しき嶺《みね》ありて茂《しげ》れる林脩《なが》き竹有り。又清《すが》しき流れ激《いはばし》れる湍《せ》の左に右にと映《て》らひ帶《つらな》れる有り。）

とあるだけであり、「岫」及びそれに近い語は出ていない。その永和九年（三五三）三月三日に蘭亭に会した名士は四一人であり、その内、詩を成すことが出来た人は二六人（両篇が一一人、一篇が一五人）であることが判明している（「小尾郊一・一九五五・三・論考」「蘭亭詩攷」）。この一一人各二篇と一五人各一篇の「蘭亭」詩の全てが『全漢三國晉南北朝詩』に収録されている（『全晉詩』巻五条）。この中に次の表現がある。

肆眄二巖岫一。臨レ泉濯趾。感興二魚鳥一。安居二幽跱一。

（行参軍王豊之「蘭亭」）

（肆《つらつ》ら巌《いはほ》なす岫《くき》を眄《なが》むれば、泉に臨みて濯《うる》はしき趾《いし》あり。感《め》でて魚鳥を興《たの》します。安《いづく》にぞ幽跱《おくふかきやま》を居《もと》めむや。）

「梅花歌卅二首并序」における「岫」の表現は、或いは右の「蘭亭」詩の影を受けているのかも知れない。ただし、この用例における「岫」は「山」の意であろう。

さて、『千字文』には次のような句がある。

曠遠綿邈　巖岫杳冥　（一六一・一六二）

（「小川環樹・木田章義・一九九七・一・岩波文庫」）

岩波文庫の口語訳（小川環樹・木田章義）には、「大地は広大で、はるかにひろがり、岩山のほら穴は奥深くて薄

暗い。」とあり、付せられた北魏の李暹『千字文注』の訳は「…上略…山に石があるのを岩という。山に穴があるのを岫という。…下略…」となっている。

『藝文類聚』には次のようなほら穴の例が見られる。

蔚矣名山、亭亭洪秀。並二基二儀一、嶢嶕雲搆。嵯峨積岨、寥籠虚岫。輕霞仰拂、神泉旁漱。曰仁奚樂、希レ靜此壽。　（晉戴逵山贊、『藝文類聚』巻七山部上「總載山」）

（蔚《しげ》りてある名山、亭《たか》く亭《たか》く洪《おほ》きく秀《ひい》づ。二儀《あめつち》と並《なら》びて基《もとゐ》となり、嶢嶕《たか》くして雲搆《つら》なりてあり。嵯峨《たか》く積みあがる岨《いはやま》、寥《おくふか》き籠《かご》のごとき虚《むな》しき岫《くき》。軽《かろ》き霞は仰《たか》く払《おほ》ひ、神《くす》しき泉は旁《かたはら》に漱《すす》く。曰《ここ》に仁《ひと》は奚《いづれ》か楽しまむや、静《しづけ》きを希《ねが》ひて此《こ》れ寿《いのちなが》し）。

また『文選』に載る「歸去來辭」にも「岫」のほら穴としての語例が見える。

歸去來兮。田園將レ蕪、胡不レ歸。…中略…策扶レ老以流憩、時矯レ首以遐觀。雲無心而出レ岫、鳥倦レ飛而知レ還。…下略…　（宋陶潛〈淵明〉「歸去來一首」、『文選』巻四十五「辭」）

（帰去来《かへ》りなむ。田園《さと》は蕪《あ》れむとし、胡《いかに》か帰らずある。……策《つゑ》は老を扶《たす》けて流《さす》らひ憩《いこ》ひ、時《をり》しも首《かうべ》を矯《あ》げて遐《はる》かに観《なが》む。雲は無心《おだひ》に岫《くき》より出で、鳥は飛ぶことに倦《う》みて還《まかりぢ》を知りぬ。……。）

我が国の『懷風藻』にも、次のような句がある。

岫室開二明鏡一、松殿浮二翠烟一。　（巨勢朝臣多益須20「五言春日應詔」『懷風藻』）

（岫室は明《あか》き鏡《つきかげ》を開《むか》へ、松殿は翠《あを》き烟《かすみ》を浮《かざ》せり。）

浮雲靉靆縈二巖岫一、驚飆蕭瑟響二庭林一。　（紀朝臣古麻呂22「七言望雪一首」『懷風藻』）

（浮雲《ゆきぐも》は靉靆《たなび》きて巖《いはほ》の岫《くき》を縈《めぐ》り、驚飆《はやち》は蕭瑟《うづま》きて庭の林を響《とどろ》かせり。）

右の『懷風藻』は二例共にその一節である。前者の「岫室」については、日本古典文学大系本頭注に「岩穴の部屋」とある。また後者はすさぶ吹雪の描写であり（「浮雲」を「ゆきぐも」と義訓）、「巖岫」は洞穴が虎落笛《もがりぶえ》状に響く様を描いている。

さて、「梅花歌卅二首并序」に戻って、その対応する語を確認しておこう。

曙嶺移レ雲　松掛レ羅而傾レ盖

夕岫結レ霧　鳥封レ縠而迷レ林

この対句対応はみごとである。曙に夕、移に結、雲に霧、松に鳥、掛羅に封縠、傾蓋に迷林と対応させている。大宰府官人に敬意を表したい。九州風土記乙類の『筑紫風土記』は美文であり、中でも「閼《あ》宗縣《そのあがた》」条は格別である。甲類風土記の『豊後国風土記』『肥前国風土記』にも漢文としての乱れの少ないことが指摘されている。大宰府官人の文筆力は他よりも抜きんでていた。

さて、右に示したみごとな対句の中に嶺と岫が位置している。ミネとホラアナの意のクキが対としてあると見てよい。その訳は次のようになろう。

曙の嶺に雲をたなびかせ、松樹は雲の羅を掛《か》けられてその蓋《きぬがさ》を傾けている。

夕の岫に霧をたなびかせ、小鳥は霧の縠に籠《こ》められて林の中で迷っている。

前連が曙の嶺に立つ松の蓋という見立てに対し、後連は夕方の岫（洞穴）から湧き出す霧により、洞前の林が覆い尽くされている様を大きな鳥籠《とりかご》と見立てている。鳥籠が上代からあったことは『萬葉集』巻十三の三二三九番歌から判明する（次歌の傍線部が枝に鳥籠を掛け下げる描写になっている）。

近江之海　泊八十有　八十嶋之　嶋之埼耶伎　安利立有　花橘乎　末枝尓　毛知引懸　仲枝尓　伊加流我懸
下枝尓　比米乎懸　己之母乎　取久乎不知　己之父乎　取久乎思良尓　伊蘓婆比座与　伊可流我等比米登

（13・三二三九、作者未詳）

（近江の海　泊八十《とまりやそ》有り　八十島《やそしま》の　島の崎ざき　あり立てる　花橘を　末枝《ほつえ》に　もち引き懸《か》け　仲つ枝に　伊加流《いかる》我《が》懸け　下《し》づ枝に　比米《ひめ》を懸け　己《な》が母を　取らくを知らに　己《な》が父を　取らくをしらに　いそばひ座《を》るよ　伊可流我と比米と）

山の洞穴から湧き起る「岫雲」という語例があることを先に見たが、霧は洞穴から立ち昇ると理解されていた。

奈良の薬師寺が蔵する佛足石には記文のみならず、様々な意匠の彫刻が施されている。しかもそれらの彫刻は単なる図様ではなくて、「佛足石記文」の本文と対応していて、総合芸術の性格を有している。画師越田安万の非凡な才能を見て取ることが出来る。この佛足石の正面（A面）に次の様な彫刻がある（**図1〜7**）。

図1は、佛足石のA面（正面）の全体像である。撮影時には現在置かれている大講堂内陣の裏（奥）ではなくて、金堂内左横（内陣の西手）に仮安置されていた（一九八五年九月二六〜二七日、撮影）。その時のものである。**図4**は、**図1**（A面）のトレースである。**図2**は、そのA面上部に大きな凹穴が存する。その穴の左半分が写真では切れてしまっているが、凹部から湧き出す雲の様が見て取れる。**図7**は、そのトレースである。**図3**は、**図2**では半分のみであった凹部全体像である。A面の中心部には四角く囲まれた大きな界線がある。この界線内に記文が刻まれている。その界線の右の縦線上に存する大きな凹部の写真が**図5**である。穴の中にある黒く丸い物は賽銭として供えられた拾円玉である。**図6**は**図5**のトレースである。凹部の奥から湧き出る雲の先が龍となっているが、写真**図5**は拡大していて龍の部分は切れている。この龍は、阿波邏羅龍帰順譚として知られるアパラァラの龍であり、**図4**で界線の左に描かれている金剛神と対応するものとしてある。

これらの凹部は、その材質が火山性角礫岩であるところから、特有の大小の凹部が随所に存在している。それを画師越田安万は巧みに利用し、洞穴と見立てて、そこから立ち昇る瑞雲を描いたのである。この瑞雲は「佛足石記文」の本文とは直接に対応する図柄ではない。周辺を飾る法相華と同様の荘厳である。この洞穴から立ち昇る霧

図1

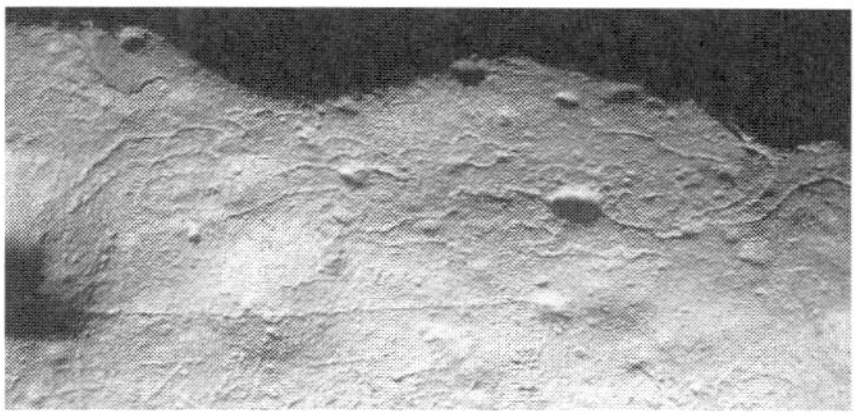

図2

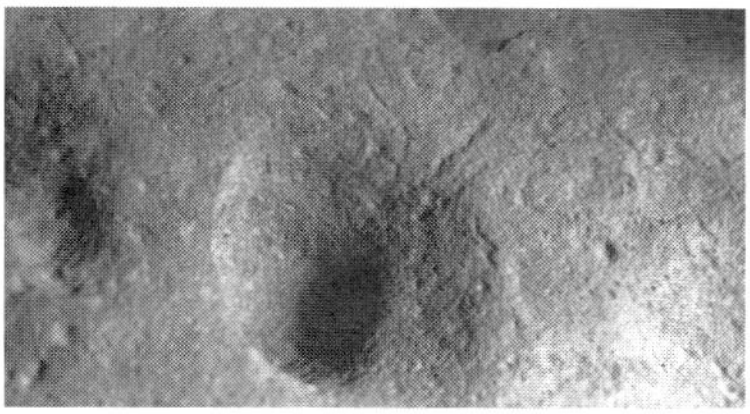

図3

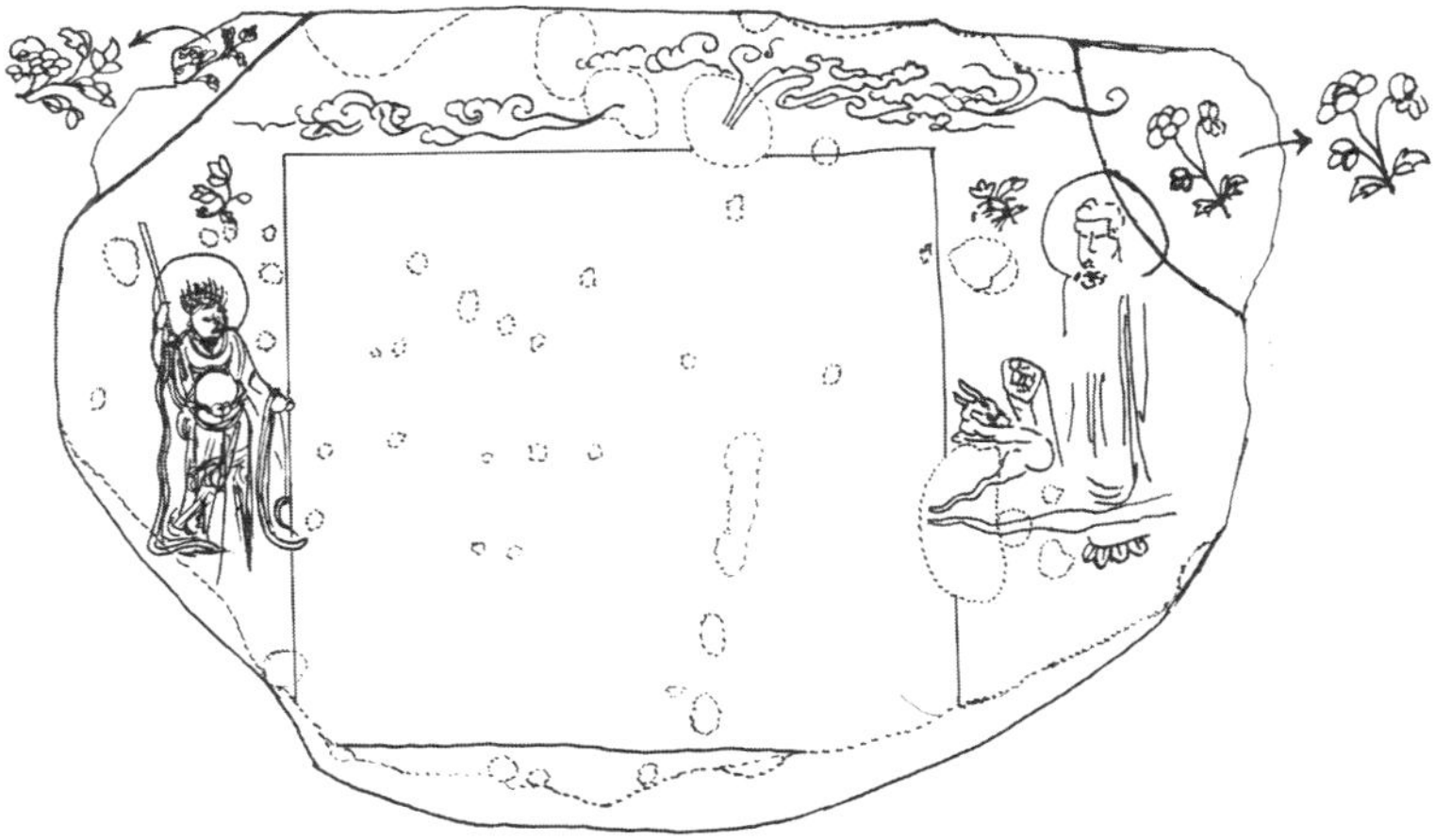

図4

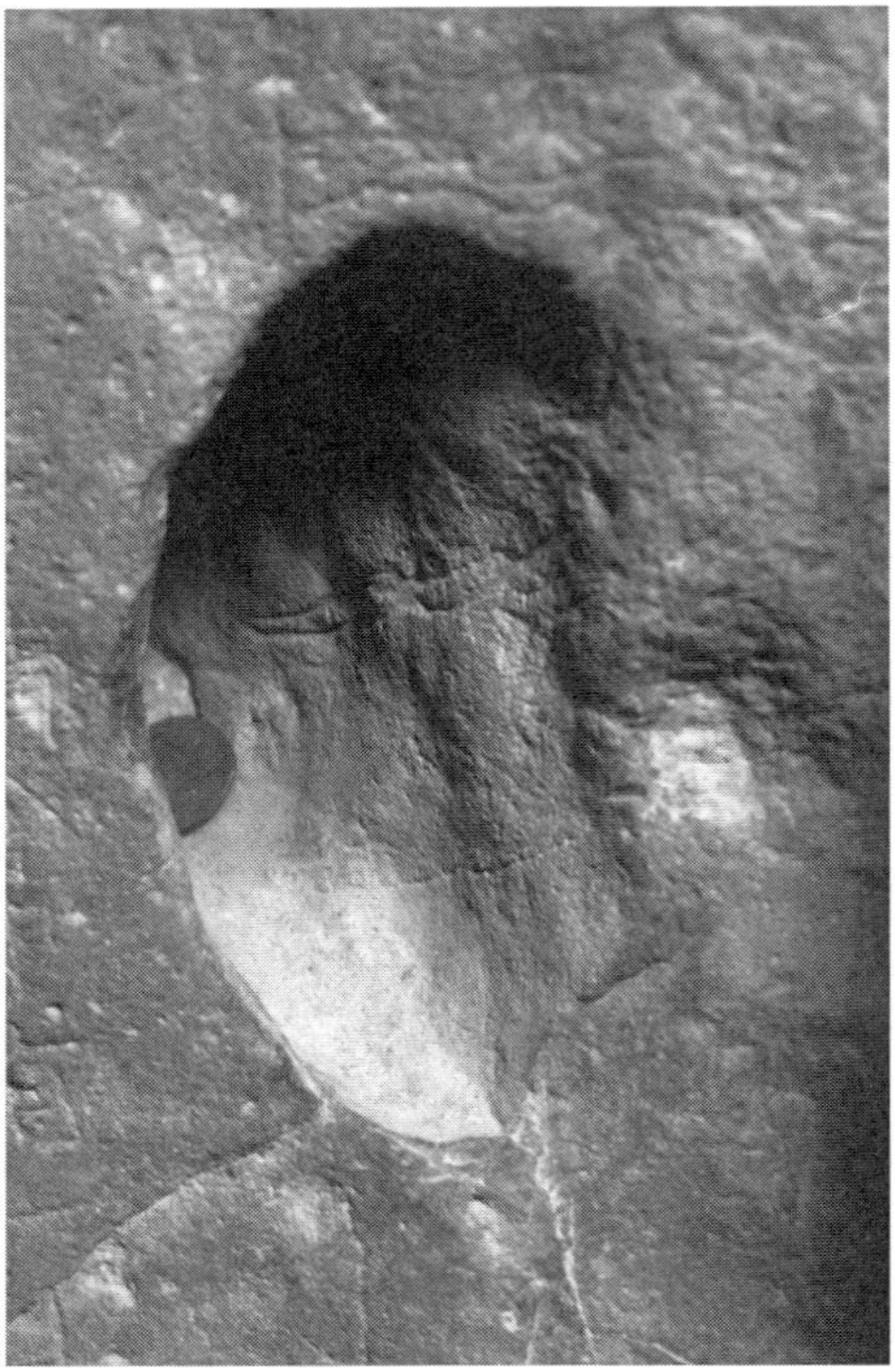

図5

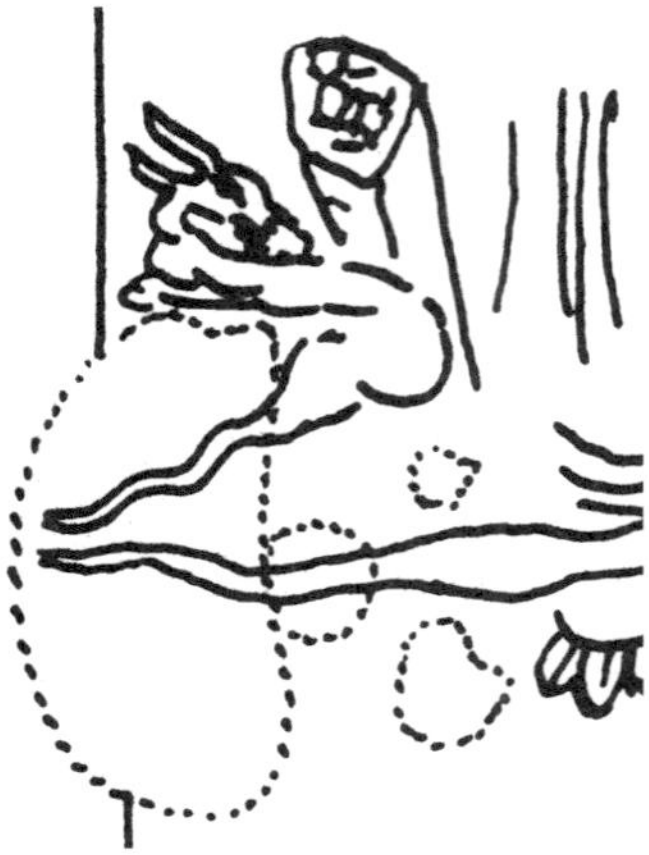

図6

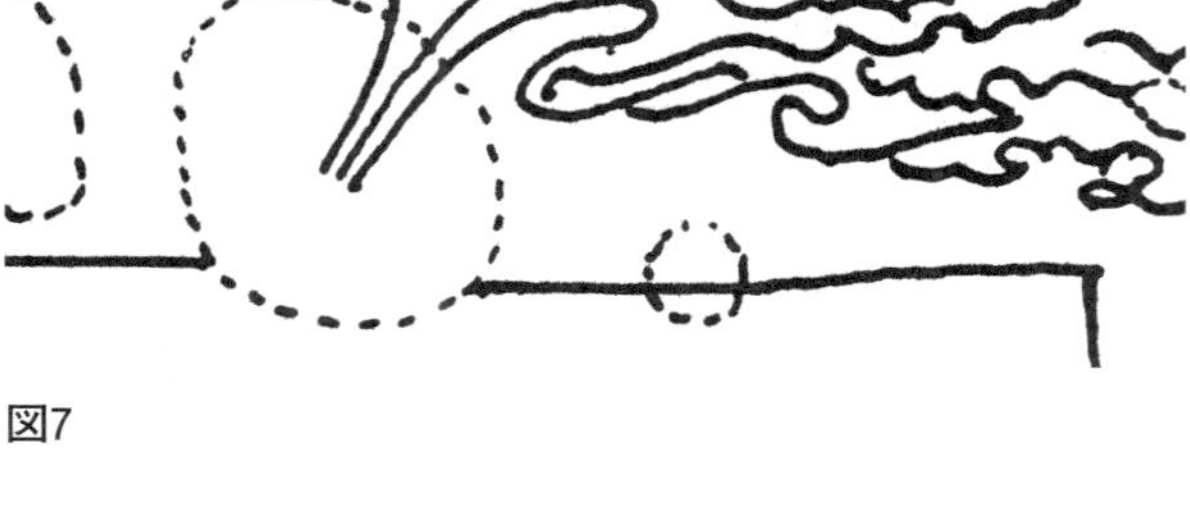

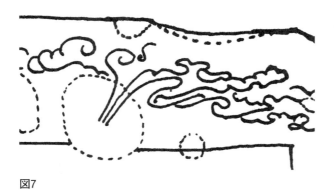

図7

（雲）は、この『萬葉集』巻第五の「夕岫」の恰好の図注となるものとしてある。因みに佛足石の佛足図（上平面）の成立は、その本文によって、天平勝寳五年（七五三）七月と明らかであり、その周辺彫刻も同年と判断出来るものである。『萬葉集』巻第五の「梅花歌卅二首并序」の天平二年（七三〇）より約二〇年後のものである。片や文学芸術、片や絵画芸術の違いがあるが、同じ我が国における作品として注目してよい。この佛足石の図柄からしても、「夕岫」の「岫」は、「洞穴」と解すべきであるということをここに示す次第である。

なおその後、［藤倉明雄・一九九七・九・論考］「「岫」について」の論がある。「岫」についてその神仙的要素、即ち神仙境としての「岫」を見るものであり、その神仙性は多くの例に該当し、「梅花歌卅二首并序」にもその性格を認めてよいものである。それは「夕岫結霧」の句そのものに認められるというよりも、「梅花歌卅二首并序」全体において神仙的趣きの筆致で描かれているという意味においてのものであり、個々の語や句に関しての指摘は困難である。そういう包括的意味合いからのものである。

その［藤倉明雄・一九九七・九・論考］は、宋之問の「嵩山天問歌」の例を⑤として挙げている。

松移岫轉、左變而右易、風生雲起、出鬼而入神。（左の訓み下しは、廣岡による。）
（松また岫《くき》と移転《うつ》るは、左に右にと変易《かはりゆ》き、風また雲と生起《まひた》ちて、鬼も神も出で入りぬ。）

これは、『全唐詩』第一函第十冊の「宋之問」条に載る詩である（復興書局影印版によるが、元版は揚州詩局本と考えられる）。右の例からもその神仙的性格が確認できる。ただし、［藤倉明雄・一九九七・九・論考］は「鬼が出ていき神が入っていくところ」としているが、「出鬼而入神」は鬼神の出入するところと読むべきものであると私は理解する。またこの例における「岫」は山穴の例ではなくて、峰としての例であると私は読む。そうではあるが、同論は山穴例においても峰例においてもその神仙的性格を読み取るものであり、結論に変更を迫るものではない。

その後の右の論を記して、ここに寸考の結びとする。

関係論文論著資料等目録

＊執筆者の五十音順（第一優先事項）、年次順（第二次事項）という順序で掲げている。
＊論中においては、［氏名・刊行年・刊行月・種別］の形式で示した。例えば、［氏名・一九九九・一一・論著］といった形になる。
この形式で示し得ないものについては、『藥師寺志』といった形で示した。
＊辞典類については、必要な時は文章中で一々言及した。よってここには原則として掲げていない。

『藥師寺志』刊本（仏書刊行会版『大日本佛教全書　寺誌叢書』第四、所収。四九三〜四九七頁）
『藥師寺縁起』詞書一巻（仏書刊行会版『大日本佛教全書　寺誌叢書』第四、所収。四六一頁）
『大和國添下郡右京藥師寺縁起』詞書一巻（仏書刊行会版『大日本佛教全書　寺誌叢書』第四、所収。四六八頁）
『藥師寺仏足跡縁起』刊本、文政四年〈一八二一〉跋（藥師寺蔵）
『東大寺要録』（筒井英俊校訂、初版、全国書房、一九四四年。披見は国書刊行会版、一九七一年による。）
「特集　仏足石」一九六八年一二月（季刊『古美術』二四号、三彩社）

＊　　＊　　＊

『釈氏要覧』寛政十年版（架蔵の版本を利用したが、刊行書がある。）
→［藏中進・藏中しのぶ・一九九〇・一一・影印索引］
『大正新脩大藏經』（「大正蔵」と略称）。サイト http://21dzk.l.u-tokyo.ac.jp/SAT/ も参照した。

鮎貝房之進　一九三四年　一月　「谷城大安寺寂忍禅師照輪清浄塔碑」（『雑攷』第六輯上編。同氏『雑攷 俗字攷・俗文攷・借字攷』国書刊行会、所収）。所収本四三八頁〜

相磯　貞三　一九六二年　六月　「佛足跡歌碑」『記紀歌謡全註解』（有精堂出版）。（元版の『記紀歌謡新解』は一九三九年）。五八五〜五八七頁

青木　紀元　二〇〇〇年　六月　『祝詞全評釈』（右文書院）。
青野　順也　二〇〇七年一〇月　「終助詞「な・ね」と希望表現」（『國學院雜誌』一〇八巻一〇号）。
秋里　籬島　一七九一年　四月　『大和名所図会』（三）刊本、寛政三年跋。版本によった。活字本は、角川書店『日本名所風俗図会』9奈良の巻、六二一～六三頁。
浅田　芳朗　一九六三年　七月　『薬師寺仏足石覚書』（私家版）年々随想第一冊。
浅田　芳朗　一九六五年　三月　『南都薬師寺仏足石の研究史的覚書』（原始文化研究会）。
阿蘇　瑞枝　一九七二年一一月　「人麻呂における長歌の完成」（『柿本人麻呂論考』桜楓社、初版書き下ろし稿）。増補改訂版では六〇〇・六二八頁。
足立　喜六　一九三三年一二月　『長安史蹟の研究』東洋文庫論叢第二十之一・二十之二（東洋文庫）。復刻版が東洋書林（発売は原書房、一九八三年六月）及び鳥影社（二〇〇六年七月）から出ている。
足立　　喜六　一九四二年　五月　『大唐西域求法高僧傳』（岩波書店）。
足立　康　一九四一年　二月　「藥師寺佛足石の造顯年代」（『考古學雜誌』三一巻二号）。
新井　　宏　一九九二年　六月　『まぼろしの古代尺』（吉川弘文館）。
有賀　祥隆　一九七九年　七月　「仏足石」（日本古寺美術全集・第三巻『薬師寺と唐招提寺』集英社）。一二八頁
有坂　秀世　一九三一年一二月　「國語にあらはれる一種の母音交替について」（『音聲の研究』四輯。同氏『國語音韻史の研究』三省堂、所収）。
安藤　更生　一九六三年一一月　『唐招提寺』美術文化シリーズ（中央公論美術出版）。
安藤　更生　一九七三年　六月　『唐大和上東征傳』（唐招提寺）。
飯島　春敬　一九七二年　四月　「仏足石銘」「仏足石歌碑」（講談社『日本書道大系』1）図版66・67解説。
家永　三郎　一九三九年　七月　「国分寺の創建について」（『建築史』一巻四号。同氏『上代仏教思想史研究』初版、畝傍書房。披見は新訂版、法藏館、所収）。所収本九六頁
五十嵐　力　一九二四年　八月　『國歌の胎生及び發達』（早稲田大學出版部）。五四頁～
池上　禎造　一九五〇年一〇月　「佛足石歌」（『日本文学言語史料・別記』東門書房）。五頁
石井　行雄　一九九六年一二月　「法華講会の世界」（『解釈と鑑賞』六一巻一二号）。
石田　尚豊　一九九八年　二月　『聖徳太子と玉虫厨子―現代に問う飛鳥仏教―』（東京美術）。

石塚晴通・築島裕　一九七八年一一月　『東洋文庫蔵　岩崎本日本書紀』（日本古典文学会編、貴重本刊行会刊）。
石山寺文化財綜合調査団　一九八一年　三月　『石山寺の研究―校倉聖教・古文書篇―』（法蔵館）。
板橋　倫行　一九二九年　九月　「仏足石歌の作者について」（『歌と評論』一巻三号。同氏『万葉集の詩と真実』淡路書房新社、所収。『板橋倫行評論集』第一巻、せりか書房、所収）。
板橋　倫行　一九二九年一一月　「仏足石歌碑の原所在について」（『史学雑誌』四〇巻一一号。同氏『万葉集の詩と真実』淡路書房新社、所収。『板橋倫行評論集』第一巻、せりか書房、所収）。
板橋　倫行　一九三六年四～一一月　「黒白二鼠譬喩譚について」（『くらしっく』第四冊・第五冊。同氏『万葉集の詩と真実』淡路書房新社、所収。『板橋倫行評論集』第一巻、せりか書房、所収）。
板橋　倫行　一九五六年一一月　「奈良時代における仏教文学の概観」（『図説日本文化史大系・三・奈良時代』。同氏『万葉集の詩と真実』淡路書房新社、所収。『板橋倫行評論集』第一巻、せりか書房、所収）。
板橋　倫行　一九五八年　三月　「奈良朝芸文に現われた「二鼠四蛇」」（『日本歴史』一一七号。同氏『万葉集の詩と真実』淡路書房新社、所収。『板橋倫行評論集』第一巻、せりか書房、所収）。
伊丹　末雄　一九七二年　二月　『万葉集成立考』（国書刊行会）一〇〇頁。（増補版、笠間書院、一九八八年八月）。一〇三頁
市　大樹　二〇一〇年　二月　『飛鳥藤原木簡の研究』（塙書房）。
市　大樹　二〇一二年　六月　『飛鳥の木簡』中公新書（中央公論新社）。
井手　至　一九六二年　六月　「朝羽振る風・夕羽振る浪―その表現―」（大阪市立大学『人文研究』一三巻五号。同氏『遊文録』説話民俗篇、和泉書院、所収）。
井手至・西宮一民・小島憲之・藏中進の内　一九六七年一二月　「仏足石歌」（『時代別国語大辞典　上代編』資料解説、三省堂）。八八五頁
井手　至　一九七三年　四月　「花鳥歌の源流」（『萬葉集研究』二集、塙書房。同氏『遊文録』萬葉篇一、和泉書院、所収）。

井手　至　一九七六年　五月「対偶語の用法」（『国語と国文学』五三巻五号。同氏『遊文録』萬葉篇二、和泉書院、所収。加筆された所収本による）。
井手　至　一九八四年　四月「花鳥歌の展開」（『萬葉集研究』一二集。同氏『遊文録』萬葉篇一、和泉書院、所収）。
出田　和久　一九九六年　二月「3摂津a摂津職嶋上郡水無瀬荘図」（『日本古代荘園図』東京大学出版会）。
伊藤　高雄　一九八五年一二月「「ますらを」歌の性格―万葉集巻十一・十二―」（『國學院雜誌』八六巻一二号）。
伊藤　博　一九七三年　四月「由縁有る雑歌―巻十六の論―」（『萬葉集研究』二集、塙書房。同氏『萬葉集の構造と成立下』塙書房、所収）。
伊藤　博　一九七三年　五月「石見相聞歌の構造と形成」の注（1）（初発は『言語と文芸』復刊第一号。同氏『萬葉集の歌人と作品　上』第五章第四節。塙書房の所収書によった）。
伊藤　博　一九八七年　三月「大伴家持の心くばり―新嘗会の肆宴歌をめぐって―」（犬養孝編『萬葉歌人論』明治書院。同氏『萬葉集の歌群と配列　下』古代和歌史研究8、塙書房、所収）。
伊藤　博　一九八九年　三月「万葉歌釈注」（筑波大学文芸言語学系『文芸言語研究　文芸篇』十五集。同氏『萬葉集の歌群と配列　下』塙書房、所収）。所収本、第九章第二節「七草」三三五頁～
伊藤　博　一九九二年一一月『萬葉集全注　巻第十八』（有斐閣）。
伊藤　博　一九九五年一一月『萬葉集釋注』一（集英社）。
伊藤　博　一九九八年　五月『萬葉集釋注』九（集英社）。
稲岡　耕二　一九六八年　四月「万葉集巻五の編纂に就いて」（『上代文学』二二号。同氏『萬葉表記論』塙書房、所収）。
稲岡　耕二　一九七三年　五月「軍王作歌の論―「遠神」「大夫」の意識を中心に―」（『國語と國文學』五〇巻五号。同氏『万葉集の作品と方法』岩波書店、所収）。
稲岡　耕二　一九七四年　一月「人麻呂歌集旋頭歌の位置」（『萬葉集研究』三集、塙書房）。
稲岡　耕二　一九八〇年　四月『鑑賞日本の古典2万葉集』（尚学図書）。一八三頁
稲岡　耕二　一九八〇年　五月「人麻呂歌集旋頭歌の文学史的意義」（『萬葉　その後』塙書房）。
稲城　正己　二〇〇八年　一月「『奈良朝写経』奥書の語句と平安期願文での使用例（稿）」（私家版）。「『奈良朝写経』題跋の用語の平安期願文等での使用例」（私家改訂版、二〇一三年八月）。上代文献を読む会

編『上代写経識語注釈』に所収の予定。ここでは、二〇一三年八月の私家改訂版により、私に「稲城願文索引」と略称した。

稲城　正己　二〇一二年一〇月　「66大般若波羅蜜多経巻第一百七十六、上代写経識語注釈（その十六）」（『續日本紀研究』四〇〇号、上代文献を読む会編『上代写経識語注釈』所収予定）。＊経典名巻数は次項と偶然一致。

稲城　正己　二〇一三年　二月　「75大般若波羅蜜多経巻第一百七十六、上代写経識語注釈（その十八）」（『續日本紀研究』四〇二号、上代文献を読む会編『上代写経識語注釈』所収予定）。＊経典名巻数は前項と偶然一致。

犬飼　　隆　一九九二年　二月　『上代文字言語の研究』（笠間書院）。四五・四九・五七・三一三～三一五・三六一・三六三頁

犬飼　　隆　二〇〇八年　九月　『漢字を飼い慣らす　日本語の文字の成立史』（人文書館）。二〇三～二〇八頁

井上　　薫　一九七二年一〇月　「白鳳・奈良朝の黄文画師」（橿原考古学研究所編『壁画古墳高松塚』奈良県教育委員会、所収。「高松塚壁画と黄文画師」と改題して同氏『古代史の群像』創元社、所収）。

井上　　薫　二〇〇三年一一月　「智努王の珍努宮と元正天皇の和泉宮」（『橿原考古学研究所論集』第一四。八木書店）。

井上　雅子　二〇〇二年　三月　「仏足石歌―その記号論的解体―」（奈良女子大学『人間文化研究科年報』一七号）。

井上　通泰　一九二三年一二月　「佛足石歌新考」（『萬葉集新考』巻十二下附録、昭和三年八月刊本の第五、國民圖書、所収。披見は昭和三年所収本に拠った）。二七三九頁～

今井　啓一　一九七二年　五月　「高松塚古墳と帰化人」（『史迹と美術』四二四号〈四二輯の四〉）。

今井　似閑　一七一七年　三月　『萬葉緯』刊本、享保二年春三月（巻第十）（『未刊國文古注釋大系』第三冊、帝國教育會出版部、所収）。二九五～二九九頁

今城　甚造　一九七〇年　八月　「佛足石」「佛足跡歌碑」（奈良六大寺大観・六『薬師寺』岩波書店）。解説一一五～一一八頁

今城　甚造　二〇〇〇年　七月　「佛足石」「佛足跡歌碑」（奈良六大寺大観・六『薬師寺』補訂版、岩波書店）。

井村　哲夫　一九六三年　七月　「憶良「思子等歌」の論」（『萬葉』四八号。同氏『憶良と虫麻呂』桜楓社、所収）。

井村　哲夫　一九八二年　二月　「人並に我もなれるを」（『萬葉』一〇九号。同氏『赤ら小船』和泉書院、所収）。

井村　哲夫　一九八四年　三月　「「古京遺文」（正・続）索引」（『萬葉』一一七号）。
井村　哲夫　一九八四年　六月　『萬葉集全注　巻第五』（有斐閣）。
井村　哲夫　一九八九年　二月　「石川朝臣年足墓志」（上代文献を読む会編『古京遺文注釈』桜楓社）。
井村　哲夫　一九九二年　五月　「天平十一年「皇后宮之維摩講仏前唱歌」をめぐる若干の考察」（吉井巖編『記紀万葉論叢』塙書房）。
井村　哲夫　一九九四年　二月　「山上憶良の思想と文学」（『筑紫万葉の世界』雄山閣。同氏『憶良・虫麻呂と天平歌壇』翰林書房、所収）。
岩本　次郎　一九九二年一二月　「副都難波京」（直木孝次郎編『古代を考える　難波』吉川弘文館）。
上田　正昭　一九五九年　五月　「社会と環境―ますらを論を中心として―」（『解釈と鑑賞』二四巻六号）。『上田正昭著作集』（全八巻、角川書店）未収。
上田　正昭　一九七二年　七月　「今来文化の面影」（『歴史読本』一七巻八号）。
上野　英二　一九九二年　二月　「和歌」（岩波講座「日本文学と仏教」第九巻『古典文学と仏教』岩波書店）。一六七頁
内田　正男　一九九二年　六月　『日本暦日原典』［第四版］（雄山閣出版）。初版は一九七五年七月刊。
梅谷　文夫　一九九四年　一月　『狩谷棭斎』（人物叢書、吉川弘文館）。
梅原　眞隆　一九三二年一二月　「佛足石の歌」（信道會館『佛足石』所収。初出『道』三八号）。
↓［信道會館・一九三二・一二・本文等］
海野　一隆　一九九五年　二月　「世界地図の中のアジア」（『しにか』六巻二号）。
慧海　潮音　↓釋潮音
江畑　哲夫　一九九五年　九月　『三重県方言民俗語集覧』全六冊（私家版、一九九五年九月）。
遠藤　慶太　一九九八年　四月　「「貞恵伝」小考」（『續日本紀研究』三一三号）。
遠藤　慶太　二〇〇一年一〇月　「奈良時代における『法華経』依拠の考察」（『美夫君志』六三号）。
遠藤　　宏　一九七〇年一一月　「万葉集作者未詳歌と「ますらを」意識」（『論集上代文学』笠間書院、一冊。同氏『古代和歌の基層』笠間書院、所収）。
遠藤　嘉基　一九三三年一〇月　「佛足跡歌碑」（『上代日本文學講座』四巻、作品研究篇、春陽堂、所収）。
王　　雲五　一九七一年一〇月　『大唐西域記』民国六〇年（人人文庫、臺湾商務印書館）。

横超慧日校訂・常盤大定譯
　一九二九年　二月　「大般涅槃經」（『國譯一切経』印度撰述部涅槃部一、大東出版社）。

横超慧日校訂・常盤大定譯
　一九三五年　二月　「大般涅槃經」（『國譯一切経』印度撰述部涅槃部二、大東出版社）。

横超　慧日　一九八一年　七月　『涅槃経』サーラ叢書二六（平楽寺書店）。

大井重二郎　一九三四年　六月　『佛足石歌と佛足石』（私家版、川勝政太郎発行）。

大井重二郎　一九七〇年一二月　「仏足石歌碑と仏足石銘の考証」（『園田学園女子大学論文集』第五号。同氏『平城古誌』初音書房、所収）。

大久保廣行　一九九五年　二月　「家持作歌の試み―追和と依興と―」（東洋大学『文学論藻』六九号。同氏『筑紫文学圏論 大伴旅人筑紫文学圏』笠間書院、所収）。

大久保廣行　一九九八年　二月　『筑紫文学圏論 大伴旅人筑紫文学圏』（笠間書院）。

大久間喜一郎一九九四年　三月　「夷振（夷曲）の周辺」（日本歌謡学会編『日本歌謡研究 現在と展望』和泉書院、同氏『古事記の比較説話学』雄山閣、所収）。一六二頁

大阪市立美術館
　一九九五年一〇月　『中国の石仏―荘厳なる祈り―』（展覧図録）。

大島　正二　二〇〇六年　八月　岩波新書『漢字伝来』（岩波書店）。一三二頁～一三七頁

大曽根章介　一九八三年　九月　「漢文の修辞―対句について―」（連載10『日本語学』二巻九号）。同氏による新日本古典文学大系『本朝文粋』（岩波書店、一九九二年五月）の「解説」もほぼ同文。

太田博太郎　一九七九年　九月　『南都七大寺の歴史と年表』（岩波書店）。六～七頁

太田　南畝　一七九四年　―　「佛足石ノコト」（「石田氏筆記」条）『一話一言』原巻十九〈寛政六年成〉（『日本随筆大成』吉川弘文館、所収）。旧版別巻『一話一言』上巻四八一頁、新装版別巻『一話一言』〈2〉一八四頁

太田　水穂　一九二二年　九月　『紀記歌集講義』（内題―記紀歌集講義）（洛陽社）。三七四頁～

大館　義一　一九三三年　七月　「巻十六論」（『萬葉集講座』六巻、春陽堂）。

大塚　毅　一九七八年　四月　『万葉仮名音韻字典』（勉誠社）。

大野　晋　一九四五年　四月「萬葉集巻第十八の本文に就いて」（『國語と國文學』二二巻三号、昭和二十年三・四月合併号。同氏『語学と文学の間』岩波現代文庫、所収）。
大野　晋　一九五一年　九月「奈良朝語訓釈断片─訓点語の利用による─」（関西大学『国文学』五号、同氏『仮名遣と上代語』岩波書店、所収）。
大野　晋　一九五四年　八月「上代語の訓詁と上代特殊假名遣」（『萬葉集大成』三巻訓詁篇上。同氏『仮名遣と上代語』岩波書店、所収）。
大野　透　一九六二年　九月『萬葉假名の研究』（明治書院）。
大野　透　一九六八年一〇月『漢文法の溯源的研究1』（松雲堂書店）。
大野　透　一九七七年　三月『続・萬葉假名の研究』（高山本店）。
大橋一章・安田暎胤編
　　一九九〇年一一月『藥師寺』（里文出版）。
大畑　幸恵　一九八五年一一月「対句」（『国文学』三〇巻一三号）。
大堀　英二　二〇〇二年　二月「仏足石歌「呵嘖生死」歌考」（大東文化大学『日本文学研究』四一号）。
大村次郷撮影・安田治樹編
　　一九九六年　八月『図説ブッダ』（河出書房新社）。
岡　　麓　一九二七年　一月「佛足跡歌碑の歌」（『アララギ』二〇巻一号）。
岡崎　敬　一九七一年一〇月「日本の古代金石文」（『古代の日本』9研究資料、角川書店、所収）。三九一～三九三頁
岡田　希雄　一九四一年　三月「新譯華嚴經音義私記倭訓攷」（『国語国文』一一巻三号）。
岡田　行弘　一九八九年一二月「三十二大人相の系統（Ⅰ）」（『印度學佛教學研究』三八巻一号）。
岡田　行弘　一九九〇年　三月「『大宝積経』における三十二大人相」（神戸女子大学瀬戸短期大学『学術紀要』創刊号）。
岡田　行弘　一九九一年一〇月「八十種好」（東京大学文学部印度哲学研究室編『〈我〉の思想』前田専学博士還暦記念論集、春秋社）。
岡田　行弘　一九九一年一二月「三十二大人相の系統（Ⅱ）」（『印度學佛教學研究』四〇巻一号）。
岡田　行弘　一九九二年一二月「三十二大人相の系統（Ⅲ）」（『印度學佛教學研究』四一巻一号）。
岡田　行弘　一九九六年　三月「八十種好再考」（『印度學佛教學研究』四四巻二号）。

岡部　政裕　一九五四年一〇月　「萬葉集の長歌」（『萬葉集大成』七巻、平凡社）。

岡部　政裕　一九七〇年一一月　「万葉長歌律格論」（『万葉長歌考説』風間書房。「萬葉集の長歌」の大幅改訂所収）。

小川環樹・木田章義
一九九七年　一月　『千字文』岩波文庫（岩波書店）。

荻原　千鶴　一九九九年　六月　『出雲国風土記　全訳注』学術文庫（講談社）。

沖森　卓也　一九八九年一一月　「万葉仮名と文章文体」（『萬葉集研究』一七集、塙書房。同氏『日本古代の表記と文体』吉川弘文館、補訂所収）。

沖森　卓也　一九九〇年　七月　「万葉仮名文の成立」（『立教大学日本文学』六四号。同氏『日本古代の表記と文体』吉川弘文館、補訂所収）。

沖森　卓也　一九九三年　五月　「言語資料としての歌経標式」（『歌経標式　注釈と研究』おうふう。同氏『日本古代の表記と文体』吉川弘文館、補訂所収）。

小國　重年　一八〇一年　――　『長歌言葉の珠衣』（『長歌言葉珠衣』六巻六冊、享和元年序、『日本歌学大系』別巻9、風間書房、所収）。

奥村悦三・平川　南
一九九七年　三月　「〈対談〉古代における言葉と文字」（『歴博』八一号、国立歴史民俗博物館。平川南氏『墨書土器の研究』吉川弘文館、所収）。所収本、四三二頁

奥村　和美　二〇〇一年　二月　「家持歌と宣命」（『萬葉』一七六号）。

奥村　和美　二〇〇三年　三月　「『萬葉集』における『千字文』の利用」（人間環境大学人間環境学部紀要『藝』一号）。

奥村　和美　二〇〇六年一〇月　「「平安」攷」（『奈良女子大学国語国文学会報』一〇号）。

奥村　和美　二〇一三年　三月　「『千字文』の受容―『萬葉集』を中心として―」（『美夫君志』八六号）。

小倉　　肇　一九六九年　五月　「「伊家流等毛奈之」について」（『國學院雑誌』七〇巻五号。同氏『日本語音韻史論考』和泉書院、所収）。

尾崎　暢殃　一九七二年一〇月　「家持の旋頭歌」（『国文学春秋』創刊号。同氏『大伴家持論攷』笠間書院、所収）。

尾崎　暢殃　一九七二年一二月　「大伴家持の作品」（『萬葉集講座』第六巻、有精堂。同氏『大伴家持論攷』笠間書院、所収）。

愛宕　元訳注・徐　松撰　一九九四年　四月　『唐両京城坊攷』東洋文庫（平凡社）。

小野　勝年　一九六七年　四月　『入唐求法巡礼行記の研究』第三巻（鈴木学術財団刊。第一巻は一九六四年二月刊）。

小野　玄妙　一九一一年一一月　「樹木と龍蛇の崇拝（三）」（『考古學雑誌』二巻三号）。一三〇頁〜

小野　玄妙　一九三三年一一月　『佛書解説大辞典』（改訂版、一九六四年一〇月、この改訂版による。大東出版社）。

小野　　寛　一九七八年　三月　「家持亡妾悲傷歌」（『万葉集を学ぶ』第三集、有斐閣。同氏『大伴家持研究』笠間書院、所収）。

小野　　寛　一九八八年一二月　『孤愁の人　大伴家持』日本の作家4（新典社）。

小野寺静子　一九七六年一〇月　「万葉集巻十六は家持の編纂か―用語を主として考える―」（『北大古代文学会　研究論集』Ⅲ）。

小野寺静子　一九七七年　二月　「万葉集巻十六試論」（北海道大学『國語國文研究』五七号）。

小野寺静子　一九九〇年　二月　「ますらを―万葉集におけるその実像を探る―」（『札幌大学女子短期大学部紀要』一五号）。

小尾　郊一　一九五五年　三月　「蘭亭詩攷」（広島大学文学部『紀要』七号）。

小山田靖齋（葛西孔彰）　一八三八年前後か　『證古金石集』（柴田光彦翻刻、『早稲田大学図書館紀要』二四号）。

小山田與清　一八二八年一〇月　『南都藥師寺金石記』（表題）（内題―平城右京藥師寺金石記）刊本、文政十一年（『大日本佛教全書　寺誌叢書　第二』佛書刊行會、所収。勉誠社文庫52、中田祝夫編『藥師寺金石文考四種』所収）。

折口　信夫　一九一七年　五月　『口譯萬葉集』下巻（國文口譯叢書第五篇、文會堂書店。『折口信夫全集』中央公論社、所収＝昭和初版第五巻、昭和新訂版第五巻、平成版第一〇巻）。

霍　巍・徐　朝龍
　一九九五年　九月　「チベット高原に残る最古の漢文石碑」（『しにか』六巻九号）。

影山　尚之　二〇〇〇年一二月　「長皇子の人と歌―遊戯性と風流の風貌―」（『園田学園女子大学論文集』三五号）。

影山　尚之　二〇一〇年一二月　「巻八の相聞贈答―一六三三〜一六三五歌を中心に―」（『美夫君志』八一号）。

葛西　孔彰　↓　小山田靖齋

梶川　信行　二〇〇一年　九月「新嘗会肆宴の出席者たち」（『美夫君志論攷』おうふう）。
梶川　信行　二〇〇一年一一月「新嘗会肆宴歌群とその周辺」（『万葉人の表現とその環境』冨山房）。
堅田修・高橋正隆・佐久間竜・米澤康の内
　　一九七二年一一月「佛足石記・佛足石歌碑、圖版解説」（大谷大學編『日本金石圖録』、二玄社）。
荷田　在満　一七三八年頃『大甞會儀式具釋』（『荷田春満全集』第十巻、六合書院）。
荷田　在満　一七三八年頃『大甞會圖式』（『荷田春満全集』第十巻、六合書院）。
加藤　静雄　一九七二年　三月「いわゆる「仏足石歌体」について」（『美夫君志』一五号。同氏『万葉集東歌論』桜楓社、所収）。
加藤　静雄　一九九八年　三月「梯立の熊来―巻十六の能登の歌―」（『同朋大学論叢』七七号。同氏『続万葉集東歌論』おうふう、所収）。
加藤　　諄　一九六〇年　三月「延岡臺雲寺佛足跡歌碑」（早稲田大学『法学会誌』一〇号。同氏『日本金石文学』日本書誌学大系56、青裳堂書店、所収）。
加藤　　諄　一九六二年　三月「高遠建福寺仏足跡歌碑」（早稲田大学『国文学研究』二五集。同氏『日本金石文学』日本書誌学大系56、青裳堂書店、所収）。
加藤　　諄　一九六二年一二月「近世仏足石の一派生図様について」（『早稲田大学大学院文学研究科紀要』八輯）。
加藤　　諄　一九六八年一二月「仏足石―日本における―」（『古美術』二四号）。
加藤　　諄　一九七一年　一月「跡のともしさ―仏足跡歌碑第十二歌考―」（早稲田大学『国文学研究』四三集。同氏『日本金石文学』日本書誌学大系56、青裳堂書店、所収）。
加藤　　諄　一九七五年　五月「仏足石の人々（一）智努について」（『雙魚』創刊号）。
加藤　　諄　一九七五年　六月「万葉仮名弖の字について」（『異体字研究資料集成』一〇巻・月報、雄山閣出版。同氏『日本金石文学』日本書誌学大系56、青裳堂書店、所収）。
加藤　　諄　一九七六年　二月「日本の仏足石」（『新版　佛教考古学講座』第四巻「仏像」、雄山閣出版）。
加藤　　諄　一九七八年一二月「仏足石と和歌」（『雙魚』一〇号。同氏『日本金石文学』日本書誌学大系56、青裳堂書店、所収）。
加藤　　諄　一九八〇年一二月『佛足石のために―日本見在佛足石要覧―』（築地書館）。

加藤　諄　一九八〇年一二月「佛足石研究論文目録」（『佛足石のために―日本見在佛足石要覧―』築地書館、所収）。
加藤　諄　一九八八年　五月『日本金石文学』日本書誌学大系56（青裳堂書店）。
加藤　諄　二〇〇七年　二月『日本仏足石探訪見学劄記』（雄山閣出版）。
加藤　優　一九八二年　二月「東大寺鎮考―良弁と道鏡の関係をめぐって―」（東北大学文学部『国史談話会雑誌』二三号）。
金井嘉佐太郎
　　　　一九七一年　一月『仏足石の研究』（中山書房）。
神奈川大学日本常民文化研究所・渋澤敬三編
　　　　一九八四年　八月『日本常民生活絵引』第四巻（平凡社）。一七六頁、「水準器」の項
鎌田　茂雄　一九九五年一〇月「弥勒の祈りと救い」（『月刊しにか』六巻一〇号）。
鎌田　純一　一九六〇年　三月『先代舊事本紀の研究　校本の部』（吉川弘文館）。
亀井勝一郎　一九六三年一一月「薬師寺への道」（『西の京　薬師寺』淡交新社、所収）。二五～三〇頁
亀田　孜　一九六二年一二月「薬師寺仏足石と仏跡図本の論考」（『仏教芸術』五〇号。同氏『日本仏教美術史叙説』一九七〇年四月、學藝書林、所収）。
亀田　孜　一九六四年　八月「仏跡の伝来と観智院の仏足図」（『仏教芸術』五五号。同氏『日本仏教美術史叙説』學藝書林、所収）。
鹿持　雅澄　一八二一年　三月『南京遺響』（下）文政四年（臨川書店『新訂増補史籍集覧』続編五、第三七冊所収）。二一六～二四七頁
賀茂　真淵　一七四七年　冬「佛足石記」（『賀茂翁家集』巻之四、雑文二。『賀茂真淵全集』二一巻、続群書類従完成会、所収）。一〇七～一〇八頁
狩谷　棭斎　一八三二年頃『古京遺文』刊本（二巻一冊、文政元自序、勉誠社文庫1、所収）。「天保三年以後の成立」（［梅谷文夫・一九九四・一・人物叢書］『狩谷棭斎』）。
高本漢（カールグレン）
　　　　一九四〇年　九月『中國音韻學研究』（趙元任・李方桂、合譯、商務印書館。中華民國二十九年）。
川口　常孝　一九七六年一一月「良吏家持」「防人との邂逅」（同氏『大伴家持』第三章第五節・第四章第四節、桜楓社）。

川口　常孝　一九八五年一二月　六四一、九二一頁
「家持の亡妾歌―虚構歌の論に触れて―」（『現代科学論叢』一九集。同氏『人麿・憶良と家持の論』桜楓社、所収）。
川﨑　　晃　二〇〇七年　三月　「藤原夫人と内親郡主」（高岡市万葉歴史館論集『女人の万葉集』。同氏『古代学論究』慶應義塾大学出版会、補訂所収）。
川崎　庸之　一九四七年　一月　「大伴三中の歌」（『文学』一五巻一号。『川崎庸之歴史著作選集』第一巻、東京大学出版会、所収）。
河内　昭圓　一九七二年一一月　『日本金石圖録』（河内昭圓釈文・釈文余滴、神田喜一郎監修、大谷大學編、二玄社）。
河原　由雄　一九九四年　三月　「五天竺図」（法隆寺昭和資材帳調査完成記念『国宝法隆寺展』図録）。二〇六頁
神野　富一　一九八五年　三月　「古代歌謡の対句―その本質―」（『甲南女子大学研究紀要』一七号）。
菊川　恵三　一九八九年　五月　「晩春の鶯」（『国語国文』五八巻五号）。
菊川　恵三　二〇〇九年　三月　「うぐいす歌への視点」（高岡市万葉歴史館論集12『四季の万葉集』笠間書院）。
菊地　良一　一九三九年　五月　「佛足石歌の研究」（『學苑』六巻五号、日本女子高等學院、光葉會）。
木崎　愛吉　一九二一年一〇月　『大日本金石史・一』（『大日本金石史』附図、参照）（好尚会出版部）。一四五頁～
木崎　愛吉　一九三〇年九月ａ　「藥師寺佛足石記」（平凡社、初版『書道全集』九）。解説一六頁
木崎　愛吉　一九三〇年九月ｂ　「藥師寺佛足石歌碑」（平凡社、初版『書道全集』九）。解説一七～一八頁
岸田　定雄　一九七五年　三月　「大和の仏足石」（『東大寺学園中学校・高等学校研究紀要』一号）。
木田章義・小川環樹
　　　　　　一九九七年　一月　『千字文』岩波文庫（岩波書店）。
北島　葭江　一九六五年　六月　「仏足石歌碑」（近畿日本鉄道『薬師寺』近畿日本叢書第五冊、所収）。
北山　円正　一九九八年　三月　「菅原定義生年考」（『神女大国文』九号）。
北山　円正　一九九九年　三月　「「懸車」と生年」（『神女大国文』一〇号）。
北山　茂夫　一九五四年一二月　「大夫（ますらお）」（岩波新書『萬葉の時代』岩波書店）。一一七～一三一頁
木下　正俊　一九六三年　一月　「巻十七の對立異文の持つ意味」（『萬葉』四六号。改題して、同氏『萬葉集論考』臨川書店、所収）。

木村　正辭　一九〇四年一二月　『萬葉集訓義辨證』上巻（早稲田大学出版部。「勉誠社文庫」所収）。

木本　通房　一九四二年　八月　『上代歌謡詳解』（武蔵野書院）。一二二頁

木本　好信　一九八九年　一月　『奈良朝典籍所載仏書解説索引』（国書刊行会）。

木本　好信　二〇一三年　五月　日本評伝選『藤原四子』（ミネルヴァ書房）。

久曽神　昇　一九五四年一二月　「佛足石歌碑」（『書道全集』9、平凡社）。解説一七五頁〜

京都帝大文科大学編・羽田亨著
　一九一一年一〇月　『大唐西域記』（京都帝國大學文科大學叢書、大日本図書）。

釘貫　亨　一九八三年　六月　「古代語/o/／/ö/対立の崩壊過程―特殊仮名遣異例と平安朝文献におけるコの仮名の用例から―」（『国語学』一三三集）。

久野健・福山敏男
　一九五八年一一月　『薬師寺』日本美術史叢書1（東京大学出版会）。七四頁

久米　常民　一九七二年　三月　「東人は謡う」（『美夫君志』一五号。同氏『万葉歌謡論』角川書店、第一編第七章に改稿所収）。

久米　常民　一九七四年　一月　「万葉集・公撰から私撰へ」（『文学・語学』七〇号。同氏『万葉歌謡論』角川書店、所収）。

藏中しのぶ・藏中進
　一九九〇年一一月　『寛永十年版　釈氏要覧　本文と索引』（和泉書院）。

藏中しのぶ　一九九二年　三月　「『延暦僧録』注釈（一）・影印校本篇」（『大東文化大学紀要』三〇号。同氏『『延暦僧録』注釈』大東文化大学東洋研究所、所収）。

藏中しのぶ　二〇〇二年一一月　「長安西明寺の学問と上代漢詩文―大安寺文化圏の出典体系」（『上代文学』八九号）。

藏中しのぶ　二〇〇三年　七月　『奈良朝漢詩文の比較文学的研究』（翰林書房）。

藏中しのぶ　二〇〇三年一二月　「薬師寺「東塔刹銘」「仏足石記」と大安寺文化圏」（『国文学』四八巻一四号）。

藏中しのぶ　二〇〇四年　三月　「長安西明寺の類聚編纂書のオントロジとその受容―『諸経要集』述意縁・『法苑珠林』述意部と『三宝絵』上巻の構成―」（科研報告書『和漢古典学のオントロジ1』）。

藏中しのぶ　二〇〇五年　三月　「類聚編纂書と出典論」平成十五年国語国文学界の動向（『文学・語学』一八一号）。

藏中しのぶ　二〇〇六年一一月　「薬師寺「仏足石記」所引「西域伝」攷」（大東文化大学『東洋研究』一六一号）。

藏中しのぶ　二〇〇八年　三月　『『延暦僧録』注釈』（大東文化大学東洋研究所）。
藏中しのぶ　二〇〇九年一一月　「『延暦僧録』と大安寺文化圏―「天皇菩薩伝」「居士伝」と平城京の蔵書ネットワーク」（『上代文学』一〇三号）。
藏中しのぶ　二〇一〇年一一月　「大安寺をめぐる出典テキスト群と蔵書ネットワーク―長安西明寺の類聚編纂書群受容の手法と継承」（『国語と国文学』八七巻一一号）。
藏中進・小島憲之・西宮一民・井手至の内
　一九六七年一二月　「仏足石歌」（『時代別国語大辞典　上代編』資料解説、三省堂）。八八五頁
藏中　進　一九七五年　三月　『上代日本語音韻の一研究』（神戸学術出版）。
藏中　進　一九七六年　三月　「大仏開眼会の漢詩」（『萬葉』九一号）。
藏中　進　一九七六年　六月　「大仏開眼会の短歌」（神戸市外国語大学『神戸外大論叢』二七巻一～三号）。
藏中進・藏中しのぶ
　一九九〇年一一月　『寛永十年版　釈氏要覧　本文と索引』（和泉書院）。
倉林　正次　一九七八年　三月　「万葉集における新嘗会の歌」（『國學院大學大學院紀要』九輯。同氏『饗宴の研究（祭祀編）』、桜楓社、所収）。
栗田　寛　一九〇〇年　一月　『新撰姓氏録考證』（吉川弘文館）。『新撰姓氏録考證　上』（吉川弘文館。神道大系、古典編六『新撰姓氏録』神道大系編纂会、所収）。
栗原　薫　一九六三年　三月　「「もろこし」と「から」の名について」（『日本上古史研究』七巻三号）。
紅林　幸子　二〇〇三年　三月　「書体の変遷―「氏」から「弖」へ」（『訓点語と訓点資料』一一〇輯）。
桑山　正進　一九九五年　七月　『西域記―玄奘三蔵の旅』（小学館）。
契　沖　一六九二年　三月　『勝地吐懐編』（一巻本）（岩波書店『契沖全集』一一巻・名所研究一所収）。「山階寺」条、41オ～ウ
契　沖　一六九五年　九月　『和字正濫鈔』（岩波書店『契沖全集』一〇巻所収）。巻三21オ「おとる」条
小泉袈裟勝　一九七七年一〇月　『ものさし』ものと人間の文化史22（法政大学出版局）。
小泉　八雲　一八九九年　――　「佛足石」（『靈の日本』リッツル・ブラウン会社〈ボストン〉刊。第一書房『小泉八雲全集』第六巻、一九二六年、所収）。所収書、九八頁～

高　範　一六八〇年　八月　『薬師寺濫觴私考』延宝八年序（仏書刊行会版『大日本佛教全書　寺誌叢書　第二』所収）。二八六頁

高本　漢　→　カールグレン

神野志隆光　一九八一年　三月　「「片歌」をめぐって―旋頭歌の成立序説―」（『萬葉』一〇六号。同氏『柿本人麻呂研究』改稿所収、塙書房）。

神野志隆光　一九八二年　二月　「旋頭歌試論」（『萬葉』一〇九号。同氏『柿本人麻呂研究』改稿所収、塙書房）。

神野志隆光　一九九二年　四月　「旋頭歌をめぐって」（同氏『柿本人麻呂研究』塙書房、所収）。注15（九一頁）に佛足跡歌碑歌に関する言及の加筆がある。

神野志幸恵　一九九七年　三月　「「対句」覚書」（女子聖学院短期大学『緑聖文芸』二八号）。

小島文保（BUNPO KOJIMA）

一九六二年　三月　“SOME THOUGHTS ON BUDDHA'S FOOTPRINTS”（日本印度學佛教學會‘JOURNAL OF INDIAN AND BUDDHIST STUDIES（印度學佛教學研究）’Vol.10–2）。

小島　憲之　一九六四年　六月　『懐風藻』「解説」（日本古典文学大系69、岩波書店）。

小島憲之・西宮一民・井手至・藏中進の内

一九六七年一二月　「仏足石歌」（『時代別国語大辞典　上代編』資料解説、三省堂）。八八五頁

小島　裕子　一九九七年一〇月　「仏「三十二相」の四季―教化することばの世界から」（『文学』八巻四号、岩波書店）。

小島　裕子　一九九七年一二月　「仏「三十二相」の歌考―歌謡の世界と法会の場」（『日本歌謡研究』三七号）。

小杉秋夫・山田貞雄

一九八七年　七月　「慧海潮音『仏蹟志』の紹介―仏足跡歌研究資料として―」（『成城文芸』一二〇号）。＊翻刻に誤植が若干認められる。

後藤　昭雄　一九八八年　二月　「『延暦僧録』考」（『國語と國文學』六五巻二号。同氏『平安朝漢文文献の研究』吉川弘文館、所収）。

小林　信彦　二〇〇〇年一二月　「山の上の藥師像」（『桃山学院大学人間科学』二〇号）。

五味　智英　一九五一年　一月　『古代和歌』（日本文學教養講座、至文堂）。

小峯　和明　一九八〇年　八月　「『俊頼髄脳』月のねずみ考―仏典受容史の一齣」（中四国中世文学研究会『中世文学研究』

六号。同氏『説話の声―中世世界の語り・うた・笑い』新曜社、所収）。

小峯　和明　二〇〇五年　九月　「その後の「月のねずみ」考―二鼠譬喩譚・東アジアへの視界」（『アジア遊学』七九号、勉誠出版、特集『共生する神・人・仏』）。

三枝　康高　一九五三年一二月　「「ますらお」の意味―萬葉集の精神についての一考察―」（『萬葉集の精神についての一考察』三〇巻一二号）。

西郷　信綱　一九四八年一〇月　『日本古代文学』（中央公論社）。

西郷　信綱　一九五九年　七月　『萬葉私記』（東京大学出版会）。（未来社版の第二部、二三〇頁）。

斎藤　清衞　一九二五年一一月　「旅人と家持の歌ノートとしての巻々」（『奈良文化』七号）。

齋藤　　忠　一九八三年　七月　『古代朝鮮・日本金石文資料集成』（吉川弘文館）。八四・八五・四九二・四九三・六五二～六五九頁

齋藤　　忠　二〇〇六年一〇月　『求法僧の仏跡の研究』（第一書房）。

齋藤　茂吉　一九一九年　八月　「佛足石歌體」（『童馬漫語』、岩波書店『齋藤茂吉全集』昭和二七年版一四巻、所収）。一〇九頁

齋藤理恵子　一九九〇年一一月　「仏足石記校訂」（安田暎胤・大橋一章編『薬師寺』里文出版）。

齋藤理恵子　一九九九年一二月　「薬師寺仏足石の来歴について」（早稲田大学『美術史研究』三七冊）。

齋藤理恵子　二〇〇二年　五月　「弥勒菩薩像の諸相」（『日本宗教文化史研究』六巻一号）。

佐伯　有清　一九八一年一二月　『新撰姓氏録の研究』考證篇第一（吉川弘文館）。

佐伯　梅友　一九三二年　四月　「みちのくはいづくはあれど」（『文学』一一号。同氏『萬葉語研究』文學社、所収。再版、有朋堂）。

坂井　衡平　一九二四年　九月　『日本歌謡史講話』（誠之堂）。七〇頁

栄原永遠男　一九九五年　七月　「北大家写経所と藤原北夫人発願一切経」（虎尾俊哉編『律令国家の政務と儀礼』。同氏『奈良時代の写経と内裏』塙書房、所収）。

栄原永遠男　一九九七年　四月　「鑑真将来経の行方」（上田正昭編『古代の日本と渡来の文化』学生社）。

栄原永遠男　二〇〇三年　五月　『奈良時代写経史研究』（塙書房）。

栄原永遠男　二〇一四年　三月　『聖武天皇と紫香楽宮』日本歴史私の最新講義（敬文舎）。

榊　泰純　一九八一年　八月「仏足跡歌体の表現形式について」（大正大学『国文学踏査』一一号）。
榊　泰純　一九八四年　二月「仏足跡歌の内容とその行儀性」（『大正大學研究紀要』佛教學部・文學部、六九輯）。
阪倉　篤義　一九六六年　三月『語構成の研究』（角川書店）。
坂詰　秀一　一九八五年　二月「仏足跡礼拝様態考」（『立正大学院紀要』一号）。
坂元　義種　一九六八年一二月「摂津職について」（『待兼山論叢』二号。同氏『古代東アジアの日本と朝鮮』吉川弘文館に「付篇」として所収）。
桜井　満　一九七四年　一月「万葉集の名義と成立」旺文社文庫（『現代語訳対照万葉集（上）』旺文社）。「解説」上の四一一頁
佐久間　竜　一九七五年　七月「仏足石歌碑」（『書の日本史1』平凡社）。二三八・二九三頁
佐佐木信綱　一九一八年一二月「佛足石の歌」（『和歌百話』博文館、所収）。四六六頁～
佐佐木信綱・橋本進吉
　一九二一年一〇月『南京遺文』（私家版。一九八七年に八木書店より複製）。
佐佐木信綱　一九二六年　三月『増訂萬葉集選釈』（明治書院。使用版は一九三三年の第一九刷）。
佐佐木信綱　一九三六年　八月「佛足石歌」（『上代文學史』下巻、日本文學全史二、東京堂）。一〇三頁～
佐佐木信綱　一九四六年一〇月『上代歌謡の研究』（人文書院）。
佐竹　昭広　一九九三年　九月「日本語論―和語と漢語の間」（岩波講座「日本列島と人類社会」第一巻『日本通史』岩波書店、二七九～二八四頁。同氏『萬葉集再読』平凡社、及び『佐竹昭広集』第二巻、岩波書店、所収）。
佐竹　昭広　一九九四年一一月「無常―『万葉集』再読」（岩波講座「日本文学と仏教」第四巻『無常』岩波書店、一四～二二頁。同氏『萬葉集再読』平凡社、所収）。
佐藤　一三　一九三三年一一月『和歌史總説』（啓文社、同復刻版『日本和歌史』一九四〇年一〇月、天泉社）。四九頁～
佐野　宏　二〇〇〇年　七月「助動詞「り」の承接語形について」（『萬葉』一七四号）。
佐野　正巳　一九八九年　五月『出雲風土記とその社会』（雄山閣）。一四一～一四五頁
佐和　隆研　一九七二年　八月「高松塚壁画筆者の問題」（『佛教藝術』八七号）。
塩入　良道　一九八五年　二月『入唐求法巡礼行記2』東洋文庫（平凡社、「1」は一九七〇年一二月刊）。

塩沢　一平　二〇一〇年一二月　「難波宮讃歌」（『万葉歌人田辺福麻呂論』第一章第五節、笠間書院。所収に際して、初発の『美夫君志』五四号所載論に加筆された箇所が該当）。一二一頁

柴田　光彦　一九八四年　六月　「證古金石集」（『早稲田大学図書館紀要』二四号）。

渋澤敬三・神奈川大学日本常民文化研究所編
　一九八四年　八月　『日本常民生活絵引』第四巻（平凡社）。一七六頁、「水準器」の項

島田　修三　一九七九年　三月　「人麻呂における旋頭歌の位置」（『国文学研究』六七集。同氏『古代和歌生成史論』砂子屋書房、所収）。

清水　克彦　一九六〇年一〇月　「旅人の宮廷儀禮歌」（『萬葉』三七号。同氏『萬葉論集』桜楓社、所収）。

釋　潮音　一八一九年　三月　『佛蹟志』自筆本、文政二年（国立国会図書館、午―五二番、書誌ID000007315234、表題『佛蹟志』デジタル化資料公開データベースあり）。写本（静嘉堂、一四六八四番、81函24架、表題『佛足跡誌　全』）も参照した。
（翻刻解題↓[山田貞雄・小杉秋夫・一九八七・七・解題翻刻]―誤植が若干認められる。）

釋　潮音　一八一九年　三月　『佛足跡紀文考證』自筆本、文政二年（右の『佛蹟志』に同じ）。合本一冊。

釋　潮音　一八一九年　三月　『南都藥師大寺佛足蹟碑文和歌畧註』自筆本、文政二年（右の『佛蹟志』に同じ）。合本一冊。

釋　北山　一九三一年一〇月　「佛足石歌碑」（京都專門學校而眞會『密宗學報』二一六号）。

徐　松撰・愛宕　元訳注
　一九九四年　四月　『唐両京城坊攷』東洋文庫（平凡社）。

徐　朝龍・霍　巍
　一九九五年　九月　「チベット高原に残る最古の漢文石碑」（『しにか』六巻九号）。

上代文献を読む会編
　一九八九年　二月　『古京遺文注釈』（桜楓社）。（訂正二刷は、一九九三年三月）。

白井光太郎　一九一五年　六月　「黒酒、白酒及濁酒」（『心の花』一九巻六号）。

新谷　秀夫　二〇〇一年　三月　「平安時代における旋頭歌の意味―『萬葉集』伝来をめぐる臆見・余滴―」（『高岡市万葉歴史館紀要』一一号）。

新沢　典子　二〇一三年一〇月「「ものはてにを」を欠く歌の和歌史における位置づけ」（『萬葉語文研究』9集、和泉書院）。

信道會館編　一九三二年一二月『佛足石』（信道會館）。

杉山二郎・松久保秀胤
　一九八七年六～八月「仏足跡をめぐる宗教世界」（対談）上・中・下（『大法輪』五四巻六～八号）。

鈴木　佐内　一九六七年　九月「仏足石歌体の消長」（『日本歌謡研究』五号）。

鈴木　中正　一九八二年　二月「イラン的信仰と仏教との出会い―弥勒下生信仰の形成―」（鈴木中正編『千年王国的民衆運動の研究―中国・東南アジアにおける―』東京大学出版会。宮田登編『弥勒信仰』民衆宗教史叢書、第八巻、雄山閣出版、所収）。

鈴木　暢幸　一九三五年一～五月「佛足石歌の文化史的意義」（上・中・下）（『國語教育』二〇巻二・三・六号。一月・二月・五月、発行）。

瀬古　確　一九三一年　九月「萬葉集巻十六考」（『九大国文学』第一号。同氏『改訂増補　大伴家持の研究』白帝社、所収）。

瀬古　確　一九六九年一二月「和歌の形式」（和歌文学講座1『和歌の本質と表現』桜楓社）。

瀬間　正之　二〇〇一年　六月「古事記の漢語助辞―「還」の副詞用法を中心に」（西條勉編『書くことの文学』上代文学会研究叢書、笠間書院）。

蔵春園主人　――――――『皇朝金石編』写本（静嘉堂一四六六三番、一冊、81函22架）。

袋中　良定　一六一四年成『當麻曼陀羅白記』（『当曼白記』、慶安元、一六四八年刊）。

袋中　良定　一六二四年　四月『南北二京霊地集』刊本（刊年は萬治元年〈一六五八〉一〇月。静嘉堂一一九一七番、一冊、77函17架、上16ウの九。『近世文學資料類従』古板地誌編15、勉誠社）。

高木市之助　一九三五年一二月『萬葉集總釈』巻十六（楽浪書院）。

高木市之助　一九六七年　五月『上代歌謡集』（朝日新聞社、日本古典全書）。解説、一九～二〇頁

高倉　洋彰　一九九七年　八月「墓室に描かれた鮮やかな絵画」（週刊朝日百科『日本の国宝』一四号）。

高崎直道・早島鏡正・原実・前田専学
　一九八二年　八月『インド思想史』（東京大学出版会）。

高島　正人　一九八三年　二月　「奈良時代の文室真人氏」（同氏『奈良時代諸氏族の研究』吉川弘文館、初出明示なし）。

高瀬　承嚴　一九三七年　五月　「佛足石歌碑は斷して藥師佛のために建てられず」（東京帝國大學演劇史研究學會編『高野博士還暦記念　日本演劇史論叢』巧藝社）。

高田　好胤　一九八八年一二月　『ガンダーラ大唐西域記の旅』（講談社）。

高野　辰之　一九二六年　一月　『日本歌謡史』（春秋社）。一〇九頁～

高野　正美　一九七三年一二月　「旋頭歌・仏足跡歌」（有精堂『萬葉集講座』第四巻）。

高野　正美　一九九三年一二月　「宮廷寿歌の展開」（青木生子博士頌寿記念論集『上代文學の諸相』塙書房、同氏『万葉歌の形成と形象』笠間書院、加筆所収）。

高野　正美　一九九四年一一月　「貴族和歌―宴と遊覧の様態―」（同氏『万葉歌の形成と形象』書き下ろし稿）。

高橋　正　一九九五年　二月　「中国人的世界観と地図」（『しにか』六巻二号）。

高橋　六二　一九九二年一二月　「新嘗会肆宴応詔歌の論」（尾畑喜一郎編『記紀万葉の新研究』桜楓社）。

田上　太秀　二〇〇四年一二月　『『涅槃経』を読む』学術文庫（講談社）。

DOUGLAS E. MILLS
一九六〇年九月～一九六一年六月
"THE BUDDHA'S FOOTPRINT STONE POEMS" 1960-9, 1961-6（'JOURNAL OF THE AMERICAN ORIENTAL SOCIETY' Vol. 80-3, 81-2）。

武石　彰夫　一九九六年一二月　「平安朝の法華経歌」（『解釈と鑑賞』六一巻一二号）。

竹内　理三　一九六二年一一月　『寧楽遺文（下）』（東京堂出版、訂正初版）。九七三～九七五頁

武田　祐吉　一九二六年　五月　『續萬葉集』（古今書院）。一二九～一四二頁

武田　祐吉　一九二九年　一月　「佛足跡歌碑」（校註日本文學類従『上代文學集』博文館、所収）。五二一頁～

武田　祐吉　一九三〇年一〇月　『上代日本文學史』（博文館。『武田祐吉著作集』第八巻、角川書店、所収）。

武田　祐吉　一九三二年　六月　「『元暦校本萬葉集』巻第十七の一考察」（『日本文學論纂』明治書院。同氏『國文學研究萬葉集篇』大岡山書店、所収。『武田祐吉著作集』五巻、角川書店、所収）。

武田　祐吉　一九五六年　五月　「佛足跡歌碑所刻歌謡」『記紀歌謡集全講』（明治書院）。四一七～四一八頁

武智　雅一　一九三二年一〇月　「万葉集巻十六成立考」（『国語国文』二巻一〇号）。

多田　元　一九九三年　二月「仏足石歌について」（古代文学会『セミナー通信』一二号）。
多田　元　一九九四年　三月「注釈活動と競合」（古代文学会『セミナー通信』二四号）。
多田　元　一九九六年　五月「仏足石と仏足石歌―注釈としての歌―」（日本文学協会『日本文学』四五巻五号）。
橘　健二　一九五九年　六月「『薬師寺仏足石銘文』存疑」（『南都佛教』六号）。
橘　守部　一八三四年　――『長歌撰格』（二巻二冊、文政二年頃構想〈版本に文政二年三月の識語〉・天保五年頃成、三重県朝日町歴史博物館自筆本所蔵。版本明治六年刊、『萬葉集古註釈集成』近世編②一七巻に版本影印、日本図書センター、所収。『日本歌学大系』別巻9、風間書房、所収）。
田中重久　一九四一年　五月『西の京』〈『大和路（西の京）』〉（近畿觀光會）。
田中重久　一九四二年一〇月稿ａ「佛足跡の傳來と其の分布」（同氏『日本に遺る印度系文物の研究』東光堂、所収、一九四三年九月）。
田中重久　一九四二年一〇月稿ｂ「佛足跡文様の研究」（同氏『日本に遺る印度系文物の研究』東光堂、所収、一九四三年九月）。
田中重久　一九四二年一〇月稿ｃ「平城薬師寺佛足石の原所在」（同氏『日本に遺る印度系文物の研究』東光堂、所収、一九四三年九月）。
田中重久　一九四二年一一月稿「佛畫に見る佛足跡文様」（同氏『日本に遺る印度系文物の研究』東光堂、所収、一九四三年九月）。
田中重久　一九四二年一二月稿「光明皇后の佛足石御信仰」（同氏『日本に遺る印度系文物の研究』東光堂、所収、一九四三年九月）。
田中重久　一九四三年　一月「法金剛院の佛足石」（美術史學會著『別尊京都佛像圖説』臼井書房、所収）。
たなか　しげひさ
一九六八年　五月「興福寺の東院西堂の仏足音頭の作者（僧侶説）と石刻年代」（『古代文化』二〇巻五号、通巻一二二号）。
田中　卓　一九八一年　二月『新撰姓氏録』神道大系、古典編六（神道大系編纂会）。
田中　卓　一九九六年　九月『新撰姓氏録の研究』（『田中卓著作集』9、国書刊行会）。
田中伝三郎　一九三〇年　一月『招提寺建立縁起』醍醐寺蔵諸寺縁起集（田中伝三郎編『諸寺縁起集』6、便利堂）。

田中　真理　二〇〇五年　二月「柿本人麻呂の対句表現」（『日本語と日本文学』四〇号）。
田中　稔　二〇〇〇年　七月「薬師寺繪圖」（奈良六大寺大観・六『薬師寺』岩波書店。初版、一九七〇年八月。改訂した「補訂版」によった）。解説一〇六～一〇九頁
田辺三郎助　一九七九年　七月「仏足跡歌碑」（日本古寺美術全集・第三巻『薬師寺と唐招提寺』集英社）。一二八頁
谷　省吾　一九五五年一一月「石のひゞき」（『桃李』昭和三十年一一月号。同氏『増訂石のひゞき』皇學館大學出版部、所収）。
谷本　啓　二〇〇六年　三月「校訂『興福寺流記』（一）」（『奈良大学大学院研究年報』一一号）。
多屋　頼俊　一九三一年　六月「佛足石歌」（『史蹟と古美術』六巻五号）。
潮音　↓　釋潮音
塚本　善隆　一九六五年　六月「仏足石について」（近畿日本鉄道『薬師寺』近畿日本叢書第五冊、所収）。
築島裕・石塚晴通
　一九七八年一一月『東洋文庫蔵　岩崎本日本書紀』（日本古典文学会編、貴重本刊行会刊）。
築島　裕　二〇〇〇年　七月「佛足跡歌碑　注一八」（奈良六大寺大観・六『薬師寺』岩波書店）。解説一一八頁
築島　裕　二〇〇七年二月～二〇〇九年八月
　『訓點語彙集成』（全八巻別巻一冊、汲古書院）。
次田　眞幸　一九三五年　四月「長歌の對句の發生及び變遷」（『文学』三巻四号）。
津田　博幸　一九九五年　三月「多田元「仏足石歌―〈注釈〉としての歌声―」を聞いて」（古代文学会『セミナー通信』三三五号）。
津田　博幸　二〇〇八年　一月「仏教と神話的思考―仏足石歌と日本霊異記をめぐって」（『文学』九巻一号）。
土田　杏村　一九二九年　六月『上代の歌謡』（同氏『國文學の哲學的研究』第三巻、第一書房）。
土橋　寛　一九五七年　七月「佛足石歌」（日本古典文学大系『古代歌謡集』岩波書店）。七頁・二四〇～二四七頁
土橋　寛　一九八四年一〇月「仏足石歌」（『日本古典文学大辞典』五巻、岩波書店）。
坪井清足監修・奈良国立文化財研究所
　一九八五年　三月『平城京再現』（トンボの本、新潮社）。

鶴　久　一九五九年　四月「萬葉集における対句の場合の訓について」（『語文研究』八号。同氏『萬葉集訓法の研究』おうふう、所収）。
D.L.Philippi 一九五八年　三月 "SONGS ON THE BUDDHA'S FOOT-PRINTS : 21 8th - century Japanese Buddhist songs; Texts, translated, with an introduction and notes."（『國學院大學日本文化研究所紀要』二輯）。
寺崎　保広　二〇〇一年　二月「智努女王について」（『日本歴史』六三三号）。
天理大学文学部国文学国語学科古典文学を学ぶ会編
一九八二年　九月『仏足石歌用語索引』（天理大学文学部国文学国語学科、一九八三年一一月、第二刷）。
土井　実　一九五六年一二月『奈良県銘文集成』（大和歴史館研究会）。二〇～二二頁
東京美術学校一九二三年　六月『薬師寺大鏡』（『南都七大寺大鏡』二二集、南都七大寺大鏡発行所）。
東京美術学校一九三三年　九月『薬師寺大鏡』（『南都十大寺大鏡』一三輯、大塚巧藝社）。
東野　治之　一九七六年　七月「『論語』『千字文』と藤原宮木簡―万葉人の漢籍利用に関連して―」（『萬葉集研究』五集、塙書房。同氏『正倉院文書と木簡の研究』塙書房、改稿所収）。
東野　治之　一九八九年　三月「『続日本紀』と木簡」（新日本古典文学大系『月報』3、岩波書店、第一二巻付録）。
東野　治之　一九九一年　六月「藤原夫人願経の「内親郡主」」（『出版ダイジェスト』一三八三号、同氏『書の古代史』岩波書店、所収）。
東野　治之　一九九四年一二月「長屋王家の木簡」（『書の古代史』第二章6、岩波書店）。
東野　治之　一九九九年　一月「薬師寺仏足石記と龍福寺石塔銘」（奈良県立橿原考古学研究所『青陵』一〇一号、同氏『日本古代金石文の研究』岩波書店、所収。引用は所収書による）。
東野　治之　二〇〇五年　四月「橘夫人厨子と橘三千代の浄土信仰」（東京国立博物館『ＭＵＳＥＵＭ』五六五号、同氏『日本古代史料学』岩波書店、所収）。
東野　治之　二〇〇九年　四月「薬師寺仏足石記再調査覚書」（『水門』第二一号、同氏『大和古寺の研究』塙書房、所収）。
東武美術館　一九九八年　四月　図録『ブッダ展―大いなる旅路』（ＮＨＫプロモーション）。
常盤大定譯・横超慧日校訂
一九二九年　二月「大般涅槃經」（『國譯一切経』印度撰述部涅槃部一、大東出版社）。
常盤大定譯・横超慧日校訂

徳田　浄　一九三五年　二月　「大般涅槃經」（『國譯一切経』印度撰述部涅槃部二、大東出版社）。
土門　拳　一九六七年　二月　『萬葉集成立攷』（関東短期大学）。三九二～三九五頁
直木孝次郎　一九六三年　七月　『古寺巡礼』（第一集、美術出版社）。
中田　祝夫　一九七二年　六月　「画師氏族と古代の絵画」（『日本のなかの朝鮮文化』一四号）。
中西　進　一九五四年　五月　『古點本の國語學的研究　譯文篇』（講談社。一九七九年一一月改訂版、勉誠社。披見は改訂版による）。『大唐西域記』石山寺蔵本（巻一・三・四・五・七）の写真版及び訓点訳文あり。
中西　進　一九六七年　五月　「愚の世界―万葉集巻十六の形成―」（『国語国文』三七巻五号、日本文学研究資料叢書『万葉集Ⅲ』有精堂、所収。『中西進万葉論集』第六巻、講談社、所収）。
中西　進　一九七三年一一月　『万葉の世界』中公新書（中央公論社。一五五～一六〇頁。『中西進万葉論集』六巻、講談社、所収。
中西　進　一九八三年一〇月　『万葉集全訳注原文付（四）』講談社文庫（講談社）。
中西　進　一九八五年一二月　『万葉集事典』講談社文庫（『万葉集全訳注原文付』別巻、講談社）。
中西　進　一九九四年一〇月　『大伴家持２・久邇京の青春』（角川書店）。
中西　進　一九九四年一二月　『大伴家持３・越中国守』（角川書店）。
中根　元圭　一六九二年　――　『異體字辨』（杉本つとむ編『異體字辨の研究並びに索引』文化書房博文社）。
中野　謙一　二〇一〇年　三月　「智努王の臣籍降下」（『愛知淑徳大学国語国文』三三号）。
中野美代子　一九八六年一〇月　『三蔵法師』中国の英傑６（集英社）。一部補訂加筆し、図版も一部差し替えて文庫化。中公文庫『三蔵法師』（一九九九年六月）。
中野美代子　一九九五年　七月　「『西域記』をめぐる謎」（『西域記―玄奘三蔵の旅』小学館、解説）。
中野美代子　二〇〇〇年　三月　「敦煌石窟群の《玄奘取経図》壁画―とくに東千仏洞と楡林窟の―」（『図書』六一一号）。
中林　隆之　二〇〇七年　二月　「悔過法要と古代王権」（『日本古代国家の仏教編成』塙書房）。「（３）大神寺と文室真人浄三」二一五～二一八頁
中村　光一　二〇一〇年　三月　「奈良時代後期における皇位継承問題―山部親王立太子への道程―」（『史聚』四三号）。
中山　太郎　一九一八年　三月　「佛足石の歌」（潮音社『潮音』四巻三号）。

奈良国立博物館
一九八三年　四月　『奈良朝寫經』（東京美術）。
奈良国立文化財研究所・坪井清足監修
一九八五年　三月　『平城京再現』（トンボの本、新潮社）。
奈良国立文化財研究所
一九九一年　一月　『平城京　長屋王邸宅と木簡』（吉川弘文館）。
西宮一民・小島憲之・井手至・藏中進の内
一九六七年一二月　「仏足石歌」（『時代別国語大辞典　上代編』資料解説、三省堂）。八八五頁
西宮　一民　一九七七年一一月　「仏足石歌」（佐藤喜代治編『国語学研究事典』明治書院）。四五五～四五六頁
西宮　一民　一九七八年　四月　「践祚大嘗祭式重要語彙攷証」（『大嘗祭の研究』皇學館大学出版部。『天皇代替り儀式の歴史的展開』柏書房、所収。同氏『上代祭祀と言語』桜楓社、所収）。
西宮強三・保坂三郎の内
一九六八年　二月　「仏足石」「仏足跡歌碑」（『原色版　国宝Ｉ』毎日新聞社）。一四四～一四五頁
西村　貞　一九四三年　三月　「西ノ京藥師寺の佛足石」（同氏『奈良の石佛』全國書房、所収）。三三一頁～
西山　徳　一九五九年　二月　「文室真人浄三について―奈良時代に於ける神祇官人の研究―」（『徳島大学学芸学部紀要』社会科学、八巻）。
NUNDO LAL DEY
一九二七年　――　"THE GEOGRAPHICAL DICTIONARY OF ANCIENT AND MEDIÆVAL INDIA" (by Oriental Books Reprint Corporation)。
野呂　元丈　一七五二年　秋　『佛足石碑銘』刊本、宝暦二年秋跋（勉誠社文庫52、中田祝夫編『薬師寺金石文考四種』所収）。
芳賀　紀雄　一九八四年　六月　「憶良の熊凝哀悼歌」（『萬葉』一一八号。同氏『萬葉集における中國文學の受容』塙書房、所収）。四八四～四八五頁
芳賀　紀雄　一九九三年　八月　「万葉集比較文学事典」（別冊國文學第四六号『万葉集事典』學燈社）。
橋川　正　一九一七年　四月　「佛足石歌」（俳句誌『懸葵』一四巻二号）。

橋本　四郎　一九七六年　四月　「仏足石歌」（国語学会編『国語史資料集』No.8）。
橋本　進吉　一九二一年一〇月　『南京遺文』解説（佐佐木信綱編、私家版。一九八七年に八木書店より複製）。解説四頁～
橋本　達雄　一九七九年　九月　「秋の歌四首の創造―最初の連作―」（『専修国文』二五号。同氏『大伴家持作品論攷』塙書房、所収）。
橋本　達雄　一九八一年　三月　「万葉の歌学―人麻呂・憶良から家持へ―」（『古代文学』二〇号。同氏『大伴家持作品論攷』塙書房、所収）。
橋本　達雄　一九八四年一二月　『天平の孤愁を詠ず　大伴家持』（王朝の歌人2、集英社）。
橋本　達雄　一九八五年　六月　『萬葉集全注』巻第十七（有斐閣）。
蓮見　行廣　一九九五年　九月　「王羲之の書の流伝と臨書」（『東洋』三二巻九号）。
長谷川　誠　一九六三年一一月　「薬師寺の美術」（『西の京薬師寺』淡交新社、所収）。九二～九五頁
蜂矢　真郷　二〇〇七年一一月　「ト［門］とト［戸］とト［外］」（『京都語文』一四号）。
蜂矢　真郷　二〇一〇年　三月　『古代語の謎を解く』（大阪大学出版会）。一四五・一四八・一八一・二〇七・二三一・二三八頁
羽田　亨　一九一一年一〇月　『大唐西域記』（京都帝國大學文科大學叢書、大日本図書）。
林　古溪　一九一五年　八月　「佛足石碑の翻刻者」（『新佛教』一六巻八号、廃刊号）。
林　古溪　一九二四年一〇月　「佛足石碑銘」（『日本及日本人』五七号）。
林　古溪　一九四一年　一月　「恭佛跡歌碑中の異體字」（『歴史と國文學』二四巻一号）。
林　宗甫　一六八一年　四月　『和州舊跡幽考（大和名所記）』（臨川書店、影印）。巻五23オ～24オ
林　竹次郎　一九三二年　七月　「恭佛跡歌碑臆斷」（『萬葉集外來文學考』丙午出版社、附載）。二〇三頁～
林　陸朗　一九八六年　七月　『完訳注釈　続日本紀　二』古典文庫（現代思潮社）。
林　陸朗　二〇一〇年　五月　『奈良朝人物列伝―『続日本紀』薨卒伝の検討―』（思文閣出版）。
早島鏡正・高崎直道・原実・前田専学
　一九八二年　八月　『インド思想史』（東京大学出版会）。
速水　侑　一九六一年一一月　「律令社会における弥勒信仰の受容」（『南都佛教』一〇号。宮田登編『弥勒信仰』民衆宗教史叢書、第八巻、雄山閣出版、所収）。

速水　侑　一九六五年　五月　「日本古代社会における弥勒信仰の展開」（『南都佛教』一六号）。

速水　侑　一九七一年　九月　『弥勒信仰―もう一つの浄土信仰―』（日本人の行動と思想12、評論社）。

速水　侑　一九九五年一〇月　「弥勒の浄土」（『月刊しにか』六巻一〇号）。

原実・早島鏡正・高崎直道・前田専学
一九八二年　八月　『インド思想史』（東京大学出版会）。

原田　貞義　一九九一年　五月　「万葉集二十巻成立の次第―編纂に用いられた資料的側面から見た―」（『萬葉集研究』一八集、塙書房）。

針原　孝之　一九八四年一〇月　「家持歌の類歌集成」（同氏『大伴家持研究序説』桜楓社、所収）。

伴　信友　一八四六年以前　「古詠考」（著作年月、不明。『伴信友全集』巻五、ぺりかん社、所収）。二七四～二七五頁

BIMALA CHURN LAW
一九五四年　――　"HISTORICAL GEOGRAPHY OF ANCIENT INDIA" (by Oriental Books Reprint Corporation)。

D.L.Philippi 一九五八年　三月　"SONGS ON THE BUDDHA'S FOOT-PRINTS : 21 8th - century Japanese Buddhist songs; Texts, translated, with an introduction and notes."（『國學院大學日本文化研究所紀要』二輯）。

平岡　好正　一九二九年　九月　「萬葉集撰定の研究」（『國學院雑誌』三五巻九号）。

平川　南・奥村悦三
一九九七年　三月　「〈対談〉古代における言葉と文字」（『歴博』八一号、国立歴史民俗博物館。平川南氏『墨書土器の研究』吉川弘文館、所収）。四三二頁

平野　博之　一九七四年一一月　「大舎人」（『日本古代史事典』朝倉書店）。

平林　文雄　一九七八年　六月　『参天台五臺山記 校本並に研究』（風間書房）。

廣岡　義隆　一九八二年　三月　「茨田王」（男性、萬葉集歌人）（『万葉集歌人事典』雄山閣出版）。

廣岡　義隆　一九八三年　三月　「讃酒歌の構成について」（三重大学教育学部『研究紀要』三四巻）。

廣岡　義隆　一九八四年　三月　「鄙に目を向けた家持」（三重大学人文学部紀要『人文論叢』一号）。

廣岡　義隆　一九八六年　三月　「佛足石記・同歌碑調査報」（『三重大学日本語学文学報』三号）。

廣岡　義隆　一九八六年一一月　「佛足石記及び佛足石歌碑の用字」（宮地裕編『論集　日本語研究（二）歴史編』明治書

廣岡　義隆　一九八七年一二月「万葉の「夕岫」寸考―仏足石図注―」（『三重大学日本語学文学報』六号）。
廣岡　義隆　一九八八年　三月「上代における拗音の仮名について」（三重大学人文学部紀要『人文論叢』五号、『上代言語動態論』塙書房、所収）。
廣岡　義隆　一九八九年　二月ａ「仏足石記」（上代文献を読む会編『古京遺文注釈』桜楓社）。
廣岡　義隆　一九八九年　二月ｂ「仏足石歌碑」（上代文献を読む会編『古京遺文注釈』桜楓社）。
廣岡　義隆　一九八九年一一月「佛足石歌体について」（『萬葉集研究』一七集、塙書房）。
廣岡　義隆　一九九〇年　四月「万葉・新嘗会歌群考」（松田好夫先生追悼論文集『万葉学論攷』続群書類従完成会）。
廣岡　義隆　一九九〇年　六月「佛足石記・佛足石歌碑本文影復元」（『三重大学日本語学文学』一号）。
廣岡　義隆　一九九一年　六月「文室眞人智努の生涯―天平一知識人の憂愁―」（『三重大学日本語学文学』二号）。
廣岡　義隆　一九九一年一〇月「阿騎野歌成立考」（『美夫君志』第四三号）。
廣岡　義隆　一九九二年　五月「懸車・出家関政・珍努宮について―智努王伝追考―」（『三重大学日本語学文学』三号）。
廣岡　義隆　一九九三年　五月「家持の亡妾悲傷歌」（『三重大学日本語学文学』四号）。
廣岡　義隆　一九九四年　三月「寳鎮としての富士山」（『中京大学上代文学論究』二号）。
廣岡　義隆　一九九五年　二月「万葉における時の表現について―特に過去・現在・未来の表現について―」（『萬葉の課題』翰林書房、所収）。
廣岡　義隆　一九九五年　六月「佛足石記文の撰述態度について―『西域傳』の引用に関して―」（『三重大学日本語学文学』六号）。
廣岡　義隆　一九九六年　六月「佛足石歌碑歌の位相―「ますらを」「もろもろ」の語を手がかりに―」（『三重大学日本語学文学』七号）。
廣岡　義隆　一九九六年　七月「仏足石歌」（古代文学講座・第九巻『歌謡』勉誠社）。成稿、一九九二年六月。
廣岡　義隆　一九九八年　六月「大伴家持の進取性―旋頭歌・佛足石歌の歌学びから―」（『三重大学日本語学文学』九号）。
廣岡　義隆　一九九九年一二月「倭歌暗黒の時代」（美夫君志会『万葉史を問う』新典社、所収）。
廣岡　義隆　二〇〇一年　六月「高光る」（短歌誌『金雀枝』七五巻六号。はなわ新書『萬葉のこみち』塙書房、所収）。三〇頁

廣岡　義隆　二〇〇一年　九月「伊予の温泉の歌」（セミナー万葉の歌人と作品第七巻『山部赤人高橋虫麻呂』和泉書院）。
廣岡　義隆　二〇〇五年一一月『上代言語動態論』（塙書房）。
廣岡　義隆　二〇〇七年　一月「仏足石歌」「金石文」（『日本語学研究事典』明治書院）。六三〇頁・六三三頁
廣岡　義隆　二〇〇九年　二月「大伴家の談笑」（『金雀枝』八三巻二号、『萬葉の散歩みち』続、新典社、所収）。
廣岡　義隆　二〇一〇年　三月『行幸宴歌論』（和泉書院）。
廣岡　義隆　二〇一〇年一二月「語句分離方式の成立」（『美夫君志』八一号）。
廣岡　義隆　二〇一一年　六月「奈良における山居観の形成」（『三重大学日本語学文学』二二号）。
廣岡　義隆　二〇一二年　八月「52大唐内典録巻第十、上代写経識語注釈（その十五）」（『續日本紀研究』三九九号、上代文献を読む会編『上代写経識語注釈』改稿所収、予定）。
廣岡　義隆　二〇一三年　六月「『萬葉集』巻第十九巻末歌群考」（『三重大学日本語学文学』二四号）。
廣岡　義隆　二〇一三年　八月『萬葉の散歩みち―続―』新典社新書（新典社）。
不学（普学）　一八五二年　――『仏足石之記』写本、嘉永六年（天理図書館、自筆一冊。大谷大学、二巻一冊）。
深谷友美子　一九八七年　三月「仏足石歌の表現」（成城短期大学『国文学ノート』二四号）。卒業論文「仏足石歌表現」による。
福井　久藏　一九三九年　九月『國文學と佛教』（三省堂）。一六〜一七頁
福山　敏男　一九三二年一〇月「唐招提寺の建立」（『歴史地理』六〇巻四号。同氏『日本建築史研究　続編』墨水書房、加筆所収）。
福山　敏男　一九三四年　三月「唐招提寺建立年代の研究」（『日本美術史』五号。同氏『日本建築史研究　続編』墨水書房、加筆所収）。
福山　敏男　一九四六年一〇月稿「禪院寺」（同氏『奈良朝寺院の研究』高桐書院、所収。増訂版、綜芸社）。増訂版、二三五頁〜
福山敏男・久野健
　　　　　　一九五八年一一月『薬師寺』日本美術史叢書1（東京大学出版会）。七四頁
藤井　俊博　一九八九年　三月「続紀宣命の複合動詞―漢語との関係を中心として―」（龍谷大学『國文學論叢』三四輯）。
藤倉　明雄　一九九七年　九月「「岫」について」（日中比較文学研究会『懐風藻研究』創刊号）。

藤田　經世　一九七五年　三月　「藥師寺史料集」（『校刊美術史料　寺院篇』中巻、中央公論美術出版）。一三一頁～
藤田徳太郎　一九三四年　九月　『古代歌謡の研究』（金星堂）。八・五三・一〇一～一〇三頁
藤田徳太郎　一九三八年　六月　『歌謠文學』日本文學大系一六巻（河出書房）。和讃・形態の項、四七・九三頁
藤野　道生　一九五七年　九月　「禅院寺考」（『史學雑誌』六六巻九号）。
古田　市三　一九三三年　八月　「佛足石歌について」（『國漢研究』四七号）。
古田　敬一　一九八二年　六月　「互文と双関」（『中国文学における対句と対句論』風間書房）。四五一～四五四頁
文化財協会　一九五五年　三月　「仏足石」「仏足跡歌碑」（『国宝図録』第三集、文化財保護委員会監修）。七五頁～
文化庁監修　一九八四年一二月　『国宝』12　考古（増補改訂版『国宝』編纂委員会、毎日新聞社）。
逸見　梅栄　一九七六年　四月　『古典印度文様』（東京美術）。
北条　忠雄　一九六六年　三月　『上代東国方言の研究』（日本学術振興会）。一九〇～二〇四頁
法隆寺昭和資財帳編纂所
　一九八三年一〇月　『法隆寺史料集成1』（ワコー美術出版）。
保坂　三郎　一九五五年　二月　「西京藥師寺佛足石」（『國華』七五五号）。
保坂三郎・西宮強三の内
　一九六八年　二月　「仏足石」「仏足跡歌碑」『原色版　国宝Ｉ』（毎日新聞社）。一四四～一四五頁
星山　晋也　一九八七年一〇月　『唐招提寺』日本の古寺美術⑧（保育社）。
堀　淳一　一九九五年　二月　「アジアの地図の表情をかいまみる」（『しにか』六巻二号）。
堀井　純二　一九七八年一二月　「上代金石文字形索引―墓誌銘篇―」（『皇學館論叢』一一巻六号、通巻六五号）。
堀池　春峰　一九五二年　一月　「平城右京禅院寺と奈良時代仏教」（『仏教史学』二巻四号。同氏『南都仏教史の研究　遺芳篇』法藏館、所収）。
堀池　春峰　一九六九年　五月　「奈良時代に於ける浄土思想」（藤島博士還暦記念論集『日本浄土教史の研究』平楽寺書店。同氏『南都仏教史の研究　遺芳篇』法藏館、所収）。
堀池　春峰　一九八〇年　九月　「鎌倉時代に於ける南都仏教の動向（前編）」（『南都佛教』四三・四四合併号。同氏『南都仏教史の研究　遺芳篇』法藏館、「前編」の語を削除して所収）。

本田　義憲　一九六六年一二月「今昔物語集仏伝における大般涅槃経所引部について」（『甲南大學文學會論集』三二号、國文學編六集）。
増尾伸一郎　一九八九年一〇月「古写経の跋文と道教的思惟―坂上忌寸石楯供養経を中心に―」（井上辰雄編『古代史研究の課題と方法』国書刊行会）。
前田専学・早島鏡正・高崎直道・原実
　一九八二年　八月『インド思想史』（東京大学出版会）。
松久保秀胤　一九七〇年一〇月「佛足跡ものがたり」（３）（薬師寺刊『薬師寺』七号）。
松久保秀胤　一九七〇年　四月「佛足跡ものがたり」（２）（薬師寺刊『薬師寺』五号）。
松久保秀胤　一九六九年一〇月「佛足跡ものがたり」（１）（薬師寺刊『薬師寺』三号）。
町田　甲一　一九八四年　五月『薬師寺』（グラフ社）。一二八頁～
松久保秀胤・杉山二郎
　一九八七年六～八月「仏足跡をめぐる宗教世界」（対談）上・中・下（『大法輪』五四巻六～八号）。
松平　定信　一八〇〇年　一月『集古十種』刊本、寛政十二年春正月序（国書刊行会、一九〇八年影印刊、第二巻。名著普及会、一九八〇年影印刊、第二巻）。
松原　弘宣　一九九四年一二月「文室朝臣宮田麻呂について」（続日本紀研究会編『続日本紀の時代』塙書房）。
松本　清張　一九七二年　六月「高松塚古墳の年代推説」（『世界』三一九号）。
松山　鉄夫　一九八三年　三月『薬師寺』（名宝日本の美術・六巻、小学館）（新編名宝日本の美術2、小学館、一九九〇年一〇月）。
松山　鉄夫　一九九〇年　二月『日本古代金銅仏の研究　薬師寺篇』（中央公論美術出版）。
松山　鉄夫　二〇一三年　五月「伊勢寂照寺の諸尊仏龕について」（『佛教藝術』三二八号）。
間中冨士子　一九七〇年一二月「万葉集及び仏足石歌に現れた仏教語・仏教思想」（『鶴見女子大学紀要』八号）。
馬淵　和夫　一九六八年一二月『上代のことば』（日本文法新書、至文堂）。口絵・口絵裏・一二五・一二八・一二九・一三一頁
真保　亨　二〇〇〇年　七月「薬師寺縁起繪巻」（奈良六大寺大観・六『薬師寺』岩波書店。初版、一九七〇年八月。改訂した「補訂版」によった）。解説一〇三～一〇四頁

丸山　徹　一九七九年　二月「仏足石歌における「舎加」の「舎」について」（東京大学大学院柴田ゼミ『言語学演習'78』柴田武教授退官記念論文集）。

三浦　周行　一九一四年　三月『即位禮と大嘗祭』（京都府教育會。神社新報社による復刻あり）。

三品　泰子　一九九三年　三月「仏足石歌発表へのキャッチボール」（古代文学会『セミナー通信』一三号）。

水田　紀久　一九七三年　三月「『仏足石和歌集解』刊前刊後」（『大阪府立図書館紀要』九号）。

水谷　真成　一九七一年一一月『大唐西域記』（中国古典文学大系22、平凡社）。注が大幅に削られコンパクトになった第二版ではなくて、贅注の初版によった。

水野　弘元　一九七二年　五月『仏教要語の基礎知識』（春秋社）。

南方　熊楠　一九〇〇年九～十月「神跡考」（原題 "Footprints of Gods,&c." 'Notes and Queries' 9-6, 1900）（東洋文庫『南方熊楠文集1』所収）。

三保　忠夫　一九九七年　九月「平城宮長屋王邸宅跡出土木簡における助数詞について」（島根大学『国語教育論叢』第七号）。

三宅　米吉　一八九七年　七月「佛足石」（『考古學會雜誌』一編七号。『文學博士三宅米吉著述集』下巻、同刊行會、所収）。一七六～一八六頁

宮嶋　弘　一九四二年一二月「萬葉假名「義《ゲ》」の使用時より上宮記・上宮聖徳法王帝説の著述年代を考ふ」（『國語國文』一二巻一二号）。

宮嶋　弘　一九五三年一〇月「佛足石と佛足石歌」（『立命館文學』一〇一号）。

宮地　崇邦　一九五九年　三月「仏足石歌体と短歌体」（『和歌文學研究』七号）。

武者小路穣　一九八一年　二月「画師の制定」（同氏『天平芸術の工房』教育社歴史新書）。六二頁～

村尾力太郎　一九六〇年　一月「仏陀のシンボル1（仏足跡の研究）」（『早稲田商學』一四四号）。

村木清一郎　一九五七年　七月「佛足跡歌」（『萬葉以前』筑摩書房）。二二九～二四一頁

村瀬　憲夫　二〇一一年　六月「22摩訶般若波羅蜜道行経巻第五（藤原夫人願経）上代写経識語注釈（その八）」（『續日本紀研究』三九二号、上代文献を読む会編『上代写経識語注釈』所収予定）。

村松　和夫　一九九三年一〇月「「角附きながら」―仏足石歌体―」（同氏『万葉その詩と真実』六法出版社）。

森　朝男　一九九四年　四月「大伴家持―和歌史としての読みのために―」（『上代文学』七二号）。

森　淳司　一九九〇年　六月「万葉集宴席歌覚書―天平勝宝四年新嘗会肆宴歌一首をめぐって―」（日本大学『語文』七七輯）。
森　貞雄　一九六八年　二月「特異な仏足石」（『大和文化研究』一三巻二号、通巻一一七号）。
森　貞雄　一九七〇年　四月「異色の仏足石」（『大和文化研究』一五巻四号、通巻一四二号）。
森　貞雄　一九八三年　一月『佛足跡をたずねる』（仏足跡研究所）。
森　正人　一九九四年　五月「涅槃経」（岩波講座・日本文学と仏教、第六巻『経典』）。
毛利　正守　一九七九年　四月「萬葉集に於ける単語連続と単語結合体」（『萬葉』一〇〇号）。
毛利　正守　一九八三年　五月「短歌の字余りとモーラ」（『國文學』二八巻七号）。
毛利光俊彦　一九九九年一〇月「飛鳥池遺跡を掘るⅢ―片鱗を見せた飛鳥寺東南禅院―」（飛鳥保存財団『季刊明日香風』七二号）。
森本　治吉　一九四一年　四月「萬葉集第十六巻は家持の編纂なり」（同氏『萬葉集の藝術性』餘論、修文館）。
文珠　正子　一九八六年一〇月「『内親王』号について―『公主』号との比較―」（『古代文化』三八巻一〇号）。
文　部　省　一九三三年一一月「日本國寶全集　解説」五七輯（日本國寶全集刊行會『日本國寶全集』秀英舎、所収）。
薬　師　寺　一九八六年一〇月『薬師寺　白鳳再建への道』（「天武天皇千三百年玉忌記念」図録）。八六・八七・一三五・一三六・一三一・一七四頁
屋代　弘賢　一八二一～四二年『古今要覧稿』文政四年～天保一三年刊。（國書刊行會、六冊）。
安田暎胤・大橋一章編
　　一九九〇年一一月『藥師寺』（里文出版）。
安田　暎胤　一九九〇年一一月「薬師寺の復興とお写経」（『藥師寺』里文出版）。
安田喜代門　一九三一年　一月『上代歌謡の研究』（中文館書店）。二四〇～三二〇頁（参考）第二巻は一九三一年一一月刊。
安田治樹編・大村次郷撮影
　　一九九六年　八月『図説ブッダ』（河出書房新社）。
屋名池　誠　一九九二年　三月「母音脱落―日本語上代中央方言資料による形態音韻論的分析―」（大阪女子大学『女子大文学』（国文篇）四三号）。

矢野　憲一　一九八一年　一月　「魚と仏教」（同氏『魚の民俗』日本の民俗学シリーズ⑤、雄山閣出版）。三五頁～

矢野　憲一　一九八三年　五月　『魚の文化史』（講談社）。五四頁～

藪田嘉一郎　一九四九年一〇月　『日本上代金石叢考』（河原書店）。二三五頁～

藪田嘉一郎　一九六九年　三月　『中国古尺集説』（綜芸舎）。

矢部　潤　一八七七年　五月　『古京遺文校鈔』写本、明治十年（静嘉堂二〇三〇四番、一冊、504函5架、自筆本）。

山折　哲雄　一九九六年一二月　「「捨身飼虎」の変容」（国際日本文化研究センター紀要『日本研究』一五集）。

山上　ゝ泉　一九三九年五～一〇月　「佛足石歌に現れたる佛陀の相好に就て」上・中・下（短歌誌『かぐのみ』第一一巻五号・七号・一〇号、昭和十四年五月・七月・一〇月、かぐのみ社）。

山川　正宣　一八二六年　八月　『佛足石和歌集解』（表題）（内題―寗楽西京藥師寺佛足跡和歌　附趺石記文）刊本、早稲田大学千厓文庫蔵本（番号、二九〇）に「文政九年八月」の刊記あり（千厓文庫目録）。（『日本歌謡集成・二』東京堂、所収。勉誠社文庫52、中田祝夫編『薬師寺金石文考四種』所収）。

山口　佳紀　一九八〇年　九月　「上代希望表現形式の成立―ナ行希望辞をめぐって―」（『国語国文』四九巻九号。同氏『古代日本語文法の成立の研究』有精堂、加筆所収。引用は所収書による）。

山口　佳紀　一九八三年一二月　「古代語におけるm―b間の子音交替について」（『金田一春彦博士古稀記念論文集』第一巻国語学編、三省堂。補訂して『古代日本語文法の成立の研究』〈有精堂〉に「子音交替〈下〉」として、所収）。

山口　佳紀　二〇〇〇年一〇月　「志賀白水郎歌群における〈袖振り〉の歌の解釈―動詞基本形の用法との関わりにおいて―」（『上代語と表記』おうふう。同氏『古代日本語史論究』風間書房、所収）。四五八頁

山崎　馨　一九六三年　六月　「日本語の形容詞の起源について」（『美夫君志』六号、同氏『形容詞助動詞の研究』和泉書院、所収）。

山崎　馨　一九六四年　五月　「形容詞系助動詞の成立～その一」（『國語と國文学』四一巻五号、同氏『形容詞助動詞の研究』和泉書院、所収）。

山崎　馨　一九七三年　三月　「形容詞の発達」（『品詞別日本文法講座』四巻、明治書院。同氏『形容詞助動詞の研究』和泉書院、所収）。

山崎　馨　一九八六年　三月　「仏足石歌」（『和歌大辞典』明治書院）。

山崎　美成　一八二三年頃　『海録』（翻刻、国書刊行会。七巻・十三巻）天理図書館に文政六年〈一八二三〉の自筆本九冊あり。

山田貞雄・小杉秋夫　一九八七年　七月　「慧海潮音『仏蹟志』の紹介―仏足跡歌研究資料として―」（『成城文芸』一二〇号）。＊翻刻に誤植が若干認められる。

山田　法胤　一九八〇年　二月　『薬師寺』（學生社）。

山田　孝雄　一九五〇年　八月　『萬葉五賦』美夫君志会選書（一正堂書店）。

山田　孝雄　一九五二年　一月　『平安朝文法史』（寳文館出版）。

山田　孝雄　一九五四年　四月　『奈良朝文法史』（寳文館出版）。

山本　健吉　一九七一年　七月　『大伴家持』日本詩人選5（筑摩書房）。

山本　節　一九八九年　四月　「巨人の足跡」（同氏『神話の森』大修館書店）。四三九頁～

山本　幸男　一九八六年　六月　『続日本紀1』東洋文庫（直木孝次郎他訳注、巻九担当山本幸男、直木孝次郎・東野治之補訂、平凡社）。

湯淺　廉孫　一九四一年一一月　『初學漢文解釋ニ於ケル連文ノ利用』（文求堂書店）。

吉田　靖雄　一九八六年　六月　『続日本紀1』東洋文庫（直木孝次郎他訳注、巻十担当吉田靖雄、直木孝次郎・東野治之補訂、平凡社）。

吉村　怜　一九七一年　三月　「薬師寺仏足石記と書者「神直石手」について」（早稲田大学美術史学会『美術史研究』第八冊）。

吉本　隆明　一九六五年一〇月　「古代歌謡の原型」（『言語にとって美とはなにか』第Ⅴ章第Ⅰ部5、勁草書房、第Ⅱ巻、六六頁。『吉本隆明全著作集』6、勁草書房、一九七二年二月、三九八頁。角川文庫本、第Ⅱ冊、七二頁、一九八二年二月、二八六～二八七頁）。

陸　心源　一八八八年　――　「佛跡石臺刻字二首」（巻七十二）光緒十四年（『唐文拾遺』所収、中文出版社版）。九三一

頁

李家　正文　一九七一年　七月　「仏足石歌碑」（『書の風土記』木耳社、所収）。二一三〜二二一頁

ロイAミラー　ROY ANDREW MILLER
一九七五年　——　"'THE FOOTPRINTS OF THE BUDDHA' AN EIGHTH-CENTURY OLD JAPANESE POETIC SEQUENCE" (AMERICAN ORIENTAL SERIES 58. BY AMERICAN ORIENTAL SOCIETY)。

若林　　繁　一九九〇年一一月　「仏足跡歌碑」（安田暎胤・大橋一章編『薬師寺』里文出版）。

渡瀬　昌忠　一九八六年　二月　「人麻呂の石見相聞歌」（『解釈と鑑賞』五一巻二号。渡瀬昌忠著作集第七巻『柿本人麻呂作歌論』おうふう、加筆所収。所収本による）。

渡辺　明義　一九八四年　六月　分担執筆「技法と表現」（『高松塚古墳』〈日本の美術〉二一七号）。

渡辺　直彦　一九六五年　二月　「家令について」（『日本歴史』二〇一号、同氏『日本古代官位制度の基礎的研究』吉川弘文館、所収、「家令補任表」の注記©で言及）。

渡辺　直彦　一九七二年一〇月　「令制家令の研究」（『日本古代官位制度の基礎的研究』吉川弘文館—初発稿に大幅加筆補訂して第三篇第一章「令制家令の研究」として所収、その中の第一節「家令に関する諸規定」の中で言及）。

渡辺　直彦　一九八〇年一二月　『儀式・内裏式』（神道大系、朝儀祭祀編1、校注、神道大系編纂会）。

渡辺　秀夫　一九八八年　三月　「願文用語略稿」（国文学研究資料館『調査研究報告』第九号）。

初出一覧

第一章　注釈篇

第一節　佛足石記文注釈——一部初出稿を利用するが、新稿。
初出「仏足石歌碑」（上代文献を読む会編『古京遺文注釈』桜楓社、一九八九年二月）、及び「佛足石記及び佛足石歌碑の用字」（宮地裕編『論集日本語研究（二）歴史編』明治書院、一九八六年一一月）の佛足石記に関する箇所。

第二節　佛足跡歌碑歌注釈——一部初出稿を利用するが、新稿。
初出「仏足石歌碑」（上代文献を読む会編『古京遺文注釈』桜楓社、一九八九年二月）。

第二章　論考篇一

第一節「佛足石記文について」——一部初出稿を利用するが新稿に近い。
初出「仏足石記」（上代文献を読む会編『古京遺文注釈』〈桜楓社、一九八九年二月〉の「材質・形状」及び「考説」Ⅰ〔各面の意義・構成〕条）。トレース図は全て初出に拠る。

第二節「佛足石記文の撰述態度について——『佚西域傳』考——」——初出稿を核とし、加筆改稿。
初出「佛足石記文の撰述態度について——「西域傳」の引用に関して——」（『三重大学日本語学文学』六号、一九九五年六月）。

第三節「佛足跡歌碑歌について」——再編加筆改稿。
初出「仏足石歌」（古代文学講座9『歌謡』勉誠社、一九九六年七月）、及び「佛足石記及び佛足石歌碑の用字」（宮地裕編『論集日本語研究（二）歴史編』明治書院、一九八六年一一月）の佛足跡歌碑歌に関する箇所。／「仏足石歌碑」（上代文献を読む会編『古京遺文注釈』〈桜楓社、一九八九年二月〉の「材質・形状」及び「考説」Ⅲ〔仏足石記との関係〕条）。

第四節「佛足跡歌碑歌の用字」——分割し加筆改稿。
初出「佛足石記及び佛足石歌碑の用字」（宮地裕編『論集日本語研究（二）歴史編』明治書院、一九八六年一一月）の佛足跡歌碑歌に関する箇所／「佛足石記・佛足石歌碑本文影復元」（『三重大学日本語学文学』一号、一九九〇年六月）の解題。


第五節「『涅槃經』寸考」――加筆改稿。

初出「「仏足石歌碑」（上代文献を読む会編『古京遺文注釈』〈桜楓社、一九八九年二月〉の「考説」Ⅱ〔出典について〕条）。


第六節「佛足跡歌体について」――改稿。

初出「佛足石歌体について」（『萬葉集研究』十七集〈塙書房、一九八九年一一月〉）。


第七節「「ますらを」と「もろもろ」」――佛足跡歌碑歌の位相――」――加筆改稿。

初出「佛足石歌碑歌の位相――「ますらを」「もろもろ」の語を手がかりに――」（『三重大学日本語学文学』七号、一九九六年六月）。


第八節「文室真人智努の生涯」――加筆改稿。

初出「文室眞人智努の生涯――天平一知識人の憂愁――」（『三重大学日本語学文学』二号、一九九一年六月）。


第九節「文室真人智努資料年譜」――加筆改稿。

初出「文室眞人智努の生涯――天平一知識人の憂愁――」（『三重大学日本語学文学』二号、一九九一年六月）。

第三章　論考篇二

第一節「語句分離方式の成立」――加筆改稿。

初出「語句分離方式の成立」（『美夫君志』八一号、二〇一〇年一二月）。


第二節「文室真人智努の萬葉歌とその歌群――新嘗會応詔歌群考――」――加筆改稿。

初出「万葉・新嘗会歌群考」（松田好夫先生追悼論文集『万葉学論攷』続群書類従完成会、一九九〇年四月）。


第三節「大伴家持作品に見られる佛足跡歌体――大伴家持作の進取性――」――改稿。

初出「大伴家持の進取性――旋頭歌・佛足石歌の歌学びから――」（『三重大学日本語学文学』九号、一

第四節「懸車寸考」――加筆改稿。

初出「懸車・出家関政・珍努宮について――智努王伝追考――」(『三重大学日本語学文学』三号、一九九二年六月)。


第五節「出家関政寸考」――改稿。

初出「懸車・出家関政・珍努宮について――智努王伝追考――」(『三重大学日本語学文学』三号、一九九二年六月)。


第六節「『萬葉集』の「夕岫」寸考」――改稿。

初出「万葉集の「夕岫」寸考――佛足石図注――」(『三重大学日本語学文学報』No.6、一九八七年一二月)。

おわりに

冒頭に書いたことではあるが、本書は薬師寺当局の三重大学教育学部松山鐵夫教授（当時）への許可が無ければなし得なかったことである。私は松山研究室一行にもぐりこむことによって、調査に参加させて戴いた。薬師寺御本坊、故生駒昌胤師、松山鐵夫先生及び調査に参加なさった教育学部美術科の卒業生・ゼミ学生さん（赤川一博様・白柳一弥様・瀧川和也様・木村恭子様）に御礼申し上げたい。

また佛足石記文や佛足跡歌碑歌は、三重大学人文学部の大学院（人文科学研究科）の演習科目で取り挙げて来た。そうした中で、一九九二年度大学院演習における伊藤厚貴様・伊達久子様、一九九五年度大学院演習における岡田桂子様・佐合教子様・長谷川純子様、一九九七年度大学院特講における浅野師之様・井村夕子様、二〇〇八年度後期大学院特講における上野貴之様・黄佳慧様・畑裕子様・米川梨香様といったお名前が手許のメモに残っている（漏れがあるかも知れない、その節はご勘弁を）。この中で、直接に採用させて戴いた成果は文中で断っている。注解事項の一々は新たな執筆であり、断った事項以外にそうした院生さん由来のものは無いはずであるが、種々の刺激や教唆を受けたことがあるに違いない。ここに御芳名を録して謝意を表したい。

研究の一番の発端となったのは、上代文献を読む会である。会長井村哲夫先生を初めとする諸先生方に御礼を申し上げたい。藏中進先生、植垣節也先生は既にこの世にはいらっしゃらない。研究会席上で藏中進先生から教示を受けたことがあり、当初は御教示の形で引いていたが、ふと気になり御著書で確認し、引用は活字成果で引くことになったが、そういう口頭での御教示もありがたいものであった。

本書刊行の目途が立って来た折に、齋藤理恵子様に一本の献上をと思い、古い住所に葉書を出したところ案の定、戻って来た。思案の挙句、里文出版様に問い合わせたところ、研究者仲間という某氏から、訃報の知らせを頂戴し、茫然としてしまった。二〇一二年一一月に病気でおなくなりになったということである。齋藤理恵子様（日本美術史）にお会いしたことはなく、研究上の手紙のやりとりも多くはなかったが、卓越した研究者として尊敬申し上げていた。五十歳代半ばという若さの由、これほどのショックを受けたことはなく、その後、暫くは何も手が付けられなかった。本書を一番見てほしい人をこの世から失ってしまったという喪失感は大きい。

「少年老い易く学成り難し」の成句の意味が一身を覆う日々である。大井重二郎氏に『佛足石歌と佛足石』の著がある。氏は明治四十一年の生まれであり、昭和九年六月の誕生日にこの著がある。実に二十六歳の刊行なのである。園田学園女子大学在勤時に親しく仰ぎ（氏は同女子短期大学ご勤務）、佛足石の話題が出たこともある。その時には、私が手掛けることになるとは夢にも思いはしなかった。

この間、問題点として浮上しながら、敢えて言及しなかったことがある。それは「珍努宮」の件である。［廣岡義隆・一九九一・六・論考］「文室眞人智努の生涯」において、文室眞人智努の宮としてこの「珍努宮」を取り上げ、翌年の［廣岡義隆・一九九二・五・論考］「懸車・出家関政・珍努宮について—智努王伝追考—」において、直木孝次郎先生の御教示を受け、「珍努宮」を和泉の離宮と考え、文室真人智努からは切り離した。その後、［井上薫・二〇〇三・一一・論考］「智努王の珍努宮と元正天皇の和泉宮」が出、これを受けて［藏中しのぶ・二〇〇五・三・展望］「類聚編纂書と出典論」は廣岡の撤回説は再度浮上するとし、考えを展開する。しかしながら、井上薫氏の考えは初めてのものではなくて、そのことについては［廣岡義隆・一九九二・五・論考］で言及し駄目押ししている。本書において、この「珍努宮」については一切言及しなかった所以である。

先行研究については、『行幸宴歌論』（和泉書院、二〇一〇年三月）同様の掲出方式にし、巻末に「関係論文資料等目録」として一括して掲げた。『行幸宴歌論』同様の掲出方式ということになってはいるが、佛足石記文や佛足跡歌碑歌の先行研究は厖大であり、従来の注形式では処理しきれるものではない。ということで、佛足石・佛足跡歌碑歌の先行研究表示方式を前以って確定していて、『行幸宴歌論』もその方式に倣ったに過ぎないことになる。この「関係論文資料等目録」には廣岡のものがたくさん並んでいて目立つことになっているが、廣岡のものを全て挙げているわけではない。本書に関わるもののみを挙げている。

本書には、先の薬師寺における佛足石・佛足跡歌碑調査の際に撮影した写真を掲載した。関わって金堂ご本尊の写真も掲載した。末筆になってしまったが、これらの写真掲載に関し、格別の御高配を賜った薬師寺御本坊に衷心より御礼を申し上げたい。写真キャプションに関し、私が思い違いをして記述していた件につき、同寺山本潤様からは御教示を賜っている。こうした件についても御礼申し上げたい。

諸資料は現役時代に揃えていたつもりでいた。しかしながら、執筆過程で次々と資料が必要となって来た。名古屋大学附属図書館（中央図書館）、中京大学図書館、名古屋市鶴舞中央図書館、愛知県図書館には絶えずお世話になった。中京大学は我が家のすぐ近くということもあって、足繁く通わせて戴いた。他に個別に各大学また各先生にお世話になった。挙げればきりがないので一々の掲出は失礼するが、四図書館と数多の図書館及び各位に、衷心より御礼を申し上げたい。

本書を刊行していただいた和泉書院、同社主廣橋研三様及び和泉書院の社員の皆々様と関連会社の各位に御礼申し上げたい。なかでも廣橋様は、この間ずっと原稿が出来上がるのを待ち続けて下さっていた経緯がある。ありがたいことである。和泉書院には、恩師矢野文博先生の『日本語法論』（一九九二年一〇月）を刊行していただいた。また先著『行幸宴歌論』の刊行でもお世話になった。今また本書で編集長として直接に指揮して下さり、感謝の念で一杯である。編集長及び社員の方々と関連会社の皆様方による丁寧な編集作業によって、拙い原稿がここに形を整えて来た。衷心より御礼申し上げたい。

最後に一筆書くことを許されたい。最近は我が家の権威者として君臨したまう人は、薬師寺調査の際には私が運転する車で四日間同行し、ライト照射の助手をしてくれた。本書刊行に関わる諸配慮もしかりである。私が各種の世事に不義理をし、書斎にこもることを是として放任しているのもこの人である。感謝せずにはおれないのである。

本書によって懸案の一つをこの世にお示しすることができた。一身にとっては、課題がなお山積している。いつまで続けることが出来るのかという思いが去来するこの頃である。

二〇一四年九月二六日、三校の日に

名古屋の草屋書斎にて

本文一字索引（佛足石記）

・「佛足石記」の該当本文は、本書の15～18頁による。
・当索引は「字音索引」「総画索引」「部首索引」から成る一字索引である。別に「要語索引」を用意している。
・A01・B外01・B01・C01・D01・D外01などの01は１行目の文字を、外は界外の文字を示す。
・同行に３回同じ用字が存在する場合には、第１例をa、第２例をb、第３例をcとして示す。例「佛　A14a,14b,14c」。
・推定した本文（A02の囫など）は「A02＊」と「＊」を付加して示した。この箇所は15～18頁の【本文】では□となっている。この推定本文については【訓読】を参照されたい。
・旧漢字や異体字については常用漢字での検索を可能にしている。例えば「釋」字に関して、本文で「釈」字で出ることは無いが、「釈」字での検索が可能となっている類である。「跡迹、无無」といった通字においては検索の便宜のために、双方で所在を示している。碑面における用字の使用実態については、本文に当って確認されたい。

【字音索引】―漢音・呉音・慣用音―

・当索引は、該当漢字の漢音・呉音・慣用音による一字索引であり、字音のカナ表記は一般的な理解による。
・配列は、その仮名遣いにこだわらず、現行の発音により、五十音順による。例えばヰ(位)はイに、ワウ(王)はオウに配列する。
・同音の下にあっては、該当漢字の画数順に配列する。

ア阿	A02
アク悪	A09, 11, 15, 16, 17, 19
アン安	B15
アン案	A02
イ已	A05
イ以	A10/B12, 16
ヰ位	B12/C02
イ依	A11, 14
ヰ爲・為	A04, 20/C01, 11
イ異	A03
ヰキ域	A02
ヰク育	A02
イチ一	A02, 03, 18/B03, 07, 11/C12
イツ一	A02, 03, 18/B03, 07, 11/C12
イン印	A08
イン因	B02
ヰン院	B07, 08
ウ又	A05, 08
ウ右	B07
ウ有	A02, 03, 08, 09a, 09b, 12, 13, 14, 19/C10
ウ雨	A10
ウ烏	A08
ウン云	A02, 06＊
エ依	A11, 14
ヱ壊	A05
エイ永	C10
エキ亦	A13, 16, 17, 19
ヱツ越	B15

エン捐　A05
ヱン院　B07, 08
ヱン薗・園　B02＊
オ於　A11a, 11b/B05
ヲ烏　A08
ワウ王　A02, 04a, 04b＊, 19/B01, 12, 14
ワウ往　A10, 13
ワウ黄　B04
ヲチ越　B15
ヲツ越　B15
ヲン薗・園　B02＊
カ下　A18a, 18b/C02
クヮ化　A10
クヮ花　A03
カ河　A05＊, 09
カ迦　A01, 04/C05
カ夏　A09＊
カ家　B外01
カ掲　A02
カ箇　B11
カ駕　C07
ガ我　D02
ガ河　A05＊, 09
グヮ畫・画　B15
ガ駕　C07
カイ改　B14
カイ界　C12
クヮイ畫・画　B15
クヮイ壊　A05
ガイ崖　A10
カク各　A03a, 03b
グヮチ月　B10, 13
グヮツ月　B10, 13
カン含　A09＊
クヮン院　B07, 08
クヮン還　A05
クヮン観　A06, 14, 17/D外01
ガン含　A09＊
グヮン院　B07, 08
ガン殑　A05＊
グヮン源　A09
グヮン願　C01, 06
キ其　A11
キ癸　B10＊
キ起・起　A11
キ毀　A05
キ歸・帰　A11
ギ其　A11
キャク撃　A10
キウ九　B13
キフ及　A14
キウ丘　A12
キウ休　A20＊
キョ去　A15
ギョ魚　A18
キョウ共　C12
キャウ向　B01, 04, 07
ケフ劫　A15, 16, 17
キャウ京　B07
キョウ恐　A11
キョウ殑　A05＊
キャウ敬　A07/B08/C04
キャウ經・経　A06＊, 14
キャウ慶　A13
ギャウ行　A14, 16a, 16b, 17/D01
ギャウ幸　A08
ゲフ業　A16, 17
キョク極　A15, 16, 17
ギョク玉　A13
キン今　A02, 06, 07, 12
キン近　A04/B17
キン金　A04, 10, 19
ク九　B13
ク口　B外01
ク丘　A12
ク休　A20＊
ク具　A18
ク拘　A04
ク恐　A11
クン郡　C03
グ共　C12

グ具 A18
グ後 A15
グ遇 A07＊, 19
グウ遇 A07＊, 19
グン郡 C03
ケ化 A10
ケ花 A03
ケ迦 A01, 04/C05
ケ家 B外01
ケ駕 C07
ケ壊 A05
ゲ下 A18a, 18b/C02
ゲ夏 A09＊
ゲ崖 A10
ゲ畫・画 B15
ケイ京 B07
ケイ契 C12
ケイ掲 A02
ケイ敬 A07/B08/C04
ケイ經・経 A06＊, 14
ケイ慶 A13
ゲキ撃 A10
ゲツ月 B10, 13
ケン玄 B01
ケン見 A07, 14, 15, 16a, 16b/B02, 08
ケン現 A06, 11
ゲン玄 B01
ゲン見 A07, 14, 15, 16a, 16b/B02, 08
ゲン現 A06, 11
ゲン源 A09
ゲン還 A05
ゲン願 C01, 06
コ乎 A08
コ去 A15
コ古 A02
コ故 A05
コ箇 B11
ゴ五 B10a, 10b
ゴ乎 A08
ゴ後 A15
ゴ魚 A18
コウ口 B外01
クヮウ光 A13/B05
カウ向 B01, 04, 07
カウ行 A14, 16a, 16b, 17/D01
コフ劫 A15, 16, 17
カウ幸 A08
コウ後 A15
コウ拘 A04
カウ剛 A10, 19
カウ高 C11
クヮウ黄 B04
クヮウ廣・広 A03
ゴフ及 A14
ゴフ劫 A15, 16, 17
ガウ剛 A10, 19
ゴウ殑 A05＊
ゴフ業 A16, 17
コク石 A02＊, 11, 13/B16
コク國・国 A02, 04, 08, 12/B外02, 03/B05
コク轂 A18
ゴク玉 A13
ゴク極 A15, 16, 17
コン今 A02, 06, 07, 12
コン金 A04, 10, 19
コン跟 A19
ゴン含 A09＊
ゴン近 A04/B17
サイ西 A02
サイ在 A06, 14/B06
サイ災 A10
サイ歳 B10, 13
サイ罪 A07, 15
サイ齋・斎 A13
ザイ在 A06, 14/B06
ザイ罪 A07, 15
サク作 B11
サク策 B01
サク鑿 A05
ザク鑿 A05
サン三 A06, 14/B外02, 03/B09, 11,

12/C12
サン山　A09
シ之　A08, 11, 13, 17, 19/C07, 08, 09
シ尸　A04
シ巳　B10
シ四　A12/B07, 13/C02
シ示　A11
シ字　B14
シ寺　A12/B05
シ次　A18/B10, 13
シ此　A07/B06
シ至　A13/C01
シ使　B01, 04
シ指　A03
シ是　A03, 20/B03, 06, 09
シ茨　C03
シ師　B15
シ時　A13, 14
シ慈　A12
ジ二　A08/B06
ジ巳　B10
ジ示　A11
ジ字　B14
ジ寺　A12/B05
ジ次　A18/B10, 13
ジ而　A07
ジ耳　A04
ジ茨　C03
ジ時　A13, 14
ジ慈　A12
シキ式　C04
シキ識　B外01
シチ七　B10, 11, 13
シチ室　B14
シツ七　B10, 11, 13
シツ室　B14
シツ實・実　B04
ジチ實・実　B04
ジツ日　A13/B04, 10, 11a, 11b, 13
ジツ實・実　B04
シャ舎　A02
シャ者　A14, 16a, 16b, 17
シャ寫·冩·写　A06/B03, 06, 08, 15/C04
ヂャ仗　A08
シャク尺　A03
シャク石　A02＊, 11, 13/B16
シャク昔　A02
シャク策　B01
シャク跡・迹　A01, 03, 05, 07, 11, 12, 13, 16/B03, 08/C06
シャク釋・釈　A01/C05
ジャク夕　A09
ジャク石　A02＊, 11, 13/B16
ジャク若　A07, 14
ジャク寂　D03
ジャク跡・迹　A01, 03, 05, 07, 11, 12, 13, 16/B03, 08/C06
シュ手　B16
シュ主　B12/C03
シュ趣　A04
ジュ受　C09
ジュ従　B09, 12/C02
シフ十　A03, 08, 12/B10, 11
シウ手　B16
シウ受　C09
シウ衆　A07, 14, 19
シウ趣　A04
ジフ入　A09
ジフ十　A03, 08, 12/B10, 11
ジフ廿　B11
ヂウ重　A07, 15, 16, 17
ジュウ従　B09, 12/C02
シュチ出　A10
シュツ出　A10
シュン春　A09
ショ所　A04, 06, 08
ショ杵　A10, 19
ショ書　B04, 15
ショ處・処　A04, 06/B02＊
ショ諸　A19/D01, 02
ジョ如　A05, 10, 17/C05

シャウ上	A11, 13
セウ小	B外01
シャウ正	A05
シャウ生	A05, 14
シャウ相	A03, 05, 15, 18a, 18b, 19a, 19b, 19c
シャウ祥・祥	A20
シャウ商	A04
シャウ常	A10/D01
ショウ従	B09, 12/C02
ショウ勝	B09, 12/C08
シャウ想	A15, 16
シャウ聖	C10
シャウ像	A17
シャウ精	A02
ショウ證・証	C11
ヂョ女	B外01
ヂョ除	A15, 16, 17
ジャウ上	A11, 13
ヂャウ仗	A08
ジャウ成	B14
ヂャウ長	A03, 12
ジャウ城	A04, 12
ジャウ浄	B外02, 03
ジャウ常	A10/D01
デウ條・条	B07
ジャウ静	D03
ショク式	C04
ショク即	A15
ショク足	A04, 07, 18a, 18b, 18c, 19/B外02, 03/B16
ショク俗	A13
ショク識	B外01
シン心	A07, 11, 12/C01
シン辰	B13
シン信	A05
シン神・神	A10/B08, 16/C05
シン眞・真	B外02, 03＊/B14/C12
シン深	A12
シン晨	A09
シン尋	A06
シン盡・尽	B10＊
ジン人	A07/B外02, 03/B01, 04, 14/C02, 06
ジン壬	B13
ジン辰	B13
ジン神・神	A10/B08, 16/C05
ジン晨	A09
ジン尋	A06
ジン盡・尽	B10＊
ス主	B12/C03
スイ水	A10
スイ随	A12
スイ雖	A16
ヅ圖・図	A01, 06
ズイ随	A12
スン寸	A03a, 03b
セ世	A14, 15
ゼ是	A03, 20/B03, 06, 09
セイ世	A14, 15
セイ正	A05
セイ生	A05, 14
セイ成	B14
セイ西	A02
セイ城	A04, 12
セイ浄	B外02, 03
セイ歳	B10, 13
セイ聖	C10
セイ精	A02
セイ静	D03
セキ夕	A09
セキ尺	A03
セキ石	A02＊, 11, 13/B16
セキ昔	A02
セキ寂	D03
セキ跡・迹	A01, 03, 05, 07, 11, 12, 13, 16/B03, 08/C06
セキ釋・釈	A01/C05
セチ雪	A09
セツ雪	A09
セン千	A15a, 15b, 16, 17, 18
セン山	A09

セン泉　A09, 11
セン淺・浅　A12
セン禪・禅　B07a, 07b
ゼン泉　A09, 11
ゼン禪・禅　B07a, 07b
ソ所　A04, 06, 08
サウ相　A03, 05, 15, 18a, 18b, 19a, 19b, 19c
サウ想　A15, 16
サウ雙・双　A11＊
ザウ祥・祥　A20
ザウ像　A17
ソク即　A15
ソク足　A04, 07, 18a, 18b, 18c, 19/B外02, 03/B16
ゾク俗　A13
ソン寸　A03a, 03b
タ陁・陀　A02
タイ大　A02, 09, 11/B外01/B01, 05
タイ諦　C10＊
ダ那　A08
ダ陁・陀　A02
ダイ大　A02, 09, 11/B外01/B01, 05
ダイ内　A07
ダイ第　B03, 06, 09
タツ脱　C10
ダチ脱　C10
ダツ脱　C10
タン短　A12
タン壇　B08
タン檀　B11
ダン男　B外01
ダン壇　B08
ダン檀　B11
チ知　B外01
チ値　A07
チ致　A08
チ智　B12, 14
チ慈　A12
ヂ尼　A01
ヂ値　A07
チク竺　B01
ヂク竺　B01
チウ中　A02, 06, 13, 17/B01, 02
チョ除　A15, 16, 17
チャウ仗　A08
チャウ長　A03, 12
チョウ重　A07, 15, 16, 17
チャウ頂　A19
テウ條・条　B07
ツ凍　A09＊
テイ第　B03, 06, 09
テイ頂　A19
テイ諦　C10＊
デツ涅　A04/D03
テン天　B01, 09, 12
テン田　B15/C03
テン傳・伝　A02
テン霑　C12
テン轉・転　B02, 03, 05, 08＊
デン田　B15/C03
デン傳・伝　A02
ト度　A08
ト圖・図　A01, 06
ド努　B12, 14
ド度　A08
トウ同　A13/C11
トウ東　A08
トウ凍　A09＊
タウ唐　B01, 05
タウ堂　A12
タフ搭　B03, 06, 09
タウ道　A13
タフ蹈・踏　A04
ドウ同　A13/C11
ダウ唐　B01, 05
ダウ堂　A12
ダウ道　A13
トク得　A07＊/B03, 05
ナ那　A08
ナイ内　A07
ナン男　B外01

ナン南	A04, 11
ニ二	A08/B06
ニ尼	A01
ニ而	A07
ニ耳	A04
ニチ日	A13/B04, 10, 11a, 11b, 13
ニャク若	A07, 14
ニフ入	A09
ニフ廿	B11
ニョ女	B外01
ニョ如	A05, 10, 17/C05
ニン人	A07/B外02, 03/B01, 04, 14/C02, 06
ニン壬	B13
ヌ努	B12, 14
ネ涅	A04/D03
ネチ涅	A04/D03
ネン年	B10, 13
バ摩	A02
バイ昧	A06, 14
ハク百	A08
ハチ八	A03
ハツ八	A03
ハツ發・発	C01
ハン梵	A19
ハン槃	A04/D03
バン槃	A04/D03
ヒ非	A08
ヒ披	B08
ヒ飛	A09
ヒャウ并	B11
ビャウ平	A18/B09, 12
ベウ妙	C08
ヒャク百	A08
フ不	A05, 16, 18, 19
フ夫	C02, 06
フ布	A06
フ怖	A11
フ普	B05
ブ不	A05, 16, 18, 19
ブ夫	C02, 06
ブ无・無	A07/C08, 11/D01, 02
ブ歩	A17a, 17b
フク伏	C06
フク復	A06
フク輻	A15, 18
ブク伏	C06
ブク復	A06
ブチ佛・仏	A01, 03a, 03b, 05, 06, 07, 11, 12, 13, 14a, 14b, 14c, 15, 16a, 16b
フツ佛・仏	A01, 03a, 03b, 05, 06, 07, 11, 12, 13, 14a, 14b, 14c, 15, 16a, 16b
ブツ佛・仏	A01, 03a, 03b, 05, 06, 07, 11, 12, 13, 14a, 14b, 14c, 15, 16a, 16b
ブン文	A03, 05/B14
ブン聞	A10
ヘイ平	A18/B09, 12
ヘイ并	B11
ベツ滅	A07
ホ布	A06
ホ歩	A17a, 17b
ホ怖	A11
ホ普	B05
ハウ坊	B07
ハウ邦	C08
ハウ放	A13
ハフ法	A05/B02/C03/D02
ホフ法	A05/B02/C03/D02
ホウ暴	A09
ホウ寶・宝	B10, 13
ボウ毛	A18
ボウ牟	A01
バウ坊	B07
バウ望	A04
バン万	B15
バウ亡	C02
ボウ暴	A09
バウ輞	A18
ホク北	A04, 08a, 08b, 12

ホチ發・発　C01
ホツ發・発　C01
ホン本・本　A06/B03, 04a, 04b, 06a, 06b, 09
ボン梵　A19
マ摩　A02
マイ昧　A06, 14
マン万　B15
マン滿・満　A18
ミャウ名　C04
メウ妙　C08
ム无・無　A07/C08, 11/D01, 02
ム牟　A01
メイ名　C04
メチ滅　A07
メツ滅　A07
マウ亡　C02
モウ毛　A18
マウ望　A04
マウ輞　A18
モン文　A03, 05/B14
モン聞　A10
ヤ野　B02＊
ヤク亦　A13, 16, 17, 19
ユ由　A07
ユ遊　C07
イウ右　B07
イウ又　A05, 08
イウ由　A07
イウ有　A02, 03, 08, 09a, 09b, 12, 13, 14, 19/C10
ユウ容　A18
イウ遊　C07
ヨ於　A11a, 11b/B05
ヤウ永　C10
ヨウ容　A18
ヨク域　A02
ヨク欲　A04
ラ蠡　A19
ライ来・來　A10, 17/C05
リ里　A08, 12
リク六　A03, 08
リウ留　A11
リウ流　A06
リュウ龍・竜　A09, 10a, 10b
レウ了　B11
リョウ令　A10
リャウ良　C04
リャウ量　A07, 12
リャウ霊　C07
リョウ龍・竜　A09, 10a, 10b
リン輪　A03, 15, 18/B02
リン鱗　A18
ル留　A11
ル流　A06
ル漏　C11
レイ令　A10
レイ霊　C07
ロ漏　C11
ロウ漏　C11
ロク六　A03, 08
ロク鹿　B01

【総画索引】

・当索引では、例えば草冠（艹）など、字源に遡って艸の六画にしたり或いは四画にしたりせず、現実の画数の三画で登載している。

一画

一　A02, 03, 18/B03, 07, 11/C12

二画

七　B10, 11, 13
九　B13
了　B11
二　A08/B06
人　A07/B外02, 03/B01, 04, 14/C02, 06
入　A09
八　A03

九画

十画

十一画

【部首索引】

・標出字の頭にある08などは、当該字の部首を含めた総画数を示している。

本文一字索引（佛足跡歌碑歌）

・「佛足跡歌碑歌」の該当本文は、本書の221〜222頁による。
・五十音順甲乙類別による音節索引である。拗音仮名「舎」・重点「々」は末尾に示している。
・01⑤は1番歌第5句を示す。⑤⑤などは第5句に該当用字が2回出ることを示している。
・その題詞「圀慕佛跡一十七首」「呵嘖生死」は当索引では採取していない。
・佛足跡歌碑歌の21番歌は「都」一字のみを採り、補刻の歌句は採っていない。
・「ひ03①＊」と平仮名で示している箇所は、「ひ」という音節は推定出来ても、その原字は不明な箇所を示す。マーク「＊」は推定用字箇所であることを示す。
・「礼禮」など、碑面における用字の使用実態については、本文に当って確認されたい。

ア　阿　01①③, 02①⑤⑥, 03③, 04①, 05⑤⑥, 06③⑤⑥, 07②, 08①, 09①, 11②, 12②⑥, 14①, 15②, 16①③⑥, 17①, 18②, 19③
ア　あ　12⑤＊
イ　伊　01②③, 03⑤, 04③, 05①②③, 07③④, 08④, 09②, 10④, 14②, 15④, 17③⑤, 19②⑤, 20①
ウ　宇　05③, 07③, 09②③⑥, 10②, 12⑥, 13⑤, 14②④
エ　衣　03④, 18②
オ　於　07②, 09②, 13②③, 14②, 16⑤, 17①, 20④⑥
カ　可　02⑥, 05①②⑥, 12⑥, 15⑤⑥, 16⑤⑥, 20⑥
カ　加　02②, 09①, 12②, 13⑥, 14①, 17③, 18④, 20①②
カ　賀　04②
ガ　賀　01⑤, 07⑥, 18②
ガ　我　14⑤
キ甲　伎　01②, 03①, 09②, 12①②, 13①, 14②③, 17⑥, 19④④
キ甲　岐　06②, 08③, 20②④
ク　久　01①, 02③, 03⑤⑥, 04④⑥, 05⑥, 07⑥, 08④, 12⑥, 15①④, 17②⑥⑥, 18②
グ　具　14③, 20⑤
ケ甲　祁　03②, 05⑤, 07②, 12④
ケ甲　家　15⑤
ケ甲　鶏　15⑥
ケ乙　氣　09④
ゲ乙　義　09⑥
コ乙　己　02⑤, 04①, 07④, 08①, 10①③④, 14⑥, 16①, 20③
ゴ乙　期　16⑥, 20②
サ　佐　01④, 02③, 03②, 06②⑥, 09⑥⑥, 10②④, 12①④, 13④, 17④
サ　さ　12⑤＊
シ　志　01②, 02⑤, 04③⑤, 05④, 06④, 07⑤⑥, 09②, 12⑤⑥, 13⑤, 14②, 15⑥, 16③, 17③, 19⑤⑥, 20④
シ　師　15①④
ス　須　01④, 03③, 04④⑥, 06①②, 07①, 08④, 11①, 15①④, 18④⑥, 19⑤⑥
ズ　須　03④
ズ　受　20⑥

セ	世	05②, 10④
ソ甲	蘓	02①③
ソ乙	曽	02④, 16④
ゾ乙	曽	17⑤⑥
ゾ乙	叙	17⑥
タ	多	01③⑤⑥, 02②②, 03⑥, 04⑤⑤⑥, 05⑥, 06②⑤, 08②, 10⑤⑥, 12③, 13④④, 15⑤, 16④, 17③, 18②③, 19④, 20⑤
タ	た	10⑥*
ダ	太	02④, 04③, 06⑤, 15⑥
チ	知	01④⑤, 02①②, 04③, 05④, 06②, 09④, 10⑤, 17④, 20①
ヂ	遅	13①
ツ	都	01①④, 02②, 03⑤⑥, 05④, 06④, 07⑤, 09②⑤, 10②, 12②, 13⑤⑤⑥⑥, 14②④, 15②, 16②, 17④, 18⑤, 19①②③⑤⑥, 20⑤, 21①
ヅ	豆	04②, 08②, 09⑤, 20①⑥
テ	弖	03④, 08②⑥, 09③, 12③
デ	弖	06⑤⑥, 08⑤
ト甲	刀	05⑥
ト乙	止	01①⑥, 02④⑤, 03①③, 04①, 05②④⑤, 06③, 07②⑤⑥, 08①②③, 09①④, 10②③③, 11②, 12②⑤⑤, 13②③④, 14①, 15③⑤, 16①③⑥, 17①②⑤⑥, 18①④⑤, 19⑤, 20②
ト乙	等	02③
ド乙	等	15②
ナ	奈	04③⑤⑥, 05①④, 07⑥, 13①, 18④, 19④⑥
ニ	尓	01③⑤⑥, 02⑥, 03②⑤⑥, 05②, 06⑤⑤⑥⑥, 07③, 08④, 09②④, 10③, 12④, 13②, 14②, 17②③, 20④⑤
ヌ	奴	16③
ネ	祢	08②, 15②, 20⑤
ノ乙	乃	01②⑥, 02②④, 03①, 04①, 05③⑤, 06①④, 07①③④⑤⑥, 08①③, 09①④④, 10①④⑤⑤⑤⑥, 12①⑤, 14①⑥, 15②③④, 16①③④, 17②④⑥, 18①③③, 19①②②, 20①②③④
ノ乙	能	11①, 18③
ノ乙	の	10⑥*
ハ	波	01②⑤, 03④⑤, 04③⑤⑥, 05③, 06④, 07②③, 08④, 09②, 10①, 12①, 14②⑤⑥, 15①, 18①, 19⑥, 20③
バ	婆	10③, 16②②, 18②, 19④
ヒ甲	比	01②⑥, 02④, 04②④⑥, 05②, 08③, 09③, 12①, 13③, 14④, 15③, 16④, 17②, 18①, 19⑤, 20②
ヒ甲	ひ	03①*
ビ甲	鼻	01②
フ	布	02②⑤, 05④⑥, 06③⑤⑥, 07②, 15⑤, 17⑤
ブ	歩	17⑤
ヘ甲	覇	07⑤⑥, 20⑤
ヘ乙	閇	01④, 05③, 07③, 13⑥, 14⑤⑥, 17④, 19①
ベ乙	閇	19⑤, 20⑥
ベ乙	倍	19⑥
ホ	保	09④, 13③, 16④⑤, 17①⑤, 20④
マ	麻	02①⑥, 03②⑥, 04⑤⑥, 05②, 06①⑤⑥⑥, 07①④, 08④⑤, 09③⑤⑥, 10④⑥, 11①, 12③④, 13⑤⑥, 14④④, 15③④, 16②②④, 19③
ミ甲	美	01①, 02⑤, 03②③④, 04①, 05④, 06②④, 07②⑤, 08①, 09①, 11②, 13③, 14①, 16①⑥, 17①②④, 19①, 20④
ミ甲	弥	02①, 12④
ミ乙	微	18①, 19④, 20③
ム	牟	03②, 05⑤, 06④, 08⑤, 09⑤⑥, 12④, 13④, 14⑤⑥
メ甲	賣	06③, 18⑥

メ乙 米　01③⑤⑥, 03②, 08②, 10⑤, 13④, 14③, 15⑥, 18⑤
メ乙 め　10⑥*, 12④*
モ 毛　01⑥, 02⑥, 04④④, 05⑥, 07④, 08②⑤⑥⑥, 10②, 12②⑤⑥, 16⑥, 18⑤⑤⑥, 19②
モ 母　02⑥, 15②, 16⑤⑤, 18⑥
ヤ 夜　02③, 04①, 05①, 09③, 13①, 14④, 20⑥
ユ 由　01④, 09⑤, 14③, 16⑤
ヨ 与　03①, 04②, 08③, 10①⑤⑥, 14⑤⑥, 16④, 17④, 18④, 19①
ラ 良　03③, 05⑤, 06①, 07①, 09⑤, 11①, 15③, 20⑥
ラ 羅　12②
リ 利　01③, 02①, 03⑤⑥, 04②, 07④, 09⑤, 10②④, 12③, 13⑤⑥, 14③④, 15⑤⑥⑥, 16②, 18③④, 20②⑤
リ 理　15①④⑤
ル 留　01①, 02④⑥, 05①⑤⑥, 06③, 07②, 10②, 12⑥, 13②, 16⑤⑥⑥, 17②
ル 流　19③
レ 礼礼　01④, 02④⑥, 03④, 07④, 08⑤, 10①, 12⑥, 13②②⑤⑥, 15②, 16②, 18②④, 19③⑥, 20③
ロ 呂　01⑥, 02⑤, 04②④④, 08⑥⑥, 17⑤, 18⑤⑤⑥⑥
ワ 和　03④, 04⑤, 08⑤, 13②④, 14⑤
ヰ 為　08⑥, 12③
ヰ 胃　08⑤
ヱ 恵　03⑤⑥
ヲ 乎　03③, 04②, 05③, 06①③, 07①, 08①⑥, 11①, 13①③, 14⑤⑥, 16①, 17①, 19④

シャ 舎　09①, 14①
重点 々　01⑤⑤, 02⑤, 06②④, 07⑤, 08④, 09⑥, 18⑥, 19②②

本文要語索引（佛足石記）

・「佛足石記」の該当本文は、本書の15～18頁による。
・五十音順による要語索引である。音訓の読みは一般的な呼称によっている。当条で検出出来ないものについては「一字索引」に拠られたい。
・A01・B外01・B01・C01・D01・D外01などの01は１行目の文字を、外は界外文字を示す。
・二行にわたる語は、第一文字の所在で示している。
・同行に２回同じ語が存在する場合には、第１例をa、第２例をbとして示す。
・旧漢字や異体字については常用漢字を基本にして示している。碑面における用字実態については、本文に当って確認されたい。
・推定復元の本文箇所についても、通常本文と同等に扱っている。この推定復元の本文箇所は15～18頁の【本文】では□となっている。この推定本文については【訓読】を参照されたい。全形及び語頭推定の箇所については、「殑河A05＊」のようにマーク「＊」を付した。

本文要語索引（佛足跡歌碑歌）

・「佛足跡歌碑歌」の該当本文は、本書の221〜222頁による。
・五十音順による要語索引である。
・01⑤は1番歌第5句を示す。⑤⑤などは第5句に該当用字が2回出ることを示している。
・題詞「慁慕仏跡一十七首」「呵嘖生死」は、それぞれ01詞、18詞として示している。あくまでも便宜上の措置であり、正確には、「1〜17番歌題詞」「18〜21番歌題詞」となる。
・【よみ】における「御足跡」など、歌意によって宛てた訓字によって採取している。碑面における用字の使用実態については、本文に当って確認されたい。
・マーク「＊」は推定用字箇所であることを示す。
・助詞・助動詞や接尾辞等の類は、その頭に「助詞」「助動詞」「接尾辞」等の語を冠しているが、「じ」（助詞・助動詞の「じ」）や「せ」（接尾辞の「せ」）等の項目ではなく、それぞれの語の項目で示している。即ち、「副詞え」は「ふ」の項目ではなく、「え」の項目で示している。
・活用語は基本形で示す方式もあるが、当索引においては各活用形で示している。
・佛足跡歌碑歌における補刻の歌句は採っていない。

事項索引

・本書に関する五十音順による事項索引である。
・以下の文献は、原則として搭載していない。
「辞書」類全般及び『古事記』『日本書紀』『続日本紀』。
・経典中頻出する以下のものは登載していない。
『大唐西域記』『釋迦方志』『法苑珠林』『大唐大慈恩寺三藏法師傳』『観佛三昧海經』。
・『涅槃經』については、選択的に登載している。
・「文室真人智努」「智努王」も頻出するので、原則として登載していない(特記事項は掲出している)。
・『佚西域傳』については主要箇所に限定して示しており、その全てを拾っているものではない。
・見出し語中、重要語でかつ該当頁が多くある場合には、中核的箇所をゴチック体で明示した。

■ **著者紹介**

廣岡義隆（ひろおか　よしたか）

1947年１月　福井県おおい町に生まれる
1973年３月　大阪大学大学院文学研究科修士課程修了
2004年12月　博士（文学）大阪大学
2010年４月　三重大学名誉教授
著書
『万葉の歌８滋賀』（1986年５月、保育社）
『風土記』（逸文の部）（新編日本古典文学全集、1997年10月、小学館）
『東海の万葉歌』共著（2000年７月、おうふう）
『萬葉のこみち』はなわ新書（2005年10月、塙書房）
『上代言語動態論』（2005年11月、塙書房）
『萬葉の散歩みち』（上・下）新典社新書（2008年７月、新典社）
『行幸宴歌論』（2010年３月、和泉書院）

研究叢書450

佛足石記佛足跡歌碑歌研究

二〇一五年一月二〇日初版第一刷発行
（検印省略）

著者　廣岡義隆
発行者　廣橋研三
印刷所　亜細亜印刷
製本所　渋谷文泉閣
発行所　有限会社　和泉書院

大阪市天王寺区上之宮町七－六
〒五四三－〇〇三七
電話　〇六－六七七一－一四六七
振替　〇〇九七〇－八－一五〇四三

ISBN978-4-7576-0722-4　C3395

研究叢書

日本語音韻史論考	小倉　肇著	421	一三〇〇〇円
賀茂真淵攷	原　雅子著	422	一二〇〇〇円
都市言語の形成と地域特性	中井精一著	423	八〇〇〇円
近松浄瑠璃の史的研究　作者近松の軌跡	井上勝志著	424	九〇〇〇円
日本人の想像力　方言比喩の世界	室山敏昭著	425	一一〇〇〇円
近世後期語・明治時代語論考	増井典夫著	426	一〇〇〇〇円
法廷における方言　「臨床ことば学」の立場から	札埜和男著	427	五〇〇〇円
軍記物語の窓　第四集	関西軍記物語研究会編	428	一四〇〇〇円
西鶴と団水の研究	水谷隆之著	429	八〇〇〇円
『歌枕名寄』伝本の研究　研究編・資料編	樋口百合子著	430	一三〇〇〇円

（価格は税別）